경영학원론

PRINCIPLES OF MANAGEMENT

윤종훈 송인암 박계홍

제4판

도서출판 창 명

제4판 머리말
PREFACE

정보기술의 급격한 발전으로 오늘날 경영환경은 하루가 다르게 변화하고 있으며 이는 모든 기업에게 어려운 문제를 안겨주고 있다. 교통과 통신의 발달, 무역장벽의 철폐 등으로 인해 세계는 점차 좁아지고 있고, 시장의 글로벌화로 인해 기업들은 보다 치열한 경쟁환경에 처해 있으며, 이러한 경쟁양상은 기업의 생존을 위협하고 있다. 이렇게 어려운 환경일수록 기본을 튼튼히 하는 데서 답을 찾아야 할 것이다. 무슨 학문이든지 학문적 연구를 하려면 기초지식을 쌓는 것이 매우 중요하다. 기업을 연구대상으로 하는 경영학도 예외일 수는 없을 것이다. 경영학은 실천학문으로서 성공적인 기업경영을 위한 기초지식의 습득은 경영의사결정을 하는 데 있어 매우 필요한 것이다. 따라서 경영학원론은 경영학의 기초이론을 기술한 것이라 할 수 있다.

본서는 경영의 기초적인 내용을 중심으로 이론적 지식과 실천방안을 제시해 왔다. 전공에 관계없이 경영학을 공부하고자 하는 대학 신입생이나 경영에 관심이 있는 분들, 경영자가 되고자 하는 사람들에게 경영학을 소개하는 기본서로서 의미를 갖고자 한다. 최근 제4차 산업혁명시대를 맞아 인공지능, 빅데이터, 로봇공학, 사물인터넷 등을 포함한 여러 분야에서 새로운 기술혁신이 나타나고 있는 현실에서 기업경영환경을 직시하고 시대적 추세변화를 반영하였다. 이를 통해 기업경영에 대한 체계적인 지식과 마인드를 제공함으로써 전문적인 경영능력을 향상시키고 조직구성원들의 조직에 대한 애착과 직무에 대한 만족을 증대시킬 수 있을 것이다.

본서는 기본서로서의 의미를 갖지만 모두 4개 부분의 15개의 장으로 구성하고 다양한 분야에서 최신의 성공적인 기업경영사례를 집중적으로 제시하여 이론의 이해력을 높이려 노력하였다. 특히 각 장의 전부 또는 부분적 수정을 통해 독자들이 기업경영의 미래에 대하여 사색하고 예측할 수 있도록 배려하였다. 다양한 부문에서 그동안 독자들의 의견과 강의하신 교수님들의 견해를 반영하여 부족한 부문을 보충하였다.

마지막으로 본서의 출판을 위해 격려해 주시고 물심양면으로 지원을 아끼지 않으신 동료교수님께 감사드린다. 또한 개정판 출판에 많은 도움을 주신 도서출판 창명 김사설 대표님을 비롯한 편집부 직원들에게도 감사를 드린다.

2022년 1월

저자들 씀

제3판 머리말
PREFACE

기업은 다른 어떤 조직보다도 환경과 밀접한 연관관계를 형성하고 있다. 기업환경이 주는 기회를 살리고 위기를 극복하는 것은 곧 기업이 생존하는 길이다. 최근의 경영환경은 국내외적으로 기업에 유리한 환경을 찾아보기 힘든 실정이다. 어려운 환경일수록 기본을 튼튼히 하는 데서 답을 찾아야 할 것이다. 기업을 연구대상으로 하는 경영학도 예외일 수 없을 것이다. 무슨 학문이든지 학문적 연구를 하려면 기초지식을 튼튼히 하는 것이 매우 중요하다. 경영학은 실천학문으로서 성공적인 기업경영을 위한 기초지식의 습득은 경영의사결정을 하는 데 있어 매우 필요한 것이다. 따라서 경영학원론(Principles of Management)은 경영학의 기초이론을 기술한 것이라고 할 수 있다.

본서는 경영의 기초적인 내용을 중심으로 이론적 지식과 실천방안을 제시해 왔다. 전공에 관계없이 경영학을 공부하고자 하는 대학 신입생이나 경영에 관심이 있는 분들, 경영자가 되고자 하는 사람에게 경영학을 소개하는 기본서로서 의미를 갖고 있다. 본서는 제4차 산업혁명시대를 맞아 로봇공학, 인공지능, 사물인터넷, 자율운전차량 등을 포함한 여러 분야에서 새로운 기술혁신이 나타나고 있는 현실에서 기업경영환경을 직시하고 시대적 추세변화를 반영하였다. 이를 통해서 기업경영에 대한 체계적인 지식과 마인드를 제공함으로써 전문적인 경영능력을 향상시키고 조직구성원들의 조직에 대한 애착과 직무에 대한 만족을 증대시킬 수 있을 것이다.

본서는 기본서로서의 의미를 갖지만 모두 4개 부분의 15개의 장으로 구성하고 다양한 기업경영 사례를 집중적으로 제시하였다. 특히 각 장의 전부 또는 부분적 수정을 통해서 독자들이 기업경영의 미래에 대하여 사색하고 예측할 수 있도록 배려하였다. 다양한 부문에서 그동안 독자들의 의견과 강의하신 교수님들의 견해를 반영하여 부족한 부문을 보충하였다.

마지막으로 본서의 출판을 위해 격려해 주시고 물심양면으로 지원을 아끼지 않으신 동료교수님들께 감사드린다. 또한 개정판 출판에 많은 도움을 주신 도서출판 창명 김사설 대표님을 비롯한 편집부 직원들에게도 감사를 드린다.

2017년 2월

저자들 씀

제2판 머리말
PREFACE

새천년을 맞이한 이후 10여 년이 지났다. 인터넷과 신흥시장의 부상, 글로벌시장에서의 경쟁력 있는 한국기업의 등장 등 온갖 변화의 물결에 휩쓸려 경영환경도 극적으로 변모하고 있다.

초판 머리말에서 이야기한 것처럼 본서는 경영에 관한 가장 기초적인 내용을 중심으로 경영의 이론적 지식과 실천방안을 제시하고 있어서 전공에 관계없이 경영학을 공부하고자 하는 대학 신입생이나 경영에 관심이 있는 분들, 경영자가 되고자 하는 사람에게 경영학을 소개하는 기본서로서 의미를 갖고 있다. 경영학은 현대사회에서 중추적인 역할을 하는 기업을 연구대상으로 하여 기업이 목표를 달성하고 지속적으로 성장할 수 있도록 지식과 경영 마인드를 제공하는 데 그 목적이 있다.

그러나 성공한 기업들의 경우 기업문화와 리더십이 작은 성공에 안주할 때 과거의 성공이 미래의 발목을 잡는 사례가 대부분이라는 것이다. 기술과 사업환경의 변화에 적응하고 미래의 성장을 위해서는 도전적인 기업가 정신을 가진 리더십과 경영 패러다임이 절대적으로 필요한 이유이기도 하다. 이러한 점에 착안하여 본서는 기본서로서의 의미를 갖지만 모두 4개 부분의 16개의 장으로 구성하고 과거의 성공사례와 미래의 전망을 담은 사례를 집중적으로 제시하였다. 이를 통해서 독자들이 현재의 성공요인과 불확실한 미래에 대하여 사색하고 예측할 수 있도록 배려하였다. 이론 부문에서도 그동안 독자들의 의견과 강의하신 교수님들의 견해를 반영하여 부족한 부문을 보충하였다.

마지막으로 본서의 출판을 위해 격려해 주시고 물심양면으로 지원을 아끼지 않으신 동료교수님들께 감사드린다. 또한 개정판 출판에 많은 도움을 주신 학현사 사장님을 비롯한 모든 편집부 직원들에게도 감사를 드린다.

2013년 3월
저자들 씀

초판 머리말
PREFACE

급변하는 21세기의 경영환경의 변화로 기업들은 새로운 경영 패러다임을 요구받고 있다. 이에 따라 전 세계의 모든 기업들은 새로운 21세기에 생존하고 성장하기 위한 새로운 전략을 수립하는 데 많은 노력을 기울이고 있다.

오늘날 기업들이 직면하고 있는 기업환경의 변화 가운데 가장 특징적인 것은 역시 전 세계적으로 확산되고 있는 글로벌화와 정보화의 물결 그리고 기업환경의 불확실성이 그 어느 때보다도 가중되고 있다는 점이다. 글로벌화 · 정보화로 대변되는 21세기의 급속한 경영환경의 변화는 기업의 성패에 커다란 영향을 미치고 있다. 따라서 이러한 환경변화에 대응하기 위하여 새로운 경영혁신기법 및 글로벌 경영개념을 도입하고 있다.

경영학이란 현대사회에서 중추적인 역할을 담당하고 있는 기업을 주 연구대상으로 하고 있으며 기업이 효과적으로 목표를 달성하고 성장 · 발전할 수 있도록 하는 이론적 지식과 실천방안들을 연구하는 학문이다. 경영학의 일차적인 목적은 경영의 주체인 현재 또는 미래의 경영자들에게 기업경영 전반에 대한 체계적인 지식과 경영 마인드를 제공함으로써 전문적인 경영능력을 증대시키는 데 있으며 또한 사회를 구성하고 있는 일반인의 삶의 질을 높이는 데 기여하고자 하는 또 다른 목적이 있다.

이 책은 경영에 관한 가장 기초적인 내용을 중심으로 경영의 이론적 지식과 실천방안을 제시하고 있다. 따라서 전공에 관계없이 경영학을 공부하고자 하는 대학 신입생 그리고 사회에서 경영을 알고자 하는 젊은이나 경영자가 되고자 하는 사람에게 경영학을 소개하는 기본적인 지침서이다. 또한 이 책은 경영학원론을 가르치는 저자들이 중요하다고 생각하는 내용을 중심으로 서술함으로써 기업경영 전반에 대한 통합적인 시각을 습득할 수 있도록 하였다.

이 책은 모두 4개의 부와 16개의 장으로 구성하였다.

제 I 부의 '경영학의 기초'에서는 경영학이란 어떤 학문이며, 또 기업이란 무엇인가를 알아봄으로써 경영학과 현대 기업의 성격에 대한 이해를 도모하고자 했다. 또한 경영이론이 어떠한 발전과정을 거쳐 현재에 이르는지 설명하고 있다.

제II부의 '기업과 환경'에서는 현대 경영환경의 특징이 무엇이며, 기업이 어떻게 대응해야만 생존하고 성장을 유지할 수 있는지를 설명하고 있다. 또한 기업의 사회적 책임이 무엇이며 사회의 발전을 위해 어떠한 역할을 해야 하는지에 대하여 설명하였으며, 성공하는 기업들의 조건과 창업에 대하여 기술하고 있다.

제III부의 '경영관리과정'에서는 기업들이 어떻게 목표를 설정하는지 그리고 목표달성을 위해 기업의 경영자원을 어떻게 효율적으로 배분해야 하는지를 설명하는 것뿐만 아니라 지속적으로 성장하기 위해 조직구성원들에게 목표달성을 위해 어떻게 동기부여를 해야 하는지를 설명하고 있다.

제IV부의 '전략경영'에서는 급변하는 현대 경영환경에서 기업들이 존속하고 성장하기 위해 어떠한 새로운 경영기법들을 도입하고 실천해야 하는지를 설명하고 있다.

마지막으로 본서의 출판을 위해 격려해 주시고 물심양면으로 지원을 아끼지 않으신 동료교수님들께 감사드린다. 또한 본서의 출판을 기꺼이 맡아주신 학현사 사장님을 비롯한 모든 편집부 직원들에게도 감사를 드린다.

2007년 2월
저자들 씀

차례
CONTENTS

chapter 03 경영이론의 진화

chapter 04 경영의사결정

PART 02 » 기업과 환경

chapter 05 기업과 경영환경

chapter 06 기업의 사회적 책임과 기업윤리

PART 03 >> 경영관리과정

chapter 08 경영계획과 경영전략

chapter 09 조직화

chapter 10 지휘

chapter 11 통제

PART 04 » 지속가능경영

chapter 12 경영혁신과 변화관리

chapter 15 글로벌 경영

PART

01

경영학의 기초

PRINCIPLES OF MANAGEMENT

CHAPTER

01

경영과 경영학에 대한 이해

제1절 경영의 의미

제2절 경영학에 대한 이해

경영은 인문예술이고, 인문예술이어야 한다.

드러커는 경영은 인문예술이라고 말했다. 경영에는 인간의 계발, 인간 삶의 향상이라는 분명한 가치가 포함되어 있다고 판단했기 때문이다. 드러커는 기업에서 일하는 사람들이 지위와 기능, 보람을 얻어야 한다는 것을 일찍부터 주장했다. 조직에서 사람은 단지 노동과 임금의 대가를 교환하는 도구가 아니다. 드러커는 사람들이 일을 통해 공헌하고, 일을 통해 성장하고, 결국 자신의 가치를 조직에서 실현하는 것이야말로 경영의 책임이라고 생각했다.

경영과 사람이 맺는 불가분의 관계를 다른 측면에서 살펴보자. 경영은 어디에서 이루어지는가? 경영의 현장은 조직이다. 즉 경영은 사람들이 일하는 조직이라는 현장에서 이루어지고 실현된다. 따라서 경영은 존중감과 책임감, 신뢰에 기초한 협력을 바탕으로 한다. 존중감과 책임감은 인간이 가치있는 존재로서 자신을 인식하고, 최선의 공헌을 하도록 만들고, 협력은 최고의 성과를 만들도록 돕는다. 이와 같이 인간의 가치를 드러내고 바람직한 조직 공동체를 추구한다는 점에서 경영은 명확하게 인문예술인 것이다.

또한 경영은 조직이 사회를 위해 바람직한 공헌을 하는 것을 지향한다. 공헌은 영리, 비영리조직을 포함해서 모든 조직이 실현해야 하는 본질적 사명이다. 즉, 사람에게 도움이 되는, 사람을 행복하게 만드는 상품을 만드는 것이 조직을 만든 목적이자 조직이 사회에 필요한 이유이기 때문이다. 경영은 단지 싸게 사서 비싸게 파는 행위가 아니다. 경영은 인간을 위한 가치와 바람직한 세상에 대한 비전을 반드시 품어야 하는 것이다.

마지막으로 한 가지 중요한 측면에서도 경영은 인문예술이다. 인간의 향상은 다른 무엇보다 자신이 추구하는 가치가 무엇인가에 대한 자기인식에서 출발한다. 이 가치는 그 사람이 홀로 독립해서 살든, 조직에서 살든 결코 그와 분리되지 않는다. 사람은 자신의 가치를 온전한 삶의 전체에서 실현하는 것이지, 여기서는 이것, 저기서는 다른 어떤 가치를 위해 나눌 수가 없다. 일터에서는 오직 조직의 목적을 위해 자신의 가치와 상관없이 행동하고, 집에서는 착한 가장으로, 지역사회에서는 양심적인 시민의 가치를 따를 수는 없는 것이다. 삶은 하나의 전체요, 단일한 배경을 가지고 있고, 경험의 총체이기 때문이다. 그래서 다른 무엇보다도 경영을 수행하는 경영자는 인문학적 성찰을 통해 자신의 가치를 발견해야 한다. 특히 경영자는 다른 사람을 이끄는 책임이 있다. 이 책임은 조직이 지향하는 목표를 통해 사람들에게 가치를 제안하고 그들의 공감을 얻을 때 비로소 실현된다. 만일 자신이 확신하는 가치가 없거나 모호하다면, 그리고 개인의 가치, 조직의 가치와 최소한 정렬된 것이 아니라면 경영자는 사람을 리드할 수 없다. 자신의 신념과 유리된 그 무엇으로는 조직을 조직으로 만들 수 없다. 조직의 핵심은 정체성이고 정체성은 왜 여기서 일을 하는가에 대한 목적이기 때문이다. 경영자는 인간과 사회에 대한 바람직한 관점과 가치를 가져야 한다.

자료: '피터 드러커 경영수업' 21세기 북스, 2016

제1절 경영의 의미

1. 경영의 일반적 정의

경영이란 단어처럼 우리 주위에서 흔하게 사용되는 용어는 아마 드물 것이다. 그러나 경영이 무엇이냐고 물으면 제대로 대답하지 못하는 사람도 많다. 경영을 영어로 하면 'business management' 혹은 'business'라고 하기도 하고 혹자는 그냥 'management'라고 하기도 한다. 'management'를 'man–age–ment'로 풀어 보면 사람이 나이가 들어 지혜로워지면서 내리는 의사결정 내지는 활동이라고 해석할 수 있다. 또한 'business'라는 말은 어원이 'busy'로서 사람이 생존하고 발전하기 위해 몹시 바쁘게 움직이는 것을 말한다. 'business management'를 종합해 보면 '경영이란 생존하고 발전하기 위한 나름대로의 목적을 달성하려고 내리게 되는 최적의 의사결정 과정이다'라고 정의할 수 있다.

좀 더 심화된 개념으로 다시 말하면 '경영이란 명시된 조직의 목표를 달성하기 위하여 조직이 동원할 수 있는 모든 자원을 사용하여 구성원들의 노력을 계획, 조직, 지휘, 통제하는 일련의 과정'이라고 정의할 수 있다. 또는 '조직의 사명이나 경영목표를 달성하기 위하여 제 자원을 효율적으로 활용하는 과정'으로도 볼 수 있다. 기업이 가지고 있는 자원은 항상 한정되어 있기 때문에 효율적으로 이용되어야 하며 결과적으로 의도한 목적을 달성할 수 있도록 사용되어져야 한다. 따라서 기업은 목적을 달성하기 위해서 계획을 세우고 업무를 분담하여 조직을 만들고 함께 일하는 사람들이 열심히 노력하도록 하고, 일이 진행되는 동안 확인을 하고 잘못될 경우 시정조치를 취하는 일들을 반복하게 되는데, 이러한 과정을 경영이라고 할 수 있다.

경영자의 입장에서 보면 경영이란 경영자가 조직의 목표를 달성하기 위하여 여러 가지 기능을 수행하는 과정에서 발생하는 행동현상이라고 할 수 있다. 폴렛(M.P. Follett)은 경영을 '사람을 통하여 일을 성취하는 기술'이라고 정의하였으며, 또한 드러커(P. Drucker)는 '조직의 방향을 제시하고 리더십을 통하여 조직의 제 자원을 어떻게 활용할 것인가를 정하는 것'이라고 정의하였다. 드러커의 경영에 관한 정의를 구체적으로 서술하면, 경영은 '조직의 목표를 설정하는 과정이며, 고도의 업무수행을 위한 조직의 제 자원의 효율적이고 효과적인 사용에 관한 의사결정을 행하는 행동'이라는 것이다.

또한 페욜Henri Fayol)은 경영을 '계획하고, 조직하고, 지시하고, 조정하고, 통제하는 작업'이라고 정의하고 이러한 현상은 모든 조직의 경영에 공통으로 나타나는 현상이라고 하였다. 이를 구체적으로 설명하면 다음과 같다.

첫째, 계획수립(planning)이다. 경영자는 조직의 궁극적인 목표를 달성하기 위하여 구체적인 활동목표를 제시하고, 해야 할 일들을 단계적으로 명시해야 한다. 다시 말하면 조직이 나아갈 방향과 수행하여야 할 과업들의 우선순위를 결정하고, 조직이 미래에 서 있기를 원하는 위치와 거기에 어떻게 도달할 것인가를 명확히 하는 과정이라고 할 수 있다. 예를 들면 외국기업들이 국내시장에 본격적으로 진출함에 따라 앞으로의 사태 변화에 대한 예측을 하고 그 대응책을 강구하는 것은 경영자의 계획수립기능이라고 할 수 있다.

둘째, 조직화(organizing)이다. 조직화란 조직목적을 달성하기 위해 조직의 여러 자원, 부서 또는 직무를 배열하는 과정이다. 즉 계획을 집행하기 위하여 인적 · 물적 자원을 체계화시키는 기능이다. 계획수립이 조직의 목적을 설정하고 그것을 어떻게 달성할 것인가에 관련된 것이라면, 조직화는 그 목적을 달성하기 위해 조직구조를 어떻게 설계할 것인가에 관련된다. 예를 들어 신제품을 개발할 때 각 부서에서 인원을 차출하여 팀을 만들고 각각의 사람들에게 구체적인 임무와 함께 필요한 재정상의 지원을 하는 것과 같다.

셋째, 지휘기능(leading)이다. 구성원들이 부여받은 업무를 자발적으로 수행하도록 그들에게 의욕을 불어넣어 주고 영향력을 행사하는 기능을 말한다. '동기부여'라고 불리기도 하는데, 계획을 수립하고 조직구조를 만들고 종업원을 채용한 다음 조직을 이끌어 가는 것을 말한다. 그러기 위해서는 구성원들에게 목표의식을 강렬하게 심어 주고 그들의 고충을 읽을 수 있는 능력이 있어야 한다.

넷째, 통제기능(controlling)이다. 구성원들이 맡은 일을 제대로 하고 있는지 혹은 조직이 바람직한 방향으로 나아가고 있는지를 확인하기 위하여 정보를 수집하여 평가하고 필요할 때는 시정조치를 취하는 과정을 말한다. [그림 1-1]에서 보는 것처럼 경영의 개념을 계획, 조직, 지휘, 통제가 마치 수레바퀴처럼 연관되어 있는 시스템으로 설명할 수 있다. 수레바퀴를 이루는 각 축이 단단할 때 무거운 짐을 실어도 바퀴가 탄력을 잃지 않고 빠르게 구를 수 있듯이 이 네 가지의 각 활동이 원활히 이루어질 때 생산성이 높아져서 의도하는 목표를 달성하고 결과적으로 조직의 가치를 높일 수 있는 것이다.

앞에서 경영에 대한 다양한 시각과 견해를 통하여 경영에 대한 최종적인 정의를 해보면 경영이란 '기업이 경영목표를 달성하기 위하여 인적 · 물적 · 재화적 자원을 효율적으로 배분하고 운용함으로써 최종 산출물을 생산해 가는 순환과정'이라고 할 수 있다.

그림 1-1 경영이란

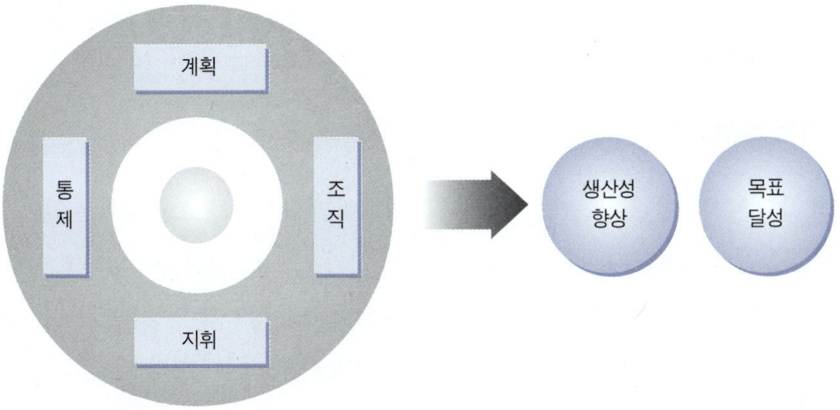

2. 좁은 의미의 경영의 대상과 넓은 의미의 경영의 대상

경영의 개념은 좁은 의미로는 영리조직인 기업의 경영만을 의미하지만, 넓은 의미로는 기업을 포함하여 가계나 국가, 학교, 종교단체 등 비영리조직의 경영까지도 포함한다. 특히 글로벌화가 추진되면서 국가도 이제는 국가세입으로 정해진 세출활동만을 하는 데서 벗어나 글로벌 경쟁의 주체로서 다른 국가와 경쟁하여 영리를 추구해야 하는 성격을 가지므로 경영의 원리가 그대로 적용되는 조직체가 되었다. 따라서 이제는 국가경영, 도시경영, 학교경영, 병원경영이라는 말을 흔히 들을 수 있다. 이는 경영의 개념이 이제까지의 좁은 의미로서가 아니라 넓은 의미로서 받아들여져야 함을 의미하는 것임과 동시에 영리조직과 비영리조직을 포함하는 모든 조직을 운영하는 기본원리로서 작용하고 있음을 알아야 한다.

3. 경영에 필요한 자원들

경영에 필요한 자원을 경영자원이라고 한다. 경영자원이란 생산품이나 서비스와 같은 최종산출물을 생산하기 위하여 소요되는 여러 종류의 투입요소를 말한다. 이러한 투입요소는 대개 하드웨어적 측면에서 인적 자원, 물적 자원 그리고 재화적 자원이 필요하고 소프트웨어적 측면에서는 정보와 전략이 필요하다.

(1) 하드웨어적 자원

1) 인적 자원

인적 자원은 사람을 뜻하는데, 조직이나 기업에서 사람처럼 중요한 자원은 없다. '인사(人事)가 곧 만사(萬事)'라고 한다. 자동화나 기계화가 고도로 진전되어 있다고 하더라도 경영의 주체는 사람이며, 사람들에 의해 경영의 궁극적인 성과가 영향을 받는다. 세상의 모든 일이 사람에 의해서 이루어지고 사람을 어떻게 다루느냐에 따라 기업의 성패가 좌우된다. 이런 인적 자원을 구성하는 것은 경영자와 종업원이다. 경영자는 경영에 관련된 의사결정을 하는 사람이고, 종업원은 경영자의 지시나 감독에 따라 노동력을 제공하고 대가를 지불받는 사람이다. 종업원과 경영자라는 두 개의 인적 요소는 서로 불가분의 관계에 있으므로 이 두 집단이 의사소통을 원활히 하고 원만한 관계를 유지할 때에만 기업은 높은 경영성과를 이룩할 수 있다.

2) 물적 자원

물적 자원은 기업이 경영활동을 영위하는 데 필요한 공장의 설비와 건물, 토지, 지리적 입지, 원재료에 대한 접근성을 말한다. 물적 자원 그 자체는 지속적인 경쟁우위의 원천이 되기 어렵기 때문에 물적 자원의 투자에 앞서 신중한 분석이 요구된다.

3) 재무적 자원

재무적 자원은 경영활동을 수행하는 데 필요한 자금 등과 같이 재무적 가치를 갖는 무형의 자산을 포함한다. 자본은 기업을 창업하고 운영하는 데 필요한 자금으로서 자체적으로 마련할 수도 있으며 주식, 채권을 발행하여 투자자로부터 제공받을 수도 있다. 물론 지나치게 과다한 자금을 항시 확보하고 있으면 경영활동의 수행에 여유는 있으나 수익성의 감소를 초래하므로 적정수준의 운영자금의 유지가 관건이다.

(2) 소프트웨어적 자원

1) 지식 · 정보적 자원

산업사회에서 정보사회로 접어든 지금 지식(knowledge)과 정보(information)의 중요성은 아무리 강조해도 지나침이 없다. 요즘 기업의 경쟁력은 지식력과 정보력에 의해서 좌우된다고 할 만큼 지식 · 정보의 중요성이 강조되고 있다. 이처럼 지식 · 정보는 기업에 있어서 인적 자원이나 자본의 중요성 못지않게 중요한 자산이며 정보사회와 지식기반사회가 진전될수록 그 중요성은 더욱 높아질 것이다. 그러나 지식 · 정보의 가치는 많은 지식 · 정보의 홍수 속에서 이제는 지식 · 정보의 양보다는 질에 있고 오래된 것보다는 새로운 것에 있다고 할 수 있다. 경영자는 항상 새로운 지식의 발생에 관심을 가져야 할 뿐만 아니라, 기업 내부에서 발생하는 내부정보와 기업 외부에서 발생하는 외부환경정보를 신속 · 정확하게 파악하고 이를 전략적으로 사용할 수 있어야 한다.

2) 기술적 자원

과학적 기술이나 생산 · 공정관리기술, R&D 등을 말한다. 기술적 자원들은 공장의 자동화 및 기계화, 업무의 정보화 및 간소화, 신소재의 채택 등을 통하여 새로운 제품이나 서비스의 개발을 가능하게 하고, 생산공정 및 시설의 개선과 판매관리의 혁신 등 제반 경영부문에 결정적 영향을 미치는 자원이다.

3) 전략

전략(strategy)이란 기업이 목표를 달성하기 위하여 미래에 수행하여야 할 방향을 정하는 것이다. 즉 기업이 어떤 방향으로 나아가야 할지 또 그것을 실현시키기 위한 방법이 무엇인지 결정하는 것을 전략이라고 한다. 따라서 기업은 반드시 목표달성을 위한 전략을 가지고 있어야 한다. 전략이 없다면 마치 넓은 바다에서 나침반이 없이 항해하는 것과 같다고 할 것이다. 기업은 앞에서 언급한 자원을 갖고 있다 하더라도 급변하는 경영환경 속에서 이를 효과적으로 운용할 수 있는 경영전략이 없다면 경영목표를 달성할 수가 없다. 결국 경영활동은 경영목표를 달성하기 위하여 기업에서 이용 가능한 모든 자원을 어떻게 활용하는 것이 살아남을 수 있는 방법인가에 대한 전략을 세워 이를 실행에 옮기는

그림 1-2 경영에 필요한 자원들

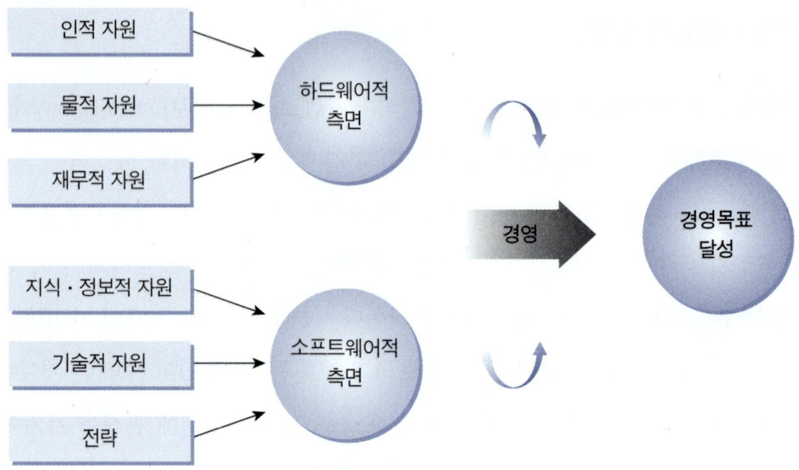

연속적 작업이라고도 볼 수 있다.

4. 경영과 관리

경영현장에서 경영이란 단어와 관리라는 단어가 의미상 구분 없이 사용되어지는 경우가 많다. 경영(business management)이라는 개념과 관리management)라는 개념을 구분하여 사용할 것인가, 아니면 동일한 개념으로 취급할 것인가에 대해서는 통일된 견해는 없다. 그러나 논리적 편의상 경영을 관리보다 포괄적인 개념으로 간주하고, 관리라는 개념 대신 경영이라는 개념을 사용하고자 한다. 경영을 상위의 개념으로, 관리를 하위의 개념으로 파악하여 설명하면 다음과 같다.

경영은 목적을 설정하는 기능이고, 관리는 그 목적을 지향하여 노력하는 기능으로 보는 것이다. 이 경우 경영은 관리보다 상위적인 개념으로서 조직화, 장기경영계획 수립 및 운영방침의 결정, 외부의 이해집단과의 이해관계 조정과 같은 거시적 · 포괄적 · 유기적인 행동이며 경영수뇌부와 관련된 업무이다. 관리란 경영에 비해 하위적인 개념으로서 경영계획이나 방침을 효율적으로 수행하기 위하여 제 자원을 적절히 배치 · 지시 · 감독하는 미시적 · 지엽적 · 단기적 · 기계적인 실천기능으로서 경영의 하층구조와 관련된 업무라고 할 수 있다.

또한 경영과 관리를 경영계층과 관련시켜 정의하는 견해도 있다. 경영이란 최고경영층의 전략적 · 정책적 결정을 가리키며, 관리는 중간경영층이나 감독계층의 일상적 업무 결정을 말한다. 이런 이유 때문에 기업의 사장이나 임원은 경영자로, 부장이나 과장은 관리자로 지칭하기도 한다. 요컨대 경영과 관리 사이의 개념상의 차이가 있다고 보는 시각을 종합하면, 경영은 상위적이고 기획적 개념으로, 관리는 하위적이며 실천적 개념으로 보는 것이 타당하다고 본다.

5. 효과적 경영과 효율적 경영

경영의 문제를 다룰 때 우리는 흔히 '효과적이다' 혹은 '효율적이다'라는 말을 자주 사용한다. 경영의 현상에 있어서 경영자는 기업의 목표를 효과적이고도 효율적으로 달성해야 한다. 효과적 경영(effectiveness)이란 말은 소기의 목표를 달성한 것을 의미한다. 다시 말하면 의도한 목표를 양적 · 질적으로 달성했는지의 여부이다. 예를 들면 공장장이 목표생산량을 기대한 수준의 품질을 유지하면서 계획기간 내에 달성한 것과 같다. 그러나 이 말은 목표달성을 위해 사용된 자원의 크기는 고려하지 않고 있다. 자원을 낭비하더라도 목표만 달성하면 일단은 효과적이라고 볼 수 있다. 즉 구체적으로 측정할 수 있는 목표의 완수 여부를 두고 산출 측면에서 하는 표현이다.

반면에 효율적 경영(efficiency)이란 그동안 들인 노력에 비해 얼마만큼의 결과를 얻었느냐의 문제이다. 이것은 경제학자들이 이야기하는 생산성의 개념과 유사하며 목표달성에 들어간 비용을 고려하는 개념이다. 즉 투입량에 대한 산출량의 비율로서 표현되며 이 비율이 커질수록 효율적인 경영이라고 할 수 있다. 예를 들어 적지의 교량폭파 임무를 부여받은 부대 중대장의 경우 적지의 교량폭파 임무를 100% 완수했다 하더라도 부하들이 많이 전사했다면 인명 손실 없이 목표를 달성한 경우와는 경영성과에서 차이가 난다고 보아야 할 것이다. 기업의 예에서도 생산목표를 달성할 때 인건비가 너무 많이 들었다든지 안전사고가 많이 발생했다면 그 경영은 효율적이었다고 볼 수는 없다. 어떤 회사에서 아무리 옷을 효율적으로 생산한다고 해도 그 옷의 디자인이나 색상이 유행에 뒤졌다면 소비자들로부터 외면당하고 그 결과 판매목표를 달성할 수 없을 것이다. 이 또한 효율적이었다고 할 수 없는 경우이다.

그림 1-3 효과적 경영과 효율적 경영

목표달성 정도		자원의 활용상태: 나쁨	자원의 활용상태: 좋음
	높음	**효과적/비효율적** 자원의 일부가 낭비됨	**효과적/효율적** 목표달성 및 자원 활용 높은 생산성 영역
	낮음	**비효과적/비효율적** 목표가 달성되지 못함 자원이 낭비됨	**비효과적/효율적** 자원의 낭비 없음 목표를 달성 못함

효과적인 경영이 반드시 효율적인 경영이 되는 것은 아니다. 판매목표를 달성하기 위해 마케팅 비용을 엄청나게 지출했다면 효율적인 경영을 하였다고 할 수 없다. 유능한 경영자는 효과적이고도 효율적인 경영을 해야 함을 알 수 있다. 경영에 있어서 효과성과 효율성을 논할 때 궁극적으로 중요한 것은 효과성과 효율성의 균형을 잃지 않는 것이다. 왜

잠시 쉬어가기

Heinz사의 감자스낵

1989년에 Heinz사는 규모경제의 효과와 생산의 효율성을 높여 원가를 절감하기 위한 새로운 생산체제를 개발했다. 감자스낵을 만드는 데 가장 큰 애로요인인 감자의 절단을 고속으로 정확하게 해 원재료의 손실을 크게 감소시킬 수 있게 하는 기계를 개발함으로써 생산원가를 크게 절감할 수 있었다. 그러나 결과는 제품품질이 전만 못하였으며 판매도 줄고 이익이 오히려 감소하는 결과를 초래했다. 따라서 Heinz사는 원가절감을 위한 효율적인 생산시설을 포기하고 이전의 방식으로 되돌아갔다.

Heinz사가 추구한 궁극적인 목표는 원가절감인가, 아니면 이익의 극대화인가?

기업의 궁극적인 목표는 고객의 욕구충족을 통한 이익의 극대화이지 원가절감이 아니다. 원가절감은 이익의 제고를 위한 하나의 방법이 되지만 소비자는 원가에 대한 관심보다는 그들이 느끼고 있는 품질에 더 관심이 있음을 알아야 한다.

그렇다면 수익이 감소한 이유는 무엇일까? 감자스낵의 수요는 무엇에 의해 더 큰 영향을 받는가가 핵심이다. 감자스낵은 가격보다 품질에 의해 더 큰 영향을 받는다. 만약 가격이 중요한 영향요인이라면 효율성 제고를 통한 원가절감과 가격인하 효과 이상의 수요 증가를 가져와야 한다. 그러나 실제 소비자에게 있어서는 품질이 중요함에도 불구하고 Heinz는 생산지향적 개념에 치중하는 오류를 범했다.

냐하면 효과와 효율은 어느 한쪽으로만 치우치게 될 경우 바람직하지 못한 상황이 벌어질 수 있기 때문이다. '일을 제대로 할 것인가(Doing things right)'와 '올바른 일을 할 것인가(Doing the right thing)'를 논할 때 일을 효율적으로 할 수 있는 능력도 중요하지만 더 어려운 것은 정작 해야 할 일을 찾는 것이다. 피터 드러커는 이것을 두고 '일을 잘하는 것과 해야 할 일을 하는 것'으로 구분하면서, 타당하지 못한 과업을 100% 완수하는 것보다 올바른 과업을 60% 해결하는 것이 더 낫다고 역설하였다. 결국 경영자는 올바른 일을 완벽하게 하는, 즉 효과적이면서도 효율적인 경영이 되도록 노력해야 한다.

6. 경영마인드

(1) 경영마인드에 대한 정의

오늘날 우리는 사회의 거의 모든 분야에서 경영마인드라는 말을 자주 하게 된다. 우리 모두가 경영마인드를 가져야 한다는 말 또한 자주 한다. 기업의 사장은 기업을 경영하고 대학의 총장은 대학을 경영하고, 주부는 가정을 경영하고, 아주 크게는 대통령은 나라를 경영한다는 말들을 한다. 어느 조직이든 대표자의 능력을 그 사람이 경영마인드를 갖고 일을 추진하느냐에 달려 있다고 할 정도로 변화와 혁신의 잣대를 경영마인드를 통하여 판단하려고 한다.

경영마인드란 구체적으로 무엇일까? 간단하게 말하면 효과성과 효율성을 추구하는 마인드라고 할 수 있다. 어떻게 하면 보다 더 효과적으로 목표를 달성할 수 있을까, 또는 어떻게 하면 보다 더 효율적으로 업무를 완수할 수 있을까와 같은 문제에 대한 해답을 찾고자 노력하는 마인드를 경영마인드라고 할 수 있다.

(2) 경영마인드와 행정마인드의 비교

경영마인드를 앞에서 효과성과 효율성을 추구하는 마인드라고 이해하였다. 그러므로 경영마인드는 물적 자원의 투입이나 자본을 투자하면 그 이상의 산출물이나 이익이 있어야 하며 그것이 기업의 성장으로 연결되어야 한다는 생각이다. 또한 효과성이나 효율성을 창출한 부문에 대하여는 이에 상응하는 추가적인 대가가 지불될 수 있다고 보는 것이다. 바로 이런 점이 일반적인 행정마인드 또는 관료마인드와 다르다고 할 수 있다. 행정마인드는 형평성(equity)과 일관성(consistency)을 추구하는 마인드라고 할 수 있다. 여기서 말하는 형평성의 의미는 투입과 산출이 똑같은 것이 최선이며 모두에게 똑같이 1/n씩 배분하는 사고방식을 의미한다. 또한 일관성의 의미는 주어진 법규나 규정에 의한 일정한 집행이나 운영을 뜻한다. 그러므로 행정마인드는 누구에게나 정해진 규정에 따라 동일하게 적용하는 사고방식을 의미하기 때문에 상황에 따른 가변적인 생각을 요구하지도 않는다. 이 점에서도 행정마인드는 경영마인드와 다르다.

이처럼 서로 다른 특성을 가진 경영마인드와 행정마인드를 쉽게 비교해 보면 다음 〈표 1-1〉과 같다.

경영마인드는 행정마인드와는 달리 조금이라도 더 효과적이고 효율적인 방법을 찾아내기 위해 끊임없이 아이디어나 지혜를 짜내야 하는 어려움이 있다.

표 1-1 경영마인드와 행정마인드의 비교

경영마인드	행정마인드
현실에 도전한다.	현실을 그대로 받아들인다.
개혁을 통해 창조한다.	현상유지를 위한 관리를 한다.
먼 앞날을 계산하며, 무엇을 왜 하는지 문제 삼는다.	당장의 손(損)과 득(得)을 계산하고, 언제 어떻게를 문제 삼는다.

(3) 경영마인드의 핵심요소

기업이 강력한 경쟁력을 확보하기 위해서 경영자가 가져야 할 경영마인드는 구체적으로 세 가지로 나누어 볼 수 있다. 첫째는 고객을 최우선으로 하는 고객중심 마인드, 둘째는 치열한 경쟁 속에서 경쟁우위를 확보할 수 있는 방안을 찾는 경쟁우위 마인드, 셋째는 기업 자체의 가치를 극대화시키는 가치극대화 마인드 등이다. 이러한 세 가지 마인드가 종합적으로 연계되어 기업현장에서 실제로 추진되어야만 비로소 경영마인드를 통한 혁신적 경영활동이 이루어졌다고 볼 수 있다.

이 세 가지 핵심요소를 간단히 설명하면 다음과 같다.

고객중심 마인드란 경영자가 기업을 경영하는 데 있어 가장 먼저 생각해야 하는 것이 고객이라는 것이다. 즉 고객에게 제공되는 일체의 물질적 · 심리적 행동이 최상의 고객만족을 가져다주는 활동으로 이루어지도록 하는 것을 의미한다. 최근에는 고객만족을 넘어서 고객감동, 고객졸도에까지 이르도록 고객중심적 경영활동이 요구되고 있다.

다음으로 경쟁우위 마인드이다. 경쟁우위(competitive advantage)는 어느 특정한 기업이 다른 수많은 기업과의 경쟁에서 우위에 설 수 있는지의 여부를 판단할 때 사용하는 개념으로 기업이 경쟁우위를 확보하기 위해 기업 특유의 기술이나 탁월한 경영능력을 가져야 한다는 것이다. 이러한 경쟁우위의 원천으로서 가치활동(value activities)과 핵심역량(core competence)을 들 수 있다. 이때 가치활동은 창조적인 경영활동을 의미하고, 핵심역량은 기업의 경쟁력 확보에 결정적 역할을 하는 중요한 경영자원이라고 할 수 있다.

마지막으로 가치극대화 마인드이다. 가치극대화 마인드는 기업의 수익성(profitability)과 관련된 개념으로 인적 · 물적 자원, 자본 등의 경영자원을 투입할 때 효과적이면서 효율적인 아이디어가 가미되면 투입 이상의 산출이 발생하게 되며 이것이 기업의 성장과 연결된다는 것이다. 그러므로 효과적이면서 효율적인 아이디어에 의해 수익성이 커지면 커질수록 경영활동의 최종목표인 기업가치의 극대화에 도달할 수 있게 된다. 이에 관한 구체적 방법은 주식시장에서 주가를 높여 기업가치를 극대화하거나 브랜드나 특허권 등 무형자산의 가치를 높여 기업가치를 극대화하는 방법이 있다.

따라서 기업은 이러한 경영마인드로 무장한 구성원에 의해서 움직여질 때 영속적 조직으로서 존재할 수 있게 된다. 만일 경영마인드가 없는 기업은 계획 · 조직 · 지휘 · 통제가 각각 일관성 없게 활동하게 되어 고객의 중요성을 인식하지 못하고 경쟁우위의 확보나 가치극대화에 노력을 기울이지 않는 외형중심의 기업이 된다.

그림 1-4 경영마인드의 핵심요소

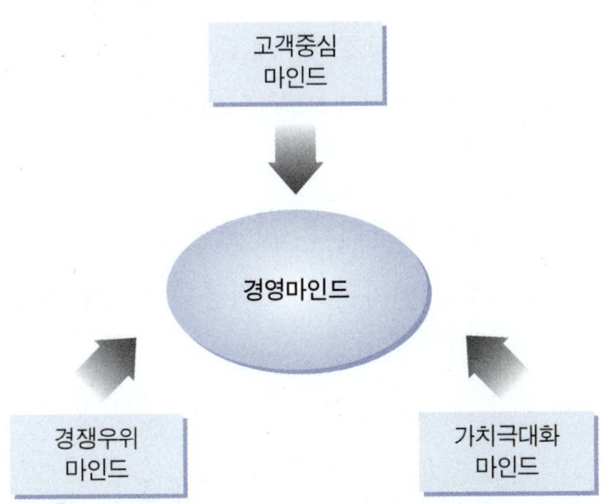

제2절 경영학에 대한 이해

1. 경영학이란

경영학은 기업의 목표를 달성하기 위해 자본과 물적 자원, 인적자원, 정보, 지식 등을 이용하여 계획 · 조직화 · 지휘 · 통제하는 활동인 경영활동을 체계적으로 연구하는 학문이다. 즉 어떻게 하면 기업이라는 조직의 목표를 효과적이고도 효율적으로 달성해 나갈 수 있는가를 연구하는 학문분야이다. 따라서 경영학은 특정한 활동에 국한되어 연구하는 학문이 아니라 수많은 관련활동의 학문을 접목시켜 적용하는 통합된 학문임과 동시에 모든 조직에 적용되는 원리인 것이다.

2. 경영학 연구의 세 가지 차원

현실 속에서 발전해 온 경영학은 대체로 다음과 같은 세 가지 차원에서 연구되어야 할 학문이다.

첫째, 시간적인 차원에서 기업경영은 생성하고 성장하며 소멸한다는 면에서의 연구가 필요하다. 즉 기업의 창업, 성장, 성숙, 쇠퇴에 이르는 수명주기와 함께 산업 전체의 발전 과정을 살펴보아야 한다. 이러한 내용에 보다 중점을 둔 경영학 세부 학문으로는 창업론, 중소기업경영론, 전략경영 등이 있다.

둘째, 공간적인 차원에서 조직은 내부적으로 여러 부서 간의 상호작용이 있어야 하고, 한편으로는 외부의 이해당사자와의 상호작용에 대한 연구가 필요하다. 이를 위한 경영학 각론으로서 생산운영관리, 마케팅, 재무관리, 회계원리, 경영정보시스템, 국제경영, 기업문화 등이 있다.

셋째, 인간적인 차원에서 조직이 합리적이고 효율적으로 운영되기 위해서는 구성원들에 대한 연구가 필요하다. 주로 인사관리, 조직행동, 노사관계관리 등이 여기에 해당된다.

3. 경영학의 학문적 특성

(1) 학문의 분류

경영학은 상식(common sense)이 아닌 학문(learning)이라는 점에 대해서는 이론의 여지가 없다. 상식이란 체계화되어 있지 않은 단편적 및 복합적 지식을 말한다. 이 때문에 상식은 서로 모순되는 경우가 많다. 또한 상식을 기초로 한 지식은 그것이 보편타당성(universality)이 있는지에 관한 검증을 위해 필요한 논리적 사고과정이 없다. 이에 비해 학문은 단순히 흩어져 있는 단편적인 지식을 모은 것이 아니라, 어떤 넓은 대상영역 또는 문제에 대한 지식의 체계를 의미한다. 또한 학문의 목적은 어떤 법칙이나 법칙의 세계를 찾는 것과 같이 궁극적으로 진리를 탐구하는 데 있다.

학문은 일반적으로 크게 과학(science)과 철학(philosophy)으로 나뉜다. 과학과 철학의 차이는 다음과 같다.

첫째, 과학은 어떤 특정 연구대상에 관한 부분적 학문인 데 반해, 철학은 대상의 존재를 밝히는 전체학문이다.

둘째, 과학은 현상과 법칙을 연구하는 학문인 데 반해, 철학은 본질을 연구하고 현상이 존재하는 이유와 현상의 통일성을 연구하는 학문이다.

셋째, 연구방법에 있어서 과학은 관찰, 실험 및 분석방법을 이용하며, 철학은 반성과 직관에 의존한다.

넷째, 과학은 일정한 가정이나 가설하에 정립되는 통일적 및 체계적 지식을 추구하나, 철학은 가정과 가설 없이 정립되는 통일적 및 체계적 지식을 추구한다. 즉 철학은 가정이나 가설 자체를 원리적으로 설명하는 데 중점을 둔다. 이와 같이 철학은 본래 사물의 본질 및 가치, 즉 있어야 할 것을 탐구하는 학문이다.

그러나 철학과 과학은 모두 합리성(rationality)하에서 대상을 설명하는 데 있어서 모순성이 없어야 하며 논리적 일관성(logical consistency)이 있어야 한다.

또한 과학은 형식과학과 경험과학으로 나뉘는데, 형식과학은 선험적(초월론적) 및 공리법칙을 대상으로 하는 형식논리 및 수학과 같이 경험과는 관계없는 사고방식을 기초로 순서 및 규칙 그리고 형식을 대상으로 하는 과학을 말하는 반면에, 경험과학은 우리 인간의 실천적 및 경험적 사실, 즉 살아가는 경험의 세계를 직접 대상으로 하는 과학을 말한다.

그림 1-5 학문의 분류

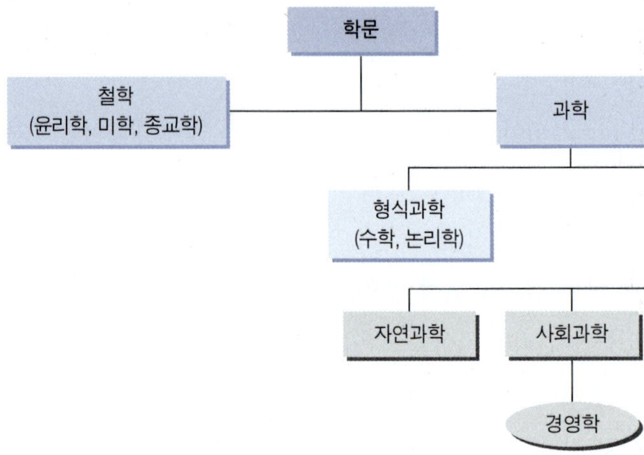

경험과학은 이분법적 사고를 기초로 물질적 세계를 대상으로 하는 것과 정신적 세계를 대상으로 하는 것으로 나눌 수 있어 흔히들 자연과학과 사회과학으로 분류한다. 자연과학은 대상이 물질이고 관찰 가능한 것으로 자연현상이라고 하며 이것을 대상으로 하는 학문을 말하며, 사회과학은 인간 및 인간의 의사(意思)작용에 의해 관계성(關係性)이 발생하는 것으로 이것을 사회현상이라고 하며 이러한 사회현상을 대상으로 하는 과학을 말한다.

따라서 경영학은 사회에 존재하는 기업 및 기타 조직에 관한 현상을 밝히는 데 목적이 있는데, 학문의 분류과정에서 보면 학문 중에서 과학에 속하며, 과학 중 경험과학이고, 경험과학 중에서 사회과학이라고 할 수 있다.

(2) 경영학의 학문적 특성: 양면성

경영학의 학문적 특성은 보통 두 가지 관점에서 논할 수 있다. 첫째, 이론적 학문으로서 경영학은 이론과학인가, 실천과학인가?, 둘째 경영학은 과학인가, 기법인가 하는 관점들이다.

첫 번째 관점인 경영활동 전반을 연구하는 경영학이 이론적 학문인가, 아니면 실제적 학문인가의 문제는 관찰하는 관점에 따라 달라질 수 있지만 대체로 경영학은 이론적 학문의 성격도 갖고 있고 실천이 가능한 실제적 학문의 성격도 갖고 있다고 평가받고 있다.

이론적 학문으로서 경영학은 경영현상에 대하여 이론적 연구방법을 통하여 하나의 원칙으로 정립해 나가는 특성을 갖고 있다는 뜻이다. 따라서 있는 그대로의 경영현상을 사실적으로 분석함으로써 경영의 원리를 논리적으로 세워 나가는 방법을 사용하게 된다. 반면에 실천과학 또는 응용과학으로서의 경영학은 기업이 가진 목적을 달성하기 위하여 어떤 수단이나 방법을 선택하는 것이 가장 이상적이겠는가를 연구하는 것으로, 경영은 적어도 이렇게 전개되어야 한다는 경영의 실천원리를 추구해 가는 방법을 연구하는 것이다. 따라서 이론적 학문과 실제적 학문으로서 경영학은 상호보완관계로 다루어져야만 한다. 경영학에서는 이론 없는 실무 또는 실무가 수반되지 않는 이론은 있을 수 없다는 점을 인식하지 않을 수 없다.

두 번째 관점인 경영학은 과학인가, 기법인가를 살펴보자. 학문으로서의 경영학이 이론적인 체계를 지닌 과학(science)인가, 아니면 예술, 미술 또는 공예와 같은 실무적이며 실천적인 단순한 기법(art)인가 하는 문제는 응용과학으로서의 경영학이 고유의 대상과 방법을 지닌 과학으로서 자립하기 위한 시련으로서 피할 수 없는 문제라고 할 수 있다. 과학과 기법이 구분되어야 한다는 관점과 경영학 고유의 특성과 성격 때문에 경영학계 자체 내에서도 경영학이 과학인가, 아니면 단순한 기법인가 하는 서로 상반된 주장을 하는 논쟁이 오래전부터 있어 왔다.

일반적으로 과학이란 경험을 통해 특정 대상에 관해 얻는 법칙이나 원리를 객관화하고 보편화한 것으로 이론성 내지 합리성과 실증성을 갖춘 지식체계라고 할 수 있다. 어떠한 학문이 과학으로 인정받기 위해서는 얼마만큼 체계화되어 있고 분명한 원칙들을 이론으로 기술할 수 있는가의 정도에 관련된다고 할 수 있다. 이러한 관점에서 경영학은 역사적으로 상당한 기간 동안 과학이라기보다는 하나의 기법으로 알려지고 그 같은 성향이 강했던 것도 사실이다. 그러나 제2차 세계대전 이후 점차 과학성이 제기되고 요구되어 그와 같은 요구에 학문적으로 부응하게 되어 오늘날에 와서는 그 어느 하나의 측면이 아닌 양자의 측면이 동시에 강조되고 인정받기에 이르렀다. 오늘날의 경영학은 이론과학임과 동시에 응용과학으로서의 성격을 함께 지니는 과학임과 동시에 기법이라고 할 수 있다. "지식 없는 기업은 맹목적인 것이며, 기능이 없는 지식은 무의미한 것"이라는 주장은 경영학의 학문성 그 자체를 잘 설명해 주고 있다고 하겠다.

이와 같이 경영학은 이론과 실천을 함께 추구하는 양면적 성격을 가질 뿐만 아니라 과학과 기법(기술)의 또 다른 양면적 성격을 가지고 있다고 할 수 있다. 결국 경영학은 경영

그림 1-6 경영학의 양면성

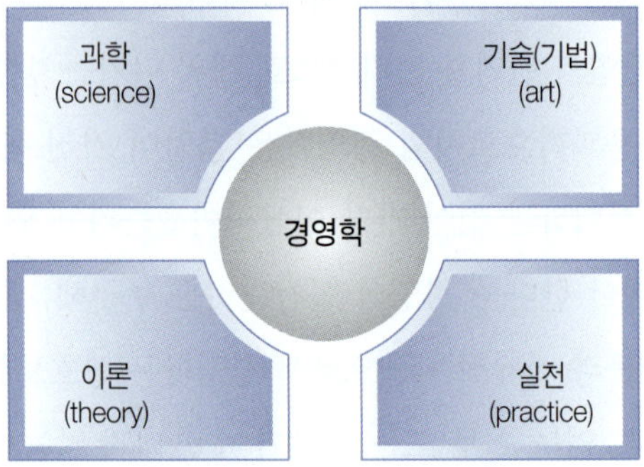

활동을 연구대상으로 하여 이론과 실천, 과학과 기법(기술)의 네 가지 측면을 모두 지니는 종합학문이라고 할 수 있다.

4. 경영학을 공부하는 이유

오늘날의 많은 사람들은 경영이라는 것에 매우 높은 관심을 가지고 이를 배우기 위해 노력하고 있다. 국가발전의 원동력이 기업을 통한 부의 창출이라고 한다면 이러한 역할을 담당하는 조직들을 어떻게 운영하느냐가 가장 중요한 관심사가 되는 것은 당연하다고 하겠다.

우리가 경영학을 배우는 이유를 정리하면 다음의 세 가지를 들 수 있다.

첫째, 궁극적으로 경영이라는 현상을 명확하게 설명하기 위하여 그 현상과 관련된 사항들의 상호관계를 체계적으로 밝혀 논리적인 설명과 더불어 인과관계를 밝히는 것이라고 할 수 있다. 이렇게 경영이란 현상에 대한 과학적인 분석은 궁극적으로 완벽하다고는 할 수 없지만 경영의 현상을 주도하는 경영자로 하여금 경영자가 부딪치는 현실 문제를 해결하는 데 많은 도움을 준다. 경영과정에서 발생하는 복잡다단한 현실을 압축한 지식체계를 이해한다는 것은 낯선 지방에 가기 전에 지도를 통해 그 길을 익히는 것과 같다고 할 것이다. 지도가 현실을 완전하게 반영하지는 못할지라도 길을 찾는 데 크게 도움이 되듯이 이론을 배움으로써 기초적인 지식을 습득할 수 있고, 새로 부딪히는 문제에 대해 합리적인 해결방법을 찾을 줄 알게 된다.

경영학을 공부해야 하는 두 번째 이유는 다른 사람에게 경영을 가르치기 위해서이다. 테니스 동작 하나이든, 운전이든 배우는 사람이 명쾌하게 이해할 수 있게 하려면 가르치는 사람 스스로가 분명한 지식체계, 즉 이론으로 무장되어 있어야 가능하다. 왜 빗길에 브레이크를 급하게 밟으면 위험한지를 분명하게 설명할 수 있을수록, 배우는 사람의 이해가 빨라지고 쉽게 잊히지도 않을 것이다. 부하에게 지시하고 설명할 때도 마찬가지이다. 경험이 많은 경영자라 해도 용어가 불분명하다든지 자신만이 이해할 수 있는 논리를 댄다면 상대방과의 커뮤니케이션도 어려워질 것이다. 용어를 올바르게 구사하면서 논리적인 설명을 할 수 있는 것은 경영자에게 꼭 필요한 자질이다.

마지막으로 경영학적 지식은 우리 삶의 질을 높일 수 있는 직접적인 지식도구가 된다. 다양한 사회조직의 경영자들은 경영학적 지식을 이용하여 궁극적으로 생산성을 향상시키고 결국 우리의 경제생활도 그만큼 윤택해지고 삶의 질도 향상되기 때문이다. 예를 들어 경영학적 지식을 통하여 성공적인 기업경영을 하게 되면 사회가 요구하는 충분한 제품과 서비스를 값싸게 제공하여 그들의 삶의 질을 향상시킬 수 있을 뿐만 아니라 기업조직 속에서 일하고 있는 종업원의 직무만족까지 증대시켜서 결국 인간의 삶에 공헌할 수 있게 된다. 즉 경영학을 배움으로써 기업조직 자체나 주주, 최고경영자의 이익에 국한하지 않고 소비자 생활의 질, 국가경쟁력 향상, 취업률 향상, 사회복지 증진, 자원 활용 등에 있어 큰 기여를 할 수 있게 된다.

이렇듯 이론으로서의 경영학은 시간과 공간을 초월하여 적용될 수 있는 보편타당성을 갖고 있고, 현실과 동떨어져 있어 가치가 없는 비현실적인 학문이 아닌 경영의 문제에 실질적인 도움을 줄 수 있는 실용성을 갖추고 있다고 하겠다.

잠시 쉬어가기

직장인이 경영학을 공부해야 하는 이유

많은 직장인들이 급변하는 환경변화로 인해 자신의 미래에 대한 불안감을 가지고 있다. 안정적인 삶을 꿈꾸며 입사한 지 1년이 되지 않아 공무원 시험을 준비하는 신입사원도 점차 늘어나고 있는 것이 현실이다. 불확실성의 시대에 개인이 생존하기 위해서는 경영학을 공부할 필요가 있다. 직장인이라면 평소 미래를 대비하기 위한 공부를 해야 하는데 많은 사람들이 미래에 대한 불안감만 가지고 하루하루 살다가 갑작스러운 경력단절 상황이 되어서야 미래에 대한 공부를 시작한다. 그때 시작하면 많이 늦을 수 있기에 직장에 다니는 시기에 미래 대비를 위한 공부를 해야 한다.

그럼 왜 경영학을 공부해야 하는가? 경영학은 학문으로서의 역사가 짧지만 기업활동을 기반으로 탐구하는 학문이다. 직장이 몸담고 있는 곳이 바로 기업이고 기업을 움직이는 원리를 알아야 업무를 하는 데 좀 더 수월하고 높은 성과를 낼 수 있다. 그리고 경영학 이론을 업무에 적용하면 개인이 좀 더 성장할 수 있다. 직장인은 언젠가 직장경력이 단절되는 시기가 온다. 이때 1인 기업가로 독립하거나 자영업자로서 새로운 삶을 살게 되는데 이 경영학 지식이 개인에게 많은 도움이 된다. 따라서 경영학을 공부한다는 것은 나의 미래에 대한 투자라고 볼 수 있다. 상당히 많은 사람들이 회사에 다니면서 경영학의 필요성을 느끼지 못하다가 개인적인 사업을 하게 되면서 뒤늦게 공부를 시작하게 된다.

경영학에서 다루는 학문의 범위는 굉장히 넓다. 크게 보면 사업전략, 마케팅, 인사/조직, 재무/회계, 생산관리 등 실제 회사에서 수행하는 모든 일을 다루고 있다. 또한 회사에서 수행되는 일의 대부분은 경영학 이론을 바탕을 프로세스가 구성되어 있다. 많은 직장인들이 "'이론'과 '현실'은 다르다"라고 말을 하면서 자신이 수행하고 있는 직무에 해당하는 경영학 이론을 공부하지 않는다. 'why'를 모른 채 일하다 보니 익숙해서 잘 사용하고 있지만 그 일에서 통찰력을 얻거나 성장하지 못하고 정체되는 일이 많다.

일을 할 때 그 일이 어떤 이론적 배경에서 왔는지 어디에 영향을 미치는지 탐구해야 한다. 일을 하다 무엇인가 막히거나 이상한 부분이 있다면 일하는 과정 중 이론에서 벗어난 부분이 생긴 것이고 그 원인과 결과를 살펴보면 일의 본질이 보이게 된다.

일의 본질을 아는 사람과 그렇지 못한 사람의 격차는 시간이 갈수록 벌어지고 결국 직무전문가로 성정하거나 숙련가로 머무르게 되는 안타까운 상황을 맞이하게 된다. 두산 박용만 회장도 예전 SBS스페셜 197회에 출연하면서 수행하는 일의 본질을 아는 사람만이 리더로서 성장할 수 있다고 말한 바 있다. "신입사원 면접 시 물어보면 '전략을 한 번 짜보고 싶습니다. 신사업개발을 해보고 싶습니다.' 이런 얘기를 하는데, 신입사원들한테 그런 일 못 시킵니다. 저는 분명히 얘기합니다. 자네들한테 신사업개발을 못 맡긴다! 왜? 아는 게 없으니까. 아직. 그러나 한 1년이나 2년이 지나고 난 다음에는 얼마만큼 더 하느냐에 따라서 그 사람의 미래가 달라진다는 얘기도 합니다. 처음 출발점에 섰을 때는 조그만 지식의 차이가 큰 차이를 만들지는 않습니다. 문제는 얼마만큼 스펀지 같은 마음자세가 있는가…. 단순반복하는 일로 시작을 하더라도 그 업무를 내가 왜 해야 하며, 내가 한 업무는 다음에 어떻게 이어지고, 그것이 회사의 더 큰 업무로 어떻게 연결되고, 이것은 어떠한 수익성과 연결되는지. 이런 생각을 하면서 지식을 빨아들이려는 생각을 가진 사람은 1년이 지나면 뭘 아는 게 없다가도 '뭘 좀 아는 사람'으로 변합니다. 그러면 금방 차이가 납니다. 리더가 될 사람은 "경영학을 공부한다면 처음부터 어려운 책으로 공부를 시작하기보다는 가벼운 책을 읽고, 전체적인 윤곽을 알고, 수행하고 있는 직무관련 도서를 깊게 탐독하면서 공부해 보는 것이 필요하다.

출처: 넥스트데일리(http://www.nextdaily.co.kr) 이규향의 직장생활백서, 2017.1.27.

토의과제

- 대학에서 경영학을 전공하지 않았음에도 불구하고 성공한 경영자들이 많다. 그렇다면 여러분이 대학에서 경영학을 배우는 이유는 무엇인가?
- "문학은 경영을 하는 데 많은 도움을 준다. 어떤 사업이라도 사람과의 관계를 다루는 것이 핵심인데, 문학은 바로 무엇이 사람을 움직이는가에 대해 잘 알게 해주기 때문이다." 이 글을 경영학을 공부하는 학생의 입장에서 토의해 보시오.
- 경영마인드와 행정마인드의 차이점을 설명하고 주변에서 그 사례를 찾아보시오.

참고문헌

- 김영규, 『최신 경영학원론』, 박영사, 1993.
- 서성무 · 이지우, 『경영학의 이해』, 형설출판사, 2006.
- 송인암 외, 『기업경영론』, 고려출판사, 2001.
- 조동성, 『21세기를 위한 경영학』, 서울경제경영, 2000.
- 지호준, 『21세기 경영학』, 법문사, 2004.

CHAPTER

02

조직, 기업, 경영자

붉은볼따오기에서 배우는 리더의 역할

철새들은 대장 한 마리를 앞세우고 뒤에서 수십 마리가 V자 대형을 이루며 함께 날아간다. 대장 새가 방향을 찾고, 다른 새들은 그를 따라가기만 하면 목적지에 쉽게 닿을 수 있기 때문이다. 또 대장 새가 날갯짓할 때 생기는 상승기류를 타면 뒤에서 따라가는 새는 날기가 훨씬 쉬워지기 때문이기도 하다.

그렇다면 가장 중요한 역할을 하는 대장은 어떤 새가 맡을까? 일반적으로 가장 경험이 많은 새가 대장 새가 된다고 알려져 있다. 그런데 최근 영국 옥스퍼드대학의 '붉은볼따오기'(Northern bald ibis)에 대한 연구에서 기존 통설과 다른 사실이 확인됐다.

대장 새의 자리, 즉 힘이 가장 많이 드는 맨 앞자리는 한 마리가 계속 도맡는 게 아니라 선두그룹의 몇 마리가 서로 교대를 하는 방식으로 전체 에너지 소모를 줄인다는 사실이 밝혀졌다. 즉, 가장 힘이 센 몇몇 새들이 함께 협력해 길잡이 소임을 맡고, 방향을 제시하고 다른 새들이 좀 더 쉽게 날 수 있도록 도와주는 역할을 수행하는 것이다.

일반 회사의 경영자는 물론이고 특정 조직 혹은 국가의 지도자를 생각하면 그 자신의 경험에 기초해서 지시나 지휘하는 모습이 먼저 떠오른다. 하지만 요즘처럼 혁신이 필수인 시대에서 조직이나 기업은 아무도 가 보지 않은 새로운 곳으로 나아가야 한다.

이런 시대에 경영자나 리더의 가장 중요한 역할은 뭘까. 지시나 지휘가 아니라 붉은볼따오기처럼 변화를 위한 방향을 제시하고 구성원들이 그 방향으로 나아가거나, 길을 모르는 이들이 변화할 수 있도록 도와주는 것이다.

지난 40여 년간 전 세계 정보기술(IT) 혁신을 주도한 마이크로소프트의 창업자 빌 게이츠도 붉은볼따오기의 생태에 동의한다. 그는 세계적 투자자 워런 버핏과의 대화에서 자신의 역할은 우수한 인재를 선발하고, 그들이 열심히 일할 수 있도록 도와주는 것이라고 이야기한 바 있다. 방향을 제시하고 구성원을 도와주는 것이 혁신을 위한 리더의 필수 덕목이다.

자료: 이준엽 / 경희사이버대 마케팅 · 리더십경영학부장, 한국일보, 2021.10.18.

"신경영, 스마트폰 세계 1위 주역"

이건희 회장은 지난해 10월 25일 78세를 일기로 별세했다. 2014년 5월 용산구 이태원동 자택에서 급성심근경색으로 쓰러져 입원 치료를 받은 지 6년 5개월 만이었다.

한국경제의 견인차 역할을 톡톡히 한 고인은 부친인 이병철 삼성 창업주 별세 이후 1987년 삼성그룹 2대 회장에 오른 뒤 탁월한 경영 능력과 안목으로 반도체와 모바일 등 분야에서 '세계 일류기업'의 토대를 닦은 경영인으로 평가받는다. 1942년 경남 의령에서 태어난 고인은 이병철 삼성 창업주의 셋째 아들로, 일본에서 중학교를, 서울에서 서울사대부고를 졸업한 뒤 일본 와세다 대학과 미국 조지워싱턴대학교 경영대학원에서 수학했다. 1987년 12월 이병철 창업주 별세 이후 삼성그룹 2대 회장에 올라 삼성그룹을 이끌었다.

이건희 회장의 인생을 한마디로 표현하면 파란만장했다. 그가 회장으로 취임했던 1987년 당시 1조 원이던 시가총액을 2012년 390조 원대로 40배나 성장시켰고 총자산 500조 원대로 성장시키는 성과를 일궈냈다.

◆ 이건희 회장 "마누라와 자식만 빼고 모두 바꿔라"

1987년 11월 이병철 삼성그룹 창업자가 타계하면서 그의 셋째 아들이 2대 회장에 올랐다. 이건희 회장 시대의 개막이었다. 이건희 회장 취임 후에도 삼성의 외형적 성장은 계속됐다. 하지만 주력회사인 삼성전자가 만들어 판매하는 제품은 글로벌 시장에서 여전히 '3류' 취급을 받고 있었고, '질'보다 '외형'을 중시하는 관습에 빠져 있었다.

삼성 경영진은 전년에 비해 얼마나 많이 생산하고 판매했는지 양적 목표에만 집중했다. 부가가치나 시너지, 장기적인 생존전략과 같은 요소는 소홀하게 취급했다.

이 회장은 1993년 2월 전자 관계사 주요 임원이 참석한 가운데 미국 LA에서 전자부문 수출 상품 현지 비교 평가회의를 개최했다. 그는 현지 매장의 한쪽 구석에 먼지를 뒤집어 쓴 채 놓여 있는 삼성 제품들을 살펴본 뒤 "먼지 구덩이에 처박힌 것에다가 왜 삼성이라는 이름을 쓰는가. 이는 주주, 종업원, 국민, 나라를 기만하는 행위"라고 통탄했다.

결국 1993년 6월 7일 임원과 해외주재원 등 200여 명을 독일 프랑크푸르트에 위치한 켐핀스키 호텔에 불러모았다. 그는 이 자리에서 "삼성은 이제 양 위주의 의식, 체질, 제도, 관행에서 벗어나 질 위주로 철저히 변해야 한다"며 삼성그룹 '신(新)경영'을 선언했다. "마누라와 자식만 빼고 모두 바꿔라"라는 그의 유명한 발언도 이 자리에서 나왔다.

이건희 회장이 외친 신경영은 양 위주의 외형만 강조하는 경영 관습을 타파하고, 질을 중점적으로 챙기는 새로운 경영구조를 만들겠다는 선언이었다. 이는 '프랑크푸르트 선언'으로도 불린다.

이후 이건희 회장은 프랑크푸르트 선언 이후 신경영 문화를 삼성에 뿌리내리기 위해 강력한 드라이브를 걸었다. 그 과정에서 삼성 임직원들에게 심리적 충격을 가하는 일들도 종종 시도했다. '라인스톱제', '휴대폰 화형식' 등이 대표적인 사례다.

라인스톱제란 생산현장에서 불량이 발생할 경우, 즉시 해당 생산라인의 가동을 중단하고 제조과정의 문제점을 완전히 해결한 다음 재가동함으로써 문제 재발을 방지하는 제도다. 라인스톱제를 가장 먼저 도입한 곳은 삼성전자 수원사업장 세탁기 생산라인이었고, 이후 모든 전자 관계사 사업장으로 확대됐다. 전자제품의 경우 1993년의 불량률이 전년도에 비해 적게는 30%, 많게는 50%까지 줄어들었다.

1995년 3월에 있었던 불량 무선전화기 화형식은 품질 사고 대책의 일환으로 수거된 불량 제품을 임직원들이 보는 앞에서 500억 원어치의 전자제품을 불태워버린 사건이다.

당시 삼성전자의 무선전화기 사업부는 품질이 제대로 갖춰지지 않은 상태에서 무리하게 완제품 생산을 추진하다 제품 불량률이 무려 11.8%까지 올라가는 심각한 문제를 드러냈고, 이 회장은 품질사고 대책과 향후 계획을 점검하면서 고객들에게는 사죄하는 마음으로 무조건 새 제품으로 교환해 주는 특단의 조치를 취했다.

이와 함께 수거된 제품을 소각함으로써 임직원들의 불량의식도 함께 불태울 것을 제안했다. 15만 대, 500억 원어치의 제품이 수거됐고 화형식을 통해 전량 폐기 처분됐다.

이건희 회장의 '신경영'은 삼성전자가 초일류 기업으로 거듭나는 데 결정적인 원동력이 됐다고 평가된다. 2000년대 초중반 무렵만 해도 삼성전자가 글로벌 기업으로 불리는 게 어색하게 들리기도 했다. 하지만 이제 삼성전자는 단지 글로벌 기업 수준을 벗어나 세계 전자 · 정보기술 업계에서 명실상부한 리더로 평가되고 있다.

2004년에는 일본 10대 전자업체를 합친 것보다 많은 순이익을 냈다. 이후 10여 년에 걸쳐 스마트폰 분야까지 글로벌 선두 업체로 자리잡았다. 이후 애플의 아이폰을 필두로 스마트폰 시장이 폭발적으로 확대되자 삼성전자는 소위 패스트 팔로워(Fast Follower) 전략을 사용해 스마트폰 시장의 강자로 자리매김하게 된다. 2007년에는 휴대폰 부문에서 모토로라를 누르고 세계 2위의 핸드폰 제조업체에 등재됐다.

2009년 스마트폰 시장에도 뛰어들어 갤럭시 라인업을 발표했으며, 스마트폰 시장에 뛰어든 지 2년만인 2011년 3분기 스마트폰 세계 1위에 오른다. 삼성전자는, 2012년부터, 노키아와 애플을 제치고, 전체 휴대전화 점유율 1위를 차지한다. 1992년 세계 최초 64M D램 개발을 시작으로 삼성은 반도체, 스마트폰, TV 등의 분야에서 글로벌 1위에 오르는 등 세계 초일류 기업으로 자리매김했다.

현재 삼성전자 브랜드 가치가 88조 원에 달해 세계 5위에 올랐다. 폴더블 스마트폰 등 혁신 제품을 만드는 첨단 기술 기업으로 글로벌 시장에 각인됐다는 평가가 나온다.

글로벌 브랜드 컨설팅 전문업체 인터브랜드가 지난 20일 발표한 '글로벌 100대 브랜드' 순위에서 삼성전자 브랜드 가치가 전년 대비 20% 성장한 746억 달러(87조9000억 원)라고 분석했다.

자료: 디지털조선TV, 김종훈 기자, 2021.10.25.

제1절 조직

1. 조직과 인간

인간은 조직 속에서 태어나 조직 속에서 죽는 존재이다. 로빈슨 크루소와 같이 무인도에 혼자 남겨진 사람이 아니라면 사람들은 어디에 살건 무슨 일을 하건 조직 속에서 생활을 하게 된다. 우리는 '조직의 사회' 속에서 살고 있다. 조직에서 태어나고 조직에 의해서 사회화되며 조직을 통해서 사회활동을 함과 동시에 자신들의 생활을 발전시켜 나가고 있다. 이와 같이 조직은 모든 활동의 기반이 되고 있으므로, 우리는 '조직의 시대'에 살고 있으며, 현대사회를 '조직사회'라고 해도 과언이 아니다.

'인간은 사회적 동물'이라고 한다. 바꾸어 말하면 인간은 조직을 필요로 하고 조직 속에서 살 수 밖에 없다는 말이다. 인간은 원래 혼자서 살아가기에는 부적절하게 태어났으므로 그들의 제한적인 힘을 합쳐 공동체를 만들고, 그 공동체를 통하여 공통된 목표를 추구한다는 것이다. 여기에서 공동체란 바로 사회를 지칭하며, 사회라는 개념은 다시 광의의 조직 개념과 유사하다고 할 수 있다. 환언하면 인간은 속성상 조직과 불가분의 관계에 있다는 것이다.

인간의 일상생활과 밀접한 관련을 맺고 있는 조직은 인간의 사회적 욕구에 따라 다양하게 분류될 수 있다. 조직 중에서도 경제활동을 수행하는 조직으로는 정부, 기업, 가계가 있다. 정부는 중앙정부와 지방정부로 나눌 수 있다. 기업은 정부가 경영권을 가지고 있는 공기업과 민간인이 경영권을 가지고 있는 사기업으로 나눌 수 있다.

사기업은 다시 영리기업과 비영리기업으로 나뉜다. 또한 정치적 목적을 지향하는 조직이 있으며 어떤 사회적 정의를 충족시키기 위해 갈등 조정에 관련된 통합적 조직, 예를 들면 사법부 조직들이 있으며, 교회와 학교와 같은 규범적인 조직이 있다.

이와 같이 조직과 인간과의 관계를 보면, 조직은 인간에 의해 구성되고 운영되지만 또한 인간은 조직에 귀속되고 조직이 없으면 생존할 수 없음을 의미한다는 것을 알 수 있다.

2. 조직의 정의와 존재이유

예로부터 인간들은 자신의 어떤 특정 욕구를 달성하기 위해 집단을 필요로 해왔다. 인간들은 경제적 · 지적 · 정서적으로 항상 다양한 욕구를 갖고 있다. 그런데 이러한 욕구는 인간사회에서는 혼자서 활동하여 달성하기는 어렵기 때문에 다른 인간들과의 협력을 통해서 달성하려고 한다. 하나의 개인은 타인과의 협력을 통하여 개인적으로 불가능한 목표를 조직적이고 집합적인 노력의 전개를 통하여 용이하게 달성할 수 있게 된다. 사람들은 혼자서는 할 수 없고 성취할 수 없는 것을 조직을 통하여 쉽게 할 수 있다는 것을 알기 때문에 조직의 구성원으로 참여하게 되는 것이다. 가정이라는 조직을 보면, 부부 혹은 부모와 자녀들이 모여서 보다 행복한 삶을 영위하기 위해 의식주를 같이 하고 있다. 여기에는 행복이라는 공통의 목표가 설정되어 있으며, 구성원 각자에게 역할이 주어져 있고, 부모와 자식 간에 서로 다른 권한과 책임이 있다. 부부로 구성된 가정의 경우 남편과 아내가 '둘이 함께 하면서 가정을 통해 행복을 추구한다'라는 공통의 목표를 포기하거나 각자의 역할을 저버리게 되면 이혼을 통해 조직이 해체된다. 이러한 예를 통해서 조직에 대한 정의를 내려보면 '조직이란 개인이 그들의 목적을 달성하기 위하여 상호작용을 전개하는 구조적 과정이다'라고 할 수 있으며 '다수의 인간들이 공통된 목적을 달성하기 위한 상호작용을 하고 조정을 행하는 유기적인 행동의 집합체' 라고 할 수 있다. 이러한 조직에 대한 정의를 통해서 조직의 존재이유를 설명하면 다음과 같다.

첫째, 사회적 이유 때문이다. '사람은 사회적 동물이다'라는 말에서 알 수 있듯이 사람들은 모여서 생활하는 데 익숙하다. 사람들은 어떤 집단에 소속되어 그 집단에 소속된 타인들과 여러 목적에서 인간관계를 유지하고 타인과의 만남을 통하여 자신의 실체를 확인하고자 한다. 인간은 자긍심을 충족시키고자 하는 사회적 욕구를 갖고 있는 것이다. 그리고 인간이 갖고 있는 이러한 사회적 욕구는 관계를 유지해 주는 구조인 조직을 통해서만 달성될 수 있기에 인간은 조직에 속한다는 것이다.

둘째, 학습적 이유 때문이다. 인간은 조직을 통하여 그들의 제한적인 지식이나 정보, 기술을 충족시킴으로써 자신의 목표를 달성하려고 한다. 만일 조직이 없다면 인간은 제한된 능력으로 인해 그들이 원하는 바를 얻기까지 많은 노력과 시간을 소비해야만 한다. 그러나 자신이 소속되어 있는 조직을 통해 혼자만으로는 불가능한 지식을 전수받거나 정보를 얻을 수 있고 또한 집합적인 연구를 통해 보다 진전된 학습을 할 수 있게 된다.

셋째, 경제적 이유 때문이다. 조직은 개인의 생계유지를 위한 주요 수입원이다. 개인이 제공한 노동력의 대가로 급료를 받게 되고 이것을 통해 삶을 유지하게 된다. 오늘날의 경제체제는 개인이 생산하여 소비하거나 교환하는 물물교환의 경제체제가 아니다. 화폐로 표시된 가격기능에 의해 생산되고 교환되고 소비되는 시장경제체제이다. 이러한 경제체제 속에서 인간은 그 교환의 매개가 되는 화폐를 얻는 가장 손쉬운 방법으로 조직 속에서 그 재원을 찾고 있다는 것이다.

넷째, 심리적 이유 때문이다. 인간의 욕구 중에서 안정의 욕구가 있다. 이는 사회적 동물로서 인간은 조직 속에서 활동함으로써 심리적인 안정과 소속감, 성취감을 갖게 된다는 것이다. 인간은 어떠한 조직에도 소속되지 못함으로써 갖게 되는 심리적인 불안정감보다는 어떠한 조직 속에 소속됨으로써 갖게 되는 사회적인 지위 확보와 신분의 안전 유지를 더 선호한다고 할 수 있다.

3. 조직의 특성

우리는 토요일 오후에 야구장에 모여 야구를 보는 일단의 인간의 집단, 즉 관중을 조직이라고 하지 않는다. 조직이 조직이라고 불릴 수 있으려면 다음과 같은 특성을 갖고 있어야 한다.

첫째, 공동의 목표가 있어야 한다. 조직은 구성원들이 함께 추구하는 공동의 목표를 갖고 있다. 이러한 조직의 목표는 추상적이고 일반적인 목적이 아니며, 내외의 조직환경에 적응하여 구체화되고 특수화된 것으로서 특정의 사업목적이나 생산목적, 판매목적 등이 이에 해당된다. 만일 명확한 목적이 없다면 어떠한 행동과 의사결정이 개인에게 요구되고 있는가를 알 수도 없고 예상할 수도 없다. 그러므로 조직의 각 구성원이 어떠한 행동을 하고, 어떠한 의사결정을 하느냐 하는 것은 조직의 목적에 의해 결정되는 것이다. 조직의 공통된 목적은 조직에서 개인의 의사결정 방향을 결정짓는 요소가 된다. 예를 들어 일반적으로 기업은 수익성을 추구하는 것이 그 구성원의 공동 목표라고 할 수 있으며, 군대조직은 궁극적으로 전쟁에서의 승리를 목표로 하고 있다. 그리고 행정조직은 철저한 대민서비스의 봉사를 통해 국민의 삶의 질 향상이라는 목표를 갖고 있는 것이다.

둘째, 분업을 통하여 협력한다는 것이다. 조직의 일들은 분업화되어 있다. 업무를 그 특성에 따라 세분한 다음 구성원의 능력에 따라 분담해서 추진하면 보다 전문성이 높아져 효율적으로 높은 성과를 거둘 수 있기 때문이다. 근대 경제학의 시초가 되는 영국의 아담 스미스(Adam Smith)는 『국부론(國富論)』에서 분업의 효과가 얼마나 큰가에 대해 설명하였는데, 핀(pin)을 만드는 공장에서 노동자 개인은 하루 20개 이상의 완성품을 만들지 못하지만 10명이 업무를 분담하여 전념할 경우에는 하루 생산량이 4,800개까지 늘어난 예를 들고 있다. 이처럼 인간은 분업을 통하여 훨씬 능률적으로 목표를 달성할 수 있음을 알기 때문에 조직을 구성하는 것이다.

셋째, 권한체계를 가지고 있다. 조직은 공동체인 만큼 대개 분명한 권한체계, 즉 계층구조를 가지고 있다. 조직이 원활하게 움직이게 하기 위해 조직의 구성원에게 각자의 역할에 따라 상이한 지위와 권한을 부여한다. 높은 지위에 있는 사람이 아랫사람에게 지시하고 감독하고 보고하는 권한체계를 갖추어야 한다. 조직은 명령을 하달하고 작업결과를 평가하고 그것에 대한 책임을 지는 상급자와 그 상급자에게서 시달된 작업내용을 충실히 실천하는 하급자들로 구성되어 있는 것이 보통이다. 인간들로 구성된 조직은 반드시 구성원 간의 갈등과 마찰이 있게 마련인데 이러한 갈등과 마찰은 조직의 성과에 나쁜 영향을 미치게 된다. 그런데 권한체계를 갖추고 있는 조직은 조정과 통제의 기능을 통해서 최소한의 갈등과 마찰이 있도록 하고 있다.

넷째, 조직은 목표를 달성하기 위해 반드시 고유한 운영법칙이나 규율을 갖고 있다. 이러한 운영법칙이 제정되고 적용되는 데 있어 강제성이 클수록 규범적인 조직의 성격을 띠고, 작을수록 자율적인 성격을 띠게 된다.

4. 조직의 구성요인

조직은 여러 가지 요소들의 유기적인 집합체라고 할 수 있다. 조직의 구성요소로서 일반적으로 인간, 구조, 과업, 기술 그리고 시설과 자금을 들 수 있다.

우선 조직이라고 한다면 이를 구성하는 인간(人間)이 있어야 한다. 인간은 조직구성의 제일 중요한 요소이다. 인간들로 구성된 조직은 계층적으로 구성되어 권한과 책임을 수행하게 되는 것이다. 다음으로 구조(構造)를 들 수 있다. 구조는 조직의 목표를 달성하기 위해 인간이 인위적으로 형성해 놓은 조직의 틀로서 어떤 조직이든지 조직 특성에 부합되는 조직을 가지려고 하고 있다. 이러한 구조는 조직이 수행하고 있는 기술이나 과업의 내용에 따라 달라진다. 예를 들어 자발적이며 창의적인 업무를 요하는 조직에서는 일

그림 2-1 조직의 구성요인과 상호관계

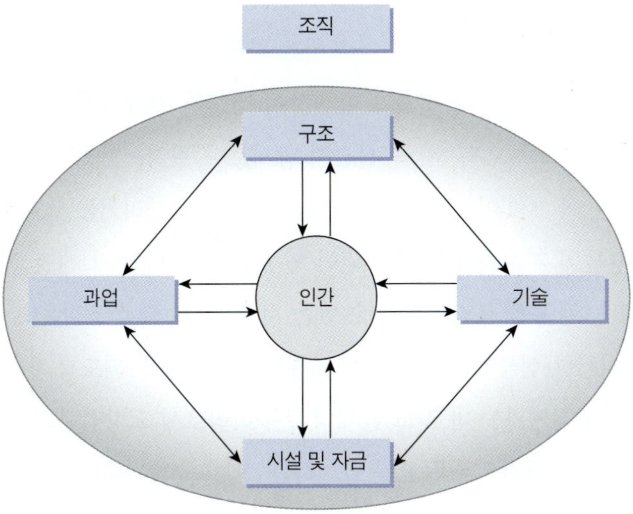

의 분할이 비교적 덜 엄격하고 권한 분산과 융통성이 있는 유기적 조직구조가 바람직하며, 일과 권한이 명확하게 구분되고 집중되어 있는 경우에는 기계적인 조직구조가 유효하다.

과업(課業)은 조직구성원인 인간이 조직의 목표를 달성하기 위하여 어떠한 조건하에서 무슨 일을 해야 하는지를 규정한다. 과업이란 인간이 조직의 구조 속에서 무슨 일을 할 것인가를 말하는 것이다. 기술(技術)은 과업을 행하는 구체적인 방법으로 여타의 구성요인들과 매우 밀접하게 관련되어 있다. 새로운 첨단기술의 도입은 관련 기술자에 대한 재교육은 물론 새로운 시설 도입 및 과업의 조정, 연구조직의 강화 등 조직구조의 변화도 수반한다. 마지막으로 시설과 자금의 역할은 인간에 있어서의 의복에 비유되듯 조직구성원이 목표를 원활하게 달성할 수 있도록 물리적 · 경제적 여건을 조성해 주는 것이다. 이상 다섯 가지의 조직구성요인들이 유기적으로 연결되고 상호보완적으로 작용함으로써 조직은 조직이 지향하는 목표를 달성할 수 있게 되는 것이다.

5. 조직과 시너지 효과

잘 짜여진 조직이 유능한 경영자의 지휘 아래 활동을 하면 큰 상승효과를 발생시킨다. 여기서 상승효과란 조직구성원 전체가 합심하여 생산한 결과가 구성원 개인이 혼자 노력하여 얻은 결과를 모두 모은 것, 즉 산술적 합계보다 질적 · 양적인 면에서 더 크게 된다는 것을 말한다. 즉 '1+1'이 2 이상의 효과를 낼 경우를 가리키는 말이다. 이것은 마치 오케스트라 단원들이 지휘자와 일체가 되어 연주를 하게 되면 각 개별 연주가들이 도저히 흉내 낼 수 없는 감흥을 불러일으킬 수 있는 것과 같다. 결국 조직은 공동의 목표를 가진 사람들이 모여서 자신들의 노력이 상승효과를 통해 극대화되도록 체계적으로 업무를 분담하는 단체이며 경영자는 바로 그 단체의 우두머리로서 교향악단의 지휘자와 같다고 할 수 있다. 조직은 개인적으로 목표를 달성하는 것보다 더 나은 가치를 창조할 수 있다고 판단될 때 형성되는 동시에 시너지 효과(synergy effect)가 유지되는 범위 내에서 존속될 수 있다.

조직에 대한 정의를 통하여 보면, 조직이란 '다수의 인간들이 공통된 목적을 달성하기 위하여 상호작용을 하고 조정을 행하는 유기적인 행동의 집합체'라고 할 수 있다. 이러한 조직에 대한 정의를 경영학에서 관심을 갖는 기업의 관점에서 정의한다면 '다수의 인간들이 그들의 공통된 목표를 달성하기 위하여 투입에 비해 보다 많은 산출을 생산한다는 경제성의 원칙에 입각하여 운영되는 유기적인 행동의 집합체'라고 정의할 수 있다.

기업에 대한 제반 이해는 이러한 조직의 관점에서부터 시작되어야 한다.

제2절 기업

1. 기업의 본질

'기업이란 무엇인가' 하는 기업의 본질에 관한 물음에 여러 가지의 답이 나올 수 있다. 이것은 기업이라는 조직의 형태에 대한 관점이 사람에 따라 다를 수 있기 때문이다. 기업을 보는 관점을 기업관이라고 한다. 기존의 여러 가지 기업관 속에서 일치하는 것들이 있게 되는데, 이것들을 기업의 본질적인 특성이라고 할 수 있다. 기업의 본질적인 특성에는 다음과 같은 것들이 있다.

첫째, 기업은 이윤을 추구하는 조직체라고 할 수 있다. 기업은 수익성 추구라는 공통의 목표 속에서 행동을 한다. 그런데 이러한 수익성 추구는 경제성(經濟性) 원칙에 입각하여야 한다. 경제성 원칙이란 경제적으로 가장 유리한 생산함수 및 요소결합의 실현을 모색하는 것으로 기업의 경영에 있어서 생산적인 변환과정에 관련된 기본원칙이라고 할 수 있다. 기업은 이윤을 통해 기업의 존재가치를 확인할 수 있고 이윤창출을 하지 못하는 경우 기업활동이 극단적으로 정지되기 때문에 어떠한 환경이나 조건 속에서도 이윤추구를 하게 된다. 그런데 기업이 이윤을 극대화한다는 경제적 목적만 인정한다면 부당한 경쟁이나 환경오염을 방치하면서라도 이윤만 추구하면 된다는 말을 인정하는 꼴이 된다. 기업은 사회가 기업에 기대하는 역할을 수행해야 한다는 사회적 목적도 함께 가지고 있다.

둘째, 기업은 사회적 특성을 갖는다. 기업은 사회적으로 고립된 존재로서는 그 가치가 무의미하다. 기업의 내부적인 사회적 특성으로서 기업은 인간집단에 의해 구성되는 사회적 유기체로서 인간이라는 구성원 간의 원만한 이해와 협동이 선행되어야만 기업의 목표를 달성할 수 있게 된다. 외부적인 사회적 특성으로서 기업은 저마다 기업에 대해 어떠한 이해적 요구를 가지고 있는 주주, 채권자, 노동조합, 경쟁기업, 소비자, 지역사회 및 정보 등의 여러 이해집단과의 상호작용 내지는 상호의존관계를 가지면서 이들 개인이나 집단과의 협동과 갈등 속에서 존속하는 존재라고 할 수 있다. 이러한 측면에서 기업은 거대한 사회시스템 속의 부분적 시스템으로서 이들 외부집단과 지속적으로 상호작용을 하는 작은 시스템이라고 할 수 있다.

셋째, 기업은 본질적으로 생산기능을 수행한다. 여기서 말하는 생산이란 효용가치를 창출・부가하는 모든 활동을 말한다. 다시 말하면 생산이란 사회가 요구하는 제품이나 서비스를 얻기 위해 기업의 자원을 결합하여 변환시키는 과정이라고 할 수 있다. 기업은 인간의 욕구충족을 실현시킬 수 있는 제품 및 서비스 등을 창출하는데, 이것은 결국 효용을 창출함을 의미하는 것이다. 기업이 창출하는 효용은 경영자의 경영관리능력에 의해 합리적으로 계획되고 통제된다고 할 수 있다.

넷째, 기업은 기술적 특성을 갖는다. 기업의 본질적인 기능인 생산기능을 수행하기 위해서는 기업은 경쟁우위적인 기술을 보유하고 있어야 한다. 기업이 생산에서 판매에 이

그림 2-2 사회 속의 기업의 위치

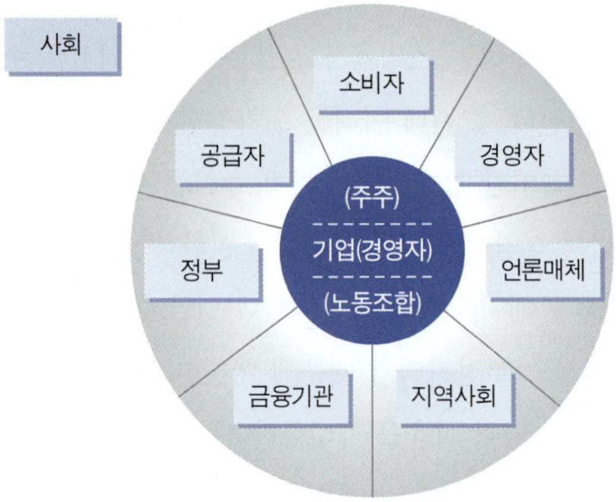

르는 무수한 과정 속에서 독창적인 기술을 보유하고 있지 않다면 그 기업은 존립할 수 없게 된다. 따라서 기업은 기업으로서 존재하기 위해서는 그 기업만의 기술을 보유하고 있어야 하며, 기술환경의 변화에 대처할 수 있는 기술개발능력을 보유하고 있어야만 한다.

2. 기업을 보는 관점의 변화

(1) 생산중심적 개념

기업의 본질은 이윤추구라고 하였다. [그림 2-3]에서 보는 바와 같이 기업을 블랙박스(black box)라고 볼 때, 이 블랙박스는 노동, 자본, 물자, 기술, 에너지 등의 투입물(input)을 물리적 · 화학적으로 가공하여 투입물과는 모습이나 성질, 가치가 전혀 다른 제품 또는 서비스라는 산출물(output)로 바꾸는 역할을 한다. 이때 산출물과 투입자원의 가치를 화폐로 환산한 것을 수익과 비용이라 부를 수 있고, 기업은 바로 수익을 극대화하고 비용을 극소화함으로써 차액인 이윤을 극대화하기 위해 만들어진 조직이라 할 수 있다. 이 표현은 대부분의 경영학 교재에서 설명하고 있는 기업의 개념과 일치한다.

그러나 근래에 와서 기업의 개념에 대한 이러한 전통적인 견해에 대해 비판이 일기 시작하였다. 기업을 [그림 2-3]과 같은 방식으로 운영해 보니 파산하는 기업도 많이 생기더

그림 2-3 전통적인 개념에서의 기업의 목적: Max P=Max R−Min C(P: 이윤, R: 수익, C: 비용)

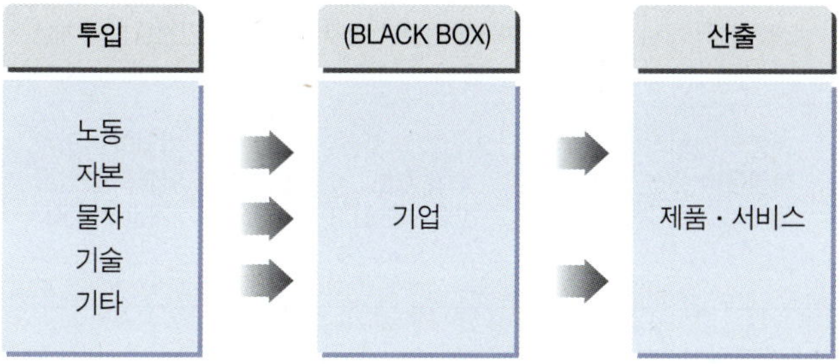

라는 것이다. 즉 기업이 만든 제품과 서비스가 제대로 팔리지 않으면 결국 기업은 문을 닫을 수밖에 없다는 것이다.

(2) 마케팅중심적 개념

그렇다면 [그림 2−3]에 숨어 있는 구조적 문제점은 과연 무엇인가? 그것은 바로 첫 번째 견해가 기업을 단순히 생산시스템으로만 보고 있다는 점이다. [그림 2−4]에서 보는 바와 같이, 기업이 제아무리 투입물보다 커다란 가치를 지닌 산출물을 생산하더라도 정작 이 산출물을 이용하고자 하는 고객, 즉 소비자가 이를 찾고, 구매하고, 소비해 주지 않는다면 기업은 원활하게 돌아갈 수 없고, 기업은 영속적일 수 없게 된다는 것이다. 즉 기업이 내놓은 제품과 고객이 내놓은 돈이 교환이 되어져야 기업은 그 돈을 가지고 다음 단계에서 필요한 투입물을 구입하여 다시 그 생산활동을 수행할 수 있는 것이다. 드러커(Peter Drucker)는 이러한 기업에 대한 견해를 '기업의 역할은 고객을 창출하는 것'이라고 간명하게 표현하였다.

그림 2-4 기업에 대한 마케팅중심적 개념

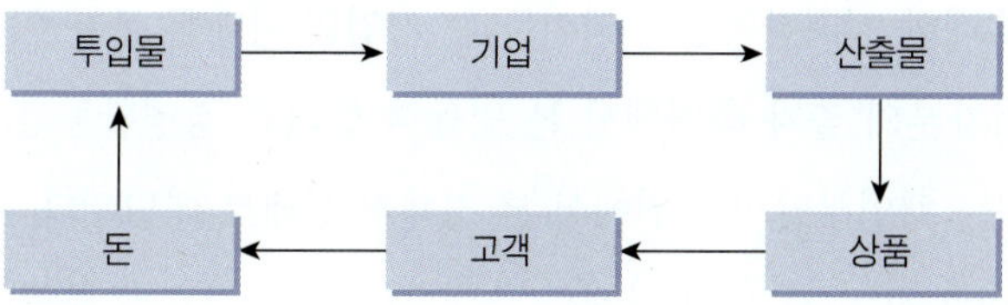

그림 2-5 기업을 보는 관점의 변화

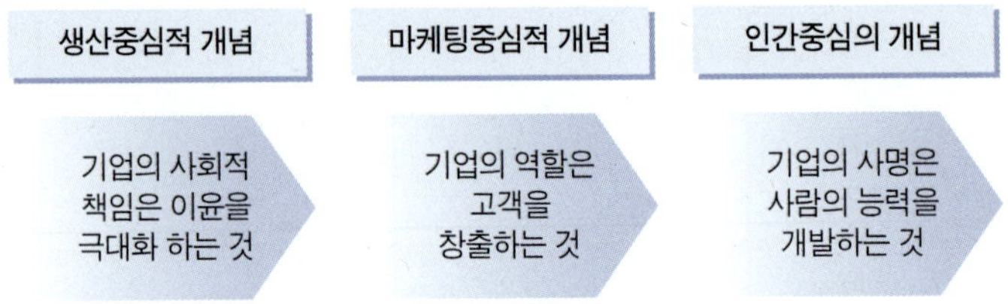

(3) 인간중심의 개념

토플러(Albin Toffler)는 1970년대 이후 산업사회가 정보화사회로 변화하는 과정에서 기업을 둘러싼 사회환경이 변화함에 따라 기업의 운명도 크게 바뀌리라고 예언하였다. 산업사회에서는 기업이 건물과 공장을 자산으로 삼아 여기에 인적 자원과 물적 자원을 비용으로 투입하여 이윤을 창출하고 있다고 한다. 그러나 정보화시대에서는 사람들이 창조적인 두뇌활동을 벌여 새로운 아이디어를 내놓고 이를 기초로 하여 가치가 창조될 것이기 때문에, 사람이야말로 건물과 공장을 대신해서 이윤창출활동에 가장 중요한 자산이 되어야 한다고 주장하였다. 따라서 '기업의 사명은 사람의 능력을 개발하는 것'이어야 한다는 입장이다.

3. 기업의 형태

기업의 형태란 기업의 종류로서 생산경제에 활용되는 생산수단의 소유와 경영지배의 구조적 관계를 나타내는 것이다. 즉 기업의 형태(forms of enterprise)는 출자 · 경영 · 지배의 관계를 의미하며 출자란 기업창설 시 기업의 자본을 거출하는 것이고, 경영이란 기업 설립 후 기업조직을 운영하는 것이고, 지배란 기업조직의 운영을 담당할 경영진의 임면 및 자본운용에 대한 지배감독권을 의미한다. 기업의 형태를 분류하는 기준은 여러 가지가 있으나 기업자본의 출자 측면에서 본 법률적 형태와 경영활동의 입장에서 실질적인 출자에 수반되는 책임부담의 측면에서 본 경제적 형태로 대별된다. 이에 따라 기업의 종류는 [그림 2-6]과 같이 크게 세 가지로 유형화하고 또 각각의 종류를 세분화시킬 수 있다.

그림 2-6 기업의 형태

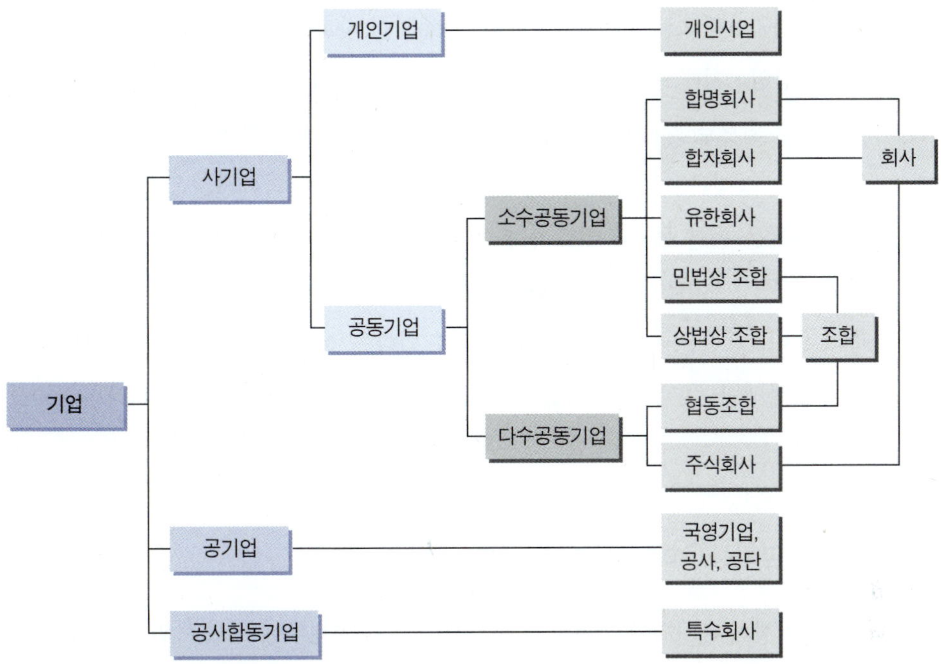

한편 사기업은 출자 · 경영 · 지배가 개인에 의해서 이루어지는 기업인 반면에, 공기업은 공적 기관, 즉 국가나 지방자치단체가 중심이 되어 출자 · 경영 · 지배를 하는 기업이고, 공사공동기업은 개인과 공적 기관이 공동으로 출자하고 경영하며 지배하는 기업이다. 그리고 사기업도 기업의 참여자가 단수냐 복수냐에 따라 개인기업과 공동기업으로 분류되며, 공동기업도 그 기업의 특성상 구성원의 인적 유대와 자본적 특성 중 어느 것이 중요한가에 따라 인적 공동기업과 자본적 공동기업으로 분류된다.

사회주의 경제체제하에서는 공기업 형태, 즉 국유, 국영기업이 중추적인 역할을 하고 있으며, 자본주의 경제체제하에서는 사적인 기업, 즉 개인회사와 주식회사 형태가 중추적인 역할을 하고 있다. 각각의 형태는 나름대로의 장단점을 갖고 있으며 일반적으로 개인기업에서 집단기업으로, 특히 법인형태로 발전한다고 볼 수 있다. 기업의 발생사적 측면에서 보면 개인기업에서 인적 공동기업으로 발전하고 자본적 공동기업으로 발전하는 형태를 보인다.

(1) 개인기업(Sole Proprietorship)

출자자가 1인으로, 자본의 출자를 한 개인이 하고, 단독적으로 경영하는, 원칙적으로 출자 · 경영 · 지배가 일치되는 기업으로서 가장 원시적인 형태이다. 한 개인이 출자하고 경영하게 되므로 소규모의 작은 사업에는 알맞으나 대자본을 필요로 하는 기업에는 부적당하다. 장점은 ① 자유로운 창설과 폐쇄, ② 신속한 의사결정을 통한 경영활동, ③ 이익의 독점을 통한 동기부여로 인한 적극적 경영, ④ 직접적인 고객 및 종업원과의 접촉을 통한 동기부여로 인한 양호한 관계의 유지, ⑤ 경영상의 기밀유지, ⑥ 불황 시 조업단축이 용이, ⑦ 작은 수요에 쉽게 적응할 수 있다는 점이다. 단점으로는 ① 부채 및 손실에 대한 무한책임, ② 한정된 기업의 영속성, ③ 한정된 자본조달능력, ④ 미약한 경영능력이 있다.

(2) 합명회사(Ordinary Partnership)

2명 이상의 출자자가 공동으로 출자하여 기업의 채무에 대해 사원 전원이 연대하여 무한책임을 지는 기업형태이다. 개인기업과 비슷하며 친밀한 관계에 있는 소수의 사람들이 인적 신용을 기초로 설립하는 것이 보통이다.

(3) 합자회사(Limited Partnership)

합자회사는 합명회사의 사원과 같이 직접 무한책임을 지는 사원과 회사채권자에 대해 출자액을 한도로 책임을 지는 유한책임사원으로 이루어지는 이원적 회사이다. 경영은 무한책임을 지는 출자자가 담당하고, 유한책임을 지는 출자자는 출자에 따른 이익의 분배에만 관여하게 된다.

(4) 유한회사(Private Company)

유한회사는 물적 회사 중 소규모인 회사이고 지분의 양도에는 사원총회의 특별결의가 필요하다. 사원의 책임은 유한임에도 불구하고 법의 간섭이 비교적 완화되어 있고 공시주의가 완화되어 있다. 유한회사는 주식회사가 간이화된 형태로서 중소기업의 경영에 많이 이용된다.

(5) 협동조합

협동조합은 재화나 용역의 구매, 생산, 제공 등을 협동으로 함으로써 조합원의 권익을 향상시키고 지역사회에 공헌하는 사업조직을 말한다. 공동으로 운영되고 민주적으로 운영되는 사업체를 통하여 공통의 경제적 · 사회적 · 문화적 필요와 욕구를 충족시키고자 하는 사람들이 자발적으로 결성한 자율적인 조직이다. 협동조합은 기본적으로 조합원들이 자발적으로 만든 조직으로서, 일반기업보다 훨씬 더 조합원들의 의견을 존중하며 민주적으로 운영된다. 왜냐하면 협동조합은 근본적으로 자본구성체가 아니라 인적구성체이기 때문에 민주적 운영이 매우 중요한 핵심특징이기 때문이다.

협동조합의 조직과 운영에는 다음과 같은 네 가지 원칙이 있다. 첫째, 사업의 목적이 영리에 있지 않고 경제적 약자 간의 상호부조에 있다. 둘째, 임의로 설립되며 조합원의 가입 · 탈퇴가 자유로워야 한다. 셋째, 조합원은 출자액의 다소에 관계없이 일인일표의 평등한 의결권을 가진다. 넷째, 잉여금을 조합원에게 분배함에 있어서는 출자액의 다소에 의하지 않고 조합사업의 이용분량에 따라 분배를 실시한다는 것이다.

협동조합은 형태나 운영방식이 다양하다. 우리나라는 법률을 제정하여 협동조합의 활동을 지원하는데, 법률의 지원을 받는 조합으로는 농업협동조합, 수산업협동조합, 산림조합, 엽연초생산협동조합, 중소기업협동조합, 새마을금고, 신용협동조합, 소비자생활협동조합과 같은 여덟 개 조직이 있다.

(6) 주식회사

주식회사는 고도 자본주의 경제의 대표적인 기업형태이다. 경영학의 연구실체 중 자본적 공동기업으로서 주식회사는 경영학의 학문적 연구의 중심을 이룬다. 주식회사는 스스로가 갖는 특성 때문에 거액의 자본조달이 쉽게 가능하고, 기업규모의 대형화와 규모의 경제적 이익을 누릴 수 있게 되며, 경제발전과 성장에 괄목할 만한 기여를 할 수 있다. 주식회사는 하나의 자본단체로서, 그것이 주주의 출자재산을 바탕으로 설립되었기 때문에 자본의 결합이 중요한 것이지 인적 결합이 중요한 것은 아니다. 주식회사가 갖는 자본적 기업으로서의 특성은 다음과 같다.

① **자본의 증권화**: 출자의 단위를 소액단위의 균일한 주식으로 세분하여 출자를 용이하

게 하고 이를 증권시장에서 매매가 가능하도록 하여 소유권 이전을 용이하게 하였다. 즉 시장의 단기자금을 기업의 장기고정자본으로 전환하는 역할을 한다.

② **소유와 경영의 분리**: 자기자본비율에 비례하여 회사의 소유권을 가지지만 경영은 전문경영인을 고용하여 맡긴다. 즉 약간의 지배력도 없는 부의 소유권과 약간의 소유권도 없는 부의 지배를 의미한다.

③ **유한책임성**: 출자자는 출자의 범위 내에서 유한책임을 진다. 즉 개인의 자본능력에 따라 책임의 한계가 결정된다.

④ **규모의 경제 실현**: 소액단위의 자본을 집합하여 대규모의 자본을 형성하여 생산원가의 절감 및 정보수집 용이, 시장지배력의 강화를 꾀할 수 있다.

⑤ **대리경영에 의한 이사제도**: 주주총회, 이사회, 감사의 삼권분립의 구조를 갖고 있다.

(7) 공기업

자유기업제도에서는 민간인들이 출자한 사기업이 효율적인 경영의 바람직한 모델로 간주된다. 그러나 국가의 재정수입, 독점방지, 사회적인 공공이익을 위하여 필요한 경우에는 국가나 지방자치단체가 직접 출자하고 운영하게 된다. 이러한 기업을 공기업이라고 하는데, 주로 공공이익을 위한 전기, 가스, 전신, 철도, 수도 등 민간기업이 경영하기 어려운 사업영역과 국가정책적인 주택, 도로, 조폐사업들이 있다.

잠시 쉬어가기

포춘지가 뽑은 세계에서 일하기 가장 좋은 기업은?

DHL익스프레스가 '세계에서 일하기 좋은 기업' 1위로 선정됐다. DHL익스프레스는 일하기 좋은 기업 선정위원회(Great Place to Work, 이하 GPTW)와 포춘지(Fortune Magazine)가 공동으로 발표한 '세계에서 일하기 좋은 기업'에서 2017년 8위, 2020년 2위에 이어 올해 1위를 기록했다고 26일 밝혔다.

세계에서 일하기 좋은 기업은 △공정성, △신뢰도, △존경심, △자부심, △동지애 등 5가지 항목을 바탕으로 평가된다. DHL익스프레스는 직원들의 업무 가치를 기업 전략으로 세웠다. 지난해부터 시작된 코로나19 팬데믹에도 고용 안정과 직원 복지에 초점을 맞춰왔다. DHL 익스프레스 글로벌 최고경영자(CEO) 존 피어슨(John Pearson)은 "2009년부터 DHL 익스프레스는 '포커스 전략'을 토대로 직원들의 동기부여를 증진하고, 그들에게 가장 먼저 선택받는 회사가 되는 것을 목표로 삼아 왔다"며 "전 세계 220개국 11만 명의 직원이 하나의 전략에 따라 움직이는 것은 큰 용기나 다름없다"고 말했다.

자료: EBN 산업경제신문. 정민주 기자, 2021.10.26.

제3절 경영자

1. 경영자의 정의 및 중요성

경영은 기업의 비전과 목표를 달성하기 위해 계획하고 실행하고 이를 평가하는 일련의 동태적 과정이다. 그러나 비인격체라고 할 수 있는 기업은 이와 같은 활동들을 스스로 수행하지는 못한다. 즉 기업의 방향을 결정짓고 경영활동을 직접 수행하는 주체가 있어야 하는데 이러한 역할을 담당하는 인격체가 바로 경영자이다. 따라서 경영자는 경영을 총괄하면서 경영에 대한 책임을 지게 된다.

경영자는 기업체 구성원의 역할 및 행동을 규정하는 사람으로서 기업경영에 없어서는 안 되는 중요한 요소이다. 왜냐하면 사회는 조직 없이 움직일 수 없고, 기업조직은 경영자 없이 그 어떤 것도 할 수 없기 때문이다. 기업은 여러 사람이 공동의 목적을 달성하기 위해 고안된 조직이며, 조직의 방향을 결정하는 사람이 바로 경영자인 것이다.

2. 경영자의 유형

경영자의 유형을 구분하는 기준에는 첫째, 소유와 경영의 분리과정에 따른 경영자 유형, 둘째, 위계수준에 의한 구분, 셋째, 직무범위에 의한 구분을 할 수 있다.

첫째, 소유와 경영의 분리과정에 따른 경영자 유형은 소유경영자와 고용경영자 그리고 전문경영자로 분리할 수 있다.

① **소유경영자**: 소기업을 소유하고 운영하는 사람이라는 의미로 소유경영자(owner manager) 또는 기업가(entrepreneur)라는 용어를 쓰고 있다. 기업가라는 용어는 기업의 소유권을 가지고 있으나 운영에는 참여하지 않는 자나 대기업을 소유하고 있는 경영자 등의 개념은 제외한다. 그러므로 기업가 정신이라고 하면 직접출자도 하고 관리도 하면서 혁신기능을 담당하는 기업가의 자세를 의미한다. 특히 미국의 경우 기업가라고 하면 소기업의 소유경영자를 의미하는 경우가 많다. 그러나 우리나라의 경우 기업가라고 하면 소기업의 소유경영자에만 국한되는 것이 아니라 대기

그림 2-7 소유와 경영의 분리과정에 따른 경영자 유형

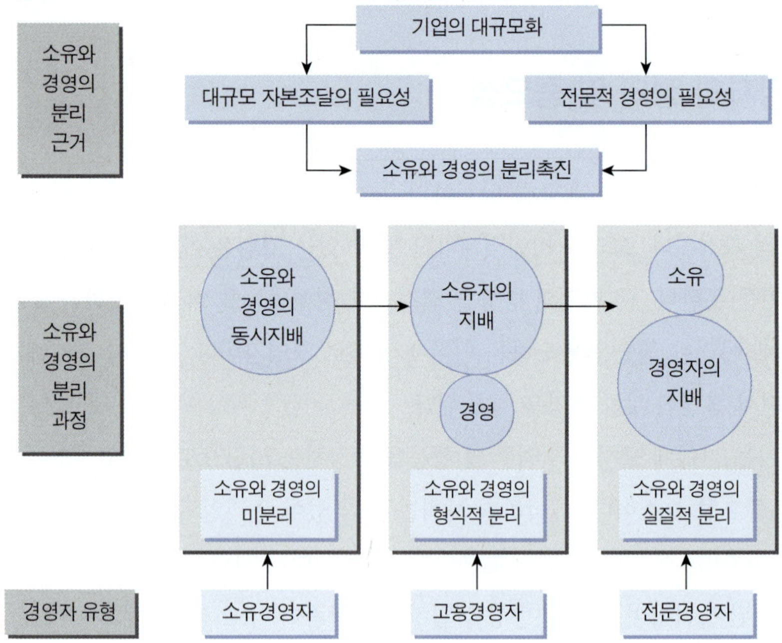

업의 경영자까지 포함하는 개념으로 보아야 할 것이다. 이는 미국의 경우 대기업은 소유와 경영의 분리현상이 상당히 진전되어 있지만, 우리나라의 경우에는 대기업의 소유와 경영의 분리문제가 최근의 당면문제로 등장하고 있기 때문에 기업규모에 관계없이 소유경영자를 의미하는 것으로 보아야 할 것이다.

② **고용경영자**: 고용경영자는 기업규모가 차츰 커지고 경영활동의 폭과 내용이 점점 복잡해짐에 따라 기업가 혼자서 경영관리기능 전부를 담당하기 어려운 단계에서 출현하게 된다. 즉 소유경영자에게 고용되어 경영관리기능의 일부 또는 전부를 위탁받아서 소유경영자의 자산증식을 도와주는 대리인으로서의 경영자를 말한다. 이러한 고용경영자는 경영관리의 전문적 지식과 기술을 지니고 있지만 자본가나 기업가의 이익을 대변할 뿐 실질적으로 소유경영자의 성격과 대동소이하다.

③ **전문경영자**: 전문경영자는 소유경영자에게 고용되어 있는 것이 아니라 자본과 경영이 분리된 전문경영체제하에서 주주들로부터 경영활동에 대한 제약을 그다지 받지 않고 자신의 전문적 지식과 계획하에 경영활동을 수행하는 사람을 말한다. 소유와

경영이 완전히 분리되지 않은 우리나라의 경우 전문경영자가 존재하지 않는다고 할 수 있지만, 과거와는 달리 오늘날에는 전문경영자라고 한다. 대부분 이들 경영자들이 소유권에 종속되어 있기 때문에 완전한 전문경영자라고 할 수는 없지만 단순한 고용경영자와는 달리 나름대로 영향력과 자율성을 지니고 있어 전문경영자라고 하고 있다.

경영자 계층을 형성하고 있는 경영자의 유형을 위계수준(位階水準)에 의해 일반적으로 다음의 세 가지로 구분하고 있다.

① **최고경영층**: 최고경영층은 이사회에서 결정된 기본방침을 실천에 옮기기 위한 전반적이고 총괄적인 관리기능을 담당하며, 기업의 장기적인 목표와 전략을 수립하고 기업의 사회적 책임도 지는 경영자이다. 일반적으로 임원에 해당하는 이사급 이상의 상층부에 있는 경영자를 의미한다. 따라서 경영관리활동의 계획, 지휘, 조정 및 통제를 담당한다.
② **중간경영층**: 중간경영층은 최고경영층에 의하여 결정된 집행방침과 위양된 권한의 범위하에서 보다 구체적인 관리지침을 수립하여 하위경영층을 지휘 · 감독하고 근로자에게 직접 명령을 지시하는 경영자이다. 중간경영층은 대체로 부장, 차장, 과장 등의 직급에 해당하는 경영자를 지칭한다. 중간경영층은 최고경영층과 하위경영층 중간에서 상호 간의 이견을 조정하고 원활한 의사소통을 돕는 역할을 수행한다.
③ **하위경영층**: 하위경영층은 현장에서 직접 작업을 담당하는 근로자나 사무원을 지휘 · 감독하는 경영층으로서 작업경영층 또는 일선경영층이라고도 한다. 일반적으로 생산현장의 직장, 조장, 반장 등의 감독자와 사무직의 계장 또는 대리에 해당하는 직책이다.

마지막으로 직무범위(職務範圍)에 의해 다음과 같이 분류할 수 있다.

① **전반경영자**: 기업 전체를 총괄적인 차원에서 경영하는 사람을 지칭하며, 총괄경영자라고도 한다. 최고경영층을 전반경영자라고 한다. 전반경영자는 직능경영자로부터 발생하는 각 부문 간의 이해 상충을 조정 · 통합하는 역할이 중요해진 경영환경

속에서 이러한 역할을 담당하게 된다.

② **직능경영자**: 생산, 마케팅, 재무, 인사 등 기업의 한 부문활동에만 책임을 지고 있는 경영자로 부문관리자라고 한다. 중간경영층과 하위경영층을 부문관리자라고 한다.

3. 경영자의 직능

생산성이 경영성과에 대한 궁극적인 척도라면 경영활동과정은 생산성을 달성하기 위한 수단이다. 이러한 관점에서 경영은 생산성을 추구하는 과정이라 할 수 있다. 이와 같은 관점에서 경영자의 직능은 계획화, 조직화 및 충원, 지휘, 통제라고 할 수 있다. 성공적인 경영활동을 계속하려면 먼저 기업목표를 과학적으로 설정하여 여러 자원을 효율적으로 활용할 수 있도록 의사결정을 하고 잘 집행하여야 한다. 그러면 관리과정을 구성하는 네 가지 기능을 간단히 살펴보기로 한다.

① **계획화**: 계획화는 임무와 목표, 그리고 이들을 달성하기 위한 행동방안을 선택하는 것을 포함한다. 다시 말해서 계획화는 의사결정, 즉 여러 대안들로부터 미래의 행동과정을 선택하는 것이라 할 수 있다. 계획화는 우리의 현재 위치와 미래에 우리가 도달하고자 하는 지점과의 간격을 연결해 준다. 계획은 미래의 여러 가지 예측 가능한 상황들에 대해서 사전에 대비할 수 있도록 해준다. 비록 미래를 정확하게 예측하는 것이 불가능하고 예상하지 못했던 사건들로 인하여 수립된 계획이 정확하게 달성될 수 없는 경우도 있지만, 계획이 없으면 사람들의 행동은 목표가 없이 우연에 맡겨지게 될 것이다. 그리고 업무수행을 위한 환경을 조성하는 데 있어서 기업의 구성원들로 하여금 그들의 목적과 목표, 수행해야 할 과업 및 이런 사항들을 수행함에 있어 준수해야 할 지침 등을 알게 하는 것은 기본적인 요소로서 매우 중요하다.

② **조직화**: 수립된 계획을 수행하기 위하여 인적 및 물적 자원을 결합하고 할당하는 것을 조직화 및 충원이라고 한다. 즉 조직화 및 충원은 앞으로 수행하게 될 과업에 따라 조직구조를 구축하고, 조직에 맞는 인원을 배치하며, 이들에게 자원을 공급함으로써 계획을 집행할 수 있도록 한다. 조직화는 기업의 구성원들이 담당할 역할구조

를 의도적으로 설정하는 경영관리의 한 분야이다. 목표를 달성하기 위해 필요한 모든 과업이 설정되고, 그러한 과업을 최선을 다해 수행할 수 있는 사람에게 할당되도록 한다는 의미에서 의도적이라고 할 수 있다. 충원은 설계된 조직구조에 의해 마련된 지위를 채우고 그 채워진 상태를 유지하는 활동이다.

③ **지휘**: 지휘란 구성원들이 부여받은 업무를 자발적으로 수행하도록 그들에게 의욕을 불어넣어 주고 영향력을 행사하는 경영자의 기능을 말한다. 즉 이것은 경영관리의 대인관계적 측면과 밀접하다. 모든 경영자들은 기업의 구성원들의 가장 중요한 문제들이 그들의 욕구와 태도, 개인 및 집단으로서의 그들의 행동으로부터 일어나며, 유능한 경영관리자가 되기 위해서는 효과적인 지도자가 될 필요가 있다는 사실에 동의한다. 지휘는 다른 사람의 작업노력을 행동계획에 맞는 방향으로 유도하는 것으로 경영목표를 효과적으로 달성할 수 있도록 기업의 구성원들이 각자의 직무를 충실히 수행하도록 지도하고 격려하는 것을 말한다.

④ **통제**: 통제는 기업구성원들의 행동결과가 계획에 일치되도록 하기 위하여 구성원들의 활동을 측정하고 수정하는 일이다. 따라서 통제는 목표와 계획에 대한 성과를 측정하고, 목표와 성과에 차이가 있는 곳을 발견하여, 이 차이를 수정하기 위한 행동조치를 취함으로써 계획의 달성을 보장하는 것이다. 계획은 특정 목표를 달성하기 위해 경영자가 제 자원을 사용하는 방법을 제시해 준다. 그리고 제 활동은 계획된 행동에 일치하고 있는가의 여부를 결정하기 위하여 점검을 받게 된다. 통제활동은 일반적으로 목표달성의 측정과 관련이 있다.

4. 경영기술

기술이란 지식을 행동으로 옮겨 결과를 낳게 하는 능력을 말한다. 경영자에게 중요한 경영기술이란 기업의 구성원으로 하여금 효율적이고 효과적으로 업무를 수행할 수 있도록 도와주는 것이다. 일반적으로 전문가 또는 기술자라고 하면 특정 분야의 일에 정통하기 때문에 다른 사람보다 훨씬 그 일을 잘할 수 있는 능력의 소유자를 말한다.

오늘날의 기업은 기업경영에 정통한 전문경영자에 의해 주도되는 것이 현실이다. 그러므로 경영자가 계획화, 조직화 및 충원, 지휘, 통제 등 일련의 경영활동과정을 성공적으로 수행하기 위해서는 이에 필요한 전문적 능력을 갖추어야 한다. 경영기술이란 바로

그림 2-8 경영기술의 상대적 중요성(경영자의 Skill Mix)

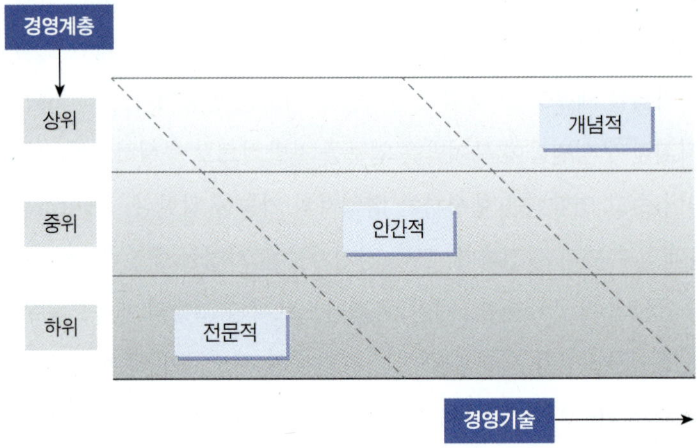

경영자가 자신의 직무를 훌륭하게 수행하는 데 요청되는 구체적 능력, 즉 경영직무를 잘 수행할 수 있는 능력을 의미한다. 이러한 경영기술은 경험, 교육훈련, 실무 등을 통해서 학습되고 개발 · 향상될 수 있다는 특성이 있다.

카츠(R.L. Katz)에 의하면 어떠한 경영자든 그가 성공하기 위해서는 전문적 · 인간적 · 개념적인 세 분야에 관한 기술을 갖추고 있어야만 한다고 주장하였다. 첫째, 전문적 기술(technical skill)은 방법, 과정 또는 절차에 관하여 특수하게 숙달된 기술 또는 전문지식을 사용할 수 있는 능력이다. 외과의사, 변호사, 회계사 등은 담당 분야의 전문적 기술을 지니고 있어야 하듯이 경영자들 역시 자신들이 책임지고 있는 업무를 정확히 파악할 수 있는 충분한 전문적 기술을 지니고 있어야 한다. 둘째, 인간적 기술(human skill)은 개인으로서 또는 집단으로서 다른 사람들과 같이 일하고, 그들을 이해하며, 그들에게 동기를 부여할 수 있는 능력을 말한다. 즉 인간적 기술은 다른 사람과 협동하여 작업하는 능력으로서, 대인 간의 신뢰, 열의 및 인간관계의 형성을 통해서 습득될 수 있다. 훌륭한 인간적 기술을 갖춘 사람은 자신을 올바르게 인식하며 다른 사람의 감정을 이해하거나 또는 움직이는 뛰어난 능력을 가지고 있다. 특히 많은 대인관계를 갖게 되는 경영자에게 있어서 인간관계적 기술은 매우 중요하다. 왜냐하면 경영자는 기업 내에서는 그가 다른 사람들과의 대인관계를 유지할 필요성이 빈번히 발생함은 물론 자신이 책임지고 있는 단위조직의 부하들을 통솔해야만 하기 때문이다.

개념적 기술(conceptual skill)은 기업의 모든 이해관계와 활동을 조정 · 통합할 수 있는 정신적 능력이다. 다시 말해서 이는 기업조직을 전체로 보고 각 부분이 어떻게 의존관계를 유지하고 있는가를 통찰할 수 있는 능력을 말한다. 이 기술이 특히 경영자에게 요구되는 이유는 어느 한 요인의 변화가 다른 요인 및 기업 전체에 어떤 영향을 미치게 되는가를 그의 의사결정과정에서 총체적으로 고려해야 하기 때문이다. 훌륭한 경영자는 조직 또는 상황을 총체적으로 파악하여 모든 이해관계자에게 이익이 되도록 문제를 해결할 수 있는 능력을 가져야 한다.

앞에서 지적한 경영기술은 모두 경영자에게 중요한 요소이지만 [그림 2-8]에서 볼 수 있듯이 각 요소들의 상대적 중요성은 개별 경영자가 속한 경영자 계층에 따라 다르다. 전문적 기술은 기업의 하위계층에서 특히 중요시되며 상위로 올라갈수록 그 중요성이 낮아진다.

반면 최고경영자일수록 기업 전체에 영향을 미치게 되는 포괄적이고 장기적인 의사결정에 임하는 가능성이 높기 때문에 개념적 기술은 상위계층일수록 중요시된다. 그리고 인간관계적 기술은 어느 계층에서나 거의 비슷한 비중으로 중요시된다. 경영이란 본래 다른 사람을 통해 목표를 달성시키는 과정이기 때문에 전문적인 기술과 개념적인 기술을 충분히 지니고 있어도 기업의 구성원과 원만한 인간관계를 형성하지 못하면 목표한 성과를 달성하기 어렵다.

5. 경영자의 역할

지금까지 경영자의 직무를 논의하면서 경영자의 직무를 규정하고 있는 두 가지의 중요한 측면에 대하여 설명하였다. 첫째, 기업활동을 체계적으로 관리하기 위해서는 경영자가 일련의 경영활동과정, 즉 계획화, 조직화 및 충원, 지휘, 통제를 수행해야 하고, 둘째, 경영자가 성공적으로 경영목표를 달성하기 위해서는 세 가지 유형의 경영기술, 즉 전문적 기술, 인간관계적 기술, 개념적 기술을 습득 · 활용해야 한다는 것이었다. 마지막으로 거론될 수 있는 경영자의 직무에 대한 또 하나의 측면은 경영자에게 요구되는 활동 내지는 역할이다. 역할이란 어떤 지위에 요구되는 행동범주를 말한다.

민츠버그(Mintzberg)는 경영자들이 어떻게 시간을 소비하며, 어떠한 일을 하고 있느냐를 실증적 관찰자료에 근거하여 설명하였다. 그는 어떤 계층의 경영자를 막론하고 공

그림 2-9 경영자의 역할

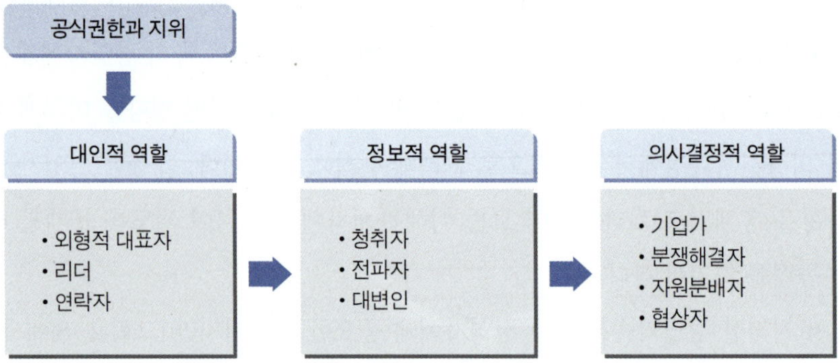

식적 권한과 지위로부터 비롯되는 대인적 · 정보적 · 의사결정적 역할을 수행하고 있다고 하였다. 이와 같은 관계는 [그림 2-9]에 나타나 있으며 구체적으로 설명하면 다음과 같다.

① **대인적 역할**: 기업을 경영하기 위해서는 기업 내외의 많은 사람들과 접촉하고 원만한 관계를 유지해야 한다. 대인적 역할이란 경영자가 기업을 계속적으로 원만히 운영하는 데 필요한 역할이다. 경영자가 담당해야 하는 중요한 대인적 역할에는 다음의 세 가지가 있다.
첫째, 기업의 외형적 대표자로서의 역할이다. 한 단위조직의 장으로서 경영자는 방문자의 접견, 기업구성원의 관혼상제에 참석, 고객접대 등의 의식적인 일을 수행함으로써 외형적 대표자로서의 역할을 하게 된다. 둘째, 리더로서의 역할이다. 종업원의 채용, 훈련, 동기유발 등을 담당하는 지휘자로서의 역할을 말한다. 셋째, 연락자로서의 역할이다. 이는 기업 내에서는 동료, 기업 밖에서는 공급자나 고객 등과 같은 제 이해집단과 접촉함을 의미한다.

② **정보적 역할**: 경영자의 직무에서 가장 중요한 업무는 정보를 수집 · 전달하는 것이다. 사실 어느 경영자라도 올바른 결정을 내리기 위해서는 정보를 필요로 하며, 그의 부서 또는 기업 내의 다른 사람들 역시 경영자로부터 수신되는 정보와 경영자를 통해 전달되는 정보에 의존하고 있다. 경영자가 수행해야 할 중요한 정보적 역할은 첫째, 청취자(monitor)로서의 역할이다. 경영자는 조직 안팎으로부터 정보를 입

수할 수 있는 위치에 있기 때문에 신속 · 정확하게 정보를 확보할 수 있고 종업원의 관심 밖에 있는 다양한 분야의 정보를 또한 수집하여야 한다. 이러한 역할을 통하여 그 회사에서 가장 정보에 밝은 사람이 되는 것이다. 둘째, 전파자(disseminator)로서의 역할이다. 이는 기업 내부의 하위계층에게 필요한 주요 정보를 전달해 주는 역할을 의미한다. 셋째, 대변인(spokesperson)으로서의 역할이다. 이는 그가 수집한 정보의 일부를 그 자신의 부서 혹은 기업 외부의 사람들에게 전달해 주는 역할을 말한다.

③ **의사결정적 역할**: 경영자는 수집된 정보를 바탕으로 기업과 관련된 내 · 외부의 문제에 대해 언제나 최종적인 결정을 요구받고 그 결과에 책임을 진다. 경영자의 의사결정적 역할은 다음의 네 가지로 분류된다.

첫째, 기업가(entrepreneur)로서의 역할이다. 이는 경영자가 기업의 성장과 발전을 위해 솔선수범하며 창의적 노력을 하는 것이다. 둘째, 분쟁해결자(disturbance handler)로서의 역할이다. 이는 노사분규, 고객의 파산, 계약위반 등과 같이 기업 내외에서 각종 애로사항이 발생했을 때 이에 대한 적극적 해결방안을 모색하는 것을 의미한다. 셋째, 자원분배자(resource allocator)로서의 역할이다. 이는 경영자가 그 기업의 자원을 어떻게 그리고 누구에게 배분할 것인가를 결정하는 역할이다. 자원배분의 의사결정이 현명하게 이루어질 때 경영성과가 커지게 되는 것이다. 넷째, 협상자(negotiator)로서의 역할이다. 이는 공급업자와 계약을 한다든지 노동조합과의 견해 차이를 해소한다든지 혹은 마케팅전문가와 거래를 시작하는 등의 역할이다. 경영자는 이러한 협상자로서의 시간을 소비하는 경우가 많은데, 그 이유는 경영자만이 상대 협상자가 필요로 하는 정보와 권한을 소유하고 있기 때문이다.

잠시 쉬어가기

CEO유형

중소기업을 운영하는 나뿐만 아니라 대부분 경영자는 시간이 부족함을 느낄 것이다. 하루 24시간이 부족하다는 경험을 많이 하고 주변 경영자들도 그런 이야기를 종종 듣곤 한다. 그런데 어떻게 게으를 수 있단 말인가! 회사의 돌아가는 제반 사항을 꿰뚫어야 하고 외부 고객들의 변화에 민감해야 하며, 문제가 발생하는 징조를 조기에 발견하고 대응책을 마련해야 하며, 직원들의 심리, 사기(士氣), 능률, 분열 기타 등등을 파악하지 않고서 어떻게 경영할 수 있을까 하는 의문이 남는다.

먼저 '멍부'가 최악의 지도자인 이유를 다음과 같이 설명하고 있다. 멍청하고 게으른 지도자는 잘못된 결정을 내리더라도 그 결정을 바로 실행에 옮기지 않기 때문에 결정 이후 잘못된 결정을 바로 잡을 수 있는 시간이라도 있다는 것이다. 하지만 멍청하고 부지런한 지도자는 잘못된 결정을 내린 뒤 바로 실행해 버리기 때문에 바로잡을 기회조차 주지 않는다는 이유로 최악의 지도자 유형이라 한다. 그럼 '똑부'가 '똑게'보단 좋을 것 같다. 올바른 결정을 바로 실행까지 옮기니 이보다 좋을 수 없다고 생각해 본다. 그런데 왜 저자는 '똑게'가 가장 좋은 지도자 유형이라고 할까?

'똑부'는 본인은 유명해지지만, 회사와 조직 발전에는 이득을 주지 못한다고 한다. 경험에 비추어 볼 때도 지도자가 모든 업무를 챙기고 관리하다 보면 직원들이 은근히 지도자의 책임으로 전가하는 것을 본다. 잘 돼도 경영자 몫, 못 돼도 경영자 몫이 되다 보니 자연스럽게 조직원들은 의욕을 가질 수 없다. 해보고자 하는 열정도, 사기도 저하되는 경향을 볼 수 있다. 이러한 환경 속에서 더 큰 문제는 바로 좋은 리더가 배출될 수 없는 조건이라는 것이다. 위 사례를 볼 때 책임감 없고 성취감을 느껴보지 못하고 자란 임직원이 어떻게 좋은 의사결정을 하는 리더로 자랄 수 있을까? 모든 결정을 '똑부'가 다 해버리면 중간관리자들은 의사결정을 내리는 연습 기회조차 얻지 못하는 것이다.

분명 인력도 자본도 부족한 스타트업이나 중소기업에서는 '똑부'와 같이 일해야 한다는 것에 나는 절대적으로 동의한다. 하지만 이보다 더 중요한 것은 좋은 인재가 자랄 수 있는 환경을 제공해야 하는 일 또한 경영자로선 매우 중요한 과제가 아닐 수 없다. 해야 할 일과 하지 말아야 할 일을 정하는 것이 너무 어렵지만 중요하다는 사실을 배운다. "완벽하다는 건 무엇 하나 덧붙일 수 없는 상태가 아니라 더 이상 뺄 것이 없을 때 이루어지는 것이다.

(생텍쥐페리)" 양희종 ITNJ 대표

출처 : 경상일보(http://www.ksilbo.co.kr), 이재명 기자, 2020. 07.22.

토의과제

- 프로와 아마추어는 어떤 점에서 차이가 있나?
- 오다 노부가나, 도요토미 히데요시, 도쿠가와 이에야스, 이 세 사람이 어느 날 두견새를 소재로 시를 읊었다.

  – 노부가나: 울지 않는 두견새는 죽여야 한다.
  – 히데요시: 울지 않는 두견새는 울게 해야 한다.
  – 도쿠가와: 울지 않는 두견새는 울 때까지 기다려야 한다.

  위 시를 통해서 세 사람을 어떻게 평가할 수 있는가?
- 자신이 경영자라고 한다면 자신과 같은 사람을 고용해서 많은 월급을 주겠다고 거침없이 이야기할 수 있겠는가?

참고문헌

- 김영규,『최신 경영학원론』, 박영사, 1993.
- 김영규,『이야기로 여는 경영학의 세계』, 법문사, 2004.
- 서성무 · 이지우,『경영학의 이해』, 형설출판사, 2006.
- 송인암 외,『기업경영론』, 고려출판사, 2001.
- 이재규 편저,『피터 드러커 경영키워드 365』, 사과나무, 2006.
- 조동성,『21세기를 위한 경영학』, 서울경제경영, 2000.
- 지호준,『21세기 경영학』, 법문사, 2004.

CHAPTER

03

경영이론의 진화

경영은 교양이다

사실을 전달하는 기사를 정리할 때 흔히 육하원칙이 그 기본이 된다. 언제, 어디서, 누가, 무엇을, 왜, 어떻게 했는가 하는 것이다. 이들 여섯 가지 중 단 한 가지에 대한 대답만 미흡해도 사실이 그대로 전달될 수 없으며, 때로는 오해와 갈등을 불러일으키기도 한다. 학교에 있는 연구자나 학생, 아니면 기업에서 실무를 맡고 있는 경영자와 종업원을 불문하고 경영의 고전을 단 한 권이라도 정독하면서 저자와 철학과 논지를 음미해 본 적이 있는 사람을 찾기란 사실 쉽지 않다. 솔직히 학창시절에는 과제물이나 발표를 위해서 주마간산식으로, 연구자로서는 논문의 참고자료 정리를 위해서 한 번 훑어보는 식으로, 그리고 일반 회사원으로서는 새로운 경영기법만을 중시해 고전은 아예 멀리함으로써 결국 단 한 권의 고전도 숙독해 보지 못하고, 경영의 진실이 무엇인지도 깨닫지 못하는 경우가 대부분인 것이다. 그러나 변화의 시대와 혼전의 시대일수록 "기본으로 돌아가자"라는 말에는 바로 고전에 해결책이 있다는 뜻이 담겨 있다. 스스로에게 다음과 같은 질문을 던져 보자.

- 페욜의 열네 가지 관리원칙이 조정과 협력을 바탕으로 한 것이라는 사실을 알고 있는가?
- 버나드가 이미 1930년대에 시스템적 관점을 확립했다는 것을 알고 있는가?
- 고객중심의, 진정한 의미의 현대경영학이 피터 드러커에 의해 시작되었다는 것을 알고 있는가?
- "경영학의 고전이론은 죽지 않는다"라는 허버트 사이먼의 말을 알고 있는가?
- 경영학자보다 컨설턴트에 의해 경영의 글로벌화가 진행되었다는 사실을 알고 있는가?
- 마이클 포터의 경쟁전략이 하버드학파의 산업조직론에서 나왔다는 것을 알고 있는가?
- 하멜과 프라할라드가 "익숙한 것과 이별하라"라고 한 이유를 알고 있는가?
- 콜린스와 포라스가 "시간을 알려주기보다 시계를 만들도록 해야 한다"라고 주장한 이유를 알고 있는가?

물론 아는 것과 실천하는 것은 다르지만 "역사를 움직이는 것은 다름 아닌 바로 아이디어다"라는 필립 코틀러의 말처럼 어려움에 직면한 경영자일수록 고전에서 더 많은 새로운 아이디어와 지혜를 얻을 수 있을 것이다.

교양이란 '학문, 지식, 사회생활을 바탕으로 이뤄지는 품위 또는 문화에 대한 폭넓은 지식'을 의미한다. 자본주의나 사회주의라는 이념에 관계없이, 그리고 일정한 시스템을 대상으로 하는 학문의 폭과 내용에 관계없이 조직사회에는 경영활동이 요구된다. 이처럼 인간에 대한 이해, 집단과 조직 및 사회에 대한 이해, 그리고 나아가서는 우리를 둘러싸고 있는 환경에 대한 이해를 위해서 경영은 가장 근본적인 교양의 영역으로 정립되어 가고 있다. '국민의, 국민에 의한, 국민을 위한' 민주국가를 내세운 링컨 대통령의 말에 비유하자면 경영이란 '조직의(of the people), 구성원에 의한(by the people), 고객을 위한(for the people)' 것이라고 재해석할 수 있을 것이다.

자본주의의 발달과 사회주의의 몰락은 사유재산을 인정하고, 자유경쟁을 바탕으로 영리를 추구한다는 자본주의 정신이 인간의 성취지향적 성향을 대변한다는 사실을 의미하는 것으로 해석될 수도 있지만 그렇다고 인본사상이나 기업의 사회적 책임, 그리고 평등의식이 간과되는 사회가 바람직하다고는 할 수 없을 것이다. '관료제는 조직경영을 위한 필요악이다'라는 현대적 해석에서 보듯이 경영의 고전에서 제시된 논지와 원리는 제거의 대상이나 무조건적인 비난의 대상이 아니라 새롭게 되새길 만한 지혜의 원천으로 간주되어야 할 것이다.

자료: 박기찬 · 이윤철 · 이동현, 경영의 교양을 읽는다, 더난출판, 2011.

제1절 경영이론의 발달

1. 경영이론의 필요성

어떤 학문을 배우고자 하는 사람은 그 학문의 발달과정을 살펴보는 것이 매우 중요하다. 따라서 경영학을 배우고자 할 때 먼저 경영학의 발달과정, 즉 경영학사를 살펴보는 것은 필수라고 할 것이다. 경영활동을 기초로 하고 또한 기업을 연구하는 경영의 학(學)으로서의 경영학에 대한 관점이 다양하게 존재해 왔다. 이는 연구대상과 연구방법이 제각각 다르기 때문인데, 경영학의 보편타당한 진리를 발견하기 위해서는 이 같은 다양한 선행의 학설과 학파의 특성을 살피고 비교·분석하는 것이 새로운 경영원리의 발견과, 경영학의 보다 발전된 체계적 연구를 위해서도 매우 중요한 일이라고 할 수 있다.

하나의 이론으로서의 경영이론은 궁극적으로 기업경영에서 생기는 무수한 문제의 본질을 파악하고 이러한 문제들의 해결을 위한 보편타당한 방법을 찾아내는 데 있다. 사회과학으로서의 경영이론은 말 그대로 이론이다. 여기서 이론이라 함은 우리가 관심을 갖고 관찰하는 현상을 명확하게 설명하기 위하여 그 현상과 관련되는 사항들의 상호관계를 체계적으로 밝혀 주는 정리된 지식의 집합이라고 할 수 있으며, 또한 이론은 우리가 사는 세상의 이치를 더 잘 이해하고 미래를 예측하는 데 도움을 준다.

경영이론은 경영자가 수행해야 할 효과적이고 효율적인 기능이 무엇인가를 제시해 주는 것으로서 복잡해지는 경영환경에서 주먹구구식이 아닌 체계적인 방법으로 경영현장의 다양한 문제를 해결하기 위한 최선의 틀인 것이다. 오늘날의 경영자들은 과거의 경영자들로부터 경험을 학습하고 이론을 통해 시행착오의 반복을 피하거나 보다 나은 의사결정을 내리고자 한다. 이 점에서 경영이론은 오늘날의 경영자들이 필수적으로 학습할 필요가 있는 경영지침인 것이다. 마치 전쟁에 참전하는 군사에게 무기가 있어야 하듯이, 경영에 참여하는 경영자들에겐 경영이론을 무기로서 갖추고 있어야 하는 것이다.

2. 경영이론의 3대 그룹

전통적인 입장에서의 경영이론의 발달은 시대에 따라, 또 장소에 따라 경영의 제반 문제를 보는 관점과 접근방법의 차이에 따라 상당한 차이를 보여주고 있다.

경영학의 시발은 멀리 17세기까지 거슬러 올라가지만 주로 19세기 말에서 20세기 초에 걸쳐 학문적 기초가 형성되었다고 볼 수 있다. 이 시기에는 대량생산시스템이 요구되던 시기인데, 거대해지는 조직을 효율적으로 조직화하는 문제와 작업현장의 생산성을 높이는 일이 중요한 과제였다. 이런 관점에서 테일러(F. Taylor)와 포드(H. Ford)의 과학적 관리학파와 경영과학학파를 중심으로 한 과업중심의 경영이론이 체계화되었다.

그 후 근로자들의 의식수준과 생활수준이 높아지면서 조직구성원의 인간관계, 예를 들면 종업원의 근무사기를 높이는 일이 경영자의 가장 큰 관심거리가 되었는데, 이는 인간관계론학파와 행동과학파를 중심으로 한 인간중심의 경영이론을 낳았다. 또한 과업중심이론이나 인간중심이론에 반하여 페욜(H. Fayol)의 이론에 영향을 받고 인간관계론에 대한 반발로 버나드(C.I. Barnard)와 사이먼(H.A. Simon)은 조직구조를 중심으로 한 구조중심의 이론을 전개하였다.

과업, 인간, 구조중심의 경영이론은 현대에 있어서도 기업경영의 현장에서 광범위하게 적용되고 있기 때문에 그 이론적 호소력이 감퇴되지 않고 있다. 그러나 제2차 세계대전 이후부터 현재에 이르기까지 시스템이론이나 상황적응이론이 현대경영이론의 중대한 맥락을 형성하고 있다. 시스템이론은 조직을 하나의 유기체로 설명하려는 이론으로 생물학의 영향을 받아 경영학의 대상을 작업생산성이나 인간관계처럼 단편적으로 볼 것이 아니라 생명을 가진 조직체를 관리하는 것으로 보고 그 조직의 내부와 외부세계를 포함하여 전체적인 관점에서 볼 것을 주장하는 이론이다. 상황이론은 모든 상황에 적합한

그림 3-1 경영이론의 3대 그룹

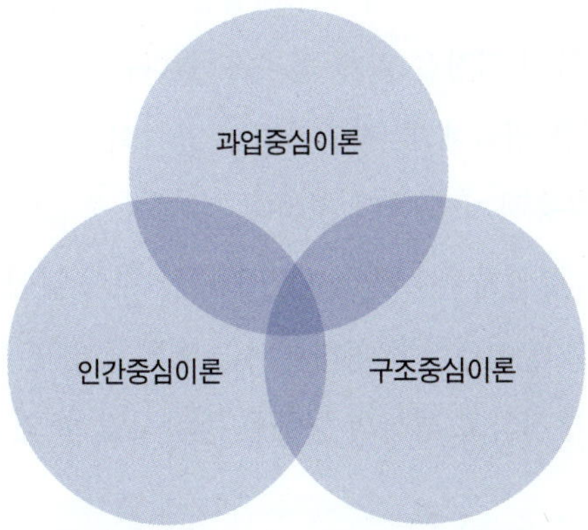

경영이론은 없고 조직이 처한 특별한 상황에 따라 문제의 해결책도 다르다는 입장에서 전개된 이론이다.

제2절 과업중심의 경영이론

과업중심의 경영이론은 미국 경영학의 아버지라 할 수 있는 테일러(F. Taylor)를 중심으로 한 과학적 관리법과 포드(Ford)시스템, 그리고 그 뒤를 따르는 경영과학학파로 이어지는 이론을 말한다. 이들 이론들은 생산현장에서의 직무를 중심으로 한 이론이나 기법들과 유관하다. 과업중심이론에서의 경영의 중요한 목적은 종업원을 어떻게 하면 최대한 활용하여 생산성을 높일 수 있느냐에 있었다.

1. 테일러의 과학적 관리론

(1) 발생배경

19세기 후반, 산업혁명이 급속하게 진행되는 가운데 미국 기업들은 풍부한 수요와 자본을 바탕으로 생산량 제고 및 생산성 향상의 압력을 받는 가운데 노동력 부족을 해결해 나가는 것이 최우선 과제였다. 반면에 노동자들은 생산비 절감과 능률증진에 기초한 임금제도와 관리방식에 불만을 품고 조직적인 태업을 은근히 전개하고 있었다. 실제로 노동자들은 생산성이 증가하면 직장을 잃게 될 수도 있다는 두려움, 업무량 증가를 제대로 보상하지 못하는 불완전한 임금체계, 작업방법과 규칙의 비효율성 등으로 인해 경영자의 생산성 향상 지침에 부응하지 못했던 것이다. 이때의 종업원들은 대부분 교육수준이 아주 낮은 사람들이었고, 경영자들도 경영이론에 관한 지식 없이 상식, 경험과 직관에 의존해 기업을 경영해 나갔다. 이러한 상황하에서는 어떻게 하면 노동자들의 조직적 태업(systematic soldiering)을 방지하고 생산의 능률을 향상시킬 수 있을 것인가가 경영자들의 중대한 관심사였다.

테일러는 산업사회에서 발생하는 경영 및 노동문제의 원인을 주먹구구식 경영방식(rule of thumb methods)과 원칙 없는 표류관리(drifting management)에 의한 노동의 비효율적 이용 때문으로 보았다. 따라서 이러한 문제점을 해결해 나가기 위해서는 과학적인 관리원칙(scientific management principles)이 있어야 한다고 생각하였다. 말하자면 업무수행방식을 결정하는 데 있어서 과학적 수단을 이용하는 것이 종업원 각자의 경험에 의존하는 것보다 더 우수하리라고 보았던 것이다. 따라서 그는 작업과 작업자의 관리에 초점을 맞춘 과학적 관리론을 주창하기에 이르렀다.

(2) 테일러시스템의 본질

테일러의 과학적 관리법의 본질은 기업에서 일하는 종업원들에게 '완전한 정신혁명'을 일으키는 데 있었다. 일에 대한 의무, 동료에 대한 의무, 사용자에 대한 의무 등의 문제에 있어서 그들에게는 물론 동시에 경영자 측의 직장 · 현장감독자 · 사업주 · 이사회 등에도 철저한 정신적 혁명을 일으키려고 했다. 노사 쌍방에 철저한 정신적 혁명이 없으면 과학적 관리는 존재하지 않는다는 것이다.

과학적 관리의 본질을 이루는 위대한 '정신적 혁명'의 의미는 노사 쌍방의 사고와 태도의 변화에 있으며 이 변화는 쌍방의 이익으로 연결된다는 데 있다.

이제까지의 제조업에서의 사용자 측과 노동자 측의 관심은 공동의 노력에 의해서 얻어지는 이익을 어떻게 하면 바르게 분배할 것인가에 있었고 전자는 더 많은 '이익'을 원했고, 후자는 더 많은 '임금'을 요구하게 되므로 양자의 공통의 관심은 잉여배분의 문제로 집약되었다. 이것이 바로 노동분쟁의 원인이 되었던 것이다.

그러나 과학적 관리법의 실시로 정신적 태도에 일대변혁이 일어났는데, 잉여의 배분문제를 절대적인 중요사항으로는 생각하지 않고 오히려 잉여의 증대에 눈을 돌리게 되었다. 또한 생산현장에서의 자신의 주관적인 판단을 멈추고 정확한 과학적 연구나 지식의 활용이 절대적으로 필요하다는 것을 인정하게 되었다는 데 과학적 관리법의 의의를 찾을 수 있다.

(3) 테일러시스템의 원리

이와 같은 과학적 관리의 본질에 따라 테일러는 주먹구구식의 종래의 관리방법을 비판하고 과학적 관리방법의 장점을 기술하면서 다음과 같이 과학적인 관리원칙이 있어야 한다고 주장하였다.

첫째, 과학적인 작업방법으로서 관리과학의 개발이다.

테일러는 경험을 통해 노동자들은 자신들의 능력을 최대한 발휘하지 않고 있음을 알아내고 이러한 노동자들의 태업이 고질적으로 생산현장에 내재하고 있으며 이러한 노동자 태업의 근본원인은 경영자들의 주먹구구식 경영 때문이라고 생각하였다.

노동자들이 자신의 생산성을 최대로 발휘할 수 있도록 하기 위해 작업에 관한 일련의 행위를 면밀히 분석한 후 거기에 맞는 작업원칙 및 관리방법을 개발하여야 한다는 것이다. 따라서 테일러는 우선 노동자가 하루에 적당하게 할 수 있는 작업량, 즉 표준과업을 과학적으로 결정하기 위하여 시간연구(time study)와 동작연구(motion study)를 하였다.

둘째, 종업원의 과학적인 선발, 훈련, 교육, 개발, 배치이다.

종래와 같이 노동자에게 그가 할 일을 스스로 택하고 그가 할 수 있는 최선의 방법으로 스스로를 훈련하도록 할 것이 아니라 그들을 과학적으로 선발하고 훈련, 교육, 개발해야 한다는 것이다. 노동자들을 채용한 후 실시하는 작업훈련은 한계가 있다고 보고 처음부터 작업에 적합한 사람들을 과학적으로 선발해야 한다고 하였다.

셋째, 성과급제도이다. 그 당시에는 시간제 임금이 지배적이었으나 테일러는 생산량과 직접적으로 결부된 성과급 제도가 노동자들의 작업동기를 높이는 데 가장 적합하다고 보고, 근로자들이 하루에 생산한 양에 비례하여 사람마다 다른 임금을 받도록 하는 인센티브 제도를 권장하여 능률의 증진을 꾀하였다.

넷째, 기능별 감독제도이다. 작업의 내용이나 성격이 바뀌면 그 작업을 관리 · 감독하는 사람도 바뀌어야만 노동자들이 해야 할 자신의 작업에 집중할 수 있다고 보았으며 작업의 계획, 지시 및 평가 등은 각 기능별 감독이 전담하게 되어 생산성을 높일 수 있다고 하였다. 한 사람의 감독자가 부하들의 작업 전반을 감독하게 하던 당시의 관행으로 볼 때 이 제도는 대단히 혁신적인 것으로 받아들여졌다.

(4) 테일러시스템의 문제점

이상의 과학적 관리론은 그 당시 기업의 최대목표였던 생산성을 향상시키는 데 많은 기여를 하였다. 그러나 인간을 톱니바퀴의 나사와 같은 기계적 인간이나 돈에 따라 움직이는 경제적 인간으로 설정함으로써 태업 및 인간관계의 문제를 유발하였다. 이를테면

과학적 관리론의 방식을 준수해서 과업을 빨리 수행하면 자기들의 일거리가 없어질 수 있다는 인식에서 태업이 좀처럼 종결되지 않았다. 몸이 약하거나 기술이 부족한 동료를 위해 자신의 생산성을 일부러 낮춤으로써 직장 내 과업표준이 상승되는 것을 방지하는 등의 일들이 발생하였다. 그리고 작업관리방식이 개별 종업원의 직무에 초점을 두기 때문에 생산성을 높여서 고임금을 받는 종업원과 그렇지 못한 종업원 간에 불편한 관계가 생겨나는 경우도 있었다. 따라서 테일러가 강조한 노사 간의 협동을 유발하는 작업장 내 정신혁명이 일어나지 않아, 결국 이 방식을 반대하는 노동자들의 증가와 지속적인 생산성 증가의 한계라는 문제점에 부딪치게 되었다.

테일러시스템도 역사적 한계에서 오는 여러 가지 문제점을 갖고 있었다.

첫째, 무엇보다도 그 대상영역이 전반적인 경영관리가 아니라 공장관리나 생산관리 또는 노무관리에 지나지 않는다는 것이다. 이는 조직 전체의 합리화가 아니라 공장 내부의 합리화를 시도한 것에 불과하다고 할 수 있다.

둘째, 과학적 관리는 관리의 명령과 통제에 의한 일방적 관리라는 문제점이 있다. 하루의 표준작업량이 일류노동자에게 가능한 최대량으로 일방적으로 설정되었고, 계획을 세우고 통제하는 사람이 관리자이고 노동자는 작업의 실행에만 전념하면 된다고 함으로써 노동자와 사용자 간의 원만한 교섭을 저해하는 요인으로 작용하게 되었다.

그러나 이러한 문제점이 있다고 하더라도 종래의 경험이나 직관에만 의존하던 표류관리에서 이처럼 체계적이며 합리적인 과학적 관리법을 제창한 테일러의 업적은 높이 평가할 만하다. 이러한 테일러시스템은 포드에 의해 포드시스템으로 발전되어 대량생산을 통한 능률향상으로 이어지게 된다.

2. 포드시스템

20세기에 접어들면서 기업의 규모가 비대화되고 기계화됨으로써 종래의 성과급제가 아닌 새로운 경영합리화 방법이 요구되었다. 그에 따라 포드는 자신의 자동차 생산공장에 컨베이어시스템을 도입함으로써 대량생산과 원가절감을 달성할 수 있었다. 그는 기계의 회전을 통하여 종합적으로 관리하는 포드시스템을 만들었는데, 이는 단일품종의 대량생산을 배경으로 하는 경영합리화의 방법으로서 종합관리체계를 수립하는 것이었다.

포드는 각 작업을 단순작업으로 분해하고, 각 작업의 소요시간을 평균화하여 일정한

속도로 이동하는 컨베이어시스템에 따라 전 공정을 연결하여 동시에 진행시켰다. 이러한 이동조립방법에 의하여 작업능률을 향상시키고, 원가절감과 대량생산을 실현하였으며 나아가 그의 공장에서 생산되는 자동차의 판매가격을 인하시킬 수 있었다. 이러한 새로운 생산방식을 포드시스템(Ford system) 또는 동시관리(management by synchronization)라 한다.

(1) 포드시스템의 구체적 방법

포드는 경영합리화에 의한 원가절감이 가장 중요하다고 생각하고 이것을 실현하기 위한 구체적 방법으로 생산의 표준화와 이동조립법을 채택하였다. 여기서 생산의 표준화는 이동조립법의 전제가 되는 동시에 이동조립법의 고도화에 따라 보다 철저하게 실현될 수 있다.

첫째, 생산의 표준화이다. 컨베이어에 의한 이동조립 생산방식은 표준화가 전제되어야 한다. 생산의 표준화에 대하여 포드는 제품의 표준화, 부분품의 규격화, 공정의 전문화, 기계 및 공구의 전문화, 작업의 표준화를 구상하였다. 이러한 표준화에 의하여 부품의 호환성이 가능하게 되었고, 호환성 부품은 연속 대량생산을 가능하게 하였으며 또한 소비자에게도 부품의 신속한 교환과 수리를 가능하게 해주었다.

둘째, 이동조립법의 실행이다. 종래의 조립작업은 작업대상이 정지하여 작업자가 그곳에 가서 일을 하는 정지조립 작업이었다. 이 경우 부품 및 재료의 운반, 공구의 준비와 처리 등에 불필요한 동작이 가해지기 때문에 많은 노동량이 소모되는 문제점이 있었다. 포드는 이 점에 착안하여 불필요한 노동량을 최소한으로 줄이고 노동량을 유효적절하게 활용하기 위하여 컨베이어시스템에 의한 이동조립법을 연구하였다.

(2) 포디즘과 그 영향

포드시스템은 기술적인 방법 면에서 테일러의 것보다 발전된 형태이나, 두 가지 모두 시간연구와 동작연구에 의한 과학적 관리방법에 입각한 것이다. 그러나 각각의 경영이념은 차이를 보이고 있다. 테일러시스템이 저임금 혹은 저생산비에 의한 이윤추구를 목적으로 하는 것이고, 자본가와 노동자는 대립적인 관계에 있다고 본 반면에, 포드시스템은 기업경영을 일반 대중에 대한 봉사활동으로 간주하였다. 여기서 봉사란 대중의 생활

수준의 향상과 구매력의 증대를 의미하는 것으로, 상품의 가격을 인하하고 임금을 인상함으로써 가능하다고 생각하였다. 그러므로 포드의 경영이념인 포디즘(Fordism)은 봉사주의 내지 저가격과 고임금의 원리를 주축으로 하고 있는 것이다.

포디즘으로 대표되는 포드시스템에서는 생산과정이 고도로 기계화되기 때문에 노동자에 대한 숙련의 필요성이 적어진다. 이것을 사회적으로 보면 고도로 발달한 기계화는 노동을 평준화 내지 수평화시켜 노동자의 자율성을 점점 약화시키고, 노동자를 단순한 기계의 일부분으로 전락시키게 되었다. 따라서 노동자들이 자신들의 권익을 보호하기 위하여 노동조합 결성을 촉진시키는 결과를 초래하였으며, 또한 한편에서는 국가가 각종의 법률을 제정하여 노동자를 보호하게 되었다.

제3절 인간중심의 경영이론

테일러와 포드를 중심으로 하는 과학적 관리법은 미국 경영학의 기원이라고 할 수 있지만 공장 내부의 문제에만 그 연구를 한정시킴으로써 스스로의 한계를 갖고 있다. 즉 공장 내의 노동자 문제에만 국한하여 노동자들의 능률을 향상시키는 데만 초점을 두었으며, 인간을 기계화하였다. 이들은 조직을 하나의 커다란 기계로 보고 노동자는 그 부속품으로 보았다. 그래서 노동자들이 감정을 가진 동물로서 생리적 욕구뿐만 아니라 존경을 받고 싶은 욕망이나 성취감, 자아실현의 욕구도 갖고 있음을 간과하였던 것이다. 이러한 인간에 대한 심리적 · 사회적 측면을 경시한 과학적 관리법에 반발하여 나타난 것이 메이요(E. Mayo)를 중심으로 한 인간관계론학파이며, 이들의 이론을 계승 · 발전시켜 나간 것이 행동과학학파이다.

1. 메이요와 인간관계론

(1) 메이요의 호손실험

하버드대학의 심리학 교수였던 메이요(E. Mayo)는 어떤 요인들이 근로자들로 하여금 자발적으로 열심히 일을 하게 하고 또 만족을 주는가를 연구하였다. 그 과정에서 근로자들 사이의 인간관계가 중요한 것임을 밝힘으로써 인간관계론를 주창한 학자로 인정받게 되었다. 그의 인간관계론은 호손실험(Hawthorn experiment)을 통해 인정받게 되는데, 호손실험이란 미국의 호손(Hawthorn) 시에 있는 Western Electric 회사의 공장에서 행한 실험을 말한다. 1924년부터 약 10년간에 걸쳐 실시된 이 실험의 주요 결과를 보면 다음과 같다.

조명실험의 결과, 조명의 질과 양이 노동자의 능률에 영향을 미치지 않았으며, 릴레이 조립실험의 결과, 작업환경이나 금전적 요인이 생산성 향상에 큰 영향을 미치지 않음을 발견하였다. 그 대신 심리적 요인, 즉 긍지나 동료들 사이의 좋은 감정이 생산성 향상에 중요한 요인임을 알게 되었다. 또한 작업장의 물리적 조건보다는 심리적 조건이 근로자의 태도나 생산성에 영향을 미치며, 회사의 공식적 조직과는 별개로 자연발생적인 비공식적 조직의 존재도 처음으로 인식하게 되었다.

(2) 메이요의 공헌

메이요는 근로자들의 생산성과 심리적 요인이 관계가 깊다는 사실과 근로자들은 경제적 조건뿐만 아니라 사회적 · 심리적 조건에 의해 영향을 받는 다면적(多面的) 존재라는 사고방식을 정립하였다. 다시 말하면 인간은 물질적 요인에 의해서만 움직이는 것이 아니고 정신적인 요인에 의해서도 영향을 받는다는 사실을 알아낸 것이다. 인간은 그들의 기대수준이 충족되면 만족을 느끼며 생산성 향상에 이바지하게 된다. 이러한 상태를 높은 모랄(morale), 즉 근무의욕이라 하며, 이들 욕구를 충족시키는 것이 바로 일을 하게 하는 동기부여와 직결되며, 또한 이것이 곧 인간관계론의 핵심인 것이다. 메이요의 이러한 인간관계론은 인간을 하나의 생산수단으로만 간주하던 당시의 지배적인 사고방식에서 탈피하여 인간관계의 중요성을 부각시키는 계기를 만들었으며 또한 비공식조직의 존재와 그 기능을 밝혀냈다.

2. 행동과학론

행동과학론자들은 이제까지 메이요가 한 임상적 방법 또는 현장중심의 관찰방법에 의한 연구방법은 과학적 타당성이 결여되어 있다고 보고 계량적 측정을 시도함으로써 정밀성이 없다는 문제를 해소하려고 하였다. 행동과학은 인간의 행동에 관한 종합적인 학문으로서 기존의 경영학, 경제학뿐만 아니라 심리학, 사회학, 문화인류학 등 여러 학문 분야에서 산발적으로 연구되어 온 인간행동에 관한 연구를 집합하여 종합적이고 과학적으로 연구하고 이를 이용하려는 응용학문이다. 초기의 행동과학론에 기여한 사람으로는 매슬로우, 맥그리거 등을 들 수 있다.

(1) 매슬로우의 욕구단계이론

매슬로우(A.H. Maslow)는 인간의 욕구는 계층을 형성하며 고차원의 욕구는 저차원의 욕구가 충족될 때 동기부여요인으로 작용한다는 욕구단계이론(needs hierarchy theory)을 제시하였다. 그는 인간의 욕구를 가장 저차원의 욕구로서 의식주와 관련된 생리적 욕구(physiological needs), 안전의 욕구(safety and security needs), 사회적 욕구(social needs), 존경의 욕구(esteem needs), 가장 고차원인 자아실현의 욕구(self-actualization needs)로, 계층별로 구분하였다. 매슬로우는 개인의 행동을 결정짓는 동기요인으로서 이상의 다양한 욕구체계를 제시함으로써 인간행동이론에 있어서 동기를 이해하는 데 많은 기여를 하였다.

(2) 맥그리거의 X · Y이론

맥그리거(D. McGregor)는 『기업의 인간적 측면』이라는 저서를 통해 X이론과 Y이론을 제시함으로써 조직에 있어서 인적 자원의 통제 근거를 밝혔다. 그에 따르면 X이론의 가설은 다음과 같다.

- 사람은 본래 일하기 싫어하며 가능하면 일을 피하고자 한다.
- 그러기에 대부분의 종업원은 강제나 통제 및 처벌의 위험이 없으면 기업목적의 달성을 위해 충분히 노력을 다하지 아니 한다.
- 대다수의 사람들은 조직문제를 해결할 만한 창의성이 없다.
- 따라서 조직목표를 달성하기 위해서는 강제, 명령, 처벌 등의 방법을 이용해야 한다.

또한 Y이론의 가설은 이와 상반된 내용을 지닌다.

- 사람이 일을 한다는 것은 자연적인 현상이다. 때에 따라서는 일을 한다는 것은 고통스럽지만 기쁨을 가져올 수도 있다. 인간은 스스로 책임지려 하고 오히려 그것을 추구한다.
- 사람이 조직목표에 관계되면 자기지향(self-direction)과 자기통제(self-control)를 이용한다.
- 개인이 조직목표를 위해 얼마나 헌신하느냐는 목표달성과 보상 간의 함수관계에 의해 결정된다.
- 사람은 조직문제를 해결할 수 있는 창의적 능력이 있다.

전통적 경영론에 입각한 X이론은 비판적이고 부정적인 인간관에 의한 모형이고, Y이론은 낙천적이고 긍정적인 인간관에 의한 모형으로서 서로 대칭을 이룬다.

(3) 행동과학론의 평가

메이요와 맥그리거로 대표되는 행동과학론은 고전학파에 속하는 과학적 관리론에서 고려하지 않은 조직 내에서의 개인의 중요성을 강조함으로써 새로운 경영이론의 발전에 기여하였다. 그동안 간과되어 온 개인의 사회적 욕구, 집단과정, 상위자와 하위자 간의 관계가 생산성에 영향을 미칠 수 있다고 주장함으로써 작업자의 개인적 기술만을 강조한 고전이론의 한계를 극복하고자 하였다.

그러나 행동과학론은 인간의 동기부여의 성격에 관한 문제를 완전히 해결하지 못하였다. 행동과학론 이후의 연구에서는 작업자의 만족이 생산성의 일차적인 원인이라는 신념을 반박하기도 하였다. 또한 화폐가 일차적인 동기부여의 요인은 아니나 이직률이 높고 임금수준이 낮은 산업에서는 임금이 작업자의 생산성에 영향을 미칠 수가 있다고 하였다.

한편 고전이론인 과업중심이론과 마찬가지로 행동이론도 조직의 외부환경을 정적인 것으로 간주하였다. 따라서 개인의 심리적 및 사회적 차원은 조직의 성과 중 일부밖에 설명하지 못하며, 조직의 전체적인 관점에서 보면 역시 경영활동의 여러 가지 고려요인 중 일부에 속하는 차원이라는 한계가 있다.

제4절 구조중심의 경영이론

테일러가 활약하던 비슷한 시기에 프랑스에서는 광산기술자인 페욜(H. Fayol)이 경영에 관한 저술을 남기며 활동을 했다. 페욜은 그의 저서『산업 및 일반관리』를 통하여 기업은 규모에 관계없이 기술, 영업, 재무, 안전, 회계, 관리의 여섯 가지 기능을 가지고 있다고 하며, 특히 관리의 다섯 가지 요소와 그 일반원칙을 제시하였다. 또한 페욜의 이론에 영향을 받고 인간관계론에 대한 반발로 버나드(C.I. Barnard)와 사이먼(H.A. Simon)이 중심이 된 조직이론이 전개되었다. 이들은 경영자들이 어떻게 하면 보다 효율적으로 조직을 편성하고 지휘할 수 있을까를 연구하며 그 원칙을 제시하려고 하였다. 테일러가 작업현장의 능률을 높이는 데 관심을 집중시킨 데 비해 이들은 복잡한 조직 전체의 관리문제에 초점을 두었다고 할 수 있다.

1. 페욜의 관리론

테일러가 생산과 공장의 문제에 관심을 갖고 있는 데 반해 페욜(H. Fayol)은 최고경영층의 경영활동에 원칙을 적용하려는 데 관심을 가졌다. 그는 경영의 문제를 상위계층에 집중하고 건전한 경영의 원칙과 경영기법을 전체 조직에 적용하는 일을 강조하였다. 페욜은 기업에는 그 규모나 산업의 종류에 관계없이 다음과 같은 여섯 가지의 본질적인 기능, 즉 기업활동이 있다고 하였다.

① 기술적 기능, ② 영업적 기능, ③ 재무적 기능, ④ 안전적 기능, ⑤ 회계적 기능, ⑥ 관리적 기능이 바로 그것이다. 이 중 관리적 기능을 제외한 다섯 가지 기능은 전문적 기능이라 하여 관리기능과 명확히 구분하였다. 그는 관리기능을 다른 다섯 가지 기능을 대상으로 수행되는 전반적 운영활동이라 하였으며 이들의 중요성을 특히 강조하였다.

관리기능을 좀 더 자세히 보면 첫째, 계획기능이다. 계획은 조직의 목표를 달성하기 위하여 해야 할 활동과 그 순서를 밝히는 일이다. 둘째, 조직화기능이다. 조직화는 조직이 동원할 수 있는 인적 · 물적 자원이 그 역할을 다할 수 있도록 엮어 주는 기능을 말한다. 셋째, 지휘기능이다. 지휘는 구성원들에게 방향을 제시해 주고 이끄는 것을 말한다. 넷째, 조정기능이다. 조정은 구성원의 활동이나 자원의 이용이 전체적으로 조화가 이루어지도록 하는 기능을 말한다. 마지막이 통제인데, 통제는 계획대로 모든 활동이 진행되도록 확인하고 시정하는 기능이다. 그런데 이러한 관리기능이 합리적으로 수행되려면 일정한 원칙에 따라 수행되어야 한다고 하면서 〈표 3-1〉과 같은 원칙을 제시하였는데 특히 능률, 질서, 안전성 그리고 공평성을 강조한 것으로 요약할 수 있다. 그는 이러한 원칙들은 기업체뿐만 아니라 정부기관, 군대, 종교조직 등 어떠한 조직에도 통용될 수 있는 보편적인 것이라고 주장하였다.

페욜의 경영관리론은 이후에 데이비스(R.C. Davis), 쿤츠(H.D. Koontz)와 오도넬(C. O'Donnell), 테리(G.R. Terry) 등에게 계승되어 관리과정론으로 발전하였으며, 또한 버나드와 사이먼에게 영향을 주어 근대조직론의 형성에 기여하였다.

표 3-1 페욜의 14가지 경영원칙

분업의 원칙	노동의 전문화로 생산성을 증대시킬 수 있다.
권한의 원칙	권한은 명령하는 권리이며 복종시키는 힘이다. 경영자에게는 직무상 권한만이 아니라 이를 보완하는 개인적 권한이 절대적으로 필요하다.
규율의 원칙	구성원들은 조직의 규칙에 따라야 한다.
지휘 일원화의 원칙	부하종업원은 오직 한 사람의 직속 장으로부터 명령을 받아야 한다.
방향통일의 원칙	하나의 목적을 위해서는 오직 한 사람의 경영자가 책임을 져야 한다.
공동목표 우선의 원칙	구성원 개인의 이익보다 조직 전체의 이익이 더 중요하다.
합당한 보상의 원칙	공헌한 크기와 보상은 같아야 한다.
집중화의 원칙	부하가 의사결정에 어느 정도 참여하는 것이 적정한가는 조직에 따라 다르다.
계층연쇄의 원칙	구성원은 서로 상하관계를 갖고 모든 계층에 단절됨이 없이 명령과 보고의 소통이 이루어져야 한다.
질서의 원칙	인적・물적 자원은 항상 적재적소에 있어야 한다.
공평의 원칙	부하는 친절하게 그리고 공정하게 대해야 한다.
고용안정의 원칙	높은 이직률을 방지하기 위해 충원은 계획적으로 되어야 한다.
자발의 원칙	계획을 주도하고 실천을 하는 데 부하들이 참여해야 한다.
사기의 원칙	구성원의 사기를 높여 생산성 향상에 연결시킬 수 있어야 한다.

2. 조직이론

버나드(C.I. Barnard)에 의해 창시되고 사이먼(H.A. Simon)과 마치(J.G. March)에 의해 계승 · 발전된 근대적 조직이론은 전통적 경영관리론이 인간성을 무시한 '조직 우선의 이론'이며, 인간관계론이 공식조직의 문제를 경시한 '사람 우선의 이론'이라는 각 이론의 한계성을 종합하였다는 데 그 의의를 찾을 수 있다.

(1) 버나드의 조직이론

기업조직에서 인간관계나 인간의 심리만을 지나치게 강조하다 보니 능률을 높이기 위한 합리적 경영이 등한시될 뿐만 아니라 공식적인 조직의 문제를 심도 있게 다루지 못하였다.

마치 시내 교통사고 방지(생산성 향상)를 위하여 운전자(조직구성원)들만 똑똑하고 만족하게 대우하려고 하고 도로의 구조나 신호체계(공식조직)에는 신경을 쓰지 못했던 것과 같은 결과를 낳았다.

버나드(C. Barnard)는 합리적 경영과 인간적 경영을 연결한 사람으로서 경영학계의 '버나드혁명'이라고 부를 정도로 큰 영향을 미쳐 '근대조직론의 아버지'로 평가받고 있다.

버나드의 이론체계를 요약하면 다음과 같다. 인간은 자유의사에 의한 선택력, 의사결정능력을 갖기는 하지만 이것에는 일정한 한계가 있다. 그러므로 개인이 자기의 능력 이상으로 목적을 달성하려 할 때에는 협동체계가 형성되어야 한다. 협동체계란 공통의 목적을 위해서 의식적으로 조정된 물적 · 생물적 · 사회적 체계, 즉 기업과 같은 것이다. 또한 물적 · 생물적 제 요인을 결합하여 공통목적을 위해 조정된 복수의 사람들의 행동체계를 조직이라고 정의한다.

버나드는 조직이 성립되기 위해서는 활동주체인 인간의 공헌의욕(willingness to contribution)이 필요하며, 다음으로는 그러한 공헌의욕에 따라서 각자의 활동을 총괄하는 공통목적(common purpose)이 필요하고, 더 나아가서 각자의 활동이 제각각이 되지 않도록 하기 위한 의사소통(communication)이 필요하다고 하였다. 이와 같은 공통목적, 공헌의욕, 의사소통을 공식조직의 3요소라고 했으며 적어도 조직이 존재하기 위해서는 이러한 3요소는 필수불가결하다고 하였다.

(2) 사이먼의 조직이론

사이먼(H.A. Simon)은 기업의 커뮤니케이션이나 의사결정이 합리적으로 이루어지느냐의 문제가 경영의 핵심이라고 보고 의사결정활동 자체를 바로 경영활동으로 인식하였다. 그는 조직에 있어서 구성원의 의사결정과 이에 따른 조직의 반응을 분석함으로써 조직의 특성을 규명할 수 있다고 하였다. 경영자들이 의사결정을 하려면 가장 합리적인 방식도 자료수집의 어려움과 비용으로 인하여 비능률적이 되기 쉽고 그렇다고 아무렇게나 해서도 안 되므로 제한된 합리성(bounded rationality) 내에서 하는 것이 가장 현실적이라고 주장했다.

사이먼은 의사결정을 위한 정보에는 자연히 여러 제약이 따르게 마련인데, 이러한 제한적 정보를 분석하고 이해하는 데도 한계가 있다고 하였다. 이를 근거로 그는 '합리적 경제인' 가설 대신에 '관리인(administrative man)' 가설을 바탕으로 하여 인간행동을 분석하였다. 즉 경제학에서 이야기하고 있는 초합리적 경제인을 비현실적이라고 하여 이를 배제하고, 그 대신 제한된 합리성, 즉 정보수집능력의 한계와 계산능력의 한계하에서 주관적 · 합리적으로 선택하게 되는 행동특성을 강조하였다.

그는 바늘을 선택하는 의사결정을 예로 들면서 건초더미 속에 섞인 여러 바늘 중 한 개를 선택하여 사용할 때 가장 좋은 바늘을 찾기 위해 온종일 낭비하는 것도 안 되고 그렇다고 무조건 아무거나 잡히는 대로 집어 사용해도 안 되며 몇 개를 찾아보면서 그중에서 그래도 가장 괜찮은 바늘을 선택하여 사용하는 것이 가장 좋은 경영이라고 하였다. 즉 여러 한계 속에서 경험과 분석력을 기초로 상황판단을 하면서 쓸 만한 좋은 바늘을 찾는 의사결정이야말로 관리적 경험을 갖춘 훌륭한 경영자라야 가능하다고 생각했던 것이다.

제5절 시스템이론

1950년대부터 경영에 대한 새로운 접근법의 출현을 가져오게 할 많은 변화가 일어났다. 기업조직의 외부적 환경과 내부적 환경의 급격한 변화가 그것이다. 조직규모의 성장, 제품의 다양화, 기술의 발전, 컴퓨터화, 개선된 커뮤니케이션 및 운송수단 등과 같은 환경의 급격한 변화가 경영자들로 하여금 조직을 환경과 절연된 폐쇄체계(closed system)가 아닌 환경과 부단히 상호작용하는 개방체계(open system)로 보게 하였다. 그리하여 이 같은 급속한 환경변화는 그 예측을 어렵게 하였고 기존의 고전이론에서 제시한 경영기법이나 처방이 일관성 있게 효과를 발휘하지 못하고 있다는 것을 알게 되었다. 이러한 상황에서 '경영학의 현대적 접근법'으로서 '시스템이론'이 나오게 되었다.

1. 시스템의 개요

(1) 시스템의 의의

시스템은 기능적 단위로 이루어진 여러 개의 독립된 구성인자(構成因子) 또는 개체(個體)가 전체적인 목표를 달성하기 위하여 유기적으로 연결되어 상호작용하는 통합체이다. 시스템은 'systema(여러 개의 조합)'가 어원이며 두 개 이상 여러 개의 단위가 서로 연결되어 상호작용하며 하나를 이루고 있는 것을 뜻한다. 즉 소화가 잘 되도록 하기 위해서 위장에 관한 연구에 집중하면 될 것 같지만 사실은 그렇지 않다. 위장의 활동은 신장, 쓸개, 간 등의 소화기관에 얽혀 있고 소화기관은 호흡기관, 두뇌기관 등과의 상호작용의 결과일 뿐만 아니라 신체의 기능은 그 사람의 식생활과 사회생활, 기후와 공기의 상태 등에 영향을 받는다. 그러므로 한 사람의 위장활동을 위장에만 초점을 두고 단편적으로 이해하고 분석하기보다는 전체적인 시스템으로 보고 상호관계를 관찰하면서 위장활동을 개선하려는 것이 시스템적 접근법이다.

우리의 여러 기관들이 시스템이라고 불릴 수 있는 이유는 이와 같이 상호 관련된 몇 개의 부분으로 이루어진 실체(entity)로서 하나의 전체를 형성하면서 이를 구성하고 있는 부분 또는 요소가 명확하며 부분 간에 또는 부분과 전체 간에 상호연관성이 있기 때문이다. 기업의 경우를 시스템적 관점에서 보면 생산기능, 마케팅기능, 재무기능, 인사기능 등의 유기적으로 구역을 갖는 독립적인 개체가 그 고유한 기능은 물론 기업 전체의 목적을 위해 존재하는 유기적 통합체로서, 즉 하나의 시스템으로 구성되어 있다고 할 수 있다.

(2) 시스템의 기본개념

시스템의 본질을 좀 더 잘 이해하기 위해서는 다음과 같은 시스템의 기본개념을 이해할 필요가 있다.

첫째, 전체적 개념이다. 기업과 같은 시스템은 구성인자의 단순한 결합 이상이며, 그것은 전체로서 고찰되어야만 한다. 이는 부분이 모여 새로운 가치를 창출하는 전체의 개념으로 이해되어야 한다는 뜻이다. 각 부분의 상호작용과정에서 나타나는 각각의 대립적·상충적 요소가 전체적 틀 속에서 통합·조정됨으로써 새로운 가치나 더 큰 가치를 창출할 때 이를 상승효과(synergy effect)라고 하며 이를 근거로 전체 시스템의 지속적 안정성이 확보되는 것이다.

둘째, 목표의 존재이다. 시스템이 되기 위해서는 그 자체가 추구하고자 하는 뚜렷한 목표를 가지고 있어야 한다.

셋째, 유기적 구조이다. 시스템의 구성인자는 상호 간에 있어서 유기적으로 연결되어 있어야 한다. 따라서 만약 그 구성인자가 무질서하여 상호관련성을 찾을 수 없다면 하나의 시스템을 이루고 있다고 할 수 없다.

넷째, 기능성이다. 시스템은 시스템의 목적을 달성하기 위하여 상호작용하여야 한다. 이러한 상호작용을 시스템의 기능성이라고 한다.

다섯째, 변환상자의 역할이다. 시스템은 기본적으로 투입물을 산출물로 변환시키는 장치로서의 역할을 한다. 즉 시스템과 그 하위시스템은 목표를 달성하기 위해 유기적으로 상호작용하는 가운데 투입된 자원, 정보, 에너지를 변환시켜 산출물을 만들어 내는 역할을 한다.

여섯째, 피드백(feedback)이다. 시스템이 동태적 균형을 이루기 위해서는 피드백을 가지고 있어야 한다. 피드백이란 시스템이 안정상태를 유지하고 있는가 또는 파괴의 위험상태에 있는가의 여부를 말해 주는 정서적 투입이라고 할 수 있다. 시스템에 투입된 것과 산출된 것을 끊임없이 분석하고 조정하는 정보의 피드백이 있어야 안정적 균형과 자기통제를 할 수 있게 된다.

2. 현대경영에 있어서의 시스템 접근

(1) 시스템 접근의 필요성

오늘날 모든 문제를 관찰하는 데 있어서 시스템 사고를 적용하고 그것에 의하여 문제를 해결하고자 하는 경향이 증대되고 있다. 그 이유는 어떠한 문제를 시스템으로 접근하게 되면 중요한 변수, 제약요소와 그들 간의 상호관계를 파악할 수 있기 때문이다. 즉 시스템 접근방법을 기업경영의 각종 문제해결에 적용함으로써 다음과 같은 여러 가지 이점을 얻을 수가 있다.

첫째, 기업 전체와 각 부서의 활동에 대한 총체적인 흐름을 명확히 파악할 수 있다. 즉 복잡한 구조로 서로 얽혀져 있는 각 부서의 일과 그 일의 복합적인 인과관계를 이해할 수 있게 된다.

둘째, 주어진 문제를 전체적 입장에서 통합·조정할 수 있다. 여러 상충적 목표 간의 우선순위를 파악하고 관련 요인 간의 원인·결과관계를 밝힐 수 있다.

셋째, 각 하위시스템 차원에서도 자신의 목표와 활동을 단위적으로 분석할 수 있는 개념적 틀을 제공해 주고 있다.

넷째, 기업 전체 또는 각 부서가 맺고 있는 환경과의 관련성이 파악되므로 환경변화에 탄력적으로 적응할 수 있다.

(2) 경영관리에 대한 시스템 접근

기업조직은 그 외부환경과 상호의존관계에 있으며, 산업 및 사회와 같은 보다 큰 시스템의 한 구성부분이다. 시스템은 가장 간단한 형태로 [그림 3-2]에서 보는 바와 같이 투

그림 3-2 개방시스템의 일반모형

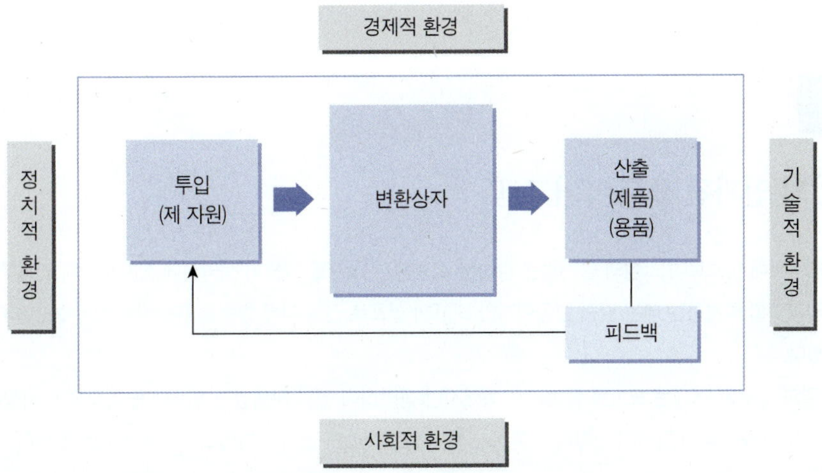

입(input), 변환과정 내지는 처리단위(processing unit or transformation process), 산출(output) 간의 상호작용으로 표시된다.

이 같은 투입, 변환과정, 산출 간의 관계는 모든 시스템에서 볼 수 있는 현상이다. 자동차의 경우 휘발유가 투입되고 에너지가 산출된다. 인간의 경우는 음식이 투입되어 에너지, 육체적 활동 및 정신적 노력이라는 산출이 나온다. 기업조직의 경우에는 자원이 투입되어 제품 혹은 서비스가 산출되어 나온다. 이처럼 자동차시스템, 인간시스템, 기업조직시스템에 있어서 투입을 산출로 바꾸는 과정을 변환과정이라고 한다. 기업조직시스템에 있어서 변환과정은 기업조직활동의 관리과정으로 볼 수 있다. 투입이 외부환경으로부터 기업조직시스템 내부로 들어오고 변환과정을 거쳐 산출된 산출물은 외부환경으로 나가게 된다. 이와 같이 외부환경과 상호작용하는 시스템을 개방시스템이라고 하고 외부환경과의 상호작용이 없는 자체 완결적 시스템을 폐쇄시스템이라 부른다.

이런 관점에서 경영활동을 다시 본다면 중요한 사실을 발견할 수 있다. 그동안 경영조직의 합리성과 구성원의 만족 등 조직 내부의 부분적 요인에만 초점을 두고 연구가 되어 왔는데 조직(기업)은 여러 요소들이 서로 얽혀서 상호작용하고 있기에 전체적으로 파악해야 한다는 것이다. 즉 과학적 관리론이나 인간관계론은 조직을 폐쇄시스템으로 전제하고 내부구성원에만 초점을 두었으나 경영조직은 개방시스템으로서 외부와의 관계 속에서 존재하기 때문에 외부의 자원, 에너지, 정보를 받아들이고 변환시켜 재화와 서비스 형태로 외부에 산출하고 이를 다시 피드백시켜 환경과의 균형을 유지한다는 점을 고려해야 한다. 그러므로 이들과의 상호관계를 동시에 연구해야만 경영효과를 얻을 수 있다는 것이다.

잠시 쉬어가기

보르네오 섬의 인과관계 다이어그램

말라리아를 퇴치하기 위해서 보르네오 섬의 농민들은 강력한 살충제인 DDT를 그들의 움막집에 살포하였다. 이렇게 하여 모기를 없애고 말라리아를 퇴치하는 데는 일단 성공했지만 DDT의 살포로 전혀 다른 질병을 유발시켜 많은 농민들이 죽을 뻔한 일이 발생하였다.

그 원인을 분석한 결과 살포된 DDT는 모기를 죽이기는 하였지만 움막집에 있던 바퀴벌레의 체내에 축적되기 시작하였고, 이 바퀴벌레를 잡아먹은 도마뱀이 갑자기 민활하지 못하게 되어 고양이에게 쉽게 잡아먹히기 시작하였던 것이다. 이를

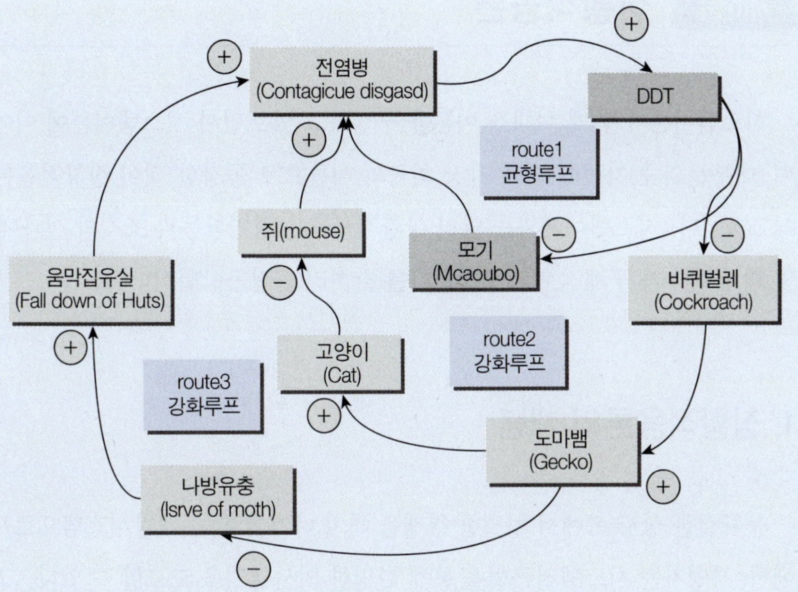

통해 바퀴벌레 체내에 있던 DDT가 고양이 체내에 옮겨지면서 축적되어 도마뱀을 먹은 고양이가 죽기 시작하였던 것이다. 이렇게 고양이가 없어지자 쥐의 숫자가 기하급수적으로 늘어나기 시작하였으며, 그 결과 흑사병 등 쥐로 옮기는 전염병에 대한 위험성이 나타나기 시작하였다. 이 원인을 안 농민들은 급기야 고양이를 급히 구해 마을에 풀어 놓았고 일단 안도의 숨을 쉴 수 있게 되었다.

그러나 뜻밖의 일이 일어나기 시작하였다. 이상하게도 마을의 움막집 지붕이 여기저기 주저앉기 시작하였다. 이유는 도마뱀은 바퀴벌레뿐만 아니라 이엉이나 지붕서까래를 갉아먹고 사는 나방의 유충도 잡아먹는데, 이 도마뱀이 없어지자 나방의 유충이 번식하여 지붕이 주저앉을 정도로 지붕 서까래를 갉아 먹었던 것이다.

이와 같이 시스템 내 구성요소가 복잡하게 상호 인과관계로 얽혀 있을 때, 단순한 정책적 대응은 오히려 시스템의 증상을 악화시킬 수 있다.

그림에서 DDT라는 변수와 모기라는 변수 간에는 −부호가 표시되어 있는데, 이는 DDT의 양이 증가하면 모기의 숫자가 감소한다는 점을 의미하고 있다(음의 인과관계). 이 시스템에서 나타난 세 개의 피드백 루프 중 루프 1은 균형 루프로 이는 DDT나 모기가 어느 수준에서 안정화된다는 점을 의미한다.

반면에 루프 2, 3은 자기 강화적 성격을 지닌 강화 루프이다. 따라서 강화 루프가 이 시스템을 지배하는 경우 시간이 지날수록 더 많은 DDT를 뿌리게 되고 이어서 더 많은 움막집이 유실되고 더 많은 전염병이 돌게 된다.

이처럼 균형 루프와 강화 루프가 혼재되어 있는 경우에는 어떠한 피드백 루프가 시스템을 지배하느냐에 따라 시스템의 전개양상이 변화하게 된다. 만약 움막집 유실에 따른 전염병 발생 효과가 미미하고, 고양이의 주식이 도마뱀이 아니어서 그토록 많은 고양이가 죽지 않았다면 강화 피드백 루프가 아닌 균형 피드백 루프가 시스템을 지배했을 것이며, 일정 수준의 DDT만 필요했을 것이다.

〈LG경제연구원〉

제6절 상황적응론

시스템이론과 함께 현대적 이론을 구성하고 있으면서 시스템이론에 이어 발전되었으며, 대부분의 논자들에 의해 가장 최근의 이론으로 등장한 것이 상황적응론(contingency theory)이다. 시스템이론과는 달리 상황적응론은 경영활동과 조직의 성과에 미치는 내적 및 외적 변수가 구체적으로 무엇인가를 밝히려는 접근방법이다.

1. 상황적응론의 개념

불확실한 상황 속에서 치열한 경쟁을 헤쳐 나가야 하는 개방시스템으로서의 현대기업에서, 경영자는 시스템접근법을 통해 현명한 의사결정을 도모할 수 있다. 그러나 각 기업의 경영자가 환경의 변화, 경영목표와 전략의 설정, 내부구성원의 요구 등에 모두 동일한 방식으로 대응하지는 않는다. 이는 특정 기업이 직면한 상황조건이 다른 기업의 상황조건과 같을 수 없기 때문에 경영상의 여러 문제를 해결하는 데 있어 특정 기업의 대응방식이 타 기업에서도 항상 유효한 해결대안일 수 없다는 것을 의미하는 것이다. 이른바 상황적응 관점의 도입이다. 기업경영에는 여러 가지 접근법과 이론이 존재하며, 그것들이 모든 상황에서 적응 가능하거나 또는 동일한 효과를 창출하지 않는다는 전제하에 경영자가 각각의 상황조건에 가장 잘 어울리는 적합한 대응책을 선택하는 것이 최선이라는 점을 강조하는 이론이 상황적응론이다.

2. 상황적응론의 내용

상황적응론은 시공을 초월한 '유일 · 최선의 방법(one-best way)'이 있다는 전제하에 그것을 찾으려 했던 기존의 고전이론과 신고전이론의 모순과 한계를 극복하기 위해 그들 이론의 토대 위에서 전개된 최신의 이론이다.

역사적으로 보면 금세기에 들어오면서 경영관리론은 모든 시대의 조직에 타당한 경영의 일반적 원칙(general principles)을 체계화하려는 노력을 해왔다. 과학적 관리는 직무 수행상의 유일 · 최선의 방법을, 그리고 경영과정론은 조직운영상의 그것을 찾으려 했다. 다시 말하면 이전까지의 고전이론 및 신고전이론은 모든 문제에 접근함에 있어서 근본적으로 '유일 · 최선의 방법'을 찾으려는 노력을 해왔다. 그러나 상황적응론은 이 같은 일반론을 부정하는 이론이다.

1960년대 후반부터 발달하기 시작한 이 접근방법의 초점은 특정 시점에서 조직활동에 가장 강력한 영향을 미치는 특정한 일련의 '상황(environment, situation, contingency)'이 있으므로 이에 따라서 상황적인 사고(situational thinking)가 중요하다고 강조한다.

경영자의 지혜는 '유일 · 최선의 관리시스템은 존재하지 않는다'는 사실을 인식함에서 시작된다는 것이다. 이 이론의 논거는 조직과 관리에 있어서 종래의 제 이론이 추구했던 유일 · 최선의 방법, 즉 언제나 모든 조직의 영역에 적용할 수 있는 보편타당한 것은 없고, 조직이 처해 있는 여러 가지 상황에 따라 그 해법도 다를 수밖에 없다는 것이다. 다시 말하면, 이 이론의 근본적인 주장은 모든 목적을 위한 원칙들(all purpose principle)을 부정하고, "모든 상황에 적용할 수 있는 유일 · 최선의 관리방법은 존재하지 않는다"고 함으로써 보편주의적 입장을 부정하며, "상황이 다르면 처방도 다르다"는 것이다.

[그림 3-3]은 이 같은 내용을 잘 설명해 주고 있다. 이 그림의 ①은 "만일 X라면 Y가 된다"는 단순한 원칙이다. 예컨대 "만일 높은 생산성을 원하면(X) 노동분업을 체계화하고(Y)", "만일 보다 생산적인 종업원을 원하면(X) 그들을 행복하게 하라(Y)" 등의 원칙이 적용되는데, 이러한 원칙들은 테일러나 페욜과 같은 고전론자들과 메이요와 같은 신고전론자들의 단순한 원칙이었다. 그러나 불행히도 이들 원칙은 모든 상황에 잘 적용되지 않는

그림 3-3 상황적응적 접근방법

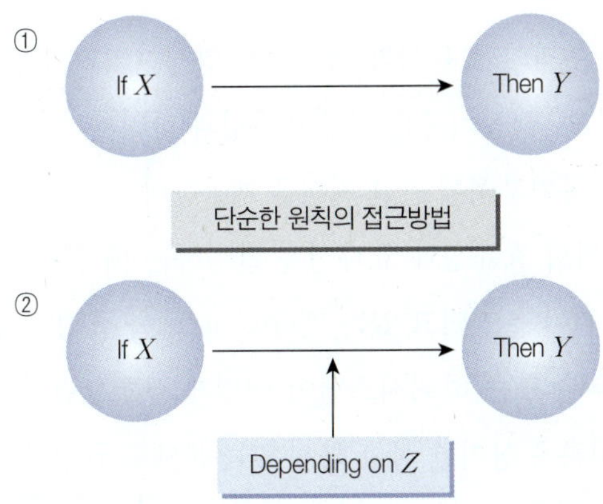

다. 상황적응론의 접근방법은 경영의 개념들을 하나의 상황적인 틀 속에 통합함으로써 이 같은 현실적인 문제를 다루려는 시도를 하였다. [그림 3-3]의 ②는 ①처럼 단순한 원칙이 적용되지 않음을 보여준다. 말하자면 만일 X라면 Y가 되나 Z라는 조건하에서만 가능하다는 사실을 말해 주고 있는데 이때의 Z는 환경변수이다.

결론적으로 상황적응론은 서로 다른 상황 또는 문제를 다룸에 있어서 서로 다른 견해를 독립적으로, 또는 필요하다면 함께 사용하는 것이 가능함을 인정하는 것이다. 따라서 경영자는 의사결정에 앞서 상황을 진단하고 이해하여 어느 접근방법이 가장 성공적일 것인가를 판단해야 하며 당면한 독특한 상황을 처리하기 위해 여러 이론에 입각해 제안된 접근방법 중에서 어느 것을 사용할 것인가에 관한 이해가 중요하다는 결론에 이른다. 상황적응론은 다양성을 강조한다. 따라서 어떤 접근방법도 최선의 것이라고 생각하여 보편적으로 사용할 수는 없으며 서로 다른 문제는 서로 다른 해결책을 요구한다는 사실을 이해함이 중요하다. 문제는 어떤 상황하에서 어떤 이론이 효과적인가를 찾는 자세인 것이다.

3. 제이론의 통합

경영에 관한 다양한 접근방법을 통합할 수 있을까? 지금까지의 많은 연구와 실무적 경험에 비추어 보면 모든 이론은 상황접근적 이론으로 통합될 수 있다.

즉 고전학파, 인간행동학파, 계량경영이론, 시스템이론 등은 서로 대치되는 것이 아니라 조직의 목표를 달성하는 데 있어서 서로 보완적 관계에 있으며, 이는 상황이론으로 전체의 이론적 틀을 통합할 수 있다는 점이다.

고전적 경영이론은 조직의 효율성과 생산성을 향상시키기 위한 조직의 설계에 관한 아이디어를 얻을 수 있고 , 행동이론은 생상성 향상과 작업환경을 개선하는 데 도움이 될 수 있는 인간의 욕구와 동기부여에 관한 지식을 제공한다.

계량경영이론은 조직의 효율성과 효과성을 달성하는 데 있어서 수학적 모델을 제공하며 시스템이론은 조직이 운영되고 있는 맥락(context)를 규정해 줌으로써 조직의 환경을 이해하고 조직의 부분 또는 하위시스템이 어떻게 상호관련되어 있는가를 이해하는 데 도움을 주며, 상황이론은 상이한 상황 하에 있는 문제를 규정하고 해결하는 데 도움이 된다.

위의 모든 이론들이 제시하는 기법들은 어떤 한 상황에서는 적절할지 몰라도 다른 상황에서는 그렇지 않을 수도 있다는 것을 깨닫게 한다. 즉 각각의 기법들이 어떻게 맥락적, 조직적 및 인적 차원에서 영향을 받는가의 관점에서 상황을 분석하는 데 도움이 된다. 이런 관점에서 보면 상황이론은 특정의 상황에서 특정의 해결방안을 우리에게 제시하는 통합의 틀을 제시한다고 볼 수 있다.

토의과제

- 제4차 산업혁명이란 것은 무엇이고, 우리는 어떻게 대처해 나가야 하는지에 대해 토론해 보시오.
- 경영학이 현실의 경영현상을 제대로 설명하고 있다고 생각하는가?
- 시스템이론을 인체에 비교해서 설명해 보시오.

참고문헌

- 김영규,『최신 경영학원론』, 박영사, 1993.
- 서성무 · 이지우,『경영학의 이해』, 형설출판사, 2006.
- 송인암 외,『기업경영론』, 고려출판사, 2001.
- 이동철 외,『이야기로 여는 경영학의 세계』, 법문사, 2004.
- 이재규 편저,『피터 드러커 경영키워드 365』, 사과나무, 2006.
- 조동성,『21세기를 위한 경영학』, 서울경제경영, 2000.
- 지호준,『21세기 경영학』, 법문사, 2004.
- 박기찬 외,『경영의 교양을 읽는다』, 더난출판, 2011.

CHAPTER

04

경영의사결정

최신 빅데이터 활용사례 8가지 알아보기

1. 아마존

빅데이터 활용사례에서 아마존을 언급하지 않는 것은 어불성설입니다. 아마존만큼 적극적이고 성공적으로 빅데이터를 활용하는 기업도 없기 때문이죠. 특히 아마존은 고객들의 쇼핑경험을 향상시키는 데 빅데이터를 적극 활용하고 있습니다.

예를 들어 아마존은 빅데이터 분석시스템을 통해 '18세에서 45세의 남성이면서 외국 영화를 즐겨 보며 3000달러 이상의 수입을 가진 임대주택에 사는 고객'이 어떤 상품을 좋아할지 정확히 예측할수 있습니다. 빅데이터가 예측한 추천상품은 고객이 아마존에서 쇼핑을 하는 동안 배너 형태로 공개됩니다.

또한 가격을 최적화하는 데에도 아마존은 빅데이터를 활용합니다. 아마존은 경쟁업체의 가격, 주문 내역, 예상 이익률, 웹사이트에서의 활동 등 방대한 데이터를 수집해 가격을 10분마다 최적화합니다. 이렇게 가격을 관리하여 아마존은 매년 25%의 수익을 올린다고 합니다.

2. 할리우드

할리우드에서는 빅데이터로 영화 흥행 여부를 예측합니다.

영화 흥행은 오랫동안 예측 불가능한 것으로 여겨졌습니다. 그러나 빅데이터가 사용되면서 난공불락이었던 흥행 예측도 가능해졌습니다.

할리우드에서는 갈수록 영화 한 편당 제작 예산이 늘어납니다. 블록버스터 장르가 크게 인기를 끌면서 영화사들은 너도나도 예산이 수천 억 드는 영화를 제작하기 시작했습니다. 이렇게 많은 돈을 들여 만든 영화가 흥행에 실패하면 제작사는 자연스럽게 파산을 하게 됩니다.

그런 일이 없도록 할리우드에서는 마케팅을 적극적으로 이용해 왔습니다. 무슨 일이 있어도 영화사의 운명을 좌우할 대규모 영화를 흥행시키기 위해 전체 영화 제작 예산의 10% 이상을 마케팅 비용으로 사용합니다.

인터스텔라, 행오버 등을 제작한 영화사 Legendary Entertainment 는 빅데이터로 신작 영화 블랙 코드의 실패를 미리 예측했습니다. 대중들의 SNS를 텍스트마이닝 기법으로 분석하여 블랙 코드가 흥행에 처참히 실패할 것이라는 결론을 얻었습니다.

안타깝게도 영화사에서 이 사실을 알게 된 것은 영화가 개봉하기 직전이었습니다.

실패할 영화를 제작하지 않았다면 더 좋았겠지만 이미 제작이 끝난 상황이라 그럴 수는 없었습니다. 대신에 Legendary Entertainment는 블랙 코드의 마케팅 예산을 최소화했습니다. 빅데이터가 예상한 대로 신작 블록버스터 블랙 코드는 실패했습니다. 이로 인해 영화제작사는 큰 타격을 입었지만 마케팅 비용을 줄인 덕분에 망하는 것은 피할 수 있었습니다.

3. 스타벅스

스타벅스는 빅데이터를 가장 활용 잘하는 커피숍입니다.

왜 스타벅스 매장은 150m 안에 두세 곳이 있어도 망하지 않는 걸까요? 스타벅스의 성공 역시 빅데이터와 연관이 있습니다.

스타벅스는 매장을 내기 전에 빅데이터 기반으로 상권을 철저히 분석합니다. 다른 스타벅스의 위치, 교통 패턴, 지역 인구 통계 등의 데이터를 다량 수집하고 이를 분석하여 최상의 입점 위치를 찾아냅니다. 또한 이 분석을 통해 신구 스타벅스 매장에 의해 기존 매장이 얼마나 타격을 입게 될지도 예측해 낸다고 합니다,

스타벅스는 빅데이터를 활용해서 고객에게 최상의 경험을 제공하고 있기도 합니다. 스타벅스는 자체 애플리케이션을 통해 소비자들의 정보를 수집합니다. 앱으로 수집한 정보를 바탕으로 개별 고객의 커피 취향부터 방문 예상 시간까지 알아냅니다. 그리고 그 정보를 기반으로 고객의 취향에 맞을 법한 신메뉴를 추천해 주는 서비스도 제공하고 있습니다.

4. 넷플릭스

넷플릭스는 빅데이터 분석으로 아담 샌들러를 제조명했습니다.

넷플릭스는 엔터테인먼트에서 빅데이터를 가장 적극적으로 활용하고 있는 기업 중 하나입니다.

사업 초기에 넷플릭스가 자리를 잡을 수

있도록 도운 〈하우스 오브 카드〉 역시 빅데이터를 기반으로 제작되었습니다. 넷플릭스 제작진들은 〈하우스 오브 카드〉가 방영되기 이전부터 이 드라마의 성공을 100% 확신했다고 합니다. 빅데이터가 그들에게 이 드라마가 성공할 수밖에 없는 증거를 보여주었기 때문이었습니다.

2014년 넷플릭스가 아담 샌들러와 2억5천만 달러(한화 약 2,899억 원)에 영화 네 편을 계약했습니다. 업계 종사자들은 이 초대형 계약에 의문을 표했습니다. 아담 샌들러의 이전 작 코블러가 흥행에 처참하게 실패한 직후에 계약이 이루어졌기 때문입니다.

넷플릭스는 업계 관계자들처럼 아담 샌들러를 '한물간 배우'라고 생각하지 않았습니다. 그들은 빅데이터 자료에 기반하여 아담 샌들러가 여전히 흥행 요소를 갖고 있는 배우라고 생각했습니다. 넷플릭스 데이터에 따르면 넷플릭스에서 5억 시간 이상 아담 샌들러가 출현한 영화가 재생되고 있었다고 합니다.

넷플릭스에서 제작한 아담 샌들러 단독 주연의 영화는 평론가들에게는 '0점'을 받았습니다. 하지만 넷플릭스 사용자들은 이 영화를 아주 열심히 시청했습니다. 넷플릭스는 자체적으로 아담 샌들러의 영화를 통해 5백만 명의 사용자를 추가했으며 전 세계에서 25억 달러의 매출을 만들어 낼수 있었다고 평가합니다.

5. 자라

자라는 빅데이터의 덕택으로 두 번의 세일로 재고를 전부 처리할 수 있었습니다.

패션회사들은 매년 광고에 엄청난 돈을 쏟아붓습니다, 자라와 같은 패스트패션 업체, 유니클로는 전체 매출의 4% 이상을 광고비로 사용합니다. 하지만 자라는 광고를 하지 않습니다. TV에서 자라의 광고를 보신 적이 있던 가요? 자라가 광고를 하지 않는 건, 광고 없이도 옷을 잘 팔 수 있다는 자신감이 있기 때문입니다.

그 자신감의 원천은 빅데이터입니다.

자라 매장은 매일 데이터 분석을 실시합니다. 자라의 모든 옷에는 RFID 태그가 붙어 있습니다. 이 태그로 고객들이 탈의실에서 많이 입어본 옷은 무엇인지, 가장 많이 팔린 옷은 무엇인지, 반응이 나쁜 옷은 무엇인지 알 수 있습니다. 영업이 종료되면 자라 매장 직원들은 RFID 태그 데이터를 바탕으로 그날 가장 많이 팔린 옷이 무엇인지 정리합니다.

정리한 데이터는 자라 본사의 디자이너에게 전달됩니다. 디자이너는 많이 팔린 옷의 디자인과 원단 무늬, 색상 등을 참고하여 '잘 팔릴 것 같은' 새 옷을 디자인합니다. 고객 데이터에 기반해서 디자인이 정해지기 때문에 새 옷이 시장에서 외면당하는 경우는 드뭅니다. 이런 이유에서 자라는 1년에 세일을 딱 2번만 하고도 재고 관리를 효율적으로 할 수 있습니다.

6. 서울시

서울시, KT와 손잡고 빅데이터 버스 노선 구축하다.

서울은 밤이 되면 더 붐비는 도시입니다. 늦은 밤이 되어도 택시, 버스, 지하철 등 대중교통을 이용하려는 사람들이 많습니다. 하지만 버스, 지하철에는 '막차시간'이 있기 때문에 막차를 놓치면 다음날 아침까지 갈가에서 기다려야 하는 불편이 있습니다.

한편 대중교통이 끊겨 택시를 타려고 해도 고질적인 택시 승차 거부로 인해 늦은 밤 시간에 승객들이 이용할 만한 교통수단이 마땅히 없었습니다. 이러한 교통문제를 해결하게 위해 서울시에서는 심야버스인 '올빼미버스'를 운영하기로 결정했습니다.

서울시에서 운영하는 심야버스인 올빼미버스는 서울 시내에 지하철과 버스가 끊기는 자정부터 오전 5시까지 운행되는 버스입니다. 서울시에 늦은 시간까지 돌아다니는 사람들이 아무리 많다고 해도 주중 시간대 버스 승객수와는 비교할 수 없을 정도로 그 수가 적습니다.

버스의 수익성은 승객수로 결정되는데 심야시간대 특성상 올빼미버스는 수익성이 안 좋을 수밖에 없습니다. 수익성이 낮은 만큼 서울시는 최소의 비용으로 서울 시내 전역을 돌아다닐 수 있는 버스 노선을 구축하기를 원했습니다. 서울시는 KT와 합작하여 심야버스 최적화 노선을 구축하는 데 도움이 될 만한 빅데이터를 분석하였습니다.

여러분들은 늦은 시간에 귀가할 때 집에 전화를 걸어서 '이제 출발한다'고 말한 적이 있으신가요? 이런 질문을 드리는 이유는 서울시가 심야버스 노선 구축을 위해 어떤 빅데이터를 활용할 것인지 결정할 때 이 질문이 시초가 되었기 때문입니다.

서울시에서는 늦은 시간에 귀가할 때 사람들은 집이나 주변 지인들에게 전화를 거는 습관이 있다는 것에 착안하여 자정부터 오전 5시까지 서울 시내에서 발생한 통신 데이터들을 분석했습니다. KT를 올빼미버스 노선 구축의 파트너로 삼은 이유도 그들이 갖고 있는 통신 데이터를 활용하기 위함이었습니다. 그런 다음 가장 많은 통신 데이터가 기록된 지역들을 선별하여 올빼미버스 노선에 포함시켰습니다.

7. 미국 보스턴시, 보스턴, 빅데이터 활용 통해 도로 파손 비용 획기적 절감

최근까지 보스턴에서는 파손된 도로를 파악하기 위해서 시 직원들이 차를 타고 시 전체를 돌아다니며 점검하는 방식을 활용했습니다. 하지만 이런 방법은 효율적이지 못했지요. 보스턴은 큰 도시이기 때문에 이전 방식을 따를 경우 많은 인력이 필요했고 그 결과 도로 파손에 대한 빠른 대응이 불가능하다는 문제가 있었습니다.

보스턴시는 미국의 벤처회사 애터비스타와 함께 '스트리트범프(Street Bump)' 앱을 개발함으로써 이 문제를 해결하고자 했습니다. 스트리트 범프 앱은 운전자의 스마트폰을 이용해 도로 노면이 파인 곳을 자동으로 감지하고 그 위치를 보스턴시 도로관리국에 데이터를 전송하는 것을 돕습니다.

이 앱은 차 안의 가속계를 이용하여 도로 파손을 자동으로 감지합니다. 가속도계의 변화가 특정 한계치를 넘어서면 스마트폰이 이를 감지하고 변화가 발생한 시점부터 약 1.25초간의 가속도 변화 정보를 저장 합니다. 저장된 정보는 가속계의 변화가 발생한 지역의 GPS정보와 짝지어지고 이를 활용해 도로 파손이 발생한 지역을 찾아냅니다.

기속계의 변화를 바탕으로 도로 파손이 감지되면 파손된 장소와 규모 등이 보스턴시의 데이터베이스에 저장되고 보스턴시는 이 정보를 처리하여 어느 곳에 도로 파손이 발생했는지 보여주는 지도를 만듭니다. 그리고 그 지도를 바탕으로 복구 계획을 세우고 실시간으로 복구 작업에 착수합니다. 이 앱을 통해서 보스턴시는 도로 파손으로 인한 비용을 획기적으로 줄였다고 합니다.

8. 미국판 배달의 민족, DoorDash

DoorDash는 피자만 배달되던 미국의 배달시장을 획기적으로 변화시킨 미국의 배달의 민족입니다. 이들은 적시적소에 음식을 최상의 상태로 배달하기 위해, 빅데이터를 적극적으로 활용합니다.

"DoorDash는 음식이 외부인 출입제한 주택에 도착하는 그 순간까지의 모든 것들을 수집하고 분석합니다. 음식이 배달되기까지의 모든 단계를 이해하고, 신호를 분석하고, 그런 다음 모든 것들에 대해 세심하게 준비합니다. 앞으로의 배달을 위해 우리는 각각의 요소들을 예측하고, 배달기사를 준비시키고, 또한 고객들을 위한 예측을 하는 데 이런 정보를 사용합니다."

DoorDash는 해당 레스토랑의 실적, 평균적인 음식 준비시간, 현재 교통상황, 배달을 할 차의 종류, 주차장 현황 등의 최소 15가지 이상의 데이터를 분석하여 배달 기사가 레스토랑에 방문하는 시간을 최적으로 계산하였습니다.

그 결과, DoorDash는 점점 더 정확하게 배달 도착 시간을 예측할 수 있게 되었을 뿐만 아니라 소비자, 배달 기사, 레스토랑 상인들에게 더 많은 가치를 제공할 수 있게 되었습니다. 소비자들은 자신의 원하는 정확한 시간에 음식을 배달 받을 수 있게 되었으며, 배달 기사들은 아까운 시간을 곧 나올 음식만을 기다리며 할일없이 기다릴 필요가 없어졌고, 레스토랑 상인들은 온라인을 통해 더 많은 음식을 판매할 수 있게 되었습니다.

자료: 재미있는 코딩나라, Daniel Kim, 2021.3.28.

제1절 의사결정의 의의 및 중요성

개인이 일상생활에서 문제를 해결하기 위해 의사결정을 내리듯 기업의 경영자도 경영활동을 하는 과정에서 직면하게 되는 여러 문제들을 해결하기 위해 수많은 의사결정을 하게 된다. 이 절에서는 의사결정이 무엇인지 그리고 기업의 성과와 관련해서 의사결정이 왜 중요한지 알아보기로 하자.

1. 의사결정의 의의

우리는 개인으로서 혹은 조직이나 사회의 일원으로서 항상 크고 작은 의사결정을 하루에도 여러 번 하면서 살아간다. 이러한 의사결정의 결과는 극히 일상적인 것도 있지만, 또 어떤 것은 자기 자신뿐만 아니라 다른 사람에게도 큰 영향을 미치는 중요한 것도 있다.

의사결정이란 문제를 인식하고 그 문제를 해결할 수 있는 여러 대안 중에서 최적의 대안을 선택하고 실행하는 과정을 말한다. 그러나 여러 대안 중에서 가장 적절한 대안을 선택하기 위해서는 해결해야 할 문제를 명확히 이해하는 것뿐만 아니라 문제를 해결할 수 있는 대안들을 과학적으로 비교 · 분석 · 평가할 수 있어야 한다.

의사결정은 본질적으로 문제해결 과정의 일부분으로서 문제의 진단을 거친 후 의사결정기준을 마련하여 여러 대안들을 모색하고 비교 · 평가한 후 최적대안을 선택하는 다단계적인 과정으로 인식해야 할 개념이다. 의사결정을 이렇게 단계별 과정으로 이해할 때 경영자들은 의사결정능력을 향상시킬 수 있다.

2. 경영의사결정의 중요성

기업 내의 모든 경영자는 각종 상황에서 계속적으로 의사결정을 하게 된다. 경영자가 기업의 성과를 높이는 방향으로 계획수립, 조직화, 지휘, 통제 등의 경영행위를 전개할 때마다 각각의 경영행위는 의사결정과정을 수반하게 된다. 그러므로 의사결정이 올바르게 이루어지지 않으면 경영행위는 성공적으로 수행될 수 없으며 결과적으로 높은 경영성과를 기대할 수 없다.

예를 들어, 최고경영자는 기업의 목표를 어떻게 설정할 것인가 또는 어떤 신규사업에 진출할 것인가 등의 의사결정상황에 직면할 수 있다. 부문경영자는 한 달 동안의 생산계획 또는 판매계획을 어떻게 수립하고 실천하며 통제할 것인가에 관한 의사결정을 부서 단위별로 그리고 정기적 또는 부정기적으로 하게 된다. 만약 이러한 의사결정이 잘못되면 기업 또는 집단의 목표달성에 커다란 지장을 초래하게 될 것이다.

경영자의 의사결정이 중요한 이유는 다음과 같이 세 가지 측면으로 요약될 수 있다. 첫째, 경영의사결정의 과정은 경영자의 모든 경영활동 또는 행위에 수반되므로 올바른 경영의사결정이 뒷받침되지 않는 경영행위의 결과는 낮은 경영성과로 나타나게 된다.

둘째, 경영자 계층을 구성하고 있는 경영자는 그 수준에 관계없이 누구나 항상 정기적 또는 예외적으로 의사결정을 하는 상황에 직면하게 된다. 즉 모든 경영자는 의사결정의 행위 없이 경영활동을 전개할 수 없는 것이다.

셋째, 경영의사결정은 개인의 사적 의사결정과는 달리 의사결정의 효과가 기업 또는 기업 내외의 다른 구성원에게 영향을 미치게 된다. 예를 들어, 사적인 의사결정이 잘못되면 그 개인에게만 영향을 미치지만 경영의사결정이 잘못되면 그 경영자 이외에도 기업과 기업 내외의 다른 많은 사람들에게도 피해를 준다.

이러한 이유로 의사결정은 경영자에게 가장 본질적이며 중요한 개념으로 간주된다. 현명한 의사결정을 하여 효과적으로 문제해결을 하는 능력을 갖추지 않으면 성공적인 경영자가 될 수 없다.

3. 경영의사결정의 어려움

경영자는 기업경영과 관련된 다양한 의사결정을 하게 된다. 이러한 의사결정을 문제의 성격으로 구분해 보면 생산과 관련된 의사결정, 마케팅과 관련된 의사결정, 재무와 관련된 의사결정, 회계와 관련된 의사결정, 인사와 관련된 의사결정 그리고 연구개발과 관련된 의사결정 등 다양하고 복잡한 수많은 의사결정을 매일매일 해야 한다. 이러한 의사결정에는 쉬운 결정보다 복잡하고 어려운 의사결정이 더 많다. 그러면 의사결정이 어려운 이유는 무엇일까?

첫째, 의사결정문제의 복잡성을 들 수 있다. 의사결정과 관련된 문제가 복잡하여 의사결정자가 문제를 정확하게 파악하기 어렵기 때문이다. 경우에 따라서는 하나의 문제가 다른 문제와 독립적인 경우도 있지만 연계되어 풀어야 하는 경우가 대부분이다. 따라서 어느 요인이 어느 것에 영향을 주는지를 파악하는 것이 쉽지 않다. 또한 대안이 여러 개 있는 경우에는 대안과 대안 간의 관계를 이해하는 것이 쉽지 않은 경우가 있다.

둘째, 불확실성 때문이다. 의사결정과 관련된 기초자료 정확성의 불확실성, 주변환경의 불확실성, 관련사건 발생 여부의 불확실성, 의사결정 후 성과의 불확실성 등 다양한 불확실성이 의사결정과정에 등장한다. 불확실성의 원인과 구조는 숫자로 계량화해야 하지만 완벽하게 하는 것은 불가능하므로 의사결정을 어렵게 하는 요인이다.

셋째, 선택기준의 다양성 때문이다. 대안을 서로 비교할 때에는 항상 하나의 기준이 적용되는 것이 아니라 기업의 이익, 비용, 규모, 이미지, 위험, 기술력 등 다양한 요인들이 동시에 고려된다. 따라서 다양한 요인 중 선택기준을 무엇으로 할 것인가, 또 얼마나 중요시 할 것인가 하는 문제는 의사결정을 어렵게 하는 요소 중 하나이다.

넷째, 평가자의 가치관 때문이다. 사람에 따라서 불확실성이나 위험을 느끼는 정도가 서로 다르다. 어떤 사람은 은행의 정기예금 이자보다 사채의 이자를 선호하는 사람이 있다. 같은 1천만 원이라도 적다고 느끼는 사람과 많다고 느끼는 사람이 있는 것처럼 의사결정자의 가치관은 선택기준에 영향을 미친다. 또한 동일한 가치관을 가지고 있는 사람이라도 시간과 장소에 따라 선택기준이 변하게 된다.

제2절 의사결정의 기법과 유형

의사결정자는 의사결정을 할 때 다양한 접근방법을 이용해 의사결정을 하게 된다. 의사결정자가 이용하게 되는 접근방법으로는 의사결정자의 직감이나 예감에서부터 복잡한 수학적 분석에 이르기까지 매우 광범위하다. 학자에 따라서 의사결정 기법에 대한 구분이 다소 다를 수 있으나 내용에서는 큰 차이가 없다고 할 수 있다.

사이몬(H.A. Simon)은 의사결정을 정형적인 의사결정과 비정형적인 의사결정 기법으로 구분하였으며, 테리(G.R. Terry)는 계량적인 기법과 비계량적인 기법으로 구분하였다. 이러한 기법은 실제 환경에서 어떤 기법이 가장 좋은 기법이라고 주장하기 어렵다. 그러므로 그 의사결정 기법의 선택은 의사결정자의 지식과 경험 그리고 이용할 수 있는 자원에 의해서 결정된다.

의사결정의 내용과 과정은 경영계층과 주체에 따라 상이하며 서로 특징적인 모습을 띠게 된다. 의사결정은 개인이 혼자 해야 하는 경우도 있고 집단으로 해야 하는 경우도 있으며, 의사결정결과의 확실성을 기준으로 나눌 수도 있고, 또는 의사결정과정의 구조화에 따라 구분할 수 있다. 마지막으로 경영계층별로도 의사결정의 유형을 구분할 수 있다. 의사결정의 유형을 구체적으로 살펴보면 다음과 같다.

1. 비계량적인 방법(Nonquantitative Approach)

의사결정의 비계량적인 접근방법으로는 비구조화, 비과학화, 시스템화 되지 않은 수단으로 직관, 사실, 경험, 신중한 의견 등을 들 수 있다.

(1) 직관

의사결정을 하는 데 있어 예감이나 느낌에 의존하는 직관이 사용되기도 한다. 직관적인 의사결정자는 무의식적으로 과거의 지식 · 훈련 · 경험 등에 의존하게 되며, 대체로 직관적인 의사결정자는 활동적이며 신속하게 대처하고 문제상황을 예리하게 간파하는 경향이 있다.

직관적인 사람들은 의사결정을 직면한 상황에서 어떻게 행동하고 왜 그렇게 행동하여야 하는가를 완전히 깨닫는 경우는 없지만 그들은 가치와 경험들에 의해서 매일같이 상황판단을 요구하고 있다. 직관적인 의사결정의 효율성을 제고시키기 위해서는 첫째, 실제 결정해야 할 영역에 속하는 사실(facts)과 경험(experience)을 더욱 고려해 의사결정을 해야 하며, 둘째 의사결정에 유용한 예감력이 개발되도록 노력을 해야 한다.

(2) 사실

사실(fact)은 의사결정을 하는 데 있어 매우 중요한 요소이며, 사실에 기초한 의사결정은 실제적인 자료를 근거로 의사결정이 이루어진 것으로 의사결정을 요구한 상황에서는 매우 적절함을 의미한다. 따라서 의사결정에 더 많은 사실들을 이용하기 위해서 컴퓨터의 활용이 강조되고 있다.

오늘날 의사결정에 컴퓨터의 활용이 늘어나는 이유는 컴퓨터는 자료를 신속하고 정확하게 처리하는 것은 물론 다양하게 분석할 수 있기 때문이다. 그러나 모든 사실들이 의사결정에 항상 유용하지 않은 것은 실제로 사실을 확보하는 데는 많은 비용과 시간 그리고 어려움이 따르기 때문이다. 단지 사실만을 근거로 어떤 결정을 하는 것은 충분하지 못하기 때문에 일반적으로 사실을 유용하게 이용하기 위해서는 이미지 · 경험 · 신념들이 그 사실을 해석하는 데 필요하다.

(3) 경험

의사결정을 할 때 과거의 경험이 자주 활용되기도 한다. 의사결정자가 어떤 결정을 할 때 그와 유사한 상황에서 과거에 행했던 의사결정 경험과 증거 등은 그 결정의 방향을 예시해 준다. 따라서 의사결정을 함에 있어 과거 경험의 활용은 매우 유용할 수 있다. 그러나 맹목적인 경험에 의한 의사결정은 유용하지 않을 수 있기 때문에 이용하지 않는 것이 바람직하다.

2. 계량적인 기법(Quantitative Approach)

기업이 경영관리를 하는 데 있어 많은 의사결정이 계량적인 접근방법에 의해 이루어지고 있으며. 경영관리에 필요한 의사결정은 계량적인 기법의 발전을 이끌어왔다. 경영관리의 최종목표는 총비용을 최소화하고 총수익을 극대화하는 것으로 이러한 목표를 지닌 의사결정에 대한 접근방법으로는 계량적인 기법이 가장 과학적인 기법이다.

계량적 의사결정기법으로는 OR(operation research), 선형계획법(linear programming method: LP), 시뮬레이션(simulation) 등이 있다. OR은 물리, 화학, 사회학, 컴퓨터공학, 의사소통이론, 공학, 시스템과학 등에서 널리 활용되어 발전하고 있다. OR은 관리적 문제해결을 위해 어떤 형태의 것이든 분석모형을 사용하는 의사결정을 말하는 것으로 경영 및 산업분야에서 일상적이고 반복적인 정형적 의사결정에 널리 활용되고 있다. 최근 컴퓨터의 급속한 발전으로 자원할당, 생산계획, 재고관리, 수송 및 일정계획분야에서 폭넓게 활용되고 있다.

제한된 자원으로서 기대하는 목표달성을 높여야 하는 생산활동문제, 제품에 대한 적정 재고량문제, 제품 주문 시 경제적 주문량문제, 고객들의 대기시간을 최소화하면서 업무능률을 극대화시킬 수 있도록 하는 문제, 그리고 새로운 시설투자에 대한 경제적 가치평가문제 등을 해결하는 데 OR기법이 가장 적합한 것으로 사용되고 있다.

(1) 선형계획법(Linear Programming Method: LP)

선형계획법은 1947년 단쯔(Dantz)에 의해서 최초로 개발된 것으로 일정한 제약조건하에서 최적해를 도출하는 기법으로서 제한된 자원을 생산적 용도에 최적으로 배분하는 데 유용한 기법이다. 즉 선형계획법은 제한된 자원을 여러 가지 상이한 상황에서 어떻게 할당하는 것이 이익을 극대화 또는 비용을 최소화할 수 있는지를 제시하는 기법이다.

(2) 시뮬레이션(Simulation)

시뮬레이션이란 어떤 문제나 사회적 현상들을 해결하고자 할 때 실제 시스템이나 업무를 모형화하여 실험하는 방법을 말한다. 예를 들면, 모의주주총회를 통해 전반적인 경영관리 문제를 학습할 수 있는 기회를 갖게 돼 일종의 관리자로서 갖추어야 될 필요한 지식이나 자질을 습득할 수 있다. 오늘날 시뮬레이션은 어떤 시스템이나 업무의 개선, 문제해결, 교육 훈련의 수단으로서 널리 이용되고 있으며 특히 최근에 고성능 컴퓨터의 개발로 수학적 모형으로 해결할 수 없는 문제해결 수단으로 이용할 수 있는 장점이 있다.

그러나 시뮬레이션은 비용이 많이 들고 시간도 오래 걸리며 인력이 많이 요구되고 또한 많은 자료를 수집해야 하는 등의 단점을 지니고 있다. 이것을 해결하고 보다 효과적인 경영관리를 하는 데 시뮬레이션이 이용되기 위해서는 시뮬레이션만 사용하려는 특수목적의 컴퓨터 언어와 컴퓨터 하드웨어가 더욱 개발되고 발전되어야 한다. 시뮬레이션을 이용할 때 필요한 모델을 개발하는 데 필요한 일반적인 절차는 [그림 4-1]과 같다.

그림 4-1 시뮬레이션을 위한 일반적인 절차

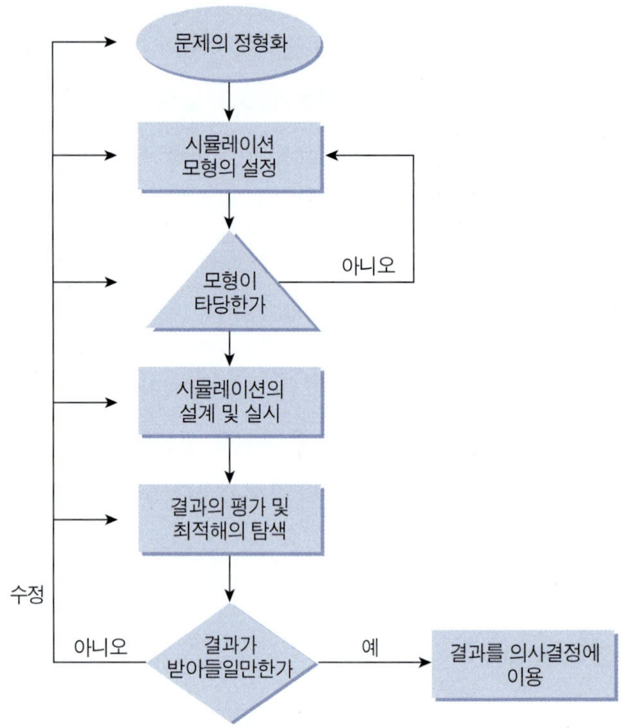

자료: 유세준 외, 글로벌 시대의 경영학원론, 법문사 2017.

3. 개인의사결정과 집단의사결정

의사결정의 유형은 다양하다. 의사결정은 개인이 혼자 해야 하는 경우도 있고 집단으로 해야 하는 경우도 있다. 버나드(C.I. Barnard)는 의사결정을 개인의사결정과 집단의사결정으로 분류하고 있다.

(1) 개인의사결정

인간은 항상 의사결정을 하면서 살아간다. 저녁을 먹을 것인가 말 것인가와 저녁을 먹을 경우 어떤 음식을 먹을 것인가와 같은 단순한 의사결정에서부터 어느 주식에 투자할 것인가와 같은 복잡한 의사결정을 하면서 살아간다. 특히 조직에서는 업무와 관련된 중요 의사결정을 하게 된다. 따라서 개인의사결정의 특징을 이해하는 것은 물론 조직적인 변수들이 개인의사결정에 어떠한 영향을 미치는가에 대하여 이해하는 것은 합리적인 의사결정에 큰 도움을 준다.

개인의사결정은 개인의 목적을 실현시키고자 하는 관점에서 전개되는 개인의 선택의 문제를 말한다. 예를 들면, 개인이 특정 기업의 주식에 계속 투자할 것인가와 관련된 의사결정을 들 수 있다.

개인이 최선의 의사결정을 하는 데 있어서 장애가 되는 가장 큰 요인은 인간의 정보처리능력의 한계를 들 수 있다. 인간이 복잡한 정보를 처리하는 데 있어서 컴퓨터와 같이 정확하게 처리하지 못하는 한계는 분명히 의사결정에 부정적인 영향을 미친다. 이러한 근본적인 한계 이외에도 의사결정에 있어서 체계적인 오류를 발생시키는 장애요인들이 있다. 그중에서 가장 대표적인 것으로 인지적 오류(cognitive biascognitive bias)와 몰입의 에스컬레이션(escalation of commitmentescalation of commitment) 등을 들 수 있다.

첫째, 인지적 오류이다. 인지적 오류는 사람들이 의사결정을 할 때 정보를 처리하는 과정에서 발생하는 오류를 말한다. 인지적 오류는 문제의 형태에 따라 구분해 보면 구성오류(framing)와 단순화 경향(heuristics)이 있다. 구성오류는 사람들이 동일한 문제에 대하여 부정적인 어휘로 표현된 경우와 긍정적인 어휘로 표현된 경우 의사결정이 달라진다는 것이다. 예를 들면 부정적인 어휘로 표현된 경우에는 위험추구적인 결정을 하는 반면 긍정적인 어휘로 표현된 경우에는 위험회피적인 결정을 한다는 것이다.

단순화 경향은 사람들이 복잡한 의사결정문제에 당면하였을 때 의사결정을 하기 전에 반드시 알아야 될 정보를 파악하지 않고 자신이 가지고 있는 주먹구구식의 단순화된 방식에 따라 의사결정을 하는 오류이다.

둘째, 몰입의 에스컬레이션이다. 이것은 실패할 것이 뻔한 행동을 지속시키기 위해 인적 · 물적 자원을 지속적으로 제공하는 것을 말한다. 이것을 피하는 방법 중의 하나는 의사결정의 책임을 나누어 가지는 것으로 집단의사결정을 들 수 있다. 집단에 의한 의사결정이 실패하게 되는 경우 그 의사결정에 대하여 개인적인 책임을 느끼기보다는 책임의 분산을 경험하게 된다. 따라서 의사결정자들은 개개인의 이미지 손상의 위험이 없이 잘못된 의사결정에 대한 책임을 쉽게 떨쳐버릴 수 있게 된다.

(2) 집단의사결정

현대 경영환경의 불확실성과 복잡성으로 인하여 조직구성원 개개인이 가지고 있는 지식이나 경험으로는 기업이 요구하는 효율적인 의사결정을 내릴 수가 없다. 집단의사결정과정은 의사결정과정에서 일어나는 구성원 상호 간의 상호작용과 더불어 개인보다 많은 정보를 갖기 때문에 의사결정의 질이 우월하다는 기본 가정하에 집단의사결정의 중요성이 점점 증대되고 있다. 우리는 기업조직에서 위원회, 태스크포스, 연구팀과 같은 다양한 집단의사결정의 형태를 볼 수 있으며 기업은 이러한 집단을 통해 의사결정이 이루어지는 경우가 많다.

집단의사결정은 과거에는 주로 최고경영자에 의해 행해졌으나 최근에는 하위경영자의 참여에 의한 집단의사결정이나 권한위양에 의한 조직상의 의사결정시스템이 보편적이다.

1) 집단의사결정의 특징 및 장단점

집단의사결정이 개인의사결정과 구별되는 특징은 다음과 같다.

첫째, 집단의사결정이 개인의사결정보다 시간을 더 소비하지만 정확한 경향이 있다. 둘째, 집단은 개인보다 많은 정보와 경험, 아이디어, 비판적인 평가능력을 가지고 있으므로 판단력이나 문제해결에 있어서 개인보다 우수하다고 생각된다. 셋째, 창의성에 있어 집단은 개인보다 많은 아이디어와 상상력을 갖게 된다고 생각한다. 넷째, 최근의 연구결과에 의하면, 집단이 개인보다 위험부담이 더 큰 방향으로 의사결정을 하는 것으로 나타났다.

이러한 특징들로 인해 집단의사결정은 개인의사결정에 비해 다음과 같은 장점이 있다.

첫째, 집단의사결정은 개인의사결정에 비해 보다 완전한 정보를 제공한다는 점이다. 이는 집단의사결정은 개인의사결정보다 다양한 경험과 관점을 제공함으로써 보다 완전한 정보를 제공해 준다는 의미이다.

둘째, 보다 많은 대안을 개발할 수 있다는 점이다. 집단은 개인보다 많은 양의 정보와 다양한 정보를 갖고 있기 때문에 개인보다 더 많은 대안을 개발할 수 있다. 특히 집단이 다양한 전문가로 구성되는 경우 더욱 그렇다.

셋째, 집단의사결정은 해결책의 수용 가능성을 증가시킨다는 점이다. 의사결정에 의해 영향을 받게 될 인간들이나 그 결정을 실행하는 데 있어서 주역을 담당할 사람들이 의사결정과정에 참여하게 되면 그 결정이 수용될 가능성이 높아지게 된다. 그리고 의사결정과정에의 참가는 그 결정을 실행하게 될 사람들의 동기유발과 그 결정을 실행하려는 의지를 증진시킨다.

넷째, 집단의사결정은 합법성을 증가시킨다. 집단의사결정은 민주적인 방법과 절차에 기초하기 때문에 개인의사결정보다 조직 내에서 합법성을 증가시켜 준다.

이와 반대로, 집단의사결정은 다음과 같은 단점도 있다.

첫째, 집단의사결정은 개인의사결정보다 의사결정과정에 더 많은 시간과 자원을 소비한다.

둘째, 집단의사결정은 의사결정과정에서 조직 내의 서열, 경험, 지식 등이 서로 다른 구성원으로 인해 소수의 구성원이 집단을 지배하여 구성원들의 자유스러운 의사표현을 방해할 수도 있다.

셋째, 집단의사결정에서 집단은 최적안보다 못한 타협안을 내놓을 가능성도 있다.

넷째, 집단의사결정은 의사결정에 도달하는 과정에서 의견의 불일치로 인하여 구성원 간에 갈등을 유발할 가능성이 있다.

다섯째, 집단의사결정은 책임이 애매모호하다. 개인의사결정의 경우 개인이 책임을 지기 때문에 책임소재가 분명하다. 그러나 집단의사결정의 경우 집단구성원이 책임을 지기 때문에 누가 최종 책임을 져야 하는지 명확하지 않다.

2) 집단의사결정의 영향요인

집단의사결정은 의사결정에 요구되는 정보력, 경험과 지식 등의 측면에 있어서 개인의사결정보다 더 나은 의사결정을 내릴 가능성이 높다. 집단의사결정이 개인의사결정보다 효율성이 높은가의 여부는 정보나 대안에 대한 구성원의 기여도, 의사소통의 명확성, 예측과 판단의 정확성 그리고 의사불일치를 해소하는 방법 등에 달려 있다. 집단의사결정은 집단사고, 집단규모, 지위의 차이 정도, 구성원의 지적 수준과 성격, 직면한 환경 그리고 리더의 기술과 행동유형 등에 의해 영향을 받게 된다. 이를 좀 더 자세히 살펴보면, 다음과 같다.

첫째, 집단응집력이 높은 집단에서 나타나는 집단사고이다. 집단응집력이란 집단구성원 간 상호 우정의 정도와 집단에 대한 구성원의 애착을 말한다. 집단응집력의 정도가 강한 집단에서는 구성원 상호 간의 합의에 대한 요구가 지나치게 크기 때문에 집단사고에 부정적인 결과를 초래한다.

한 집단의 응집력 정도가 강하면 구성원은 대개 집단의사결정에 대해 많은 신뢰를 가지게 되고 자신의 집단의사결정이 개인의사결정보다 나은 것이라고 생각한다. 그래서 구성원 개개인은 자신들의 비판적 사고는 접어둔 채 조직구성원 상호 간에 대해 강한 충성심을 발휘하여 만장일치의 분위기를 조성하려 하고 그 결과 이 집단에서 내리는 의사결정은 완전히 비현실적, 비합리적, 획일적 그리고 비윤리적인 것이 될 때가 많다. 이와 같이 집단사고는 의사결정에 심각한 부정적 결과를 초래할 수 있다.

둘째, 집단토론 중에 집단구성원 사이에서 극단적인 쏠림이 나타나는 집단양극화이다. 이 현상은 집단토론 중에 반대했던 문제에 대하여 토론 후 더욱 강력하게 반대하고 찬성했던 집단은 더욱 찬성하는 것이다. 이와 같이 집단양극화는 집단이 극단적인 태도를 가지게 하기 때문에 잘못된 의사결정을 유발하는 원인이 될 수 있다.

셋째, 의사결정과정에 다양한 영향을 미치는 의사결정집단의 규모이다. 의사결정집단의 구성원 수가 많을수록 의사소통은 어려워지고 파벌과 동맹 등과 같은 갈등의 잠재원인이 생기기 쉽다.

넷째, 토의과정에서 의사결정에 영향을 미치는 각자의 태도, 가치관, 경험 그리고 지식 등을 의미하는 구성원의 특징이다. 특히 의사결정에 반영되는 중요한 구성원의 특징으로는 구성원의 지위, 구성원의 목표지향성 그리고 성격 등이 있으며, 이 외에도 구성원이 가지고 있는 정보와 지식이 있다. 또한 상급자의 아이디어는 더욱 큰 영향력을 가지고 보다 우수하게 평가되는 경향을 띠며 리더와 구성원 간에 목표지향성이 상충될 경우 구성원들은 리더의 의견이나 결론에 반발해 의사결정에 무관심하게 되거나 냉담해지기 쉽다.

다섯째, 회의의 리더로서 회의에 참여한 구성원으로 하여금 문제를 해결하거나 결정을 내리도록 이끄는 리더십의 질적 수준이다. 의사결정문제와 절차가 구조화되어 있지 못한 경우 다른 어떤 요소보다도 리더십의 질적 수준에 따라 회의의 성공 여부가 결정된다고 할 수 있다. 또한 시간의 압력을 받을 때 리더십의 중요성이 증가하며 리더십은 시간의 압력이 높을수록 보다 큰 영향력을 발휘하게 된다.

3) 집단의사결정의 문제점

회의나 위원회 같은 전통적인 집단의사결정기법은 문제점을 갖고 있다. 이러한 문제점은 집단의 여러 가지 특성변수에 의해서 달라질 수 있다. 일반적으로 지적되고 있는 문제점은 다음과 같다.

첫째, 적당한 수준에서 타협이 나타날 가능성이 높다. 집단이 어떠한 의사결정을 내려야 할 경우에 집단의 합의를 끌어내기 위해 구성원 상호 간의 충돌이나 제재가 일어나지 않는 범위 내에서 아이디어(대안)를 제시하거나 적극적인 행동을 회피하는 경향을 보인다. 그러므로 대안에 대한 충분한 평가보다는 구성원 상호관계를 고려하여 적극적인 행동을 회피하고 쉽게 합의에 도달할 가능성이 있다.

둘째, 일반적으로 집단의 규모가 일정한 수준 이상으로 증가하면 구성원들 간의 의사소통은 더욱 어려워지고 파벌과 동맹 등으로 갈등이 심화되거나 집단구성원 상호 간의 분열 등이 일어날 가능성이 높아 의사결정의 속도가 지연된다. 따라서 집단의사결정은 구성원의 수가 많아질수록 의사소통과 갈등으로 집단의 합의를 끌어내기 위해 많은 시간이 소요됨으로 해서 의사결정의 속도가 저하될 뿐만 아니라 구성원들 간의 상호작용은 기하급수적으로 늘어나기 때문에 정보의 체계적인 정리와 분석 등에 보다 많은 시간과 노력이 투입된다.

셋째, 집단의사결정의 회의 진행방법이나 절차가 구조화되어 있지 못한 경우에 다른 어떤 요소보다도 리더의 역할이 증대된다. 또한 리더가 회의를 잘못 진행하는 경우 엉뚱한 아이디어가 나와 효율적인 토의가 이루어지지 않는다.

넷째, 집단의사결정에서는 합의 중시 경향으로 소수인 구성원의 아이디어를 무시하는 경향이 일어난다. 집단구성원의 지위가 동등하게 구성되지 못한 경우 소수인 구성원의 의견이 무시되어 창조적인 아이디어의 제시를 제약하거나 구성원 모두가 만족하는 합의가 이루어지지 못하고 표면적인 합의가 이루어질 수 있다.

다섯째, 집단의사결정에서 구성원의 자기포기현상이 일어날 수 있다. 집단 내에 조직을 대표할 수 있는 지도자가 구성원으로 있는 경우 다른 구성원들은 자신의 의견을 포기하고 추종하거나 조언자로 변질해 버릴 가능성이 있다. 특히 지위가 높은 사람이 집단의사결정의 구성원으로서 회의를 지배하게 되는 경우 이러한 현상이 나타날 가능성은 더욱 높아진다.

4. 정형적 의사결정과 비정형적 의사결정

사이먼(H.A. Simon)은 의사결정을 정형적(programmed) 의사결정과 비정형적(nonprogrammed) 의사결정으로 분류했다. 정형적 의사결정은 반복적이며 일상적인 의사결정으로 의사결정을 위한 표준적인 절차나 관리적 지침을 가지고 있는 의사결정을 말한다. 또한 의사결정 문제가 비교적 잘 구조화되어 있기 때문에 관습적으로 처리하거나 과거의 해결책을 통해 의사결정을 한다. 최근에 정형적 의사결정은 OR(Operation Research)나 컴퓨터를 이용하여 매우 능률적으로 처리하고 있다. OR기법은 선형계획법, 게임이론, 확률이론 등 다양한 수학적 모형으로서 계량적 의사결정도구라고 할 수 있다. 수학적 모형이 구체적으로 실제의 의사결정에 자주 사용되게 된 것은 컴퓨터의 출현 때문이라고 할 수 있다. 즉 컴퓨터의 자료처리 능력의 방대함과 신속성이 컴퓨터를 정형적 의사결정의 기본도구로 활용하게 하였다.

비정형적 의사결정은 정형적 의사결정과는 달리 일회적이며 구조화되지 않은 예외적 의사결정을 의미한다. 그러므로 비정형적 의사결정은 프로그램화할 여지가 적고 개인의 경험, 판단, 능력 등에 의해 많은 영향을 받게 된다. 최근에는 비정형적인 상황에서도 의사결정자의 문제해결 능력을 제고시키거나 문제해결자를 지원하는 탐색적(heuristic) 컴퓨터 프로그램을 활용하는 방법을 추구하기도 한다.

정형적 의사결정을 해야 하는 영역은 계량경영접근이 유효한 반면, 비정형적 의사결정의 영역은 조직행동적 접근이 가능하다고 할 수 있다. 사이먼은 정형적 · 비정형적 의사결정의 기법을 전통적 방법과 근대적 방법에 따라 〈표 4-1〉과 같이 분류하고 있다.

표 4-1 의사결정유형과 결정기법

의사결정의 유형	의사결정의 기술	
	전통적	근대적
• 정형적 의사결정 – 일상적 · 반복적 결정	• 습관 • 업무절차, 표준업무절차 • 조직구조 – 공통의 기대, 하부목표의 체계, 명확히 정해진 정보의 경로	• OR – 수학적 분석 • 컴퓨터에 의한 데이터 처리
• 비정형적 의사결정 – 1회한 · 신규의 정책 결정	• 판단, 직관력, 창조력 • 경험률 • 간부요원의 선발과 훈련	• 탐색적 문제해결기술의 적용 • 의사결정자의 훈련 • Computer Heuristic Programming의 작성

자료: Herbert A. Simon, *The New Science of Management Decision*, Haper & Row, 1960.

잠시 쉬어가기

석유산업에도 'AI' 바람 … 생산성 높이고 원유 도입 결정

스페인 석유・가스회사 렙솔은 스페인 동부 타라고나 정유 공장에 구글의 인공지능(AI) 서비스 '클라우드ML'을 도입한다고 올 6월 밝혔다. 타라고나 공장은 하루 18만6000배럴의 원유를 정제한다.

렙솔은 자사 공정에서 압력, 온도, 처리 속도 등의 데이터를 분석, 생산 효율을 극대화하면 배럴당 30센트의 이익을 추가로 낼 수 있을 것으로 기대하고 있다.

글로벌 석유업계가 AI, 빅데이터 등을 도입하면서 디지털 트랜스포메이션(전환) 전략에 박차를 가하고 있다. 사람 대신 AI가 유전을 찾고 생산 효율을 높이며 원유 도입 시기・물량까지 결정하는 시대가 열리고 있는 것이다.

구글의 인공지능(AI) 서비스를 활용하는 스페인 타라고나의 렙솔 공장

◇ BP, 유전 발굴에 AI 소프트웨어 접목

프랑스 토탈은 올 4월 구글과 공동으로 석유・가스 탐사, 생산에 필요한 데이터 분석을 지원하는 AI 솔루션을 개발하기로 했다. AI 솔루션은 컴퓨터비전(영상) 기술을 쓰고 자동화된 문서(텍스트) 분석 등이 가능하다. 토탈 관계자는 "AI가 석유・가스 산업에 접목되면 (의사결정을 하는 데 필요한) 데이터를 이해하는 데 도움이 될 것"이라고 말했다.

영국 석유회사 BP의 투자회사 BP벤처스는 지난해 6월 미국 AI 벤처기업인 비욘드리미츠에 2000만 달러(214억 원)를 투자했다. 비욘드리미츠는 20년 동안 AI 소프트웨어를 개발했는데, 우주 탐사에서 뛰어난 정확도를 보였다. BP는 오지에서 유전을 발굴하는 데 AI 소프트웨어를 활용하면 비용과 시간을 줄일 수 있을 것으로 기대하고 있다.

쉘 루브리컨츠는 올 5월 AI로 구현되는 챗봇(채팅하는 로봇) 도구 '쉘 루브챗'을 선보였다. 미국, 중국, 인도, 영국 등의 건설, 농업, 전력분야 고객이 효율을 극대화할 수 있도록 실시간 상담을 제공한다. 예를 들어 특정 장비에 적합한 제품을 찾거나 기술・안전 데이터 문서를 즉시 알려주는 것이다.

◇ 에쓰오일, 공장 운영에 빅데이터 활용

국내 정유회사들도 빅데이터 활용에 나서고 있다.

오스만 알 감디 에쓰오일(S-Oil) 최고경영자(CEO)는 2018년 신년사에서 "빅데이터, AI, 사물인터넷(IoT) 등 신기술을 활용해 일하는 방식을 바꾸고 새로운 사업모델을 개발하기 위한 디지털 전환을 추진해야 한다"고 말했다.

에쓰오일은 지난해 빅데이터팀을 신설했다. 원유 도입과정에서 전략적 의사결정을 지원하는 데이터 분석 과제를 수행한다. 빅데이터를 분석한 결과를 바탕으로 공장 설비의 이상 징후를 사전에 파악, 공장 운영의 안정성을 높였다는 평가다.

SK이노베이션도 빅데이터를 활용해 원유 도입 시기와 물량 등을 정한다. 30만 개 데이터를 확보하고 있으며, 약 5만 개의 변수를 고려해 최적의 원유 도입 시기와 운영전략을 수립한다. SK이노베이션은 지난해 울산 공장에 '스마트 플랜트' 시스템도 도입했다. 스마트 플랜트는 빅데이터를 통해 앞으로 일어날 수 있는 사고를 예방한다.

자료: 조선비즈, 2018. 6. 10.

5. 전략적 · 관리적 · 업무적 의사결정

앤소프(Ansoff)는 의사결정의 종류를 조직의 외부환경 및 조직계층과 관련하여 전략적 의사결정, 관리적 의사결정 그리고 업무적 의사결정의 세 가지로 분류하였으며, 이들 의사결정의 주요한 결정사항과 특성을 설명하면 다음과 같다.

(1) 전략적 의사결정

전략적 의사결정(strategic decision)이란 기업의 내부문제보다는 외부문제와 관련된 의사결정으로 기업이 참여할 사업의 결정, 제품믹스의 결정, 진출할 시장선정 및 이에 필요한 제 자원의 배분에 관한 의사결정을 의미한다. 이러한 의사결정의 책임은 최고경영층에 있으며 조직의 목표설정, 성장방식에 관한 결정, 다각화에 관한 결정 등에 관한 의사결정을 포함한다.

(2) 관리적 의사결정

관리적 의사결정(administrative decision)이란 전략적 의사결정에서 결정된 기업의 목표와 전략을 실행하기 위한 구체적 의사결정으로 기업의 내부문제에 관련된 조직의 제자원 활용에 있어서 성과의 극대화를 달성하기 위한 자원의 조직화에 초점이 있는 의사결정이다.

관리적 의사결정의 책임은 중간경영층에 있으며 여기에 포함되는 주요 의사결정 내용으로는 인력 및 원재료의 획득, 인적 자원의 개발 및 훈련, 유통경로, 자본 및 설비의 조달, 책임 및 권한관계의 확립 등이 있다.

(3) 업무적 의사결정

업무적 의사결정(operational decision)은 일상적으로 행해지는 업무에 관한 의사결정으로 자원의 변환과정의 효율성을 극대화하기 위한 의사결정이다. 의사결정의 책임은 하위경영층에 있으며 주요 내용은 기능별 · 제품별 자원의 배분, 업무활동에 대한 일정계획 수립, 업적 감독 및 통제활동의 실시 등이며, 구체적인 의사결정으로는 재고수준의 결정, 가격결정, 연구개발 및 월간 생산계획 등이 포함된다.

6. 확실성, 위험 및 불확실성하의 의사결정

(1) 확실성하의 의사결정

확실성하의 의사결정이란 의사결정자가 주어진 대안 중에서 선택한 대안의 결과가 어떻게 나타날 것인지 미래의 상황을 사전에 정확히 알 수 있는 상황을 말한다. 특히 이 상황은 대체안의 선택기준과 대체안별 실행결과를 사전에 알 수 있기 때문에 의사결정자는 대체안별 성과를 비교 · 평가하여 최선의 대체안을 선택하면 된다. 그러나 오늘날과 같이 기업을 둘러싸고 있는 환경이 급변하는 환경에서는 이러한 확실성하의 의사결정은 거의 없다.

(2) 위험하의 의사결정

위험하의 의사결정이란 각 대체안을 선택했을 때 실행결과를 확실하게 예측할 수 없으나 원하는 성과가 실현될 확률을 예측할 수 있는 상황하의 의사결정을 말한다. 따라서 이 경우에는 대체안과 각 대체안별 잠재적 결과 및 비용의 관계에 관한 확률적 추정치에 의해 의사결정을 하게 된다.

(3) 불확실성하의 의사결정

불확실성하의 의사결정이란 대체안들의 실행결과가 일어날 확률을 전혀 알 수 없는 상황하의 의사결정을 말한다. 가장 대표적인 예로는 테러가 있다.

제3절 의사결정의 과정

의사결정은 여러 가능한 대안 중에서 최적의 대안을 선택하는 것이 핵심적 내용이긴 하지만 본질적으로 여러 단계를 포함하는 과정적 개념이다. 그러나 문제를 해결하기 위한 최적의 대안을 선택하기 이전에 문제의 성격을 파악하고, 여러 가능한 대안을 발굴하여 비교 · 평가하는 단계를 거쳐 의사결정이 이루어지는 것이다.

그러나 실제의 의사결정은 이러한 과정을 모두 거쳐서 이루어진다고는 볼 수 없으며, 의사결정과정에 의한 의사결정을 하는 경영자일수록 그렇지 않은 경영자보다 최적의 대안을 선택하게 될 가능성이 상대적으로 높아지거나 또는 잘못된 의사결정을 하게 될 오류를 범할 확률이 낮아지게 된다. 의사결정과정은 다음과 같다.

1. 1단계: 문제의 인식

의사결정과정의 첫 번째 단계는 해결해야 할 문제를 인식하는 것이다. 의사결정의 필

그림 4-2 의사결정과정

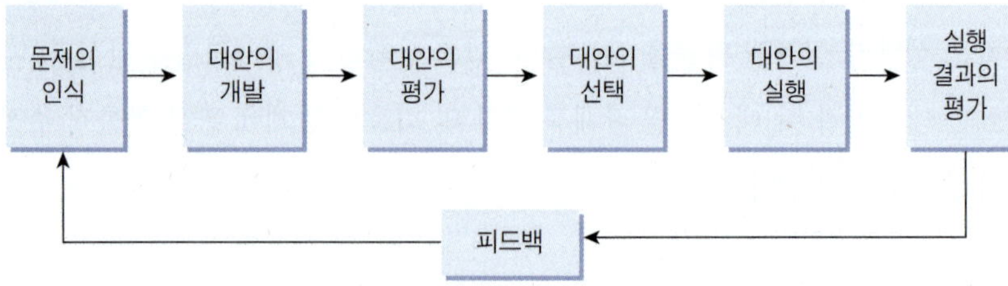

자료: 조현래 외, 기업경영론, 고려출판사, 2001.

요성은 문제의 존재로부터 비롯되는 것이므로 문제의 정확한 인식이 이루어지지 않은 채 전개되는 의사결정과정은 별 의미가 없다. 왜냐하면 문제의 인식이 잘못되면 올바른 의사결정을 할 수 없기 때문이다.

그러나 문제의 본질을 정확히 파악하는 것은 매우 어려운 작업이다. 이와 관련하여 경영자가 자주 범하게 되는 오류로서 징후와 문제의 혼동을 예로 들 수 있다. 예를 들어 종업원의 사표 제출에 많은 경영자는 민감하게 반응을 한다. 그러나 이직률의 증가가 만약 기업목표 달성을 저해하지 않는다면 결코 문제가 아니다. 만약 이직하는 종업원이 회사에 불만이 높은 사람이며, 또 회사 전체의 인력이 과잉이어서 이직하는 사람의 일을 대신할 수 있는 인력이 존재한다면 오히려 어느 정도의 이직률의 증가는 문제가 아니라 인력관리상 좋은 기회를 제공하는 것이 된다. 이와 같이 어떤 징후가 반드시 문제는 아닌 것이다. 이때 징후와 문제를 혼동하게 되는 것을 방지하는 하나의 방법은 상위경영목표의 관점에서 문제를 정의하는 것이다.

문제의 유형을 구분하는 것도 문제의 성격을 파악하는 하나의 방법이다. 문제를 유형화하게 되면 그 이후 많은 노력을 줄일 수 있다. 즉 어떤 문제가 과거와 동일한 문제로 확인되면 대안의 발굴, 평가하는 노력이 감소될 수 있는 것이다. 문제를 유형화하는 보편적 방법은 앞에서 지적한 정형적 문제와 비정형적 문제로 구분하는 것이다.

문제를 유형화하는 또 다른 방법은 다음 네 가지 특성에 의해 구분한다. 첫째, 반복적인 문제가 있다. 이는 정기적으로 발생하는 문제이므로 과거의 의사결정과정을 참고하게 되면 능률적으로 의사결정을 할 수 있다. 이러한 문제의 해결을 위한 정보는 가능한 경영정보시스템에 정리되어 있어야 한다. 둘째, 직무전환 또는 합병의 문제처럼 특정 경영자에게는 특수한 문제이지만 다른 사람은 이미 그러한 문제에 직면해 본 경험이 있는 문제가 있을 수 있다. 이때는 다른 사람이 활용했던 절차와 방법에 대한 정보수집이 중요하며 또 경험자의 도움을 요청할 수도 있다. 셋째, 발생하는 빈도가 매우 드문 완전히 특수한 문제가 있다. 넷째, 특수하지만 앞으로 자주 발생할 가능성이 있는 문제가 있을 수 있다. 이때는 절차, 규칙을 정확하게 개발하여 신중히 문제를 해결할 필요성이 커진다.

2. 2단계: 대안의 개발

문제를 인식하게 되면 다음 단계에서는 문제해결에 기여할 수 있는 가능한 대안을 실제로 개발하여야 한다. 일반적으로 대안을 개발하는 데 있어서 경영자가 자주 범하게 되는 오류는 최초에 발견한 대안이 그럴듯한 경우에는 쉽게 그 대안을 선택해 버린다는 점이다. 이렇게 되면 경영자는 유효한 해결대안을 선택할 수 있는 기회를 상실할 수도 있다. 그러므로 경영자는 가능한 모든 대안을 개발하여 그중에서 최선의 선택이 이루어지도록 하여야 한다.

오늘날 기업의 경영환경은 매우 불확실하기 때문에 비정형적 의사결정을 해야 할 상황이 자주 발생한다는 점에서도 많은 창의적 대안의 개발이 필요하기도 한다. 또한 정형적 · 반복적 의사결정의 유형이라 해도 과거의 해결대안이 반드시 현재에도 유효하다고 할 수 없으므로 좋은 대안을 많이 개발하는 것은 성공적 의사결정과정에서 매우 중요한 단계인 것이다.

이러한 이유로 대안을 개발하는 데 있어서는 무엇보다도 경영자의 창의력이 크게 요구된다.

(1) 개인의 창의력

창의력은 개인마다 다르며 창의력이 있는 사람은 그렇지 않은 사람보다 더 독창적인 대답을 하거나 좀 더 적극적으로 문제해결에 도전한다. 그들은 단순한 것보다 오히려 복잡한 것을 더 선호하며 좀 더 독립적이다. 그러나 창의력이 있는 사람을 선발하는 것은 쉬운 일이 아니다.

창의력이 있는 사람을 선발하기 위한 방법은 많이 있다. 이러한 창의력 평가방법은 신제품 개발부서, 영업부서 등에 우선적으로 적용되어 창의력이 높은 사람을 선발할 수 있게 한다. 그러나 이러한 방법은 유효성이 그리 높지 않다. 따라서 창의력이 높은 사람을 선발하기보다 기존 구성원의 잠재력을 활성화시켜 창의력을 제고시키는 방법이 더욱 경제적일 수 있다.

(2) 집단의 창의력

의사결정과정에서 집단의 창의력을 자극시키면 대안의 발굴단계에서 큰 효과가 있다. 집단의 창의력을 활용하는 기법에는 상호작용집단법, 브레인스토밍, 명목집단기법, 델파이기법 등이 있다. 이들 방법은 각 개인이 자신의 창의력을 향상시키는 데 도움을 줄 수 있다는 점에서도 큰 장점이 있다.

1) 상호작용집단법

상호작용집단법(interaction group method)은 집단의사결정방법 중 가장 널리 사용되는 것으로서 일반적으로 집단의사결정이라 하면 이 방법을 지칭하는 것이다. 이 방법은 집단을 이루는 구성원의 상호작용으로부터 정보와 아이디어를 얻어 의사결정을 내리는 방법이다.

상호작용집단법은 집단의사결정의 성격을 그대로 나타낸 것으로서 많은 장점을 가지고 있다. 첫째, 집단의 결정은 집단을 이루는 많은 구성원이 의사결정에 관련되기 때문에 더 많은 정보와 아이디어가 나올 수 있고 개인 노력의 합계가 될 수 있다. 둘째, 집단을 이루는 많은 구성원들의 상호작용의 시너지 효과를 통해 여러 견해들이 보완되고 수정됨에 따라 한 개인의 의사결정보다 더 나은 의사결정이 나올 수 있다.

그러나 상호작용집단법은 운영하는 방법에 따라서 집단사고의 폐단을 가져올 수 있다.

2) 브레인스토밍

브레인스토밍(brain storming)은 5~10명의 참여자가 자유롭게 아이디어를 제시하여 최선의 해결책을 찾아내는 방법이다. 본래 광고 캠페인의 아이디어를 개발하기 위해 사용된 이 방법은 요즈음 기업경영에서 발생하는 각종 문제해결에 도움을 주는 가능한 대안을 찾아내기 위하여 자주 사용된다.

브레인스토밍이 성공하려면 공통의 문제를 제시받은 참여자 개인이 위축되지 않은 분위기에서 문제해결의 아이디어를 계속해서 창출할 수 있어야 한다. 이때 중요한 점은 절대로 다른 사람의 아이디어를 비판 · 평가하지 말아야 한다는 것이다.

브레인스토밍에서는 질보다 양이 중요하다. 설령 비실용적인 대안이라도 타인의 아이디어 창출에 기여할 수 있기 때문에 일단 받아들여져야 한다. 그리하여 연속적으로 제시되는 대안에 대한 상호 간의 교환이 이루어진다. 아이디어의 교환은 개인의 아이디어를 수정 · 개선할 수 있게 한다.

이처럼 동등적 참여, 열의, 개방적 분위기에서 최선의 해결대안을 찾아가는 것이 이

방법의 가장 큰 장점이다. 그러므로 다른 사람의 아이디어 창출의 기회나 열의를 봉쇄하는 분위기에서는 브레인스토밍의 효과가 나타날 수 없다.

3) 명목집단기법

명목집단기법(nominal group technique)은 브레인스토밍을 수정 · 확장한 기법이다. 즉 브레인스토밍에서는 논쟁이나 감정이 개입되어 타인에게 영향을 줄 수 있다. 그러므로 언어적 토의를 하지 않고 누가 어떤 아이디어를 제시하였는지 문서로 대안을 제시하고 돌아가면서 차례로 읽게 한다. 그 다음에는 무기명 아이디어에 대해 개별적 토의를 하되 참여자는 찬성 또는 반대의 의견을 표시하는 정도의 간단한 견해를 피력한다. 마지막에는 추천된 아이디어에 대해 투표로서 최종안을 결정한다. 이때 참여자가 모두 5~7점 척도에 의해 각 대안에 대해 문서로 점수를 제시한 후 가장 높은 점수를 받은 대안을 최종적으로 결정한다. 무기명 아이디어에 대한 간단한 견해를 피력하고 최종적으로는 투표에 의해 결정하므로 감정이나 분위기상의 왜곡현상을 피할 수 있다는 장점이 있다.

4) 델파이기법

델파이기법(Delphi technique)은 미국의 랜드연구소(Rand Corporation)에서 개발한 의사결정기법으로 명목집단기법과 유사한 기법이나 구성원이 서로 모여 얼굴을 맞대고 하는 것이 아니라 출석을 하지 않고 의사결정과정을 거친다는 점에서 차이가 있다. 델파이기법은 집단토론을 거치지 않고 전문가들로 구성된 패널(panel)을 통해 전문적인 견해를 얻어 내는 방법으로서 구체적으로 다음과 같은 절차를 통해서 이루어진다.

첫째, 특정 문제에 대한 견해나 아이디어를 도출할 수 있는 설문지 작성을 통해 서로 간에 접촉이 없는 전문가들을 선정하여 설문지를 보낸다. 둘째, 접수된 설문지의 내용을 종합하여 이를 응답자에게 다시 보내 명확히 해야 할 사항이나 고려해야 할 사항을 추가로 검토할 수 있도록 하는 2차 설문지를 동봉한다. 셋째, 응답자들은 돌려받은 설문자료를 검토한 후 자신의 평가를 제시하도록 한다. 넷째, 이들이 선택한 것과 평가자료를 다시 수집하여 다수결원칙에 의해 어느 하나가 최종선정되며 이 자료가 다시 응답자에게 보내진다. 이때 합의된 의사결정대안이 나올 때까지 과정을 반복 시행한다.

델파이기법은 합의된 최종의사결정이 나올 때까지 많은 시간이 소요되기 때문에 신속한 의사결정에 적용하는 데 한계가 있다. 따라서 일상적이고 단순한 의사결정문제보다는 기술혁신의 예측, 신제품의 잠재시장의 예측, 미래 경제상황 및 장기적인 예측과 같이 의사결정문제의 범위가 넓거나 장기적인 문제를 해결하는 데 유용하게 활용할 수 있는 기법이다.

3. 3단계: 대안의 평가

경영자는 대안의 개발이 끝난 후 각 대안의 유효성을 평가해야 하는데 대안의 평가는 다음의 두 가지 관점을 고려해야 한다.

첫째, 기업의 목표에 비추어서 각 대안을 판단해야 한다. 만약 대안이 아무리 논리적이라 하더라도 기업목표에 비추어 도저히 실천할 수 없다면 소용이 없다. 예를 들어, 매출액은 증가하고 있으나 이윤이 감소하고 있다면 간접비를 줄일 필요가 있다. 그러나 어떤 대안이 제품의 질을 저하시켜서 간접비를 줄이는 경우라면 이 대안은 도저히 받아들일 수 없게 될 것이다. 또 어떤 대안이 기업의 현재 자원으로서는 실천할 수 없는 것이라면 아무런 의미가 없다. 또한 종업원이 어떤 대안을 실천할 의사가 없는 경우에도 그 대안은 포기될 수밖에 없다.

둘째, 문제를 해결하는 데 가급적 많은 도움을 제공할 수 있는 대안을 선택하여야 한다. 먼저 문제해결의 필수적 기준을 초과하는 대안을 선별한 후 그중에서 희망적 기준에 가깝게 부합되는 대안을 선택하면 최선의 대안이 선택될 수 있다. 여러 대안을 기업목표와 제 자원 그리고 문제해결의 필수적 · 희망적 기준에 맞추어 평가하는 기법은 다양하다. 이러한 각종의 평가기법은 주로 계량적 의사결정기법으로서 의사결정상황의 확실성 · 위험성 · 불확실성에 따라 달리 적용된다.

4. 4단계: 대안의 선택

대안의 선택은 여러 개의 대안을 평가한 후 하나의 대안을 선택하는 단계이다. 일반적으로 대안의 개발과 그에 대한 평가가 이루어지면 최종적인 대안의 선택은 자동적으로 이루어지는 것으로 인식하고 있다. 만약 여러 개의 대안을 충분하게 검토하였다면 최적의 대안을 선택하는 것은 그다지 어렵지 않다.

그러나 최적의 대안을 선택하는 것이 용이하지 않은 경우가 있다. 그 이유는 다음과 같다. 첫째, 각 대안이 의사결정목표나 기준을 얼마나 잘 충족하는지 상호 비교하기가 쉽지 않은 경우이다. 둘째, 여러 대안들이 모두 좋지 않은 대안일 때가 있다. 셋째, 너무 많은 대안이 확보되어 그 대안들을 평가하는 데 지나치게 많은 시간이 소비되고 의사결정자가 오히려 혼동에 빠질 수 있는 경우가 있다. 예를 들면, 대학졸업반 학생에게 10여 군데 이상의 취업기회가 주어진다면 결정하기가 쉽지 않다. 이러한 경우에는 개인의 주관적 판단, 직관 그리고 위험에 대한 선호도에 의해 최적의 대안을 선택할 수밖에 없다.

5. 5단계: 대안의 실행

선택한 최적의 대안이 문제를 해결할 수 있도록 경영자들이 실행에 옮기는 단계이다. 그러나 대안을 실행하는 상황이 용이한 경우도 있지만 그와 반대의 경우도 있다. 대안을 실행하는 데 있어서 중요하게 고려해야 할 두 가지 요인은 구체적 행동계획과 프로그램을 잘 설정해야 하는 것과 일반적으로 대안의 실행은 조직구성원들에 의해 이루어지기 때문에 그들에게 어떠한 영향을 미칠 것인지를 고려해야 한다는 것이다.

선택한 대안을 가장 효과적으로 실행하는 방법은 가능한 한 의사결정과정에 조직구성원을 참여시키는 것으로 그들은 특히 대안이 개발되고 평가될 때 숨겨진 어려움을 찾아내거나 추가적인 자원을 발견해 냄으로써 의사결정과정에 기여할 수 있다.

6. 6단계: 실행결과의 평가와 피드백

마지막 단계는 대안의 실행결과를 평가하고 새로운 의사결정을 위해 피드백을 제공하는 것이다. 이 과정을 통해 대안의 실행결과를 알 수 있는 것과 동시에 잘못된 의사결정이나 실행과정을 개선할 수 있는 행동을 취할 수 있다. 만일 선택한 대안의 실행결과가 바람직하게 나타나지 않는 경우 경영자는 문제를 재정의하거나 다른 대안을 개발해야 한다.

잠시 쉬어가기

CJ프레시웨이, 데이터 경영 본격화 … 빅데이터 플랫폼 구축

데이터 기반 경영으로 효율적인 의사결정 체계 마련
IT 시스템 고도화로 데이터 수집, 고객 맞춤형 솔루션 개발도 추진

CJ그룹의 식자재 유통 및 단체급식 전문기업 CJ 프레시웨이가 빅데이터 플랫폼을 구축하고 데이터 경영에 나선다.

CJ프레시웨이 경기 이천 센트럴키친

CJ프레시웨이는 2022년까지 전 사업 분야의 주요 정보를 데이터베이스화하고, 이를 분석할 수 있는 플랫폼을 개발해 데이터 기반 경영을 본격화한다고 25일 밝혔다. 데이터 역량을 미래 성장동력으로 삼아 빠르게 변화하는 시장에 선제적으로 대응하고, 신사업 기회를 계속 발굴해 식자재 유통업계의 디지털 리딩 기업으로 도약하겠다는 전략이다.

CJ프레시웨이는 디지털 전환 핵심 전략으로 ▲데이터 자산화 ▲데이터 기반 의사결정 체계 수립 ▲고객 맞춤형 솔루션 개발 등을 제시했다.

CJ프레시웨이 패킹 스토리지 센터에서 근무자가 농산물 가공 작업을 하고 있다.

CJ프레시웨이는 먼저 그동안 축적해 온 데이터를 한데 모으고, 중요도에 따라 데이터를 선별, 표준화하는 작업에 착수했다. 데이터는 고객, 상품, 매출 등 내부 정보와 트렌드, 상권, 날씨 등 외부 정보까지 모두 포함한다. 또한, 업무 효율성 향상을 위해 사업 연관성이 높은 유의미한 고품질의 데이터만을 자산화한다. 이 과정에서 부서별로 관리했던 정보를 빅데이터 플랫폼에서 한 번에 확인하고, 전사 차원에서 빠르게 파악하고 의사결정을 내릴 수 있도록 했다. 예를 들면, 마케팅 부서에서 조사한 현재 외식 트렌드와 영업 부서가 보유한 주문량이 많은 식자재 정보를 실시간으로 파악해 상품기획 부서에서 새로운 메뉴 또는 레시피를 개발할 수 있도록 한 것이다.

효율적인 데이터 관리를 위해 디지털 혁신 담당 부서를 중심으로 데이터 운영 체계도 구축한다. 데이터 품질 유지, 표준화 관리 등 정책을 통해 데이터의 신뢰도를 높이고, 중요한 의사결정 시 내부 구성원들이 필요로 하는 데이터를 손쉽게 검색할 수 있도록 지원할 방침이다.

고객 맞춤형 솔루션도 개발한다. 식당, 학교, 병원 등 단순 카테고리로 구분돼 있던 고객 유형을 선호 제품, 주문 패턴 등에 따라 분류한다. 여기에 사회 트렌드, 지역 현황 등 외부적인 요소도 함께 고려해 분석 정확도를 높인다. 솔루션 제공을 위한 주문 및 영업 지원 시스템도 도입한다.

최근 사업을 확장하고 있는 단체급식 분야에서는 고객에게 가장 최적화된 메뉴를 자동 추천하는 AI 기반 메뉴 큐레이션을 진행한다. 온라인을 통해 습득한 트렌드를 메뉴 데이터에 접목, 분석함으로써 단체급식장에서 더욱 편리하게 메뉴를 기획할 수 있도록 돕는다.

CJ프레시웨이 관계자는 "지속적인 IT기술 고도화, 제품 및 서비스 차별화에 주력하는 것은 물론, 디지털 전환을 발판 삼아 근본적인 경영혁신을 실현하겠다"고 말했다.

자료: 조선비즈, 2021. 10. 25.

토의과제

- 의사결정의 어려움은 어떻게 해결할 수 있는가?
- 개인의사결정과 집단의사결정의 차이는 무엇인가?
- 과거에 자신이 내린 결정 중 합리적이지 못한 결정을 생각해 보고 개선하기 위해서 어떤 일을 할 수 있는지 설명하시오.
- 정형적 의사결정과 비정형적 의사결정의 차이점을 설명하시오.
- 집단의사결정의 개선기법을 설명하시오.

참고문헌

- 대전대학교 사회과학연구소,『경영학원론』, 1999.
- 서성무 외,『경영학원론』, 형설출판사, 1998.
- 서의호,『전략정보시스템』, 홍릉과학출판사, 1998.
- 유붕식 외,『신경영학원론』, 학현사, 2000.
- 유필화 외,『디지털시대의 경영학』, 박영사, 2004.
- 이재규,『지식경영학 원론』, 박영사, 2003.
- 조경동,『경영학원론』, 형설출판사, 1996.
- 조동성,『21세기를 위한 경영학』, 서울경제경영, 2000.
- 조선비즈, 2018. 6. 10.
- 조선비즈, 2021. 10. 25.
- 조현래 외,『기업경영론』, 고려출판사, 2001.
- 재미있는 코딩나라, David Kim, 2021. 3. 28.
- 한재민,『경영정보시스템』, 학현사, 1998.
- 유세준 외,『글로벌 시대의 경영학원론』, 법문사, 2017.

- Barnard, C.I., *The Function of the Executive*, Harvard University Press, Cambridge, MA, 1938.
- Simon, H.A., *The New Science of Management Decision*, Harper & Row, 1960.

PART

02

기업과 환경

PRINCIPLES OF MANAGEMENT

CHAPTER

05

기업과 경영환경

망한 테슬라를 회상하다

자본주의 시장에서 기업의 흥망성쇠를 예측하기란 상당히 어려운 일입니다. 오늘의 영광이 내일은 좌절로 변하는 사례가 상당히 많으니까요.

LG경제연구원이 올해 초 발간한 「지속 성장 기업의 조건」 보고서에 따르면 1995년 'Fortune America 500'에 꼽힌 기업 중 2005년까지 그 지위를 유지한 곳은 292개(58.4%)에 불과했다고 합니다. 이후 10년간 또 80개 넘는 기업이 사라져 2015년에는 42%만이 살아남았다고 하네요. 한 치 앞을 내다보기 힘들어진 탓입니다. 세상이 빠르게 바뀌며 경영환경은 더욱 급변하기 마련입니다. 기업들은 성장과 생존을 동시에 고민할 수밖에 없는 상황이 전개되고 있습니다. 이제는 제4차 산업혁명 시대. IT중심의 산업지도가 펼쳐지면서 이 같은 불확실성은 더욱 커질 전망입니다.

'망한 테슬라'들을 떠올려 봤습니다. 2000년대 초반, 미국에서 전기차의 성장 가능성을 알아본 선구자들입니다.

당시 미국의 자동차 시장 환경은 사실상 '전기차의 무덤'이었습니다. GM · 도요타 등 주요 메이커들은 해당 기술개발에 관심이 없었죠. 몇몇 신생기업들이 혁신가를 자처하며 선두에 섰을 뿐입니다. 그중 가장 대표적인 업체가 테슬라입니다. 재미있는 점은 테슬라가 전기차 개발에 가장 먼저 뛰어든 업체도, 가장 앞서가던 회사도 아니었다는 점입니다. 수많은 경쟁자들과 혁신가들이 있었지만 그들은 끝내 꿈을 이루지 못했습니다. 사연이 있었습니다.

'피스커 오토모티브'라는 곳이 있었습니다. '카르마'라는 고성능 전기차를 자체 생산했던 것으로 유명한 브랜드입니다. 질투에 눈이 먼 테슬라가 이 회사에 '기업 기밀을 빼갔다'는 거짓 소송을 제기했다는 일화도 있습니다. 초반에는 승승장구했습니다. 카르마라는 자동차는 모델 S 수준의 역작이었고, 디자인 완성도 또한 뛰어났습니다. 2011년께는 여러 곳에서 자금을 끌어 모아 총자본 규모가 5억 달러를 넘어섰다고 알려졌습니다.

가능성이 충분한 피스커였지만 신생 자동차업체일 뿐이었습니다. 수많은 악재들이 한순간 몰아치며 휘청거리게 됐습니다. 배터리 계약업체와의 공급문제, 안전 관련 결함이 발견된 자동차에 대한 리콜, 정부보조금 문제 등이 한번에 몰려왔죠. 회사가 어렵다는 소식이 돌고 자금조달에 난항을 겪게 됐습니다. 급기야 허리케인이 신차 300대를 날려버리는 비극까지 잇따랐습니다. 결국 파산 절차를 밟을 수밖에 없었습니다. 현재는 중국 기업이 이를 인수, 항저우를 중심으로 다시 신차 생산에 나설 준비를 하고 있는 것으로 전해졌습니다.

'압테라 모터스'와 '코다'라는 초창기 회사들은 디자인 혁신의 꿈을 끝내 이루지 못하고 사라져 갔습니다. 압테라는 지나치게 미래지향적인 디자인, 코다는 오래된 구식 이미지를 지닌 탓에 시장에서 성공하기 힘들었습니다. 이를 극복하기 위해서는 자금이 필요했습니다. 이들은 돈을 모으기 위해 총력을 기울였지만 운이 따라주지 않았습니다. 대출 신청은 계속해서 연기됐고, 일부 차종의 리콜비용도 마련해야 했죠. 마무리는 결국 파산 절차였습니다.

급변하는 시장 속, 무엇이 기업의 내일을 좌우하게 될까요. 유연한 자세와 미래를 내다보는 혜안만큼이나 '운'도 중요한 요소라는 판단입니다.

물론 테슬라 역시 꽃길만 걸어온 것은 아닙니다. 우여곡절이 있었고 위기도 여러 차례 넘겼으니까요. 대신 '불운'을 맞아 적극적으로 투쟁했고, '운'을 만나면 기회를 놓치지 않은 것이 오늘날의 테슬라를 만들었을지도 모르겠습니다. '운도 실력'이라는 말이 떠오르는 대목입니다.

자료: Economic Review, 2016. 12. 13.

제1절 경영환경에 대한 이해

오늘날 기업을 둘러싼 경영환경은 끊임없이 변화하고 있으며 특히 그 변화는 더욱 복잡해질 뿐 아니라 속도도 더욱 가속화되고 있다. 이러한 경영환경의 변화는 기업의 존속·성장에 상당한 영향을 미치므로 현대기업에는 거시경영을 통한 적절한 대응이 요구된다고 할 수 있다.

이 절에서는 기업을 시스템적 관점에서 살펴봄으로써 환경과 어떻게 상호작용을 하는지, 그리고 그러한 상호작용이 기업의 존속과 성장에 어떻게 영향을 미치는지 알아본다.

1. 시스템 관점에서 본 기업

경영환경을 이해하기에 앞서 우선 시스템의 개념을 이해하기로 하자. 시스템이란 "공통의 목표나 기능을 달성하기 위하여 상호작용하는 요소 또는 실체들로 구성된 집합체"로 정의할 수 있다. 예를 들어 기업은 사람, 정보, 기계, 재료, 부품, 현금 등의 요소로 구성되며, 기업의 목표인 이익창출을 달성하기 위하여 구매, 생산, 판매, 경영관리 등과 같은 경영기능은 목표를 달성하기 위한 구성요소들 간의 상호작용으로 볼 수 있다.

시스템은 환경으로부터 제공받은 입력물을 시스템의 목적에 맞게 전환하고, 이와 같이 하위시스템의 전환과정을 거쳐 나온 출력물을 다시 환경에 제공하는 기능을 수행한다. 하위시스템의 전환과정이 효율적으로 수행되기 위해 하위시스템은 일정한 규칙과 절차에 의해 통제받을 뿐 아니라 목표의 달성 여부에 따라 평가받게 된다.

예를 들면 기업을 구성하고 있는 하위시스템인 제조시스템은 원재료를 입력받아 기계나 사람 등을 이용하여 제품이라는 출력물로 가공·처리하는 시스템을 말한다. 정보시스템은 데이터를 입력받아 사용자가 원하는 형태의 정보로 가공·처리해 주는 시스템이라 할 수 있다.

이러한 시스템은 환경과 상호작용을 하는지의 여부에 따라 개방시스템(open system)과 폐쇄시스템(closed system)으로 구분한다. 즉 개방시스템은 환경과 상호작용을 통해 자금, 설비, 정보, 원재료, 에너지 등을 주고받는 시스템을 말한다. 예를 들면 기업, 정보시스템, 생명체 등은 개방시스템으로 볼 수 있다. 폐쇄시스템은 환경과 상호작용이 없는

그림 5-1 시스템 모형

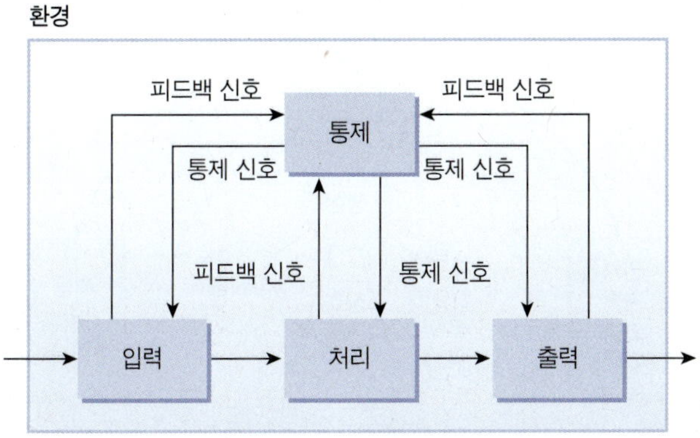

자료: 한재민, 경영정보시스템, 학현사, 1997.

시스템을 말하는 것으로 교통량의 변화에 영향을 받지 않은 미리 프로그램된 교통신호 체계는 폐쇄시스템의 대표적인 예라고 할 수 있다.

2. 경영환경의 의의

인간이 생활해 나갈 때 직·간접적으로 접촉하며 어떤 관계를 맺거나 또는 우리에게 어떤 영향을 미치는 외부의 사물이나 여건을 환경으로 인식한다. 기업의 경우도 자신과 직·간접적으로 접촉하며 어떤 관계를 맺거나 또는 영향을 미치는 외부의 사물이나 여건, 상황을 경영환경으로 인식한다. 예를 들면 기업에서 생산한 제품이나 서비스를 구매하는 소비자, 기업의 경영활동을 제한하는 국가의 규제 및 정책, 가치관이나 생활패턴의 변화에 따른 소비자 욕구의 변화, 기업의 경영활동에 영향을 미치는 경기불황, 원화절상, 인플레이션과 같은 경제적 상황 등이 모두 경영환경이다.

기업을 하나의 시스템으로 보면, 경영환경이란 기업경영시스템의 경계 밖에 존재하는 여건이나 상황으로 볼 수 있다. 이러한 여건이나 상황이 기업의 경영시스템에 영향을 미치는 것으로 인식하는 것은 기업을 개방시스템으로 보기 때문이다. 만일 기업을 외부환경과의 상호작용이 전혀 없는 폐쇄시스템으로 본다면 기업의 경영환경이 기업에 영향을 미치지 않으므로 고려할 필요가 전혀 없다는 것이다.

그림 5-2 시스템 관점에서 본 기업

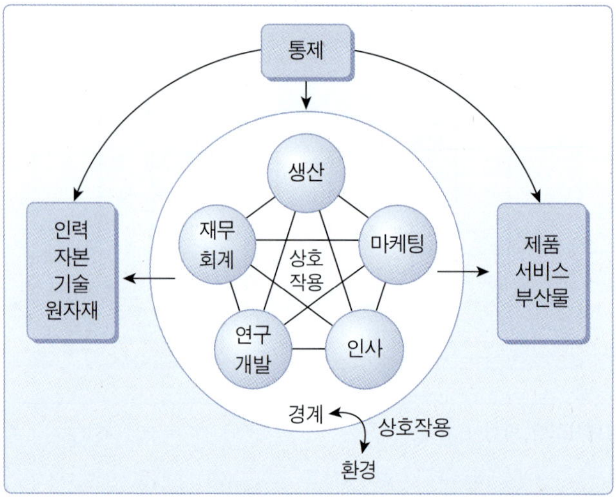

자료: 한재민, 경영정보시스템, 학현사, 1998.

경영환경은 기업의 경영활동에 광범위하게 영향을 미치므로 기업의 생존·성장에 매우 중요하다. 이것을 앞에서 설명한 시스템이론으로 적용해 보면, 경영환경은 이러한 기업시스템의 입력·전환·산출에 막대한 영향을 미치고 있다고 볼 수 있다. 예를 들어 석유수출국기구(Organization of Petroleum Exporting Countries: OPEC)의 출현이라는 국제적 환경변화는 유가파동을 초래하고 그 결과 기업이 요구하는 입력물인 에너지 또는 원료의 양에 직접적인 영향을 미친다. 또 다른 예로 사회가치관의 변화라고 할 수 있는 권리증대는 근로자의 의식에 변화를 야기시킬 뿐 아니라 노사관계의 성격에 영향을 미쳐 기업의 경영목적 및 이념에 커다란 변화를 가져오기도 한다. 이러한 경영환경의 영향은 결과적으로 기업성과인 산출물로서 반영되어 나타나기도 하지만 때로는 기업성과 자체를 결정짓는 요인으로 작용하기도 한다.

이와 같이 경영환경은 기업경영시스템에 광범위하게 영향을 미치므로 기업에 성장의 기회(opportunity)와 생존의 위협(threat)요인으로 작용한다. 예를 들어 공공기관이나 공공장소에서의 금연은 담배산업에 속해 있는 기업에는 심각한 위협요인으로 작용하는 반면, 담배를 대체할 수 있는 기호품을 생산하는 기업은 이러한 환경변화를 기업이 성장할 수 있는 좋은 기회로 활용할 수 있다.

기업이 경영환경의 변화에 어떻게 대처하느냐에 따라 성장과 위협의 결과가 다르게 나타날 수 있다. 즉 생존에 위협이 될 수 있는 환경변화에 직면한 기업이라도 신속한 대응을 통해 위협요인을 성장기회요인으로 바꿀 수 있으며, 반대로 성장의 기회가 될 수 있는 환경변화를 맞이한 기업도 적절하게 대처하지 못하면 위협요인으로 바뀔 수도 있다. 따라서 기업은 환경변화를 긍정적으로 받아들이고 적극적으로 대처하는 자세가 무엇보다도 필요하다.

제2절 경영환경의 동태적 성격

1. 경영환경의 동태성과 불확실성

오늘날 기업을 둘러싸고 있는 환경은 급속도로 변화하고 있다. 이와 같이 기업의 외부환경의 변화양상은 동태성의 개념으로 설명할 수 있다. 동태적으로 변화하고 있는 경영환경은 기업에 대하여 직접적으로 영향을 미칠 뿐만 아니라 기업과 사회 간에 빈번하게 제기되고 있는 여러 가지 사회적 문제를 일으킨다.

경영환경의 동태성이란 여러 다양한 경영환경요인들이 상호의존성을 바탕으로 복합적으로 표출됨과 아울러 급속하게 변화하고 있음을 의미한다. 이와 같이 경영환경의 동태성은 여러 개별적 환경변화가 복합적으로 표출되는 전체적인 환경변화를 이해하는 데 필요한 개념이다.

경영환경의 동태성으로 인해 기업은 미래에 일어날 환경변화가 무엇이며, 환경변화에 대한 기업행동의 결과가 어떻게 나타날지 예측하기가 더욱 힘들어진다. 이러한 환경변화의 동태성으로 인해 야기되는 현상을 우리들은 흔히 '환경의 불확실성이 증대된다'고 말한다. 만약 경영환경의 불확실성이 낮아 기업의 경영환경 변화를 어느 정도 정확히 예측할 수만 있다면 대응방안을 쉽게 마련할 수 있다. 그러나 현실의 경영환경은 매우 불확실할 뿐만 아니라 미래의 경영환경은 더더욱 불확실할 것으로 전망된다. 따라서 기업이 경영환경의 전체적인 변화양상을 보다 주의 깊게 분석하고 대응하지 못한다면 수많은 시행착오를 겪게 될 뿐만 아니라 실패의 위험을 감수할 수밖에 없을 것이다.

2. 동태성을 촉진하는 요인들

오늘날의 기업은 끊임없이 변화하는 경영환경 속에서 존속 · 성장하기 위해 환경변화에 능동적으로 적응하고 대응해야만 한다. 오늘날 경영환경의 동태성은 점점 더 증가하고 있으며, 이것에 의해 초래되는 환경의 불확실성을 촉진하는 요인은 범위의 확장, 복잡성의 증대 그리고 변화의 가속화의 관점에서 설명할 수 있다.

(1) 범위의 확장

글로벌화로 인해 기업은 더욱 개방적이 되고 환경과의 상호작용이 밀접해짐에 따라 경영환경의 범위가 지속적으로 확장되어 가고 있다. 기업환경의 범위 확장을 단순히 지리적 차원으로 보면 시장이 국내에서 해외로, 더 나아가 단순한 국제화 단계를 넘어 글로벌화 단계로 들어서고 있다. 기업의 경영활동영역 측면에서 보면 기업이 직접적인 관련을 맺고 있는 대상도 종전의 소비자나 노동조합 등에서 지역사회 및 각종 사회단체로 범위가 확장되어 가고 있는 것이 현실이다. 또한 과거에는 경제적 환경이 중시되었지만 최근에는 사회적 · 정치적 환경이 더욱 중요하게 인식되고 있다. 따라서 오늘날 현대 기업이 관심을 가져야 할 환경의 범위가 점점 더 넓어지고 있다.

(2) 복잡성의 증대

다른 사회현상에서 나타나는 것과 마찬가지로 경영환경의 범위가 확장되어 그 구성요소가 다양화되는 것과 함께 환경요인들 간에도 상호작용을 하게 되므로 환경의 복잡성이 더욱 증가하고 있다. 경영환경의 범위가 확장됨으로써 기업이 고려해야만 하는 환경적 요인의 수가 증대될 뿐만 아니라 환경요인들 간의 상호작용에 근거한 복잡성의 증대를 초래하게 된다. 예를 들어 지방자치제의 실시라는 정치적 환경의 변화는 그 자체로 끝나는 것이 아니라 조세제도의 변화, 국토개발정책의 변화, 지방경제의 활성화, 지역사회 운동의 고조 등과 같은 다른 경영환경의 변화를 촉발하며, 이것들은 다시 지방자치제의 강화라는 추가적 변화를 동반하기도 한다.

(3) 변화의 가속화

산업사회에서 정보사회로 진전되면서 경영환경의 변화속도는 더욱 빨라지고 있다. 이에 따라 기업은 환경변화에 신속하게 대응하는 것은 물론 미래 경영환경의 변화를 예측하고 미리 대응하는 예방적 활동이 요구되고 있다. 인류가 지구상에 나타나 농업혁명이 일어난 이후 지난 2000여 년간의 변화보다 산업혁명이 일어난 이후 약 200여 년간의 변화가 더욱 컸으며 정보혁명이 일어난 이후 지금까지의 변화는 산업혁명 이후 200여 년간의 변화보다 컸다. 이것은 시간이 흐를수록 기술의 발전속도도 빨라지고 이에 따라 환경변화의 속도가 더욱 빨라지고 있는 것을 보여준다. 이와 같이 급속히 변화하는 경영환경 속에서 현대의 기업은 생존과 성장의 기회를 탐색해야 한다.

앞에서 설명한 바와 같이 경영환경의 동태성과 불확실성은 사회의 발전에 따라 나타난 경영환경의 범위 확장, 복잡성 증대, 변화의 가속화 등에 의해 촉진되는 복합적 현상을 일컫는다. 현대 기업들이 더욱 신축적 · 유연적 · 예방적 · 미래지향적 자세를 갖추지 않으면 경영환경의 동태성과 불확실성에 대응하기 어렵다.

제3절 경영환경의 구성체계

기업을 운영하면서 접하게 되는 경영환경의 변화양상을 보다 명확히 인식하고 환경의 영향에 적절히 대처해 나가기 위해서는 환경을 막연한 전체로 보는 것보다는 어떤 체계에 근거해 분류된 여러 개의 구성환경으로 볼 필요가 있다. 경영환경을 분류하는 방식으로는 기업조직의 경계를 기준으로 한 내부환경과 외부환경의 분류방식, 환경의 조직에 대한 영향력을 기준으로 한 일차적 환경과 이차적 환경으로 분류하는 방식, 그리고 환경의 인식방법을 기준으로 한 실제환경과 인지환경의 분류방식 등을 들 수 있다. 가장 대표적인 분류방법으로는 조직에 대한 환경의 영향력과 조직의 환경에 대한 관리 가능성을 동시에 고려해 환경을 일반환경과 과업환경으로 분류하는 것이다.

그림 5-3 경영환경의 구성체계

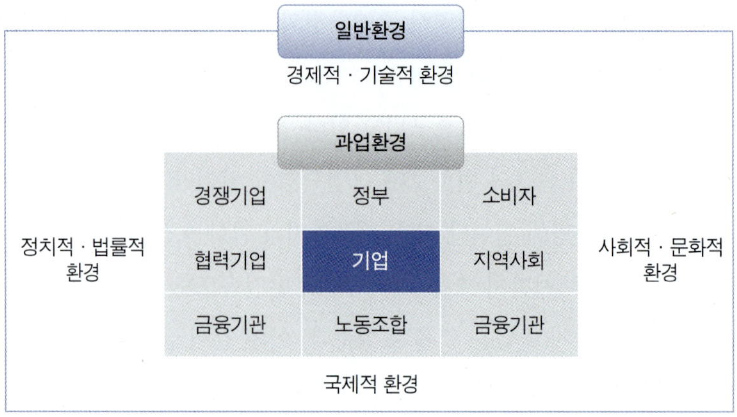

1. 일반환경

일반환경(general environment)이란 어떤 특정 조직에 대해서만 영향을 미치는 환경이 아니라 사회 전체에 있는 모든 조직에 공통적인 영향을 미치는 환경으로서 그 범위가 매우 넓은 비특정적 요인으로 구성되어 있다. 이러한 일반환경요인은 특정 조직에 반드시 영향을 미치지 않는 경우도 있다. 일반환경은 크게 경제적 환경, 정치적 · 법률적 환경, 사회적 · 문화적 환경, 기술적 환경으로 구분할 수 있고, 이러한 일반환경의 분류체계가 국제적 차원에 적용될 경우 이를 국제적 환경이라 통칭할 수 있다.

(1) 경제적 환경

경제적 환경(economical environment)이란 기업경영활동에 영향을 미치는 국민경제적 환경으로서 재화 및 서비스의 생산과 분배에 관한 지역 · 국가 · 국제적 상태 또는 여건을 지칭한다. 이는 국내경제적 환경과 국제경제적 환경으로 나눌 수 있다.

국내경제적 환경으로는 GNP 성장률, 경기변동, 인플레이션, 산업구조의 변화, 물가, 소비구조의 변화, 시장구조, 정부의 경제계획, 재정 및 금융정책 등이 경제적 환경을 구성하고 있는 기본적인 요소들이다. 국제경제적 환경으로는 수출 · 입, 환율변동, 무역구조, 해외투자, 경제협력, 대외교역조건 등을 들 수 있다.

기업은 이윤추구라는 목적을 달성하기 위해 경제적 기능인 생산활동을 보다 효율적으로 해야 하므로 경제적 환경은 다른 환경과는 달리 기업활동에 직접적이고 또한 즉각적으로 영향을 미치는 중요한 환경요인이라 할 수 있다.

(2) 정치적 · 법률적 환경

정치적 · 법률적 환경(political & legal environment)은 기업의 경영활동에 제약요인이 되기도 하고 때로는 긍정적으로 영향을 미침으로써 기업의 경영전략이나 장기계획수립에 중요한 요인이 된다. 정치적 환경은 정치집단 및 이해관계자 집단이 주로 법률과 공공정책에 영향을 미치는 것을 말한다. 이러한 정치적 환경은 경제적 환경에도 영향을 미침과 동시에 기업의 의사결정에 미치는 영향도 클 뿐 아니라 매우 광범위하다. 예를 들어 정치적 환경으로 권력의 집중 정도, 정치조직의 성격, 정치적 안정 그리고 정부의 시책 등을 들 수 있다. 이러한 정치적 환경은 기업경영과 관련된 여러 이해관계자 집단 간의 갈등을 해결해야 할 필요성 때문에 기업행동의 큰 테두리를 설정해 준다. 따라서 기업이 정치적 환경에 적절히 대처함으로써 기업의 경영활동에 우호적인 환경이 조성될 수 있도록 하는 방법을 배우는 것은 오늘날 현대 기업에 있어 매우 중요한 과제가 되고 있다.

법률적 환경에는 특허법, 공정거래법, 상법, 회사법, 소비자보호법, 노동법 등이 포함된다. 이러한 법률적 환경은 오늘날 기업의 경영활동과 매우 밀접하게 관련되어 있을 뿐 아니라 기존의 법률 및 규제 외에도 새로운 법률과 규제가 증가하는 추세이다. 법률적 환경은 기업의 경영활동을 규제하기도 하고 때로는 합법성을 부여하기 때문에 기업은 법률적 환경의 변화에 능동적으로 대처해야 할 필요가 있다. 기업은 이러한 법률적 환경에 적절하고 신속하게 대처하기 위해 법률전문가를 고용하기도 한다.

(3) 사회적 · 문화적 환경

사회적 · 문화적 환경(socio-cultural environment)이란 사회나 집단을 구성하고 있는 개인의 행동에 영향을 미치는 태도(attitude), 사회적 가치(social values), 규범(norms), 관습(customs), 생활양식(life style), 인구통계학적 특성(demographics) 등을 말한다. 사회구성원이 어떤 대상에 대해 가지고 있는 태도나 사회적 가치관은 기업활동과 관련된 기업관, 경영자관, 노사관계관, 성과관 및 분배관 등에 영향을 미치고 있다. 사회적 · 문화적 환경 속에서 사람들이 성장하는 과정 중에 습득한 생활의식은 기업의 활동에 매우 중요한 기준을 제공한다. 왜냐하면 생활의식은 기업에 종사하는 경영자, 종업원 그리고 소비자의 행동에 바탕이 되는 행위패턴이 지속적이고 일관된 성향을 나타내도록 하는 데 지침이 되기 때문이다. 따라서 어떻게 기업경영활동을 수행할 것인지 결정할 때 이러한 사회적 · 문화적 특성을 이해하는 것은 매우 중요하다. 기업은 항상 새로운 사회적 · 문화적 환경변화의 추세를 주목하고 면밀히 분석 · 검토하여 조직의 미래방향을 결정하는 데 이용해야 한다.

사회적 · 문화적 환경요인이 기업경영활동에 영향을 미치는 예를 들면 다음과 같다. 첫째, 생활양식과 사회적 가치는 시간이 지남에 따라 변화하는 경향을 가지고 있다. 예를 들면 생활의 질을 추구하는 패턴, 즉 환경에 대한 사회적 압력이라든가, 건강 및 레저에 대한 관심 증대 등은 기업에 새로운 도전과 기회가 되고 있다. 둘째, 예전에는 한 가족이 34명의 자녀를 갖는 것이 일반적인 추세였으나 최근에는 소수의 자녀를 선호하는 것과 같은 자녀관의 변화 및 핵가족화는 유아용품회사에 큰 영향을 미치고 있다. 셋째, 과거에는 은퇴한 사람, 독신자 등이 가족과 함께 살았으나 지금은 혼자 기거하는 독신주의 추세이다. 이러한 현상은 주방용품과 식품가공업자에게 새로운 변수를 제공한다. 넷째, 과거에는 대부분의 주부가 가정을 지키고 있었으나 현재는 직업을 갖는 주부가 늘어나는 추세이다. 이러한 변화는 방문판매업자에게 큰 타격을 가져다준다. 이와 반대로, 보모학교, 즉석식품, 외식산업 등에 새로운 사업기회를 제공한다.

(4) 기술적 환경

기술적 환경(technological environment)이란 재화 및 서비스를 생산하는 기술의 수준 또는 상태를 말하는 것으로 구체적으로 설명하면 컴퓨터기술, 정보기술, 유전자공학, 생명공학, 제품공정, 신제품 개발능력 등을 가리킨다. 오늘날 기술환경은 과거 어느 때보다도 급속하게 변화하고 있다. 특히 정보통신기술이 발전하면서 인터넷을 기반으로 한 전자상거래가 산업뿐 아니라 정치, 경제, 사회, 문화 등 사회 전체 모든 분야에 엄청난 영향을 미치고 있다. 인터넷이 개발되어 기업들이 인터넷을 상업적으로 활용하기 시작한 초기에는 제품홍보, 기업홍보, 정보제공 등과 같이 소극적으로 활용했지만 최근 인터넷이 폭발적으로 확산되면서 기업들이 인터넷을 전략적으로 활용하기 시작했다. 따라서 인터넷상에서 다양한 상품 및 서비스 판매활동이 활발해 매출액이 급속히 증가하고 있는 추세이다.

미래의 기술혁신은 기업의 일반적 환경 중에서도 가장 동태적인 성격을 지니면서 급속하게 변화하고 있다. 또한 기업경영에 있어서도 직 · 간접적 차원에서 영향을 미치고 그 범위도 실로 광범위하다. 그러므로 기업이 기술혁신의 추세에 따라가지 못해서는 조직의 성장과 발전을 기대할 수가 없다. 기업은 항상 기술변화와 발전추세를 분석하고 기술개발에 노력하여 경쟁기업에 뒤지지 않는 기술능력을 갖추어야 한다.

기술혁신이 기업에 미치는 영향의 예를 보면 다음과 같다. 첫째, 컴퓨터나 정보산업과 같은 완전히 새로운 산업을 등장시킨다. 둘째, 기존의 산업을 급격하게 변화시키거나 소멸시킨다. 라디오는 텔레비전에 의해 대체되었으며, 시계산업은 전자시계에 의해 완전히 판도가 바뀌었다. 셋째, 새로이 개발된 기술과 관련 없는 시장 및 산업도 자극한다. 가전제품의 발달과 냉동식품의 개발은 주부의 생활양식을 바꾸어 주부로 하여금 다른 활동에 참여할 자유시간을 제공해 주었다.

(5) 국제적 환경

과거에는 한 국가 내에서 또는 한 지역 내에서 기업들이 경영활동을 해왔다. 따라서 국제환경이 기업들의 경영활동에 많은 영향을 미치지 못했다. 그러나 세계경제의 블록화 및 세계화가 가속화되면서 세계의 기업 간 경쟁이 더욱 치열해짐으로써 기업은 국제적 환경(international environment)의 영향을 고려하지 않고는 성장 · 발전할 수 없다. 국제적 환경을 구성하는 요인으로는 환율의 변동, 석유값의 변동, 외국의 경제여건의 변화, 국가 간의 무역구조, 국제적 자본이동, 외국의 생산환경, 외국의 정치변동, 세계경제의 블록화 현상 등이 포함된다.

기업의 경영환경 중에서 오늘날 기업의 국제적 환경은 그 중요성이 매우 높게 인식되고 있으며, 국제적 환경의 다양성과 특수성으로 인해 그 복잡성 또한 증가하고 있어 변화에 대한 예측이 더욱 어려워지고 있다.

2. 과업환경

일반환경이 사회의 모든 조직에 직접적인 영향보다 간접적인 영향을 광범위하게 미치는 반면 과업환경(task environment)은 특정 기업의 경영활동에 직접적으로 영향을 미치는 것으로 기업은 그 대상을 확인할 수 있어 어떤 영향력의 행사가 가능하여, 관리 가능한 경영환경을 말한다. 일반적으로 과업환경은 기업경영활동을 통해 야기되는 직·간접적인 이득이나 손해를 보는 이해관계자들로 분류된다. 과업환경에는 주주, 노동조합, 소비자, 지역사회, 타 기업, 금융기관, 공급자, 정부 등이 포함된다. 오늘날 민주화 및 다원주의화 추세에 따라 과업환경 이해관계자의 영향력이 점차 커지는 경향이 나타나고 있다.

(1) 주주

주주란 기업의 자본을 제공하는 개인이나 투자집단 또는 투자기관으로 기업경영에 영향을 미치는 중요한 과업환경이라고 할 수 있다. 산업사회의 발전으로 거대기업이 출현하게 되었으며 이에 따라 기업은 막대한 자본이 필요하게 되었다. 기업이 거대화되기 이전에는 기업가 혹은 오너가 자본을 제공하는 중요한 역할을 담당했지만, 거대기업의 출현으로 기업가 혹은 오너의 자본동원능력에는 한계가 있었다. 따라서 기업은 개인이나 투자가 또는 투자집단으로부터 자본을 조달하기 시작했으며, 이러한 변화는 기업의 일반주주라는 새로운 계층을 형성하게 되었고 기업경영에 영향을 미치는 중요한 과업환경이 되었다.

(2) 소비자

소비자란 기업이 생산한 제품이나 서비스를 반복하여 구매하는 개인 또는 사회의 여러 기관과 같은 소비주체를 말한다. 오늘날 소비자환경이 과업환경으로서 중요하게 인식되는 이유는 크게 두 가지로 설명할 수 있다. 하나는 소비자주의의 형성이고 다른 하나는 생활양식의 변화를 들 수 있다.

소비자주의(consumerism)란 소비자가 그들의 기본적 권리를 지키기 위해 전개하는 조직적인 운동의 바탕이 되는 기본적인 이념이다. 최근 소비자주의의 대두로 소비자들은 조직적인 운동을 통해 정부에 더욱 압력을 가하는 추세이다. 정부 또한 소비자들의 권익을 보호하기 위해 소비자보호 관련 입법을 통해 기업에 제약을 가하기 시작했다. 이와 같이 과거 어느 때보다도 소비자의 영향력이 증대됨에 따라 최근 대부분의 기업들도 고객만족경영을 실천하기 위해 제품과 서비스의 질 향상에 부단한 노력을 기울이고 있다.

생활양식이란 사회 속에서 살아가는 사회구성원의 생활유형이라고 할 수 있는데, 이는 소비자, 근로자 및 기타 집단의 많은 행동을 규제하기 때문에 기업에 영향을 미친다. 이러한 이유로 생활양식의 변화도 소비자환경의 중요성을 부각시키는 중요한 원인이다.

(3) 노동조합 및 근로자집단

산업화가 진전됨에 따라 근로자들의 권익을 보호하기 위해 발생된 노동조합과 근로자집단은 사용자집단과 함께 기업조직을 구성하는 주요 과업환경이다. 노동조합과 근로자집단은 산업화 이후 기업에 주요 대항세력으로 존재해 왔으며, 오늘날 기업경영활동에 대한 의사결정에 이해관계자 집단으로서 노동조합과 근로자집단의 영향력은 점점 증대되고 있는 추세이다. 이와 같이 노동조합은 기업조직을 구성하고 있는 근로자들의 의견을 대표하여 기업경영활동에 직접적으로 영향을 미치기 때문에 기업의 중요한 과업환경이다.

(4) 정부

기업의 과업환경으로서의 정부는 행정부만을 지칭하는 것이 아니라 국가기관과 관련된 것 모두를 가리킨다고 할 수 있다. 현대 산업사회로 발전하면서 정부는 일반환경의 변화를 주도할 만큼 그 역할과 기능이 확대되고 있다. 따라서 어느 기업이든지 의사결정에 대한 기업환경으로서의 정부의 역할과 영향력은 대단히 크다고 할 수 있다. 그러한 이유로 경영자가 경영활동과 관련된 의사결정을 내리는 데 있어서 정부의 역할을 생각하지 않을 수 없다.

기업의 과업환경으로서의 정부의 역할은 크게 두 가지로 볼 수 있다. 첫째, 정부는 기업활동에 영향을 주는 매개체로서 기업을 둘러싼 이해관계자 집단의 이해관계를 정책적으로 수렴한다. 둘째, 기업활동을 규제하거나 기업이 나아가야 할 방향을 제시하는 환경요인으로서 기업에 대한 일반시민의 사회적 기대를 수렴한다. 또한 기업의 입장에서 볼 때 정부는 일반환경을 포괄하는 영향력을 행사하는 과업환경으로 인식된다.

(5) 지역사회

과업환경으로서 지역사회는 기업을 둘러싼 이익집단 중에서 특정 문제가 발생할 때에만 산발적이고 조직화되지 못한 형태로 기업에 대해 영향력을 행사한다. 그러나 일시적이고 산발적인 영향력의 행사가 때로는 기업의 의사결정에 매우 큰 영향을 미치기도 한다. 지역사회에 부정적 효과를 가져다준 환경문제는 지역사회가 과업환경요인이 된 직접적인 동기였으며 기업의 사회적 책임과 관련되어 그 중요성이 날로 증가하고 있다.

미국에서는 기업이 지역사회와의 관계를 매우 중요하게 인식해 지역사회와 원만한 관계를 유지 · 형성하는 경우가 많으나 우리나라 기업의 경우 현재까지는 지역사회에 대한 인식이 그리 높지 않아 기업의 의사결정 시 지역사회문제를 중요한 요인으로 고려하는 일은 드물었다. 그러나 환경문제뿐만 아니라 자원의 보존 · 유지, 자연환경의 보호, 지역사회의 개발 및 발전에 기업이 미치는 영향이 매우 크기 때문에 지역사회에 대한 기업의 바람직한 역할이 요구되고 있다.

(6) 기타 이해관계자

과업환경으로서 대표적인 기타 이해관계자에 포함되는 것은 거래처, 금융기관, 경쟁기업, 교육 및 언론기관 등을 들 수 있다. 경쟁기업은 동일시장에서 경쟁하는 기업을 말하며, 이들 기업들 간에는 원재료, 부품의 공급 및 완제품의 수요가 수직적 또는 수평적으로 연계되어 있는 상호 보완적인 관계이다. 따라서 경쟁기업은 특정 기업의 경영성과에 영향을 미친다. 오늘날 무한경쟁시대에 기업이 재화나 서비스를 생산해서 소비자에게 판매하는 일련의 과정에서 특정 기업 혼자서 모든 역할을 담당하는 것은 효율적이지 못하기 때문에 협력기업의 중요성이 더욱더 강조된다. 예를 들면 자동차업체의 경우 완성차를 안정적으로 생산하기 위해서는 수많은 공급업체와의 원만한 관계가 중시된다.

또 다른 과업환경으로서 언론기관과 교육기관을 들 수 있다. 언론기관은 대중매체산업의 성장으로 사회에 미치는 영향이 매우 크기 때문에 언론기관과 기업의 관계가 점점 중요하게 인식되고 있다. 또한 교육기관은 산학협동의 대상으로서 기업에 각종 선진기술과 양질의 노동력을 제공하기 때문에 기업에 있어 과업환경으로서 그 중요성이 증대되고 있다.

제4절 환경에 대한 대응방안

우리가 환경의 유형, 특성, 예측 가능성에 대해서 배우는 중요한 이유는 환경을 이해해야만 환경에 적절하게 대처할 뿐만 아니라 경영활동도 할 수 있기 때문이다. 기업은 자연에 존재하는 생물과도 같이 환경에 적응한다. 기업이 환경에 적응하는 방법은 다양하지만 크게 두 가지로 분류할 수 있다. 첫째, 환경을 있는 그대로 놓아둔 채 기업 자체가 환경에 적응하는 것이고, 둘째, 기업이 선호하는 환경으로 바꾸어 나가는 것이다. 전자를 환경적응(adaption)이라 하고 후자를 환경통제(control)라고 한다.

1. 환경적응

환경에의 적응이란 조직의 활동이 현재의 환경적 조건과 양립할 수 있도록 조직의 일부 또는 전체를 변화시키는 것을 말하는 것으로 조직은 환경의 불확실성이 높을수록 조직을 환경에 적응시키기 위한 다양한 방법이 요구된다.

환경적응방법으로는 완충활동, 경계활동, 평준화 활동, 예측활동, 할당, 전문부서 설립 등이 있다.

(1) 완충활동

시스템적 관점에서 보면 조직은 조직활동의 투입 및 산출의 측면을 완충화(buffering)함으로써 환경의 불확실성을 흡수하거나 해결할 수 있다. 기업은 환경으로부터 투입(input: 원료, 자금, 인력 등)받는 곳이나 산출(output: 제품, 서비스 등)하는 곳에 예비자원을 충분히 갖추고 있으면 환경변화의 타격을 최소화할 수 있을 것이다. 즉 원료를 미리 충분히 비축해 놓으면 갑자기 공급이 단절되어도 일정기간은 버틸 수 있다. 시장의 수요가 폭등하는 경우를 대비해 미리 많이 쌓아두어도 되고 또한 갑자기 수요가 급감하게 되는 경우는 싸게 덤핑으로 팔면서라도 내부의 생산라인을 가동시킴으로써 종업원을 해고할 필요가 없게 된다.

(2) 경계활동

경계활동(boundary spanning)이란 외부환경에 관한 값진 정보를 얻기 위하여 기업 외부의 개인이나 그룹과 상호작용하는 행위를 말한다. 예를 들면 판매원들이 시장동향을 정확히 파악하도록 지원해 주거나 원료공급 회사를 출입하는 구매담당자가 원료공급 흐름을 시시각각 생산부서에 보고해 주도록 해놓은 것이다.

경계활동 담당자들은 조직과 환경의 경계선에서 활동하는 조직구성원들로, 이들이 수집한 정보는 예측된 환경변화에 조직을 적응시키기 위한 활동을 개발하는 데 이용될 수 있다.

기업조직의 관점에서 보면 전략계획수립 담당자나 시장조사부서가 경계활동 담당자의 역할을 수행하며 이들은 외부환경의 변화에 관한 정보를 수집 및 분석하여 조직구성원들에게 전달해 준다. 또한 경계활동담당자는 외부환경에 대해 조직을 대표하기도 한다.

(3) 평준화 활동

완충활동은 환경의 변화를 흡수하는 반면에 평준화 활동(smoothing)은 환경에 있어서 변화를 감소시키는 노력의 일환이라고 할 수 있다. 예를 들면 항공사, 호텔, 음식업과 같은 서비스업체들은 특정 기간 혹은 특정 시간대에 수요가 몰리는 반면 공급능력은 한정되는 특수성을 갖는다. 이러한 경우에 수요와 공급을 고르게 조절하는 대책이 필요하다. 성수기에는 요금이 비싼 할증제도를 적용하고 비수기에는 할인제도를 적용해서 수급을 조절하는 것이다.

(4) 예측활동

완충화나 평준화 활동으로 환경적 변화를 효과적으로 해결할 수 없을 때 조직은 예측에 의해 환경변화에 적극적으로 대응할 수 있다. 예측이란 미래에 발생할 사건과 경향을 추측하기 위해 과거 및 현재의 자료를 수집 및 분석하는 것을 말한다. 예를 들면 금융기관들은 미래의 금융시장이 어떠한 방향으로 나아갈지, 그 방향을 예측하기 위하여 여러 가지 경제 관련 자료를 수집하고 분석한다.

예측에서 무엇보다도 중요한 것은 환경변화가 일정한 규칙을 가지고 변화하는가를 파악하는 것이다. 예를 들면 은행의 경우 월말이나 연말에 많은 고객이 창구로 몰리게 된다. 따라서 은행은 예측과 조직의 적응이 자동적으로 이루어질 수 있는 것이다. 반면 예측이 매우 복잡한 경우 경영과학이나 통계적 의사결정기법을 이용할 수 있다.

(5) 할당

할당이란 조직 내의 특정 활동에 대해 중요성을 강조하거나 우선순위를 부여하고 다른 활동은 특정 활동의 부수적인 활동으로 간주하는 방법이다. 예를 들면 우체국에서는 취급하는 우편물을 일반우편, 등기우편, 속달우편으로 나누어 배달하게 되는데, 여기서 등기우편이나 속달우편이 일반우편보다 중요하게 취급된다. 또한 병원 응급실의 응급환자는 일반 외래환자나 병실에 입원해 있는 환자보다 우선적으로 치료받게 된다.

(6) 전문부서 설립

개방시스템으로서의 조직은 복잡한 환경에 직면하게 되고 대부분의 조직은 이러한 다양한 환경영역에서 적응해야만 한다. 특히 다양한 환경영역에 적응하기 위해서 조직의 특정 환경영역과의 관계를 담당하는 부서를 설립할 수도 있다.

예를 들면 소비자의 기호를 파악하는 마케팅부서, 기업의 경영성과를 공시하는 회계부서 등은 환경요인만을 담당하는 부서 내의 또 다른 작은 부서를 설립하여 환경을 예측하고 대책을 세우게 한다. 환경요인의 복잡성이 높을수록 특정 환경에 대응할 수 있는 하위부서가 많이 필요하게 되어 부서가 계속 분화될 것이다. 이를 구조적 분화라고 한다. 예를 들면 미국의 경영환경 변화에 대처하기 위하여 미국지사를 별도로 설립 · 운영한다든지 가전제품 중에서 공기청정기의 수요변동이 심하기 때문에 별도로 공기청정기 사업부를 독립시키는 경우가 그것이다.

2. 환경의 통제

환경의 통제는 환경요인이 조직활동에 긍정적인 영향을 미치도록 혹은 부정적 영향을 적게 미치도록 환경과의 관계를 바꾸어 놓든지, 환경 자체를 변경시키는 방법이다. 이러한 환경통제의 방법에는 첫째, 환경 내의 주요조직과 우호적인 관계를 맺는 방법이 있고,

둘째, 조직이 통제하고자 하는 환경 자체를 변경하는 방법이 있다.

(1) 환경과 우호적인 관계 창출

1) 합병

합병(mergers)이란 하나의 조직이 다른 조직을 취득하는 것을 말하는 것으로 경쟁업체끼리 혹은 공급업체와 유통업체가 영향력을 키우기 위한 수단으로 이용된다. 기업은 규모가 클수록 환경을 자신에게 긍정적인 방향으로 관리할 수 있다. 예를 들면 국내 금융시장이 개방되면서 세계적인 금융기관들이 국내에 진출하게 되었고 국내금융기관은 이들 세계적인 금융기관과 경쟁하기 위해 국내 은행들 간에 합병하는 사례가 늘어난 것이 좋은 예이다.

2) 합작투자

합작투자(joint ventures)는 직접투자의 한 형태로서 현지자본과 공동으로 투자하여 기업을 경영하는 것을 말하는데, 투자비용이 많이 드는 대형건설공사나 실패위험이 높은 연구개발 등에 수행하면 환경의 불확실성을 감소시키는 데 도움이 된다.

3) 계약

합작투자와 유사한 것으로 계약(contract)에 의한 방법이 있는데, 이는 원자재 공급계약이나 완제품 공급계약 등이 대표적인 예라고 할 수 있다. 세계적인 컴퓨터 소프트웨어 회사인 마이크로소프트사는 IBM과 공동으로 소프트웨어를 개발하기 위해 계약을 체결한 바 있다. 항공사와 정유회사가 공급물량이나 가격이 불안정한 유류제품을 안정적으로 공급받기 위해 계약을 체결하는 것도 환경변화에 대처하려는 노력이다.

4) 외부사람 채용

다른 산업이나 경쟁기업의 경영진이나 기술자 등 경험이 많고 도움이 될 수 있는 사람을 중역으로 채용하는 것을 말한다. 예를 들면 정부조직과 상호작용이 많은 조직에서 전직 관료나 고위 공무원을 중역으로 채용하는 경우가 있고, 법률문제가 복잡하거나 정부

규제가 심한 산업에서는 변호사와 같은 외부 법률전문가가 많이 필요하다.

5) 광고

기업은 광고를 통해 자신의 상표를 차별화시키고 상표충성도를 높이거나 환경과의 우호적인 관계를 형성할 수 있다. 또한 비수기인 경우 광고를 늘려서 소비자들의 구매욕구를 촉진하기도 한다.

(2) 환경 자체의 변경

1) 활동영역의 변경

활동영역을 변경한다는 것은 조직의 활동영역을 확대 또는 변경하는 것으로서 이는 조직이 제공하는 제품과 서비스의 종류에 따라 결정된다. 활동영역 내의 환경의 불확실성이 높은 경우 아예 활동영역을 불확실성이 낮은 영역으로 변경함으로써 조직을 유지·성장시킬 수 있다. 이러한 방법으로는 다각화(diversification)와 철수(withdrawal)가 있다.

다각화는 조직이 다른 활동영역을 개척하는 것으로서 미국의 담배회사인 Philip Morris사는 담배산업이 사양산업으로 접어들자 맥주회사인 Miller와 음료회사인 7UP을 인수함으로써 경쟁영역을 주류산업과 음료수산업으로 변경하였다. 철수란 현재의 활동영역에서 물러나는 것으로 LCD TV와 PDP TV의 출현으로 가전업계가 브라운관 TV의 생산을 중지하는 것을 말한다.

2) 로비활동

조직이 자신에게 유리하도록 정부기관이나 입법기관에 영향력을 행사해 의사결정에 영향을 미치는 것을 로비활동이라 한다. 우리나라에서는 로비활동을 주로 부정적 시선으로 보지만 선진국인 미국에서는 합법적으로 전문 로비스트를 고용해 자사에 유리한 법을 제정하도록 영향력을 행사하게 한다. 기업이 자체적으로 로비스트를 고용해 의사결정기관에 영향력을 미치는 경우도 있지만 이것이 힘들 경우 자사와 유사한 이해관계에 처한 조직과 연대해 로비활동을 벌이거나 영향력을 행사한다. 우리나라의 전국경제인연합회, 중소기업연합회, 대한상공회의소 등이 여기에 해당된다.

잠시 쉬어가기

[비즈 트렌드] ESG 뜻은? 지속가능 경영을 위한 ESG 경영

전례 없는 혼란을 가져온 코로나19는 기업들에게 불확실성 시대의 새로운 성공 전략을 요구하고 나섰습니다. 예측 가능한 것에 대한 기업들의 갈망은 '성장중심' 경영에서 '지속가능' 경영으로의 패러다임 전환을 이끌어냈죠. 지속가능 경영이란, 기업의 경제적・사회적・환경적 책임을 바탕으로 지속가능한 발전을 추진하는 경영 패러다임을 가리킵니다. 즉, '기업 경영을 보다 안정적으로 지속시키기 위해서는 '환경(Environment)과 사회(Social)를 헤치는 의사결정(Governance)을 해서는 안 된다'는 것이죠. 이러한 지속가능 경영의 성과는 재무적인 수치나 정보로 수준을 비교하기 어렵기 때문에 이를 객관적으로 측정하고 평가할 수 있는 공통의 기준인 ESG로 구현됩니다. ESG는 이러한 지속가능 경영 성과를 비교 측정하고 평가할 수 있는 공통의 지표이며, 기업 간 비교를 통해 사회적으로 책임있는 투자가 이루어질 수 있도록 활용됩니다. 불확실성에 대한 핵심 전략으로 떠오르고 있는 'ESG 경영', 그 의미와 특징 등에 대해 자세히 알아보도록 하겠습니다.

ESG란? 환경과 사회에 대한 책임 & 지배구조의 투명성을 평가하는 것

지금까지 기업의 궁극적인 목표는 이윤 추구를 위한 기술 혁신이었습니다. 그러나 코로나 시대를 거치며 기술은 인류의 안전과 보호를 위한 최우선 수단으로 인식되고 있는데요. 산업 발전을 위한 혁신적인 기술보다 환경과 사회 문제를 해결하는 기술에 더 주목하게 된 것이죠. 이에 따라 기업의 이윤 추구는 환경과 사회, 사람을 중시하는 가치 창출을 위한 'ESG 경영'으로 빠르게 변화하고 있습니다. 지구와 인류가 살아가야 하는 환경의 지속가능성을 담보하지 않고서는 인간의 삶을 위협하는 각종 위험에서 벗어날 수 없으며, 이를 위해서는 근본적인 변화가 필요합니다. 이에 따라 사회의 기틀이 되는 기업들이 전면에 나서 단순한 이익 창출을 넘어 사회적으로 긍정적인 가치를 만들어 내며 이를 실천하기 위한 글로벌 스탠더드로 자리 잡게 된 것이 바로 ESG입니다.

ESG는 기업의 비재무적 요소인 '환경(Environment), 사회(Social), 지배구조(Governance)'의 약자로, 기업이 고객 및 주주・직원에게 얼마나 기여하는가, 환경에 대한 책임을 다하는가, 지배구조는 투명한가를 다각적으로 평가하는 것입니다. 단순히 재무적 이익 만을 추구하는 것이 아니라 윤리적인 책임을 다하는 기업에게 투자할 수 있는 '사회적 책임투자'를 위한 지표가 됩니다. 즉, 아무리 시공능력이 뛰어나도 산업재해를 예방하고, 친환경 제품을 최우선으로 사용하며, 폐기물 처리에도 능숙한 건설사가 더 높은 평가를 받게 됩니다. 또한, 품질 경쟁력이 앞선 기업보다 고객을 먼저 생각하는 아낌없는 서비스를 제공하는 착한 기업을 선호하죠. ESG 경영의 최종 목표는 장기적인 관점에서 지속적인 성장을 추구하고, 사회적 이익에 큰 영향을 주는 것이랍니다.

EGS 구성 요소

	환경(Environment)	사회(Social)	지배구조(Governance)
핵십 키워드	기후면화 대응, 탄소배출 저감, 자원절약, 재활용 촉진, 청정 기술 개발	노동환경 개선, 사회적 약자 보호, 인권 존중, 고용 평등 및 다양성 지향	투명한 기업 운영, 고용 평등, 법과 윤리 준수, 반부패 및 공정성 강화

ESG의 특징은? 기업의 지속가능성을 개선하는 비재무적 기준

ESG는 기업 재무제표에는 드러나지 않지만, 중장기적 기업 가치에 막대한 영향을 미치는 지속가능성 평가 지표입니다. 막연히 환경과 사회, 지배구조의 기준에 부합하는 좋은 일을 해야 한다는 당위성이 아니라 기업의 지속가능성을 개선하는 기준으로 볼 수 있죠. 과거엔 기업의 이익 중 일부를 좋은 일에 사용하는 것이 최선이었다면, 지금은 착하게 버는 과정을 투명하게 공개하고 준수하는 것이 더욱 중요해진 것입니다. 이것이 ESG와 기존의 사회공헌 활동과의 차이라고 볼 수 있는데요. 즉, '사회공헌활동(CSR)'은 기업의 관점에서 사회적 책임을 완수하기 위한 활동을 경영에 통합시키는 것이라면, ESG는 투자자의 관점에서 사회적 책임을 다하는 기업에 투자하기 위한 정보를 가리킵니다. 다시 말해 CSR은 기부나 후원 등의 자발적 돕기 수준으로 기업 경영을 책임감 있게 만드는 것을 목표로 하지만, ESG는 기업의 행동이 미치는 영향 등을 구체화하고 그 노력을 측정 가능하도록 지표화하여 투자를 이끄는 것입니다. 또, CSR보다 진화된 개념인 '공유가치창출(CSV)'은 기업과 지역 사회가 상생하는 개념으로 볼 수 있는데요. CSR은 선행을 통해 사회에 기업의 이윤을 환원하는 것이고, CSV는 기업의 비즈니스 기회와 지역 사회의 니즈가 만나는 곳에 사업적 가치를 창출하여 경제적 · 사회적 이익을 추구하는 것입니다.

결론적으로 ESG 평가가 높을수록 단순히 사회적 평판이 좋은 기업이라기보다 리스크에 강한 기업이라 할 수 있습니다. 기업이 직원과 고객, 환경, 사회단체 등 모든 이해 관계자들을 위한 가치를 만들어 냄으로써 기업의 가치를 높이고, 이를 통해 코로나19 사태와 같은 위기 상황에서도 충분히 대처할 수 있는 경쟁력을 갖추게 됩니다.

ESG 경영의 특징

구분	내용
CSR (Crporate Social Responsibility)	기업이 영리 활동을 하며 발생시키는 사회불평등, 환경오염 등에 대한 책임감을 갖고 사회적 의무를 수행하는 행동
CSV (Creating Shared Value)	사회적 가치를 창출하면서 동시에 경제적 수익을 추구하는 기업 활동
ESV (Environment, Social, Govermance)	비재무적 성과를 판단하는 기준으로 투자자 관점에서 지속가능 경영 수준을 평가한 것

ESG 전략은? 장기적 투자 수익과 사회적 이익을 추구하는 기업 활동

이윤 추구를 위한 비용 절감과 효율을 최우선으로 하는 전통적인 경영방식으로는 더 이상 변화에 대응할 수 없습니다. 사회적 책임과 의무를 다하면서 이익을 추구하는 ESG 경영은 단순한 마케팅이나 기업 홍보를 위한 기부나 자선 활동이 아닌 명확한 비전 아래 기업가치를 높일 것을 강조합니다. ESG 경영의 주된 목적은 착한 기업을 키우는 것이 아니라 불확실성 시대의 환경, 사회, 지배구조라는 복합적 리스크에 얼마나 잘 대응하고 지속적 경영으로 이어나갈 수 있느냐 하는 것입니다. 지속적인 성장을 보장받을 수 있는 기업은 환경과 사회 문제의 해결을 위해 앞장서며 투자자들의 장기적 수익을 추구하고, 기업 활동이 사회적 이익에 긍정적인 영향을 줄 수 있는 기업입니다. 그러므로 각 기업은 ESG에 대한 올바른 이해와 이를 어떤 방식으로 경영에 접목하고 투자에 활용해야 할 것인가를 고민해야 합니다.

투자자들은 환경과 재무적 요소를 동시에 고려하여 매출액이 증가하면서도 탄소 배출량은 감소하는 기업에 주목하고, 다양한 ESG 활동을 통해 사회적 문제 해결에 적극적인 기업의 가치를 높이 평가합니다. 또, 조직문화 개선과 이해 관계자와의 협력을 통해 가치를 창출해낼 수 있는 선순환 구조를 갖춘 기업의 가능성을 중요하게 여기는데요. 이와 함께 예측할 수 없는 미래 환경에 대비해 적극적으로 디지털 기술을 도입하여 리스크를 효과적으로 관리해야 합니다. 이를 위해서는 보다 정확하고 체계적인 ESG 경영 활동을 통해 다양한 방식으로 ESG 성과를 수치로 나타낼 수 있는 ICT 기술 도입이 필수인데요. 특히, 인공지능과 클라우드로 친환경 에너지와 사회공헌 역량을 관리하거나, 이사회의 전자투표 시스템과 CMS 자산관리 서비스 등으로 지배구조 역량을 강화해 나가야 합니다.

효성 FMS편집팀, 2021-07-28

토의과제

- 국내 금융시장 개방으로 세계적 금융기관들이 국내 금융기관과 경쟁하고 있다. 국내 금융기관들이 직면하고 있는 환경을 일반환경과 과업환경으로 나누어 설명하시오.
- 기업의 이해관계자의 종류 및 그들이 추구하는 이해관계를 설명하시오.
- 환경에 대한 조직의 적응방안에 대하여 설명하시오.
- 조직의 환경통제방법을 설명하시오.

참고문헌

- 구본장 외,『경영과 생활』, 형설출판사, 2001.
- 김원수,『신경영학원론』, 경문사, 1995.
- 서성무 외,『경영학원론』, 형설출판사, 1996.
- 신유근,『경영학원론』, 다산출판사, 2000.
- 유붕식 외,『경영학원론』, 학현사, 1997.
- 조동성,『21세기를 위한 경영학』, 서울경제경영, 2000.

CHAPTER

06

기업의 사회적 책임과 기업윤리

중소기업 CSR경영은 지속가능한 경쟁우위 전략

올해 기업 경영의 키워드는 단연 'ESG'다. ESG경영은 다소 추상적으로 인식됐던 기업의 사회적 책임(CSR)에 대해 환경(E), 사회(S), 거버넌스(G) 영역을 포괄하는 개념으로 중장기적 관점의 기업가치 제고를 목표로 한다.

ESG 전략 실행의 핵심은 예상치 못한 주가 하락을 예방할 수 있는 경영시스템 구축, 친환경 구매 확대 등 시장의 지속가능성, 메가트렌드를 반영한 비즈니스모델 전환이다. 효율성 중심의 경쟁우위 전략에만 집중할 경우, 인권・환경문제 등 비재무적 리스크가 뒤따르고 이는 기업가치 하락으로 이어진다.

지속가능성의 가치를 중시하는 새로운 소비트렌드에 부합하지 못하는 기업은 지속적인 성장을 기대하기 어려워진 것이다. 따라서 중소기업의 CEO는 시장에 불고 있는 ESG경영의 흐름을 어떻게 받아들이고 기업 경영에 적용해야 할지 고민해야 할 때다.

국제사회로부터 기업의 공급망 지속가능성에 대한 요구가 증가하고 있다. EU에서 채택해 2024년부터 시행 예정인 '공급망 실사법'은 기업이 공급망인 협력 업체의 인권・환경에 대한 침해 여부를 조사하고, 문제 발견 시 개선과 공시를 의무화하게 되는 법안이다.

이와 유사하게 우리 국회에서도 지난 8월 조달 절차에 인권・노동・환경・고용・공정거래・소비자보호 등 사회적 가치를 의무 반영하는 법률개정안이 발의돼, 공급망 CSR 제도화의 흐름은 자연스럽게 가속할 전망이다. 공급망 CSR 제도화에 선제적으로 대응하는 중소기업은 공공부문 조달 기회 확대와 함께 대기업의 지속가능한 구매정책 전환에 따른 수혜를 얻게 될 것으로 예상된다.

나이키는 2021년 중국 신장 위구르 지역의 인권침해 이슈 발생 후, 신장 지역 면화 사용 전면 금지를 발표했다. 또한, 테슬라는 2019년 전기차 배터리 주요 부품인 코발트 채굴에 아동노동 착취와 환경문제로 피소된 이후, 코발트 프리 배터리 및 100% 니켈 함유 전기차 배터리 개발 계획을 선언했다.

국내 대기업 그룹사의 경우에는 공급망 CSR 도입 초기 단계로, 삼성 SDI 등 일부 기업은 공급망 보고서를 별도 발간해 공급망 CSR 이행 성과를 공개하고 있으며, 지속가능성을 도입해 구매정책을 개선하는 기업도 증가하고 있다.

국내 대기업의 경우 지속가능성을 구매정책에 반영하거나 협력회사 CSR 이행수준 평가를 시행하는 초기 단계이기에 CSR 도입 필요성을 체감하지 못하는 중소기업이 많은 현실이다. 그러나 발주사인 대기업으로부터 협력회사 CSR평가대응 요구를 받고, 그 결과가 계약에 영향을 준다면 상황은 달라진다.

공급망 CSR평가 전문기관인 'EcoVadis'의 평가를 받는 기업은 전 세계 160개국 7만5000개사에 달하며 평가 결과, 일정 점수에 미달하면 거래 중지, 납품물량 감축, 조건부 거래 등 불이익 발생 사례들이 보고되고 있다. 이처럼, 대기업의 사회적 책임 확산(Sphere of Influence) 기조와 공급망 CSR평가 확대 분위기에서 중소기업의 적극적인 CSR 도입은 지속가능한 경쟁우위를 제공하게 될 것이다.

CSR은 기업 가치사슬 전 영역에 건전성을 추구하므로, 중소기업 CEO가 지속가능성을 경영철학으로 조직의 핵심 가치에 융합시킬 때, CSR은 혁신성장을 주도하는 경쟁력이 된다. CSR을 추구하는 기업의 임직원은 우수한 근무환경에서 회사에 대한 자부심을 느끼고, 환경 유해성을 최소화하는 제품 및 서비스를 시장에 공급함으로써 고객의 지속적인 선택과 만족을 얻을 수 있다.

특히, 경영진이 투명하고 건전하게 기업을 운영하고 이해관계자와 소통해 나가는 것은 지속가능한 경쟁력을 갖춘 기업으로 나가는 초석이 된다. 이렇듯, CSR을 도입하는 중소기업은 대규모 자본이 필요한 부담스러운 접근이 아닌, 경영진과 조직 구성원이 CSR 관점에서 일상 업무를 바라보고 장기적이며 점진적인 변화를 도모함으로써 지속가능한 경쟁우위의 추진력을 확보할 수 있을 것이다.

출처: 중소기업뉴스(http://www.kbiznews.co.kr) 정세우 The CSR대표, 2021.10.25.

제1절 기업의 사회적 책임

기업의 사회적 책임(social responsibility)이란 기업이 사회에 대한 경제적 · 법률적 의무를 포함하여 사회로부터 정당성을 인정받을 수 있는 사회 전반에 대한 책임을 말한다. 이를 위해 기업은 단순한 재무적 · 비재무적 성과의 우수성을 갖추는 것뿐만 아니라 건전한 양식을 가지고 있어야 한다. 건전한 양식이란 기업이 사회적 책임의식을 갖고 사회를 위해서 환경적 · 법률적 · 윤리적인 책임을 다해야 함을 의미한다. 즉 기업이 제공하는 제품과 서비스, 운영 그리고 종업원의 행동이 사회에 부정적 영향을 주거나 윤리, 규범 그리고 법률 등을 준수하도록 할 책임이 있다. 그리고 기업은 정부, 고객, 종업원, 주주, 협력업체, 경쟁자, 지역사회 등의 공동이익에 초점을 맞추고 활동을 할 때 사회적 책임을 다하게 된다.

1. 기업의 사회적 책임에 대한 견해

(1) 고전적 견해

고전적 경제학자들은 기업의 사회적 책임을 주주에 대한 책임으로 한정하고 있는데, 이러한 주장을 고전적 견해(classical view)라고 한다. 고전적 견해를 요약하면 다음과 같다.

① 기업은 이익을 내고 경영자와 기업은 주주에 대한 책임만 성실히 수행하면 된다. 만일 이익극대화에 도움이 되지 않는 일에 비용을 쓴다면 그 결과는 기업의 생산원가를 상승시키고 경쟁력을 떨어뜨리게 된다. 뿐만 아니라 기업은 고용을 축소하게 되어 사회적으로도 바람직하지 않다. 예를 들면 환경보호를 위해 투자를 하는 기업은 그렇지 않은 기업에 비해 원가가 올라갈 것이고 그만큼 가격경쟁력이 떨어질 것이다.

② 무엇이 사회적으로 바람직한 일인가를 결정하는 것은 국민이 선출한 대표에게 맡겨야지 기업이 담당해서는 곤란하다. 뿐만 아니라 기업은 사회문제를 해결하는 데 필요한 지식도 부족하므로 사회문제는 전문적인 기관이 담당해야 한다.

그림 6-1 사회적 책임의 분류

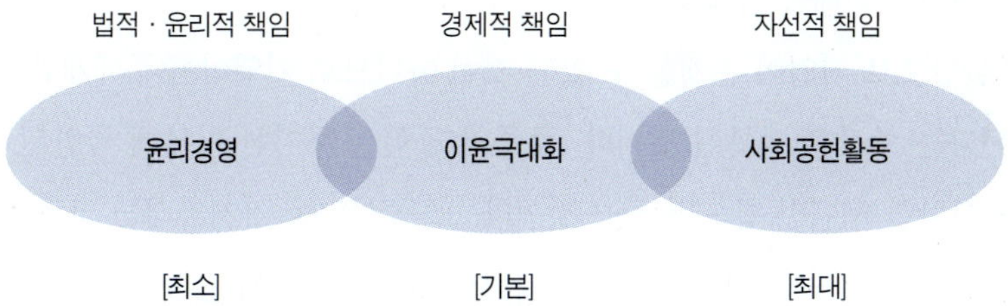

결국 고전적 견해를 주장하는 사람들에게 기업의 사회적 책임은 주주에 대한 책임에 국한된다. 따라서 기업이 이윤추구에 전념할 수 있도록 내버려 두라고 한다. 기업이 이익증대를 위해 전념해야 매출액도 늘어나고 고용도 증가시킬 수 있으며 결과적으로 사회발전에도 기여할 수 있다는 논리이다. 또한 주주 이외의 집단과 관련된 사회적 문제는 그 분야의 전문기관에게 맡길 때 사회 전체로 보아 최선의 상태에 도달할 수 있다는 주장이다.

(2) 사회경제적 견해

1970년대의 미국사회는 정치적 · 사회적으로 큰 변화를 경험하였다. 베트남전쟁에서의 패전, 닉슨 대통령의 사임, 인종문제의 격화, 환경문제의 대두, 전후 세대의 등장과 같은 사건과 현상들은 제2차 세계대전 후 자신들이 갖고 있던 가치관을 다시 되돌아보는 계기를 마련했다. 이 과정에서 기업의 역할과 책임에 관한 논의도 활발하게 일어났는데, 진보주의적인 견해를 지지하는 사람들은 기업도 사회를 구성하는 일원인 만큼 당연히 좋은 사회를 만드는 데 적극적으로 협력해야 하며 그러한 책임을 성실히 수행하는 기업은 사회적인 지지를 얻을 수 있어 경제적으로도 성공할 수 있다고 주장하였다. 이들의 주장을 사회경제적 견해(socioeconomic view)라고 한다. 사회경제적 견해를 요약하면 다음과 같다.

① 고전적 견해는 기업의 책임을 단기적으로 보고 있다. 그러나 사회적인 책임을 방치하고 이익에 집착할 경우 장기적으로 그 피해가 사회구성원에게로 돌아온다. 따라서 모두가 이기적으로 행동하여 대기오염이나 수질오염과 같은 환경문제가 심각해

지면 종업원의 건강을 해치고 이로 인해 의료비가 증가하고 생산성이 떨어지는 등 결국 기업도 피해를 입게 된다.

② 주주들만으로 기업이 존재할 수 있는 것이 아니므로 기업이 주주에게만 책임을 져도 된다는 주장은 잘못된 것이다. 주주의 공헌은 투자한 자본에 국한된 것이므로 그에 합당한 혜택만 받으면 되는 것이다. 모든 이익을 가져가려는 것은 소비자, 종업원, 지역사회 주민들도 누려야 할 혜택을 가로채는 것과 같다.

결국 사회경제적 견해는 사회가 있기 때문에 기업이 존재할 수 있으므로 건강한 사회를 위하는 일에 기업이 적극적으로 나서야 한다는 주장이다.

2. 기업의 사회적 책임

(1) 국가 및 사회발전의 책임

1) 이해관계집단의 이익보호

경영자는 효율적인 경영을 통하여 건전한 이익을 실현하고 주주에게 경제적인 보답을 해주어야 한다. 그리고 기업은 주주의 자산을 보호 · 보전 · 증가시켜야 할 의무가 있다. 주주의 알 권리와 정당한 요구 · 제안, 공식적 결정을 존중하며 투명한 경영체제를 확고히 하고 정확한 회계기록 체계를 유지하는 것도 중요하다. 종업원에게는 적정한 보상을 지급하여 그들의 삶을 윤택하게 만들어 주어야 하며 협력업체에 대해서는 우월적 지위를 이용하지 않고 상호 대등한 거래를 보장하며 합리적인 대가를 지불해야 한다.

2) 합리적 사업전개

기업은 해당 지역의 사회적 가치관을 존중하여 사업을 수행하고 사회의 안정적 바탕 위에서 사업의 증대를 도모해야 한다. 부동산 투기 등 국민경제에 해를 끼치는 행위, 국민정서에 위화감을 조성하는 행위, 건전한 기업활동을 저해하는 부조리, 정경유착 및 불법 정치기부금 제공행위를 하지 말아야 한다.

3) 사회발전에 기여

기업은 신규고용의 창출과 성실한 조세납부로 국가발전에 이바지해야 한다. 학벌, 성별, 종교, 출신지역에 대한 차별 없이 균등한 고용의 기회를 부여하고 지역주민의 정당한 요구를 겸허히 수용하여 이를 해결하는 데 최선을 다해야 한다. 또한 사회 각 계층과 지역주민의 정당한 요구를 겸허히 받아들이고 이를 해결하는 데 최선을 다해야 한다.

(2) 제품, 서비스, 운영의 책임

기업은 제공하는 제품, 서비스 그리고 운영이 사회에 미치는 효과를 인식하고 책임을 져야 한다. 이 책임은 공공의 건강, 안전, 환경보호에 대한 기업의 기본적인 기대치를 말한다. 이를 위해 자사의 제품, 서비스, 운영과 관련된 위험 및 가능성을 철저히 평가해야 하며 자원의 남용과 낭비를 막아 자원의 고갈을 방지할 의무가 있다. 특히 제품설계 단계에서부터 환경친화적 설계(Design for Environment: DFE)의 개념을 도입하여 제품의 생산에서부터 유통, 수송, 사용, 폐기에 이르기까지의 전 과정에서 예견되는 부정적인 영향을 계획수립에 반영하여 생산공정과 산업폐기물의 영향을 최소화해야 한다.

(3) 공정거래의 책임

기업은 기업 간의 공정하고 자유로운 경쟁을 구현하기 위해 노력해야 한다. 「독점규제 및 공정거래에 관한 법률」 제23조에 의거하여 공정거래위원회가 고시한 공정거래법규를 준수할 의무가 있다. 경쟁사와는 상호 존중을 바탕으로 선의의 경쟁을 도모하며 협력업체와는 상호 발전할 수 있는 상생의 윈-윈(win-win)전략이 필요하다.

(4) 환경보호의 책임

오늘날 기업은 환경 관련 국제기구, 정부, 국민, 각종 시민환경단체들로부터 환경오염 방지에 대한 압력을 거세게 받고 있다. 따라서 과거처럼 수동적으로 환경문제에 대처하는 것이 아니라 환경보전을 적극적으로 실행하는 환경친화경영을 강도 높게 추진하고 있다. 환경친화적 제품의 생산, 환경설비의 도입, 환경경영기법의 개발 및 활용, 청정생산클러스터의 도입 등을 예로 들 수 있다.

또한 환경친화적 설계를 통하여 부품의 재활용 비율을 높이고 불필요한 포장은 최소화하고, 생산 및 소비과정에서 자재와 에너지의 소비를 최소화할 필요가 있다. 이를 통하여 제품수명, 재생가치, 서비스 용이성 및 폐기비용 등과 같은 요소들이 소비자의 제품구입에 영향을 미치고 기업이 부담해야 하는 환경비용에 영향을 미칠 수 있기 때문이다.

3. 지역사회로의 환원

기업은 사회에 대한 봉사의식을 갖고 지역사회에 대한 적극적인 지원을 다해야 한다. 기업은 교육, 문화, 복지, 사회사업 등을 통해 성실한 기업시민으로서 책임과 의무를 다해야 하고 경영자는 종업원의 건전한 사회활동 참여를 보장하고 권장하며, 그들의 사회봉사활동을 적극 지원하여 사회발전에 기여해야 한다. 지역사회에 대한 지원은 계획 없이 일회성으로 끝나지 않도록 하기 위해 계획, 실행, 평가 및 피드백으로 이어지는 체계를 갖춰 지속적으로 성과향상이 되도록 관리해야 한다. 한편 경영자는 기업이 지역사회로부터 인정받는 것이 단기적인 이익보다 장기적으로 기업의 경쟁력 향상에 도움이 된다는 것을 인식하여야 한다.

그림 6-2 지역사회 공헌활동 체계

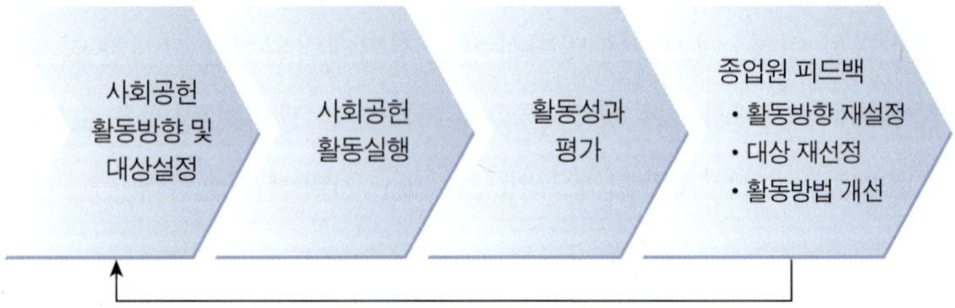

잠시 쉬어가기

소비자 "불매도 불사" … 기업윤리까지 들여다보는 MZ세대

뛰어난 품질과 가격 경쟁력으로 유명한 A사. 업계 1위를 지키며 승승장구하던 A사에 어느 날 '오너 갑질'이라는 뉴스가 터졌다. 실망한 소비자들은 A사 제품에 대한 소비를 중단했다. 심지어 젊은 소비자들은 온라인상에서 그동안 숨겨져 왔던 A사의 비윤리적인 행보들을 고발하고 나섰다. 결국 A사는 불매운동의 타깃이 돼 매출이 반토막났다. 반면 모범적인 윤리 기업으로 꼽히는 B사는 제품을 생산하는 과정에서도 윤리적인 방식을 쓴다. 그렇다 보니 기성 고객들에게는 다소 비싼 가격으로 큰 호응을 받지 못했지만 최근 젊은 고객 사이에서 '착한 기업'으로 팬덤이 형성되면서 매출이 급격하게 뛰기 시작했다.

MZ세대(1980년대 초~2000년대 초 출생)는 상품의 가성비·효율성·심미성만을 따져 구매를 결정하던 윗세대와 달리 '가치'를 매우 중시한다. 아무리 뛰어난 제품을 판매할지라도 사회적으로 악영향을 끼치는 기업은 외면하고 윤리적으로 문제가 발생한 기업에는 소비를 적극적으로 거부하는 모습도 보인다.

대한상공회의소가 전국 성인 남녀 1,000명을 대상으로 실시한 소비 행태 변화 조사에서도 이 같은 윤리적 소비 트렌드가 두드러졌다. 실제 응답자의 10명 중 5명(53.8%)은 "사회적 책임을 다하는 기업 제품을 이용하는 편"이라고 답했다. 또 40.4%는 "코로나19 이전과 비교해 상품 구매 시 가격·품질뿐 아니라 소비 행위가 다른 사람이나 사회·환경에 미치는 영향을 고려하게 됐다"고 응답했다. 친환경은 물론 기업의 사회적 책임 등 기업윤리까지 꼼꼼하게 따지며 소비를 한다는 것이다.

상황이 이렇다 보니 기업들도 사회적 책임과 윤리 소비에 더욱 민감하게 반응하고 있다. 그동안 기부와 자원봉사를 비롯한 사회공헌활동 등으로 소극적인 윤리경영에 나서왔다면 이제는 환경·사회·지배구조(ESG)위원회를 설치해 적극적인 행동을 보이고 불미스러운 이슈도 단칼에 대처하며 소비자에게 호소하고 있다.

실제 최근 유통가에서는 윤리경영 실패로 사회적 물의를 일으킨 최고경영자(CEO)들이 잇달아 물러나며 변화된 상황이 반영됐다. 자숙 명목으로 경영에서 잠시 물러났다가 논란이 잠잠해지면 슬그머니 복귀하던 과거와 달라진 모습이다. 온라인 패션플랫폼 무신사의 창업자인 조만호 대표가 대표적이다. 그는 남녀 쿠폰 차별 지급과 이벤트 속 남성 혐오 논란에 책임을 지고 즉각 대표이사직에서 물러났다. 범LG가 식자재 업체 아워홈에서는 보복 운전으로 징역을 선고받은 구본성 부회장을 해임시켰다. 업계의 한 관계자는 "상향된 소비자 윤리의식 수준이 제대로 반영됐다는 평가가 나온다"며 "가치 소비를 중시하는 MZ세대에게 외면당하면 도태될 수 있다는 위기감이 반영된 결과"라고 전했다.

실제 MZ세대는 윤리적 소비를 통해 옳지 않다고 생각하는 것을 적극적으로 바로잡으려는 모습도 보인다. 지구환경을 위한 상품을 애써 구매하는 수준에서 더 나아가 부당하다고 생각하는 기업에 대한 불매운동을 일으켜 해당 기업이 큰 고초를 겪는 사건도 심심치 않게 나타난다. 최근 발생한 쿠팡 불매운동이 대표적이다. 물류창고 화재를 계기로 노동자를 생각하지 않는 비윤리적인 기업이라는 인식이 확산하면서 불매운동의 뭇매를 맞았다. 물론 이후 사망한 소방관에 대한 보상과 지원 등 쿠팡의 후속 대처로 불매운동은 잦아들었지만 기업윤리가 가격과 품질 못지않은 소비의 잣대로 평가받을 수 있다는 것을 그대로 보여준 사건이었다.

업계의 한 관계자는 "MZ세대를 중심으로 한 가치 소비는 이제 일시적 현상을 넘어 소비의 대세를 바꿔놓았다"며 "윤리경영이 부가적인 요소가 아니라 기업의 생사를 결정하는 필수 조건이 된 만큼 기업들의 적극적인 자세가 필요하다"고 전했다.

출처 서울경제 박민주 기자, 2021. 08. 07.

제2절 기업윤리

1. 기업윤리의 배경과 사회적 중요성

(1) 기업윤리의 개념과 배경

기업윤리란 기업의 경영자와 구성원들이 조직 내부에서 지켜야 할 행동의 기준이며, 혁신을 추구하는 기업가 정신을 바탕으로 정당한 방법을 통하여 기업을 올바르게 운영하는 기준을 말한다. 동시에 기업윤리는 다른 경제 주체와 상호의존하는 경제 사회의 구성원으로서 가져야 하는 기업의 도덕적 책임도 포함하는 개념으로 기업의 도덕성, 경영방식 및 경영정책의 평가기준이 된다. 그러므로 윤리경영이란 기업윤리를 최우선 가치로 생각하고, 모든 경영활동의 기준을 윤리규범에 맞춰 투명하고, 공정하며 합리적인 업무 수행을 추구하는 경영활동이라고 할 수 있다. 윤리경영을 통해 기업이 사회적으로 정당한 역할이나 활동을 함으로써 시장으로부터 지속적인 신뢰를 얻게 되는 것이다.

기업윤리에 대한 논의의 시작은 미국이다. 그 배경을 살펴보면 첫째, 미국에서는 기업에 대한 일반 국민들의 기대와 관심이 높다. 다른 국가에서는 정부가 경제발전의 주체라고 믿는 반면에 미국에서는 기업이 주체라고 믿고 있다. 둘째, 기독교적 윤리 또는 청교도적 윤리를 기업의 경영자들이 자발적으로 준수하기를 기대하는 종교적 입장이 강하다.

기업의 윤리문제는 매우 다양한 형태로 발생하는데, 발생요인을 살펴보면 다음과 같다(〈표 6-1〉 참조).

표 6-1 기업의 윤리문제 형태

발생이유	윤리문제의 특성	접근방법	지배적 사고
개인의 이득과 이기적 관심	이기적 관심과 이타적 관심	이기적 사고	자기 우선적
이득을 위한 기업 간의 치열한 경쟁	기업의 이익과 타 기업의 이익	생존적 사고	상대보다 우위선점
기업목표와 개인가치의 상충	경영자의 관심과 종업원의 가치	권위적 사고	명령과 복종의 논리
문화적 상충	기업의 관심과 다양한 문화의 전통과 가치관	자국중심적 사고	옳고 그름의 상이한 기준

자료: 유붕식 외, 신경영학원론, 학현사, 2004.

1) 개인의 이득과 이기적 관점

비윤리적인 가치관을 가진 종업원은 기업과 사회에 미칠 영향을 고려하지 않고 자신들의 이익만을 추구할 것이다. 또한 다른 사람들이 수용하는 윤리적 가치를 거부하기도 하고 타인의 이타적 행동을 비합리적으로 간주하기도 한다.

2) 기업 간의 치열한 경쟁

다른 기업과 시장에서 치열한 경쟁관계에 있다면 그 기업은 자신들의 이익을 확보하기 위해서 비윤리적인 활동을 통해서라도 경쟁에서 이기고자 할 것이다.

3) 기업목표와 개인가치의 충돌

기업이 도덕적 가치관을 갖고 있는 종업원에게 부도덕한 행위를 강요한다면, 그 종업원은 기업의 부당행위를 사회에 고발(whistle-blowing)하거나 불만을 참고 자신의 안위를 위해 조직의 입장을 수용할 수 있다.

4) 문화적 상충

글로벌 환경에서 활동을 할 경우 윤리적 가치관이 국가마다 다르기 때문에 본국에서는 전혀 문제가 되지 않았던 행동들이 현지국가에서 윤리적 문제를 발생시킬 수 있다.

표 6-2 라이덴바흐와 로빈의 윤리경영 발전 5단계

단계	명칭	내용
1단계	부도덕 단계 (Amoral Stage)	• 윤리적 문제를 고려하지 않는 단계 • 창업자와 경영자만을 이해관계자로 생각 • 처벌을 받더라도 이익만 극대화하면 된다고 봄
2단계	준법의 단계 (Legalistic Stage)	• 법규만 지키면 윤리적이라고 생각하는 단계: "위법만 아니면 된다."
3단계	대응의 단계 (Responsive Stage)	• 윤리적 문제를 인식하는 단계 • 기업의 사회적 책임을 다하는 것이 기업에 이익이 된다는 인식을 갖게 되는 단계 • 지역사회에 봉사하고 대외적 이미지를 고려하게 됨
4단계	윤리관 태동 단계 (Emerging Ethical Stage)	• 기업윤리와 경영성과 실현을 고려 • 기업목적과 경영이념에 윤리를 반영하고 윤리강령 발표, 윤리위원회 등 윤리경영조직을 설치함
5단계	윤리 선진 단계 (Developed Ethical Stage)	• 경영에 윤리관과 윤리원칙을 천명하고 윤리경영을 실시 • 경영행동에 윤리를 우선하고 윤리원칙과 행동을 실천

자료: 윤대혁, 글로벌 시대의 윤리경영, 무역경영사, 2005.

(2) 기업윤리의 필요성

"자동차는 브레이크 때문에 더 빨리 달릴 수 있다". 이는 혁신(innovation)의 개념을 경제학에 도입한 경제학자 조지프 슘페터(Joseph Schumpeter)의 말이다. 브레이크는 본래 달리는 자를 세우는 장치인데, 바로 그 도구로 인하여 차를 더 빨리 몰 수 있다는 관찰은 사물에 내재한 역설의 단면을 제시하고 있다. 기업은 윤리경영이라는 강력한 브레이크가 존재할 때 기업은 지속 성장을 할 수 있는 것이다.

기업윤리가 필요한 이유는 다음과 같다.

첫째, 일반 국민들은 기업이 높은 윤리기준을 가지고 사회적 책임을 완수하기를 기대한다. 즉 기업은 경제적 합리성과 동시에 윤리적 판단을 고려해야 한다고 사회는 기대한다. 이러한 일반 국민들의 기대를 충족시키지 못한 기업은 비판과 불이익을 받을 것이며 사회의 윤리적 기준을 준수해야 기업의 생존과 사회적 정당성을 획득할 수 있다.

둘째, 기업은 일반 국민과 이해관계자들에게 해를 끼쳐서는 안 된다. '해를 끼치지 말라'는 대다수의 사회에서 가장 강력한 윤리원칙 중의 하나로 높은 수준의 윤리성을 유지하는 기업은 사회로부터 두터운 신뢰와 좋은 이미지를 얻어 성장·발전할 수 있게 된다.

셋째, 기업이 윤리적이면 보상을 받을 수 있다는 것이다. 기업윤리는 좋은 사업관계를 유지하고 종업원들의 생산성 향상에 영향을 미치게 된다. 도덕적이고 윤리적인 기업의 구성원은 자부심과 보람을 느끼고 열심히 일하려는 의욕을 가지게 된다.

넷째, 기업의 높은 윤리기준은 종업원을 보호할 수도 있다. 종업원들은 자신의 신념에 위배되는 행위의 강요(예를 들면 회계보고서의 조작) 또는 위험한 작업환경에서의 작업 강요 등을 거부할 수도 있다.

마지막으로, 사람들은 자신의 가치관에 따라 일관성 있게 행동하기를 원한다. 자신의 신념과 어긋나는 행위를 강요받으면 많은 스트레스를 경험하게 된다. 종업원들이 자발적으로 윤리적인 분위기에서 일한다고 느낄 때 심리적 안정감을 가질 수 있고 자신이 보호받는다는 느낌을 가질 수 있다.

(3) 기업윤리의 사회적 중요성

기업윤리가 기업경영에 있어서 갖는 사회적 중요성은 다음과 같다.

1) 사회적 정당성 획득

기업윤리는 기업의 이기적 경영활동을 억제하는 기능을 수행한다. 기업윤리는 기업이 사회 속에서 해야 할 일과 하지 말아야 할 일을 구분시켜 줌으로써 전체 사회에 이득이 되는 행위의 기준을 제시해 준다. 또한 기업구성원들의 행동에 있어서 올바른 기준을 제시하여 구성원 간의 마찰과 갈등을 해소시켜 준다. 이와 같은 사회적 정당성의 획득문제는 기업의 존립과 직결되어 있으며 정당성 획득에 실패한 기업은 항상 소멸의 위험이 있음을 염두에 두어야 한다.

2) 경영성과 또는 조직유효성 증대

기업의 윤리적 행동은 내부 또는 외부의 이해관계자와 우호적인 관계를 만들어 경영활동을 원활하게 한다. 또한 종업원들은 자신이 속한 기업에 대해 긍지와 애착을 갖게 된다.

3) 구성원의 윤리적 성취감 충족

기업윤리가 정착된 기업의 종업원은 자신이 맡고 있는 직무 속에서 스스로 윤리적 결정을 하고 행동함에 따라 단순한 기업구성원뿐만 아니라 선량한 사회구성원으로서의 자아상을 갖게 된다. 이로 인해 종업원들은 윤리적 성취감을 느끼게 된다.

2. 경영자 윤리

의사결정이 합리적으로 이루어졌다고 해도 윤리성이 결여된다면 올바른 결정이라고 할 수 없을 것이다. 예를 들어 기업이 자산가치를 높였다고 하더라도 그 과정에서 종업원을 부당하게 대량으로 해고하였다면 올바른 의사결정이라고 볼 수 없을 것이다. 그런데 무엇이 윤리적인가에 대해서는 오래전부터 많은 논란이 있었던 주제인데 그간에 있었던 대표적인 주장 네 가지를 요약하면 다음과 같다.

(1) 실용주의

'최대다수의 최대행복'이라는 표현으로 대변될 수 있는 것처럼 많은 사람에게 혜택이 돌아가는 대안이 최선이며 곧 윤리적이라는 주장이다. 이처럼 결과를 중시하는 실용주의(utilitarian view)는 고전적 경제학이 취하는 견해로서 공장을 폐쇄하고 직원을 해고하더라도 이익을 극대화할 수 있다면 그 결정은 윤리적이다. 실용주의는 이익극대화를 추구하는 기업의 최고경영자나 주주들이 가장 선호하는 견해라 볼 수 있다. 그러나 피해를 입기 쉬운 노동자나 공장과 거래를 하고 있는 중소업체들 그리고 인근 주민들에게는 받아들이기 힘든 견해일 수가 있다.

(2) 공정성 우선주의

공정성 우선주의(theory of justice view)는 결과를 중시하는 실용주의와는 대조적으로 과정을 중시하는데, 의사결정에 따르는 혜택이나 불이익이 이해관계자들에게 공정하게 나누어지고 규칙이나 절차가 차별 없이 적용될 때 윤리적이라고 본다. 노력에 상응하는 보상, 남녀 차별이 없는 공개 채용, 투명한 기준에 근거한 승진과 같은 것이 윤리적인 결정의 예가 된다. '반칙과 특권이 없는 사회' 또는 '성실하고 정직한 사람이 잘사는 사회'와 같은 정치구호도 바로 공정성을 강조하는 표현이다. 여기서 공정성(justice)과 균등성(equality)은 구분해야 하는데, 승진기회를 모두에게 균등하게 하여 능력이 없는 사람을 승진시킨다면 이것은 공정성을 결여한 일이라고 보아야 할 것이다.

(3) 권리 우선주의

인간으로서의 존엄성이 우선되어야 한다는 것이 권리 우선주의(rights view)이다. 개인의 생명과 안전, 사생활, 양심과 표현의 자유와 같은 기본권은 반드시 보호되어야 하며 그러한 권리를 제한하는 결정은 비록 다수의 이익을 위한 것이라 해도 비윤리적인 것으로 간주된다. 예컨대 회사 기밀을 유지하기 위해서 직원들의 전화나 이메일을 도청하는 것은 비윤리적인 처사이다. 이 견해의 단점은 개인의 권리를 강조함으로써 개인주의적인 문화가 지배하고 자칫 업무의 효율성을 떨어뜨려 조직 전체의 생산성을 낮출 수 있다는 점이다.

(4) 사회적 계약주의

사회적 계약주의(social contracts view)에 따르면 윤리성은 그 조직이 속한 사회에서 적용되고 있는 윤리적 기준에 합당한가의 여부에 따라 상대적으로 결정된다고 본다. 예를 들어 북한에 공장을 둔 기업이 직원들의 임금수준을 결정할 때 북한사회에서 기대되는 수준에 따르면 설사 본사 직원의 임금수준과 격차가 있다 해도 윤리적인 결정으로 간주된다. 그러나 이러한 견해는 윤리가 상황에 따라 너무 쉽게 달라지는 만큼 비난을 받기도 쉽다. 예를 들어 우리나라 기업이 뇌물이 통하는 후진국에서는 뇌물을 주어도 괜찮다는 주장도 나올 수가 있다.

3. 경영자의 윤리의식

우리나라의 경우에는 과거 국가안보와 경제성장이 가장 우선되었기 때문에 실용주의가 지배적인 가치관으로 자리를 잡을 수 있었다. 그러나 최근 몇 차례의 정권교체와 세대교체 그리고 국제화의 진전으로 결과보다는 과정이나 개인의 권리를 우선시하는 윤리관으로 바뀌고 있다. 따라서 경영자에게도 이에 상응하는 윤리관의 변화가 요구되고 있다. 아직까지도 불량식품 판매나 부실공사, 뇌물제공과 같은 크고 작은 비윤리적인 일들이 끊이지 않고 보도되고 있는 현실을 볼 때 우리나라에서 경영자의 윤리의식을 높이는 일은 아무리 강조해도 모자랄 듯하다.

(1) 윤리발달 단계

개인의 윤리의식은 그 성숙도에 따라 세 개의 수준으로 나눌 수 있다.

첫째는 관습의 전 수준(pre-conventional)으로서 쉽게 말해서 체면 차릴 줄도 모르고 관습도 상관하지 않는 단계이다. 이 수준에 있는 사람은 자신의 이익을 위해서라면 무슨 짓이라도 하고 오직 육체적인 처벌만이 이 사람의 비윤리적인 행동을 막을 수 있다.

둘째는 관습에 따르는 수준으로서 대부분의 사람들이 해당된다. 주변에 가까운 사람들, 즉 준거집단의 기대와 가치관에 맞추어 옳고 그름을 판단한다.

셋째는 자신이 갖고 있는 원칙에 따르는 수준인데, 인간의 기본권을 존중하고 자신이 믿는 종교적 혹은 개인적 신념에 따라 사회의 일반적인 기준보다 높은 수준의 윤리기준을 자신에게 적용하는 단계이다.

(2) 조직문화

조직문화란 그 조직의 상징물, 역사와 전통, 분위기, 가치관, 경영정책처럼 다른 조직과 구분해 줄 수 있는 유·무형의 전부를 뜻한다. 이와 같은 조직문화는 개인의 윤리의식에 영향을 미친다. 목표달성을 위해서는 수단과 방법을 가리지 않아도 된다든지, 능률이나 획일성을 강조하는 조직문화가 팽배한 곳에서는 개인의 윤리수준이 상대적으로 낮아진다.

(3) 의사결정의 심각성

개인적인 일로 회사 전화를 이용할 때는 별다른 양심의 가책을 느끼지 못하지만 회사 법인카드로 친구들과 술을 마실 때는 좀 망설여질 수 있다. 후자의 경우에는 윤리적 갈등을 더 많이 느낀다. 이처럼 문제가 심각해질수록 윤리적인 갈등이 커지고 결과적으로 좀 더 윤리적으로 행동하게 된다. 의사결정의 결과가 미치는 영향이 클수록, 불행한 결과가 발생할 가능성이 높을수록, 사회적으로 합의된 내용과 역행할수록, 의사결정의 결과가 나타나기까지의 시간이 짧을수록, 그리고 피해가 소수에게 집중될수록, 의사결정자는 문제를 심각하게 받아들이고 윤리적인 갈등도 크게 느낀다.

제3절 윤리의식 제고방안

기업윤리는 이제 기업경영의 필수적인 과제로 대두되었으며 기업윤리의 실행에 있어서 윤리적인 의사결정이 핵심적인 역할을 담당한다. 윤리의식을 제고하기 위한 기본적인 방안으로는 최고경영자의 윤리의식 제고, 윤리적 조직문화 형성, 종업원의 윤리훈련, 윤리강령 및 헌장 제정, 윤리위원회 및 자문관 제도 운영 등을 들 수 있다. 윤리의식을 제고하기 위해서는 무엇보다도 최고경영자의 윤리의식 제고가 중요하다. 이를 통하여 조직 내부적으로 윤리적인 문화를 형성하고 도덕적인 제도와 절차 그리고 교육훈련이 뒷받침될 수 있다.

1. 최고경영자의 윤리의식 제고

최고경영자의 도덕성, 경영철학, 윤리적 사고는 기업의 윤리수준을 결정하는 중요한 요소가 된다. 즉 최고경영자의 모든 의사결정에 있어서 윤리적 문제가 깊게 고려되고 조직 내부구성원들의 의사결정에 영향을 미쳐야 조직의 윤리적 성과가 크게 증진될 수 있다. 또한 최고경영자 스스로 솔선수범하여 윤리적인 행동을 보여줄 때 조직 전체의 윤리적 분위기를 형성할 수 있고 윤리의식을 지속적으로 유지해 나갈 수 있다.

'윗물이 맑아야 아랫물이 맑다'는 속담처럼 윗사람의 윤리적인 행동이 앞서야 한다. 부하들에게 무리한 요구를 한다든지, 비리를 눈감아 준다든지, 수단과 방법을 가리지 않고 목표를 달성한 부하를 중용한다면 조직의 윤리수준은 저하될 수밖에 없다.

2. 윤리적 조직문화 형성

윤리적 조직문화는 최고경영자의 의지에 따라 영향을 받을 수밖에 없다. 또한 윤리적 조직문화는 조직구성원의 의사결정과 행동에 커다란 영향을 준다. 윤리적이고 도덕적인 조직문화가 형성되면 기업의 윤리수준은 높아지게 된다. 따라서 조직구성원이 공감하고 공유할 수 있는 가치기준이나 행동규범이 정립되고, 윤리의식이 높은 조직문화를 조성하는 것이 중요하다.

상관이나 동료직원이 비윤리적인 일을 저지를 때 양심에 따라 고발하기란 쉬운 일이 아니다. 특히 조직의 충성심을 강조하는 조직문화가 강한 곳이라면 더욱 어렵다. 그러므로 내부고발자(whistle blower)를 보호하는 분위기를 만들어야 비리가 번지는 것을 막을 수 있다.

3. 종업원의 윤리훈련

종업원은 다양한 이해관계자들과 직접적으로 접촉하기 때문에 종업원의 윤리의식은 대외적으로 기업의 신뢰성과 윤리적 이미지 형성에 큰 영향을 미친다. 또한 대내적으로는 제품 및 서비스 품질의 향상에 핵심적 역할을 담당하기도 한다. 따라서 종업원의 책임의식과 직업윤리의 제고를 통하여 조직 내의 정직성과 공정성 풍토를 자리잡게 하고 기업의 윤리수준을 높이기 위해 노력할 필요가 있다.

직원들에게 조직에서 용납되지 않는 행동이 무엇인지를 분명하게 밝히고 유혹을 받았을 때 어떻게 대처해야 할 것인가를 교육시키는 것이 첫 번째 방법이다. 윤리적인 갈등을 경험한 사례를 서로 간에 발표하게 하고 대책을 토론하게 함으로써 갈등이 개인에게 국한되는 것이 아니라는 점도 알려 줄 수 있고 또 비윤리적인 행동에 대한 유혹을 뿌리칠 수 있게 해준다.

4. 윤리강령 및 헌장 제정

윤리헌장이란 조직의 기본적인 가치관이나 신념을 표현한 기업윤리의 기본문서를 말하고, 윤리강령이란 조직에서 구성원이 준수해야 할 윤리규범으로 경영행위의 기준이 되는 일반적 기준 · 지침 · 규칙 · 규범을 구체적으로 문서화한 것을 말한다.

모두가 지켜야 할 윤리규범을 문서화해서 공포하면 직원들이 윤리에 더 많은 관심을 갖게 되고 비윤리적인 행동을 요구받았을 때 거부할 수 있는 근거로 삼을 수 있다.

표 6-3 윤리강령의 구성 및 내용

구성		주요 내용
전문		강령제정의 이유, 준수임무
본문	기본정신	선한 기업, 가치창조, 기업시민
	고객	고객은 기업의 존재이유, 성실, 신의, 만족
	종업원	종업원은 기업의 자산, 종업원의 권리, 의무
	주주	정당한 투자수익 보호, 공평, 평등
	지역사회	지역사회와의 공생, 선량한 기업시민
	경쟁자	공정경쟁, 공평한 대우
	임원	임직원의 명예는 회사의 명예, 개인보다 회사 이익 우선
	정부	법규준수, 책무수행, 성실보고
	정치	정치 불간섭, 책무수행, 성실보고
	지구환경	환경친화, 환경과의 공생
	국제차원	국제적 기업시민, 평등, 공평대우
	처벌	윤리성 판단기준, 고발의무, 개인의 책임, 처벌

자료: 유봉식 외, 신경영학원론, 학현사, 2004.

일반적으로 윤리강령은 전문과 본문으로 구성되며 주요 내용은 〈표 6-3〉에 나타나 있다. 경영자들이나 종업원들은 윤리적 딜레마에 당면했을 때 윤리강령에 근거하여 행동할 수 있다.

5. 윤리위원회 및 자문관 제도 운영

윤리위원회는 종업원들에게 윤리에 대한 설문조사를 실시하고 윤리적 문제에 대하여 이사회에 조언을 행하며 윤리훈련 프로그램을 감독한다. 자문관은 상급자에게 윤리문제를 이야기하기를 싫어하는 종업원의 불만을 비공식적으로 청취하여 조직과 개인 또는 상급자와 부하의 의사소통 통로 역할을 한다.

6. 평가시스템의 개선

기업구성원의 의사결정과 행동은 조직의 평가시스템이나 보상시스템의 영향을 받기 마련이다. 그러나 가시적인 성과만을 중요시하고, 성과에 대한 압력이 강할수록 기업윤리 수준은 낮아질 가능성이 있게 된다. 따라서 구성원의 평가시스템에 윤리에 대한 항목의 비중을 높이고, 이에 따라 적절한 보상시스템이 이루어지는 평가시스템이 필요하다.

제4절 환경친화적 경영

1. 환경친화적 경영

1990년대 이전만 해도 모든 기업의 경영목표는 생산성 향상, 경쟁력 제고, 품질 향상, 그리고 고객만족을 통한 수익성 향상이었다. 그러나 1990년대 초반부터 국내 · 외적으로 기업에 대한 친환경적 압력 강화와 소비자들의 친환경제품에 대한 소비가 증대되면서 기업의 환경적 이미지는 기업의 이미지와 수익성에 커다란 영향을 미치게 되었고 따라서 기존의 기업경영목표와 이를 달성하는 방식도 새롭게 정립할 필요성이 제기되었다.

이러한 패러다임의 변화에 대응하기 위하여 선진국의 기업들을 중심으로 환경친화경영 또는 환경경영이라는 명칭으로 새로운 경영조류를 형성하게 되었다.

이러한 기업경영 패러다임의 변화로서 환경경영은 '기업활동 전 과정에 걸쳐 환경경영성과를 개선함으로써 기업의 사회적 책임과 경제적 수익성 그리고 환경적 지속가능성을 동시에 추구하는 모든 경영활동'이라는 포괄적 개념으로 등장하였다.

2. 환경친화적 경영전략

환경친화적 경영전략은 전통적인 경영전략에 환경적 시각을 가미하여 환경성과 경제성의 조화를 이루는 통합적 접근이 필요하다. 통합적 접근이란 전사적으로 모든 부서에서 모든 구성원들이 환경에 중점을 둔 정책을 펴나가야 한다는 것이며 이러한 시도를 환경친화적 경영전략이라 할 수 있다. 환경친화적 경영전략을 수립하기 위해서는 지구환경문제, 각종 국제협약 및 표준, 국내 · 외 환경법규, 이해관계자들의 다양한 욕구 등에 대한 분석과 예측을 반영한 내 · 외부 환경분석, 환경경영 목표 및 방침, 전략적 실천과제 도출 등을 수행해야 한다.

3. 환경친화적 경영사례

(1) 그린조직

그린조직(green organization)은 환경경영에 적합한 조직구조로서 환경친화적 경영을 위하여 조직구성원들의 역할, 책임 및 권한을 구체적으로 명시하고 관리하는 조직을 말한다. 환경친화적 경영에 대한 실천결과를 바탕으로 적절한 평가와 보상체계를 마련하여 조직구성원들의 참여 동기를 부여한다.

(2) 청정생산

청정생산(cleaner production)은 원료의 도입부터 제품생산, 사용, 재활용/재사용/폐기 등 전 과정에서 환경과 자연을 보전하고 경제적 이득을 극대화하기 위한 모든 활동을 말한다. 환경친화적 청정생산은 사전 예방적 조치를 통하여 오염물질이나 폐기물의 발생을 원천적으로 축소하거나 제거하는 것을 말한다. 좁은 의미에서는 예방적 조치를 위해 제품 자체에 변화를 주어 생산의 전 과정에 걸쳐 발생하는 환경적 부담을 줄이거나, 생산과정의 개선, 청정기술의 도입, 투입원료의 변화 등을 고려할 수 있다. 넓은 의미의 청정생산은 유해 폐기물의 발생을 최소화하고, 에너지 및 자원의 효율을 극대화하는 생산방식을 포함한다.

(3) 그린 마케팅

그린 마케팅(green marketing)은 전통적 마케팅의 기능을 환경적 관점에서 재조명한 것으로 기존의 상품전략처럼 단순한 고객의 욕구나 수요충족에 초점을 맞추지 않고 공해요인을 제거한 상품을 제조·판매해야 한다는 소비자보호운동에 입각, 인간의 삶의 질을 높이려는 기업활동을 의미한다. 구체적으로는 환경적 역기능을 최소화하면서 소비자가 만족할 만한 수준의 성능과 가격으로 제품을 개발, 생산, 공급함과 동시에 환경친화적인 우수한 제품 및 기업 이미지를 창출하려는 것이다.

(4) 환경회계

전통적 회계시스템에서는 환경보존에 들어간 비용이나 환경활동에 투자한 가치 등을 제대로 외부에 알릴 수 없었다. 환경회계에 대한 개념이 명확히 정해지지 않았지만 캐나다의 관리회계학회에 따르면 "환경회계(green accounting)는 환경비용을 규명하고 측정하여 적절히 배분하며 이를 경영의사결정에 반영하고 그 결과를 기업의 이해관계자에게 알리는 것"이라고 정의하고 있다. 환경회계의 과제를 실현하기 위해서 환경적 요인을 고려한 환경비용의 분석, 자본예산, 성과평가 등이 주요 연구과제로 남아 있다.

표 6-4 환경친화적 경영의 목적 및 필요성

1. **외부적 측면**
   - 주민의 삶의 질 향상 및 자발적 참여 유도
   - 국제적 신뢰도 및 홍보효과 상승
   - 환경경영의 투명성과 신뢰성 제고

2. **내부적 측면**
   - 국제기준의 시스템 구축으로 효과적인 경영
   - 전 직원의 환경의식 강화로 부서 간 갈등해소
   - 체계적인 환경감사 및 문서화로 업무효율성 증대

3. **환경적 측면**
   - 환경오염물질 감소로 환경상태의 개선
   - 환경품질의 향상으로 차별화 및 경쟁력 강화
   - 지속적인 환경개선으로 쾌적한 환경유지

4. **비용적 측면**
   - 에너지, 폐기물 및 원자재 감소로 비용절감
   - 비상시 대비 등을 통하여 환경사고의 감소
   - 업무의 효율적 연계와 제도의 지속적 개선으로 비용절감

자료: 임창희, 경영학원론, 학현사, 2006.

잠시 쉬어가기

착한 소비' 뜬다 ... '친환경'에 집중하는 유통업계

(사진=BGF리테일)

최근 명품 브랜드 구찌 매장을 방문한 신동빈 롯데그룹 회장의 사진 한 장이 SNS에 공개되며 온라인을 뜨겁게 달궜다.

화제의 주인공은 100만 원이 넘는 코드가 아니라 9만7000원짜리 운동화였다. 수거한 폐페트병을 통해 만들어진 운동화를 착용한 신 회장을 통해 친환경 제품을 바라보는 유통업계의 시각이 예전에 비해 현저하게 달라지고 있다는 방증으로 평가된다.

2일 관련업계에 따르면 페트병으로 만든 의류, 재활용이 쉬운 포장지 등 친환경 제품들이 우리 생활 곳곳에 파고들고 있다. 산업계 전반에 걸쳐 친환경 경영이 중요한 기준으로 떠오르고 있는 가운데 유통사들도 친환경을 제품 출시를 서두르고 있는 모습이다.

유통사들이 친환경 제품 확대에 속도를 내는 것은 시장 반응 때문이다. KB금융지주 경영연구소가 최근 발표한 'KB트렌드보고서-소비자가 본 ESG와 친환경 소비 행동'에 따르면 소비자 10명 중 9명은 앞으로 친환경 제품을 구매할 의향이 있다고 답변했다.

특히 구매 의향이 가장 높은 친환경 제품(52.0%)으로는 생분해 비닐이나 종이 포장재 등 폐기물이 자연 분해되는 제품들이 꼽혔다. 이런 소비자 트렌드를 반영하듯 유통업계에서도 분리수거가 쉬운 특수 포장재를 사용하거나 플라스틱이 아닌 종이 제품 사용을 급속하게 확대해 나가는 추세다.

기업별로는 풀무원식품이 드레싱 전 제품에 '분리하기 쉬운 캡'을 적용하며 친환경 포장을 확대했다. '분리하기 쉬운 캡'이 적용된 제품은 누구나 맨손으로 캡과 용기를 쉽게 분리할 수 있다. 소비자는 가정에서 다 쓴 드레싱 제품의 용기와 캡을 분리하고 세척해 배출하기만 하면 된다.

아워홈은 구내식당 테이크아웃 코너 판매제품의 포장용기와 수저 포크 나이프 등 커트러리를 친환경 소재로 교체했다. 새로 도입한 펄프 용기는 폴리에틸렌(PE) 코팅을 하지 않아 분리수거가 쉽고 재활용이 가능하다.

동서식품은 스타벅스 컵커피 제품에 재활용이 가능한 종이 빨대를 적용했고, 매일유업도 '어메이징 오트' 음료에 종이 빨대를 부착했다.

라벨을 제거한 제품도 등장했다. 롯데칠성음료는 생수 브랜드 '아이시스' 몸체에 라벨을 뗀 무라벨 생수를 선보였고, 소비자 반응은 폭발적이었다.

CU가 아로마티카와 친환경 캠페인 'Be Green Friends 시즌 3'를 진행한다.

친환경 제품을 넘어 재활용에 직접 나서는 기업도 늘어나고 있다. CJ올리브영은 재활용 컨설팅 기업 '테라사이클'과 함께 전국 주요 매장에서 화장품 공병을 수거해 재활용하는 '뷰티사이클(BEAUTY-CYCLE) 캠페인'을 펼치고 있고, 롯데마트와 세븐일레븐은 친환경 제품 생산에 활용하기 위한 페트 회수 로봇을 점포에 배치했다.

업계 관계자는 "기업이 환경 보호에 기여하는지, 제품이 윤리적으로 생산되는지 등을 고려해 구매를 결정하는 '착한 소비'가 늘어나고 있다"며 "기업들도 소비자의 구매를 확대하기 위해 친환경 제품에 집중할 수밖에 없다"고 말했다.

출처: 아시아타임즈, 조광현 기자, 2021.11.3

토의과제

- 기업의 이윤추구와 사회적 책임은 상충되는 것일까? 아니면 양립할 수 있는 것일까?
- 윤리경영이 필요한 이유를 설명하시오.
- 윤리경영을 추진하면서 겪게 될 장애요인을 설명하시오.
- 환경경영이 장기적으로 기업의 성장에 도움이 되는 이유를 설명하시오.

참고문헌

- 서성무 외,『경영학의 이해』, 형설출판사, 2006.
- 신세계, 고객만족 추진현황, 2000.
- 안서규 외,『21C 기업과 경영의 이해』, 도서출판 청람, 2006.
- 유봉식 외,『신경영학원론』, 학현사, 2004.
- 이우용 외,『경영의 원론적 이슈와 경영학의 본질』, 형설출판사, 2002.
- 임창희,『경영학원론』, 학현사, 2006.
- 조동성 외,『한국 자본주의의 개척자들』, 월간조선, 2006.
- 윤대혁,『글로벌 시대의 윤리경영』, 무역경영사, 2005.

CHAPTER

07

기업의 창업

'세계 1등' DNA 심어준 도전가 … 삼성을 '월클'로 키우다

고(故) 이건희 삼성 회장은 한국 기업 역사에서 '월클 레전드'로 평가받습니다. 축구 같은 스포츠에서 한 선수가 '세계 최고 반열'에 오르려면 어떤 실력을 갖춰야 하는지를 여러분은 어렵지 않게 짐작할 수 있습니다. 리오넬 메시, 크리스티아누 호날두, 데이비드 베컴, 디에고 마라도나, 마이클 조던, 르브론 제임스 …. 우리는 레전드들을 좋아하는 것을 넘어 그들의 업적을 추앙합니다. 이건희 회장은 왜 '월클'로 꼽힐까요?

이 회장은 1987년 부친인 고 이병철 회장의 뒤를 이어 삼성을 맡았습니다. 그가 30년간 이룬 업적을 몇몇 수치를 통해 살펴볼까요? ① 매출: 1987년 9조9000억 원, 2018년 387조 원, ② 영업이익: 1987년 2000억 원, 2018년 72조 원. ③ 시가총액: 1987년 1조 원, 2018년 396조 원, ④ 고용 인력: 1987년 10만 명, 2018년 52만 명. 더 간단히 정리하면 이렇습니다. 매출 39배, 영업이익 360배, 시가총액 396배, 인력 5.2배 증가. 삼성이라는 브랜드 파워는 1987년 바닥권에서 작년 5위로 올라섰습니다. 작년 발표된 '글로벌 100대 브랜드' 순위에서 애플, 아마존, 마이크로소프트, 구글 다음 자리를 삼성이 꿰찬 겁니다. 정확하게 한 세대(30년)를 고생한 끝에 낙(樂)이 온 겁니다. 경이적인 성과요 성장입니다. 애플도 경계하는 초일류가 됐습니다.

아무나 할 수 있다고요? 그렇다면 한국에 삼성 같은 초일류 기업이 10개, 20개는 됐겠죠? 기업 세계, 시장의 세계는 아무나 할 만큼 호락호락하지 않습니다. 잠시 자연의 세계를 들여다봅시다. 지구 역사상 대멸종사건이 다섯 차례 있었다고 합니다. 그 사이에 생물 99%가 멸종했고 1%만 생존해 지금 지구에 남았다고 합니다. 환경에 적응하고, 변이하고, 번성한 것만 살아남은 것이죠. 『종의 기원』을 쓴 찰스 다윈은 이런 메커니즘을 '자연선택'이라고 불렀습니다.

기업 생태계는 자연보다 더 잔인한 곳이라고 감히 말할 수 있습니다. 이건희 회장이 생전에 "변하지 않으면 다 죽는다"고 한 이유죠. 현재에 만족하면 바로 뒤에서 추격자가 등장해 삼성을 삼키고 만다는 인식이었죠. 삼성이 후지필름(디지털카메라 등장을 무시했다가 추락), 노키아(피처폰에 안주했다가 아이폰에 의해 사라짐), 블록버스터(비디오 대여에 치중하다가 넷플릭스에 밟힘)처럼 변화를 두려워했다면 삼성은 멸종했을지 모릅니다.

삼성은 질적 변화를 두려워하지 않았습니다. 삼성이 설탕, 밀가루, 라디오, 가전 기업에서 벗어나 최첨단 반도체와 휴대폰 제조업체로 변한 결정적 계기는 1983년 마련됐습니다. 이 회장은 아버지 밑에서 일을 배우던 1983년 반도체에 적극 투자하기 시작했습니다. 무모한 투자라는 게 당시의 평가였습니다. 아시아에서 일본 외에 반도체를 제조할 수 있는 나라는 없다던 시대였으니까요.

이때 발휘된 것이 기업가 정신이라는 겁니다. 기업가는 경영자와 다르답니다. 이를테면, 경영자는 돈을 벌기 위해 마차와 마부를 많이 투입하는 사람입니다. 기업가는 마차와 마부를 버리고 자동차를 만들어야 한다는 '촉'을 느끼고 행동하는 사람입니다. 경영자는 고용된 사람이고 안정적으로 월급을 받는 사람입니다. 마차와 마부를 얼마나 투입하면 되는지를 분석하고 실행하면 됩니다. 반면 기업가는 미래의 불확실성과 위험을 감수하고 도전하는 사람입니다. 성공과 보수를 보장받지 못합니다. 경영자는 불확실성과 위험을 가장 싫어하지만, 기업가는 자신의 촉과 선택을 믿고 혁신에 나섭니다. 스티브 잡스는 기존 휴대폰을 버리고 전혀 다른 스마트폰에 도전(기업가 정신)해 무궁무진한 '기업가적 이윤'을 창출했습니다. 이건희 회장 역시 설탕, 밀가루, 라디오, 텔레비전 같은 것을 버리고 반도체와 휴대폰의 미래를 '촉'하고 도전했던 것입니다. 제2의 창업이었죠. 기업가와 기업가 정신이 무엇인지를 알고 싶으면 조지프 슘페터와 이즈리얼 커즈너라는 이름을 검색해 보세요. 기업가와 경영자 차이를 알려면 공병호 박사가 쓴 『기업가』를 읽어보면 좋습니다. 랜들 홀콤이 쓴 『기업가 정신과 경제적 진보』도 번역돼 나와 있습니다. '강추'합니다.

삼성은 1993년 반도체 D램 부문에서 마침내 세계 1위에 올랐습니다. 고용된 경영자라면 반도체 투자 결정을 할 수 있었을까요? 휴대폰 판매 시장에서도 수년 전 처음으로 아이폰 등을 제치고 세계 1위가 됐고, 이후 아이폰과 1, 2위를 다투고 있습니다. 기업가만이 물리학에서 말하는 '상전이'를 불러올 수 있습니다. 마차를 자동차로 바꾸는 그런 진화 말이죠.

삼성은 삼성만의 변화와 도약으로 그치지 않았습니다. 삼성은 수많은 중견, 중소기업을 키워냈습니다. 혼자서 다 못하죠. 삼성을 중심으로 한 생태계는 거대한 네트워크가 돼 한국을 업그레이드했습니다. 삼성이 창출한 일자리는 삼성 내부에만 그치지 않습니다. 이건희라는 '월클 레전드'를 기리는 일은 '국뽕'도 아니고 '우상화'도 아닙니다. 위대한 인물이 남긴 역사 읽기입니다.

출처: 한경뉴스, 2021.10.25, 고기완 한경 경제교육연구소 연구위원

제1절 창업

1. 창업의 정의와 3요소

(1) 창업의 정의

창업이란 말 그대로 사업의 기초를 세우고 처음으로 시작하는 것을 말한다. 달리 말하면 사업을 창조하는 것으로 개인이나 집단이 사업아이디어를 가지고 명확한 사업목적과 계획하에 자본, 인원, 설비, 원자재 등 경영자원을 확보하여 제품이나 서비스를 생산하는 조직체 또는 기업을 설립하는 것을 창업이라고 한다. 우리나라 『중소기업 창업지원법』에서는 '새로이 중소기업을 설립하는 것'이라고 법률적 정의를 내리고 있다.

(2) 창업의 3요소

기업은 고객이 필요로 하는 제품과 서비스를 생산해야 하기 때문에 창업자의 창업아이디어와 창업자원이 있어야 한다. 즉 창업자(start-up entrepreneur)가 특정한 창업아이디어(business idea)를 기초로 기업을 창업하여 이익을 올릴 수 있다고 판단하는 경우에 비로소 경영자원(business resource)을 동원하고 결합하여 기업을 설립하게 된다.

1) 창업자

창업자는 창업에서 가장 중요한 요소로 창업의 과정을 주도하는데, 창업계획을 세우고, 이에 따른 위험을 떠맡게 되며, 창업과정이 성공적인 기업경영으로 이어지도록 하는 책임을 맡게 되는 것이다. 기업창업을 하는 경우나 또 중소기업의 경영은 경영자 개인에 의해 크게 영향을 받기 때문에 창업기업가의 자질이나 능력은 창업의 성패를 결정하는 중요한 요소이다.

2) 창업아이디어

창업아이디어는 구체적인 사업아이디어를 말하는데, 창업을 통해 어떤 제품과 서비스를 고객에게 제공할 것인가에 관한 사업내용을 말한다. 창업아이디어는 창업기업가의

그림 7-1 창업의 3요소

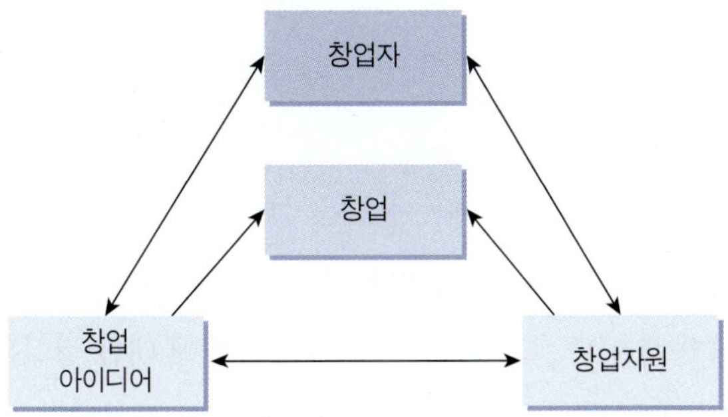

상상력과 창조성, 그리고 창업에 동참하는 참여자들의 창조적 아이디어와 분석된 정보를 말하는 것으로 창업자와 창업관련자의 역량에 의해 결정된다고 할 수 있다.

3) 창업자원

창업자원은 창업아이디어를 구체적인 상품이나 서비스로 변환하는 데 필요한 자본, 기술, 기계 또는 설비, 재료 및 부품, 건물 등을 말한다. 성공적인 창업을 위해 창업자나 창업아이디어 못지않게 우수한 창업자원을 확보하는 것이 중요하다.

2. 창업의 특성

창업활동은 기업의 경영활동으로 인식되는 기존의 활동과는 다른 독특한 특성을 지니고 있다. 이는 창업활동만이 지니는 독특한 특성으로서, 창업활동의 전략수립에 반드시 고려되어야 하는 요소이기도 하다.

창업이 가지는 특성을 살펴보면 다음과 같다.

첫째, 의사결정의 불확실성이다. 창업결정은 전형적인 불확실성하에서 이루어지는 의사결정이라고 할 수 있다. 아무리 빈틈없이 완벽하게 창업준비를 끝마쳤다 하더라도 풍요로운 결실을 확신할 수는 없다. 왜냐하면 창업의사결정에 따른 결과는 어느 한 가지 요소에 의해서만 영향을 받는 것이 아니라 수없이 많은 요인들에 의해 영향을 받기 때문이다. 창업자가 변화를 파악하는 능력과 혁신의지를 지니고 있다거나, 창업아이디어가 탁월하다고 해서 창업이 성공으로 이어지는 것은 절대로 아니다. 창업은 이제까지 전혀 경험하지 못한 새로운 길을 걷는 것과 같아서 그 결과를 예측하기가 어렵고 불확실할 수밖에 없는 특징이 있다.

둘째, 전략적 자원투입의 필요성이다. 창업은 신규자원의 투입을 전제로 하고 있으므로 위험부담을 안고 시작하게 된다는 점이다. 즉 창업은 새로운 인적 자원과 자본이 투입될 때에 비로소 가능하게 된다. 그러나 이러한 투입자원에 대한 결실은 장기간에 걸쳐서 서서히 이루어지며 그 결실의 크기도 불확실하기 때문에 창업에는 큰 위험이 수반되는 특징이 있다. 따라서 창업 이전에 보다 정확하게 예측할 수 있도록 치밀하게 계획을 세우거나, 타당성 분석 및 경제성 분석을 반드시 해야 한다.

셋째, 모험적 속성이다. 창업자본을 보통 모험자본이라고 부르는 것은 창업은 본질적으로 진취적이고 창조적이며 모험적인 성격을 갖고 있기 때문이다. 이는 원래 창업이 갖고 있는 불확실성과 위험 때문이기도 하지만 창업이 주로 변화를 잘 감지할 줄 알며 상상력과 창의력이 뛰어나고 결단력이 있는 기업가 정신(entrepreneurship)을 가진 사업가에 의해서 추진되기 때문이기도 한다.

이와 같은 특성 때문에 기업을 창업하기 위해서는 사전에 충분한 분석을 통해 매우 신중하게 접근할 필요가 있다.

3. 창업의 동기

왜 창업을 하는 것일까? 창업자에 따라 그 이유가 전부 다르겠지만, 크게 나누어 본다면 경제적 동기와 비경제적 동기로 나눌 수 있다. 경제적 동기라 함은 돈을 벌기 위해서, 즉 이윤을 추구하기 위해 창업을 할 경우가 해당된다. 경제적 동기는 가장 원초적인 창업 동기라고 할 수 있다. 창업에 투입되는 자원의 크기보다는 미래에 기대되는 수익의 크기가 더 클 것이라는 창업의 필요조건과도 같다.

비경제적 동기는 크게 세 가지로 나눌 수 있다.

첫 번째는 자아실현의 동기이다. 불만족스러운 직장에서 떠나고 싶은 욕망이나, 자신의 기업을 독자적으로 경영해 보고 싶은 욕구, 자신의 특수한 재능이나 자질을 발휘하고자 하는 욕구, 보다 만족스런 경력에 대한 욕구, 기업소유자로서 얻게 되는 명성 등 자기

사업을 운영함으로써 자기가 갖고 있던 꿈과 이상을 실현하여, 자아실현이 가능하리라는 가정에 입각한 창업이유에 해당된다.

두 번째는 자신의 능력을 발휘해 기업을 성장시키고, 사회적 책임을 다해 사회에 봉사하려는 의도에서 창업이 이루어지는 것으로 사회적 책임 구현에 대한 요구로 볼 수 있다.

세 번째는 개인적인 생각이나 아이디어를 상업화하려는 모험정신의 발현이 동인이 되어 창업을 하게 되는 경우는 모험적 동기로 볼 수 있다. 기회를 포착해 창조성과 혁신을 통해 새로운 경제적 가치를 창출한다는 창업의 정의에서 본다면 가장 이상적이고 순수한 창업동기로 설명될 수 있다.

물론 창업의 동기가 여기에서 설명된 네 가지 중 반드시 어느 한 가지인 것은 아니다. 여러 가지 동기가 복합적으로 작용하는 것이 일반적이다.

4. 창업의 유형 · 시기 · 자금조달

(1) 창업의 유형

창업을 고려하고 있는 사람들은 다양한 유형으로 나눌 수 있다. 무엇을 해서라도 생계를 유지하려는 절박한 유형의 창업자가 있는가 하면 직장생활에 한계를 느끼고 차제에 내 사업을 하고자 하는 적극적 유형도 있다. 또한 오래전부터 독립을 하려는 희망을 갖고, 어느 나이에 도달하면 특정의 업종을 선택해서 자립하겠다고 결심하고 확실한 계획과 비전을 갖고 준비해 온 계획적 독립형도 있다. 외부의 영향으로, 즉 회사의 도산이나 영업소의 폐쇄, 인간관계의 악화로 인하여 마지못해 독립하는 외부강제형도 있으며, 마지막으로 근무하던 회사를 그만둔 다음 이곳저곳을 기웃거리며 취직자리를 찾았지만, 뜻대로 되지 않자 어쩔 수 없이 사업을 시작하려는 실업형의 창업자도 있다.

일반적으로 소규모 사업의 성공률은 10%에서 20% 사이라고 한다. 80% 이상에 해당되는 창업자들은 사업 초기에 가졌던 확신과 믿음이 1년도 채 되지 않아 폐업이라는 결말로 종결되는 것이다. 따라서 타인의 권유에 이끌리거나 충동적으로 창업을 결정하기보다는 본인의 능력 또는 적성을 정확하게 파악한 후, 최소한 12년 정도는 해당 업종의 직 · 간접적인 경험과 실무를 익히고 나서 창업과정의 각각의 단계를 밟아 창업해야 할 것이다.

(2) 창업의 시기

'세계적 기업을 원한다면 20대에 창업을 해야 하고, 국가적 기업을 원한다면 30대에 창업을 해야 하며, 알찬 중소기업을 원한다면 40대에 창업하고, 먹고 사는 데 만족한다면 50대에 창업해도 무방하다'라는 말이 있다. 창업에 있어 연령이 미치는 영향력은 무시할 수 없다.

창업의 성공률은 나이에 정비례하고 창업의 발전성은 나이에 반비례한다고 한다. 즉 창업연령이 낮으면 낮을수록 성공확률은 줄어들지만 성공했을 경우 기업의 발전성은 높아지고, 반대로 창업연령이 높으면 높을수록 성공확률은 높아지지만 성공한다 해도 기업의 발전성은 낮아진다는 것을 의미한다. 나이가 많을수록 현재시점의 성공가능성에 초점을 두게 되고 시간이 경과할수록 경쟁력도 약화되기 때문이다.

연령별 창업특성을 살펴보면 다음과 같다.

첫째, 모험창업으로 20대의 창업유형을 말한다. 이 시기는 용기와 끈기와 열정이 충만하며, 빌 게이츠나 삼성의 이병철, 현대의 정주영 등을 예로 들 수 있다.

둘째, 30대의 창업유형으로 30대 전반에는 작고 단순한 일부터 시작하고 후반에 이르러서는 기반창업하는 유형으로서 어느 정도의 규모와 자금을 확보해서 창업하는 유형을 말한다.

셋째, 40대 창업유형으로 전문창업을 말한다. 한 분야의 최고 전문지식과 경험을 가진 자가 이것들을 바탕으로 창업하는 것을 말한다.

마지막으로, 50대 창업유형인데 한마디로 안전창업이다. 100% 성공이 보장되는 일만 골라서 창업하는 것으로 소매업이나 서비스업이 주류를 이룬다.

(3) 창업기업의 자금조달

창업기업의 자금조달은 기업의 성공과 실패를 결정하는 요소로서 적절한 시기에 적절한 원천으로부터의 자금조달은 기술이나 아이디어 못지않게 사업성과에 영향을 미친다. 따라서 창업기업의 일반적인 자금조달의 형태와 조달 시 고려요인, 조달된 자금을 기업이 어떻게 쓰고 관리해야 하는지를 공부하는 것은 매우 중요하다.

창업자금조달은 소요자금의 추정에서부터 출발해야 한다. 창업자는 자금조달에 앞서 사업추진내용 및 일정에 맞춰 향후 소요되는 자금소요량을 산정하고 본인의 신용에 따라 조달가능한 자금규모를 결정하여 효율적인 자금조달을 모색해야 한다.

일반적으로 자금조달에 있어 타인자본을 활용하여 기업을 운영하는 것보다 자기자본으로 창업을 하는 것이 이상적이지만 매출이나 개인신용이 없는 창업자에게 외부자금은 더욱 어렵다고 할 수 있다. 그러나 우수한 아이템이나 독창적인 기술을 갖고 있다면 벤처기업의 경우 벤처 캐피탈(venture capital)이나 엔젤(angel) 투자자로부터 자금을 조달할 수 있고 다양한 원천으로부터 자금을 확보할 수 있다. 일반적으로 자금조달의 형태는 첫째, 창업자의 자기자본, 둘째, 동업에 의한 자금확보, 셋째, 가족과 친지의 자금확보, 넷째, 금융기관을 통한 자금확보방법 등이 있다.

5. 창업과 기업가 정신

(1) 기업가 정신의 개념

기업을 새로운 결합이 이루어지는 공간이라고 한다면 기업가는 이를 수행하는 기능보유자라고 할 수 있다. 기업가는 항상 뭔가 새롭고 이질적인 것을 창조해야 한다. 변혁을 일으키고 새로운 가치를 창조하지 않으면 안 된다. 따라서 기업가란 변화를 탐구하고 변화에 대응하며 변화를 새로운 기회로 이용하는 자를 말한다.

따라서 기업가 정신이란 창업자가 현재 가지고 있는 경영자원에 구애받지 않고 새로운 기회를 열정적으로 추구하는 정신을 말한다. 기업가의 꿈과 아이디어로부터 출발하여 불확실성의 환경에서 구체적으로 새로운 사업기회를 포착하고 이를 실현하려는 조직적인 가치창출활동이라고 할 수 있으며 필요한 시간과 노력을 들여서 재무적 · 심리적 및 사회적 위험을 부담하고, 그 결과로 얻어지는 금전적 보상, 개인만족 및 독립을 얻기 위해 좀 더 다른 가치를 창조하는 과정이라고 할 수 있다. 따라서 다른 사람들이 발견하지 못한 기회를 찾아내는 인간, 또 사회의 상식이나 권위에 사로잡히지 않고 새로운 사업을 추진할 수 있는 인간이야말로 기업가 정신을 소유한 사람이라고 할 수 있다. 마치 빨간신호등 앞에서도 때로는 이를 무시하고 돌진할 수 있는 정신을 말한다. 다소 무모하게 보일 수도 있지만 위험을 감수하되 위험을 철저하게 계산하고 불리한 상황에 합리적으로 대비할 수 있는 정신을 또한 말하는 것이다.

일반적으로 보수적인 기업의 경영자들은 현재 보유하고 있는 자원이 무엇인지를 파악하여 그 자원의 범위 내에서만 기회를 추구하고 자원활용의 극대화를 위해 노력한다. 그러나 기업가 정신을 가진 경영자는 먼저 기회를 파악한 후, 이러한 기회를 실현하는 데 필요한 자원을 필요한 시기에 외부조달 등의 방법으로 확보하고 활용한다. 현재 보유하고 있는 자원에 제약받지 않고 기회를 파악하여 그것을 추구하는 데 몰두하는 것이다. 즉, '기회의 추구'와 '통제가능한 자원을 초월한 자원활용'이 기업가 정신의 핵심이라고 볼 수 있는 것이다.

이러한 기업가 정신이 많은 사람들의 관심을 끌게 된 것은 전 세계적으로 창업이 급격히 늘어나고 있다는 점과 무관하지 않다. 이러한 창업 붐은 정보사회로의 진전, 수요의 다양화, 급속한 기술발전으로 인해 첨단 소기업을 창업하는 것이 쉬워졌기 때문이다. 아울러 독립적으로 자기 자신의 꿈을 실현하는 데 주력하는 젊은이들의 가치관이 창업으로 나타나고 있기 때문이다.

이러한 기업가 정신은 창업자들만의 전유물이 아니며 기존의 대기업에도 필요한 실천양식이 되어 가고 있다.

(2) 기업가 정신의 중요성

기업가 정신은 혁신과 창조의 원동력이기 때문에 중요하다. 오늘날과 같은 지식산업 사회에는 수없이 많은 새로운 지식이 창출되는데, 이처럼 급격히 양산되는 신지식들을 위험을 무릅쓰고 사업화하거나 사업에 반영하려는 의지와 행동은 기업의 핵심역량이며 기업발전의 주된 동인이라고 할 수 있다. 기업가 정신은 새로운 과학적 지식을 제품과 서비스로 실물화하여 과학과 산업을 연결시키는 매우 중요한 역할을 하는 것이다. 이렇게 함으로써 사회에 새로운 가치와 혜택을 제공해 주는 것이다. 또한 기업가 정신은 창조적 아이디어를 실현시키기 위한 과정이기 때문에 기존의 것을 거부하는 혁신적 성격도 갖게 된다. 슘페터의 '창조적 파괴' 개념이 바로 그것이다. 또한 혁신과의 관련성 측면에서 기업가 정신을 보면, 기업가 정신은 혁신을 일으키는 인간적 및 조직적 과정이라고도 할 수 있다.

잠시 쉬어가기

단풍진 숲 속에 길이 두 갈래
Two roads diverged in a yellow wood,

두 길을 갈 수 없어 유감이구나
And sorry I could not travel both

....

나는 남들이 덜 간 길을 택했고
I took the one less traveled by,

그것이 모든 차이를 만들었구나
And that has made all the differences.

- Robert Frost, The road not taken -

제2절 창업의 과정

창업에는 상당한 자본이 투자되면서 큰 위험성이 따르므로 치밀한 준비와 체계적 절차가 반드시 필요하다. 창업에 대한 치밀한 준비는 사업의 방향과 길을 안내해 주는 항해 지도나 나침반과 같은 것이다.

바다를 항해하는 배는 바람과 파도를 이기기 위해 돛을 내리기도 하고 또는 키를 돌려 뱃머리를 바꾸기도 해야 한다. 이때 선장은 언제나 지도와 나침반을 보고 가야만 길을 잃지 않고 무사히 목적지에 도달할 수 있다.

마찬가지로 사업을 시작하는 창업자도 해야 할 많은 일들과 변화하는 사업환경으로 자칫 혼란스러울 경우가 발생한다. 그러므로 철저하게 준비된 사업계획이 있어야 그에 맞추어 자신의 목적을 일깨워 가며 위기에 대한 전략적 대안을 제시할 수 있게 된다.

그림 7-2 창업의 과정

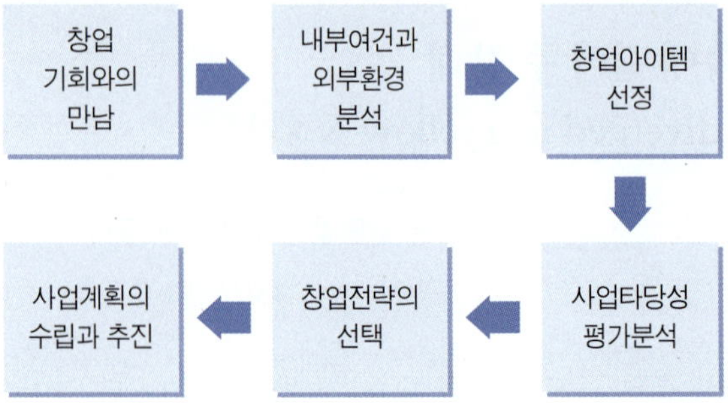

창업과정은 주로 창업을 하는 동기와 창업의 형태, 그리고 창업의 규모 등에 따라 약간씩 다를 수 있다. 그러나 일반적으로 창업은 [그림 7-2]에서 보는 바와 같은 과정을 거치게 된다.

1. 창업기회와의 만남

창업아이템의 선정은 창업자와 창업기회와의 만남에서부터 출발한다. 창업기회를 접하게 되면서 창업에 대한 의지가 생기고 이에 따라 창업에 대한 여러 가지 준비 단계가 시작되는 것이다. 창업자는 다양한 통로를 통해서 창업기회와 만나게 된다. 일반적으로 창업의 기회는 다음과 같은 통로를 통해서 만나게 된다.

첫째, 직장경험이다. 직장경험은 기술능력과 경영능력뿐만 아니라 사업에 관한 지식을 부여해 준다. 자신의 업무를 통하여 습득한 기술을 바탕으로 사업을 시작하는 경우 시장이나 기술에 대한 친숙성으로 인하여 실패할 위험이 적어진다. 그리고 사업에 필요한 인맥, 판로 등에 대한 정보는 사업 초기에 귀중한 자산이 된다. 예를 들어 실리콘밸리에 있는 회사의 85% 이상의 창업자들은 전 고용주가 제조한 것과 유사한 제품을 생산하고 있으며 또는 유사한 기술을 이용하거나 유사한 시장에서 판매되고 있음을 볼 때 직장경험이 창업기회의 주된 원천임을 알 수 있다.

둘째, 취미활동 중에 창업기회를 얻게 된다. 새로운 분야는 초기에 시장이 형성되어 있지 않기 때문에 사업적 관심보다는 지적 호기심이 강한 사람들에 의해 취미로 접근하게 되는 경우가 많다. 취미생활 가운데 전문적 지식을 습득하게 되고 사업의 가능성을 발견해서 창업하는 경우가 많다.

마지막으로 의도적 탐색활동의 결과, 창업의 기회를 발견하는 경우이다. 내면적인 사업동기가 강하여 그 사업동기를 실현하기 위하여 철저한 분석과 계획을 토대로 창업기회를 만드는 과정을 말한다.

2. 내부여건과 외부환경분석

새로운 사업을 시작하는 데 있어서 가장 먼저 고려해야 하는 것은 과연 창업을 할 수 있는 내부적 여건이 갖추어져 있는지를 살펴보는 것이다. 이를 토대로 해당 분야에 대한 외부환경도 분석하여 창업에 따르는 위험을 최소화하여야 한다. 이와 같이 내부여건과 외부환경에 대한 분석이 이루어지면 최적의 창업아이템을 선정할 수 있게 된다.

우선 내부적 여건을 살펴보면 창업자 자신에 대한 분석이 가장 먼저 선행되어야 한다. 즉 창업자 자신의 개인적 적성이 사업을 창업하고 운영하기에 적합한지를 냉철하게 판단해야 한다. 창업을 한다는 것은 매우 어려운 작업임과 동시에 가족의 운명을 결정할 수 있는 일생일대의 중대한 사건이므로 이러한 작업을 하기에 자신의 성격과 역량이 적합한지를 객관적으로 판단할 수 있어야 한다. 구체적으로 자신의 창업가로서의 역량은 다음과 같은 요소로 결정된다고 볼 수 있는데, 첫째, 분명한 목표와 목적을 설정하고 달성할 수 있는 불굴의 의지가 있는지, 둘째, 다양하고 복잡한 인간관계를 다룰 수 있는 능력이 있는지, 셋째, 창업에 있어 모든 일들이 순조롭게 되기는 힘들기 때문에 실패를 교훈삼아 똑같은 일이 재발되지 않도록 할 수 있는 방법을 터득하고 있는지, 넷째, 스스로 결정한 목표를 달성하기 위해스스로의 능력에 대해 굳은 신념이 있는지, 다섯째, 모든 기업에게는 필연적으로 위험부담이 따라 다니므로 이러한 위험을 무릅쓸 기질을 갖추고 있는지, 여섯째, 능동성과 책임감이 있으며 추진력이 있는지, 마지막으로 기술적 지식과 돈에 대한 감각 그리고 수적 감각이 창업하기에 충분한지를 자신의 강점과 약점이라는 관점에서 판단해야 한다.

이렇게 창업자가 가진 기술, 경험, 자본뿐만 아니라 동업자가 가진 각종 정보나 자원들을 종합적으로 검토해 보는 것이 창업의 첫걸음이다. 창업자나 동업자가 전혀 경험해 보지 않거나 사전지식이 없는 분야에서 사업을 시작한다는 것은 무모한 결정이라고 할 수 있다.

외부환경은 경제동향과 업종의 사양성과 성장성, 경쟁업체, 정책과 노동시장 등과 관련하여 자신들이 갖고 있는 기회와 위협을 파악하여 기회요인을 충분히 활용할 수 있는 방안을 마련하고 위협요인을 극복할 수 있는 방안을 마련해야 한다.

3. 창업아이템 선정

창업의 출발은 창업할 사업대상을 확정하는 일에서부터 시작된다. 창업할 마음은 간절하지만 창업할 아이디어나 아이템이 없어서 창업을 못하고 있는 경우가 허다하다. 아직 창업의 출발점에도 서지 못한 경우라고 할 수 있다. 창업은 구체적이고 확고한 아이디어나 아이템으로부터 출발해야 하며 적절한 시장진입 타이밍을 전제로 해야 한다. 예를 들어 페더럴익스프레스의 경우를 보면 미국 전 지역의 모든 탁송화물을 24시간 내에 배달한다는 확고한 아이디어와 적절한 시장진입이 있었기에 가능했다. 소문나게 성공한 기업의 창업아이템을 보면 예외 없이 간단하고 평범하고 시시해 보이기까지 한 것들이다. 그러나 한결같이 뭔가 다른 제품이라고 할 수 있다.

(1) 창업아이템 개발전략

성공적인 창업아이템을 개발하기 위해서는 다음 세 가지의 전략적 관점에 입각해야 한다.

첫째, 신상품의 3요소를 아는 것이다. 신상품은 신디자인, 신기능, 신소재라는 3가지 요소 중 어느 하나를 가진 상품을 말한다. 따라서 신상품을 개발하는 데 있어 가장 쉬운 일은 디자인을 바꾸는 일, 다음은 소재를 바꾸는 일, 가장 어려운 일은 기능을 바꾸는 일이다. 반면에 성공의 확률은 이의 역순으로 나타난다고 할 수 있다.

둘째, 아이템과 시장의 결합관계를 분석하는 일이다. 기존상품에 기존시장을 결합하면 상품과 시장에서 별 차별화가 없다. 이런 관계에서의 성공포인트는 영업과 서비스능력에 달려 있다. 기존상품과 신시장을 결합하면 신시장을 겨냥하고 있다는 점에서 기존업체와 차별화가 되는데, 성공포인트는 시장개척 여부에 달려 있다고 하겠다. 신상품과 기존시장을 결합하면 신상품이라는 차별화요인이 발생하게 되는데 신상품에 대한 촉진에 성공 여부가 달려 있다. 마지막으로 신상품과 신시장을 결합하는 경우로 아무도 해보지 않은 일에 손을 대는 것으로서, 촉진능력과 시장개척능력이 성공포인트라고 할 수 있다.

셋째, 업종선택 시 다음과 같은 고려사항에 유의해야 한다. 먼저 창업자의 적성에 맞는 업종과 사업규모를 선택해야 한다. 관심 있는 업종의 구체적인 정보와 사업애로사항을 파악한 후 자신의 적성과 부합하는가를 스스로 사전에 체크해야 한다. 특정 업종의 성격과 자신을 잘 아는 친지나 경험자로부터 특정 사업 진출에 대한 권유 여부를 겸허히 문의해야 한다. 가장 좋은 방법은 가급적 일정기간 이상을 직접 체험하면서 자신의 적성 여부를 점검하는 것이다. 또한 창업자 자신만이 가진 능력으로 자격증, 교육수료증, 특수경험, 경력, 관련분야의 긴밀한 인맥 등을 미리 취득해야 한다. 또한 조달 가능한 자금규모에 맞는 업종을 선택해야 하며 성장성이 있는 업종을 선택해야 함은 너무도 당연한 일이다. 선정된 아이템에 속한 분야가 도입 단계에 있는지 아니면 성장 단계에 있는지를 분석해서 위험성과 수익성을 검토해 보아야 한다. 또한 해당 분야가 정부에서 정책적으로 육성되는 분야이거나 사회적 관심이 크게 증대되는 분야일수록 창업에 유리한 아이템이라고 할 수 있다.

(2) 유망사업아이템 찾는 법

성공적인 창업을 위해 유망사업아이템을 찾는 방법은 다음과 같다. 첫째, 잘 아는 전문분야를 선택하는 것이다. 일반적으로 자신이 잘 모르는 무관한 분야를 선택했을 때의 성공확률은 보통 20% 정도라고 한다. 둘째, 적은 자금과 적은 인력으로 할 수 있는 아이템을 선택해야 한다. 창업은 씨앗을 심고 떡잎을 키우는 일과도 같기 때문에 거기에 무거운 짐을 올리면 절대로 살아남을 수 없다. 창업에 있어서 가장 무거운 짐은 많은 자금과 많은 인력이기 때문이다. 셋째, 자금회전기간이 짧은 아이템을 선정해야 한다. 적은 돈을 가지고 가장 안전하게 큰 장사를 할 수 있는 최선의 방법은 자금회전수를 높이는 것이기 때문이다. 넷째, 뒤끝이 깨끗한 아이템을 선택해야 한다. 즉 애프터서비스의 비중이 적은 아이템을 선택하는 것이 유리하다. 다섯째, 소비성이 강한 아이템을 선택하고 계절성이 지나치게 강한 아이템은 피해야 한다.

4. 사업타당성 평가분석

새로운 사업아이디어가 생기면 일반적으로 자신의 사업은 매우 매력적인 것으로 보인다. 그러나 기술적 타당성, 시장성 등 세부항목에 대한 객관적이고, 면밀한 분석의 과정을 거치지 않으면, 자신이 예상하지 못한 문제들로 인한 위험에 빠질 수 있다. 이러한 위험을 방지하기 위하여 선별된 창업아이디어를 선택할 것인지, 하지 않을 것인지를 최종적으로 결정하기 위해 시장성, 기술성, 수익성 등을 분석하는 것을 사업타당성 분석(feasibility analysis)이라고 한다. 사업타당성 분석은 시장성 평가, 기술성 평가, 재무성 평가 등의 항목들에 대한 분석을 통해서 자신이 구상한 사업아이디어를 보다 정교하게 만들고, 미처 생각하지 못한 새로운 기회를 발견할 수 있게 해준다. 사업타당성 분석의 절차는 다음과 같다.

(1) 기업가 평가

사업타당성 분석의 첫 출발은 기업가, 즉 창업자에 대한 평가에서부터 출발한다. 창업과 기업활동의 근간은 인간이므로 창업의 성공 여부는 경영자의 능력이 가장 중요한 요소로 작용한다. 경영자의 경영능력이나 사업의 배경, 경영자 개인의 개인적 성향, 경험과 지식, 업무수행능력 등을 갖고 객관적으로 평가한다.

(2) 시장성 평가

예비창업자의 경우 자신이 개발한 제품이나 아이디어가 가장 뛰어난 것이라고 맹신함으로써 발명가의 오류를 쉽게 범하곤 한다. 벤처자본가를 대상으로 조사한 연구에서 90% 이상의 창업자들이 시장의 수요를 실제 결과보다 40% 이상 과대평가하는 경향을 보이고 있다고 지적하고 있다. 우수한 기술력을 인정받았다 하더라도 생산된 제품이 소비자로부터 인정을 받지 못하면 기업의 영속성을 기대할 수 없다. 매출과 직결된 시장성 분석은 사업성공의 관건이며, 생산할 제품이 언제, 얼마만큼 팔릴 수 있는가를 분석하여 판매예측하는 것이 매우 중요하다.

(3) 기술성 평가

가장 어렵고 전문성이 요구되는 부분으로, 특히 벤처기업의 특징인 신기술, 기술집약적 사업의 성공 여부는 기술의 독창성과 사업의 성공가능성에 있는 만큼, 기술적 타당성 분석은 핵심기술에 대한 내용의 정확한 파악은 물론 기술의 유용성, 기술의 위험평가요소 및 성공가능성 정도를 평가하는 것을 말한다.

(4) 재무성 평가

우수한 기술력을 바탕으로 고품질의 제품을 생산하여 대량판매가 이루어진다 하더라도 수익성이 없으면 그 사업은 근본적으로 실익이 없는 것으로 판단할 수 있다.

5. 창업전략의 선택

창업가에 대한 평가와 더불어 아이디어에 대한 시장성 평가, 기술성 평가 그리고 재무성 평가를 마친 후 전망이 밝은 아이디어로 평가가 내려지게 되면, 구체적인 사업계획 수립 단계로 넘어가게 된다. 사업계획수립 단계에서 가장 중요한 것은 사업계획서를 수립하는 것이지만, 그 이전에 분명히 결정해야 하는 것이 바로 창업전략을 선택하는 것이다.

새롭게 사업을 시작할 때 선택할 수 있는 창업전략으로는 새롭게 기업을 일으키는 신설창업과, 기존기업을 인수하는 기업인수, 본사와 프랜차이징 계약을 맺은 후 가맹점이 되는 형태의 프랜차이즈가 있는데, 창업자는 사업아이디어의 내용 및 성격을 충분히 고려하여 창업전략을 수립하여야 한다.

6. 사업계획의 수립과 추진

기획은 경영의 기본기능 중에서도 업무성과에 가장 큰 영향을 미칠 수 있는 핵심요소로서 효과적인 기획은 목표를 설정하고 그 달성수단을 결정하는 과정이라고 할 수 있는데, 사업계획서는 바로 기획활동이라고 할 수 있다.

사업타당성조사를 통해서 창업아이템이 매력적인 투자대상으로 밝혀지고 위험에 대한 분석이 끝나면 지체 없이 이를 추진하기 위한 구체적인 사업계획을 수립해야 한다. 사업계획서는 단순한 '연구계획서'나 '개발계획'이 아니라, 무엇을 어떻게 개발 · 생산 · 판매해서 이익을 실현할 것인가를 다루는 것이며, 기술적 타당성(아이디어)뿐만 아니라 아이디어가 시장에서 얼마나 받아들여질 수 있는가를 설명할 수 있어야 한다. 따라서 사업계획에는 앞으로 추진할 구체적인 사업내용과 세부일정계획을 담아야 한다. 이는 새로운 건축물을 지을 때 없어서는 안 되는 설계도면과 건축일정과 같이 창업에 관한 일종의 청사진인 것이다.

(1) 사업계획서 작성의 기본단계

사업계획서(business plan) 작성의 기본단계에 대해 살펴보면 다음과 같다.

- 제1단계: 목적에 따른 기본방향 설정
- 제2단계: 사업계획서 작성목적 및 제출기관에 따라 소정양식이 있는지 파악
- 제3단계: 사업계획서 작성계획 수립
- 제4단계: 사업계획서 작성에 필요한 자료와 첨부서류 등을 수집
- 제5단계: 작성해야 할 사업계획서의 폼을 구상
- 제6단계: 실제 사업계획서 작성
- 제7단계: 편집 및 제출

(2) 사업계획서의 내용

사업계획서에 포함되어야 할 주요 내용을 살펴보면 〈표 7-1〉과 같다.

표 7-1 사업계획서에 포함되어야 할 내용

목차	내용	비고
사업개요 및 총괄요약 사업계획서	• 사업계획의 목적, 창업동기, 사업의 기대효과 • 필요한 자본과 사용용도 • 사업과 그 시장에 관한 간략한 기술 • 자금계획의 중요 포인트 • 최고경영자 요약 • 창업기업개요	• 창업자 및 핵심창업인력의 소개 및 비전 • 기업명 및 기업형태, 회사의 비전 및 경영이념, 주요생산품

기업체와 기업체가 속한 사업	• 기업체의 목적, 미션, 미래 전략목표 • 기업체의 과거, 역사, 배경 • 기업체의 현재상태(강약점)	
제품 또는 서비스	• 제품 또는 서비스의 설명과 그의 적용 • 제품 또는 서비스의 경쟁력과 독특성의 설명 • 사업에서 요구되는 기술과 기능 • 인허가 또는 특허권 • 미래의 잠재력	
목표시장	• 목표고객 • 경쟁업체(강점과 약점) • 시장세분화 • 목표시장 규모와 성장 • 추정된 시장점유 정도 • 목표고객의 구매패턴 • 중요한 제품 또는 서비스의 특성과 독특성 • 특수한 시장의 특성 • 경쟁업체의 반응	
마케팅전략	• 포지셔닝 • 가격결정정책 • 판매 및 유통정책 • 광고와 판매촉진 • 제품 및 서비스 공급정책	포지셔닝: 경쟁업자와 비교한 중요한 제품과 서비스의 특징
생산 및 시설계획	• 지리적 입지 • 생산전략 • 시설투자계획 • 원/부자재 사용 및 조달계획, 법률적 문제 검토	시설투자계획: 생산에 필요한 시설 및 설비
조직 및 인력운용계획	• 소유자 또는 이사와 다른 중요한 인물 • 경험과 경력 기록 • 중요 경영층의 임금실태 • 종업원 현황 및 채용계획 요약 • 교육훈련계획 • 컨설턴트와 조언협력자 • 조직도	
재무계획	• 창업자금조달과 운영 • 손익분기점의 활용 • 연간 이익계획 • 월별 손익 및 자금계획	차입금상환계획
사업추진일정 계획	• 추진일정계획 • 계획 지연 또는 차질 시 대책	
추정재무제표	• 추정손익계산서 • 추정대차대조표	

(3) 사업계획서 작성 후 검토사항

사업계획서 작성이 끝나면 사업계획서를 다음과 같은 점에 유의해서 구체적으로 다시 한 번 검토해야 한다.

첫째, 사업계획서를 검증한다. 즉 자연법칙에 위배되는 것은 없는지, 말이 되는지 등 사업계획서가 상식에 비추어 타당한지를 살펴보는 작업이다. 사실이나 숫자에 나타난 내용을 중심으로 사업타당성을 검증해 봐야 하며 사업계획서에 나와 있는 기본가정의 타당성을 다시 한 번 검토해야 한다. 상황이 좋을 경우와 나쁠 경우의 민감도 분석도 해 봐야 하며 추정재무제표를 바탕으로 중요한 재무비율을 분석해야 한다.

둘째, 사업계획서를 제출하고 발표한다. 투자 등의 의사결정을 하게 될 핵심인력들에게 확신을 심어 주는 것은 매우 중요한 일이다. 창업동지와 투자자들에게 짧은 시간에 의미 있는 내용을 전달할 수 있도록 만들어야 한다.

셋째, 사업계획서는 필요에 따라 계속 수정 · 보완되어야 한다.

마지막으로, 사업계획서에 따라 사업을 추진해야 한다.

그림 7-3 창업을 위한 법률적 절차

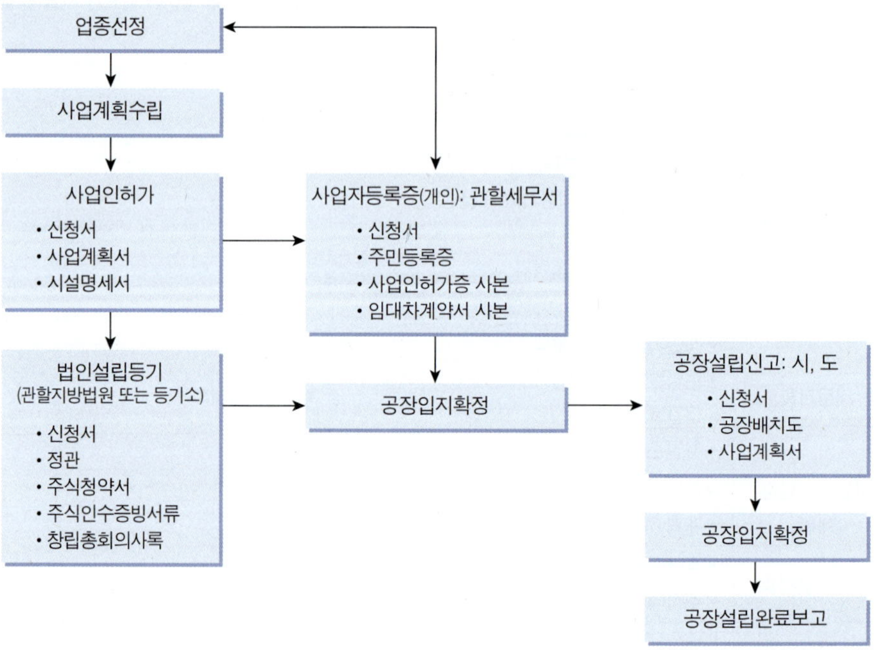

자료: 한국경제신문, 1998. 10. 19.

(4) 법인기업 설립의 법률적 절차

법인기업을 설립하고자 하는 경우에는 법률적 절차에 따라 인허가 및 신고, 등록이 필요하다. 사업계획을 수립하여 실행에 옮기는 과정에서 빠짐없이 준비하여 차질이 생기지 않도록 하는 것이 중요하다. 법인기업을 설립하는 경우를 예로 들어 필요한 법률적 절차를 살펴보면 [그림7-3]과 같다.

(5) 사업계획서의 일반적인 문제점과 개선방안

일반적으로 사업계획서를 만드는 경우 다음과 같은 문제점이 발생할 수 있다. 최단시간에 최고의 사업계획서를 만들려고 하다 보니 현실성이 떨어질 수 있으며 사장이나 창업자 등 몇 사람의 착상으로 작성되는 경우가 많다. 따라서 기술적 측면에서 객관적인 검증이 없는 경우가 많으며 마케팅도 탁상에서 조사되고 처리되는 경우가 있을 수 있다. 또한 추정재무제표도 탁상에서 계수가 조정되는 경우가 있다. 따라서 수에 대한 신용이 없는 공허한 계획서가 될 수 있다.

이와 같은 문제점을 극복하기 위해서는 대표이사, 창업자, 기술보유자 등 사업주체가 충분한 시간을 가지고 사업계획서 작성과정에서 주도적 역할을 수행해야 하며, 필요한 부분에 대해서는 전문가와 함께 논의하여 작성해야 한다.

잠시 쉬어가기

자수성가한 부자의 5가지 덕목

1. **끼**: 성실성과 양심성
   끼는 노력이다. 일확천금을 바라지 않고 기본에 충실한다.
2. **깡**: 맺고 끊은 것이 확실하고 과감하고 용기가 있다.
   한 번 원칙을 정하면 그것을 지키는 것을 습관화하고, 꾸준히 준비하여 기회가 올 때 확실히 잡는다.
3. **끈**: 인적네트워크, 친화력, 사교력
   사람은 혼자서 성공할 수 없다.
4. **꼴**: 마흔이 넘으면 자신의 얼굴에 책임을 진다.
   자신의 행동대로 얼굴이 형성된다.
6. **꿈**: 간절한 바람
   열정적이고 집요하다. 간절한 바람은 결국 성공으로 인도해 준다.

토의과제

- 창업자가 창업과정이나 창업기업의 경영에서 직면하는 어려움이 무엇인지 파악하고 이러한 어려움의 극복방안에 대해 논의해 보시오.
- 자신이 투자자라면 사업계획서에서 가장 중요하게 평가해야 할 점이 무엇이겠는지 생각해 보시오.
- 자신이 사업을 시작한다면 어떤 자금원천을 언제 조달하여 사용하는 것이 효과적일지를 자신의 사업아이템의 내용에 맞추어 토의해 보시오.

참고문헌

- 서성무 · 이지우, 『경영학의 이해』, 형설출판사, 2006.
- 송인암 외, 『기업경영론』, 고려출판사, 2001.
- 조동성, 『21세기를 위한 경영학』, 서울경제경영, 2000.
- 지호준, 『21세기 경영학』, 법문사, 2004.
- 한정화, 『벤처창업과 경영전략』, 홍문사, 2005.

PART

03

경영관리과정

PRINCIPLES OF MANAGEMENT

CHAPTER

08 경영계획과 경영전략

코웨이, '2050 탄소중립' 선언 … 'ESG 경영' 지속 실천

베스트 라이프 솔루션 기업 코웨이(대표 이해선 · 서장원)가 '2050년 탄소중립(Net-zero)'을 선언하고 'ESG 경영'을 지속적으로 이어간다고 21일 밝혔다. 2030년까지 2020년 온실가스 절대 배출량의 50%를 감축하고, 2050년까지 100% 감축한다는 도전적인 목표를 수립했다.

코웨이는 지난해 한국지배구조원이 발표한 '2020년 상장기업 ESG 평가 및 등급'에서 A등급을 획득했다. 평가 대상 상장사 760개 중에서 92개 기업이 포함됐으며, 코웨이는 2019년에 이어 2년 연속으로 통합등급 A 성적을 받았다.

ESG는 환경(Environment) · 사회(Social) · 지배구조(Governance)의 약자로 기업에 대한 투자 · 거래 · 신용평가 등에 활용되는 비재무적 요소이다. 통합등급 A를 받았다는 것은 환경경영과 사회적 책임, 투명한 기업지배구조 활동에서 규준이 제시한 우수한 지속가능경영 체계를 갖추고 있다는 것을 의미한다.

특히 코웨이는 2006년부터 환경경영을 선포하고, 환경가전 전문기업으로서 환경에 미치는 영향을 최소화하기 위한 노력을 지속적으로 실천해 왔다. 현재 3개 공장 및 물류센터에 태양광 발전 설비를 운영하고 있으며, 향후 지속적인 태양광 설비 투자를 통해 코웨이가 배출하는 온실가스에 해당하는 양을 신재생에너지로 전환, 상쇄한다는 계획이다. 이러한 활동을 투자자 및 이해관계자들에게 투명하게 정보를 제공하기 위해 CDP(탄소정보공개프로젝트)에 매년 참여하고 있으며, 기업 자체적으로 '탄소보고서'를 작성해 외부에 공개하고 있다.

'자원순환 활성화'도 코웨이의 대표적인 환경경영 활동이다. 코웨이는 2030년까지 폐기물 재활용률 100%, 사업장 폐기물 재자원화 100%, 리퍼브 제품 2만 대를 목표로 제시하여 자원 재사용과 재활용에 노력을 기울이고 있다. 2007년 렌탈가전 업계 최초로 리퍼브 제도를 도입하여 내부적으로 폐기로 인한 비용을 절감하고 외부적으로 알뜰한 소비를 원하는 소비자를 만족시키고, 환경영향을 줄이는 등 일석삼조의 효과를 거두고 있다. 또한 신제품 개발 과정에서도 재활용 가능한 소재의 비율을 높이는 등 비즈니스 전 과정에서 폐기물을 줄이기 위한 노력을 지속하고 있다.

코웨이는 이러한 노력의 결과로 지속가능성 평가 및 투자 분야에서 세계적인 공신력을 인정받고 있는 '2020 다우존스 지속가능경영지수(DJSI)' 평가에서 5년 연속 'DJSI 월드' 지수에 선정됐다. 내구재 부문에서 'DJSI 월드' 편입은 국내 기업 중 코웨이가 유일하다.

코웨이는 이러한 지속가능경영 성과와 환경 · 사회적 가치 창출 활동을 투명하게 공개하고 적극적으로 소통하기 위해 매년 '지속가능경영보고서'를 발간하고 있다. 지난 2006년 첫 발간을 시작으로 2020년까지 15년간 매년 발간하고 있다.

코웨이 관계자는 "코웨이는 깨끗한 환경, 사회적 책임, 투명한 기업지배구조에 대해 매우 중요하게 생각해 ESG경영에 꾸준한 노력을 기울여 왔다"며 "지속적으로 사랑 받고 성장하는 기업이 될 수 있도록 투명한 정보 공개를 통해 적극적인 소통을 계속해서 이어나갈 것"이라고 말했다.

자료: 매일경제, 2021. 06. 21.

제1절 경영계획

경영활동의 시작인 계획화(planning)는 조직의 사명(mission), 전사적 장 · 단기 목표, 조직목표에 부합하는 팀별/개인별 목표의 설정, 확정된 목적달성에 필요한 전략과 전술의 선택, 다양한 목표/전략/전술별 자원의 배분 등을 결정하는 과정이다. 계획이 없으면 경영자는 조직구성원과 자원을 효과적으로 조직화할 수 없으며, 또한 조직 및 조직구성원을 확신을 가지고 이끌어 갈 수가 없다. 여기에서는 계획의 의의, 계획의 유형, 계획수립의 과정을 중심으로 살펴보고자 한다.

1. 계획의 개념

(1) 계획의 의의

경영자는 기업을 운영해 나가는 데 있어 기업이 위급한 성황에 처해 있든, 성장가도를 걷고 있든 일련의 관리과정(계획 – 조직화 – 지휘 – 통제)을 수행한다. 즉, 기업이 달성하고자 하는 목표를 설정하고, 목표를 달성하기 위한 계획을 수립하며, 목표 달성이 효과적으로 이루어질 수 있는 조직구조를 갖춤과 아울러 기업구성원들이 담당할 역할을 구체화시켜야 한다.

계획(plan)이란 기업의 목적을 달성하는 데 필요한 모든 활동의 순서와 방법을 미리 정해 놓는 과정이라고 정의할 수 있다. 즉, 조직의 목표를 달성하기 위하여 누가, 무엇을, 언제, 어떻게, 왜 작업을 해야 하는지에 관하여 사전에 결정하는 것으로, 현재의 활동과 미래의 활동을 연결하는 교량 역할을 한다.

계획의 궁극적인 목적은 조직의 목표달성 정도를 높이기 위해 조직의 제반활동을 조정하는 데 있다. 경영환경의 불확실성이 높은 상황에서는 조직의 하부단위 및 조직구성원 간의 제 활동을 통합하고 조정하기 위한 수단이 필요한데, 이는 계획에 의해 가능하다. 또한 계획은 기업이 고객에게 제공하는 제품이나 서비스를 생산하는 활동을 효과적 · 효율적으로 수행하도록 돕는 데 있다. 계획을 수립하지 않을 경우 기업은 단순히 고객, 시장, 기술 등의 외부환경에 수동적으로 반응할 뿐이다. 계획을 통해서 미래에 발생할 환경변화를 미리 예측하고 이에 대비할 수 있다. 따라서 계획은 끊임없이 변화하는 환경적 여건 하에서 조직이 설정한 목표를 향해 조직이 나아갈 수 있도록 하는 지속적인 기능이며, 그와 같은 목표에 도달하기 위해 요구되는 조직의 행동양식을 구체화시키는 과정인 것이다. 특히 현대경영의 외부환경이 과거에 비하여 빠르게 변하고 있음을 고려할 때 계획의 중요성이 더욱 높아진다고 할 수 있다.

(2) 계획의 필요성

계획이 효과적으로 이루어졌다 할지라도 그것이 곧 조직목표가 성공적으로 달성될 수 있는 것을 보장하는 것은 아니다. 그러나 개인이나 조직을 떠나 어떠한 경우에서든 달성하고자 하는 목표가 있다면, 그와 같은 목표를 어떻게 달성할 것인지에 대한 계획수립의 과정이 있는 것과 없는 것은 큰 차이가 날 수밖에 없다. 따라서 계획의 필요성을 정리하면 다음과 같다.

첫째, 미래의 불확실한 경영환경에 대하여 다양한 시나리오를 만들 수 있기 때문에 미래의 불확실성에 대한 대응책을 사전에 마련할 수 있다.

둘째, 구성원의 다양한 활동에 있어서 행동기준이 되고 각자의 할 일을 미리 알 수 있어서 조직 내부의 의사소통과 협력이 이루어질 수 있다.

셋째, 조직의 목표달성에 필요한 인적 · 물적 자원을 최소의 비용으로 투입하여 최대의 효과를 얻을 수 있도록 도움을 줄 수 있다.

넷째, 조직의 성과를 평가하는 기준이 된다. 계획화를 통하여 조직의 목표를 설정하고 설정된 목표와 달성한 결과의 비교를 통하여 성과평가가 이루어진다.

(3) 계획의 한계점

계획은 조직의 목표달성에 중요한 반면에 다음과 같은 한계점을 가지고 있다.

첫째, 미래 상황에 대한 정확한 예측이 이루어지지 않을 경우, 이에 기반을 둔 계획은 부정확하고 실현가능성이 떨어진다.

둘째, 외부환경이 급격히 변할수록 예측은 더욱 어려워지고 장기계획의 유효성을 떨어뜨린다.

셋째, 계획의 실행과정에 있어서 조직 내부의 저항과 갈등이 있다면 목표달성에 많은 차질을 가져온다.

넷째, 계획을 수립하고 실행하는 데 시간과 비용이 소요되므로 충분한 자원을 활용할 수 없다면 그 계획은 축소될 수밖에 없다.

2. 계획의 유형

계획화는 계획기간과 조직계층에 따라 다음과 같이 구분할 수 있다.

(1) 장기 · 중기 · 단기계획

계획기간에 따라 단기계획, 중기계획, 장기계획으로 구분할 수 있다. 보통 1년 이하의 계획을 단기계획, 1년 이상 2~3년간의 계획을 중기계획, 5~10년간의 계획을 장기계획이라고 볼 수 있다. 그러나 장기, 중기, 단기의 개념은 업종과 규모 등에 따라 달라질 수 있다.

장기계획은 경쟁업체 및 외부환경에 따라 사업을 확장할 것인지 포기할 것인지를 검토한다. 중기계획에서는 장기계획과 관련하여 생산설비의 확장 또는 축소를 검토할 수 있으며 단기계획에서는 생산시설의 확장 또는 가동률의 변경을 검토할 수는 없고 단지 각 부서별로 1~2명의 인력을 감축한다는 수준의 계획을 세울 수 있다.

(2) 전략적 · 전술적 · 운영적 계획

계획은 조직계층에 따라 전략적 계획, 전술적 계획, 운영적 계획으로 구분할 수 있다.

전략적 계획(strategic plan)은 조직의 궁극적 목표를 달성하기 위한 실천행동과 자원배분 등에 관련한 기본활동을 포괄적이고 장기적으로 정한 계획이다. 예를 들면 신규시장에 진입할 계획이나 경쟁사를 합병하려는 계획 등을 들 수 있다.

전술적 계획(tactical plan)은 전략적 계획과 운영적 계획의 중간 형태로 전략적 계획의 성공적 실행을 위해 보다 구체화된 행동방침을 정한 계획이다. 예를 들면 경쟁사의 합병을 성공하기 위해 경쟁사의 지분확보 방안 등을 정해 놓는 일이다.

운영적 계획(operational plan)은 전술적 계획의 이행과 운영적 목표의 달성을 지원하는 수단이다. 이러한 계획은 1년 이하의 기간을 고려하지만 1주일 단위의 운영계획을 수립하는 경우도 많다. 운영적 계획은 하위 관리자들이 수립하는 구체적인 계획인데, 주로 제품이나 서비스의 생산활동에 관련된 생산계획, 여러 가지 운영에 필요한 자금을 조달하는 재무계획, 과업을 수행하는 데 필요한 시설이나 작업배치에 관련된 시설계획, 제품이나 서비스의 판매 및 유통과 관련된 마케팅계획, 작업자의 채용이나 배치를 취급하는 인적자원계획 등을 포함한다. 운영적 계획에 영향을 미치는 경영환경으로는 정책 · 예산 · 절차 · 규칙 등의 내부규제를 들 수 있다.

3. 계획화의 수립과정

계획화 수립과정은 일반적인 의사결정이나 전략수립과정과 유사하며 다음의 절차를 따른다.

(1) 현재 상황 분석

기업이 처해 있는 현실을 인식하는 단계로 자원, 시장추이, 경제지표, 경쟁요인 등을 파악한다. 기업의 외적 · 내적 환경 분석을 통하여 강점(Strength)과 약점(Weakness)을 파악하고 미래의 기회(Opportunity)를 이용하되 위협(Threats)은 피할 수 있는 장기적인 목적을 설정한다.

(2) 목적과 목표설정

상황분석 결과를 바탕으로 기업의 목적(goal)과 목표(objective)를 설정한다. 목적은 기업의 사명(mission)을 달성할 미래의 상태 또는 조건을 말하며 사명보다는 더욱 구체적이다. 예컨대 기업에서 목적은 '2020년까지 세계 5위의 자동차 회사가 되는 것'이 될 수 있다.

이에 비하여 목표는 기업의 목적을 달성할 단기적이고 더욱 구체적이며 측정 가능한 타깃(target)을 말한다. 예컨대 기업에서 '세계 5위의 자동차회사에 진입하기 위해서 매년 매출액의 10% 성장을 추구' 할 수 있다. 목적은 사명으로부터, 그리고 목표는 목적으로부터 파생되는 것이다.

(3) 실행계획 수립

목표를 달성할 구체적인 수단을 수립하는 단계이다. 각 목표를 달성하는 데 필요한 대안을 발굴하여 평가하고 이때 필요한 자원은 무엇이고 지원요인(enabler)과 장애요인(barrier)이 무엇인지 규명한다.

(4) 실행 및 통제

실행은 계획을 행동으로 실천하는 것을 말한다. 계획을 효과적으로 실행하기 위해서는 경영자와 종업원이 계획과정에 참여하여 계획을 공유할 필요가 있고 실행을 위한 정책(policy), 절차(procedure), 규칙(rule) 등이 필요하다. 또한 실행결과가 계획결과와 일치하지 않을 경우에는 적절한 시정조치가 강구되어야 한다.

4. 효과적인 계획과 장애요인 해결

효과적인 계획을 수립하기 위해서 첫째, 계획화 과정에 구성원의 참여를 높임으로써 계획을 공유하고 내부저항을 줄여야 한다. 둘째, 계획은 단순할 필요가 있다. 불필요하게 복잡한 계획을 수립하여 구성원이 계획을 이해하기 어렵다면 실행 또한 효과적으로 이루어질 수 없다. 셋째, 계획은 유연할 필요가 있다. 예기치 못한 상황이 발생하더라도 적절한 조정과 변경을 통하여 지속적으로 계획이 실행될 수 있어야 한다. 넷째, 계획이 제대로 실행되고 있는지 감시·감독할 수 있어야 한다.

완벽한 계획을 수립하더라도 실행과정에서는 내부저항에 부딪쳐 계획이 실패로 돌아가는 경우가 있다. 계획화 과정에서 발생하는 장애요인과 해결방법을 살펴보면 〈표 8-1〉과 같다.

표 8-1 계획의 장애요인과 해결방법

장애요인		해결방법	
환경	빠른 환경변화에 의해 기존계획의 현실성과 타당성을 상실	최고경영층의 지원	조직의 사명과 목표를 명확히 하고 적절한 보상시스템을 제시하고 종업원을 격려해야 함
목표에 대한 거부	계획의 목표달성에 대한 불안감으로 목표설정에 반발	의사소통	계획을 수립하고 조정하는 과정에서 참여자 간에 명확한 의사소통이 이루어져야 함
부적절한 보상시스템	적절한 보상체계가 따르지 않을 경우	참여도 증진	조직의 모든 구성원이 계획과정을 이해하고 참여할 수 있도록 하여 변화에 대한 내부저항을 극복
변화에 대한 거부	자신의 위치나 역할을 상실할 수 있다는 불안감으로 조직적 저항	검토 및 수정	예측하지 못한 환경변화에 대하여 즉각적으로 계획을 수정 · 보완
시간 및 비용	계획을 실행하는 데 필요한 시간과 자원이 부족한 경우	정보의 공유	모든 구성원이 타 부서의 계획을 이해하여 자신의 업무와 조직 전체의 연결고리를 파악

5. 계획수립 기법

(1) 목표관리

목표관리(MBO: Management by Objectives)는 드러커(Peter Drucker)와 맥그리거(Douglas McGregor)에 의해 제창된 개념으로 부하직원이 달성해야 할 목표를 경영자와 부하 직원이 함께 결정하고 일을 수행해 나가는 과정으로 정기적인 의사소통을 통해 점검을 한

그림 8-1 목표관리의 과정

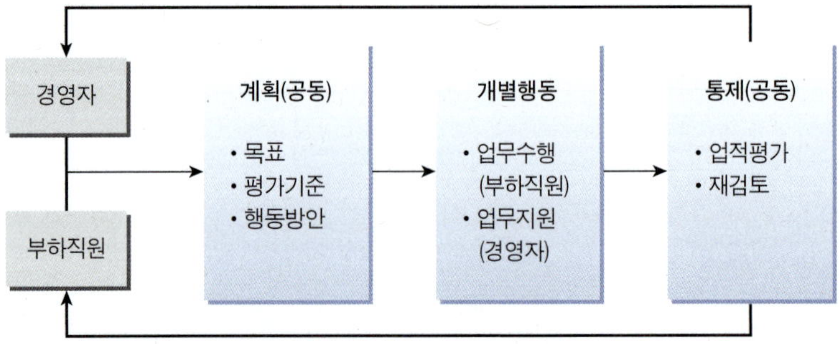

후 사후에 성과를 검토하여 보상을 하는 방법을 의미한다. MBO는 목표를 통제의 수단으로 사용하지 않고 부하직원들이 자발적으로 목표설정에 참여함으로써 동기유발을 꾀하고자 한다. 이렇게 함으로써 부하직원들이 달성해야 할 일이 무엇인지를 명확히 인식시키고 그들의 활동을 기업의 목표달성과 직접적으로 연관시키고자 한다.

표 8-2 목표관리의 장 · 단점

장점	단점
• 구성원의 동기부여 • 구성원의 목표에 대한 몰입과 참여도 증진 • 구성원의 자기통제 기회 제공 • 토의 및 협력과정을 통해 의사소통 원활 • 객관적인 성과평가 • 조직의 체계적인 관리	• 최고경영층의 지원이 없이는 불가능 • 계량적인 목표에 치우칠 경우 서류작업 등의 업무 증가 • 완전한 실행까지 장기간의 시간(3~5년) 소요 • 비계량적인 분야는 목표설정과 평가가 불가능

(2) 프로젝트 관리

흔히 계획이라고 할 때 쉽게 떠올리는 것이 일정표이다. 신상품 개발이나 건축공사, 소프트웨어 시스템 개발이나 광고 캠페인처럼 주된 목표가 분명한 상황에서는 시간과 경비의 낭비를 없애는 것이 중요한 일이 된다. 공정이 복잡할수록 일정계획을 짜고 통제를 하지 않으면 과업은 마냥 늦어지고 비용은 비용대로 증가하기 마련이다. 이처럼 프로젝트 관리를 위해 구체적인 세부업무와 그 업무의 기한을 명시하고 추진순서를 함께 제시한 계획을 프로젝트 스케줄(project schedule)이라 한다.

어떤 일을 할 것인가를 발견하는 전략 수립과는 달리 프로젝트 스케줄은 효율성, 특히 시간의 효율적인 사용을 강조한다. 따라서 스케줄은 계획임과 동시에 통제수단이기도 하다. 지하철 건설이나 올림픽 경기처럼 수많은 사람들과 기관이 관여하는 사업에서 정교하게 작성된 스케줄 없이 주먹구구식으로 일을 했을 때 어떤 일이 발생할지를 상상해 보면 스케줄이 갖는 통제수단으로서의 의미를 쉽게 이해할 수 있을 것이다. 본 절에서는 대표적인 프로젝트 관리기법인 간트 차트와 PERT/CPM을 설명하겠다.

1) 간트 차트

프로젝트와 관련되는 중요한 과업들의 시작과 완성기한, 진행현황을 일목요연하게 볼

그림 8-2 간트 차트

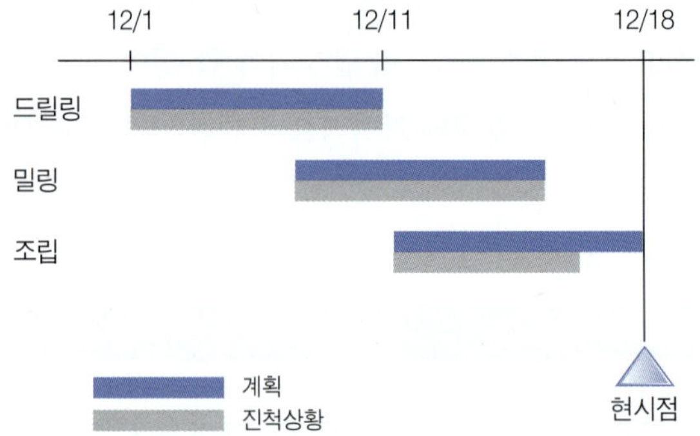

수 있도록 시각적으로 제시한 차트가 간트 차트(Gantte chart)이다. 간트(Gantte)가 고안한 기법으로 아직까지도 많은 사람들이 다양하게 변형하여 이용하고 있다. [그림 8-2]는 조립작업과 관련된 간트 차트이다. 해야 할 일과 끝내야 할 시점 그리고 진척상황을 알아볼 수 있게 그려져 있는데 12월 18일 현재 조립작업이 계획보다 지연되고 있음을 알 수 있다. 이처럼 간트 차트는 통제까지도 쉽게 할 수 있는 기법이다.

2) PERT/CPM

프로젝트의 규모가 커지면 간트 차트와 같은 단순한 기법으로 통제를 하는 것이 어려워진다. 예를 들어 신규점포를 개점한다고 가정해 보자. 장소를 물색하고 건축 설계를 의뢰하고 관공서에 허가를 받고 시공업체를 선정하고 자재 구매, 상품 진열, 종업원 훈련 등 해야 할 일이 한두 가지가 아니다. 어떤 일은 동시에 병행해서 진행시킬 수 있는가 하면 건축허가를 받아야 기초공사가 시작될 수 있는 것처럼 그 전에 다른 일이 끝나야 시작할 수 있는 공정도 많이 있다. 이처럼 복잡한 프로젝트를 수행할 때 기간을 단축하면 비용을 크게 줄일 수 있다. 예를 들어 1백억 원이 소요되는 신규점포 건설에 한 달 먼저 완공을 하게 되면 한 달 분에 해당하는 매출이익은 물론 공사경비나 금융비용을 절감할 수 있게 된다.

이와 같이 대형 프로젝트를 관리할 때는 PERT(Project Evaluation and Review Technique)/CPM(Critical Path Method) 기법이 주로 이용된다. PERT는 1950년대에 미국에서 핵잠수함을 건설할 때 개발된 기법으로 비슷한 시기에 듀퐁(DuPont)에서 개발한 CPM과 함께 PERT/CPM이라 부른다.

(3) 경영자의 시간관리

프로젝트 관리에서 시간 단축의 중요성을 설명하였는데 시간은 경영자 개인 차원에서도 관리해야 할 대상이다. 왜냐하면 무슨 일을 할 때나 시간은 반드시 필요한데 경영자는 늘 시간에 쫓기고 있는 것이 현실이기 때문이다. 그러므로 시간을 최대한 생산적으로 활용하는 경영자는 그만큼 성과도 높아진다. 코비 박사가 제시한 시간관리 방법에서의 세 가지 핵심내용은 다음과 같다.

1) 중요한 일과 급한 일 구분

시간관리의 핵심은 중요성과 긴급성을 기준으로 일을 구분하는 것이다. 중요성이란 그 일을 통해 얻게 되는 결과의 가치이며, 긴급성이란 일을 처리해야 하는 시간적 절박성을 말한다. 예를 들어 사업전략을 논의하는 회의 또는 사업상 중요한 파트너를 만나는 일은 중요한 일이다. 한편 고객으로부터 걸려온 긴급전화나 하루 앞으로 다가온 이사회에

그림 8-3 중요한 일과 급한 일

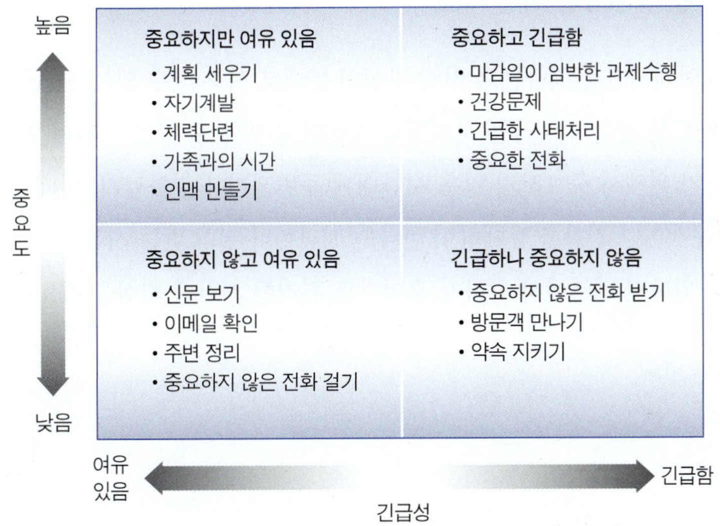

자료: 서성무 외, 경영학의 이해, 형설출판사, 2006.

제출할 사업보고서를 준비하는 것은 긴급한 일이다.

중요성과 긴급성을 기준으로 해서 일을 나누면 [그림 8-3]에서처럼 네 가지의 유형이 된다. 신문을 읽거나 통상적인 이메일을 확인하는 것은 긴급하지도 않고 중요도도 높지 않은 일인 반면 건강이 나빠져 병원을 찾아야 하는 일은 중요하면서도 긴급한 일이다. 그런데 긴급한 일, 특히 중요하지도 않으면서 긴급한 일에 많은 시간을 보내는 경영자는 늘 쫓기는 생활을 하게 되고 장기적으로 볼 때 성과도 올리지 못한다. 대조적으로 철두철미하게 일의 완급과 중요성을 가려서 계획을 세우고 준비를 많이 하는 사람은 성과가 높다. 또 자기계발이나 건강, 인맥을 쌓는 일, 가족과 함께 하는 일처럼 긴급하지는 않지만 중요한 일에 충분한 시간을 배려하는 경영자는 늘 여유 있게 높은 실적을 올린다.

2) 일정표 이용

시간관리를 효과적으로 하기 위해서는 적절한 일정표를 이용하는 것이 좋다. 일정표 양식은 하루, 일주일, 월 단위로 구분해서 적을 수 있는 것이 편리하다. 그리고 하루 일정이나 일주일 계획 혹은 월 계획은 시작하기 전에 작성한다. 가급적 하루에 해야 할 일은 10가지가 넘지 않게 한다. 또 자신의 생체리듬에 맞추어 일을 가장 잘 할 수 있는 시간대에 가장 중요한 업무를 배정하고 중요하지 않은 일들은 모아서 처리한다.

3) 집중력을 발휘하는 시간 확보

친구와의 약속시간을 정하는 것처럼 자신의 뜻대로 사용할 수 있는 시간이 있는 반면에 직책상 반드시 참석해야 하는 회의처럼 자신이 통제할 수 없는 시간이 있다. 일의 집중력을 높이기 위해서 중요하지 않은 시간대에 주변정리나 전화걸기, 이메일 확인을 한다. 외부 방문객이나 전화를 통제하여 만나는 시간이나 전화 받는 시간을 미리 약속한다든지 비서가 있다면 외부에서 전화가 오더라도 편리한 시간에 회신을 하도록 할 필요가 있다.

잠시 쉬어가기

아모레퍼시픽: 2030 지속가능경영 5대 약속 공개

아모레퍼시픽은 홈페이지를 통해 '2030 어 모어 뷰티풀 프로미스(2030 A MORE Beautiful Promise)'를 선보였다. 이는 사람과 세상 모두를 아름답게 하기 위해 아모레퍼시픽 전 구성원이 함께 노력과 실천을 이어가겠다는 다짐이자, 향후 10년간 추진해 나갈 이해관계자와의 약속이다. '고객 · 사회와의 동행', '대자연과의 공존'이라는 두 축을 바탕으로 한 5가지의 목표가 주요 내용이다.

이번 약속은 2009년부터 추진해 온 아모레퍼시픽의 지속 가능 경영 경험과 노하우가 총망라된 것으로, 향후 10년을 바라보며 새롭게 추진할 장기적인 지속가능 경영 목표다.

이를 위해 우선 '고객'의 지속가능한 소비를 촉진하고 모두가 함께하는 더 나은 '사회'를 만드는 데 기여하기 위한 2가지의 실천 목표를 제시했다.

첫 번째로는 신제품 100%에 환경 또는 사회친화적 속성을 구현하고 고객의 지속가능한 라이프스타일 영위에 기여하는 브랜드 활동을 전개할 계획이다. 신제품 '환경 발자국' 저감, '그린 케미스트리' 기술 혁신, 가치 소비 확산을 위한 브랜드 캠페인 전개 등이 골자다.

두 번째로는 다양성과 포용의 가치를 사내외에 확산하고 모든 이해관계자와의 조화로운 성장을 구현할 계획이다. 전 임직원 대상 다양성 · 포용성 교육과 인식 개선 프로그램 운영, 다양성 · 포용성 기반의 뷰티 제품 개발과 캠페인 전개, 경제적 자립이 필요한 계층의 경제 역량 강화와 시민의 건강한 삶 지원을 위해 1000억 원을 투자한다는 것이 핵심 내용이다.

다음으로는 기후 위기에 대응하고 대자연과 공존하기 위한 3가지 실천 목표도 제시했다.

첫 번째 목표는 글로벌 생산 사업장의 탄소중립을 실현하고 폐기물 매립 제로화를 달성한다는 것. 이를 위해 국내외 전 생산 사업장의 재생에너지 사용률을 100%까지 끌어올리고, 국내 물류 차량 100%를 전기차와 같은 친환경 차량으로 전환하는 등의 실천 방안을 추진한다.

두 번째는 제품 포장재의 플라스틱 사용량을 절감하고, 플라스틱 포장재를 사용할 경우 100% 재활용, 재사용 또는 퇴비화가 가능하도록 하는 목표다. 플라스틱 포장재 30%에 재활용 또는 바이오 플라스틱 사용, 리필 제품과 서비스의 확장 등이 주요 내용이다.

세 번째는 생물 다양성의 보전과 이용을 위해 100억 원을 투자하고 2023년까지 팜유 사용량의 90% 이상을 'RSPO 인증 팜유'로 대체한다는 것이다. 이를 위해 생물자원 보존 · 기후 변화 적응 기술을 도입하고, NGO · 협력사와의 파트너십을 통해 팜유 농가를 지원할 계획이다.

오정화 아모레퍼시픽 지속가능경영 디비전장 상무는 "2030 지속가능경영 5대 약속은 아모레퍼시픽이 책임 있는 기업 시민으로서 고객과 사회, 자연과의 깊은 공감을 바탕으로 세상을 아름답게 변화시키고자 하는 구체적인 실천의지를 표명하는 것이다. 앞으로 이번 약속에 대해 더 많은 이해관계자들이 쉽게 관심을 갖고 동참할 수 있는 기회를 마련할 계획이다"라고 밝혔다.

한편, 아모레퍼시픽은 1993년 '무한책임주의'를 선언한 이래 '사람을 아름답게, 세상을 아름답게'라는 기업 소명을 바탕으로 다양한 지속 가능 경영 활동을 전개해 왔다.

자료: 매일경제, 2021. 06. 21.

제2절 경영전략

1. 경영전략의 개념

(1) 경영전략의 의의와 목표

오늘날 기업을 둘러싸고 있는 국내 · 외 환경은 그 어느 때보다도 변화가 빠르고 다양하다. 갈수록 첨단화되어 가는 정보기술의 혁신, 세계화 되어가는 시장의 경쟁환경, 근로자들의 다양한 가치관, 소비자 욕구의 변화 등과 같은 상황 속에서 기업은 끊임없이 성장과 발전 그리고 안정을 지속하기 위해 항상 새로운 성장기회를 찾아 꾸준히 노력해야 한다. 손자병법에는 '적을 알고 나를 알면 백 번 싸워도 위태롭지 않다(知彼知己 百戰不殆)'라는 말이 있다. 급변하는 경쟁시대에서 기업이 살아남기 위한 방법이 경영전략이라고 할 수 있다. 경영전략은 기업에만 국한된 것이 아니고, 크게는 국가에서부터 작게는 우리 모두에게 살아남는 방법을 알려준다는 점에서 광범위한 의미를 가진다.

경영전략이란 기업의 목표를 달성하기 위한 기업 경영활동의 방향을 제시하는 기본적인 틀로서, 기업환경과 기업내부자원을 분석하여 기업의 목표를 달성하기 위한 방법을 개발하는 것이다. 경영전략이란 '어떤 특정 기업이 장기적 목적과 목표를 정하고 이것을 실현하기 위해 각종 행위들을 수행하고 자원을 배분하는 것'으로 정의할 수 있다. 경영전략은 기업의 경영활동을 계획하기 이전에 포괄적인 활동의 주요 방향을 설정하고, 내부자원을 배분하는 지침이 된다. 즉, 경영전략은 기업의 장점과 약점을 기업환경의 기회와 위협에 적합하게 맞추기 위한 의사결정이다. 그리고 경영전략은 급속하게 변화하는 환경에 적극적 · 능동적으로 대응할 수 있는 기업의 환경적응능력을 만들어 준다. 경영전략은 기업의 기본적인 목표를 달성하기 위한 종합적인 활동계획으로 일상적인 업무나 기능별 활동과는 구별되는 미래지향적인 성격을 가지고 있다.

경영전략을 기업에서 성공적으로 추진하기 위해서는 다음과 같은 조건이 충족되어야 한다.

첫째, 최고경영자가 리더십을 갖고 경영전략을 추진해야 한다.

둘째, 외부환경, 특히 경쟁사와 외부상황에 대한 철저한 분석이 필요하다.

셋째, 내부환경, 특히 자사의 강점과 약점에 대한 객관적인 평가가 이루어져야 한다.

넷째, 명확하고 일관성 있는 전략목표의 수립이 필요하다.

다섯째, 전 조직원의 참여에 입각한 전략의 효율적인 실행이 이루어져야 한다.

여섯째, 업무의 진척사항을 정확히 파악할 수 있는 성과측정치를 개발하고 이에 근거하여 지속적으로 자료를 수집, 분석 및 평가하여 지속적인 개선과 혁신이 이루어져야 한다.

전략을 수립할 때는 다음과 같은 간단한 질문에 답을 할 수 있어야 한다.

- 우리는 어디로 가고 있는가? – 목적(goals)
- 우리는 거기에 어떻게 도달할 것인가? – 수단(means)
- 행동을 위한 청사진은 무엇인가? – 실행계획(action plans)
- 우리가 정상을 향해 가고 있는지 어떻게 알 것인가? – 통제(control)

(2) 경영전략의 중요성

최근 경영전략의 중요성이 강조되는 이유를 환경적 차원에서 구체적으로 살펴보면 다음과 같다.

첫째, 시장환경의 변화를 들 수 있다. 즉, 소비자의 기호가 다양해지고 개성화되며 또한 빠르게 변화함에 따라 제품의 라이프사이클이 급격하게 단축되고 있다. 소비자의 기호가 급격히 변화하고 다양해짐으로써 과거 기업의 전통적인 현금 창출 역할을 하였던 사업 및 제품들이 앞으로 그 역할을 계속할 것으로 믿기에는 많은 불확실성이 존재한다. 따라서 앞으로의 고객 기호의 변화추세 등 전체적인 시장변화의 흐름을 예측 · 분석하여 여기에 적합한 방향으로 자원을 재분배하여 사업 및 제품의 구조조정이 중 · 장기 관점에서 전략방향으로 제시되어야만 계속적인 성장과 발전을 기대할 수 있게 되었다.

둘째, 시장의 경쟁환경이 과거와는 다른 패턴으로 변화하고 있다는 점이다. 유통시장의 대외개방 및 신규진입에 대한 정부의 규제완화로 양적 · 질적인 측면에서 경쟁의 양상이 과거에 비하여 훨씬 심화된 형태로 전개되고 있다. 즉, 양적인 측면에서 경쟁의 정도가 심화되었을 뿐 아니라 경쟁구조의 측면에서 과거의 브랜드 간의 경쟁에서 이제는 제품 간 경쟁의 양상으로 변하고 있다. 또한 위협의 교환이란 측면에서 경쟁이 관련 산업으로 확산되는 경향도 나타나고 있다. 이에 따라 경쟁 브랜드 간의 경쟁을 기본가정으로 하여 수립한 경영전략들은 이제 더 이상 맞지 않게 되었다. 따라서 새로운 경쟁환경의 예상하에서 잠재적 경쟁업체, 대체제품업체, 제품의 수요자 또는 공급자 위치에서 시장에 신규진입이 예상되는 업체에 대한 분석 등 산업의 경쟁구조를 종합적으로 분석하고 이것을 토대로 하여 지속적인 경쟁우위능력을 개발하고 유지할 수 있는 경쟁전략, 즉 전략경영계획수립의 필요성이 높아지고 있다.

셋째, 정부정책의 변화 또는 전략경영의 필요성을 증대시키고 있다. 최근 정부정책의 흐름은 시장경제에의 개입을 최소화하면서 민간기업의 자율적 의사결정을 존중하고, 기업의 전문화를 유도하여 대기업의 시장지배력을 축소하고, 시장의 공정한 게임의 규칙을 정하여 기업 간 경쟁을 촉진하면서 불공정거래를 배제하는 것과 같은 세 가지 방향으로 진행되고 있다. 이와 같은 정부정책의 주된 흐름은 앞으로도 계속될 것으로 예상되며 점차 그 정도가 더해질 것이다. 지금까지 우리 기업들은 기본적으로 정부의 거시적인 산업정책에 의존하여 기업의 중장기적인 경영계획을 수립했지만, 이와 같은 정부의 정책방향은 앞으로는 기업 스스로 자신이 나아갈 방향을 결정하지 않으면 안 되도록 만들고 있다. 또한 지금까지는 어떤 분야에 진입하더라도 정부의 국내시장 보호정책으로 인하여 최소한 현상유지는 가능한 이익수준이 보장되었지만, 앞으로는 이와 같은 확장위주의 사업다각화는 불가능해질 것이다. 결과적으로 정부정책의 변화는 기업에 기존사업구조의 재조정, 경쟁우위역량의 개발 및 유지를 위한 장기적인 청사진을 필요로 하게 하며, 이 같은 측면에서 중장기 전략경영계획에 대한 관심이 급격히 높아지고 있다.

(3) 경영전략의 특성

조직의 장기적 목표달성에 중요한 영향을 미치는 경영전략은 다음과 같은 특징을 갖는다.

첫째, 경영전략은 기업의 가장 본질적인 문제를 다룬다. 즉, 기업이 생산하는 제품의 특성이나 종류, 주요 고객과 시장, 그리고 사업의 다각화 여부 등이 경영전략과 밀접한 관련을 갖는 개념들이다.

둘째, 경영전략은 일상적인 의사결정과 관련된 세부계획의 기본골격이 된다. 경영전략은 기업이 갖고 있는 모든 자원의 배분과정에서 일상적 경영활동에 이르기까지 경영활동의 다양한 부분을 포괄하고 있다. 따라서 하부경영계층의 각종 전술계획이나 업무계획들은 실천에 있어서 전사적인 경영전략과 일치시켜 추진하여야 한다.

셋째, 경영전략은 기업의 에너지와 자원이 소요되는 최우선적 과제이다. 경영전략은 기업이 장래에 보다 높은 성장과 유리한 입지를 확보하기 위해서 추진하는 주요한 계획이므로 기업이 소유한 인적 · 물적 · 재무적 자원을 최우선적으로 조달하여 적시에 합리적으로 배분하여야 한다.

넷째, 경영전략은 장기간의 사업계획이다. 일반적으로 경영전략은 몇 개월이나 1년과 같은 단시간에 추진되고 성사될 수 있는 성질의 것이 아니고 장기에 걸쳐 지속적으로 추진되는 사업계획이다.

다섯째, 경영전략은 최고경영자의 적극적인 관심과 참여가 요구되는 최고경영층의 경영활동이다. 경영전략이 효율적이기 위해서는 최고경영자가 전체적 관점에서 기업의 모든 측면을 관찰할 수 있는 안목이 있어야 하고, 경영전략을 효율적으로 실현하기 위해서는 최고경영층의 적극적 참여와 꾸준한 지원이 있어야 한다.

2. 경영전략의 수준

기업들이 경쟁우위를 확보하기 위해 선택할 수 있는 경영전략은 기업내부의 수준에 따라 몇 가지로 구분해 볼 수 있다. 여러 사업을 수행하는 기업의 경우 기업수준 전략, 사업수준 전략 그리고 기능별 전략으로 구분한다.

(1) 기업수준 전략

기업 차원에서 선택할 수 있는 경영전략은 사업단위를 독립기업으로 운영하는 것보다 다각화된 사업들을 통합하여 운영하면 사업 단위들 간에 시너지 효과를 얻을 수 있다는 것을 전제로 한다. 관련 산업으로 다각화하는 경우, 일반적으로 기존 사업이 개발해 보유하고 있는 기술이나 경험을 신규사업에 이전하는 것은 물론 비용을 절감하는 방안으로 시설이나 기자재의 공유가 가능하기 때문이다.

1) 포괄전략

포괄전략이란 조직이 환경을 평가하고 설정한 목표를 달성하도록 하기 위한 광범위한 계획을 말한다. 이 전략에는 전략을 선택한 조직의 크기와 달성해야 할 목표에 따라 성장전략, 안정전략, 감량전략으로 구분할 수 있다.

그림 8-4 전략의 분류

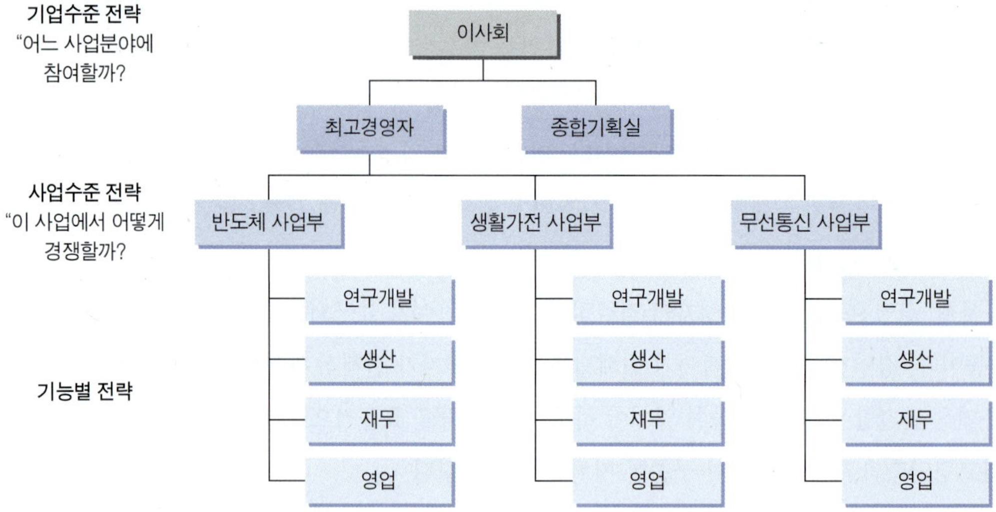

표 8-3 포괄전략

	성장전략	안정전략	감량전략
의미	미래의 목표를 과거보다 높여 시장점유율과 매출액을 증가시키려는 전략	기업이 과거의 경영성과에 만족하여 과거와 동일한 목표를 추구하고 현재의 성장률을 유지하려는 전략	조직의 내적 약점과 외적인 위협에 의해 성과가 감소할 경우 비용절감을 통해 조직활동의 효율성을 제고하려는 전략방법
방법	• 집중화 전략 • 통합화 전략 • 분산화 전략	—	• 우회전략(다운사이징, 구조조정) • 영업양도전략 • 청산전략

2) 포트폴리오 전략

포트폴리오 전략이란 여러 산업에 걸쳐 많은 사업영역을 가지고 있는 기업에서 사업구상을 어떻게 할 것이며, 각 사업부에 자원을 어떻게 할당할 것인가를 결정하는 전략으로 적용범위에 따라 사업포트폴리오 전략, 제품포트폴리오 전략으로 구분할 수 있다. 사업포트폴리오 전략은 기업 전체 수준에서 적용하는 것을 의미하는 것으로 기업 전체 차원에서 각 사업단위 구성에 초점을 두고 있으나, 제품포트폴리오 전략은 사업단위 수준에서 적용하는 것으로 제품구성에 초점을 둔다. 포트폴리오 전략을 수립하기 위해서는 BCG Matrix, GE Matrix, Life-Cycle Matrix 등을 이용할 수 있다.

그림 8-5 기업수준 전략과 사업수준 전략의 차이

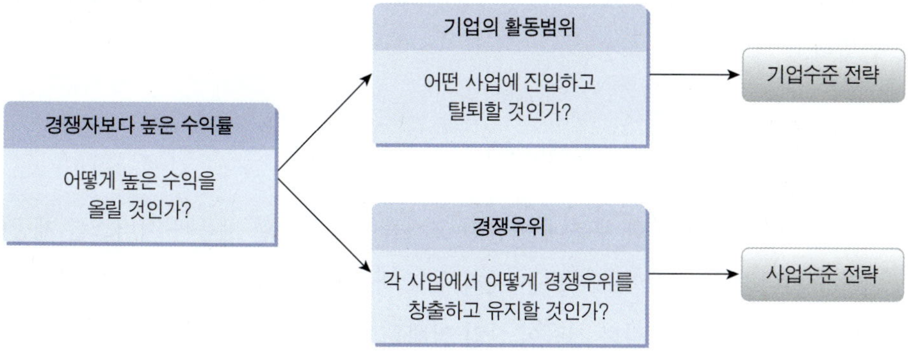

(2) 사업수준 전략

하버드(Harvard) 대학의 포터(M. Porter) 교수는 개별사업의 경쟁우위를 '경쟁시장에서 산업평균수익률보다 지속적으로 높은 수익률을 올릴 수 있게 하는 힘'으로 정의하고 이러한 경쟁우위를 확보하기 위해 기업이 실행하는 전략은 세 가지 본원적 전략에서 파생된다고 보았다. 세 가지 본원적 전략은 원가우위 전략, 차별화 전략, 집중화 전략을 의미하며 기업이 구사하는 전략은 이 세 가지 전략의 결합 형태로 수립된다.

1) 원가우위 전략(Cost Leadership Strategy)

생산이나 마케팅에서 극도의 효율성을 강조함으로써 원가우위를 확보하고자 하는 전략으로 기업은 시설이용률을 최대화하고, 규모의 경제를 실현하고, 기술혁신을 추구하고, 경험 많은 작업자를 고용함으로써 원가를 최소화할 수 있다. 생산원가를 줄이기 위해 품질이나 서비스의 질을 낮추는 것을 의미하지는 않는다. 그러나 경쟁업체가 새로운 기술이나 값싼 노동력을 이용하여 더욱 저렴한 가격으로 경쟁함으로써 경쟁우위를 빼앗아 갈 가능성이 있으며 경쟁업체가 동일한 설비 도입을 통하여 쉽게 모방할 가능성을 배제할 수 없다.

2) 차별화 전략(Differentiation Strategy)

자사의 제품이나 서비스를 경쟁제품에 비해 아주 독특하다고 인식시키는 전략으로 제품 차별화, 시장 차별화, 서비스 차별화 등이 있다. 차별화의 특성으로는 고품질, 월등한 고객서비스, 제품출하속도, 혁신적인 디자인, 기술적 성능, 선풍적인 브랜드 이미지 등을 들 수 있다.

3) 집중화 전략(Focusing Strategy)

특정 지역이나 시장의 한 부분에 제한된 고객들에게 독특한 제품과 서비스를 제공하는 전략을 의미한다. 시장의 세분화는 지리적, 고객형태, 제품라인의 분야별로 이루어진다. 원가우위 전략이나 차별화 전략이 산업 전체를 대상으로 함에 반하여 집중화 전략은 세분화된 특정 시장에 대해 원가우위 전략이나 차별화 전략을 사용하는 것으로 특정 목표만을 집중함으로써 효과적이고 능률적으로 대응하는 전략이다.

(3) 기능별 전략

기능별 전략은 자원을 이용하여 기업전략을 수행하는 것이다. 즉 특정 기능의 영역인 마케팅, 생산, 인사, 재무, 연구개발 등과 같은 부분에 초점을 두고 자원을 어떻게 효율적으로 활용할 수 있는가를 다룬다.

1) 마케팅

마케팅이란 고객이 원하는 욕구를 파악하여, 이를 제품에 반영시킴으로써 고객이 제품을 구매하고, 구매 후 서비스를 제공하는 역할을 담당한다. 이러한 마케팅활동은 마케팅믹스의 구성요인인 4P(product, place, price, promotion)를 중심으로 수행한다. 우선 고객에게 필요한 제품이나 서비스를 결정하면 소비자에게 전달할 수 있는 유통경로를 결정하고 나서 제품이나 서비스의 가격을 결정하여 소비자가 구매를 할 수 있도록 촉진활동을 한다.

2) 생산

생산이란 기업이 가지고 있는 경영자원, 즉 원재료, 노동력, 자본 등을 투입하여 적절한 변환과정을 거침으로써 제품이나 서비스를 만들어 내는 활동이다. 특히, 생산부문의 주요 활동내용은 생산계획의 수립, 생산에 필요한 원·부자재의 구매계획, 생산에 필요한 인력 확보, 생산성 향상, 적합한 생산기술의 선택, 공장입지의 선정, 재고관리, 품질관리 등이 있다.

3) 인사

인사는 기업의 인적 자원을 관리하는 부문으로 기업이 목표달성을 위해 수행해야 할 과업, 과업의 특성, 그리고 과업을 수행하는 구성원과 그들의 적성을 파악하여 실제의 전략을 실행하는 매우 중요한 역할을 한다. 인사부문의 주요 활동으로는 과업을 수행할 구성원의 선발, 과업에 필요한 기술개발, 과업 및 과업을 수행할 구성원의 적성 파악, 임금 결정, 노사관계에 관한 활동 등이 있다.

4) 재무

재무부문의 전략은 조직이 가지고 있는 자본을 어떻게 분배할 것인가 또는 조직이 필요한 자본을 어떤 방법으로 획득할 것인가에 대한 활동을 주요 내용으로 한다. 재무부문의 전략에서 결정할 내용으로는 부채관리, 배당정책, 자산관리, 자본구조의 결정, 운전자본의 관리 등이 있다.

5) 연구개발

연구개발이란 새로운 제품, 서비스 그리고 제품과 서비스를 생산할 수 있는 새로운 기술 및 생산방법 등을 개발하기 위한 활동을 말한다. 연구개발 전략은 크게 신제품 개발에 중점을 두는 혁신적 연구개발 전략, 산업 내에서 기업의 현 지위를 유지하기 위하여 기존 제품을 개선하는 방어적 연구개발 전략, 경쟁기업의 제품을 분석하여 그 제품의 가장 좋은 특징을 채택하여 제품을 개발하는 격차 해소 연구개발 전략, 그리고 위의 전략을 동시에 추구하는 복합 연구개발 전략으로 구분할 수 있다.

3. 경영전략 수립과정

(1) 사명과 비전 수립

경영전략 수립은 기업의 사명을 정의하고 전략목표를 설정하는 것부터 시작된다. 기업의 사명은 기업이 사업을 통해 궁극적으로 어떤 가치를 창출할 것인가 하는 기업의 존립근거를 명확히 제시하는 것이다. 비전 수립은 전략을 수립하는 데 있어서 가장 중요한 단계로서 사업영역의 작성, 경영이념과 경쟁관계의 집약, 사업구조와 기능평가, 핵심사업의 파악, 주요 경영목표의 설정 등의 절차를 통해 이루어진다.

(2) 목표설정

수립된 사명과 비전에 기초하여 전략적 사업영역이 정해지면 그 영역에서 기업이 추

그림 8-6 전략목표설정

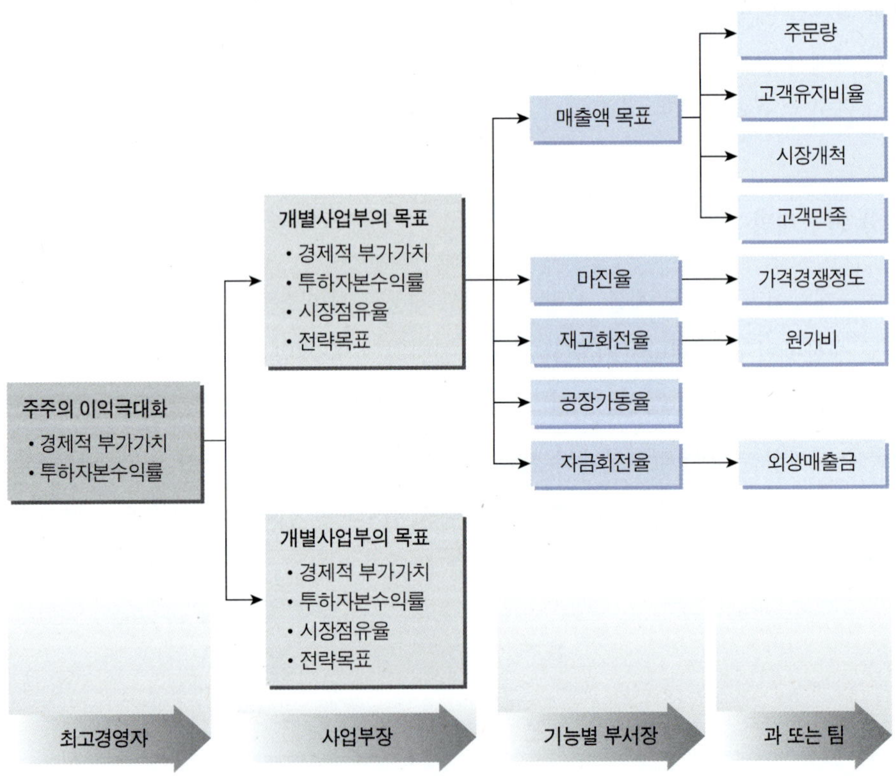

자료: 장세진, 경영전략, 박영사, 2005.

구해야 할 구체적인 세부목표를 설정한다. 기업 사명은 추상적이고 포괄적인 성격을 띠고 있으므로 이를 보다 정량화된 형태로 구체화된 것이 전략목표이다. 이러한 전략목표는 수익성, 생산성, 효율성, 경쟁력 확보, 기술개발 등 다양한 형태로 설정될 수 있다.

(3) 외부환경 분석

외부환경요인인 고객, 경쟁자, 공급자 등을 포함한 산업환경으로 부터 어떠한 기회와 위협이 존재하는지를 분석하는 것으로 산업환경의 분석에 가장 많이 사용하는 기법으로는 포터(M. Porter)의 다이아몬드 모델(Diamond model)이 있다. 이 모델은 기업을 둘러싸고 있는 산업환경요인을 잠재적 경쟁자의 진입위협, 기존업계 내에서의 경쟁, 대체품의 위협, 공급자의 교섭력, 구매자의 교섭력으로 분류하여 분석한다([그림 8-7] 참조).

1) 동종기업 간 경쟁

대부분의 산업 내에서 경쟁의 정도와 수익률을 결정하는 가장 중요한 요소는 그 산업 내에서 이미 경쟁하고 있는 경쟁기업들 간의 관계이다. 구체적으로 설명하면, 산업 내에 있는 기업의 수가 적으면 산업의 경쟁 정도가 낮아지고 잠재적인 수익률은 상대적으로 높아진다. 반대로, 기업의 수가 많아지면 경쟁 정도가 높아짐에 따라 잠재적인 수익률도 낮아진다. 예를 들어 산업의 성장속도가 완만하고 비슷한 규모의 경쟁기업이 다수 존재하는 경우 또는 제품과 서비스의 차별화 정도가 약하고 구매자의 전환비용이 적은 경우를 들 수 있다.

그림 8-7 산업경쟁 구조분석 모델

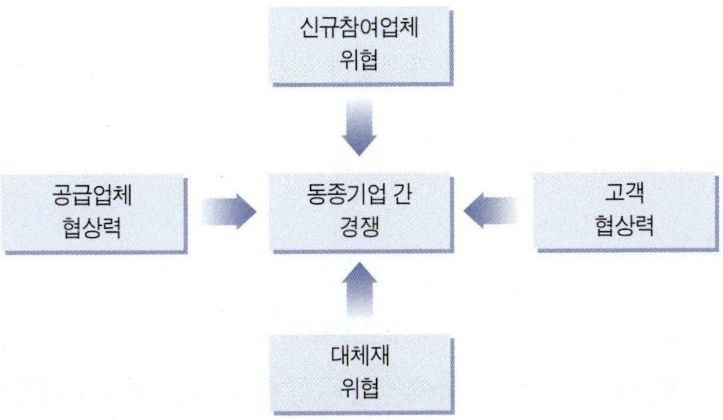

2) 신규참여업체 위협

현재 산업 내에서 경쟁하고 있지 않지만 언제든지 시장에 진입해 경쟁할 수 있는 신규업체의 시장진입 가능성이 높을수록 기존 기업이 초과이익을 누릴 가능성이 낮아진다. 신규업체의 시장진입 가능성은 시장의 진입장벽에 의해 결정되는데, 크게 구조적 진입장벽과 전략적 진입장벽으로 구분할 수 있다. 구조적 진입장벽은 산업구조의 특성에 의해 발생하는 것으로 좁은 의미의 진입장벽이라고 할 수 있으며, 전략적 진입장벽은 잠재적인 경쟁기업의 시장진입을 막기 위해 기존 기업들이 취하는 진입저지를 의미한다.

3) 대체재 위협

기업이 생산 · 공급하는 제품이나 서비스의 수요는 가격에 의해 결정된다. 그러나 대체재가 없는 경우 가격이 높게 상승해도 제품이나 서비스를 구입해야 하나, 대체재가 있는 경우는 제품이나 서비스의 가격이 상승하면 대체재를 구입하게 된다. 따라서 대체재가 많을수록 가격을 높일 수 없으므로 수익률이 낮아진다. 그러나, 특정 제품이나 서비스에 대한 소비자들의 충성도가 높은 경우, 대체재의 위협이 낮아지므로 기업의 잠재적인 이윤이 높아질 수 있다.

4) 공급업체 협상력

제품이나 서비스를 생산 · 공급하는 공급자에 대한 협상력이 높으면 기업은 가격을 높이거나 서비스의 질을 낮춤으로써 초과이윤을 얻을 수 있다.

5) 고객 협상력

고객의 협상력이 높으면 기업에게 가격인하 또는 높은 품질과 서비스를 요구하기 때문에 기업의 잠재적인 이윤이 줄어들 수 있다.

(4) 내부환경 분석

자기 회사의 강점과 약점에 대한 분석으로 SWOT 분석과 BCG 매트릭스를 통한 분석을 사용할 수 있다. SWOT 분석이란 기업의 강점과 약점, 그리고 기회와 위협을 하나의 틀로 요약하는 분석수단이다. SWOT 분석을 통해 기업의 강점과 약점을 기업이 당면하고 있는 외부기회와 위협에 대응시키면 선택 가능한 네 가지의 전략대안을 도출할 수 있는데, 이들 전략대안은 외부환경에서 발생하는 기회를 활용하기 위해 기업의 내부강점을 이용하거나 약점을 극복하며 기회를 활용하고 위협을 회피하는 전략들이다(〈표 8-4〉 참조).

표 8-4 SWOT분석

	기회 (Opportunity)	위협 (Threat)
강점 (Strength)	외부환경이 제공한 기회가 기업내부의 강점이 있는 분야 **확대전략**	위기에 대처하기 위해 내부의 강점을 활용함 **안정적 성장전략**
약점 (Weakness)	외부의 기회를 활용하기 위해서 내부의 약점을 보완함 **우회전략**	내부의 약점 때문에 외부의 위협요인을 극복하기 어려움 **철수전략**

한편, 기업의 전략적 위치를 파악하는 과정에서 보스톤 컨설팅 그룹(BCG)의 사업 포트폴리오 매트릭스를 사용할 수 있다([그림 8-8] 참조). BCG 매트릭스는 시장점유율과 시장성장률이 현금의 흐름과 밀접한 관계를 가지고 있다고 본다. 시장성장률이 높을수록 현금의 유출이 많아지며, 시장점유율이 높을수록 현금의 유입이 많아진다.

그림 8-8 BCG 매트릭스

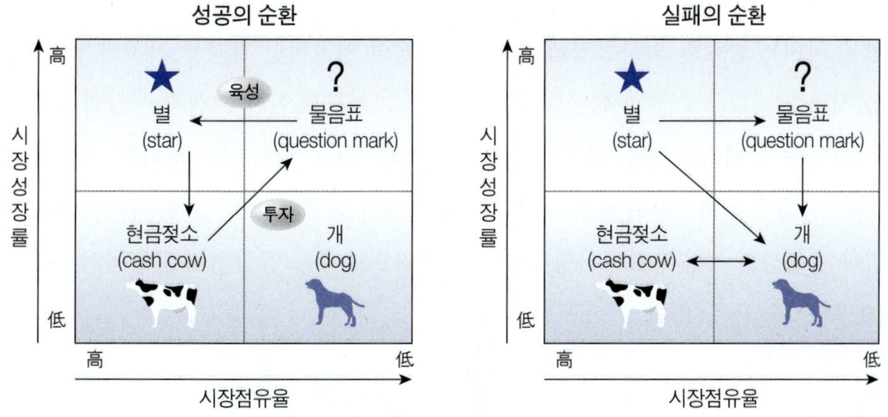

별(star) 사업은 고성장 시장에서 높은 시장점유율을 가지는 사업으로 스스로 자금을 조달하고 성장한다. 별(star) 사업은 수익성과 현금흐름이 양호한 사업으로 계속적인 투자를 통해 집중 육성할 필요가 있다. 장기적인 성장과 이익의 기회를 제공하지만 성장률이 둔해지거나 경기침체가 지속되면 별(star) 사업은 현금젖소(cash cow)로 변하게 된다.

현금젖소(cash cow)는 낮은 성장속도의 시장에서 높은 시장점유율을 가지는 사업으로 다른 사업에 자금을 공급하는 보석과 같은 존재이다. 현금젖소(cash cow)는 높은 수익성과 안정적인 현금흐름을 창출하고 있으나 수요가 정체되어 매력적인 투자대상이 되지 못하므로 현상유지 또는 다른 신규사업으로 자금을 재배치할 필요가 있다.

개(dog)는 저성장 시장에서 낮은 시장점유율을 가지는 사업으로 정체되어 있으며 경쟁에서 살아남기 위해 기업자금 및 경영진의 시간을 소비하는 사업이다. 이런 산업이 처해 있는 상황은 매우 격심한 경쟁 상태에 있으며 낮은 수익성과 현금흐름으로 철수대상이 된다.

물음표(question mark)는 급속하게 성장하는 시장에서 낮은 시장점유율을 가지는 사업으로 성장을 지탱하는 데 많은 현금유입을 필요로 한다. 만약 성공한다면 별(star)의 위치에 가고 이후 현금젖소(cash cow)가 될 수 있다. 그러나 실패하면 개(dog)의 범주에 속하게 된다. 물음표(question mark) 사업은 수익성과 현금흐름이 낮으나 미래 성장가능성이 있으므로 선별적인 투자를 하여 육성할 필요가 있다.

(5) 전략대안 수립 및 선택

환경적 기회를 최대한 활용하고 자신의 강점을 살릴 수 있는 전략을 선택한다. 전략의 선택은 대안의 평가와 함께 이루어진다. 경영전략은 기업의 단기적인 방향과 성과에 큰 영향을 미치는 중요한 의사결정이므로 의사결정의 일반적인 과정을 거치게 된다. 전략개발 시 고려사항으로는 첫째, 신제품과 서비스 기회를 포함한 고객과 시장의 요구사항과 기대수준, 둘째, 신기술을 포함한 경쟁적 환경과 역량, 셋째, 재무적 위험, 사회적 위험 및 기타 잠재적 위험, 넷째, 조직의 인적 자원 역량과 요구사항, 다섯째, 자원의 가용성을 포함한 운영상의 역량과 요구사항 그리고 마지막으로 부품 공급업체와 협력업체의 역량과 요구사항을 들 수 있다.

(6) 전략의 실행

기업이 보유하고 있는 인적·물적 자원을 최대한 활용하여 기업의 목표를 달성하기 위해 선택된 전략을 실행에 옮기는 과정이다. 선택된 전략은 구체적으로 세분화하여 전술방안까지 설정하고 실행되어야 하며 선택된 전략을 실행하기 위한 조직구조와 통제시스템을 정비할 필요가 있다. 선택된 전략실행에 가장 효과적인 조직구조와 통제시스템을 설계할 필요가 있다.

(7) 전략의 평가

선택된 전략이 실행되면 그 결과가 기업목표 달성에 얼마나 기여했는지를 평가한다. 그 평가결과를 다음 단계의 전략수립과 실행에 반영하여 미래의 의사결정에 피드백한다.

잠시 쉬어가기

잘나가던 기업, 왜 망했을까? 시장 분석 집착하다 기회 놓쳤다

세상에 성공 사례는 많다. 문제는 따라 하기가 쉽지 않다는 것이다. 그 기업만이 할 수 있는 일이거나 운이 좋았을 수도 있기 때문이다. 실패 사례는 다르다. 그대로 하면 거의 반드시 실패한다.

'실패학'에 주목한 이가 있다. 최근『잘나가던 기업이 왜 망했을까?』라는 책을 펴낸 일본 기업인 아라키 히로유키 마나비 디자인 대표다. 그는 "우리도 언제든 실패의 당사자가 될 수 있다"는 생각에 이 책을 썼다고 했다. 책에서는 잘나가던 일본 기업은 물론 글로벌 기업의 도산 사례를 바탕으로 '과거의 망령형', '취약 시나리오형' 등 5가지 실패 패턴을 소개했다. 이동기 서울대 경영학과 교수는 서평에서 "머리를 싸매고 지속적 성장 전략을 짜내는 것보다 실패 사례가 제시하는, '하지 말아야 할 것들' 리스트를 만들고 잘 지키는 것이 보다 효과적인 지속성장 전략일 수 있다"고 했다.

Q. 왜 실패에 주목했나.

A 과거 비즈니스 스쿨에서 '경영전략'을 가르칠 때였다. 경영전략 사례를 조사했는데, 대부분이 성공 사례였다. 그런데 수업을 해보면 성공 사례보다 실패 사례를 다룰 때 논의가 훨씬 깊어졌다. '내가 당사자였다면 과연 실패하지 않고 극복할 수 있었을까?'처럼 생각할 주제를 설정하기 쉽기 때문이다. 제삼자가 냉철한 시선으로 팩트만을 바라보면서 실패 사례를 잘 정리할 수 있다면 수면 아래에 잠겨 있었던 '실패 사례'에 대한 수요를 충족시킬 수 있지 않을까 해서 책을 구상하기 시작했다.

Q. '매출 증가는 수많은 문제점을 감춰준다'라는 문구가 인상적이다. 실제 잘나갈 때는 모르지만 돌이켜 보면 기업 곳곳에 실패 요인이 자기도 모르는 사이에 자리 잡고 있을 텐데 실패도 유형이 있나.

A 그렇다. 물론 처음부터 연역적으로 유형을 설정해 놓고 그 유형에 맞춰 도산 사례를 분류한 것은 아니다. 도산한 기업 사례를 고찰한 결과 귀납적으로 특정 유형이 보였다. 도산 기업은 크게 '전략 문제'와 '매니지먼트(운영) 문제'가 있다. 전략 실패 유형은 다시 과거 성공 방식에 기대다 망한 '과거의 망령형', 전략의 성공가능성이 애초 너무 낮은데도 밀어붙이다 실패한 '취약 시나리오형'으로 나뉜다. '매니지먼트 문제'는 전략은 나쁘지 않았지만 실행에서 문제가 발생한 유형이다. '초조함', '엉성함' 외에 최고경영자와 현장의 거리감이 지나치게 먼 탓에 도산에 이른 '기능 저하형'이 있다. 개인적으로는 '과거의 망령' 유형이 가장 많았다는 사실을 발견한 것이 하나의 수확이다.

Q. 책에 소개된 폴라로이드 사례가 흥미로웠다. 폴라로이드는 디지털 카메라로 대체될 시점에서도 종전 사업을 고수하다 결과가 좋지 않았다. 폴라로이드가 실은 당시 일찌감치 1200만 화소급 디지털 카메라 기술을 갖고 있었다고 했는데, 그럼에도 왜 디지털 전환을 하지 못했을까.

A 지나치게 '시장 분석'에 집착해서다. '혁신기업의 딜레마(크리스텐슨 저)'에 보면 혁신 기업일지라도 망하는 사례가 나오는데 이때 '존재하지 않는 시장은 분석할 수 없다'는 망령에 사로잡혔기 때문이라고 진단했다. 디지털 카메라 시장이 어떻게 될지 당시로서는 시장 분석이 거의 불가능했다. 분석할 수 없다는 이유로 뛰어들지 않은 업체들은 이후 회사가 힘들어졌다. 폴라로이드는 '분석'에 집착하지 말고 실패를 전제로 한 '학습'에 주안점을 둬야 했다. 즉, 새로운 기술을 일단 세상에 내놓은 다음 시장 반응을 보면서 가능성을 모색하는, 이른바 학습하는 자세가 필요했다.

Q. 지방 백화점으로 시작해 전국구로 커갔던 일본 소고백화점이 갑자기 망한 사례도 눈길을 끌었다. 탄탄해 보이는 기업이 의외로 별것 아닌 사건에 쉽게 무너지는 사례도 많다. 그 이유가 무엇일까.

A 사물을 바라보는 시각이 고정돼버린 것이 가장 큰 이유다. 실패 사례를 분석하면서 알게 된 것인데, 기업경영에서 성장과 의문은 반비례한다. 빠르게 성장하고 싶다면 가급적 의문을 품지 않는 편이 좋다. 사물을 바라보는 시각이 고정된 기업은 붕괴의 길을 걷게 된다. 그러므로 우리는 성장하는 가운데서도 의심하는 기술을 익혀야 한다. 끊임없이 '이것이 옳은 길인가?'를 의심하지만, 그러면서도 조금씩 앞으로 나아가야 한다. 그 균형 감각이 필요하다.

Q. 실패는 할 수 있다. 그런데 실패 후 재기는 상당히 힘들다. 실패를 몸에 좋은 쓴 약으로 활용하는 '좋은 실패'가 있는 반면 나쁜 실패도 있을 듯하다. 어떻게 구별할 수 있을까.

A 다음을 기약할 수 있는 실패는 좋은 실패고, 그대로 끝나버리는 실패는 나쁜 실패라고 할 수 있다. 설령 도산을 했더라도 기업 재건 후 그 경험을 살릴 수 있다면 그것은 좋은 실패라고 할 수 있다. 물론 실패를 저지른 시점에 그것이 좋은 실패인지 나쁜 실패인지 구별하기는 어렵다. 장기적인 시각으로 판단해야 한다.

Q. 책에 '실패를 통해서만 깨달을 수 있는 게 있기 때문'이라는 문장이 나온다. 이 대목을 보면서 실패 징후를 미리 알면 예방도 가능할 수 있다는 생각을 했다. 실패를 미리 감지할 수 있는 방법 혹은 방지할 수 있는 해법이 있을까.

A 유감스럽지만 그런 방법은 없다. 환경이라는 것은 끊임없이 변화하기 때문이다. 물론 재무제표에서 경향을 읽어내거나 경쟁 전략적으로 조짐을 감지할 수는 있다. 하지만 조짐을 감지해 냈다고 해서 그것만으로 실패를 방지할 수 있다고 말하기 어렵다. 이 두 가지는 별개의 문제다. 오히려 '조짐을 감지했으니 이제 걱정하지 않아도 돼. 실패는 없어'라고 안심하는 것이 실패의 싹으로 이어질 수도 있다. 우리는 매 순간 실패와 마주하고 있다고 인식하는 것이 중요하다.

Q. 실패를 기업 경영에 어떻게 효과적으로 활용할 수 있을까.

A 다른 기업의 실패를 연구해야 한다. 시곗바늘을 그 기업이 실패하기 전으로 되돌린 다음, '우리가 당사자였다면 어떻게 했을까?'를 논의해 보라. 이때 '우리도 당사자였다면 같은 결과를 맞이했을지 몰라'라는 인식 속에서 논의를 시작하는 것이 효과적이다. '이들은 멍청해서 실패한 거야'라는 관점에서 시작하는 논의는 거의 도움이 되지 않는다.

Q. 스스로도 창업해서 기업을 운영하고 있다. 창업하려는 혹은 방금 막 창업한 후배 기업인에게 '이것만은 하지 마라' 조언하고 싶은 게 있다면.

A 경영자가 '모든 것을 다 안다'고 착각하는 것이 가장 위험하다. 물론 회사 구성원 중에서 제일 많이 알 수는 있다. 그런데 이것이 심해지면 본인이 전지전능하다고 착각하게 된다. 이때가 가장 위험하다. 또 자신보다 젊은 사람, 경험이 부족한 사람 의견을 존중하지 않으면 필패한다. 얼마나 다양한 사람 의견을 귀담아 듣느냐가 성패를 좌우한다. 마지막으로 강하게 보이려고 어깨에서 힘을 빼지 않는 것도 위험하다. 기업 경영을 하다 보면 힘들고 약할 때도 있다. 이를 솔직하게 보이고 이해와 공감을 구하는 기술도 필요하다.

자료: 매경이코노미 제2110호, 2021.05.26.~2021.06.01. 일자, '잘나가던 기업이 왜 망했을까?' 저자 아라키 히로유키와의 인터뷰

토의과제

- 조직에 있어 계획의 중요성을 설명하시오.
- 경영계획의 수립과정을 설명하시오.
- 경영계획과 전략의 차이점을 설명하시오.
- 자기 자신에 대한 SWOT분석을 통하여 미래의 전략을 수립하시오.

참고문헌

- 서성무 외,『경영학의 이해』, 형설출판사, 2006.
- 유세준,『글로벌 시대의 경영학원론』, 제2판, 법문사, 2011.
- 유필화 외,『디지털시대의 경영학』, 박영사, 2006.
- 장세진,『경영전략』, 박영사, 2005.
- 조현래 외,『기업경영론』, 고려출판사, 2004.

CHAPTER

09

조직화

개미의 일과 최초의 조직화

아마존 강 유역에 특수한 개미들이 있다. 이 개미들은 식물의 잎을 자르는 일을 하는데 개미들이 어떻게 한 지역의 많은 잎을 자르고 운반할 수 있을까? 관찰자가 자세히 연구한 결과는 놀랍게 일하는 것을 발견하였다. 어떤 개미는 나뭇잎을 자르는 일, 다른 개미는 운반하는 일, 또 다른 개미는 운반하는 나뭇잎 위에 타고 가면서 다른 곤충을 공격하여 제거하고 기생충을 없이 하고 잎에서 발생하는 곰팡이를 보호하는 일을 효과 있게 하여 축구장 두 개 정도의 넓은 장소의 잎을 운반하는 장관을 연출하고 있다고 한다. 개미들이 일을 하다가 위험 사인이 나면 재빨리 땅속으로 피신한다. 작은 곤충인 개미들이 어떻게 그 많은 나뭇잎을 여름 동안 준비할 수 있을까? 개미의 사역은 팀 사역인데 여왕개미는 종족을 보존하며 일개미는 팀을 나누어 자르는 일, 운반하는 일, 곤충과 기생충을 제거하며 곰팡이로부터 보호하는 일을 하는 데 중요한 것은 철저한 조직화의 원리를 실천하고 있는 것이다.

이스라엘의 인도자 모세가 성공적으로 히브리민족 이스라엘 백성을 애굽에서 해방하고 홍해를 기적으로 건너고 호렙산 밑에 장막을 치고 거할 때 모세의 장인 미디안 제사장 이드로가 모세의 아내 십보라와 두 아들 게르솜과 엘리에셀을 데리고 모세의 장막을 찾아 왔다. 모세와 백성들이 성공적으로 애굽을 탈출하여 하나님의 산에 이르러 장막을 치고 있다는 소식을 듣고 장인 이드로가 방문한 것이다. 모세가 이스라엘 민족을 이끌어 오는 동안 가족들을 잘 돌보아 주신 장인을 반갑게 맞아들이고 절하고 입맞추고 자기 장막으로 영접하고 음식을 대접하게 된다.

그 이튿날에 모세가 재판석에 앉아 백성을 아침부터 저녁까지 판결하는 것을 본 이드로는 모세에게 충고하였다. “그대의 하는 것이 지혜롭지 못하도다. 그대와 함께한 이 백성이 필연 기력이 쇠하리니 이 일이 그대에게 너무 중함이라 그대가 혼자 할 수 없으리라. 그러므로 온 백성 가운데 인격과 능력이 뛰어난 사람을 선택하여, 능력에 따라 백성 위에 세워 천부장과 백부장과 오십부장과 십부장을 삼아 그들로 때를 따라 백성을 재판하게 하라.” 무릇 큰일이면 모세가 직접 재판하라고 충고하니 이에 모세가 자기 장인의 말을 듣고 그 모든 말대로 하여 이스라엘 전 백성을 통치하고 재판하는 일에 팀 사역을 도입하여 효과 있게 이스라엘을 통치하게 된다. 조직화는 여기서 최초로 탄생하게 된다.

자료: 구약성경 출애굽기 18:13-27.

제1절 조직화의 의의

조직화(organizing)란 계획을 통해서 목표가 설정되면, 목표를 달성하기 위해 조직을 설계하고 유지하는 관리과정을 말한다. 조직화는 조직구성원들이 기업의 목표를 달성하기 위하여 가장 효과적으로 협력할 수 있도록 수행하여야 할 업무, 즉 직무의 내용을 명확하게 편성하고, 또 그 직무수행에 관한 권한과 책임을 명확하게 함과 아울러 직무를 계층에 맞게 위임하여 상호관계를 설정하는 과정이라 하였다. 경영이란 조직이 목표를 설정하고 이를 효과적이면서도 효율적으로 달성하기 위하여 수단을 선택하여 실행하는 것이다. 이러한 경영목적을 달성하기 위해서는 구체적인 행동이 뒷받침되어야 한다. 경영목적을 달성하기 위한 구체적 행위는 계획하고 조직화하고 지휘하고 통제하는 행위를 말한다. 페욜(Fayol)은 경영활동을 여섯 가지로 나누어 상업, 재무, 기술, 보전, 회계, 관리의 활동으로 구분하고 그중 관리활동을 가장 중요한 활동으로 인식하면서 관리활동을 계획하고 조직화하고 지휘하고 통제하는 활동으로 분류하였다. 기업이란 생산과 마케팅을 주 기능으로 하고 인사나 재무, 정보관리나 회계 등을 지원기능으로 하여 경영활동을 수행한다.

경영목표를 달성하기 위해서는 기업 속에서 여러 단계의 하부활동이 수행된다. 하부활동이란 일반적으로 네 단계를 말하는데, 페욜이 주장하는 계획 → 조직화 → 지휘 → 통제를 말하며 이들 활동은 상호연계되어 있고 상호의존적이다. 그런데 이들 활동은 순차적으로 진행되며 하나의 활동은 다른 활동이 이루어졌음을 전제로 한다.

표 9-1 경영의 사이클과 경영목표

	생산	마케팅	인사	재무
계획	■	■	■	■
조직화	■	■	■	■
지휘	■	■	■	■
통제	■	■	■	■
부문별 목표	생산목표달성	마케팅목표달성	인사목표달성	재무목표달성
조직목표	경영목표의 달성			

1. 경영조직의 개념

환경의 어려움을 극복하기 위한 수단으로서 형성되는 협동 시스템이 바로 조직이라고 하는데, 이러한 입장에서 조직이란 "어떠한 목적을 달성하기 위하여 의식적으로 조정된 두 사람 혹은 그 이상의 인간활동 및 체계"라고 정의된다. 조직을 단순한 집단이 아닌 인간의 협동체계로서 보는 것이다.

브라운(Alvin Brown)은 경영조직이란 "경영의 각 구성원이 협동적 활동을 하고 경영목적을 더욱 효과적으로 달성하기 위하여 각 구성원들이 수행해야 할 역할과 각 구성원 간의 관계를 규정하는 것"이라 하고 "경영의 효과적인 관리를 위하여 조직은 그 구성원의 책임과 직무 간의 상호관계를 규정하여야 한다."고 하였다. 즉 조직에는 두 가지 중요한 과제가 있는데, 그 하나는 각 구성원의 책임과 직무를 정하는 것이며, 다른 하나는 그 직무 간의 상하관계를 정하는 것이라 할 수 있다(Brown, 1947). 경영조직에 대한 여러 가지 정의 중 브라운은 조직목적을 달성하기 위해 구체적으로 어떠한 과정을 포함해야 하는가를 강조하고 있다.

경영자들이 조직화를 훌륭하게 수행함으로써 그 조직이 얻게 되는 이점은 다음과 같다.

① 업무의 흐름을 명확히 한다.
② 개인별 직무에 대한 지침을 제공한다.
③ 각 직무를 성공적으로 수행하기 위한 행동체계를 마련하여 계획수립과 통제에 도움을 준다.
④ 의사소통과 의사결정을 위한 경로를 만들어 준다.
⑤ 직무의 중복과 업무에 대한 갈등을 막아준다.
⑥ 각 구성원의 활동을 조직목표에 연결시킴으로써 직무수행성과를 증대시킨다.

2. 조직화 과정의 원칙

경영자가 경영조직을 구성하여 운영함에 있어서 지켜야 할 조직의 원칙에는 여러 가지가 있다. 그러나 이 같은 반드시 절대적인 것이 아니라 조직화에 효과가 있다고 인정되는 일반적 원칙이다. 조직화의 원칙에는 여러 학자의 주장이 있지만 그중 중요하다고 하는 몇 가지를 살펴보고자 한다.

(1) 명령일원화의 원칙

명령일원화의 원칙은 조직에 속해 있는 사람은 오직 한 사람으로부터 명령을 받고 한 사람에게 보고를 해야 한다는 원칙이다. 만약 이러한 원칙이 지켜지지 않고 두 사람 이상의 상급자로부터 명령을 받을 경우 누구의 명령을 이행해야 할 것인가 하는 문제와 명령의 내용이 상충될 경우 어떤 명령을 이행해야 할 것인가 하는 문제 등을 발생시킬 수 있다. 명령일원화의 원칙이 잘 지켜질 경우 조직 활동에서 야기되는 갈등이 점점 감소될 수 있으나, 반면에 잘 지켜지지 않을 때에는 조직의 고유목표달성의 저해는 물론 조직내부에 큰 혼란이 야기된다.

(2) 권한 위임의 원칙

권한 위임의 원칙은 조직의 목표를 달성하기 위한 활동을 함에 있어서 상급자의 명령이나 지시를 받지 않고, 담당자의 재량으로 과업을 수행할 수 있도록, 상급자가 갖고 있는 직무 권한의 일부를 필요에 따라 담당자에게 위임하는 것을 말한다. 이러한 원칙을 통하여 상급자에게 집중되는 직무 수행 권한을 분산하여 환경 변화에 신속하게 대응할 수 있도록 하며, 직무 담당자에게도 만족을 줄 수 있다. 그러나 권한 위임의 원칙에는 상급자가 하급자에게 권한을 위임했다고 하더라도 그에 대한 책임까지 위임할 수는 없는 책임 절대성의 원칙이 있다.

(3) 통제 범위의 원칙

통제 범위의 원칙은 감독한계의 원칙이라고도 하며, 이는 한 사람의 상급자가 능률적으로 직접 지휘 · 감독할 수 있는 하급자의 수에는 일정한 범위가 있어야 한다는 원칙이다. 통제의 범위가 너무 광범위한 경우에는 의사소통 및 감독과 조정이 곤란해져서 조직능률이 저하되고, 반면에 통제의 범위가 너무 작을 때는 지나친 감독으로 인하여 하급자의 창의성과 자주성의 발휘가 방해된다.

적정한 통제의 범위에는 일정한 기준이 있는 것이 아니고 상급자의 개인적 능력과 통제력, 과업의 중요성과 다양성, 하급자의 능력, 조직 활동의 지역적 분포, 조직특성에 따라 감독의 폭이 달라질 수 있다. 일반적으로 상위계층에서는 4~5명의 하급자를, 하위계층에서는 8~15명의 하급자를 통제할 수 있다고 한다.

(4) 계층단축화의 원칙

계층단축화의 원칙이란 최고경영층부터 작업자에 이르기까지 상하의 계층이 길게 되면, 그만큼 상하의 의사소통이 어려워지고, 명령이나 정보도 신속히 전달될 수 없을 뿐만 아니라 중간관리자의 수도 많아지고 인건비도 많이 든다. 따라서 이러한 폐단을 없애고 조직의 효율을 높일 수 있도록 조직계층은 가능한 한 단축하여야 한다는 원칙이다.

(5) 책임과 권한 동등의 원칙

책임과 권한 동등의 원칙은 조직에서 각 구성원의 직무에 대하여 책임과 권한의 상호관계를 명확히 하여야 한다는 원칙이다. 즉, 개인에게 할당된 직무에는 반드시 직무수행의 권한이 주어져야 하고, 권한 행사의 결과에 대한 책임이 수반되어야 한다는 것이다.

오늘날 조직은 대체적으로 권한은 위로 모이고 책임은 아래로 전가되는 현상이 많은데 이는 조직의 목표달성에 결코 도움이 되지 않음을 상위계층에서는 알아야 한다.

(6) 전문화의 원칙

전문화의 원칙은 분업화의 원칙이라고도 하는데, 이 원칙은 조직의 구성원에게 가능한 한 특정업무를 전문적으로 수행하도록 일을 분담시켜야 한다는 원칙이다. 즉 숙련이나 전문적 지식의 습득을 용이하게 하고 경영능률을 향상시키기 위해서는 여러 가지 활동에 종사할 것이 아니라 특정의 한정된 종류의 활동에 노력을 집중해야 한다는 조직원칙이다. 조직은 이 원칙에 따라 세분화 · 부문화가 이루어지고, 업무는 제품별 · 지역별 · 공정별 · 거래처별 · 기능별 직무 특성요건에 따라 전문화된다.

(7) 기능화의 원칙

기능화의 원칙은 업무수행에 필요한 기능에 근거하여 조직이 편성되어야 한다는 원칙이다. 조직의 직무를 기능에 따라 통합하여 조직을 편성하고 각 직무에 적합한 종업원을 배치함으로써 조직의 효율성을 높일 수 있다는 원칙이다.

(8) 조정의 원칙

조직의 각 구성원이 분담하고 있는 업무는 조직목표의 달성 관점에서 가장 효율적으로 수행할 수 있도록 상호 통합되어야 한다는 원칙이다. 현대 경영은 조직의 능률을 향상시키기 위해 전문화 · 부문화를 추구하는 과정에서 발생하는 부문 간의 갈등과 마찰을 최소화하고 협동적인 인간관계를 위해 조정이 불가피하다.

제2절 경영조직구조

조직구조(organization structure)는 개인과 집단의 과업을 통해 공동의 목적을 수행하기 위해 분화하고 조정하는 직무관계의 공식적 체계이다. 높은 생산성은 과업수행에 적합한 자원의 배치와 활용 그리고 과학적인 조직구조에 달려 있다. 다른 사람의 도움 없이 혼자서 성과달성의 성공을 기대하기는 어렵다. 조직구조는 조직의 구성원들이 생산적 과업을 수행하기 위하여 함께 일할 수 있게 해준다. 즉, 조직의 구조와 자원은 개인과 집단의 직무를 효율적으로 수행하여 좋은 성과를 거둘 수 있도록 지원한다.

1. 조직구조의 구성요소

조직구조는 수평적 또는 수직적 분화, 집권화와 분권화, 공식화로 구분된다.

(1) 수평적 분화

수평적 분화과정이란 모든 조직이 동일한 것은 아니나 수행될 업무의 종류에 의해 다음과 같이 구분된다.

① **직능적 분화**: 기업이 수행해야 하는 기본적인 직능에 따라 구분하는 것이다. 기업목적을 달성하기 위한 구매-제조-판매의 순환과정에 따라 구매, 제조, 판매의 직능별 분화를 말한다. 이러한 직능적 분화에 의해 구매부, 제조부, 마케팅부문이 형성된다.

② **요소적 분화**: 업무를 수행하는 데 필요한 구성요소에 의하여 업무분화를 하는 형태이다. 즉, 기업이 경영관리활동을 위해서 인원, 자금, 물자, 기술의 요소가 결합될 필요가 있으며, 이와 같은 구성요소를 기준으로 분화하는 것을 요소적 분화라 한다. 이러한 요소적 분화에 의해 인사부, 경리부, 총무부, 기술부 등이 형성된다.

③ **과정적 분화**: 관리과정에 따라 조직의 업무분화를 말한다. 직능적 분화 및 요소적 분화에 의해 형성되는 직무에는 그 내용에 관계없이 공통적으로 존재하는 국면이 있는데, 계획, 조직, 지휘, 통제 등의 관리과정이 그것이다. 이와 같은 관리과정에 따라 분화되는 업무분화가 과정적 분화이다. 과정적 분화에 따라 기획부, 조직부, 통제부와 같은 부문이 형성된다.

④ **단위적 분화**: 각 조직이 독자적인 수행능력을 유지하는 구성단위별로 분화하는 것으로 구체적으로 지역별, 제품별, 고객별로 업무를 분화하는 것을 단위적 분화라 한다. 이에 따라 형성되는 사업부제 조직이 여기에 속한다. 따라서 이들 네 가지 유형으로 구성되는 수평적 분화는 [그림 9-1]과 같이 정리될 수 있다.

그림 9-1 조직의 수직적 분화와 수평적 분화

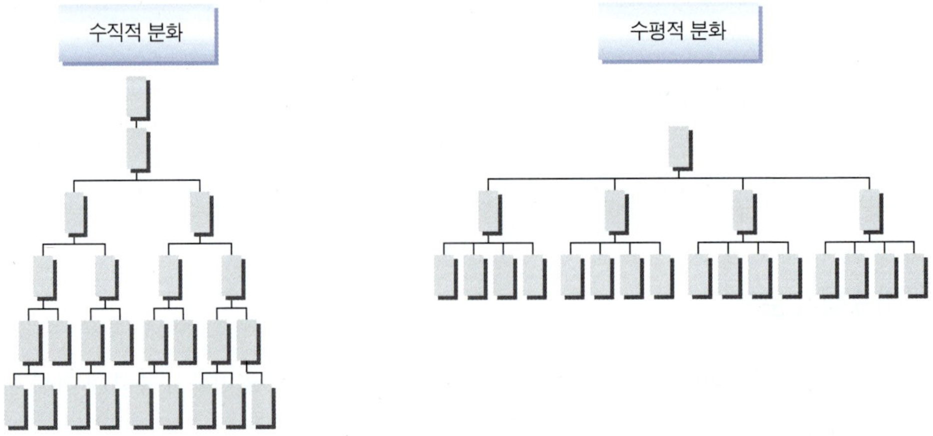

조직의 수평적 분화과정은 다음과 같은 두 가지 점을 제시한다.

첫째, 조직규모의 확대에 따라 조직의 분화과정을 나타내는 업무분화 과정을 제시한다.

즉, 조직은 초기단계에서는 가장 기본적인 기능의 수행만을 필요로 하므로 직능적 분화에 의한 업무분화가 발생한다. 따라서 이를 1차적 업무분화 과정이라 할 수 있다. 다음 단계로 조직규모가 확대되면 구성요소별로 더욱 전문적으로 관리할 필요가 있으며 이에 따라 조직의 2차적 업무분화인 요소적 분화가 발생되며, 그 다음으로 관리과정의 더욱 효과적인 운용을 위해 3차적인 업무분화인 과정적 분화가 발생된다. 조직규모가 더 확대되면 각 조직은 독자적인 업무를 수행하면서 각 사업부별 특성에 따라 구분하여 운영하는 단위적 분화현상을 볼 수 있을 것이다.

둘째, 라인부문과 스텝부문의 발생과정을 볼 수 있다.

1차적 업무분화 과정인 직능적 분화과정에 의해 형성되는 부문을 라인부문이라고 한다. 스텝은 라인의 기본적 활동에 대하여 조언 및 조력을 하는 역할을 하는데, 2차적 분화인 요소적 분화는 구성요소에 따른 전문적 기술을 라인에게 제공하므로 전문 스텝부문을 형성해 주며, 3차적 분화인 과정적 분화는 관리과정과 관련하여 라인을 보좌하므로 관리 스텝부문을 형성해 준다. 이처럼 조직의 분화과정은 라인부문과 스텝부문이 형성되는 과정을 설명해 준다.

(2) 수직적 분화

기업의 업무활동은 업무종류에 의한 수평적 분화뿐만 아니라 계층별 구분에 의한 수직적 분화가 이루어진다. 수직적 분화는 먼저 관리직능과 작업직능으로 구분되며, 관리직능은 계층화의 원리와 감독한계의 원리에 의해 최고관리직능, 부문관리직능 및 현장관리직능으로 나누어진다.

1) 관리직능의 분화

① **최고관리직능의 분화**: 기업 전체의 관점에서 기업활동의 전반적 목표를 설정하고, 그에 따라 기본방침 및 종합적인 계획을 수립하고, 수행결과를 통제하는 최고관리직능의 분화를 말하며, 이와 같은 최고경영직능의 분화에 의해 최고경영층(top management zone)이 형성된다.

최고관리직능은 다시 신탁직능과 전반관리직능으로 세분된다.

- **신탁직능(trusteeship function):** 주주총회에 의하여 주주들의 재산이 효율적으로 운영되도록 신탁을 받아 이를 전반적으로 관리하는 직능으로서 이에 의해 수탁경영층(trusteeship zone)이 형성되며, 이 부문이 바로 이사회(board of directors)이다.
- **전반관리직능(general management function):** 신탁부문에 의해 결정된 기본방침 아래서 기업경영 전반에 관한 종합적인 계획을 수립하고 이의 수행을 집행 통제하는 직능으로서 전반관리직능의 분화에 의해 전반관리층(general management zone)이 형성된다.

② **부문관리직능의 분화:** 최고경영층에 의해 수립된 기본방침 및 종합계획에 따라 해당 부문에 대한 집행방침을 결정하고 실행계획의 수립, 필요 조직의 편성, 실행결과의 통제직능을 수행하는 부문관리직능의 분화이다. 이는 앞서 최고관리직능이 기업 전반에 관련된 것임에 반하여 기업의 특정부문과 직접적으로 관련된다는 점에서 다르다. 이러한 부문관리직능의 분화에 의해 중간관리층(lower management zone)이 형성된다.

③ **현장관리직능의 분화:** 중간관리층에 의해 수립된 부문방침에 따라 실제 작업현장에서 적용되는 계획, 조직, 지휘, 통제활동을 실시하는 현장관리직능의 분화형태로서 실제적인 업무진행과정과 관련하여 요구되는 감독기능이 강조된다. 이와 같은 현장관리직능의 분화에 의해 하위관리층이 형성된다.

2) 작업직능의 분화

이것은 실제 현장에서의 작업을 중심으로 하는 직능의 분화로서 제조업의 경우 원재료의 구입(구매), 원재료의 가공(제조), 제품의 판매(마케팅) 등의 개개 작업을 말한다. 작업조직의 분화는 실제로 작업을 실시하는 종업원 개개인을 의미한다.

(3) 집권화와 분권화(Centralization and Decentralization)

경영자는 어느 정도까지 권한을 위임하기를 원하는가? 집권적 경영자란 가능한 한 최소한의 권한만을 위임하고자 하는 경영자를 의미한다. 이들은 모든 권한을 자기가 가지고 있음으로써 가장 효과적인 의사결정을 할 수 있다고 생각한다.

서울의 영등포 외곽에 있는 수많은 공업사들은 소수의 직원들로 이루어진 중소기업의 전형이다. 이 중의 한 회사인 A사에서는 사장이 거의 모든 의사결정을 한다. 사장은 기술자 출신으로 제품의 기술적 특성에 대해 누구보다도 잘 안다. 그는 동시에 큰 고객을 상대하여 주문을 받고 가격을 결정해 준다. 은행관계, 세무서 관계, 정부관계 등 그의 손을 거치지 않고는 아무런 의사결정도 이루어지지 않는다. 사소한 지출도 사장의 결재가 없이는 이루어지지 않는다. 이 회사는 상당한 이익을 통해 성장을 하였으나, 회사의 규모가 커지자 사장은 하루 24시간으로도 회사의 일을 다 처리하지 못하고 쩔쩔매게 되었다. 더욱이 독자적으로 결정한 몇 차례의 잘못된 사업확장 시도로 이 회사는 어려움을 겪게 되었다. 집권화의 피해이다.

분권화란 하위계층에 업무를 위임하는 것을 말하며, 위임하는 정도와 자율적 업무추진 정도가 높으면 분권화 정도가 높은 것이다. 즉 의사결정권과 명령지시권이 조직의 여러 계층에 위임된 상태를 가리킨다. 조직의 상층부에서 모든 의사결정을 하는 것이 아니고 의사결정권의 일부 또는 많은 부분을 하위층에 위임하는 권한배분방식이다. 최근에는 권한을 위임하는 것뿐만 아니라 목표성취를 적극 지원하고 고무하는 임파워먼트에 관한 관심이 높아지고 있다.

(4) 공식화(Formalization)

조직에서 수행해야 할 과업 중 비교적 단순하고 반복적인 작업의 경우 작업에 관계되는 동작을 구체적으로 표준화하는 것이 가능하며 또한 표준화하여 이를 공식화(문서화)함으로써 작업의 정확도를 높이고 생산성을 높일 수 있다. 공식화된 조직에서 직무수행에 관하여 언제, 무엇을, 어떻게 수행해야 하는가 하는 행위를 미리 정하기 위해 절차와 규칙의 명시화된 정도를 의미한다.

예를 들어 은행의 업무창구나 동사무소의 업무창구의 경우 고객이나 민원인을 맞이할 때의 인사법이라든가 고객에게 서비스를 수행하는 절차와 방법을 사규나 책자로 만들기도 하고, 또 어떤 기업에서 규정과 절차가 문서화되어 있지 않더라도 하나의 관행으로서 엄격하게 적용하기도 한다. 이와 같이 조직에서 업무수행과 관련된 규정과 절차를 문서로 명시하여 그에 일치되도록 요구하거나, 암묵적으로 구성원들에게 그러한 것이 인식되도록 하는 경우를 볼 수 있는데, 이러한 것이 많을수록 공식화의 정도가 높게 나타난다(신유근, 2000).

2. 조직구조에 영향을 미치는 요인

조직을 설계하는 데는 어느 경우에나 가장 적합한 효과적인 조직이 존재할 수는 없고 상황에 따라서 효과적인 조직이 달라진다는 조직설계의 관점이다. 조직설계와 관련된 여러 가지 요소들, 즉 조직의 전략, 규모, 나이, 환경, 기술, 조직문화 등과 같은 요소를 고려하여 조직을 설계하여야 한다.

(1) 전략

조직환경이 복잡해지고 다양해짐에 따라 경쟁이 심화되고 전략이 차지하는 비중이 상대적으로 커지고 있다. 따라서 조직설계에 있어서 전략의 영향은 지대하다고 할 수 있다. 전략에 따라 기업의 나아갈 방향을 결정하고 자원과 인력을 집중하게 됨에 따라 전략은 조직구조를 결정한다는 유명한 명제가 생겨나기도 했다.

전략적 결정에 따라 이를 효과적으로 추진할 수 있는 새로운 조직단위를 신설하거나 기존의 조직구조를 재편성해야 할 필요성이 증대하게 된다.

(2) 규모

조직의 규모란 조직의 크기를 말하는데, 기업에 속해 있는 사람들의 수를 기준으로 하거나 기업이 보유하고 있는 자산규모 · 자본규모 등 입장에 따라서 그 정의를 다르게 내리기도 하나 조직설계 시는 종업원들의 수를 기준으로 하는 경향이 있다.

조직의 규모가 커진다는 것은 사람의 수도 많아지고 사람마다 맡은 전문화된 일도 많다는 것을 의미한다. 즉, 조직이 커지고 일이 세분화되며, 보다 많은 규칙과 절차를 갖게 되면, 권한계층이 많아지고 의사결정이 분권화된다. 조직이 커질수록 경영자는 조직 장악이 어려워져서 더 많은 관리자와 부서가 필요하게 된다. 따라서 조직의 규모는 조직설계에 결정적인 영향을 미치게 된다.

(3) 나이

조직은 역사가 쌓여 갈수록 업무량에 관계없이 계속 커지는 경향이 있다. 조직구조는 고착화되고 표준화된 절차와 시스템을 만들어 낸다. 오랜 기업들은 지속적인 혁신과 변화 없이는 기계적인 조직구조를 가지게 되는 경향이 있다. 조직이 창업해서 성장하며 성숙단계를 거치는 조직성장단계에 따라서 조직구조가 달라지는 경향도 있다.

(4) 환경

환경은 확실성 · 불확실성이라든가, 동질적 · 이질적, 안정적 · 불안정적과 같은 특성을 가지고 있다. 기업활동에 직접적으로 영향을 미치는 환경의 요구에 대응할 수 있도록 조직을 설계해야 조직의 유효성을 높일 수 있을 것이다.

환경이 안정적이고 예측가능성이 높은 경우는 기계적인 조직구조가 적합하다. 예를 들어 환경이 예측가능하고 불확실성이 낮은 경우는 대량생산체제를 갖춘 기업의 생산부서는 높은 공식화와 높은 집권화에 의존하여 설계해야 한다. 예측하기 어려운 환경 속에서 환경변화에 잘 대응하기 위해서는 조직의 유연성을 유지해야 하며, 환경변화가 심한 경우는 유기적 조직구조가 적합하다. 불확실성이 높은 연구개발부서는 낮은 공식화와 분권화에 의한 조직구조가 바람직하다.

(5) 기술

조직구조는 조직의 기본적인 기술에 적합하게 설계되어야 한다. 예를 들어 자동차나 전자회사는 석유화학과 정유공장의 생산공정과는 전혀 다르므로 조직설계도 달라야 한다. 즉 조직구조는 기업의 기본적인 기술에 맞게 설계되어야 한다. 소품종 대량생산이나 다품종 소량생산기술의 사용 유무에 따라 조직의 설계도 달라짐은 물론이다.

(6) 조직문화

제5의 생산요소라고 하는 조직문화는 기업을 이끄는 동인이며 조직의 저변에 흐르는 정신적인 배경으로서 조직의 구성원들이 상호 간의 학습과정을 통해 공유하는 가치관과 신념, 이념과 규범, 전통과 관습, 의식과 관행, 지식과 기술 그리고 상징 등을 의미하며 조직의 태도와 행동에 지대한 영향을 미치며 조직의 성패가 좌우된다.

그리고 조직문화는 문화적 동질성을 강화하기 위한 규범을 증가시키고, 한계를 벗어난 행동에 제재를 가하는 등 조직체계의 안정성을 높이게 되며, 구성원들로 하여금 조직에 대하여 학습하도록 함으로써 구성원들의 사고와 행동을 원하는 방향으로 변화시켜 나갈 수 있다.

조직문화는 조직 외부의 환경변화나 내부 상황으로 인하여 변화하게 되는데, 특히 조직의 성장단계에 다라 조직문화의 기능이 크게 달라지므로 각 단계별로 요구되는 조직문화의 특성을 고려해야 할 것이다.

3. 조직구조의 설계

조직을 설계한다는 것은 새로 설립되는 조직을 바람직한 모습으로 체계화하거나 또는 비효과적인 기존의 조직을 더 효과적으로 새롭게 바꾸는 것을 말한다. 효과적인 조직설계는 조직설계 시 필요한 기본적인 요소들과 상황적인 요소를 잘 고려해야 한다.

(1) 공식조직과 비공식조직

1) 공식조직

공식조직(formal organization)이란 일정한 목표를 합리적으로 달성하기 위해서 인위적 · 의식적으로 형성된 유기체로서 회사의 규정이나 직제에 의하여 공식화된 조직을 말한다. 어떤 회사의 건물에 들어섰을 때 보이는 층별 안내판을 보면, 사장실은 5층, 전무 및 상무를 포함한 임원실은 4층, 인사부 · 총무부 · 경리부는 3층, 기획관리부는 2층, 영업부는 1층과 같이 표시되어 있다. 안내판에 나타나 있는 다양한 직위들과 부서들은 그 회사의 목표를 달성하기 위하여 필요한 업무의 분담과 책임관계를 공식적으로 명확하게 표시해 놓은 것으로서 보통 조직도로 알 수 있는 것이다(신유근, 2000).

조직도(organization chart)는 기업조직 내에 직무(일)의 내용과 일하는 사람의 역할과 책임을 나타내는 그림이다. [그림 9-2]는 제조업에 적용되는 가장 일반적인 조직도를 나타내고 있는데, 이러한 조직도는 조직구성원들의 권한과 책임, 일의 배치, 자원의 배치를 표시하고 있다. 이러한 조직 내부에서 낚시회, 볼링회, 산악회 등과 같이 구성원의 취미나 기호에 의하여 조직을 형성할 수도 있고, 향우회 · 동문회 같이 몇몇 조직을 형성할 수도 있다. 이러한 조직은 비공식조직이다. 조직도를 통해서 다음과 같은 경영조직의 특성을 파악할 수 있다(임익순 외, 1995).

그림 9-2 공식조직의 구조

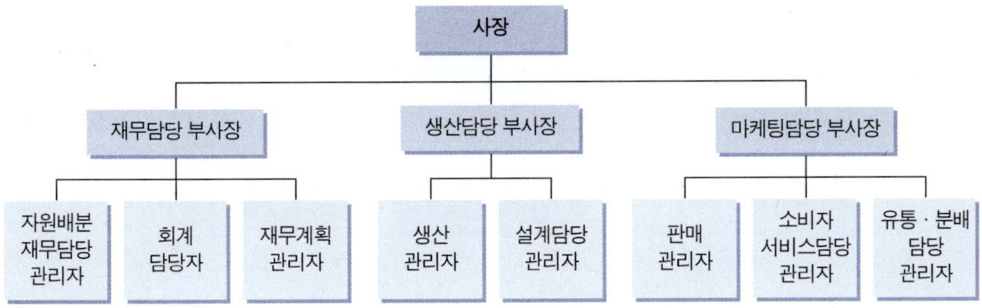

① **직무의 분할**: 조직업무가 분할되어 형성되는 직무단위는 일반적으로 조직도에서 사각형으로 나타난다. 각 사각형은 직무가 부과되고 개인이나 집단, 스텝의 과업이 이루어지는 직위를 나타낸다(서성무 외, 1997).[그림 9-3]

② **상사–부하관계**: 사각형 사이의 굵은 선은 상사와 부하종업원 사이를 연결시키는 권한관계를 나타낸다. 전형적인 조직도는 권한의 단계에 따라 누구에게 보고할 것인지를 나타낸다.

③ **과업종류**: 조직도 내의 사각형 안의 직위 명은 그 직위담당자에게 할당된 과업의 성격을 의미한다.

④ **하부단위(부문)**: 훌륭한 조직도는 여러 직위들이 각 경영자 아래에서 어떻게 집단화되어 하부단위를 형성하는지를 보여준다. 이러한 하부단위를 흔히 부문 또는 부서(department)라고 부른다.

⑤ **관리단계**: 완전한 조직은 전체적인 권한단계에서의 관리적 체계를 갖는다. 이러한 것은 상사–부하관계에 따라 직무가 부과되고 지휘 · 통제가 이루어지는 관리계층을 형성하게 된다.

결국 전형적인 조직도는 조직의 기본적인 분업체계의 기본요소와 그것들을 서로 연결시키는 공식적 권한체계를 보여준다. 따라서, 조직도는 조직의 공식적 구조(formal structure)를 나타내게 되는 것이다.

그림 9-3 일의 분할단계

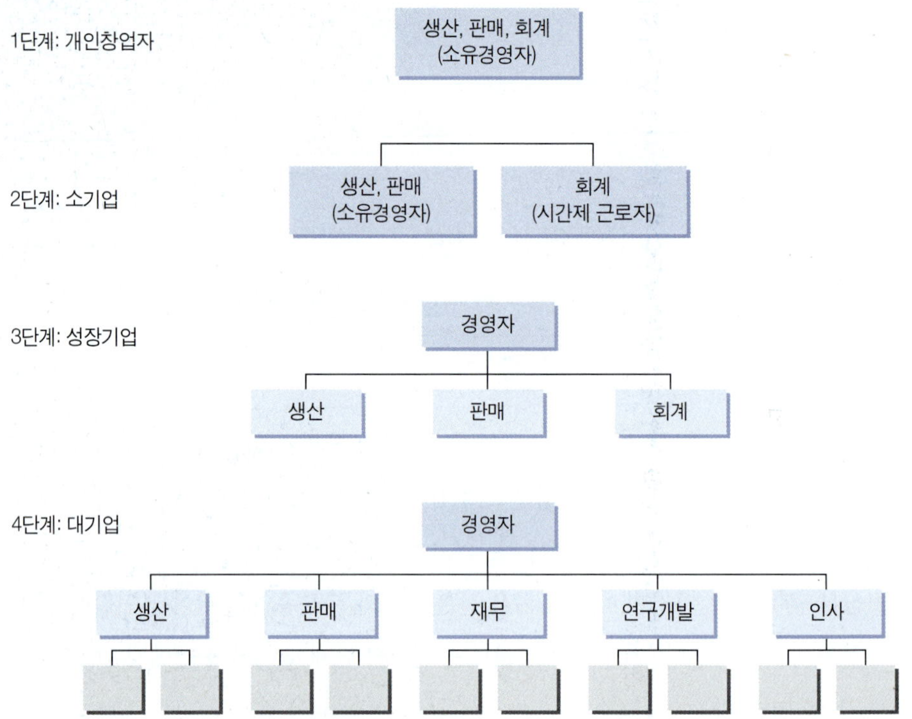

자료: 서성무 · 이지우, 경영학 원론, 형설출판사, 1997.

2) 비공식조직

비공식조직(informal organization)은 조직 내에서 개인과 집단의 본능적인 사회적 욕구를 충족시키기 위해서 자연발생적으로 형성된 조직을 의미한다. 모든 공식조직의 이면에는 알려지지 않은 그림자조직(shadow organization)이 있다. 이러한 공식조직의 이면에 있는 조직이 비공식 조직이다. 비공식적 조직은 조직도 상에 나타난 공식조직과 함께 존재하고 있지만, 문서화되지 않고 공식적으로 인지되지 않은 조직이다.

① 비공식조직의 이점

비공식조직은 공식조직에 매우 긍정적인 지원을 제공할 수 있다. 공식적 구조가 최초에 잘 설계되었다 할지라도 미래의 모든 문제들을 예측하고 해결할 수 있도록 계획될 수는 없다. 특히, 급격히 변동하는 환경 하에서 비공식적 구조는 다음과 같은 이점을 조직에 제공해 준다.

첫째, 수행하기 어려운 과업을 달성하게 한다.

둘째, 조직 내의 의사소통을 원활하게 한다.

셋째, 조직구성원들이 서로 지원하고 보호하도록 한다.

넷째, 개인의 사회적 욕구를 만족시켜 준다.

다섯째, 일체감과 소속감을 형성시킬 수 있다.

② 비공식조직의 문제점

비공식적 조직은 공식조직을 지원해 주는 위와 같은 이점도 있으나, 또한 몇 가지 문제점을 지니고 있다.

첫째, 비공식적 조직은 공식적인 권한체계 밖에 존재하기 때문에, 그것은 독립적이며, 때때로 조직 전체의 최상목표와 반대로 작용하는 경향이 있다.

둘째, 사람들이 비공식적 조직을 형성하여 활동하면서 공식적 구조의 권한과 의사소통 경로로부터 벗어나는 경우가 있다.

(2) 기계적 조직과 유기적 조직

1) 기계적 조직

기계적 조직(mechanic organization)은 생산성 향상과 효율성 증대를 이룩하기 위하여 조직의 공식화, 직무전문화 그리고 집권화를 강조하는 조직이다. 기계적 조직의 특성은 [그림 9-4]에서 보는 바와 같이 권한이 상위층에 집중되어 있으며, 규칙이나 절차가 엄격하게 적용되고, 조정은 공식적이고 비개인적으로 이루어진다. 그리고 일은 분업에 의하여 전문화되어 있고 관리범위는 좁다. 따라서 조직의 직무들이 단순하여 표준화되기 쉽고 일상적으로 처리될 수 있을 때 보다 효과적으로 사용될 수 있는 조직구이다. 따라서 막스 베버의 관료제조직은 기계적 조직의 전형적 모형이라고 할 수 있다.

2) 유기적 조직

유기적 조직은 기계적 조직에 비하여 유연하고 부드러운 조직으로서 신축성과 적응성의 극대화를 꾀하는 조직구조를 형성하게 된다. 이러한 유기적 조직은 직무의 전문화나

그림 9-4 기계적 조직과 유기적 조직의 모형

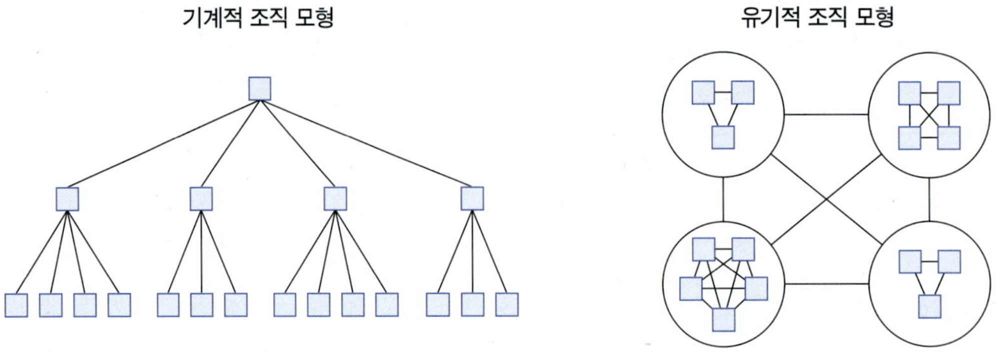

- 고도의 전문화
- 엄격한 부문화
- 명확한 명령계통
- 좁은 통제범위
- 집권화
- 높은 공식화

- 교차적 기능별팀
- 교차적 계층별팀
- 자유로운 정보흐름
- 넓은 통제범위
- 분권화
- 낮은 공식화

공식화된 규칙 등을 강조하지 않는 반면에, 인간의 잠재능력의 활용을 중시한다. 유기적 조직은 [그림 9-4]에서 알 수 있듯이 권한이 분산되어 있고, 규칙과 절차가 많지 않으며 엄격하지도 않아 신축적으로 적용할 수 있다. 그리고 일의 분할에 대해서 엄격하지도 않고 관리의 폭도 넓으며, 조직 내 조정활동이 개인적이며 비공식적으로 이루어지는 경향이 많다. 이와 같이 유기적 조직은 조직상황의 변화가 심하고 불안정한 경우에 보다 적합하게 적용될 수 있는 조직설계 모형이다.

기계적 조직과 유기적 조직은 조직설계전략의 연속선상에서 양극단을 이루고 있다. 번즈(Burns)와 스톨커(Stalker)는 20개의 조직을 대상으로 연구를 한 결과, 외부환경과 조직의 내부 구조가 서로 관련이 있음을 발견했다. 동태적인 환경에 직면한 조직은 문서화된 규칙이나 절차가 거의 없고, 의사결정권도 분권화되어 있고 토론이나 상호작용으로 종업원 간의 갈등을 해결하며, 종업원 간의 의사소통도 빈번하며 뜻밖의 상황에 유연하게 대응할 수 있는 유기적 조직구조를 갖추고 있었다. 반면, 안정적인 환경에 직면한 조직은 의사소통을 주로 문서에 의존하며, 의사결정도 소수의 경영자에 의해서 행해지며, 정보의 흐름도 제한되어 있으며, 종업원 간의 갈등은 상급자의 의사결정에 의하여 해결되며 규정된 상황만 적절히 취급할 수 있는 기계적 구조를 갖추고 있었다(김인수, 1994).

조직설계자는 이러한 요소들을 고려하여 기계적 조직구조를 만들 것인지 유기적 조직구조를 만들 것인지를 고려해야 한다.

제3절 조직구조의 유형

1. 기능별 조직

기능별 조직(functional organization)은 기능적으로 서로 관련이 있거나 동일한 작업이나 업무를 담당하는 사람들을 한 부서에서 일하게 하는 것으로 가장 기본적이며 흔히 볼 수 있는 유형이다([그림 9-5] 참조). 예를 들면, 총무부, 경리부, 생산부, 영업부와 같은 부서로 나누는 방식이다. 기능별 조직은 효과적으로 운영될 때 분업화와 조직원의 전문화를 높일 수 있을 뿐만 아니라 리더의 명령에 따라 조직이 일사분란하게 움직일 수 있는 장점이 있다. 이러한 조직형태는 주로 제한된 품종을 생산, 판매하는 중소기업에 적합하다. 그러나 조직이 지역적으로 확장되거나 생산품목이 늘어나서 규모가 커지면 기능별 조직으로는 한계가 있다. 즉 조직이 비대해지고 환경이 복잡해질수록 리더 혼자 모든 일을 감당할 수 없게 되고, 조직은 관료화되는 경향이 있다. 또한 부서 간의 유기적인 협조체계가 부족하고, 변화에 신속히 적응하지 못하는 문제점을 가지고 있다. 이와 같은 기능별 조직의 장 · 단점은 〈표 9-2〉와 같이 요약될 수 있다.

그림 9-5 기능별 조직

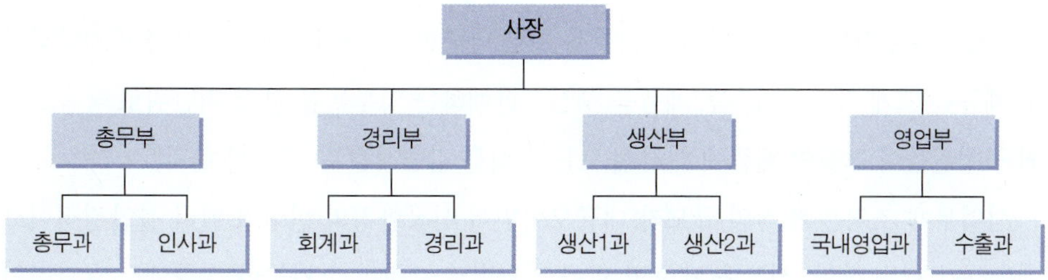

표 9-2 기능별 조직의 장 · 단점

장점	단점
• 기계설비나 장비와 같은 자원을 효율적으로 활용할 수 있다. • 기능영역별 전문성을 높여 주며, 기능훈련이 효과적으로 이루어질 수 있다. • 동료들 사이에 전문적 지식과 정보의 공유, 기능전수가 쉽게 일어난다. • 부서 안에서 조정 필요성이 적다.	• 이질화로 인해 부서 사이의 의사소통이나 조정에 심각한 문제가 발생할 수 있다. • 커지면 문제에 대한 반응이 느려진다. • 업무처리능력을 갖춘 전문경영자 양성이 어렵다. • 책임소재가 불분명하다.

2. 사업부제 조직

기업이 점점 대규모화하게 되어 다양한 제품을 생산하게 되거나 많은 고객을 갖게 되면 시장 변동에 매우 민감해질 수밖에 없게 되는데, 이러한 필요를 라인조직이나 라인스텝 조직은 충족시켜 줄 수 없다. 이에 시장 등 경영환경 변화에 전념할 수 있는 조직으로 등장한 것이 사업부제 조직 형태이다(신유근, 2000).

사업부제 조직(divisionalized organization)은 전통적인 기능적 · 집단적 조직형태와는 달리 단위적 분화의 원리에 따라 사업부단위를 편성하고 각 단위에 대하여 독자적인 생산과 영업 및 관리 권한을 부여하여 제품별 · 시장별 · 지역별 이익중심점(profit center)을 중심으로 독립채산제를 실시하는 조직형태이다. 이처럼 사업부제 조직은 각 사업단위별로 자율적 조직운영을 하는 것이 특징이다.

[그림 9-6]에서 볼 수 있는 바와 같이 사업부제 조직에서는 각 사업부가 모든 과업의 계획, 집행, 그리고 성과분석에 이르기까지 마치 하나의 개별 기업을 운영하는 것과 유사한 경영활동을 하는 이른바 "자기 스스로 충족하는"(self-contained) 조직이 된다. 본사는 전 사업부가 전체 목표를 추구하는 데 일탈하지 않도록 통괄하기 위하여 기본방침과 기본계획을 수립하며 조정 · 통제의 역할을 주로 담당한다. 사업부제 조직은 결과지향적이고 제품을 크게 강조한다. 즉, 제품을 생산 · 판매하는 임무들을 한 조직단위로 묶음으로써 구성원들이 그들의 제품에 대하여 모든 노력을 집중시킬 수 있도록 한다.

사업부제 조직은 조직의 규모가 대규모이면서 시장환경의 변화가 빨라 불안정적이고 예측하기 힘든 상황, 시장을 제품별 또는 지역별로 세분화가 가능한 상황에서 효과적인 조직형태이다. 사업부제 조직의 장 · 단점을 표로 정리하면 〈표 9-3〉과 같다.

그림 9-6 사업부제 조직

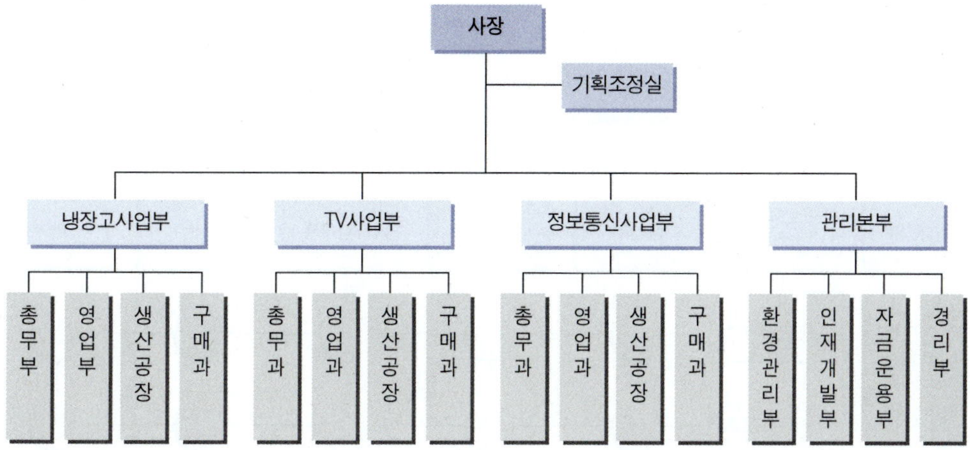

자료: 신유근, 경영학원론—시스템적 접근, 다산출판사, 2000, p.269.

표 9-3 사업부제 조직의 장 · 단점

장점	단점
• 이익 및 책임 중심적으로 운영하므로 경영성과가 향상되고 업무수행에 대한 통제와 평가를 용이하게 한다. • 의사결정의 합리성을 도모할 수 있다. • 동기부여와 관리자의 능력개발에 공헌하며, 유능한 경영자의 양성이 가능하다.	• 각 사업부의 이기주의 때문에 기업 전체의 이익이 희생될 우려가 있다. • 같은 고객을 각 사업부가 대상으로 하고 있을 경우에 사업부가 이익 대립의 우려가 있다. • 공통관리비가 중복되는 경향이 있다. • 사업부가 조정 및 평가가 어렵다.

3. 매트릭스 조직

매트릭스 조직(matrix organization)은 기능별 조직의 장점인 효율성과 사업부제 조직의 장점인 시장적응성의 두 이점을 살리기 위해 고안되었다. 매트릭스 조직은 두 가지 근거(예: 기능과 제품)가 동시에 채택되는데, [그림 9-7]은 기능별 구조와 사업부(제품별) 구조가 결합된 형태이다. 따라서 매트릭스 조직의 종업원은 기능별 조직의 자기 부서와 프로젝트팀에 동시에 소속되어 근무하게 된다. 매트릭스 조직 하에서는 종업원의 능력과 재능을 최대한 이용할 수 있다는 장점이 있을 뿐만 아니라 인력을 다른 프로젝트로 이동

그림 9-7 매트릭스 조직

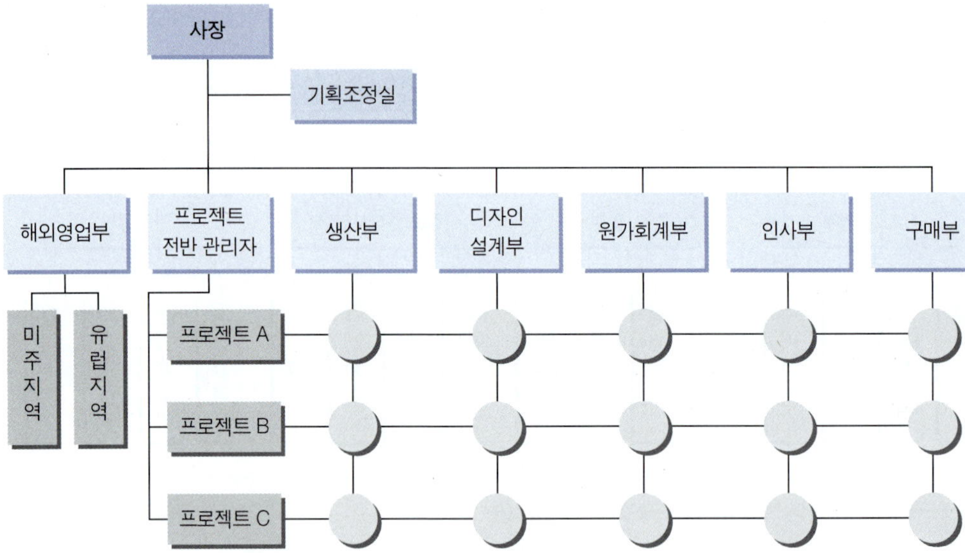

시킬 수 있어 조직이 환경과 시장변화에 유연하게 대처할 수 있다. 그러나 한 종업원이 두 명의 상사와 지시·보고 관계에 있기 때문에 이들로부터 상이한 지시를 받을 경우 자기역할에 대한 혼란을 경험하게 된다. 따라서 매트릭스 조직에서는 종업원의 시간배분 문제, 성과평가의 주체, 역할을 명확히 할 필요가 있다. 매트릭스 조직의 장·단점은 〈표 9-4〉에 설명되어 있다.

표 9-4 매트릭스 조직의 장·단점

장점	단점
• 자원을 효율적으로 사용할 수 있다. • 시장의 새로운 변화에 대해 융통성 있게 대처한다. • 높은 질의 기술적 문제해결책 개발을 촉진한다. • 최고경영자는 권한위양으로 장기계획에 집중할 수 있다.	• 2인의 상사 사이에 권력 갈등의 가능성이 존재한다. • 2인의 상사 가운데 누가 더 많은 권한을 갖게 되는지 불분명하다. • 팀 목표를 지나치게 강조한 나머지 조직 전체의 목적 달성에 장애가 될 수 있다.

4. 프로젝트 조직

경영조직이 규모면에서나 시장점유율면에서나 어느 정도 안정된 궤도에 오르게 되면, 라인스텝 조직이나 사업부제 조직에서 경직상태가 나타나는 것이 일반적이다. 즉 사람이 나이가 들면 대개가 보수화되듯이 조직도 성숙단계에 이르게 되면 변화하지 않으려는 조직타성(organizational inertia)이 생겨난다. 이때 장기적이지는 않을지라도 일시적으로 조직성과가 쇠퇴하기도 하는데, 이런 일시적인 쇠퇴기를 극복하기 위해서 이른바 조직 재활력화(revitalization)의 필요성이 대두된다. 이때 경영조직의 기본 형태를 라인스텝 조직이나 사업부제 조직을 유지하면서도 그것들이 갖는 경직성을 극복하기 위해 [그림 9-8]에서처럼 유연성을 가진 임시적 조직을 편성·운영하기도 하는데, 이러한 필요성에 의해 출현하는 조직의 하나가 프로젝트 조직 형태이다.

프로젝트 조직(project organization)은 전통적인 라인스텝 조직, 사업부제 조직의 보완 조직이다. 즉, 관련부서 직원들이 어떤 목적을 달성하기 위해서 파견되어 구성되는 임시 조직으로 프로젝트 팀(project team), 태스크 포스(task force)로도 불린다. 따라서 대부분의 프로젝트 조직은 과업이 끝나면 그 구성원은 다시 본래 소속되어 있던 부서로 돌아가게 된다.

프로젝트 조직을 만들기 위해서는 무엇보다도 팀의 리더인 프로젝트 관리자와 능력 있고 팀워크를 존중하는 팀원의 확보가 선결요건이다. 또한 프로젝트 조직이 원활하게 그 임무를 수행하기 위해서는 최고경영자와 전사적인 지지는 물론 프로젝트 수행에 필요한 치밀한 일정계획표를 세우고 팀구성원에 대한 사전·중간·사후 교육훈련을 실시하는 것이 필요하다. 특히 프로젝트 관리자는 팀의 편성부터 해산에 이르는 기간 동안 그 팀의 모든 책임과 권한을 가지고 있으며, 또한 기술적인 판단뿐만 아니라 사업적 판단과도 균형을 취해야 하기 때문에 종합적인 능력을 갖춘 사람이어야 한다.

프로젝트 조직은 특정 환경에 효과적으로 대응하는 데 유리한 조직이다. 프로젝트 조직의 장·단점을 표로 정리하면 〈표 9-5〉와 같다.

그림 9-8 프로젝트 조직

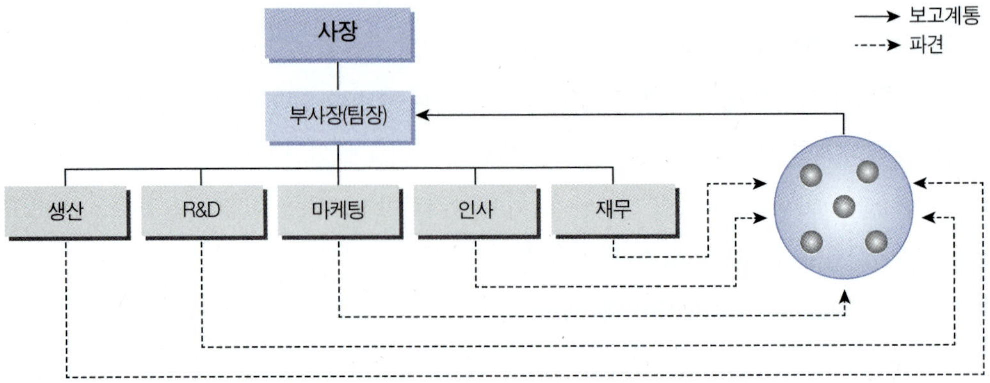

자료: 신유근, 경영학원론-시스템적 접근, 다산출판사, 2000, p.270.

표 9-5 프로젝트 조직의 장 · 단점

장점	단점
• 다양한 인재의 수급으로 업무의 전문성을 향상시킬 수 있으며, 목표지향적 업무로 종업원의 사기가 향상된다. • 기동성 및 신축성, 유연성이 있어 환경에 대한 적응이 쉽다. • 일정한 과업에 대량의 재능과 자원을 집중하고 신축성이 부여된다. • 강력한 목표지향적이므로 사기가 높아진다.	• 프로젝트 관리자의 능력에 과업의 성공 여부가 크게 의존한다. • 본래 소속부서와 프로젝트 부서 간의 갈등의 소지가 있다. • 과업의 성공 여부는 프로젝트 관리자의 수완에 강하게 의존한다. • 조직의 단결을 저해할 수 있다.

잠시 쉬어가기

ADT캡스, 통합법인 출범 후 첫 조직 개편

ADT캡스가 통합법인 출범 이후 첫 조직 개편을 단행했다. ADT캡스는 라이프 케어 플랫폼 사업자로서의 역량을 강화한다고 밝혔다. 이번 조직 개편의 방향은 ▲클라우드 보안 사업 강화 ▲융합보안의 전문화 ▲신규사업 기획 및 지원체계 고도화를 통한 경쟁력 확보 등이다.

ADT캡스는 클라우드 보안 사업 조직을 본부 단위로 격상하고 통합법인의 핵심 성장 사업인 클라우드 보안 사업 역량을 확대 재편한다. 확대 신설된 'Cloud사업본부'는 R&C(Resource & Capability) 역량을 결집하고 기획 및 전략, 컨설팅, 영업까지 본부 산하로 재편해 통합 관리한다.

최근 AWS와의 전략적 사업 협력은 물론 스마트 에너지 산업에의 진출 등 클라우드 보안 사업을 강화하고 있는 ADT캡스는 이번 조직개편을 통해 클라우드 보안 시장에서의 1위 사업자 입지를 더욱 굳히겠다고 전했다.

융합보안 사업은 융합보안사업본부 내 '융합보안전략그룹'을 신설해 상품 기획 및 전략기능을 강화하고 영업 및 운영 기능별 조직 전문화를 통해 융합보안 시너지를 극대화해 나가기로 했다. 이를 통해 구체적이고 실체적인 융합보안 성과를 높여 나가고 무인매장, 스마트스토어 등 미래 유통망 변화에 선제적 대응을 할 수 있는 사업도 추진해 나갈 예정이다.

ADT캡스만의 차별화된 경쟁력을 확보할 수 있도록 신규사업 기획 및 지원체계도 더욱 고도화한다. R&D를 통한 체계적인 상품기획을 목표로 '상품기획그룹'을 신설하고 빅테크 기반의 신규 서비스 개발에 나선다. ADT캡스는 기존 물리, 정보보안 사업 외에도 스마트 홈 보안, 무인화, 산업안전, 시니어 · 사회적 약자를 위한 케어 및 방역 서비스까지 다양한 신규 사업을 개척 중이다.

ADT캡스 관계자는 "이번 조직 개편은 통합법인 출범 후 시너지 창출과 핵심 사업 성장을 목표로 한 첫 조직개편이라 그 의미가 크다"며 "ADT캡스는 기존 보안 사업 역량에 안주하지 않고 뉴 ICT 등 다양한 성장 동력을 이용해 안전과 돌봄을 아우르는 라이프 케어 플랫폼기업으로서 지속 성장할 것이다"고 전했다.

자료: IT조선, 2021. 06. 02.

제4절 현대 조직의 추세

1. 팀제

전통적인 조직형태로는 급변하는 기술환경과 시장의 요구에 신속히 대응할 수 없기 때문에 경영활동의 경쟁력을 높이기 위한 유연성 확보의 일환으로 팀제의 개념이 도입되게 되었다.

팀제(team structure)란 작업활동을 조직화하는 하나의 수단으로서 부서 간 장벽을 허물고 의사결정을 팀 자체적으로 결정하는 권한을 가지고 업무를 팀 내에서 완성되도록 하는 책임을 전적으로 팀이 지는 체계이다. 즉 팀제란 상호보완적인 기술 혹은 지식을 가진 둘 이상의 조직원이 서로 신뢰하고 협조하며 헌신함으로써 공동의 목적을 달성하기 위하여 자율권을 가지는 조직단위라고 말할 수 있다.

팀제는 신속성, 유연성, 창의성을 추구하고자 하는 조직단위이므로 고객중심, 빠른 변화, 다양화하는 최근의 기업환경에 부응하고 있다고 할 수 있다. 효율적으로 팀이 유지되기 위해서는 팀 구성원들이 상호보완적 기능과 능력을 갖추는 것이 필요하고, 공동의 참여적 목표를 설정하고 팀 구성원들이 이를 모두 긍정적으로 수용하고 있어야 하며, 업무에 따른 결과에 대한 책임감을 공유하는 것이 중요하다. 이러한 팀이 효율적으로 운용되기 위해서는 팀 구성원들이 전문가뿐만 아니라 제너럴리스트(generalist)가 되는 것을 필요로 한다.

팀제의 장점으로는 권한의 위임에 따라 기업의 의사결정 기간이 단축되었으며, 상황대처 능력이 강화되었고, 팀 평가보상이 도입됨에 따라 팀 리더들의 경영자적 의식과 감각이 높아졌으며, 팀 구성원들 사이에는 경제적 마인드가 확립되는 장점들을 보이고 있다.

전통적인 기능조직과 팀제의 특성을 〈표 9-6〉과 같이 비교할 수 있다. 최근 기업 내에는 경영자나 상사의 지시 없이 팀 구성원들이 팀을 스스로 운영하는 경우가 증가하고 있다. 즉 팀제의 취지와 부합하게 팀 구성원들이 스스로 목표를 설정하는 데 참여하고, 팀 구성원들의 의사를 반영하여 역할을 설정하고, 또한 결과에 대해서도 자율적으로 피드백을 구하는 자율관리팀(self-managed team)으로 발전해 가는 추세를 보이고 있다.

팀제는 자율관리팀 외에도 교차기능팀(cross-functional team)이 있다. 이는 조직의 여러 기능부서로부터 요원이 파견되어 구성된다. 신제품 개발과 같은 프로젝트를 수행하기 위하여 조직된다.

표 9-6 기능조직과 팀조직의 특성 비교

구분	기능조직	팀조직
조직구조	계층적 / 개인	수평적 / 팀
직무	단일업무	전체업무, 다수업무
목표	상명하달	자기설정
지시전달	상명하복, 지시, 품의	상호 충고, 전달, 토론
보상	개인주의, 연공주의	팀, 능력 위주
책임	개인책임	공동책임
평가	조직에 대한 기여도	팀의 목표달성도
업무통제	관리자가 계획 / 통제	팀 전체의 계획 / 통제

2. 가상조직

경영환경의 변화와 더불어 최근에 새로이 등장하고 있는 것이 가상조직(virtual organization)형태이다. 한 회사가 큰 프로젝트를 완성하기 위하여 막대한 자원이 필요한데 이러한 자원을 구매할 자금과 시간이 없을 때 가능한 답은 가상조직을 구성하는 것이다. 가상조직이란 디자인업체, 공급업체, 생산업체, 유통업체 등이나 심지어는 경쟁업체 등과 같은 독립적인 기업들이 전략적 제휴나 합작관계를 통해 형성하는 가상 기업네트워크로서 특정 목적을 달성한 후에는 해체되는 한시적인 조직형태이다. 즉, 전문적 기술이나 저비용 등 각자 고유한 차별적 능력을 보유하고 있는 여러 독립적인 기업들이 정보기술에 의해 서로 연계되어 하나의 조직처럼 동일한 목표를 갖고 제품이나 서비스의 제공을 위해 기술, 비용, 시장 등을 공유하는 임시적인 네트워크를 말한다. 가상조직은 네트워크 조직의 극단적인 형태이다.

가상조직은 물리적으로 존재하지 않는다. 즉 전통적인 핵심은 보유하고 있으나 전통적인 경제와 구조는 없는 것이다. 전통적인 조직에서는 모든 자원을 조직 내에 보유하지만 가상조직에서는 차별적 능력을 가진 부문만 담당하고 다른 부문은 모두 조직 외에 네트워크를 형성하여 아웃소싱(outsourcing)하게 된다.

가상조직에서 본사는 예컨대 디자인, 핵심기술, 판매 등 핵심영역을 담당하고 전문성과 경쟁력이 없다고 생각하는 그 밖의 부문은 아웃소싱함으로써 비용을 절감할 수 있다.

그림 9-9 가상조직

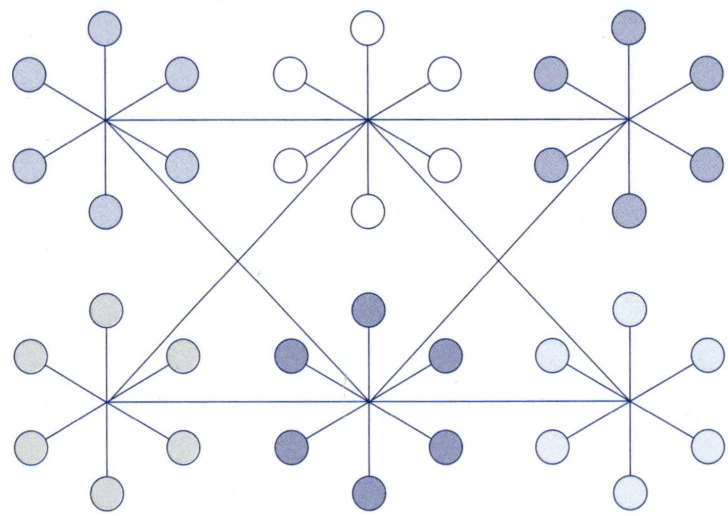

한편 가상조직은 급변하는 환경변화에 유연하게 대처할 수 있는 장점을 갖는다.

가상조직의 예를 들면 사장과 전화받는 몇 사람의 직원으로 구성된 대리운전회사이다. 자가용 운전자들과 네트워크를 유지시킨 채 이들의 요청이 들어오면 대리운전자와 연결시켜 주고 수수료만 받으면 된다. 가상조직은 특정 기회를 추구하기 위하여 모이는 제휴자(외주업체)들의 네트워크이다. 일단 기회가 실현되면 제휴자들은 해산하고 다른 기회를 위하여 새로운 제휴자들로 네트워크를 형성한다. 따라서 [그림 9-9]에서 보는 바와 같이 가상조직은 유동적이고 유연하고 항상 변하는 특성을 갖는다.

정보통신기술은 가상조직에서 제휴자들을 연결시키는 핵심적인 역할을 수행한다. e-mail, 화상회의, 그룹웨어(groupware), 전자문서교환 같은 온라인 서비스나 Internet으로 제휴자들 사이에 커뮤니케이션, 정보교환, 공동작업 등을 수행할 수 있다.

오늘날 급속하게 변화하는 경영환경에서 가상조직과 같이 신축적이고 적응력이 뛰어난 조직형태의 확산이 전망된다.

3. 학습조직

학습조직(learning organization)은 조직원이 학습할 수 있도록 모든 기회와 자원을 제공하며 학습결과에 따라 지속적 변화를 이루는 조직으로 요약된다. 학습조직은 변화에 능한 조직 구축의 필요성이 갈수록 커지고 있다는 데서 출발한다. 거창한 구조개혁이나 임원 감축에 의한 기존혁신이 지속적인 변화를 유발하지 못한 채 단발성으로 끝나는 한계성을 지니고 있다는 반성으로부터 태동했다. 따라서 항상 배우는 문화와 조직을 구축하는 데 역점을 둔다.

지난 1990년 美 MIT大의 센지(Senge) 교수에 의해 처음으로 제시된 학습조직은 조직도 개인과 마찬가지로 지식과 정보에서 힘을 발휘한다고 전제한다. 학습조직은 21세기 경쟁력이 단지 상품의 질보다는 지식창출과 지식의 생산력화에 좌우되는 만큼 지식 인프라 구축이 기업 성패의 관건이 된다고 본다. 따라서 학습조직은 인간 · 조직 · 기술을 유기적으로 통합하여 기업의 생산성을 극대화하며 지식의 경제적 가치를 효과적으로 관리하는 데 역점을 둔다. 학습조직은 일정한 시점에서 완료되는 것이 아니라 조직구성원들 간에 끊임없이 학습을 통해 지속적으로 변화해 가는 것을 추구한다. 학습조직의 직원들은 필요한 것이 있으면 기꺼이 해내고 지식을 공유한다. 학습조직은 변화를 위협이 아닌 기회로 인식하여 변화를 생활의 일부로 간주한다.

센지(Senge) 교수는 학습조직의 직원들이 다음과 같은 특성을 가지고 있다고 하였다.

- 공통된 비전을 공유한다.
- 구식의 사고방식을 버리고 새로운 것을 받아들인다.
- 조직에 대하여 시스템적 관점을 가진다.
- 비판이나 처벌에 대한 두려움 없이 공개적 커뮤니케이션을 한다.
- 조직의 비전 달성을 위해 자신과 작업단위의 이해를 승화시킨다.

잠시 쉬어가기

Sh수협은행, CS학습조직 통해 고객만족 서비스 품질 향상

Sh수협은행은 포스트 코로나시대 패러다임 변화에 발맞춰 서비스 품질혁신을 추진하기 위해 전 영업점 CS리더 중심의 CS人플루언서 세미나를 개최했다. CS人플루언서란 전국 CS리더들의 자발적 학습조직으로 영업현장에서 고객만족 서비스에 귀감이 되고 동료들에게 좋은 영향력을 발휘하는 리더로 거듭나자는 의미를 담았다.

9일 열린 1차 세미나에 참가한 직원들은 고객의 눈높이로 수협은행의 현 서비스를 진단하고 개선방안과 미션을 도출하는 한편 향후 영업현장에서 이를 개선하는 방안에 대해 심도 있는 논의를 나눴다. 이 자리에 참가한 윤이지 행원(동대문금융센터)은 "최근 창구고객이 줄고 비대면 상담이 늘면서 고객의 불편이나 불만사항을 정확히 짚어내고 처리해 드리기 어려운 점이 있다"며 "비대면 고객에 대한 서비스 품질을 높일 수 있는 방안을 찾아갈 것"이라고 말했다.

이번 세미나는 정부의 코로나19 방역수칙 준수를 위해 지역별 · 소규모 그룹 단위로 진행할 예정이며 이후에는 비대면 온라인 중심으로 교류를 이어갈 방침이다. 세미나를 기획한 수협은행 금융소비자보호부 관계자는 "코로나 팬데믹을 통해 서비스 패러다임이 기술에서 사람 중심으로 변화한 만큼 은행 역시 고객에게 능력과 진심이 담긴 따뜻한 서비스를 제공해야 한다"고 말했다.

수협은행은 직원들의 자발적 학습조직인 CS人플루언서 활동이 더욱 활성화될 수 있도록 CS우수사례를 발굴하고 고객경험 공유에 집중하는 한편 긍정적 영향력이 전 영업점으로 확대될 수 있도록 본사 차원의 지원을 적극 강화할 예정이다.

자료: 조세일보, 2021. 06. 10.

토의과제

- 조직화의 기본요소에 대하여 설명하시오.
- 공식조직과 비공식조직의 차이를 설명하시오.
- 조직구조의 구성요소에 대하여 설명하시오.
- 조직설계의 영향요인에 대하여 설명하시오.
- 학습조직의 목적에 대하여 설명하시오.

참고문헌

- 김남현 역,『조직행동론』, Stephen P. Robbins 저, 경문사, 1988.
- 김인수,『거시조직이론』, 무역경영사, 1994.
- 박정민 외,『최신 경영학의 이해』, 비앤엠북스, 2011.
- 서성무 · 이지우,『경영학 원론』, 형설출판사, 1997.
- 신유근,『경영학원론-시스템적 접근』, 다산출판사, 2000.
- 신철우 외,『조직행동론』, 문영사, 2007.
- 유필화 외,『글로벌시대의 경영학』, 오래, 2011.
- 임익순 · 소영일,『경영관리론』, 박영사, 1995.
- 조동성,『21세기를 위한 경영학』, 서울경제경영, 2000.
- 차대규,『경영학 이야기』, 형설출판사, 2000.
- Brown, Alvin, *Organization of Industry*, Prentice-Hall, 1947.
- Jackson & Morgan, *Organization Theory: A Macro Perspective for Management*, Englewood Cliffs, NJ: Prentice-Hall, 1978.
- Senge, P.M., *The fifth discipline: The art and practice of building learning organization*, New York, 1990, NY: Doubleday.

CHAPTER

10

지휘

스웨덴 명문가는 왜 후계자를 海士에 입학시킬까?

시대는 리더를 탄생시킨다. 혼란기에 영웅(英雄)이 출현하고, 안정기는 현군(賢君)이 개막한다. 하지만 탁월한 리더도 인간인 이상 죽어야 하는 운명이다. 그러기에 우수한 후계자로 이어지는 시스템이 뒷받침돼야 공동체는 지속된다.

인간사에 당대에 불꽃처럼 일어났다가, 리더의 죽음과 동시에 사그러진 경우는 비일비재하다. 차세대 리더의 육성 구조가 빈약한 조직의 리더십 교체는 '도박'이나 마찬가지다. 하지만 오랜 기간 번영을 이룬 조직은 공통적으로 체계적인 리더 발굴과 육성, 검증 시스템이 확립돼 있었다. 유능한 리더는 하늘에서 떨어지지 않고, 자질을 갖춘 인재는 현장 경험을 통해 숙성되면서 만들어진다. 이런 과정이 구조적으로 확립되어야 조직은 세대를 이어서 영속(永續)한다.

'로마는 하루아침에 만들어지지 않았다'는 격언처럼 천년 제국 로마의 리더들이 그러했다. 미래 로마를 책임질 리더는 군사・재무・행정 분야에서 단계별로 경험을 쌓으면서 능력을 시험받았다. 로마공화정은 농민이 유사시 병사가 되는 시민군 체제를 유지했다. 따라서 지도자의 사회 경력은 군대에서 시작됐다.

20대 초반에 로마군에 입대해 최소한 3~4년 이상 장교로 근무했다. 전쟁터에서 잔뼈가 굵은 백전노장인 동료 장교와 부하 병사들에게 인정받는 도전적 상황을 이겨내 살아남은 리더 후보들은 재정을 관리하는 회계감사관(Quaestor)을 맡았다. 여기서 효율적 재정 운영 실무와 중요성을 배웠다. 다음 단계는 법무관(Praetor)으로 도시의 치안・사법절차를 담당하며 법치의 최일선 실무를 익힌다. 이후 단위 조직 책임자인 지방관이나 군 간부 역할을 수행한 후 대개 40세가 넘어야 최고위 관직인 집정관(Consul)에 출마할 자격이 주어졌다.

그라쿠스 형제와 카이사르, 키케로 등 대부분의 지도층이 이런 단계별 인재 양성 시스템을 거쳐 성장하고 배출됐다. 이런 실무 위주 방식 덕분에 로마는 현실과 유리(遊離)된 관념론과 이상론에 경도된 리더들로 말미암아 공동체가 혼란에 빠지거나 쇠락하는 위험을 최소화할 수 있었다.

자작농을 기반으로 병농일치(兵農一致) 국가였던 로마와 달리, 르네상스 시기 지중해를 제패하고 천 년을 지속했던 이탈리아 도시국가 베네치아는 병상일치(兵商一致) 구조였다. 유사시 상인(商人)이 해군이 되고, 무역선단은 해군함대로 재편되는 시스템이었다. 당시의 무역은 해적이나 적대국 선박과의 전투가 다반사였다.

엔리코 단돌로, 안드레아 그리티 등 베네치아의 대표적인 국가원수들은 모두 청년 시절 배를 타고 바다를 오가며 상거래를 통해 세상 물정을 깨우쳤다. 동시에 해상 전투 경험을 쌓으며 단련되고 역량을 인정받아 리더가 됐다.

조직의 리더는 비평가나 학자가 아닌 실천가이다. 비평가와 학자는 매력적 개념과 화려한 언변으로 무장하고 남에게 '감 놔라, 배 놔라' 하고 논평만 하면 된다. 하지만 조직의 리더는 현실에서 살아 있는 사람들을 이끌어 구체적인 결과물을 만들어야 한다. 따라서 기본적인 자질을 갖춘 인재가 풍부한 현장 경험으로 숙성되는 과정을 거치지 않으면 역할을 수행하기 어렵다.

지식만으로는 허황되고 경험만으로는 협소해지기 때문이다. 이력서는 화려하지만 실질적 경험이 부족한 사람의 깜짝 발탁에 따른 수직 상승은 개인에게는 행운일지라도 조직에는 악몽의 시작을 의미하는 경우가 많다. 실제로 조직 운영 경험이 일천한 범인(凡人)들이 갑자기 조직의 리더가 되었을 때 보여주는 혼란과 무능은 인간사에서 익숙한 광경이다.

로마와 베네치아는 뚜렷한 실적이 없고 역량을 확인받지 않은 사람이 행운에 힘입어 지도자로 등장하기 어렵도록 했다는 공통점을 갖고 있다. 이처럼 지속적으로 번영하는 조직이 되려면 높은 이상을 추구하되 냉혹한 현실을 다룰 줄 아는 역량 있는 리더를 양성하는 시스템이 필수적이다.

현대 기업에서는 스웨덴의 발렌베리 가문(家門)이 차세대에 해군사관학교에 입학해 전문 기술과 리더십을 연마하게 하고, 일본의 도요타 가문은 후손에게 철저한 현장 경험을 의무화해 리더를 양성하고 있다. 조직은 곧 사람이다. 우수한 자질의 인재들이 다양한 경험을 통해 길러지고, 단계별로 검증된 인적자원이 분야별로 풍부하게 활용되는 조직은 번영할 수밖에 없다.

자료: 김경준(딜로이트컨설팅 부회장), 조선일보, 2018. 07. 17.

제1절 리더와 리더십

1. 리더십의 정의

리더십(leadership)이란 용어는 우리말의 '지도력' 또는 '지도자 정신'에 해당된다고 할 수 있다. 그러나 리더십은 우리말로 정확하게 표현할 수 있는 어휘가 적합하지 않아서 사회과학 연구에 있어서 보편적으로 '리더십' 그대로 쓰이고 있는 형편이다. 리더십에 관한 정의는 많은 학자들에 의하여 매우 다양하게 개념화되고 있다. 코터(J.P. Kotter)에 의하면 "리더십이란 바람직한 목표를 성취시키기 위하여 다른 사람들을 동기부여하고 지휘하며 영향력을 행사하는 능력"이라고 정의(Kotter, 1990)하고 있고, 플레쉬만(E.A. Fleishman)은 리더십을 "어떤 목표나 목표달성을 지향하도록 의사소통과정을 통해서 개인 간에 영향력을 행사하려는 시도"로 정의(Fleishman, 1973)하고 있으며, 쿤츠(H. Koontz)는 리더십이란 "사람들로 하여금 공동목표를 달성하는 데 따라오게끔 영향력을 행사하는 것"(Koontz & O'Donnel, 1976)이라고 말한다. 그런가 하면 최근에 목표설정에 있어서의 종업원의 참가추세와 관련하여 스톡딜(R.M. Stogdill)은 리더십을 "목표설정과 목표달성을 지향하도록 집단행동에 영향력을 행사하는 과정"(Stogdill, 1974)으로 보고 있다. 이러한 리더십에 관한 여러 학자의 정의를 종합하여 보면 결국 리더십이란 일정한 상황에서 목표달성을 위하여 개인이나 집단의 행동에 영향력을 행사하는 과정으로 요약된다. 즉, 리더십의 요체는 영향력 행사의 과정이라 할 수 있으며, 리더가 영향력을 행사할 수 있는 것은 물론 권력을 소유함으로써 가능하다.

이와 같은 리더십을 발휘할 수 있는 리더로는 공식적 리더와 비공식적 리더가 있다. 공식적 리더란 직위권력에서 나오는 공식적 영향력에 바탕을 둔 리더를 말하고, 비공식적 리더는 집단구성원이 좋아하는 리더의 개인적 속성에 바탕을 둔 비공식적 영향력을 행사하는 리더를 말한다. 경영자는 이러한 두 부류의 리더 중에 주로 공식적 리더라고 할 수 있다.

그러므로 리더는 다음과 같은 세 가지 조건을 갖추어야 훌륭한 리더라고 할 수 있다. 첫째, 비전이 있어야 한다. 즉 조직이 가야 할 방향을 다른 사람보다 더 정확히 알고 이를 제시할 수 있어야 한다. 둘째, 신뢰가 있어야 한다. 즉, 조직구성원으로부터 인간적인 신뢰를 얻을 수 있어야 한다. 셋째, 충성과 지지가 있어야 한다. 즉, 목표실현을 위한 구성원의 열성과 행동의 전폭적인 지지를 얻을 수 있어야 한다.

2. 리더십의 필요성

"경영자는 다른 사람들을 통하여 자신의 목표를 수행하는 사람들이다(Managers are people who get things done through others)(Dessler, 1985)." 그러므로 조직의 성과는 경영자들이 발휘하는 리더십(leadership)의 질과 밀접한 관련이 있다. 조직의 모든 성과(results)는 부하들에 의하여 만들어지며 그들의 노력결과이다. 경영자는 그들이 자발적으로 열심히 일하도록 유도하고 지원하지 않으면 안 된다. 따라서 조직의 목적을 효과적으로 성취하려면 조직을 구성하고 있는 개인과 집단의 협력이 필요하다. 다시 말하면 리더십은 개인행동과 집단행동을 형성하고 이들 행동을 조직체 성과에 연결시키는 가장 중요한 요인이 되고 있다.

리더십이란 특정 집단이나 조직이 지향해야 할 비전과 목표를 설정하고 조직구성원들로 하여금 이를 달성할 수 있도록 의욕적이면서도 신 바람나게 일하도록 조직구성원의 동기를 유발하고 분위기를 조성하는 과정이라고 할 수 있다. 리더십이 있는 것과 없는 것의 차이는 천차만별이다.

모든 사람들이 '성공'에 도달할 수 있다고 믿는다. 하지만 리더십 능력이 없는 성공은 제한된 결과만을 낳을 뿐이라고 한다. 우리나라 대통령의 리더십에 대한 설왕설래가 많다. 한 사람의 영향력은 그가 좋은 리더십을 가질 수 있느냐에 달려 있다. 더 높이 오르기를 원할수록 리더십이 더 필요하다. 더 큰 효과를 원할수록 더 큰 영향력이 필요하다. 우리가 그 무엇을 이루기를 원하든 간에 그것은 다른 사람들이 이끄는 자신의 능력에 의해 제한을 받을 것이다. [그림 10-1]로 설명하면 다음과 같다. 성공에 관해서 말할 때 우리가 8에 있다고 해보자(1에서 10까지 있을 경우에 말이다). 그것은 매우 좋은 점수이다. 우리 중 누군가가 이 정도의 범주에 속한다고 무리 없이 말할 수 있을 것이다. 하지만 우리의 리더십이 오직 1이라고 한다면 여러분이 보여줄 수 있는 성공의 결과는 도표와 같을 것이다.

그림 10-1 리더십이 있는 성공과 리더십이 없는 성공

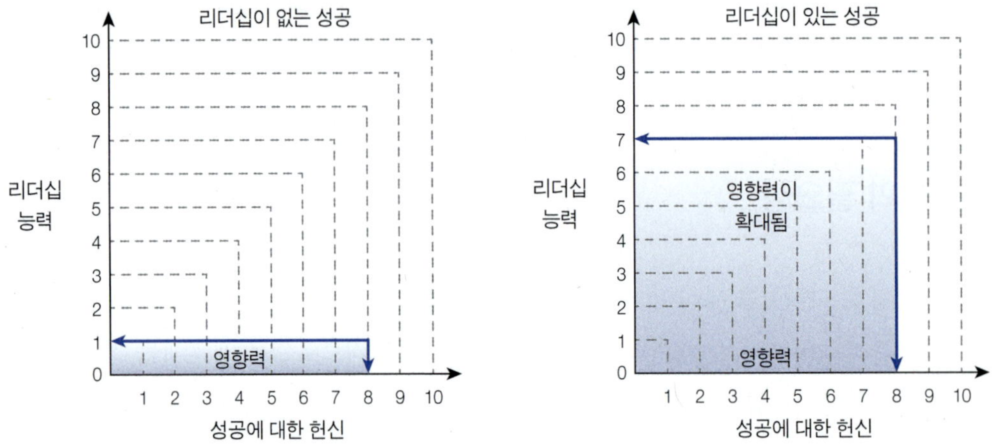

자료: 존 맥스웰 저, 채천석 역, 리더십 101, 청우, 2003.

리더십은 이를 경영관리 자체와 동일시할 만큼 경영학에 있어 매우 중요한 위치를 차지하고 있다. 우리는 흔히 한 조직의 성패를 리더십의 효과적인 발휘 여부와 관련지어 생각하기도 한다. 더욱이 경영의 제반 사고가 인간을 중심으로 전개되고 있고, 경영활동이 인간을 통하여 목표를 달성하는 과정으로 이해되는 현대적 경영의 관점에서 리더십의 중요성은 크게 부각되고 있다. 목표의 달성이 조직구성원의 활동을 통하여 성취된다는 사실은 조직의 경영자로 하여금 조직구성원의 노력을 통합하고 조정하도록 하는 리더십의 필요성을 더욱 강하게 인식하도록 하고 있기 때문이다. 즉, 조직의 리더는 조직의 구성원에게 영향력을 발휘하여 그들이 조직목표달성에 공헌할 수 있도록 사기를 앙양하고 그들의 잠재적인 능력을 활성화시킬 수 있는 리더십의 기술을 개발하지 않을 수 없는 것이다.

3. 리더십의 성격

리더십이란 단순한 일방적인 행동이 아니라, 많은 지휘(leading)와 추종(following)행동의 흐름이다. 따라서 리더십은 다음과 같은 특성을 갖는다.

첫째, 리더십은 자발적인 추종을 전제로 한다. 그러한 의미에서 리더십과 헤드십

(headship)은 구별된다. 소위 회장, 사장, 부장 같은 우두머리(head)의 직위에 있다고 해서 모두 리더가 되는 것은 아니며, 사장의 명령을 하급자가 따르고 행동한다고 해서 그 사람이 반드시 리더십이 있다고 말할 수는 없다. 부하들이 존경심에서 사장 개인을 자발적으로 추종하는 것인지 아니면 단순히 명령을 수행하는 것인지는 구별해야 한다.

둘째 리더와 경영자는 다르다. 효율적인 리더라고 해서 유능한 경영자를 의미하는 것은 아니며, 경영자라고 해서 리더십이 자동적으로 이루어지는 것도 아니다. 따라서 모든 경영자가 리더는 아닌 것이다. 예를 들면 Herman Miller, Federal Express, General Mills회사와 같은 많은 기업에 있어서 작업팀 구성원은 그들 자신의 리더를 선출하게 되는데, 그들은 리더십 역할을 수행하는 팀의 리더이지 결코 경영자는 아닌 것이다.

셋째, 모든 수준의 경영자는 리더십 역할을 수행해야 한다. 리더와 경영자가 반드시 같은 개념이 아니듯이 리더십 활동과 경영활동이 서로 구분되고 있을지라도, 리더십 활동이 경영자의 중요한 역할이 되는 것은 사실이다. 그러므로 리더는 다음과 같은 세 가지 조건을 갖추어야 훌륭한 리더라고 할 수 있다. ① 비전이 있어야 한다. 즉, 조직이 가야 할 방향을 다른 사람보다 더 정확히 알고 이를 제시할 수 있어야 한다. ② 조직구성원으로부터 인간적인 신뢰를 얻을 수 있어야 한다. ③ 충성과 지지가 있어야 한다. 즉, 구성원들의 열성과 행동으로 전폭적인 지지를 얻을 수 있어야 한다.

4. 핵심적 리더십능력

현대 조직에 있어서 리더십의 중요성은 아무리 강조해도 지나치지 않는다. 조직과 리더십의 관계는 자동차와 엔진에 비유할 수 있다. 엔진의 열효율, 즉 연비가 높을수록 자동차는 적은 연료로 보다 많은 거리를 달릴 수 있다. 사회시스템에 있어서 리더십은 변환과정(transformation process), 즉 블랙박스(black box)에 해당된다고 볼 수 있다. 따라서 시스템의 산출요소(output)의 차이는 대부분 리더십의 차이에서 결정된다고 볼 수 있다. 비록 인적 자원과 물적 자원, 즉 투입요소(input)에 있어서 열세에 놓여 있는 기업이라고 하여도 리더의 리더십이 훌륭하면 좋은 산출물(제품, 서비스)을 생산해 낼 수 있다. 따라서 리더십은 기업의 국면전환, 선회전략(turnaround strategy)에 있어서 없어서는 안 될 요소로서 리더십의 질적인 차이는 [그림 10-2]에서 보는 바와 같이 그 기업의 변환과정의 효율성을 나타내는 중요한 지표가 된다.

그림 10-2 사회시스템에서 리더십의 위치

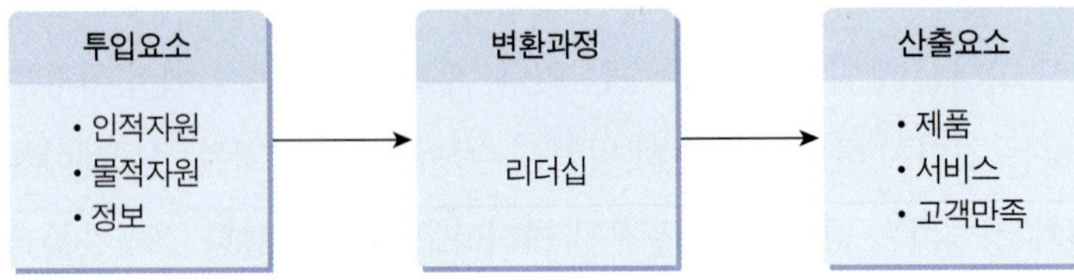

또한 리더십은 조직 내 다양한 인재들을 한 방향으로 몰아주는 자석이라고 말할 수 있다. 오늘날 현대기업은 평균적이고, 범상한 인재보다는 비범하고 다양한 특성을 지닌 이색인재(異色人才)를 많이 필요로 한다. 그런데 이러한 이색인재들에게 비전을 주고, 활동을 조정하며 결합하는 리더십이 발휘되지 않는다면 조직은 무질서하고 혼란스러워질 것은 분명하다. 리더십은 조직 내 다양한 인적 자원을 활성화시키고, 상호 연결시켜서 시너지 효과(synergy effect)를 유발하는 매우 독특한 과정이라고 말할 수 있다. 리더십이 결여된 조직은 모든 면에서 실패한 조직이라고 말할 수 있을 것이다.

경영자는 효율적인 리더들이 경험을 통하여 학습하게 될 핵심적인 리더십 기술에 관심을 갖는다. 성공적인 조직에서는 항상 구성원의 잠재적인 리더십 기술을 탐색하고 있으며, 그들의 잠재력을 개발하기 위하여 사람들에게 많은 경험을 갖도록 한다. [그림 10-3]은 효율적인 리더가 가져야 할 다섯 가지 핵심적 리더십 능력을 보여주고 있다.

(1) 권한부여(Empowerment)

권한부여는 리더가 추종자들과 함께 영향력과 행동을 공유할 경우에 발생하게 된다. 그렇게 함으로써 리더는 조직목표 성취방법을 결정하는 데 있어 팀 구성원들과 함께 노력하게 되고 그들에게 몰입감과 자기통제의식을 부여할 수 있게 된다. 따라서 권한부여는 성취욕구, 소속감 그리고 자존심 등 인간의 기본적 욕구를 충족시켜 주며, 팀 구성원이 그들의 잠재능력을 발휘할 수 있도록 해 준다. 종업원들이 그들의 직무에 대해 긍정적인 감정을 가질 때 그들은 그 직무 자체에 의욕과 흥미를 갖고 자발적으로 일하게 됨으로써 리더 또한 훌륭한 직무를 수행하게 되는 것이다.

그림 10-3 핵심적 리더십기술

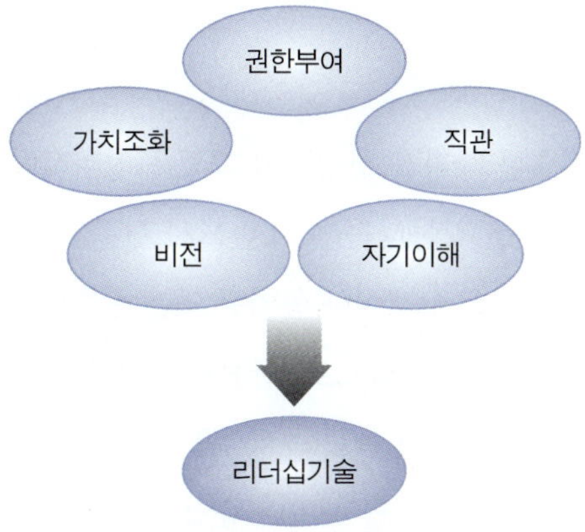

자료: Hellriegel, D., & Slocum, J.W., Jr., *Management*, 7th ed., South Western College Pub. Co., 1996, p.446.

(2) 직관(Intuition)

직관은 상황을 분석하고 변화를 예측하며 위험을 감당하고 신뢰를 구축할 수 있는 능력의 모든 측면이다. 유능한 리더는 오랜 경험과 학습을 통하여 그들 주위에서 일어나게 될 변화에 대한 직관적인 감각을 갖는다. 이러한 리더들은 새로운 고객을 위한 서비스에 신속하게 대응하고, 새로운 경쟁적 우위성을 발견하며, 회사의 강점을 잘 개발할 수 있다. 예를 들면 기업가가 새로운 창업을 착수할 때 그들은 우수한 제품의 생산과 유통체계에 필요한 탁월한 직관을 이용하게 된다.

(3) 자기이해(Self-understanding)

자기이해는 자신의 강점을 인식하고 자신의 약점을 보완할 수 있는 능력을 말한다. 유능한 리더를 개발하는 기업들은 젊은 경영자들에게 도전할 기회를 창출하도록 강조한다. 이러한 강조는 종업원이 더 유능한 리더가 되는 데 필요한 기술을 개발하도록 기회를 제공한다. Johnson & Johnson회사의 버크(James Burke) 사장은 "리더는 도전에 의하여 개발되는 것이다"라고 주장하고 있다. 한편, General Electric회사는 리더에게 의사결정 권한의 위양이나 사업의 우선순위 설정 등과 같은 분야에 피드백을 제공함으로써 동료에 의한 업적평가(peer performance appraisal)제도를 실시하고 있다. 이러한 피드백은 자기이해를 향상시키기 위한 기초가 되는 것이다.

(4) 비전(Vision)

비전은 미래의 보다 우수한 상황을 상상하고 그것을 성취시킬 수 있는 방법을 구상할 수 있는 능력을 말한다. 비전을 갖는다는 것이 반드시 새롭고 근본적인 목표를 구상하는 것을 의미하지는 않는다. 비전은 고객이나 종업원 또는 주주와 같은 중요 집단의 이익에 기여할 단순하고 현실적인 회사의 전략으로 나타날 수 있다. 예를 들면 McDonald회사의 창업자인 크로크(Ray Kroc)는 회사의 목표(motto)를 품질 · 서비스 · 청결 그리고 가치라는 간단한 비전을 제시하고 시간이 있을 때마다 종업원들에게 반복하여 강조하고 있다.

(5) 가치조화(Value Congruence)

가치조화는 조직의 지도원리와 종업원의 가치관을 이해하고, 이 두 가지에 대한 조화를 이룩할 수 있는 능력을 말한다. 조직의 신념과 구성원의 가치관은 일치하지 않을 수 있다. 예를 들면 최고경영층은 독단적인 의사결정방식을 취하려 할 때 종업원들은 팀의 일원으로서 의사결정에 참여하기를 요구할는지 모른다. 유능한 경영자들은 감독자 · 기술자 · 노조원으로 구성된 생산현장 품질관리팀이 경영층과 종업원들의 관심을 반영하여 의사결정을 하도록 하게 된다.

제2절 리더십의 유형

1. 리더십 특성이론

리더십의 초기 이론들은 리더십의 효과를 리더의 특성과 관련지어 설명하였다. 즉, 특성이론(traits theory)은 리더의 개인적 자질에 초점을 맞추고 이러한 자질들이 어떻게 리더의 유효성에 영향을 미치는가를 연구하였다(Yukl, 1981).

이 이론은 간단히 말해서 리더는 태어나는 것이지 만들어지는 것이 아니라는 것이다.

이런 사람들은 어떤 시대나 상황에서도 사람들을 위대하게 이끄는 특별한 자질을 가지고 있다고 믿었다. 특성이론은 알렉산더 대왕(Alexander the Great), 잔다크(Joan of Arc), 히틀러(Adolf Hitler), 처칠(Winston Churchill), 간디(Mahatma Ghandi)와 같은 세계적인 위인들의 연구에 의해 영향을 받았다.

리더십 특성이론은 성공적인 리더들이 가지고 있는 공통된 특성(traits)을 연구하여 개념화한 이론이다. 1940년대에서 1950년대에 걸쳐 조사된 연구에서는 주로 성공한 리더와 성공하지 못한 리더 간의 차이, 즉 리더 개인의 특성이나 특질(characteristics)을 구명하고자 하였다. 여러 가지 연구가 있었으나 여기서는 바스(B. Bass)와 스톡딜(R. Stogdill)의 1948년과 1970년 두 차례에 걸친 연구를 중심으로 리더의 특성을 구분해 보고자 한다. 바스와 스톡딜은 리더의 특성을 신체적 특성, 사회적 배경, 지능, 성격, 과업특성, 사회적 특성의 여섯 가지로 크게 분류(Stogdill, 1974)하였는데, 그 내용을 간단히 살펴보면 다음과 같다.

(1) 신체적 특성(Physical Characteristics)

신체적 특성의 구성요인으로 리더의 활동성, 에너지, 연령, 신장, 체중, 외모 등을 들고 있다. 이들 신체적 특성은 리더십 기능을 발휘할 수 있는 능력과 밀접한 관계가 있다고 본다(Lehman, 2000).

예를 들어 치안담당자의 경우에는 신장이나 체중이 보통 사람보다 우위에 있는 사람이 더 효과적인 리더십을 발휘할 수 있다는 것이다. 그러나 성공적인 리더의 특성은 상황과 환경에 따라서 모두 다르므로 일률적으로 결론을 내리기는 어렵다.

리더의 신체적 특성과 효과적인 리더십의 관계에 대한 많은 연구에서, 신체적으로 우위에 있는 사람들이 보통 사람들보다 리더의 지위를 얻는 데 별다른 이익을 보지 못한 것으로 나타났다. 대표적인 예로 트루먼(Truman), 간디(Gandhi), 나폴레옹(Napoleon), 스탈린(Stalin)과 같은 사람은 왜소한 체구와 보잘것없는 외모에도 불구하고 강력한 리더십을 발휘할 수 있었다.

(2) 사회적 배경(Social Background)

사회적 배경의 요인으로는 사회적 신분, 교육, 이동성(mobility)을 들고 있는데, 바스 등은 사회적 배경에 대한 많은 연구결과를 종합하여 다음과 같은 결론을 도출하였다(Porter, 1965).

첫째, 일반적으로 높은 사회·경제적 신분은 리더십의 지위를 유지하는 데 유익하다는 점, 둘째, 사회적 신분이 낮은 계층(흑인, 여성, 소수민족 등)에서도 과거보다 산업체의 고위직에 승진한 리더가 많이 배출되고 있다는 점, 셋째, 관리직에 대해서는 MBA 등과 같은 석사학위의 요구가 증가하고 있다는 점 등이다.

위에서 언급한 바와 같이 사회적 배경의 결론은 어떤 리더가 다른 사람보다 높은 사회적 배경을 가지고 있으면 리더의 지위를 향상시키는 데 도움이 될 수 있다는 점이다. 그러나 오늘날과 같이 급변하는 환경변화 속에서 사회적 배경보다도 빠른 기회의 포착과 꾸준한 노력이 리더십 유효성에 더 큰 영향을 미치고 있다고 볼 수 있다.

(3) 지능과 능력(Intelligence and Ability)

1948년부터 1970년 사이에 발간된 25개의 연구보고서에 의하면 리더십은 지능, 능력과 정(正: positive)의 상관관계를 갖는 것으로 나타났다. 여러 가지 연구의 결과들은 리더가 부하들보다 판단력, 결정력, 지식, 지능, 화술 등이 일반적으로 훨씬 뛰어났다고 지적하고 있다. 그러나 리더의 지능과 능력이 부하들과 너무 높은 차이를 보이게 되면 극도로 자기본위적으로 될 수도 있고, 또 리더의 생각이 너무 앞서 있게 되면 부하들에게 받아들여지기 어렵게 되는 등 리더와 부하 사이의 사고방식, 지각, 의사소통 등에 많은 문제가 발생할 수도 있다.

(4) 성격(Personality)

한 개인의 특성인 성격은 리더십과 밀접한 관계를 가지고 있으며 리더십 유효성에 많은 영향을 미치고 있다. 성공적인 리더가 가지는 성격적 특성으로는 적응성, 강한 신념, 공격성, 독립성, 객관성, 판단력, 자신감, 지배성, 창조성, 기민성, 조정력, 추진력, 열성, 외향성, 긴장에 대한 지구력 등 많은 특성 요인들을 들고 있다. 그러나 리더의 성격 특성은 조직이 처해 있는 환경이나 부하들의 특성 등에 따라 리더십에 미치는 유효성이 각기 다르며, 더욱 어려운 문제는 위에 열거한 모든 특성을 포함한 리더를 찾기도 어려울 뿐만 아니라 성격상의 특성을 정확하게 측정하기도 어렵다는 것이다.

(5) 과업관련 특성(Task-related Characteristics)

리더의 과업에 대한 성취욕구 및 책임감 등은 리더십에 매우 중요한 요인이다. 유능한 리더는 높은 성취욕구와 책임감을 가지고 있다. 과업지향적이며 장애에 부딪쳤을 때 좌절하지 않고 목표를 추구하는 데 매우 끈기가 있다. 이러한 특성을 가지고 있는 리더는 일반적으로 업무 추진력과 함께 강한 동기와 직무에 대한 집요함을 갖추고 있기 때문에 리더십 유효성에 큰 영향을 미친다.

(6) 사회적 특성(Social Characteristics)

리더는 다양한 성격의 사람들과 잘 어울려야 하고 제반 환경에도 적극적으로 참여하지 않으면 안 된다. 그러므로 훌륭한 리더는 다른 사람들로부터 쉽게 받아들여지고 협력을 잘 이끌어내는 능력을 가지고 있다. 이러한 성격은 다른 사람들로부터 협동심을 불러일으키게 할 뿐만 아니라 조직목표 달성에 보다 적극적으로 참여케 하는 관리능력을 발휘함으로써 리더십 유효성을 증대시킬 수 있다. 이 밖에도 리더의 사회적 특성으로는 매력적이고 인기가 있으며 부하들을 잘 보살피는 능력 등을 들고 있다.

2. 리더십의 행동이론(관리그리드 모델)

리더십 행동이론은 1940년대에 오하이오 주립대학교와 미시간 대학교에서 활발히 연구되었다. 리더십 행동이론은 특성이론의 문제와 한계를 극복하기 위해서 리더의 개인특성보다는 리더의 실제 행동에 초점을 두고 접근한 이론으로서, 리더십의 효과는 리더가 부하들에게 보여주는 행동에 따라 결정된다고 보고 리더의 효율적인 행동유형을 규명하려는 연구이다.

리더십의 효율성은 리더가 집단에서 어떻게 행동하느냐에 따라서 결정된다는 가정 하에 리더의 실제 행동을 연구하는 것이 리더십의 행동이론이다. 다시 말해서 효율적인 리더가 어떤 사람이었느냐가 아니라, 그들은 어떻게 과업을 위양하고, 부하들과 의사소통하며, 어떠한 방식으로 부하들을 동기유발시키고, 그리고 어떻게 과업을 수행하는가 등에 초점을 두고 있다.

행동이론에서 개인행동은 학습될 수 있기 때문에 개인의 특징에 관계없이 리더십 행

그림 10-4 관리그리드의 리더행동유형

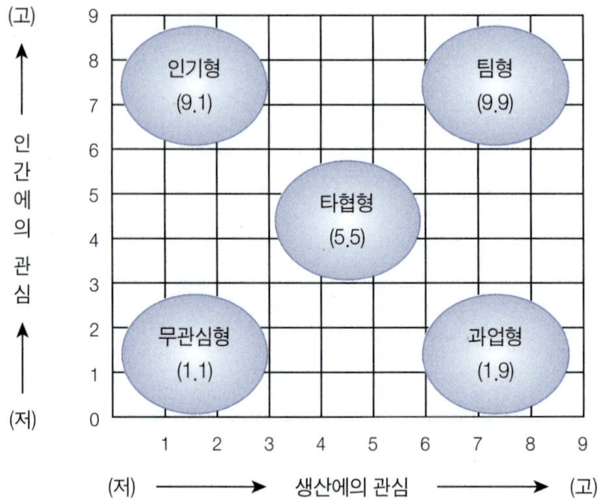

자료: Blake, Robert R., & Moution, J.S., *The Managerial Grid*, Houston: Gulf Publishing Company, 1964, p.10.

동을 적절히 교육시키게 되면 보다 유능한 리더를 탄생시킬 수 있다는 것이다.

관리그리드(managerial grid)이론은 블레이크와 무톤(R.R. Blake and J. Mouton)이 오하이오 주립대학의 구조주도적 리더십과 배려적 리더십의 연구 개념을 기초로 리더의 행동 유형을 더욱 구체화하고 효과적인 리더십 행동을 배양하기 위한 기법으로 개발한 이론이다(Blake & Mouton, 1985).

관리그리드 이론은 리더의 행동을 [그림 10-4]에서 보는 바와 같이 수평축에 생산에 대한 관심(concern for production)과 수직축에 인간에 대한 관심(concern for people)의 두 영역으로 나누고 이를 계량화하여 리더의 행동을 다섯 가지 유형으로 분류하고 있다.

① **무관심형**(impoverished: 1 · 1**형**): 리더의 생산과 인간에 대한 관심이 모두 낮아서 리더는 조직구성원으로서 자리를 유지하는 데에 필요한 최소한의 노력만 투입한다.

② **인기형**(country club: 1 · 9**형**): 리더의 인간에 대한 관심은 매우 높으나 생산에 대한 관심은 매우 낮다. 리더는 부하와의 만족한 관계를 위하여 부하의 욕구를 사려 깊게 관심을 가져주고, 편안하고 우호적인 조직 분위기로 이끌어 간다.

③ **과업형**(task or authority-obedience: 9 · 1**형**): 리더의 생산에 대한 관심은 매우 높으나

인간에 대한 관심은 매우 낮다. 리더는 일의 효율을 높이기 위해 인간적 요소를 최소화하도록 작업조건을 정비하는 등 과업상의 능력을 우선적으로 생각한다.

④ **타협형**(middle of the road: 5 · 5**형**): 리더는 생산과 인간에 적당한 관심을 가진다. 리더는 과업의 능률과 인간적 요소를 절충하여 적당한 수준에서 성과를 추구한다.

⑤ **팀형**(Team: 9 · 9**형**): 인간과 과업 모두에 대한 관심이 매우 높다. 리더는 구성원들과 조직의 공동목표 및 상호 의존 관계를 강조하고, 상호 신뢰적이고 상호 존경적인 관계에서 구성원들의 몰입(commitment)을 통하여 과업을 달성한다.

관리그리드 이론은 조직체에서 관리자의 리더십 개발에 많이 활용되어 왔다. 먼저 관리자의 리더십 유형을 관리격자 개념에 의하여 측정한 후 가장 이상형인 팀(9 · 9)형을 목표로 단계적으로 리더의 행동을 개발해 나가는 것이다.

이 이론에 따르면 가장 바람직한 리더십 유형은 팀(9 · 9)형이라고 결론지었다. 물론 팀(9 · 9)형 리더십이 바람직한 것으로 보이지만, 그러나 이런 유형의 리더십이 항상 사용될 때 리더는 민주적이기보다는 독재적 행동을 나타내 보이는 경향이 있다.

3. 리더십의 상황이론

리더십 특성이론이나 행동이론들은 어떤 상황에서도 적용될 수 있는 가장 이상적인 유일 최선의 리더십 유형을 발견하는 데 집중하였다. 그러나 어떤 상황에서나 효과적인 리더십 행동은 존재할 수 없다는 한계가 인식됨에 따라 리더십 과정에서 작용하는 여러 가지 상황을 연구하는 상황이론이 전개되기 시작했다. 따라서 효과적인 리더십 유형은 상황에 따라 결정되어야 한다는 것이다.

리더십 상황이론(contingency leadership)은 어떤 상황에서나 효율적인 유일 최선의 리더십 유형을 부정하고 리더의 행동이 구체적인 상황에 가장 잘 부합할 때 리더십이 효과적이라는 이론이다. 즉, 가장 효율적인 경영관리 행동은 상황에 따라 달라져야 한다고 시사하는 리더십 접근방법이다. 구체적으로 말해서 경영자가 부하들에 대해서 상황에 따라 적합하게 행동할 때 직무는 가장 잘 성취될 수 있다는 것이다.

(1) 피들러의 상황적합이론

피들러(Fiedler)의 상황적합이론은 리더의 행동과 어느 특정한 상황적 요소를 상호 연관시킨 것이라 할 수 있다. 즉 리더의 효과는 리더의 행동과 그가 속해 있는 특정한 상황 요소들과의 상호작용에 따라 결정된다는 것이다.

피들러는 먼저 리더십 유형을 과업지향적(task-oriented) 리더십과 인간관계지향적(human relations-oriented) 리더십의 두 가지로 구분하고, 리더십 유형을 분류하기 위하여 함께 일해 본 사람 중에서 '가장 싫어하는 동료작업자'(Least Preferred Co-worker : LPC)에 대한 조사를 통하여 측정하였다. LPC란 함께 일을 해 본 경험이 있는 다수 동료 중에서 자신이 가장 좋아하지 않았던 사람을 뜻하는데, 가장 좋아하지 않는 동료까지도 관대하게 대하고 호의적으로 대할 때, 그는 배려적이고 인간관계지향적인 리더이며, 그 반대일 때는 과업지향적인 리더가 된다.

그리고 리더십에 영향을 미치는 상황변수로 리더와 구성원의 관계, 과업의 구조, 직위권력의 세 가지를 들고 있다. ① 리더와 구성원 관계는 구성원들이 리더를 어느 정도 신뢰하고 좋아하는가 정도로, 좋음(우호적)과 나쁨(비우호적)으로 구분하였다. ② 과업구조는 과업이 어느 정도 명확하게 구체적으로 규정되어 있는가 하는 정도로 구조적과 비구

그림 10-5 피들러의 상황적합이론

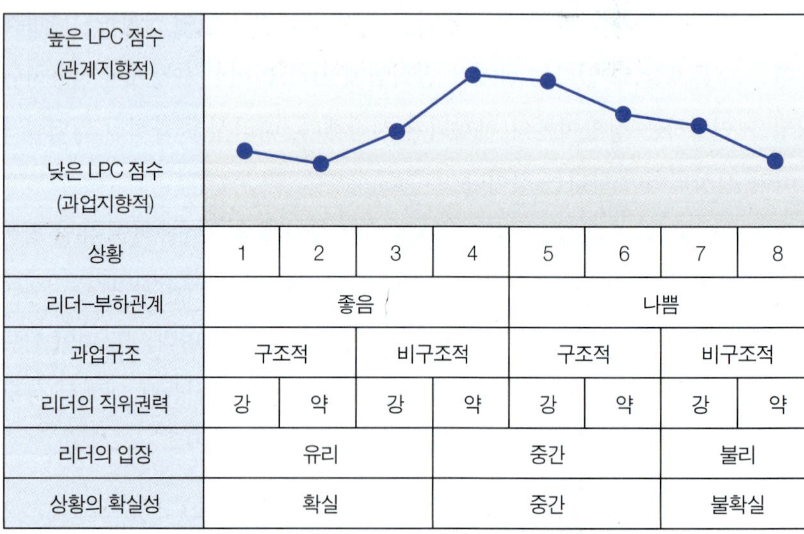

상황	1	2	3	4	5	6	7	8
리더-부하관계	좋음				나쁨			
과업구조	구조적		비구조적		구조적		비구조적	
리더의 직위권력	강	약	강	약	강	약	강	약
리더의 입장	유리			중간			불리	
상황의 확실성	확실			중간			불확실	

조적으로 구분하였다. ③ 리더의 직위권력이란 리더의 권력에 대해 구성원들이 어느 정도 따르느냐 하는 것으로 강함과 약함으로 구분하였다.

이러한 상황변수를 중심으로 피들러는 [그림 10-5]와 같이 여덟 가지의 리더십 상황을 유형화하고, 리더십 상황이 리더의 입장에서 유리한 상황과 불리한 상황 그리고 확실한 상황과 불확실한 상황으로 상황적 특성을 분류하고 있다. 여기에서 리더십 상황은 리더와 부하 간의 관계가 좋고, 과업특성이 구조적이며, 리더의 직위권력이 강할수록 리더에게 유리하고, 리더와 부하 간의 관계가 좋지 않고, 과업특성이 비구조적이며, 리더의 직위권한이 약할수록 리더에게 불리하게 작용한다.

피들러의 주장에 의하면, 경영자는 자신의 리더십 유형이 무엇인지 파악하고, 그에 적합한 상황을 만들거나 주어진 상황에 적합한 리더십 유형으로 변화시켜야 한다. 하지만 리더십 유형은 오랜 경험과 개인의 성격에 관련되어 있기 때문에 교육이나 훈련을 통해 쉽게 변화시킬 수 없으므로, 훌륭한 리더십을 발휘하기 위해서는 자신의 리더십 유형에 적합하도록 상황적 특성을 적절하게 변화시킬 수 있는 능력을 갖추어야 한다.

(2) 허시와 블랜차드의 상황적응적 이론

허시와 블랜차드(P. Hersey and K. H. Blanchard)는 오하이오대학 연구의 구조주도와 배려의 이론에 기초하여 리더십 유형을 구분하고, 여기에 상황요인으로서 부하의 성숙도(maturity)에 초점을 맞춰 적합한 리더십 유형을 제시하였다. 이 이론은 리더는 부하의 성숙 수준을 먼저 파악하고 그 수준에 적합한 리더십을 사용해야 한다는 것이다. 즉, 부하의 성숙도가 다르기 때문에, 효과를 향상시키기 위해서는 부하들의 직무 성숙도가 높아짐에 따라 리더는 직무상의 지시나 명령, 즉 과업지향적 행동을 점차 줄이고, 사회심리적인 지원, 즉 인간관계지향적 행동을 강화해야 한다는 것이다. 그러나 부하의 직무성숙도가 평균수준에 도달하게 되면 리더는 과업지향적 행동과 인간관계지향적 행동을 서서히 억제하고, 직무수행이 성숙하고 높은 의욕을 가진 부하에게 과업을 맡겨야 한다는 것이다.

허시와 블랜차드는 리더 행동유형을 다음과 같이 네 가지로 분류하고 있다.

① **지시적 리더**: 지시적(telling) 리더는 과업지향성은 높게 그리고 관계지향성은 낮게 요구되는 경우에 적용되는 리더십 유형(S1)으로서 부하에 대한 지시적 행동을 강조

한다. 즉, 구체적인 명령 · 지시를 내리고 업무수행을 면밀히 검토한다.

② **설득적 리더**: 설득적(selling) 리더는 과업지향성과 관계지향성이 공히 높이 요구되는 경우에 적용되는 리더십 유형(S2)으로서 리더는 정보교환 및 사회적 지원을 통하여 부하가 리더의 지시를 심리적 저항 없이 수용하도록 노력하게 된다. 즉, 결정사항을 설명하여 명확히 이해하도록 한다.

③ **참여적 리더**: 참여적(participating) 리더는 과업지향성은 낮게 그리고 관계지향성은 높게 요구되는 경우에 적용되는 리더십 유형(S3)으로서 리더와 부하 간의 쌍방적 정보교환 및 의사결정에 참여를 유도하고 의논하게 한다.

④ **위양적 리더**: 위양적(delegating) 리더는 과업지향성과 관계지향성이 공히 낮게 요구되는 경우에 적용되는 리더십 유형(S4)으로서 부하의 과업성숙도(능력, 즉 지식과 기술) 및 심리적 성숙도(의욕, 즉 자신감과 의지)가 가장 높은 단계이므로 리더는 책임 · 권한을 대폭적으로 부하에게 위양하게 된다. 따라서 리더는 지시도 지원도 거의 하지 않으며 부하 자신의 자율적 행동과 자기통제에 의존하게 된다.

허시와 블랜차드에 따르면 성숙도란 "높지만 달성가능한 목표를 설정하는 능력, 기꺼이 책임을 맡으려고 하는 자발성, 교육 및 경험의 정도"라고 정의하고, 과업과 관련한 부하의 성숙도는 두 가지 측면에서 생각할 수 있다는 것이다. 하나는 직무상의 성숙도이고 또 하나는 심리상의 성숙도이다. 직무상의 성숙도란 직무와 관련된 지능 및 기술적 지식을 말하며, 심리적 성숙도란 자신감과 자존심을 말한다. 성숙도가 높은 부하는 특정 과업을 수행할 수 있는 능력을 갖추고 있을 뿐 아니라 과업수행에 대한 자신감이 넘쳐흐른다. 성숙도가 낮은 부하는 능력도 자신감도 부족하다는 것이다.

① M1 : 부하의 성숙수준이 가장 낮은 경우로 직무를 수행할 의지도 능력도 없는 사람

② M2 : 부하의 성숙도가 평균 미달인 경우로 필요한 직무수행을 할 능력은 없으나 하려고 하는 의욕은 있는 사람

③ M3 : 부하들의 성숙도가 평균수준을 초과한 경우로 부하는 리더가 원하는 바를 할 능력은 있으나 하려고 하지 않는 사람

④ M4 : 부하의 성숙수준이 가장 높은 경우로 직무를 수행할 의지도 능력도 있는 사람

그림 10-6 허시와 블랜차드의 모델

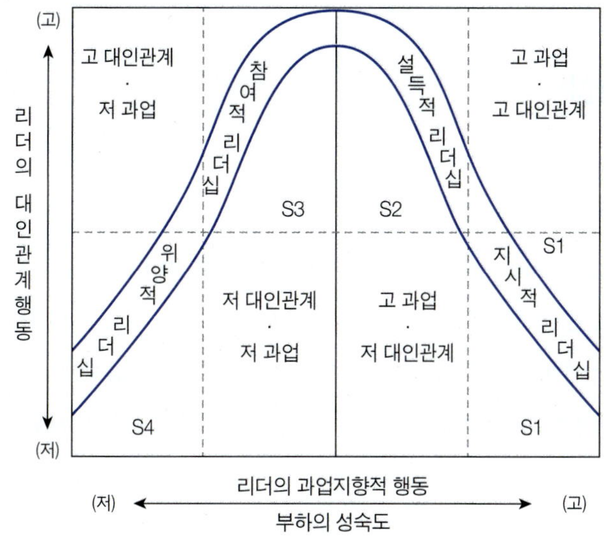

성숙	고	중	위	저	미성숙
	M4	M3	M2	M1	
	의욕 有	의욕 無	의욕 有	의욕 無	
심리적 성숙도	능력 有	능력 有	능력 無	능력 無	직무적 성숙도

리더 행동은 부하의 성숙도에 따라 효과가 다르게 나타나는데, 부하의 성숙도에 따른 리더십 유형을 정리하면 [그림 10-6]과 같다. 허시와 블랜차드의 모델은 부하의 과업관련 성숙도와의 관련하여 리더십 스타일의 유효·무효를 파악하고자 하는 이론이다. 따라서 리더는 수행해야 할 각 과업에 대해서 부하나 집단의 성숙도가 어느 단계에 있는가를 정확히 진단하고, 성숙도의 단계에 적합한 행동을 취하도록 하는 유연성을 가져야 한다.

제3절 새로운 리더십 이론

1. 변혁적 리더십

(1) 변혁적 리더십의 정의

변혁적 리더십(transformational leadership)은 흔히 정상적인 기대를 초월한 성과를 도출해 내는 과정으로 표현된다. 변혁적 리더십은 카리스마(charisma) 리더십과 유사한 개념으로서, "구성원들에게 영감을 주고, 개인들의 성취욕구를 고취시키며, 혁신을 추구하고 새로운 문제해결 방법을 제시하여 자극하는 리더십"이다. 다시 말하면 "변혁적 리더십이란 추종자들의 동기를 자극하고, 욕구를 충족시키며, 인격적으로 대우하면서 개인들의 감정, 가치관, 윤리, 표준, 장기목표 등을 변화시키고 변혁시키는 과정"이라고 정의할 수 있다. 변혁적 리더는 추종자들의 욕구와 동기에 관심을 가지고 추종자들의 잠재능력을 최대한 발휘할 수 있도록 도와주는 리더를 말한다. 기업에서 변혁적 리더십의 예를 들면 경영자가 보다 높은 수준의 공정성과 정당성을 반영하기 위해서 기업의 가치관을 변화시키려고 시도하는 것으로서, 이 과정에서 경영자와 추종자들은 보다 강력하고 높은 도덕적 가치관을 나타내게 될 것이다.

변혁적 리더십을 거래적 리더십의 특별한 경우로 보는 견해가 있다. 변혁적 리더는 부하에게 비전을 제시함으로써 부하의 마음속에 그려진 목표를 달성하기 위해 열심히 일

표 10-1 거래적 리더십과 변혁적 리더십의 차이점

구분	거래적 리더십	변혁적 리더십
현상	현상을 유지하기 위해 노력함	현상을 변화시키고자 노력함
목표지향성	현상과 너무 괴리되지 않은 목표지향	보통 현상보다 매우 높은 이상적인 목표지향
시간	단기적 전망, 기본적으로 가시적인 보상으로 동기부여	장기적 전망, 부하들에게 장기적 목표를 위해 노력하도록 동기부여
동기부여 전략	부하들에게 즉각적이고도 가시적인 보상으로 동기부여	부하들에게 자아실현과 같은 높은 수준의 개인적 목표를 동경하도록 동기부여
행위표준	부하들은 규칙과 관례를 따르기를 좋아함	변환적이고도 새로운 시도에 도전하도록 부하를 격려함
문제해결	부하들을 위해 문제를 해결하거나 해답을 찾을 수 있는 곳을 알려줌	질문을 하여 부하들이 스스로 해결책을 찾도록 격려하거나 함께 일함

하도록 권유한다. 한편, 거래적 리더는 목표를 조정하고 지시하며 현실적 바탕에서 사명을 조정한다. 거래적 리더십과 변혁적 리더십의 차이점을 요약하면 〈표 10-1〉과 같다(김성국, 1999).

(2) 변혁적 리더십의 요인

변혁적 리더십의 요인은 ① 카리스마(charisma), ② 개별적 배려(individualized consideration), ③ 지적 자극(intellectual stimulation) ④ 영감적 동기부여(inspirational motivation) 등의 중요한 요소를 포함하고 있다.

1) 카리스마

베버(M. Weber)에 따르면 "카리스마는 특정한 사람에게 초인간적이고 비범한 힘(능력)이 부여된 특별한 성격적 특성으로 정의하고, 이러한 카리스마는 소수의 사람들이 천부적으로 지니게 되는 것으로 카리스마를 지닌 사람이 리더로서 대우를 받게 된다."는 것이다. 카리스마 리더들은 낙천적이고 태연한 태도를 보임으로써 신위적(神威的) 자질을 보여주며, 열정적으로 행동하고 혼신을 다하여 의사소통하며, 도덕적 가치에 강한 신념을 가지고, 다른 사람들에게 영감을 주는 촉진제를 개발함으로써 추종자들의 감정을 자극하여 잠재능력을 발휘하도록 한다.

카리스마 리더들은 보통 높은 수준의 도덕적 · 윤리적 행동기준을 가지고 올바른 행동(일)을 하고 있으며, 추종자들에게 항상 비전과 사명의식을 제시하므로, 부하들은 리더와 동일화하고 그의 행동을 본받으려 하며 리더를 깊이 존중하고 신뢰하게 된다.

콩거(J.A. Conger)와 카눈고(R. N. Kanungo)는 카리스마 리더에 대해 다음 다섯 가지 특성을 제시하고 있다.

- 카리스마 리더는 언제나 현상을 참을 수 없는 것으로 간주하고, 불만족한 현실과는 비교가 안 될 만큼 개선되고 이상적인 세계에 관한 비전을 제시한다.
- 이러한 비전과 목표를 달성하기 위해서 상당한 정도의 위험을 기꺼이 감수하며 목표에 도달하는 방법도 특별한 방법을 동원한다.
- 추종자들의 욕구와 관심에 늘 주목하고 있으며, 이를 해결할 자신이 있다는 것을 강

조한다.

• 구성원들 간의 합의에 의하기보다는 개인적인 자질들을 통해서 영향력을 행사한다.
• 카리스마 리더는 한편으로는 상당히 과격한 변화를 추구하지만, 한편으로는 상당히 현실적인 사람들이다.

2) 개별적 배려

개별적 배려는 추종자들의 개인적 욕구를 주의 깊게 청취하고 지원적 분위기를 조성하려는 리더의 대표적인 특징이다. 개별적 배려는 리더의 관심과, 이해하고자 하는 의지, 그리고 부하들의 관심사항을 공유하는 것이다. 리더와 추종자가 1 : 1의 개별적인 인간관계를 통하여 코치나 조언자로서 행동함으로써 우호관계를 유지하고, 리더는 개인적인 욕구의 확인뿐만 아니라 부하들에게 권한을 위양하고 개인적 도전을 유도함으로써 더 높은 욕구를 가지도록 시도하고 신뢰를 촉진하게 된다.

3) 지적 자극

변혁적 리더는 부하들에게 문제의 해결을 새로운 방법으로 시도하도록 하거나, 부하 자신의 신념과 가치관, 그리고 리더의 신념과 가치관에 대하여 의문을 가지도록 조장함으로써 부하들에게 지적 자극을 제공한다. 다시 말해서, 부하들은 그들 스스로의 문제를 명확히 하고 해결책을 강구하는 과정에서 자극을 받게 된다.

4) 영감적 동기부여

영감적 동기부여란 리더가 추종자들에게 높은 기대를 전달하고 조직의 공유 비전에 몰입하도록 감화시킴으로써 동기부여시키는 것을 일컫는다. 이것은 흔히 팀정신을 향상시키기 위해서 사용된다. 즉, 리더들은 목표달성에 필요한 집단구성원들의 노력을 집중시키기 위해 상징이나 감정적 호소를 이용하고 있다.

2. 비전 제시형 리더십(Visionary Hero Leadership)

사무적이고 주고받는 거래적 리더십에는 한계가 있다. 이러한 한계를 극복하고 추종자들의 마음을 얻는 리더십이 필요한데, 그것이 바로 변혁적 리더십(transformational leadership)이다. 변혁적 리더십은 리더가 추종자들에게 카리스마적 권위를 가지고 개인적인 배려와 지적인 자극을 줌으로써 추종자들의 마음을 얻는 리더십을 말한다.

이러한 리더십은 장점이 많다. 피터 드러커(Peter Drucker)의 표현을 빌리자면 "보통 사람들로 하여금 보통이 아닌 일을 하게 하는 능력(Making common men do uncommon things)"을 변혁적 리더는 갖추고 있다고 말한다.

한 마디로 비전을 주는 영웅은 추종자들로 하여금 자신의 능력을 뛰어넘는 능력을 발휘할 수 있도록 하고, 미래에 대한 비전을 제시하여 그 비전에 몰입시킴으로써 조직의 목적을 달성시키는 리더라고 정리할 수 있다. 미래에 대한 올바른 비전(right vision)은 사람들의 몰입을 자극하고 활력을 주고, 사람들에게 삶의 의미를 심어주며, 우수성에 대한 표준(standard of excellence)을 제시한다. 또한, 올바른 비전은 현대와 미래를 이어주는 교량역할을 한다.

3. 서번트 리더십(Servant Leadership)

(1) 서번트 리더십의 개념

최근 주목을 받고 있는 서번트 리더십이란 부하들의 자발적인 헌신과 참여를 이끌어내고, 주인의식과 책임감을 고취시키면서 섬김과 봉사의 정신을 기반으로 하여 발휘되는 자기희생적이고 봉사적인 리더십을 말한다.

서번트 리더십은 종(servant)과 리더(leader)가 합쳐진 개념이다. 종과 리더는 서로 반대되는 개념이라고 볼 수 있다. 따라서 Servant–Leadership은 역설적(paradox)이다. 종래의 리더십이 전제적(autocratic)이고 수직적(hierarchical)인 데 비해서 섬기는 리더십은 추종자의 성장을 도우며, 팀워크와 공동체를 형성하는 리더십이다. 섬기는 리더십을 이론적으로 정립한 사람은 그린리프(Robert K. Greenleaf)이다. 그는 1970년 『The Servant as Leader』라는 책을 출간하면서 섬기는 리더십을 학문적으로 정립시켰다. 그는 헤르만 헷

세(Herman Hesse)의 작품『Journey to the East』에서 섬기는 리더십의 영감을 얻었다. 즉, 위대한 리더는 먼저 종이 되어야 한다. 즉, 남을 돕는 일을 먼저 해야 한다는 것이다(김성국, 1999).

서번트 리더십이란 다른 구성원들이 공동의 목표를 이루어 나가는 데 있어 정신적 · 육체적으로 지치지 않도록 환경을 조성해 주고 도와주는 리더십이다. 인간존중을 바탕으로 다른 구성원들이 잠재력을 발휘할 수 있도록 도와주고 이끌어 주는 것을 의미한다.

(2) 섬기는 리더의 특징

① 남의 말을 잘 듣는다(Listening).

② 남에게 동정심을 갖는다(Sympathy).

③ 남을 치유한다(Healing).

④ 깨닫는다(Awareness).

⑤ 설득한다(Persuasion).

⑥ 개념화하는 능력(Conceptualization)이 뛰어나다.

⑦ 예지의 능력(Foresight)이 있다.

⑧ 청지기(Stewardship)로서의 삶을 산다(청지기란 다른 사람의 물건을 위탁받아 관리하는 사람을 말한다).

⑨ 다른 사람을 성장시키는 데 몰두한다(Commitment to the growth of people).

⑩ 공동체를 형성한다(Building Community).

이상에서 종합하면, 섬기는 리더십은 마치 안과 밖의 구분이 안 되는 '뫼비우스의 띠(Mobius Strip)'처럼 섬김(Servanthood)과 지도(Leadership)가 부단하게 이어지는 리더십을 의미한다.

(3) 섬기는 리더십의 내용(5-Point Star 모형)

- I: Inspire(영감: 다른 사람에게 영감과 감화를 준다)
- S: Support(지원: 정서적 · 물리적 · 정신적 지원)
- T: Train(훈련: 앞선 기술, 핵심능력, 최선의 업무수행방법, 질적 서비스, 고객중심 등을 훈련)

- A: Acknowledge(인정: 개인과 팀의 노력과 결과를 인정)
- R: Reward(보상: 유형의 보상과 기쁨, 자긍심, 팀정신 같은 무형의 보상)

〈표 10-2〉에서 보는 바와 같이 섬기는 리더십은 전제적 리더십과 쉽게 구별된다. 섬기는 리더십은 현대지도자에게 적합한 리더십이라고 볼 수 있다. 피터 드러커는 오늘날 기업의 최고경영자(CEO)는 대학 총장이나 병원장, 또는 오케스트라 지휘자와 같은 자세로 일하는 것이 필요하다고 하였다. 현대 조직에서는 작업들이 상호 연결되고 통합되는 과정을 통해서 중간 조정자 역할이 줄어들고 있으며 수직적이고 복잡한 피라미드 조직(tall 조직)이 평평한 조직(flat 조직)이 되면서 섬기는 리더가 가장 훌륭한 리더가 된다. 섬기는 리더십이 발휘되는 조직은 구성원들이 개인적 성장을 하며 보다 건강하고 자유로우며, 자율적으로 발전한다.

표 10-2 전제적 리더십과 섬기는 리더십의 비교

전제적 리더십	섬기는 리더십
명령계통에 따라 지시하달	상호작용을 통한 이해증진
사람을 목적달성을 위한 수단(means)으로 인식	사람을 목적(end)으로 인식
수직계통(hierarchy) 중시	수직계층의 붕괴
복종하고 수동적인 추종자	추종자의 자기성장, 만족, 창의력
첫출발: 사람들을 리드하는 것	첫출발: 사람들을 섬기는 것

4. 셀프리더십

(1) 셀프리더십의 정의

리더십의 근본은 먼저 자기 자신에 대한 완벽한 성찰이다. 셀프리더십이 필요한 이유는 자신을 효과적으로 리드할 수 있는 것은 자기 자신이 가장 먼저이기 때문이다. 다른 사람들을 효과적으로 리드하기 위해서는 자신을 먼저 리드할 줄 알아야 한다. 셀프리더십은 우리 스스로 자신을 리드하여 참된 자신의 리더가 되는 것을 실현시키는 것이다. 셀프리더십은 스스로에게 영향을 미치는 과정이다. 자신에게 영향을 끼치는 지속적인 과정이 바로 셀프리더십이다. 자신의 개인적인 목적을 달성하는 데 스스로에게 동기를 부

여할 수 있도록 자신의 틀을 개발하는 것이 중요하다. 셀프리더십은 하고 싶은 일을 하는 데에 자발적으로 스스로를 투입할 수 있도록 하는 것이기도 하다.

첫째, 누구나 어느 정도는 셀프리더십을 발휘하고 있다. 다만 유능한 셀프리더가 아닐 뿐이다.

둘째, 효과적인 셀프리더십은 선천적인 재능이 아니라 학습을 통해 얻어지는 것이다.

셋째, 셀프리더십은 경영자, 관리자, 종업원 모두에게 해당한다.

(2) 셀프리더십 전략

셀프리더십은 행동전략과 인지전략으로 분류되는데 행동전략은 효과적 행동에 초점을 맞추며, 인지전략은 효과적인 사고와 태도에 초점을 둔다. 셀프리더십의 행동전략과 인지전략의 구체적 내용은 다음과 같다.

1) 건설적인 행동을 위한 행동전략

셀프리더십의 첫 번째 전략은 행동에 초점을 맞춘 것으로, 관리자와 종업원들이 어렵고, 그래서 내키지 않는, 그러나 반드시 해야 하는 과업을 수행함에 있어 스스로를 리드하도록 돕는 것이다. 몇 가지 구체적인 전략으로는 자기목표설정, 리허설, 자기관찰, 자기보상, 자기징계 등을 들 수 있다. 이러한 구체적인 전략에 대해 보다 자세히 알아보도록 한다.

① **자기목표설정**: 자기 스스로 목표를 설정하는 것은 성공적인 셀프리더십의 중요한 한 가지 요소이다. 목표를 설정함에 있어 알아두어야 할 점은 최상의 효과를 얻기 위해서는 목표가 도전적이어야 하겠지만 반드시 달성할 수 있는 것이어야 하며 또한 구체적이어야 한다는 것이다.

② **단서에 의한 관리**: 단서를 이용해 관리함으로써 바람직한 행동을 장려하고 그렇지 못한 행동을 자제시키는 효과를 거둘 수 있다. 예를 들면, 사무실에 간단한 팻말이나 표시 등을 붙여 직원들의 업무 수행을 자극하고 사기를 북돋울 수 있다. 종업원들은 단서전략을 통해 그때 그때의 업무와 근무환경을 관리할 수 있으며, 바람직한 자극을 늘려나가고 유해한 자극을 제거함으로써 자신을 더욱 효율적으로 관리할 수 있다.

③ **리허설**: 리허설이나 연습은 효과적인 선행적 셀프리더십 전략이다. 어떤 일을 실행하기에 앞서 깊이 생각하고 중요한 부분을 미리 연습하는 태도는 업무 수행에 큰 도움을 준다. 부서별 연간 예산안을 예산 심의위원회에 공식 제출하기 전에 브리핑 내용을 미리 연습해 보는 것은 이 전략의 한 가지 예이다.

④ **자기관찰**: 자기관찰 전략은 업무 수행의 결과, 즉 업무를 수행한 후 일어난 일에 초점을 맞춘다. 자기관찰은 셀프리더십을 효율적으로 발휘하는 데 필요한 정보를 제공해 준다. 바람직한 행위와 그렇지 못한 행위의 원인을 관찰함으로써 무엇을 바꾸어야 할지, 또 어떻게 바꾸어야 할지에 대한 단서를 발견할 수 있다. 또한 자기 스스로를 평가할 수 있는 자료를 제공해 줌으로써 수집된 정보를 분석하여 자신이 행한 업무활동의 효율성을 스스로 평가할 수 있게 된다.

⑤ **자기보상**: 노력의 대가로 주어지는 보상은 일할 의욕을 북돋우고 앞으로 어떤 행동을 할지 선택하는 데 중요한 영향을 미친다. 일반적으로 보상이라고 하면 조직이나 다른 사람들로부터 받는 것에 관심이 집중되지만 자기가 스스로에게 부여하는 보상과 징계 또한 그에 못지않게 중요하다. 자기보상은 물질적인 것이든 정신적인 것이든, 일에 대한 노력을 지속시키는 데 큰 도움을 주며 일할 의욕을 북돋움으로써 미래의 성공을 보장해 준다.

⑥ **자기징계**: 일이 잘못 되었을 때 자기가 스스로에게 벌을 주는 것은 보통 그다지 효과적이지는 못하다. 실제로 자기징계는 정신적이거나 의식적인 것이 대부분이다. 바람직하지 못한 행동임이 분명한데도 너무 관대하게 처리하는 것 또한 문제이므로 가끔은 적절한 자기책망이 필요할 때도 있다. 그러나 대체로 잘한 행동에 대한 자기보상에 중점을 두는 편이 징계보다 더욱 효율적이다.

2) 건설적인 사고를 위한 인지전략

셀프리더십의 인지전략은 건설적인 사고 패턴의 관리와 이것이 행동에 미치는 영향을 다룬다. 인지전략은 서로 밀접하게 연관된 두 부분으로 나누어져 있는데, 첫 번째 부분은 일을 통해서 자연스럽게 얻을 수 있는 자연적 보상(natural rewards)의 이용에 관한 것이며, 두 번째는 건설적인 사고 패턴을 발전시키는 문제에 관한 것이다.

① 자연적 보상

일에 대한 올바른 마음가짐은 자연적 보상을 보다 쉽게 발견하고 누릴 수 있게 한다. 자연적 보상은 주어진 일이나 활동 그 자체와 긴밀히 연결되어 있다. 예를 들면 신문을 즐겨 보거나 트랙 경기를 자주 보러 가는 것도 자연적 보상을 추구하는 활동이라고 할 수 있다. 어떤 사람으로 하여금 이런 행동을 하게 하는 동기는 외재적인 보상이나 자기보상으로부터 비롯되는 것이 아니라 자연발생적인 것이다. 즉 일이나 활동 속에 동기부여 요소가 들어 있는 것이다.

– 어떤 요소가 자연적 보상을 불러일으키는가?

- **유능하다는 느낌**: 일을 함에 있어서 자신이 유능하다고 느꼈을 때 자연적 보상이 일어난다. 따라서 슈퍼리더들은 이 점을 충분히 인식하고 종업원들에게 가치있는 일을 할 기회를 제공해 주어야 한다. 또한 종업원들에게 자율성을 부여하고 그들이 높은 성과를 낼 수 있게 지도함으로써 자신감을 고취하고 기술을 마스터하도록 도와야 한다.
- **스스로 통제한다는 느낌**: 사람들은 흔히 최소한 자신이 독립적으로 일한다는 느낌만이라도 갖고 싶어한다. 자신이 유능하다는 느낌과 스스로를 통제한다는 느낌이 함께 어우러지면 흥미로운 행동 패턴을 낳는다. 즉 주어진 일을 마스터하고자 하는 강한 의욕을 불러일으키고 그에 필요한 노력을 경주하게 만드는 것이다. 따라서 슈퍼리더는 이러한 행동 패턴을 잘 인식하고 종업원들이 도전할 만한 목표를 찾을 수 있도록 자유를 주어야 한다.
- **가치를 창출한다는 느낌**: 자연적 보상이 가져오는 또 한 가지 요소는 일을 통해 가치를 창출할 수 있다는 느낌이다. 자신의 능력과 자율 통제에 대해 자부심을 갖게 된 경우에도 자기가 하는 일의 가치를 발견하지 못하면 즐거움을 느낄 수 없다. 수퍼리더는 종업원들이 목적의식을 가질 수 있도록 도와야 하며 일에 대한 보람을 느끼도록 해 주어야 한다.

② 건설적인 사고 패턴을 확립하는 전략

셀프리더십의 한 요소를 다루는 데 있어 무엇보다 필요한 것은 사고의 패턴을 아는 일이다. 사고 패턴을 바꾸거나 새로운 사고 패턴을 형성할 때 도움을 주는 수단으로는 믿음, 상상에 의한 체험, 자기와의 대화 등이 있다.

- **믿음**: 믿음의 중요한 특징은 자기예언적이라는 것이다. 엘버트 엘리스 박사가 제창한 심리요법인 이성적 감정요법(Rational Emotional Therapy)에 의하면, 믿음은 변화의 기초라고 한다. 이렇듯 셀프리더십 능력에 영향을 미치는 중요한 믿음 중의 하나는 자기에 대한 기대이다. 자기 자신에 대해 어떤 믿음을 갖고 있느냐는 업무 수행에 뚜렷한 영향을 미친다.
- **상상에 의한 체험**: 세상에 대해 갖는 이미지, 즉 어떤 문제의 결과에 대해 생각하는 방식은 일과 인생 전반에 대한 각 개인의 행동과 태도에 영향을 미친다. 따라서 상상에 의한 체험을 통해 긍정적인 사고 패턴을 가지고 이를 습관화한다면 셀프리더십의 능력을 크게 향상시킬 수 있을 것이다.
- **자기와의 대화**: 사고를 효율적으로 관리하는 유용한 방법은 자기와의 대화를 스스로 관찰하고 기능 장애적인 요소들을 건설적으로 바꾸려고 노력하는 것이다.

표 10-3 셀프리더십의 행동전략

행동	전략
자기설정목표	자기 일의 목표를 스스로 설정한다.
단서에 의한 관리	자신이 하고자 하는 행동을 용이하게 하기 위해 단서가 될 만한 것들을 작업장 주위에 설치하거나 작업장을 변경한다.
리허설	실제로 업무를 수행하기 전에 신체적으로, 혹은 정신적으로 예행연습을 한다.
자기관찰	자신이 바꾸고자 하는 행동을 관찰하고 이에 관한 정보를 수집한다.
자기보상	바람직한 행동을 했을 때 스스로 가치 있다고 느껴지는 보상을 자신에게 제공한다.
자기징계	바람직하지 않은 행동을 했을 때 자신에게 일정한 제재를 가한다(단, 이 전략은 일반적으로 그다지 효과적이지 못하다).

5. 카리스마적 이론

우리는 어떤 사람을 묘사할 때 카리스마가 있다고 한다. 카리스마가 있는 것은 구체적으로 어떻다는 뜻일까? 원래 베버(Weber) 같은 초기 이론가들에 의하면 신비스럽고 자아도취적이며 사람들을 끌어당기는 흡인력을 가진 사람으로, 흔히 위기에 출현하여 뛰어난 해결책으로 그 위기를 극복할 수 있도록 대중을 선도하는 사람을 지칭했다. 하우스(House)는 이를 좀 더 구체화하여 카리스마적 리더는 우월감과 자신감, 자기신념에 대한 확신, 강력한 영향력 행사욕구 등의 특성을 보유하고 있으며, 고유의 이미지를 구축하고 비전과 목표를 명확히 제시하며 추종자에게는 높은 기대와 신뢰감을 표시하고 가치체계에 대한 자기역할을 모형화함으로써 추종자를 리드한다(House & Shamir, 1993). 그 결과 추종자로부터는 다음과 같은 경이로운 효과를 얻어낸다.

① 리더의 신념이 옳다는 믿음
② 하위자의 신념을 리더의 신념에 동화
③ 리더에 대한 무조건적 수용
④ 리더에 대한 애정
⑤ 리더에 대한 복종
⑥ 리더가 제시한 사명에 대한 정서적 몰입
⑦ 추종자 목적수준 상향조정
⑧ 리더가 제시한 목적을 달성할 수 있다는 믿음

(1) 카리스마적 리더의 리더십 절차

카리스마적 리더는 개별적 동일시, 사회적 동일시, 내면화, 그리고 자기유능감의 환기 과정을 거쳐 추종자를 리드한다(이우용 외, 2002).

① **개별적 동일시(personal identification)**: 개별적 동일시는 특정 하위자가 리더를 통해 자기를 나타내는 것을 자랑스러워하고 리더를 모방하는 것을 말한다. 이는 정체성이나 자부심이 약하고 권위적인 인물에 잘 복종하는 추종자에게서 자주 나타난다.

② **사회적 동일시(social identification)**: 개별적 동일시가 특정 추종자와 리더와의 개인적인 관계인 반면 사회적 동일시는 추종자가 특정 집단과 자기를 동일시하는 것을 말한다. 특정 추종자가 해당 집단의 일원이 된 것에 대해 긍지를 갖고 이를 중요시할 때 나타나는 현상이다. 이때 사회적 동일시 현상이 강하게 나타날수록 그 구성원은 개인적 욕구보다는 집단의 사회적 요구에 더 높은 우선순위를 두며 집단의 요구만족을 위해 자기를 기꺼이 희생한다. 이때 카리스마적 리더는 다른 집단과 차별화되

는 특유의 정체성을 개발함으로써 추종자의 동일시를 확대시킨다. 조직의 성공적인 역사, 창업자나 기타 구성원의 영웅담이나 상징적인 조치를 강조하는 것도 사회적 동일시를 촉진하기 위해 리더가 자주 활용하는 기법이다.

③ **내면화(internalization)**: 내면화는 리더의 가치관을 추종자가 자기 것으로 인식하도록 영향을 미치는 것으로도 가능하지만 더욱더 효과적인 방법은 추종자가 가지고 있는 가치관을 그룹의 과업목표와 연계함으로써 이것이 그룹의 가치로 승화되도록 하는 것이다. 이렇게 해서 카리스마적 리더는 과업목표달성이 추종자의 가치관 표출이 되게 하고 사회적 정체성을 강화하는 수단으로 만든다. 그리고 과업의 상징적 의미를 강조하여 추종자로 하여금 과업 자체가 의미 있고 숭고하며 가치 있다는 느낌을 갖게 하는 것도 리더의 역할이다.

④ **자기유능감(self-efficacy)의 환기**: 자기유능감은 목표달성과 관련해서 자기의 유능함에 대한 신념이다. 자기가 유능하다고 스스로 생각하는 사람은 더 많은 노력을 경주하며 장애물을 극복하는 데도 강인하다. 더 중요한 것은 집단적인 자기유능감으로 이는 집단이 차질 없이 목표를 이루어 낼 것이라는 것에 대한 신념이다. 이것이 강할 때 집단구성원 간의 결속력은 더욱더 다져진다. 리더는 개인적인 자기유능감은 물론 집단의 그것도 높여 주어야 한다.

(2) 카리스마적 리더십의 전개단계

콩거(Conger)는 이후 단독으로 보고한 연구에서 특정 리더가 카리스마적 리더로 인식되는 행동과정을 구체화하였다(〈표 10-4〉 참조).

표 10-4 카리스마적 리더십의 전개단계

제1단계 비전의 창출	제2단계 비전의 전달	제3단계 신뢰감 구축	제4단계 비전의 달성
• 기회 및 취약점 감지 • 이해당사자에 대한 민감성 • 전략적 비전의 개발	• 현상태의 문제점과 새로운 비전의 매력을 인식시킴 • 하위자 리드 동기 전달	• 성공, 전문성, 위험감수, 희생, 인습 파괴행위를 통한 신뢰구축	• 역할모형화, 하위자 역량 강화, 상식을 초월하는 전략 · 전술 등으로 비전달성

• **제1단계: 비전의 창출** – 비전은 현상을 개선하기 위한 현상에의 도전이다. 비전은 이

상과 포부를 반영해야 하고 현상에 도전적이어야 한다. 그리고 비전은 적정한 수준의 위험을 수반한다.

- **제2단계: 비전의 전달** – 비전은 간단명료해서 추종자들이 쉽게 납득하고 이를 성취하기 위해 전력을 다 해야 한다는 인식을 쉽게 심어 줄 수 있도록 설득적이어야 한다.
- **제3단계: 신뢰감 구축** – 리더가 설정한 비전을 달성하기 위해 개발한 전략은 물론 리더가 비전을 달성하기 위해 쏟는 노력에 대한 추종자의 강한 신뢰가 구축된다.
- **제4단계: 비전의 달성** – 추종자 개인과 그룹의 자기유능감을 조성하고 비전성취를 위한 추종자의 노력에 대해 사명감과 유의성을 고취하여 비전을 차질 없이 달성하도록 한다.

잠시 쉬어가기

예측 불가능한 시대, 리더의 조건

코로나19 사태로 각국 정부는 유례없는 비상대책을 내놓고 있고, 많은 기업도 비상경영체제로 돌입한 상황이라 민관 지도자들의 비상한 리더십이 절실히 요구되고 있다. 그러면 변덕스럽고(Volatile) · 불확실(Uncertain) · 복잡(Complex) · 모호한(Ambiguous) 뷰카(VUCA) 시대에 필요한 리더십은 무엇일까?

리더십 전문 작가인 제이컵 모건이 올해 초에 출간한『미래 리더』라는 책이 주목을 받고 있다. 모건은 140명 이상의 임원급 리더 인터뷰와 약 1만4000명에 이르는 사람을 대상으로 한 설문조사를 통해 미래 리더가 갖춰야 할 사고방식과 핵심 기술을 도출했는데, 이를 정리하면 다음과 같다.

변화무쌍한 뷰카 시대에서는 다음과 같은 사고방식이 필요하다. 첫째는 탐험가다. 탐험가는 호기심과 탐구정신을 가지고 끊임없이 학습하며 과감히 변혁한다. 알고 싶은 것을 찾으려 기민하고 민첩하게 대응한다. 둘째는 요리사다. 유명 요리사는 맛뿐만 아니라 사람들의 영양과 건강 등을 두루 챙기며 다양한 재료를 사용하되, 쏠림 없이 균형 있게 활용한다. 셋째는 봉사자다. 지위가 높다고 군림하고 갑질하던 시대는 지나갔다. 리더는 국민에게 봉사하고, 팀원에게 봉사하고, 고객에게 봉사하고, 자신에게도 봉사하며 겸손해야 한다. 넷째는 세계시민이다. 우리 것만을 고집하지 말고, 세계보편적 가치와 규범을 존중하며 국제사회에 기여해야 한다.

그렇다면 뷰카 시대에서는 어떤 기술을 가진 사람을 필요로 할까?

첫째는 미래 예측가다. 시대 변화에 따른 새로운 문제 발생 가능성을 파악하고 밝은 미래를 위해 싸울 줄 알아야 한다. 산 밑의 일상에만 몰입할 것이 아니라 높은 산에 올라 먼 미래를 내다볼 줄 알아야 한다.

둘째는 요다이다. 영화 '스타워즈'에서 요다는 지혜로운 선생(마스터) 역할을 하며 우주의 추종자를 인도한다. 리더는 역지사지의 자세로 감성지능과 공감능력을 갖춰 사회적 책임을 다해야 한다. 코로나 사태는 사회적 책임의 중요성을 일깨워줬다.

셋째는 통번역가다. 유능한 통번역가는 상대의 말과 몸짓은 물론 느낌까지도 알아채며, 애매한 표현에 감춰진 진짜 의미도 해석해 낸다. 리더십 전문가 워런 베니스는 '리더십이란 리더가 어려운 비전을 추종자들에게 알기 쉽게 실상으로 번역하여 이해시키는 능력'이라고 했다.

넷째는 코치다. 코치는 팀원들의 상태를 파악해 밀고(동기부여하고), 당기고(영감을 주고), 지원하는 사람이다. 힘든 경기를 앞두고 스트레스 받는 선수의 마음을 다독여 마침내 승리를 이끌어내는 코치가 돼야 한다.

다섯째는 기술 틴에이저(10대)다. 기성세대는 정보통신기술을 접하며 어리둥절할 때가 많지만, 10대들은 디지털 제품을 품고 놀며 잘 적응한다. 따라서 리더는 신기술에 능한 10대처럼 신기술을 이해하며 활용할 줄 알아야 한다.

벼랑에 걸린 잔도를 걸어가는 듯한 뷰카 시대에는 리더 역할이 정말 중요하다. 잔도에서 한 발짝도 나아가지 못하는 사람들을 위해 이 시대의 리더는 손을 내밀어 전전긍긍한 상태를 벗어날 수 있도록 탐험 청사진을 보여줘야 하지 않겠는가? 백마 탄 초인이 나타나진 않겠지만, 지금은 모두가 '고도(Godot)를 기다리며' 사는 형국이다.

자료: 김판석(전 인사혁신처장), 매일경제, 2020. 04.1 3.

제4절 모티베이션 내용이론

모티베이션은 인간의 행동을 개발하고 그 개발된 행동을 유지하며, 더 나아가서 이를 일정한 방향으로 유도해 가는 과정이라고 할 수 있으며, 또한 관리적인 측면에서 볼 때 조직목표를 달성하도록 개인이나 집단의 행동에 영향력을 행사하려는 관리자의 의식적인 시도라고 정의할 수 있다. 동기부여이론은 일반적으로 내용이론과 과정이론으로 분류된다. 본서는 내용이론을 중심으로 설명하겠다.

1. 매슬로우의 욕구단계이론

욕구의 일반적인 분류는 매슬로우(Maslow)가 동기부여에 관하여 논하고 있는 바와 같이 기본적인 것으로부터 고도로 복잡한 것에 이르는 욕구의 순서를 가정하였다. 매슬로우는 [그림 10-5]에서 보는 바와 같이 생리적 욕구, 안전욕구, 소속감과 애정의 욕구, 존경욕구, 자아실현욕구 등 5단계의 욕구단계이론을 주장하고 있다.

그림 10-7 매슬로우의 욕구단계이론

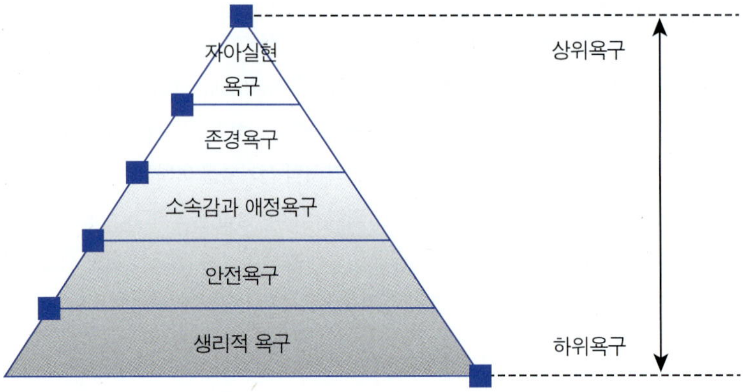

(1) 생리적 욕구(Physiological Needs)

생리적 욕구는 삶 그 자체를 유지하기 위한 기초적인 인간의 욕구로 의식주에 대한 욕구와 같다. 이러한 기초적인 욕구들이 신체의 충분한 활동을 위해 필요한 정도로 만족될 때까지 사람들의 행위는 생리적 욕구수준에 머물러 있을 것이고 다른 수준의 욕구는 거의 자극을 받지 못할 것이다. 조직에서 생리적 욕구는 적당한 임금, 휴식, 작업환경에 관한 욕구로 표현될 수 있다.

(2) 안전의 욕구(Safety Needs)

두 번째 단계는 생리적 욕구와 같이 명확하게 세분된다고는 할 수 없으나 이것도 첫 번째 단계의 것과 동일하게 지배적인 것이 되는 일련의 욕구로부터 성립된다.

위협을 느끼고 있는 인간의 심리에 '안전을 구한다'라고 하는 문제가 발생한다. 안전에 대한 관심은 더욱 순수한 형태이며 어린이들이 항상 다른 자극을 받는다거나 갑자기 보호자를 잃었다든가, 병이 났다든가 할 때에 나타나는 강한 반응 중에서 보여진다. 변화하는 광범위한 사회적 상황에서 성인이 나타내는 안전의 욕구가 발동할 때에는 업무의 보증을 확보한다든지 사회적 보증을 광범위하게 구한다든지 하는 노력, 또는 더욱더 큰 경제적 지원을 구하는 경향 등이 있음을 볼 수가 있다.

안전의 욕구는 매일매일 일어나는 생활의 계획들을 규칙적으로 하고자 하는 노력 가운데에서 명확하게 보인다.

(3) 소속감과 애정욕구(Belongingness and Love Needs)

일단 생리적 욕구와 안전욕구가 어느 정도 충족되고 나면 소속감이나 애정욕구가 나타난다. 인간은 사회적인 존재이므로 어디에든 소속되거나 다른 집단이 자신을 받아들이기를 원한다. 그래서, 인간은 동료와 친교를 나누고 싶어 하고 이성 간의 교제나 결혼을 갈구하게 된다. 이러한 욕구를 귀속욕구(affiliation needs)라고도 한다. 조직에서 소속욕구는 다른 사람과의 상호관계에 관한 욕구를 말한다.

(4) 존경욕구(Esteem Needs)

인간은 소속욕구가 어느 정도 만족되면 집단의 구성원 이상이 되기를 원한다. 이는 내적으로는 자존 · 자율을 성취하려는 욕구(내적 존경욕구) 및 외적으로는 타인으로부터 주의를 받고 인정을 받으며 집단 내에서 어떤 지위를 확보하려는 욕구(외적 존경욕구)이다. 조직에서 존경욕구는 직위, 업무의 완성, 성과급의 증가, 인정, 업무에 대한 도전의식, 의사결정의 참여, 승진기회 등이 있다.

(5) 자아실현욕구(Self-actualization Needs)

일단 존경욕구가 충족되면 자아실현욕구가 나타난다. 이는 자신이 이룰 수 있거나 될 수 있는 것을 성취하려는 욕구이다. 즉 계속적인 자기발전을 통한 성장과 잠재력 극대화를 통한 자아완성욕구이다. 조직에서 자아실현욕구로는 개인의 기술향상, 창조적 활동, 성공과 승진, 개인에 대한 완전한 통제능력의 소유 등이 있다.

후에 매슬로우는 다섯 가지 욕구를 하위욕구(lower-order needs)와 상위욕구(higher-order needs)로 나누고, 생리적 욕구와 안전욕구를 포함하는 하위욕구는 주로 외부요인(임금 · 고용기간) 등에 의해서 충족되는 반면 나머지 세 욕구를 포함하는 상위욕구는 자신의 내부요인에 의해 충족된다고 주장하였다. 또 그는 자아실현욕구와 다른 네 가지 욕구를 구분하여 자아실현욕구를 성장욕구(growth needs), 나머지를 결핍욕구(deficiency needs)라 하고, 전자는 성장하려고 해서 발생하는 욕구인 반면 후자는 무엇인가 부족하기 때문에 느끼는 욕구라고 주장하였다.

이러한 매슬로우의 욕구단계설에 대해서 여러 가지 비판이 제기되었다. 예컨대 한 가지 이상의 욕구가 동시에 개인에게 작용할 수도 있다거나(Locke, 1976), 생리적 수준 이상의 욕구에 있어서는 욕구계층 자체가 존재하지 않는다거나(Wahba & Bridwell, 1976), 개인의 욕구라고 하는 것은 그가 접촉하는 여러 상황에 따라 끊임없이 변화할 수 있다는 비판 등이 그것이다.

그러나 매슬로우의 욕구단계설은 인간의 욕구를 설득력 있게 설명함으로써 인간과 관련된 모든 학문분야에서 한 번쯤 거론이 안 될 수 없는 이론으로서, 이후 여러 가지 많은 욕구이론들이 발전하는 출발점이 되었다.

2. 알더퍼의 ERG이론

매슬로우의 욕구단계설이 실증조사에 의해 뒷받침되지 못하자 이를 수정하여 실증조사결과에 접근하려는 여러 가지 시도가 이루어졌는데, 그중 하나가 알더퍼(C.P. Alderfer)의 ERG이론이다. 알더퍼는 저차원(低次元)의 욕구와 고차원(高次元)의 욕구는 기본적인 차이가 있다고 보고 경험을 토대로 핵심욕구를 [그림 10-6]에서 보는 바와 같이 세 그룹으로 분류하였다(Alderfer, 1972).

그림 10-8 알더퍼의 ERG이론

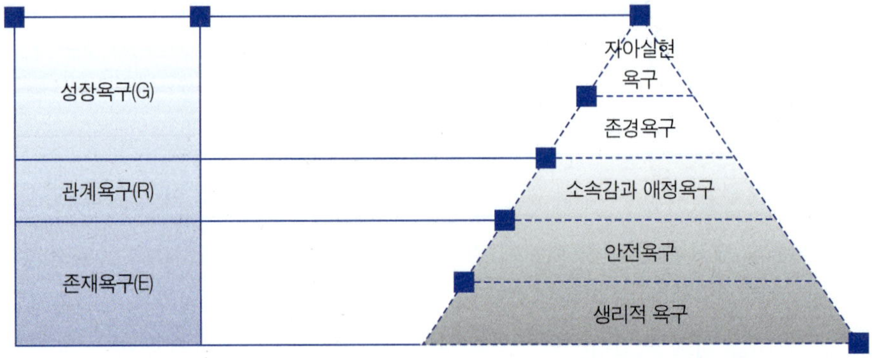

(1) 존재욕구(E: Existence)

존재욕구는 배고픔, 목마름, 거처 등과 같은 모든 형태의 생리적 · 물질적 욕구를 말한다. 조직에서는 임금이나 쾌적한 물리적 작업조건에 대한 요구가 이 범주에 속한다. 이 범주는 매슬로우 이론의 생리적 욕구나 물리적 측면의 안전욕구에 비유할 수 있다.

(2) 관계욕구(R: Relatedness)

관계욕구는 작업장에서 타인과의 대인관계와 관련된 모든 욕구를 말한다. 이 욕구는 매슬로우의 소속 및 애정욕구와 유사하다.

(3) 성장욕구(G: Growth)

창조적 · 개인적 성장을 위한 한 개인의 노력과 관련된 욕구이다. 성장욕구의 충족은 한 개인이 자기 능력을 극대로 이용할 수 있을 뿐만 아니라 새로운 능력개발을 필요로 하는 일에 종사함으로써 얻을 수 있다. 매슬로우의 자아실현욕구와 존경욕구가 이 범주에 속할 수 있다.

알더퍼의 ERG이론은 다음 세 가지 가정을 하고 있다(김성국, 1999).

① **욕구만족**(need satisfaction): 각 수준의 욕구가 덜 만족될수록, 그 욕구에 대한 기대는 더욱더 커질 것이다. 예를 들면, 직무에 대한 존재욕구(예: 임금)가 만족되지 않을수록, 그 욕구에 대한 기대는 증가하게 될 것이다.

② **욕구강도**(desire strength): 하위욕구가 만족될수록, 그보다 높은 상위욕구에 대한 바람은 더욱더 크게 될 것이다. 예를 들면, 종업원 각자의 존재욕구(예: 임금)가 만족될수록 관계욕구(예: 상호 인간관계를 만족시키고자 하는 욕구)에 대한 기대는 증가하게 될 것이다.

③ **욕구좌절**(need frustration): 상위욕구가 덜 만족될수록, 더 낮은 하위욕구에 대한 바람은 더욱더 커질 것이다. 예를 들면, 성장욕구(예: 작업에 대한 도전감)가 덜 만족될수록 관계욕구(예: 상호 인간관계를 만족시키고자 하는 욕구)에 대한 기대는 더욱 커질 것이다.

그러나 매슬로우의 이론을 가지고 경영자 또는 관리자에게 요구되는 사항을 몇 가지 검토하여 보면 다음과 같다. 첫째, 조직구성원들에 욕구수준을 파악하여 높은 동기부여 대안을 제시한다면 낮은 이직률과 높은 생산성이 기대될 것이다. 둘째, 다양한 조직원의 욕구수준을 전원이 충족시켜 줄 수는 없으므로 가장 상위욕구인 자아실현욕구 충족의 방향으로 정책 및 동기부여 대안을 마련해야 한다. 셋째, 조직원이 높은 직위로 신분 변경이 올라갈수록 욕구내용도 달라질 수 있으므로 동기부여 내용도 달라져야 한다(〈표 10-5〉 참조).

표 10-5 연령별 욕구변화

	24세 이하	30세 이하	40세 이하	41세 이상
1	자아실현	자아실현	물질적 욕구	안정욕구
2	사회적 욕구	물질적 욕구	자아실현	사회적 욕구
3	물질적 욕구	사회적 욕구	사회적 욕구	자아실현
4	안정욕구	안정욕구	안정욕구	물질적 욕구

자료: 유문조, 우리나라 중소기업의 노사관계 정립방안에 대한 연구, 1994, p.30.

3. 허즈버그의 2요인이론

사람들은 경제적 · 사회적 보상만이 아니라 일을 수행하는 과정에서 성취감 · 도전감과 같이 업무 그 자체로부터 얻을 수 있는 내재적 보상도 중시한다. 특히 최근 사회 · 문화적 환경변화추세는 물질적 · 경제적 풍요보다 개성을 존중하고, 자신이 하고 싶은 일을 할 수 있는 기회를 중시하며, 자아실현을 중시하는 방향으로 나아가고 있어, 개인의 내적인 측면에서도 모티베이션이 이루어지도록 해야 한다.

이러한 내재적 동기부여를 위한 아이디어를 제시해 주는 욕구이론이 바로 2요인이론이다. 허즈버그(F. Herzberg)가 처음으로 제시한 2요인이론(dual factor theory)은 사람들의 욕구가 단계별로 계층을 이루고 있는 것이 아니라 오히려 불만족해소 차원과 만족증대 차원이라는 두 개의 별개의 차원으로 이루어져 있다는 주장이다. 허즈버그는 200여 명의 기술자와 회계사들을 대상으로 욕구충족이 동기부여에 미치는 효과에 대한 연구를 실시하여 직무 차원에서 사람들에게 만족을 주는 요인과 불만족을 주는 요인이 별개의 군을 형성하고 있음을 알아냈다.

만족과 불만족을 동일선상의 양극점으로 파악하여 불만족이 해소되면 만족하게 된다는 종래의 입장과는 달리, 2요인이론은 불만족의 해소문제와 만족의 증대문제는 전혀 별개의 차원이고, 각 차원에 작용하는 요인 역시 별개라는 이론이다(Herzberg, 1968). 2요인이론에 따르면 사람들이 직무에 불만족을 느끼는 것은 주로 담당하고 있는 직무의 '상황맥락'(context)과 관련되는 반면에, 만족을 느끼는 것은 직무의 '내용(content)'과 관련을 갖는다는 것이다.

허즈버그는 주로 환경과 관련되거나 직무상황(job context)과 관련된 욕구를 충족시키는 요인을 '위생요인'(hygiene factors)이라고 부르며, 회사의 정책과 관리, 감독, 작업조건, 개인 상호 간의 관계, 임금, 보수, 지위, 안정 등의 직무환경이 이에 속한다고 한다. 그가 이러한 요소들에 대하여 '위생'이란 말을 쓴 것은 의학적인 면에서 그것이 지닌 예방적인 의미와 환경적인 의미 때문이다. 즉 위생요인이란 직무 불만족을 미리 예방할 수 있는 환경적인 조건이란 뜻이다. 이런 의미에서 위생요인을 '불만족요인'(dissatisfiers)이라고도 부른다.

허즈버그는 직무내용과 관련된 주로 근로자 내재적(intrinsic) 욕구를 충족시키는 요인을 '동기요인'(motivators)이라고 불렀으며, 이에 속하는 것으로 성취감, 인정감, 도전감, 책임감, 성장과 발전, 일 그 자체와 같은 직무내용을 들고 있다. 그는 동기요인이 사람들로 하여금 보다 나은 만족과 성과를 거둘 수 있도록 동기부여하는 데 효과적이기 때문에 동기요인을 '만족요인'(satisfiers)이라고도 부른다.

이 두 가지 요인을 비교 · 정리하면 〈표 10-6〉과 같다.

표 10-6 2요인이론

위생요인(Hygiene Factor)	동기요인(Motivator)
기업정책과 경영	직무에 대한 성취
감독, 기술	직무에 대한 인정
보수	직무 자체
인간 상호관계	능력의 신장
작업자	책임자
불만족 ↔ 불만족 해소	만족 감소 ↔ 만족 증가

2요인이론은 만족요인과 불만족요인의 구분이 타당하지 못하다든가, 개인차를 무시

하고 있다든가, 만족과 모티베이션을 같은 것으로 다루는 논리적 오류를 범하고 있다는 등의 비판이 제기되기도 하였다(Bockman, 1971). 그러나 경력설계와 인재개발을 촉진하기 위해 2요인으로부터 얻을 수 있는 가장 큰 시사점은 조직구성원들이 열심히 일하지 않은 원인이 게으르다든가, 직무에 몰입하지 않는다든가 하는 식으로 사람에게서 근본적인 문제점을 찾기보다는 오히려 그 사람이 하고 있는 일 자체에서 문제점을 발견할 수 있다는 점이다. 따라서 기업의 경영자는 직무 자체로부터 얻어지는 내재적 보상에 초점을 두어 업무수행에 있어서 업무담당자의 자율성을 높인다든가, 반복되는 업무를 가능한 한 줄이는 등 '일할 맛' 나도록 직무를 과학적으로 설계함으로써, 개인의 내재적 모티베이션을 강화하는 경영을 하는 것이 필요하다.

4. 맥클리랜드의 성취동기이론

일반적으로 성공한 사람들의 특징에 대해 말할 때, 그 사람이 유달리 성취욕구가 강했다는 말들을 하고는 한다. 이처럼 개인의 강한 성취동기(achievement motive)가 높은 수준의 모티베이션을 일으킨다는 점을 설명해 주는 이론이 맥클리랜드(D.C. McClelland)가 제시한 모티베이션의 성취동기이론(achievement motivation theory)이다.

성취동기(achievement motivation)를 이해하는 데 있어서 유용한 반대개념은 실패회피동기 모티베이션이다(Tosi et al., 1990). 실패회피동기 모티베이션이란 문자 그대로 성공보다도 실패를 하지 않으려는 욕구에 의해 모티베이션되는 것을 말한다. [그림 10-7]에서 볼 수 있는 바와 같이 성취동기 모티베이션은 실패회피동기 모티베이션과 보완적이다. 즉 성취동기가 큰 사람은 성공할 수 있는 상황 또는 기회를 적극적으로 찾는 반면, 실패회피동기가 큰 사람은 성공할 수 있는 상황을 찾기보다는 실패하지 않을 상황을 찾는다.

또한, 맥클리랜드는 조직 내 개인의 동기부여를 성취욕구 · 권력욕구 · 친교욕구로 파악하였다. 기업을 잘 운영하려면 이 3가지 욕구(성취, 권력, 친교) 모두에 관심을 가져야 하기 때문에 관리의 개념과 연관지어 생각할 수 있다. 모든 기업과 그 기업의 하부단위들은 목표성취를 위하여 집단으로 형성되어 있기 때문에, 성취욕구(성취동기)를 가장 중요한 요소로 보고 이를 집중적으로 연구하였다.

그림 10-9 성취동기이론의 기본개념

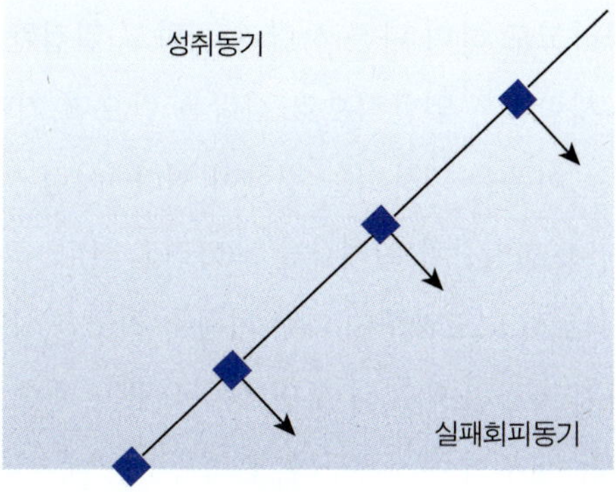

자료: Tosi, H.L., Rizzo, J.R., & Caroll, S.J., *Managing Organizational Behavior*, 2nd ed., San Francisco: Harper & Row, 1990, p.281.

(1) 성취욕구(Need for Achievement)

성취욕구는 표준의 달성 및 능가하려는 욕구나 성공을 추구하려는 욕구를 말한다. 성취욕구가 높은 사람은 성공에 대해 강렬한 희망을 가지고 있으며, 실패에 대해서는 강한 두려움을 가지고 있다. 그들은 도전받기를 원하며, 무척 어렵지만 불가능하지 않은 목표를 설정한다. 또 위험에 대하여 현실적인 입장을 취하고 있으며(그들은 운에 맡기는 사람들이 아니라, 문제를 분석하고 평가한다), 직무에 대하여 책임지기를 좋아하고, 현재 수행방법에 대한 즉각적인 피드백을 좋아하고, 오랜 시간 동안 일하기를 좋아하고, 실패에 대해서는 지나친 걱정을 하지 않는다.

(2) 권력욕구(Need for Power)

권력욕구란 타인이 하고 싶어 하지 않는 방향으로 행동하게 만드는 욕구이다. 맥클리랜드는 권력욕구가 높은 사람들은 영향력과 통제력 행사에 대해 큰 관심을 가지고 있다는 것을 발견하였다. 그러한 사람들은 일반적으로 지도자(leader)가 되길 원하며 강압적이고, 거리낌 없이 말하고, 완고하고 자기본위적이다. 또 그들은 남을 가르치고 공적인 강연연설을 좋아한다.

(3) 친교욕구(Need for Affiliation)

친교욕구는 귀속욕구라고도 하며 다른 사람과 친하고 밀접한 관계를 맺으려는 욕구이다. 친교욕구가 높은 사람들은 일반적으로 사랑을 받으면 기뻐하고, 사회집단(social group)으로부터 배제되는 아픔을 피하려는 경향이 있다. 이런 사람들은 유쾌한 사회적 관계유지에 관심을 가지며, 친밀감과 이해감을 느끼려고 한다. 그리고 어려운 처지에 있는 다른 사람을 기꺼이 위로하고 도와주며 다른 사람과 친근한 상호작용을 즐긴다.

이를 매슬로우의 5가지 욕구와 비교해 보면 성취욕구는 매슬로우의 자아실현욕구와 유사하고, 귀속욕구는 매슬로우의 애정욕구와, 권력욕구는 매슬로우의 여러 범주의 욕구와 유사하다. 즉 권력은 안전 · 권위 또는 타인의 우정조차도 가져다 줄 수 있는 것이다.

한 기업의 성공 및 경제성장은 경영자의 성취욕구 수준과 관련이 많다. 따라서 성취동기이론이 암시하는 바는 기업의 성과달성을 위해서는 처음부터 성취욕구 수준이 높은 구성원을 선발하거나, 기존 구성원의 성취욕구 수준을 향상시켜야 한다는 것이다.

이상에서 살펴본 내용이론을 종합하여 비교분석하면 [그림 10-10]과 같다.

또한 맥클리랜드의 이론에서 볼 때 성취동기가 강한 조직원의 행동 특성을 보면 다음과 같다. 첫째, 다른 사람에 비하여 목표설정을 중요시하며 모험성과 난이도가 충분히 절충되어 본인의 능력에 따라 도전적으로 점차 상위수준에 목표를 설정한다. 둘째, 목표달성 과정에서 업적 성취도를 알 수 있도록 진행상황과 성과결과에 대한 피드백을 중요시

그림 10-10 모티베이션 내용이론 비교

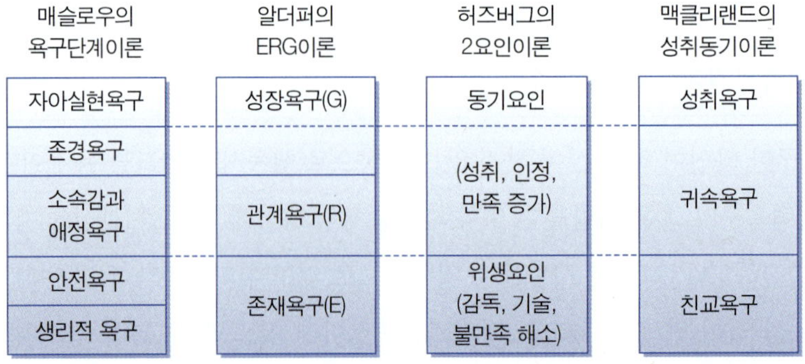

한다. 셋째, 동료의 선호도에서도 목표달성에 기여할 수 있는 성취동기가 강하고 성과지향적인 동료와 일하는 것을 선호한다.

제5절 모티베이션 과정이론

모티베이션의 과정이론(process theories of work motivation)이란 모티베이션을 결정해주는 인지적인 요인과 노력, 그리고 이들 간의 연결관계에 초점을 두는 이론이다. 즉 사람의 모티베이션은 어떤 욕구에 의해서만 나타나는 것이 아니라 정교하고 복잡한 인지과정 또는 사고과정을 통해 이루어진다고 설명하는 이론이다(신유근, 1998).

1. 기대이론

우리는 조직이 우리가 바라는 보상을 제공하지 못하거나 우리 자신이 수행할 수 있는 정도를 벗어나는 성과수준을 요구하면 일을 열심히 하지 않으려는 경우를 흔히 볼 수 있다. 반면 자신이 바라는 보상이 지금 당장 제시되지는 않더라도 업무를 완수하고 나면 원하는 바를 얻을 수 있다는 기대감이 있으면 열심히 일하려고 한다. 하지만 원하는 바를 얻은 후에 또 다른 기대감이 없으면 그 사람의 근로의욕이 급격히 떨어지는 것을 볼 수 있다. 이처럼 기대에 따라서 모티베이션이 이루어진다는 이론이 기대이론이다.

기대이론(expectancy theory)은 한마디로, 개인의 모티베이션 정도는 노력을 기울여서 얻게 되는 결과가 얼마나 그에게 매력적인가 하는 정도(선호도)와 노력을 기울여 결과를 얻어낼 수 있는 가능성이 얼마나 큰가(기대)하는 두 가지에 의해 결정된다는 것이다. 이러한 기대이론을 작업상황에 처음 체계적으로 제시한 사람은 브룸(V. Vroom)이다. 브룸에 의하면 모티베이션이란 선택 가능한 여러 가지 행동대안이 있을 경우에 어떤 사람이 어떤 행위를 선택하는 과정으로 정의된다(Vroom, 1964).

브룸의 기대이론은 [그림 10-11]에서 볼 수 있는 바와 같이 어떤 한 개인의 모티베이션 정도는 최종보상에 대해 개인이 느끼는 매력 정도(최종보상에 대한 유의도: valence)와

그림 10-11 브룸의 기대이론

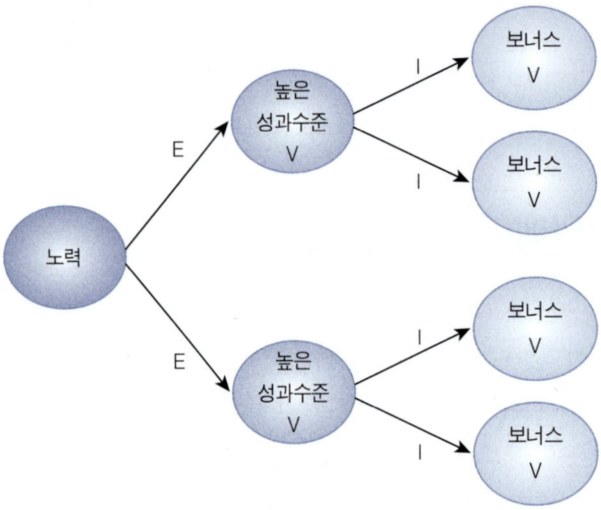

(주) E: 기대(Expectancy), V: 유의도(Valence), I: 수단성(Instrumentality)

자료: Johns, G., *Organizational Behavior: Understanding and Managing Life at Work*, 4th ed., NY: Harper Collins College Publishers, 1996, p.170을 수정인용.

그것을 얻기 위하여 요구되는 성과수준에 대해 개인이 느끼는 매력 정도(성과수준에 대한 유의도: Valence), 성과수준에 따라서 어떠한 최종보상이 얼마나 주어질 것인가에 대한 개인의 주관적 확률(수단성: Instrumentality), 그리고 개인이 노력을 기울여 필요한 성과수준을 달성할 수 있을 가능성에 대한 개인의 주관적 확률 또는 믿음(기대: Expectancy)에 의해서 결정된다는 것이다. 브룸은 기대이론에서 동기력(motivation force)은 값이 가장 큰 대안은 선택한다고 설명하고 있다. 그리고 동기력은 다음과 같이 산출된다.

$$동기(motivation\ force) = 기대감(E) \times 수단성(I) \times 유의성(V)$$

이들이 모두 높으면 개인의 모티베이션은 무척 높아지지만 이들 중 어느 하나라도 영(zero)이면 모티베이션은 일어나지 않는다는 것이다(Johns 1996).3)

한 영업사원의 예를 들어 생각해 보자. 이 영업사원이 앞으로 한달 동안 열심히 일을 하여 지난달에 비해 100% 성과성향을 달성하면 특별보너스를 받을 가능성(수단성)이 높고, 앞으로 대학원과정을 다녀서 석사학위를 취득하면 2단계 승진할 수 있는 가능성(수단성)이 높은 상황에 처해 있다고 하자. 그런데 100% 성과성향을 가져오라면 매일 4시간 정도 초과근무를 해야 할 것 같고(기대), 대학원과정을 다니려면 매일 4시간 정도의 대학원 입학시험공부를 해야만 가능(기대)할 것으로 보인다. 이때 이 영업사원이 100% 성과향상과 입학시험공부 중 어느 것을 택할 것인가를 결정하는 데 있어서 어떤 요소들이 영향을 미칠 것인가를 기대이론에 비추어 생각해 보자.

우선 영업사원이 특별보너스나 고속승진에 대해서 얼마나 매력을 느끼고 있는가(최종보상에 대한 유의도)가 중요하다. 또한 100% 성과향상을 하는 것과 대학원과정을 다녀 석사학위를 취득하는 것 중 어느 것에 더 매력(성과수준에 대한 유의도)을 느끼는가에 따라서도 달라질 것이다. 그리고 열심히 일하여 100% 성과향상을 하는 것이 용이할 것인가 아니면 시험공부를 하여 대학원과정에 입학하는 것이 용이할 것인가(기대)에 따라서도 달라질 것이다. 이 영업사원은 이러한 요인들을 고려하여 자신이 생각하기에 가장 가능성이 높다고 기대되는 방향으로 행동하게 될 것이다.

기대이론으로부터 우리는 개인의 모티베이션을 증진시키기 위해서는 그 사람의 욕구뿐만 아니라, 일정한 노력을 기울이면 달성될 수 있는 합리적인 성과수준을 제시하여야 하며, 성과수준에 따라 주어지는 보상이 무엇인가를 명시할 필요가 있다는 시사점을 얻을 수 있다. 그리고 욕구를 충족시켜 줄 수 있는 보상을 즉각적으로 제공하는 것보다 일단 노력을 기울이면 그것을 얻게 될 수 있으리라는 기대감을 크게 해주어야 한다는 점을 알 수 있다.

2. 공정성이론

(1) 개념

공정성이론(equity theory)은 아담스(J.S. Adams)가 주장한 이론이다. 본질은 종업원들이 그와 비슷한 상황하에 있는 타 종업원과의 노력과 보상을 비교하는 것에서 시작된다. 즉, 이 이론은 개인들이 자기자신의 투입 대 산출의 비교를 동일한 조건하에 있는 타 종업원들의 투입 대 산출의 비율과 비교한다는 것을 의미한다.

이 이론에서 사용되는 네 가지 중요한 용어는 다음과 같다.

① **인간**(person): 공정 및 불공정을 지각하는 개인

② **비교대상**(comparison other): 투입과 산출 비율의 비교대상이 되는 어떤 집단이나 개인

③ **투입**(input): 인간이 직무에 쏟은 개인의 특성(개발된 기술, 경험, 학습, 나이, 성별, 인종 등)

④ **산출**(output): 인간이 직무에서 받는 보상(인정, 특별급여, 임금 등)

종업원이 그들의 투입(노력)에 대한 산출(보상)의 비율이 다른 종업원들의 비율과 일치함을 지각할 때, 공정성이 존재한다.

그리고 이 비율이 불일치할 때 불공정성이 존재한다. 즉 종업원 자신이 투입에 대한 산출의 비율이 다른 종업원의 비율보다 더 크거나 작을 때 불공정이 존재한다.

불공정성이 지각되면 공정성을 회복하기 위해서 긴장이 유발된다. 즉, 불공정성이 크면 클수록 긴장이 커진다. 그리고 불공정성의 원천과 긴장에 따라 행동과정이 달라질 수 있다. 예컨대, 개인들은 비교되는 사람의 산출보다 낮을 경우 자신들의 산출을 증가시키거나 감소시킴으로써 그들의 투입을 증가시키거나 감소시키려 한다.

그림 10-12 공정성이론

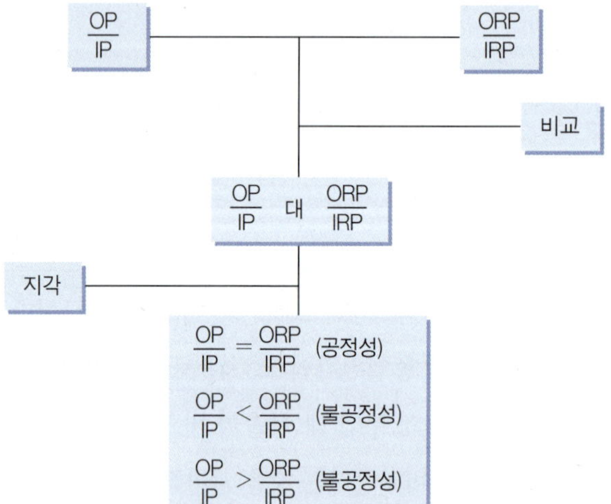

• IP=어떤 개인의 투입, IRP=준거인의 투입
• OP=어떤 개인의 산출, ORP=준거인의 산출

그러나 이 행동과정이 불가능하다면 그들의 지각이 강화되지 않도록 그 작업상황을 벗어나려고 한다. 그러므로 극단적인 행동과정은 그 직무를 그만두는 것이다. [그림 10-12]는 모티베이션의 공정성이론을 설명한 것이다(이수도 2000).4)

(2) 문제점과 경영상의 시사점

1) 문제점

공정성이론에 대한 조사연구의 대부분은 결과로서는 급여수준, 주요 투입요소로는 노력이나 성과수준에 초점을 두고 있다. 일반적으로 과소보상 상황에 대해서는 많은 연구에서 이 이론을 지지하고 있다. 그러나 과다보상 상황에서는 별로 타당성이 입증되고 있지 못하다. 그것은 '과다보상'의 정확한 의미를 정의하거나 조작화하는 데 문제가 있기 때문이기도 하지만 본질적으로는 개인들이 과소보상보다는 과다보상을 더 잘 참거나, 과다보상의 불공정성을 인정하지 않는 방향으로 지각상의 왜곡이 이루어진다는 것을 의미하는 것이다.

2) 경영상의 시사점들

공정성이론이 종업원 모티베이션 이론으로서 포괄적인 설명은 되지 못하지만 경영자들에게 다음과 같은 귀중한 시사점을 주고 있다.

첫째, 경영자는 조직에서의 사회적 비교과정에 주의를 기울여야 할 필요성이 있다. 즉, 종업원들을 공정하게 대우하도록 노력해야 한다. 경영자는 가능하면 종업원들이 공정한 대접을 받는다는 느낌을 갖게 만들 책임이 있다.

둘째, 경영자는 종업원 모티베이션에 있어 지각의 중요성을 인식해야 한다. 어떤 종업원이 실제는 노력에 비해 과다보상이 되고 있음에도 자신이 과소보상되고 있다고 지각하게 되면 이에 준해 행동하게 될 것이다. 경영자는 자신의 지각세계가 종업원의 그것과 다를 수 있다는 사실을 잊어서는 안 된다.

셋째, 공정성 또는 불공정성에 관한 결정은 개인적 차원에서만 이루어지는 것은 아니고, 조직 내외의 다른 작업자가 받는 화폐의 절대액보다는 자기와 같은, 혹은 비슷한 직무를 갖고 있는 다른 종업원과 비교해서 어느 정도 받느냐가 중요하다는 것이다.

잠시 쉬어가기

대기업 떨게 한 '성과급 논란'… 전문가들 "소통 · 투명성이 중요"

최근 일부 대기업 사이에서 '성과급' 규모를 놓고 직원들이 거세게 반발해 화제가 됐다. 해당 기업의 직원들은 동종업계 혹은 타 부서와 비교해 낮은 성과급은 받아들일 수 없다며 경영진에 직접 반기를 들었다. 성과급 액수 자체가 아니라, 지급 기준에 대한 투명성과 형평성을 갖추라는 게 직원들의 주된 지적이었다. 이에 대해 전문가들은 기업 측에서 직원들도 납득할 만한 일정 수준의 기준을 갖추고, 꾸준한 소통으로 갈등을 미리 예방해야 한다고 조언했다.

SK하이닉스는 노사협의회를 통해 전 임직원에게 우리사주 매입 권리를 제공키로 하고, 초과이익분배금(PS) 제도를 개선하기로 했다. 앞서 SK하이닉스는 임직원에게 연봉의 20% 수준을 성과급으로 지급한다고 공지했는데, 이를 두고 직원들 사이에서는 성과급 규모가 호실적에 비해 박하며 경쟁사 대비 크게 낮다고 불만을 터뜨렸다.

이에 최태원 SK그룹 회장은 지난해 연봉을 전부 반납한다고 밝히고, 이석희 최고경영자(CEO) 사장은 올해는 성과급 예상 수준에 대해 소통하겠다며 직원들 달래기에 나섰지만 직원들 사이에서는 당장의 실질적 조치에 대한 불만이 계속됐다. 이에 결국 우리사주, 복지포인트 지급 등을 통해 이번 갈등은 다소 가라앉은 분위기다.

SK하이닉스의 모회사인 SK텔레콤도 비슷한 논란이 불거졌다. SKT 노조는 최근 박정호 부회장에게 실적 대비 성과급이 줄 것으로 우려된다며 성과급 산정 기준에 대한 투명성을 지적하고, 성과급 체계 전면 개편을 요구했다.

LG에너지솔루션도 최근 노사협의 과정에서 사측이 기본급의 245%를 성과급으로 제시하자, 같은 그룹사의 사업부문과 비교해 못 미치는 지급률이라며 불만이 터졌다. 삼성전자 또한 매년 사업부별로 다르게 책정되는 PS 규모에 상대적 박탈감이 생긴다는 일각의 목소리가 있었다.

직원들은 불투명한 기준의 성과급 책정은 납득이 어렵다는 입장이다. 형평성과 투명성이 보장되지 않으니 일한 만큼 보상받지 못할 수 있다는 생각에 사기저하도 심각하다고 한다.

반면 기업들은 성과급 자체가 노사 협의사항이 아닌데도 직원들의 반발이 커지며 당혹스러워하고 있다. 특히 신종 코로나바이러스 감염증(코로나19) 장기화로 미래를 대비해야 하는 시점에 인력 이탈까지 걱정할 판이 됐다. 성과급 산정 기준에 대한 완전히 투명한 공개도 현실적으로 쉽지 않은데, 매년 비슷한 논란이 불거지면 노사화합도 멀어질 수도 있어 고민이 크다는 분위기다.

전문가들은 이번과 같은 논란의 재발을 막으려면 어느 정도의 기준 확립을 통한 양측의 협의가 필요하다고 진단했다.

황용식 세종대 경영학 교수는 "(성과급 산정) 기준에 대해 전부 공개하자는 것이 아니라 일정 부분의 기준은 갖추고 직원들을 납득시키는 것이 중요하다"며 "의사표시가 명확하고 스스로 원하는 니즈를 파악하고 있는 젊은 층이 곧 주류가 될 텐데, 투명성과 스탠더드에 의거한 경영을 펼쳐나가지 않으면 갈등이 반복될 수밖에 없다"고 설명했다.

이병훈 중앙대 사회학과 교수는 "서구의 모범 사례를 보면 항상 직원대표 내지 노동조합이 사측과 협의해 성과급에 대한 룰을 세팅한다"며 "그러면 성과급에 대해 노동자들은 예상 가능한 기대를 갖게 되고, 이는 동기부여가 되며 성과급 체계에 대한 지지로 발전한다"고 설명했다.

이어 "반면 양측의 충분한 공통의 이해와 소통이 없다면, 사측은 돈을 쓰고도 성과급 효과를 얻지 못할 수도 있다"며 "상호 협의를 통한 성과급에 대한 설계가 필요한 상황"이라고 강조했다.

비단 성과급 논란뿐 아니라 향후에도 비슷한 갈등을 막으려면, 기업이 선제적인 이해와 소통 노력에 적극 나서야 한다는 분석이 나온다. 이번처럼 문제가 일어난 후 수습하는 것은 오히려 악순환이 될 수 있단 지적이다.

곽금주 서울대 심리학과 교수는 "젊은 층은 공정, 정의에 대해 민감한 세대"라며 "직원들이 실적 대비 낮은 성과급에 의문을 가졌던 데 대해 회사는 선제적으로 설명에 나섰어야 했다. 이번 사례는 소통 부재에서 비롯된 것"이라고 말했다.

이어 "이미 논란이 된 후에 급하게 보상을 하는 것은 직원 입장에서는 일종의 '학습화'가 돼서 앞으로도 비슷한 문제 제기와 갈등의 악순환으로 흐를 수 있다"며 "회사 측에서는 논란을 예상했다면, 이를 완충하기 위해 먼저 사정을 설명하고 대신 복지를 확대하겠다는 등 선제적인 소통에 나서야 했다"고 강조했다.

또한 "젊은 층의 인식 변화를 기업이 따라잡지 못하면 다른 기업에서도 비슷한 갈등이 일어날 수 있다"면서 "여전히 수직적 구조인 기업 분위기가 바뀌어야 하고, 직원들을 껴안기 위한 소통이 필요하다"고 기업들의 인식 변화를 당부했다.

자료: 뉴시스, 2021. 02. 05.

토의과제

- 리더십이 있는 성공과 없는 성공의 차이를 설명하시오.
- 리더십의 다섯 가지 핵심기술에 대하여 설명하시오.
- 특성이론에 대하여 설명하시오
- 변혁적 행위에 대하여 설명하시오.
- 모티베이션 내용이론과 과정이론에 대하여 설명하시오.

참고문헌

- 김성국,『조직과 인간행동』, 명경사, 1999.
- 신철우 외,『조직행동론』, 문영사, 2007.
- 신유근,『경영학원론-시스템적 접근』, 다산출판사, 2000.
- 수도,『조직행동론』, 형설출판사, 2000.
- 이우용 외,『경영의 원론적 이슈와 경영학의 본질』, 형설출판사, 2002.
- 채천석 옮김,『리더십 101』, 존 맥스웰 지음, 청우, 2003.
- Alderfer, Clayton P., *Existence, Relatedness and Growth Human Needs in Organizational Settings*. New York: Free Press, 1972.
- Blake, Robert R. and Jane S. Mouton, *The Managerial Grid III: The Key to Leadership Excellence*, Houston, Texas: Gulf Publishing Co., 1985.
- Blake, Robert R. and J.S. Moution, *The Managerial Grid*, Houston: Gulf Publishing Company, 1964.
- Bockman, V.M., "The Herzberg Controversy," *Personnel Psychology*, Vol. 24, 1971.
- Dessler, Gary, *Management Fundamentals*, 4th ed., Reston Publishing Co., 1985.
- Fleishman, E.A., "Twenty Years of Consideration and Structure," in E.A. Fleishman and J.G. Hunts(eds.), *Current Developments in the Study of Leadership*, Carbondale: Southern Illinois University, 1973.
- Fiedler, F. E., *A Theory of Leadership Effectiveness*, New York: McGraw–Hill Book Company, 1967.
- Hellriegel, D. and Slocum, J.W., Jr., *Management*, 7th ed., South Western College Pub. Co., 1996.

- Hersey, P. and Blanchard, K. H., *Management of Organizational Behavior*, 3rd ed., Englewood Cliffs, N.J.: Prentice–Hall, 1977.
- Herzberg, F., "One More Time: How Do You Motivate Employee?", *Harvard Business Review*, January–February, 1968.
- House, R.J., and Shamir, B., "Toward the Integration of Transformational, Charismatic, and Visionary Theories," in M.M. Chemers and R. Ayman(eds.), *Leadership Theory and Research: Perspectives and Directions*, Academic Press, 1993.
- Johns, G., *Organizational Behavior: Understanding and Managing Life at Work*, 4th ed., NY: Harper Collins College Publishers, 1996, pp. 169~173.
- Koontz, H. and C. O'Donnell, *Management: A Systems and Contingency Analysis of Managerial Functions*, 6th ed., New York: McGraw–Hill Book, Co., 1976.
- Kotter, J.T., "What Leaders Really Do," *Harvard Business Review*, May–June 1990.
- Lehman, H.C., *Age and Achievement*, Princeton, NJ.: Princeton University Press, 2000.
- Locke, A., "The Nature and Causes of Job Satisfaction," in M.D. Dunnette(ed.), *Handbook of Industrial and Organizational Psychology*, Chicago, IL: Rand McNally, 1976.
- Miner, John B., "The Validity and Usefulness of Theories in an Emerging Organizational Science," *Academy of Management Review*, April 1984.
- Porter, A., "Validity of Socioeconomic Origin as Predictor of Executive Success," *Journal of Applied Psychology*, 49, 1965.
- Schermerhorn, J. R. Jr., Hunt, J. G. & Osborn, R. N., *Managing Organizational Behavior*, 2nd ed., New York: John Wiley & Sons, 1985.
- Stogdill, R.M., *Handbook of Leadership: A Survey of Theory and Research*, New York: The Free Press, 1974.
- Tosi, H.L., Rizzo, J.R., & Caroll, S.J., *Managing Organizational Behavior*, 2nd ed., San Francisco: Harper & Row, 1990.
- Vroom, V.H., *Work and Motivation*, NY: John Wiley & Sons, Inc., 1964.
- Wahba, M.A., & L.G. Bridwell, "Maslow Reconsidered: A Review of Research on the Need Hierarchy Theory," *Organizational Behavior and Human Performance*, Vol.15, 1976. pp.212~240.
- Weber, M., *The Theory of Social and Economic Organizations*(T. Parson, Trans.), New York: Free Press, 1947.
- Yukl, Gary A., *Leadership in Organizations*, Englewood Cliffs, NJ.: Prentice–Hall, 1981.

CHAPTER

11

통제

파업 초읽기 · 일감 몰아주기 의혹에도 … 존재감 없는 삼성 준법위

삼성의 준법 경영을 감시하겠다며 출범한 삼성 준법감시위원회(이하 준법위)가 최근 삼성 내부 노사 문제와 '일감 몰아주기' 의혹 등 굵직한 이슈에도 제 목소리를 내지 않고 있다. 준법위는 지난해 이재용 삼성전자 부회장에게 대국민 사과를 권고하며 '무노조 경영' 철폐 선언을 이끌어 내기도 했지만, 올해 초 이 부회장의 실형 확정 이후로 존재감이 약한 모습이다. '준법위의 실효성이 부족하다'고 지적한 이 부회장 파기환송심 재판부의 판단에 당시 준법위는 "결과로 실효성을 증명해 내겠다"고 했는데, 앞으로 준법위가 내놓을 목소리에 관심이 쏠린다.

◇ 삼성디스플레이 창사 첫 파업에도 … "협약사 아니라 개입 못 해"

20일 업계에 따르면 준법위는 지난 15일 정기회의에서 삼성전자 등 7개 협약사의 노조 현황과 노사 교섭 상황을 점검했다. 하지만 창사 후 첫 파업 사태를 앞둔 삼성디스플레이 상황은 논의되지 않았다. 삼성디스플레이가 준법위와 협약을 체결한 협약사가 아니라는 이유였다.

준법위는 지난해 2월 출범 당시 삼성전자와 삼성전기, 삼성SDI, 삼성SDS, 삼성생명, 삼성화재, 삼성물산 등 7개 계열사와 협약을 체결했다.

삼성디스플레이는 삼성전자가 지분 84.78%를 보유한 자회사다. 삼성디스플레이가 삼성전자에 종속된 기업이지만, 준법위는 삼성디스플레이와 직접적으로 협약을 체결하지 않았기 때문에 개입할 수 없다는 입장이다.

올해 초부터 노조와 임금협상을 벌여온 삼성디스플레이는 최근 노사 간 최악의 갈등 국면을 겪고 있다. 협상이 결렬되면서 노조가 21일부터 간부를 중심으로 파업에 들어가겠다고 선포해 삼성디스플레이 창사 이후 첫 파업이 눈앞이다. 이 과정에서 노조가 사내 전산망을 이용해 보낸 설문조사 메일을 회사가 임의로 삭제해 노동 당국으로부터 부당노동행위라는 지적을 받기도 했지만, 준법위는 역시 협약사가 아니라는 이유로 개입하지 않았다.

준법위 관계자는 "준법위는 협약에 따라 활동하는데, 협약사가 아닌 법인에 관해 논의하는 것이 적절하지 않고 권고 대상도 아니다"며 "준법 의무 위반 신고 · 제보도 협약사가 아닐 경우 사건이 종결된다"고 설명했다. 출범 당시만 해도 협약사 규모를 늘려나갈 방침이었던 준법위는 현재 논의하고 있는 협약사 확대 계획은 없다고 밝혔다.

◇ 구내식당 '일감 몰아주기' 의혹엔 "작년에 권고…조사는 역량 부족"

준법위 회의에서는 구내식당 '일감 몰아주기' 의혹이 제기된 삼성웰스토리에 관한 논의도 있었지만, 별다른 조치는 없었다. 준법위는 담당자로부터 삼성웰스토리 수의계약 관련 경과를 보고 받았고, 공정거래위원회의 조사결과가 나오면 진행 상황에 따라 논의를 이어가기로 했다고 밝혔다.

공정위는 2018년부터 삼성그룹이 급식업체인 삼성웰스토리를 부당지원했는지를 조사하고 있다. 삼성웰스토리는 2013년 삼성에버랜드의 급식・식자재 유통사업 부문을 분할해 설립된 회사로, 이재용 부회장 등 총수일가 지분이 높은 삼성물산의 완전 자회사다.

삼성웰스토리 부당지원은 삼성전자, 삼성디스플레이, 삼성전기, 삼성SDI 4개사가 사내급식 물량 100%를 삼성웰스토리에 몰아주고 유리한 조건으로 거래했다는 것이 골자다. 작년 삼성전자의 삼성웰스토리 수의계약 금액은 4천400억 원 규모다.

준법위는 지난해 상반기 삼성전자와 삼성SDI, 삼성전기 등 3사에 삼성웰스토리 수의계약 대신 구내식당 공개입찰을 하라는 취지로 이미 권고했다는 입장이다. 하지만 지난해 삼성웰스토리 수의계약에는 변화가 없었고, 올해 들어서야 삼성전자는 38개 구내식당 중 2곳을 외부 업체에 개방하기로 했다.

준법위는 매달 정기회의에서 협약사 내부거래에 위법 소지가 있는지 검토하지만, 2018년부터 일감 몰아주기 의혹이 제기된 삼성웰스토리 사안에 대해서는 별도로 조사하지 않았다. 준법위 관계자는 "모든 수의계약에 불법성이 있다고 보긴 어렵고, 위원회가 이 사안을 직접 조사하기에는 역량이 부족했다"며 "공정위 조사 결과가 발표되면 후속 논의할 계획"이라고 설명했다.

◇ 이재용 재판으로 출범한 준법위, 형 확정에도 제 역할 하나

준법위는 이재용 부회장의 국정농단 사건 파기환송심을 맡았던 서울고법 재판부가 삼성 내부 준법감시제도 마련 등을 주문한 것을 계기로 출범한 조직이다. 정준영 부장판사는 공판이 진행되는 동안 "정치권력으로부터 또다시 뇌물 요구를 받더라도 응하지 않을 그룹 차원의 답을 가져오라"고 주문했고, 삼성은 준법위 설립으로 화답했다. 김지형 전 대법관을 위원장으로 지난해 2월 출범한 준법위는 외형상 삼성의 지시를 받지 않는 독립조직으로 꾸려졌다.

올해 1월 재판부는 준법위의 실효성이 부족하다고 결론짓고 이 부회장의 양형에 반영하지 않겠다며 징역 2년 6개월의 실형을 선고했다. 이런 재판부의 판단이 나오면서 준법위가 지속할 명분이 약해졌다는 지적이 제기됐지만 이재용 부회장이 옥중에서 "준법위 활동을 계속 지원하겠다"고 선언했고 준법위 역시 "결과로 실효성을 증명해 내겠다"고 반박했다.

준법위 측은 이 부회장의 형 확정 이후에도 위원회의 지위와 역할에 변화가 없으며, 삼성 계열사의 준법경영 감시라는 기존 역할을 다한다는 입장이다. 준법위 관계자는 "올해 3월 삼성전자 사업지원TF와 면담하는 등 준법 리스크 대응을 위해 꾸준히 활동하고 있다"며 "강제성이 없는 권고 기관으로서 준법위 소임을 다하고 있다고 생각한다"고 말했다.

자료: 매일경제, 연합뉴스, 2021. 06. 21.

제1절 통제의 개념

1. 통제의 정의와 중요성

(1) 통제의 정의

통제(control)는 계획-조직화-지휘-통제로 이어지는 경영활동의 사이클에서 마지막 단계에 해당한다. 통제란 현재 조직의 목표를 달성하기 위해 수립한 계획이 달성되었는지를 확인하기 위해 경영성과를 측정하고 목표와 성과 간의 차이를 분석해 이 차이를 최소화할 목적으로 하는 활동을 말한다. 아무리 좋은 계획과 조직을 가지고 있어도, 적절한 통제가 수행되지 못한다면 기업의 활동은 목표를 달성하지 못하고 표류하게 될 것이다. 따라서 관리자가 문제의 근원을 발견하고 장차 조직의 성취를 가로막는 가능성을 빈틈없이 경계하기 위해서는 계획된 통제시스템이 있어야 한다.

이러한 관점에서 통제에 대해 다음과 같이 정의할 수 있다.

첫째, 통제란 계획에 따라 기업의 목표가 달성될 수 있도록 어떤 조치를 취하는 과정이다.

둘째, 통제란 기업에서 수립한 목표가 제대로 달성되고 있는지 감시하는 과정이다.

셋째, 통제란 목표와 성과 간의 차이가 있을 때 이를 최소화하여 조직의 목표달성의 효과성을 높이기 위하여 시정하는 과정이다.

(2) 통제의 중요성

1) 기업 경영환경의 불확실성

기업이 당면하고 있는 경영환경은 언제나 변화하기 마련이다. 환경의 불확실성은 기업으로 하여금 목표를 수정하게 할 뿐만 아니라, 수정된 목표를 달성하기 위한 수단도 변경하게 한다. 따라서 환경의 불확실성에 따른 통제시스템의 변경도 불가피하다.

2) 효과적인 목표달성과 실수에 대한 예방

효과적인 통제시스템은 조직의 목적을 달성하기 위한 방향대로 행위가 이루어지고 있는지를 확신시켜 준다. 따라서 통제시스템의 효율성을 결정하는 기준은 통제시스템이 얼마나 목표달성을 용이하게 하느냐에 있다. 또한 실수는 항상 존재하기 때문에 통제를 통해 실수와 과오가 더 악화되기 전에 탐지하여 수정하여야 한다.

3) 조직의 복잡성

조직의 규모가 커지고 복잡해질수록 다양한 통제시스템이 요구되며, 과업의 특성에 따른 적절한 통제수단이 필요해진다. 특히 통제시스템은 비용과 효익을 동시에 고려해야 하는 만큼 조직의 복잡성과 밀접한 관계를 가지고 있다.

4) 권한위양의 증대와 분권화

최근의 경영은 조직의 구성원을 경영활동에 참여시키는 추세이다. 조직의 구성원을 경영활동에 참여시키는 이유는 하위자에게 권한을 위양하고 조직구성원으로 하여금 하나의 팀 차원에서 업무를 하도록 하는 데 있다. 이는 권한을 위양함으로써 경영자의 책임이 감소되는 것은 아니며 경영통제과정에 있어서의 변화를 의미한다.

5) 성과의 확인가능성

경영자는 원하는 목표를 달성할 수 있도록 경영계획을 수립할 수도 있고, 이를 실행할 조직도 설계할 수 있으며, 종업원들을 동기부여시켜 목표달성을 할 수도 있다. 그러나 실질적으로 목표가 달성되고 있는지는 오직 통제기능을 통해서만 확인가능하다.

2. 통제의 기능

(1) 감시기능

통제시스템은 조직이 원하는 성과를 이룰 수 있도록 조직의 모든 활동을 감시하는 기능을 한다. 즉 조직의 모든 활동이 진행되는 동안 적절한 행동을 하고 있는가를 확인하는 기능을 갖고 있다.

(2) 비교기능

실제 성과와 표준성과 간의 일치 정도를 활동의 시작시점과 진행 중, 종료된 시점에서 비교하는 기능을 갖고 있다. 이때 비교에서 가장 중요한 것은 실제 성과가 계획과 얼마나 편차가 나느냐를 파악하는 것으로 경영자는 편차의 범위를 정해야 한다.

(3) 실제 성과와 표준성과 편차의 시정조치

통제는 계획으로부터 벗어나는 편차를 시정하는 기능을 가지고 있다. 수정행동에는 즉각적 수정행동과 기본적 수정행동이 있다. 전자는 현재의 성과에 영향을 미치기 위한 것이며, 후자는 미래의 성과에 영향을 미치기 위한 것이다.

(4) 피드백 기능

통제활동은 미래 의사결정을 위해 경영층에게 피드백하는 기능을 가지고 있고, 조직 구성원에 대한 영향력과 보상을 통한 조직의 역동성을 유지하는 데 도움이 될 수 있다. 또한 과거의 성과와 현재 문제로부터의 학습을 통해 미래의 활동을 통제하는 데 도움이 될 수 있는 정보를 제공해 준다.

3. 통제시스템의 요건

(1) 정확성

통제시스템은 정확한 정보를 제공해야 한다. 부정확한 정보에 의한 통제시스템은 통제행위를 제대로 수행하지 못하거나 문제점이 발생하지도 않았는데 반응하게 하는 등 불필요한 결과를 초래한다. 예를 들어 제품 생산에 투입된 숨겨진 비용을 통제시스템에서 정확히 발견해 내지 못한다면 이를 고려하지 않은 낮은 제품 판매가격에 의하여 궁극적으로 회사는 손실을 보게 된다.

(2) 적시성

통제시스템이 정확한 정보를 제공하더라도 적절한 시점에 경영자에게 보고되지 못한다면 정보로서의 가치를 상실하게 된다. 적시성이란 통제가 의사결정에 영향을 미칠 수 있는 능력을 상실하기 전에 정보를 제공하는 정도를 말한다. 예를 들어 경쟁사의 가격할인으로 자사의 매출이 감소한 사실을 발견했어도, 이미 시장점유율이 경쟁사로 넘어간 이후에는 의미가 없게 된다.

(3) 경제성

통제시스템은 가치를 상실하지 않는 범위 내에서 가능한 적은 비용으로 구현되어야 한다. 어떤 통제시스템이라 할지라도 통제시스템 운영으로 인한 비용이 편익을 초과해서는 안 된다. 통제시스템의 구현에 들어간 비용이 통제시스템이 조직에 제공하는 편익보다 크다면 통제시스템은 조직에 가치를 제공하지 못한 것이다.

(4) 유연성

조직과 경영환경은 끊임없이 변화한다. 따라서 효과적인 통제시스템은 급격한 변화에 대응할 수 있고 새로운 기회를 포착할 수 있도록 유연하게 설계되어야 한다. 통제시스템이 유연성을 갖추지 못하면 변화하는 환경에 조직의 적응력을 떨어뜨리고 궁극적으로 조직의 생존을 위협하게 된다.

(5) 이해가능성

조직구성원이 이해할 수 없는 통제시스템은 아무런 가치가 없다. 통제시스템이 어려우면 불필요한 실수가 발생하며 구성원의 참여가 힘들어진다.

(6) 합리적인 기준

통제를 위한 기준은 합리적이고 쉽게 구할 수 있어야 한다. 목표가 너무 높아 편차가 많이 발생하면 종업원이 좌절하므로, 동기가 부여될 수 있고 달성 가능한 표준을 설정해야 한다.

(7) 전략적 중요성

경영상 발생하는 모든 것들을 통제할 수는 없다. 따라서 경영자들은 전략적으로 성과에 중요하게 영향을 미칠 수 있는 것을 중점적으로 통제해야 한다.

(8) 복수기준

한 가지 기준이 성과의 모든 것을 나타내 줄 수는 없으며 동일한 기준을 모든 성과측정에 적용해서도 안 된다. 이 경우 여러 개의 기준을 적용해서 통제할 수 있어야 한다.

(9) 합리성

통제수단을 결정할 때는 각 부서의 통제시스템의 여건을 고려해야 하며, 통제이용자들로부터 지지를 획득해야 한다.

4. 통제의 유형

(1) 통제 강조점에 따른 분류

1) 시장에 의한 통제

시장에 의한 통제는 외부 시장메커니즘의 사용을 강조하는 통제 접근법이다. 이에 따른 통제기준으로는 경쟁사와의 가격차이나 시장점유율 등이 사용된다. 일반적으로 경쟁이 심한 상황에서 기업들은 주로 이 접근법을 채택하고 있다.

이러한 상황에서는 각 사업부들이 대부분 이익센터(profit center) 역할을 수행하며 이들은 기업 전체의 이익에 대한 기여도, 즉 전체 이익에 대한 비율에 따라 평가받는다. 예컨대, 가전 및 산업제품을 생산하는 일본의 마쓰시타社는 각 사업부를 이들이 전사 이익에 기여한 이익비중에 따라 평가한다.

2) 권위에 의한 통제

권위에 의한 통제는 조직수준에 대한 권위(authority)와 관리규칙, 규제, 절차 및 정책을 강제하는 통제이다. 이러한 유형의 통제는 행위의 표준화 정도와 정교하게 정의된 직무기술서 및 예산과 같은 관리메커니즘에 따라 평가한다. 이러한 방법은 조직구성원들이 올바른 행위를 수정하고 성과표준을 달성하는 것을 확신하기 위해서 사용된다.

3) 사회화에 의한 통제

사회화에 의한 통제는 종업원들의 행위가 공유된 가치, 전통, 규범, 신념 그리고 조직의 다른 문화적 양상에 의해 규정받는다는 점에 초점을 두는 통제접근법이다. 권위에 의한 통제가 타율적이고 엄격한 위계 관리 메커니즘에 초점을 두는 것임에 반해 사회화에 의한 통제는 개인과 집단의 비전 공유를 추구하는 메커니즘을 강조하고 있다.

이러한 통제를 주로 사용하고 있는 조직은 팀제를 도입하고 있는 곳이거나 기술이 급변하는 곳이다. 마이크로소프트의 경우 종업원들은 성과목표를 달성하기 위해 요구되는 자신들의 올바른 행동규범을 모두 알고 있다. 이들은 사장에서부터 말단사원에 이르기까지 조직에서 가장 중요한 것이 무엇인지 공유하고 있는 것이다.

(2) 통제시기에 따른 분류

통제는 어떤 행위가 일어나기 전에도 수행될 수 있는데, 이러한 기준에 따라 통제 유형도 세 가지로 달라질 수 있다. 즉 통제는 사전통제(feedforward control), 동시통제(screening control), 사후통제(feedback control)로 구분된다([그림 11-1] 참조).

1) 사전통제(Feedforward Control)

사전통제는 예측될 수 있는 문제점을 탐지하여 사전에 제거해 주고 통제가 행위에 앞서서 수행되므로 가장 이상적인 통제방법이다. 사전통제의 가장 중요한 핵심은 어떤 문

그림 11-1 통제의 유형

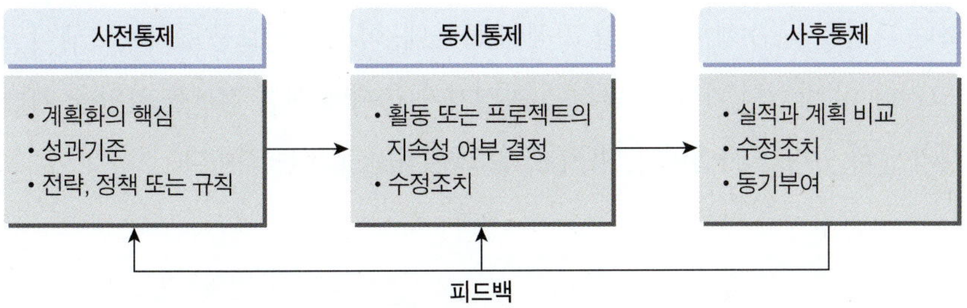

제점이 발생하기 전에 경영조치를 취한다는 점이다. 신제품 개발의 경우 사전에 시장의 수요를 예측하고 소비자 기호에 맞는 제품을 설계하고 그리고 생산일정계획을 세우는 일 등이 사전통제에 해당된다. 사전통제는 현재의 상황을 파악하여 미래를 예측하여야 하기 때문에 환경의 불확실성이 크거나 현재의 상황이 바뀌는 경우에는 적용하기가 힘들다. 따라서 대부분의 조직은 사전통제와 더불어 스크리닝 통제나 사후통제도 병행하여 활용한다.

2) 동시통제(Screening Control)

어떤 활동이나 프로젝트가 진행 중일 때 이루어지는 통제방법으로 실행 중일 때 통제를 함으로써 사후에 발생하게 될지도 모르는 문제점을 사전에 제거할 수 있다. 건설현장에서 안전이 결정적인 요소이거나 건설 프로그램에서 거대한 지출이 따르는 경우에 동시통제를 통하여 보다 안전하고 확실한 계획달성을 보장할 수 있다. 대표적인 예가 상급자가 현장에서 직접 수행하는 감독(supervision)이다. 관리자가 직접 종업원의 행위를 관찰함으로써 종업원의 잘못된 행위를 고쳐줄 수 있다.

3) 사후통제(Feedback Control)

사후통제는 최종 결과에 초점을 두는 것으로 실제적인 경영활동이 완료된 후에 결과를 측정하고 계획과 결과의 편차 원인을 규명하여 수정조치를 취하는 활동으로 가장 널리 사용되는 통제기법이다.

사후통제는 사전통제와 동시통제에 비해 다음 두 가지의 장점이 있다. 첫째, 피드백을 통해 경영자들은 자신들의 계획이 얼마나 효과적이었는지에 대한 정보를 입수하게 된다. 만약 결과와 계획에 있어서 큰 편차가 없었다면 이는 계획을 적절히 수립한 것이라고 할 수 있다. 둘째, 사후통제는 종업원들에게 동기를 부여할 수 있다. 종업원들은 자신들이 얼마나 과업을 잘 수행했는지 알고 싶어 하는데, 이러한 정보를 통제시스템이 제공해준다. 그러나 이 방식의 가장 큰 단점은 경영자가 문제에 대한 정보를 알았을 때는 이미 그 문제가 끝나 있다는 사실이다. 마치 소 잃고 외양간 고치는 격이다.

5. 통제의 대상

경영자 계층에 따라 통제 대상은 다를 수 있다. 최고경영자의 경우 재무, 인사, 마케팅, 생산, 전략, 정보시스템 등 인적 · 물적 또는 무형의 자산에 이르기까지 경영상태 전반이 대상이 된다. 그러나 일선업무를 담당하는 경영자의 경우는 담당업무의 흐름이나 부하의 통솔과 관련된 사항이 주요 대상이 된다.

표 11-1 기능부서별 통제대상

생산	마케팅	인사	재무 및 회계
품질	판매실적	노사관계	현금, 자본지출
생산수량	판매, 광고비용	근무태도	자금흐름
생산원가	고객만족도	종업원 만족도	유동성
개인별 생산실적	영업소, 사원별 실적	이직률	재고수준

제2절 통제활동의 과정

1. 통제과정의 설계

통제의 과정은 통제시스템을 이용하는 데 있어 사전에 표준계획이 이미 설정되어 있는 가운데 성과측정, 차이분석, 평가 및 수정조치의 4단계를 거친다.

(1) 표준의 설정

통제절차의 첫 단계는 표준과 성과측정방법을 설정하는 것이다. 표준이란 성과측정을 위하여 설정해 놓은 통제활동의 목표(objective) 또는 기준(criteria)을 일컫는 말이다. 이와 같은 표준은 목표에 따라 수립되며 계획에 따른 통제기준이라 할 수 있다. 경영자가 알고 있어야 할 표준은 크게 산출표준과 투입표준으로 구분된다.

1) 산출표준(Output Standard)

산출표준은 양, 질, 비용 및 시간 측면에서 산출결과인 성과를 측정하는 것을 말한다. 예컨대, 오차율, 목표달성도, 예산초과액, 단위기간 내 생산량 등은 산출결과를 측정하는 표준이 될 수 있다.

2) 투입표준(Input Standard)

투입표준은 성과를 달성하기 위해 투입된 자원의 이용 정도를 말한다. 즉, 투입된 인적·물적 자원의 이용효율을 측정하게 된다. 예를 들어, 1인당 교육시간, 인력투입률, 연구개발비 등은 투입결과를 측정하는 기준이 된다.

(2) 성과측정

통제과정의 두 번째 단계는 성과를 측정하는 일이다. 이때 성과는 경영활동의 결과를 나타내는 것으로 통제하고자 하는 대상이다. 성과측정은 성과를 점검하고 측정하는 경영통제의 중심적 단계로 조직 내에서의 성과측정은 지속적으로 이루어지고 있으며, 효과적인 통제를 위해서는 관련된 성과측정치가 타당하여야 하며 목적 적합하여야 한다.

1) 성과측정항목

일반적으로 성과를 측정하는 방법보다 성과측정항목이 더 중요하다. 잘못된 평가기준을 선정하게 되면 아주 심각한 부작용을 초래하기 때문이다. 게다가 조직구성원들은 측정항목에 따라 움직이기 쉽다. 측정항목은 각 기능별로 구분되는 것이 대부분이다. 그러나 경영 전반에 걸쳐 공통적으로 사용되는 것도 있다. 예를 들면 내부고객만족도(CIS), 결근율(absenteeism rate), 이직률(turnover rate) 등이다.

① 생산부문

생산단위(공장)를 책임지고 있는 공장장의 경우 효율과 관련된 항목에 초점을 두어야 할 것이다. 따라서 공장장은 매일매일 생산되는 총 생산량, 인당/시간당 생산량, 불량률, 반송률 등에 대한 항목을 측정해야 한다.

② 관리부문

관리 또한 지원부문 담당 임원은 타 업무에 대한 원활한 지원과 서비스에 중점을 두어야 할 것이다. 예컨대, 관리임원은 하루에 만들어지는 보고서 수량, 시간당 처리되는 명령 건수, 타 부문 요구사항 처리에 소요되는 평균시간 등을 측정해야 한다.

③ 영업부문

영업부문 담당 임원은 시장이나 고객과 관련되어 있는 사항에 대하여 집중해야 한다. 따라서 영업담당 임원은 시장점유율, 판매당 총 가치, 영업인력 인당 고객 방문횟수 등을 측정해야 한다.

2) 비계량적 지표 개발

어떤 활동들은 결과 또는 성과를 측정하기 매우 까다롭다. 그러나 대부분의 활동은 세분화될 수 있으며, 이렇게 세분화된 과업활동은 측정가능한 목표로 전환할 수 있다. 경영자는 개인, 과/부, 본부, 사업부 등이 회사에 어떤 기여를 하는지 결정하고 이를 표준화시켜 측정할 수 있도록 해야 한다.

만일 성과측정 지표를 계량화할 수 없다면 관리자는 새로운 측정지표를 탐색해야 하고 자신만의 주관적인 지표를 개발해야 한다. 관리자의 주관적인 성과측정지표는 당연히 한계점을 가지게 된다. 그러나 성과를 측정하지 않고 무시하는 것보다 훨씬 나은 것은 분명하다.

(3) 차이분석

통제과정의 세 번째 단계는 측정된 성과를 표준과 비교하고 평가하는 것이다. 현실적으로 성과표준과 실제 성과와의 차이는 존재한다. 측정되는 성과가 표준보다 높을 수도 있고, 낮을 수도 있으며, 비슷할 수도 있다. 경영자는 이러한 차이를 분석하여 허용할 수 있는 차이를 어디까지 할 것인가를 결정하여야 한다. 성과와 표준 간의 편차가 큰 경우 그 원인을 분석해야 한다.

그림 11-2 통제과정의 설계

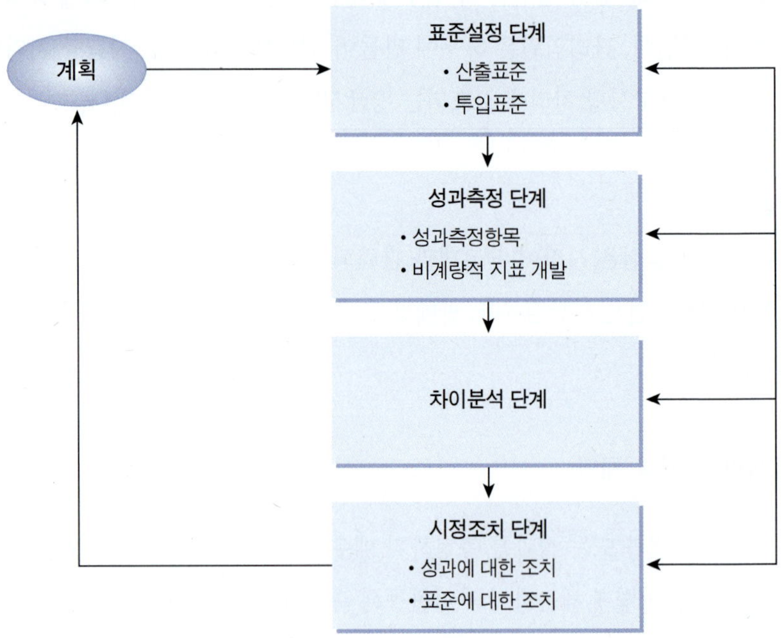

(4) 평가 및 수정조치

통제과정의 마지막 단계는 성과를 평가하고 적절한 수정조치를 취하는 일이다. 즉, 측정된 성과와 표준과의 사이에서 만족스럽지 못한 편차가 생기면 편차의 원인을 찾아내고 이에 대한 적절한 수정조치를 하는 것이다. 경영자들은 다음 세 가지 수정조치 중 어느 하나 또는 그 이상을 선택하여 적용할 수 있다. 첫째 아무런 조치를 취하지 않을 수 있다. 둘째 성과를 조정할 수 있다. 셋째 설정한 표준을 조정할 수 있다.

2. 통제제도 수립

효과적인 통제시스템을 갖추어야 할 상황요인을 살펴보면 다음과 같다.

(1) 업무특성

각 업무의 특성에 적합한 통제제도를 적용하여야 한다. 예를 들어 판매부서의 통제는 생산부서와 직무성격이 다르기 때문에 그 통제방법이 달라야 한다. 즉, 예산통제, 손익분기점 분석, 재고관리, 재무비율 분석 등의 통제기법은 대부분의 경영활동에 보편적으로 적용되지만 어느 특정 분야에 적용할 수 없는 경우도 있다. 따라서 경영자는 통제과정에서 업무의 특성에 따라 그에 맞는 통제제도를 설정해야 한다.

(2) 조직문화

부하에 대한 신뢰를 바탕으로 자율적인 분위기가 강한 조직이라면 비공식적인 통제가 적합한 반면, 권위주의적이고 위협적인 조직문화에서는 타율적이고 공식적인 방식으로 통제하는 것이 바람직하다.

(3) 비용

통제활동에 있어서 경제성 원리에 의해 최소의 비용으로 최대의 효과를 얻을 수 있어야 한다. 그러나 현실적으로 통제활동에 의한 이익을 명시적으로 나타내기 어려우며 단지 통제활동의 잠재적 효과를 실제 투입된 통제비용과 비교하는 것이 현실적으로 가능하다.

(4) 객관성

구성원의 실적을 측정하고 평가하는 데 있어서 주관적인 판단 때문에 객관적인 통제가 실패하는 경우가 있다. 따라서 업적 측정과 평가뿐만이 아니라 통제의 기준을 설정할 때에도 객관성이 확인되어야 효율적인 통제제도로 운영될 수 있다.

(5) 신속성

이상적인 통제활동은 계획과 성과 간에 편차가 발생하지 않도록 하는 활동이며, 이를 위해 앞으로 발생할지도 모르는 편차를 미리 예측하여 문제가 되기 전에 수정하는 활동이다. 이러한 활동은 관련된 정보가 경영자에게 신속 · 정확하게 제공되어야 가능하다.

(6) 설득력

통제를 위한 다양한 기법이나 표준수치가 통제자와 피통제자 모두에게 설득력 있도록 만들어져야 한다. 복잡한 공식, 도표, 통계 등에 기초한 통제활동은 구성원이 이해하지 못하거나, 그에 따른 편차를 수긍하지 않는 등의 문제가 발생할 수 있기 때문이다.

잠시 쉬어가기

금융사 내부통제, 접근방식 재검토 필요하다

최근 금융감독원이 금융회사 최고경영자(CEO)에 대해 내부통제 부실을 문제 삼아 제재 절차를 시작하자 시장의 이목이 집중되고 있다. 이와 관련된 세간의 논란을 이해하려면 먼저 내부통제의 기본 개념부터 살펴볼 필요가 있다.

기업이 고객과 거래하는 과정에서 기업과 고객의 이익이 충돌하는 상황이 자주 발생한다. 이런 경우에 기업은 어떻게 행동할까? 비윤리적인 임직원은 고객 이익보다 자신의 이익을 우선시하는 유혹에 빠지기 쉽다. 이를 방지하기 위해서, 회사법은 기업이 임직원들의 행동을 기업 내에서 감시하고 통제할 수 있는 내부통제 제도가 필요하다고 규정하고 있다. 더욱이 고객의 자산을 관리하는 금융회사에 실효성 있는 내부통제의 도입이 더욱 강조되는 것은 전 세계적인 추세이며 우리나라도 예외는 아니다.

그런데 어째서 유독 우리나라에서 내부통제와 관련하여 많은 논란이 있을까? 아마 이 제도에 대한 접근 방식의 차이 때문일 것이다. 우리 금융회사 지배구조법은 회사가 내부통제 제도를 마련할 것을 의무화하고, 안 지켜지는 경우 회사와 CEO를 제재할 수 있다고 규정하고 있다. 반면 미국이나 영국에서는 내부통제 제도를 법으로 의무화하지 않는다. 그 대신 감독당국은 금융회사의 위법행위에 대해 CEO와 이사회에 감독자 책임을 물을 수 있다. 단, CEO가 감독자에게 요구되는 의무를 성실히 수행해 실효성 있는 내부통제 시스템이 작동했다는 것을 입증하면 감독 책임에 대한 제재를 감해주거나 면해주는 방식을 택하고 있다. 일례로, 미국 증권거래위원회(SEC)는 2011년에 파생상품 불완전 판매를 이유로 골드만삭스에 막대한 규모의 민사 제재금을 부과했다. 그러나 추가적인 심의 과정 후에 회사가 실효성 있는 내부통제 제도를 갖추고 이행했다는 것이 입증돼 CEO에게 감독자 책임을 묻지 않고 제재금도 대폭 감면해 주었다.

그렇다면 두 가지 방식 중 어느 쪽이 더 내부통제의 실효성을 높일 수 있을까? 우리나라 같이 제도를 법으로 의무화하고 안 지키면 처벌하는 경우, 규제 당국은 금융회사가 준수해야 하는 세부 조항이 포함된 법령을 만들어야 한다. 이렇게 되면 금융회사들은 위법행위를 줄이려는 근본적인 노력은 게을리하고 법령에 기술된 조항들만 형식적으로 갖춰도 처벌을 면할 수가 있다. 따라서 제도는 형식화되고 도입 효과는 미미한 수준에 머무를 수밖에 없을 것이다. 또한 금융회사는 규제 당국이 내부통제의 실효성을 자의적으로 판단해 불이익을 받는다고 생각할 수도 있다. 최근 사모펀드 부실과 관련하여 내부통제 부실을 이유로 취해진 제재에 대하여 금융업계에서 표출되고 있는 불만은 아마도 이 때문일 것이다.

이에 반해 미국과 같이 감독 책임이 있는 CEO에게 법규 위반을 방지하기 위한 내부통제 제도 구축에 충분한 노력을 했음을 입증하도록 요구한다면, 규제 당국의 입증 부담은 대폭 줄어들고 최종 결정에 대한 금융회사의 불만도 상당 부분 줄어들 것이다. 더하여 CEO와 이사회는 자신들을 보호할 수 있는 실효성 있는 내부통제 제도 구축에 시간과 비용을 아끼지 않게 된다. 그 결과 내부통제를 법으로 의무화하지 않고도 충분한 효과를 얻을 수 있다. 최근의 금융회사 내부통제를 둘러싼 논란은 우리가 이 제도에 대한 접근방식을 근본적으로 재검토할 시점이 됐음을 시사한다.

자료: 동아닷컴, 2021. 03. 09.

제3절 통제기법

1. 예산통제

(1) 예산통제의 의의

예산이란 주어진 기간에 걸쳐 계획된 활동을 수행하기 위하여 작성된 계량적 명세서라고 할 수 있다. 따라서 예산은 조직의 각 수준에서 계획을 수립하고 통제하기 위한 수단으로 널리 이용된다.

예산통제는 편성된 예산에 의거하여 경영활동을 수행하고, 실적과 예산의 차이를 분석함으로써 경영관리를 효율적으로 수행하는 절차이다. 기업에 있어서 통제라고 하면 예산통제로 간주될 만큼 가장 오래되고 널리 보급된 통제기법이다.

예산이 통제수단으로 이용되는 중요한 이유는 다음과 같다.

첫째, 예산은 화폐적 가치로 표시되기 때문에 고용, 교육훈련, 구매, 제조, 광고 및 판매활동 등 조직의 활동을 위한 공통기준이 된다.

둘째, 예산은 주어진 기간에 있어서, 특히 1년 동안의 확실한 성과기준을 제공하는 역할을 한다.

셋째, 예산은 자원 활용 향상을 위한 용도나 성과목표 달성과정의 사후통제수단으로 이용될 수 있다.

(2) 예산통제의 유형

예산은 크게 운영예산(operating budgets)과 재무예산(financial budgets)으로 나눈다.

1) 운영예산

운영예산이란 조직이 예산기간 동안 사용할 것으로 예상되는 재화와 서비스를 나타내는 예산을 말한다. 운영예산은 비용예산, 수익예산, 이익예산으로 나눈다.

표 11-2 운영예산의 비교

비용예산	수익예산	이익예산
예산기간 내에 발생한 비용에 관한 예산으로 고정비와 변동비가 포함된다.	정상적인 영업을 통해 얻을 수 있는 수익에 관한 예산으로 판매예산이라고도 한다.	수익에서 비용을 뺀 미래이익에 관한 예산이다.

2) 재무예산

재무예산이란 예산기간 동안의 조직의 현금유입과 지출에 관한 예산을 말한다. 재무예산에는 현금흐름예산, 자본적 지출예산, 대차대조표 예산으로 나눌 수 있다.

표 11-3 재무예산의 비교

현금흐름예산	자본적 지출예산	대차대조표 예산
조직이 영업활동을 위하여 필요하다고 예상한 현금수입과 지출에 관한 예산	새로운 기계, 토지 구입 등과 같은 자본적 비용에 대한 예산	조직의 전체적인 자산, 자본 및 부채에 관한 대차대조표를 예측한 예산

(3) 예산통제 절차

예산통제를 유효하게 실시하기 위한 절차로서는 예산편성, 예산집행, 예산집행의 결과인 성과와 예산을 비교하는 예산차이의 분석이 필요하다.

1) 예산편성

예산통제의 첫 번째 단계는 예산의 편성단계이다. 예산통제가 예산을 목표로 하여 경영활동을 전개하고 예산을 기준으로 경영활동을 수행하는 것이라고 보면 예산편성이 기초적으로 중요한 단계임을 알 수 있다.

기업의 예산은 기업 전체로서의 합리성과 균형성이 유지되도록 편성되어야 하며 부분예산을 통합하는 종합적이고 통일적인 체계로서 편성되어야 한다. 기업의 예산편성방법은 기업의 규모나 업종에 따라 다르지만 최근에는 제로베이스 예산편성방법을 채택하는 기업이 늘고 있다.

과학적인 예산을 편성하기 위해서 유의해야 할 점은 다음과 같다. 첫째, 각 부문의 실적을 분석하여 다음 연도의 예산편성에 필요한 기본적인 변동사항을 파악하고 문제점을 발견한다. 둘째, 전사적 이익계획에 최고경영자의 기본방침, 장기경영전략, 신년도 업무기본계획 등을 종합적으로 조정한다. 셋째, 최고경영자의 방침뿐만 아니라 집행부서도 예산편성 과정에 참여시켜 현장의 실정이 반영되도록 한다. 넷째, 장기목표와 단기목표, 최고경영층과 현장, 판매부문과 생산부문 등 상충하기 쉬운 요구를 전사적인 관점에서 종합적으로 조정하여 균형예산을 편성한다. 다섯째, 통제가 가능한 조직의 각 부분별로 예산을 편성하되 관리자로 하여금 스스로의 달성목표와 업적평가 기준을 분명히 하여 관리의욕을 자극시킬 수 있도록 한다.

2) 예산집행

예산편성이 완료되면 관련책임자에게 전달되어 예산기간이 시작됨과 동시에 집행되는데 이 경우 경영자는 그의 업무활동이 예산대로 집행되는가에 대하여 항상 주의를 기울여야 한다. 만약 실적이 예산과 크게 차이나면 신속히 원인을 규명하여 예산목표를 달성할 수 있도록 조정하여야 한다. 이를 위해서는 예산집행 현황을 회계적으로 명확히 기록하고 상급자에게 정기적으로 보고하여야 한다.

3) 예산차이 분석과 보고

예산차이 분석은 예산과 그 집행결과를 비교 · 분석하여 차이가 발생한 원인 및 차이에 대한 책임의 소재를 명확히 하는 단계이다. 원래 예산이란 경영활동에 대한 미래의 계획을 수치화한 것으로, 경영활동의 결과가 반드시 예산과 합치될 수는 없는 것이다. 따라서 이러한 예산차이 분석에 의해 각 부문별 예산집행결과에 대한 책임이 명확하게 되고, 나아가서는 차기의 예산편성의 자료로 사용될 수 있는 것이다.

2. 통계와 재무자료를 이용한 통제

(1) 품질통제

품질통제란 특정 원가 내에서 품질표준을 설정하고, 실제의 품질을 이와 비교하여 그 편차를 관리하는 활동을 의미한다. 품질통제절차는 다른 통제절차와 마찬가지로 표준 설정, 측정, 표준과의 비교 및 수정단계를 거친다. 제품의 품질은 사용된 재료, 작업자의 기능, 설비의 상태 등에 따라 변동이 있기 마련이며 동일 품목을 한 사람이 같은 기계에서 만들더라도 어느 정도의 품질 변동은 불가피하다. 따라서 품질통제는 주관적 판단을 배제하기 위해서 객관성이 높은 통계적 기법인 샘플링 검사와 관리도를 주로 사용하고 있다.

(2) 재고통제

재고통제는 재고자산 투자에 대하여 최적수준을 결정하고 이를 유지하려는 것이다. 이를 위해 재고자산을 얼마나 자주 주문할 것이며, 주문할 때 주문량은 얼마로 할 것인가를 결정한다.

(3) 재무제표 분석

기업은 자본조달을 적절히 함으로써 최적의 자본구조를 유지하며, 또한 조달된 자본으로 효율적인 투자결정과 자산운영을 함으로써 목표를 달성할 수 있다. 이렇게 재무와 관련된 의사결정은 모두 재무제표에 기록되므로, 재무제표 분석이란 재무에 관한 의사결정이 합리적인가를 평가하는 기법이다. 재무제표는 기업 내부뿐만 아니라 외부의 이해관계자에게 중요한 정보가 된다. 회사의 재무상태를 연도별로 비교 · 분석하거나 또는 동종 업종의 평균이나 경쟁회사와 비교 · 분석함으로써, 회사의 문제점을 조기에 파악하여 통제활동에 도움을 줄 수 있다.

재무제표 분석은 재무자료의 두 항목 이상을 선택하여, 가감에 의한 상대비율인 재무비율을 통해 수행된다. 이러한 재무비율 중에서 그 비율이 내포하는 의미와 역할에 따라 〈표 11-4〉와 같이 다섯 가지로 분류할 수 있다. 재무비율의 종류 및 계산방법을 살펴보면 〈표 11-5〉와 같다.

표 11-4 재무제표항목의 분류

유동성 비율	단기 부채를 상환할 수 있는 능력의 평가지표
레버리지 비율	타인 자본의 의존도가 기업에 미치는 영향의 평가지표
활동성 비율	기업이 소유하고 있는 자산을 얼마나 효율적으로 이용하는가에 대한 평가지표
수익성 비율	기업의 경영성과인 수익성에 대한 평가지표
시장가치 비율	주가나 배당 등과 같은 증권시장 자료를 분석한 기업의 미래 전망에 대한 평가지표

표 11-5 재무비율의 종류 및 계산방법

구분	종류	계산방법
수익성 비율	투자수익률	투자이익 / 투자자본
	총자산영업이익률	영업이익 / 총자산
	자기자본순이익률	순이익 / 자기자본
	매출액순이익률	순이익 / 매출액
유동성 비율	유동비율	유동자산 / 유동부채
	당좌비율	당좌자산 / 유동부채
	순운전자본구성비율	순운전자본 / 총자산
레버리지 비율	부채비율	총부채 / 자기자본
	부채구성비율	총부채 / 총자본
	자기자본구성비율	자기자본 / 총자본
활동성 비율	매출채권회전율	매출액 / 매출채권
	재고자산회전율	매출액 / 재고자산
	순운전자본회전율	매출액 / 순운전자본
	고정자산회전율	매출액 / 유형자산+무형자산
	총자산회전율	매출액 / 총자산
	자기자본회전율	매출액 / 자기자본
생산성 비율	부가가치율	부가가치액 / 매출액
	총자본투자효율	부가가치 / 총자본
	종업원 1인당 부가가치(노동생산성)	부가가치 / 종업원 수
성장성 비율	매출액증가율	(당기매출액–전기매출액) / 전기매출액
	총자산증가율	(기말총자산–기초총자산) / 기초총자산
	순이익증가율	(당기순이익–전기순이익) / 전기순이익

3. 기타 통제기법

(1) 감사제도

감사에 의한 통제방법은 내부감사와 외부감사가 있다.

1) 내부감사

내부감사는 조직 내의 감사실이나 재무부서의 전문 스텝 등에 의해서 조직의 전반적 활동에 대하여서 자체적으로 감사를 하는 것이다. 내부감사는 전반적 경영에 대한 감사이므로 경영활동에 대하여 수시로 계획과 실적을 대비해 봄으로써 업무활동을 점검한다.

내부감사는 여러 가지 내부의 감사요원에 의해 이루어지기 때문에 조직 내부의 운영상태를 잘 알고 있으므로 내부감사를 통하여 보다 많은 정보를 얻을 수 있다. 뿐만 아니라 내부감사는 주기적으로 실시할 수 있어서 문제를 일찍 발견하거나 문제의 확대를 미리 방지할 수 있다. 반면에 전문적 감사요원이 필요하며, 감사결과 문제점이 발견되면 이를 정책적으로 처리하는 경향이 많다.

2) 외부감사

외부감사는 외부의 전문적인 회계사에 의해서 이루어지며, 전통적으로 조직의 재무적인 회계와 재무제표의 독립적인 평가를 포함하는 확인과정이다. 외부감사는 재무제표의 준비뿐만 아니라 조직의 실제적인 운영에 정직성을 촉구하는 중요한 역할을 한다.

그러나 외부감사는 조직의 일정한 운영기간이 지난 후 재무제표가 완성된 다음에 하게 되고, 또한 한정된 재무제표와 거래행위에 한해서 하게 되기 때문에 조직의 진행 중에 있는 업무를 통제하지 못하게 되는 문제점을 안고 있다.

내부감사와 외부감사의 특징을 정리하면 〈표 11-6〉과 같다.

표 11-6 내 · 외부감사의 기능

	내부감사	외부감사
주체	자기감사	타인감사(공인회계사, 변호사)
목적	경영관리 및 운영	여신분석, 투자분석
규정	감사를 제외하고는 기업 자체의 자유의사	강제감사
범위	회계감사 이외의 감사 포함	회계감사에 한정

(2) 보고제도

효율적인 통제를 위해서는 통계적 자료와 정보 등이 경영층 또는 이해관계자 집단에게 적시에 적절하게 보고되어야 효율적 경영통제가 가능하다. 보고제도의 확립이 경영통제를 위한 전제조건이라고 할 수 있다.

기업의 보고제도는 외부보고제도와 내부보고제도로 크게 나누어진다. 경영통제의 효율화를 위한 보고제도는 협의로 파악되는 내부보고제도에 국한되지만, 일반적으로 기업보고제도라 할 때에는 광의로 파악해서 그 전체적인 초점은 외부보고제도에 맞춰진다. 이는 오늘날의 기업이 주식회사라는 기업형태로서 전문경영자에 의한 경영이 지배적이며, 그 기업을 둘러싼 기업환경 가운데서도 직접적인 이해집단에 대한 각종 보고가 의무화되고 있기 때문이다.

(3) 기업진단

기업진단은 의사가 환자의 건강상태를 진단하고 처방을 내리듯이, 기업의 경영활동을 비교 · 분석하여 문제점을 발견하고 대처방안을 제시하는 것이다. 기업의 규모가 커질수록 경영진이 기업의 모든 문제를 객관적으로 정확하게 파악하는 것은 점점 어려워지고, 일정기간 동안 특정 문제를 분석하고 해결책을 제시할 인력을 확보하지 못한 경우가 많아 외부의 경영진단 전문가(컨설턴트)로 하여금 기업을 진단하도록 의뢰한다.

(4) 배회관리

배회관리는 현장제일주의 관리기법으로 어떤 부문의 책임자이든 항상 현장을 돌아보며 현장의 감각을 느끼고 있어야 한다는 의미이다. 예를 들어, 사장이 공장 내부를 다니면서 기계설비의 정돈상태, 부품의 관리상태 그리고 종업원의 작업태도를 점검하고 담당관리자에게 통보함으로써 그 결과를 보고하도록 한다. 배회관리는 인간에 관심을 두고 조직을 적응조직으로 만드는 쉽고도 명확한 관리기법이지만 최고경영층이 너무 자주 현장에 나타나면 중간관리자와 일선 감독층의 자율성·창의성 및 책임감을 저해할 수도 있다.

제4절 BSC를 통한 성과관리

1. BSC의 정의

균형성과관리(BSC: Balanced Score Card)는 1992년 미국 하버드 대학의 카플란(Robert S. Kaplan)과 노튼(David P. Norton)에 의하여 개발된 전략적 성과관리기법이다.

BSC는 조직의 비전, 전략을 기반으로 하여 엄선된 성과지표들의 균형된 조합이다. 조직의 리더들은 BSC를 통하여 조직의 전략을 전 조직원에 걸쳐 공유하고, 조직의 변화를 이끌어 낼 수 있다.

BSC는 조직의 미션과 비전, 전략목표와 성과목표, 성과지표 등으로 전략체계를 구성하고, ① 재무관점, ② 고객관점, ③ 내부프로세스관점, ④ 학습과 성장관점 등에 의하여 장

그림 11-3 BSC의 개념

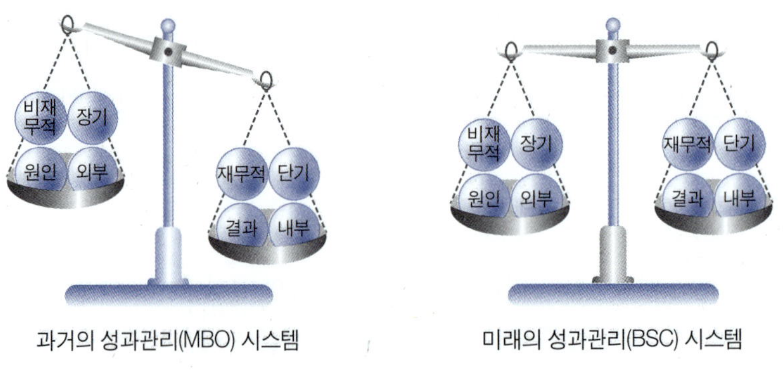

기 · 단기, 원인 · 결과, 외부 · 내부 등을 균형 있게 관리가능하도록 하는 성과모형이다.

2. BSC의 특징

(1) 지표 간의 균형

1) 재무적 지표와 비재무적 지표의 균형

BSC는 재무성과지표에 과도하게 의존하는 결점을 미래 성과동인들 간의 균형을 통해 극복하기 위해 고안되었다.

2) 조직 내부요소와 외부요소 간의 균형

BSC에 있어서 주주와 고객은 외부요소를 대표하며, 직원과 내부 프로세스는 내부요소를 대표한다. BSC는 전략을 효과적으로 실행할 수 있도록 이러한 구성요소들 간에 상충하는 요구에 균형을 이루게 한다.

3) 선행지표와 후행지표 간의 균형

후행지표들은 과거 성과를 나타낸다. 고객만족, 매출 등이 전형적인 예이다. 이러한 지표들은 객관적이고 쉽게 접근할 수 있지만 미래를 예측하는 능력은 결여되어 있다. 선행지표들은 이러한 후행지표들을 달성할 수 있게 해주는 성과동인이다. 예를 들어 적시 배송은 고객만족이라는 후행지표의 선행지표가 된다. 이러한 지표들은 미래에 대해서 예견할 수 있으나 그 연관성이 주관적이며 자료수집이 어려울 수 있다. 선행지표가 없는 후행지표는 목표가 어떻게 달성될 수 있는지 알려줄 수 없다. 반대로 후행지표가 없는 선행지표들은 단기적 관점의 개선을 이룰 수는 있지만 이러한 개선이 고객과 주주가치를 어떻게 향상시키는지를 보여줄 수 없다.

(2) 전략과의 연계

조직의 전략으로부터 도출되어, 조직의 비전 및 전략을 이행하기 위한 목표를 기반으로 한다. 잘 설계된 BSC는 조직의 전략에 대해 잘 설명해 줄 뿐만 아니라 명확하고 객관적인 성과지표를 통해 막연하고 불분명한 비전과 전략을 구체화시키는 역할을 한다. 예를 들어 '월등한 서비스'라는 추상적인 비전과 전략을 가진 기업에서 '월등한 서비스'가 95%의 적시배송을 의미하는 것으로 정의내림으로써 직원들 간에 '월등한 서비스' 개념에 대하여 의문을 갖거나 논쟁하는 대신에 적시배송이라는 명쾌한 목표에 초점을 맞출 수 있다. 전략을 해석하는 BSC의 틀을 통해 조직은 직원들을 명확한 방향으로 행동하게 이끌 수 있다.

(3) 전략에 대한 의사소통

BSC를 통해 전략에 대한 조직구성원 간의 의사소통이 원활해지고 공통의 목표를 지향하게 한다. 단순히 기업의 전략을 이해하는 것만으로도 직원들은 조직이 어느 곳을 향해 가고 있으며 그 과정에서 그들이 어떻게 기여할 수 있는지를 알게 됨으로써 조직의 숨겨진 역량을 파악할 수 있다.

3. BSC의 구성요소

BSC는 비전과 전략, 관점, 핵심성공요인, 핵심성과지표, 인과관계, 목표, 피드백으로 구성된다.

(1) 비전

기업이 추구하는 장기적인 목표와 바람직한 미래상으로 전략의 방향을 설정하고, 구성원들에게는 동기를 부여한다. 기업의 장기적인 존재이유와 기업의 목적, 사업영역 및 경쟁우위 창출의 측면에서 명확하게 표현한다.

(2) 전략

전략의 핵심은 고객지향성과 경쟁우위의 창출에 있으며 한정된 자원을 어떻게 효율적으로 활용하여 기업의 가치를 증대시킬 것인지에 대한 의사결정이 필요하다.

(3) 관점

기업의 가치 창출 근원에 대한 시각을 제시하는 것으로 재무적 관점에서는 다른 관점들의 결과로 인해 재무적인 성과가 나타나게 된다는 인과적 해석을 한다. 고객관점에서는 기업 가치 창출의 가장 큰 원천으로 기업에게 수익을 가져다 줄 수 있는 고객을 파악해 내고, 이들을 위한 고객지향적 프로세스를 만든다. 내부비즈니스 프로세스 관점은 성과를 극대화하기 위하여 기업의 핵심 프로세스 및 핵심 역량을 규명하는 과정을 말하며,

표 11-7 BSC의 주요 용어

용어	내용
미션(Mission)	기관의 존재이유, 우리가 왜 존재하는지에 대한 정의
비전(Vision)	미션을 위한 가치와 의미를 포함하고 있는 장·단기적인 목표
관점 (Perspective)	전략이 분해되어지는 요소를 말함. 각 관점은 특정 이해관계자에 의해 요구되는 전략목표(strategic objective)들의 조합이며, 모든 관점이 합해지면 하나의 전략(strategy)을 이루고, 전략과 관련된 스토리를 말해 준다. 일반적으로 재무, 고객, 내부 프로세스, 학습과 성장 관점으로 구성되지만, 전략적 필요에 따라 다른 관점이 추가 혹은 대체되기도 함.
전략목표 (Strategic Objective)	전략이 달성하고자 하는 것, 전략의 성공적 이행을 위해 중요한 것 등의 구체적인 요소를 명시한 간략한 문장. 전략목표는 전략이 실현되기 위한 방향을 제시함. 전략목표는 조직의 전체적인 전략이라는 구조물을 구성하는 벽돌의 역할을 함.
성과지표 (Measure)	성과목표의 달성에 대한 진척도를 나타내는 성과척도. 성과지표는 반드시 계량화되어야 함. 성과지표는 전략목표의 달성을 위해 필요한 행위의 지침이 됨.
전략맵 (Strategy Map)	조직의 전략 및 전략을 실행하는 데 필요한 프로세스와 시스템에 대한 시각적 표현. 전략맵은 조직구성원들의 일이 조직의 전체적인 전략목표와 어떻게 연관되는지를 보여줌.
목표치(Target)	목표치는 각 성과지표에 대한 정량화된 목표임. 각 목표치의 합은 조직의 전체적인 목표치가 됨. 목표치는 조직이 성과를 높이기 위한 기회를 제공하고, 전략적 목표(strategic goal)에 대한 진척도를 모니터링하게 하며, 조직의 성패 예측에 대해 의사소통할 수 있게 함.
가중치 (Weighting)	조직의 전략목표 및 전반적 성과달성에 대한 상대적 중요도. 상위요소에 대한 하위요소의 상대적 중요도(예: 성과목표달성에 미치는 성과지표들의 상대적 중요도)
기준선 (Green Zone)	목표치 초과 달성 여부를 판단하는 기준
하한선 (Red Zone)	목표치 대비 부진 여부를 판단하는 기준
이니셔티브 (Initiative)	조직의 성과달성을 위한 활동 프로그램. 전략적 성과가 달성되기 위해 집중해야 하는 활동. 조직에서 진행 중인 모든 이니셔티브들은 BSC상의 전략에 정렬되어야 함. 하나의 전략목표에는 반드시 하나 이상의 이니셔티브가 할당되어야 함.
캐스케이딩 (Cascading)	BSC의 효과를 극대화하려면 전 조직에 걸쳐 조직의 전략이 공유되고 정렬되어야 함. 캐스케이딩은 전 조직에 걸쳐 조직의 BSC를 전개하는 과정임. 전사적인 전략목표를 하부조직의 전략목표, 성과지표로 정렬하는 절차

학습과 성장 관점은 가장 미래 지향적인 관점으로 회사의 장기적인 잠재력에 대한 투자가 기업 성장에 얼마나 영향을 미칠 수 있는지를 파악하고 다른 3가지 관점의 성과를 이끌어내는 원동력이다.

(4) 핵심성공요인

기업이 속한 산업 내에서 지속적으로 생존하고 번영하기 위해 가장 중요한 요소들 또는 기업 혹은 단위사업 영역의 존재 목적을 달성하고 목표시장에서 만족할 만한 성과를 거둘 수 있도록 하는 요소 및 요구조건들을 의미하며, 고객들이 원하는 것을 제공해야 하며 경쟁자들보다 우위를 가져야 한다.

(5) 핵심성과지표

핵심성과지표는 기업의 전략적 의미가 담고 있는 것으로 성과에 대한 책임을 분명히 하고 미래 예측을 가능하게 하는 정보를 제공한다.

(6) 인과관계

조직구성원들에게 어떻게 조직의 비전과 전략이 그들의 일상업무에 연계되는지를 이해시키는 것을 말한다.

(7) 목표

평가의 기준이 되는 잣대를 말한다.

(8) 피드백

성과를 검토하여 성과에 대한 보상을 하고 새로운 전략을 수립하거나 경영목표를 변경하는 일련의 과정을 말한다.

잠시 쉬어가기

'부패공화국' 프랑스는 어떻게 '부패'를 털어냈나

프랑스는 기업의 부패행위에 관대한 나라였다. 뇌물수수에 쓴 비용의 세금을 공제해 줄 정도였다. 하지만 지금의 프랑스는 그 어느 나라보다 강력한 반부패법을 시행하고 있다. 기업들의 무분별한 부패행위로 값비싼 수업료를 내고 배운 결과다. 주목할 건 프랑스의 사례에서 세계의 컴플라이언스(준법 · 윤리경영) 트렌드를 읽을 수 있다는 점이다. 우리나라도 프랑스를 참고해 우리나라만의 컴플라이언스 모델을 만들어야 할 때다.

지난 1월 프랑스 반부패청(AFA)은 새로운 '반부패 컴플라이언스 지침'을 발표했다. 2017년 발표한 첫 지침의 개정판인데, 프랑스 반부패법 '샤팽(Sapin)2법'을 4년간 시행한 경험을 녹였다. 부패 근절을 위해 온 힘을 쏟고 있는 나라 중 한 곳인 프랑스다운 발걸음이었다. 실제로 세계 각국도 이런 프랑스의 행보를 주목하고 있다. 왜일까.

프랑스는 처음부터 반부패 의지가 강했던 건 아니다. 프랑스도 2000년 9월 경제협력개발기구(OECD) 뇌물방지협약에 서명하기 전까지는 기업의 부패행위에 관대했다. 글로벌 프로젝트를 따내기 위해 뇌물을 주는 일이 비일비재했고, 이는 공공연한 관행이었다.

예컨대 프랑스 기업 고위 임원들은 해마다 재무부에 '특별비용 리스트'를 제출했는데, 이 리스트에 따르면 프랑스 기업들이 국제 입찰에서 낙찰받기 위해 가장 많이 이용하는 수단은 뇌물이었다. 심지어 프랑스 재무부 규정에 따라 정식 등록한 특별비용은 세금을 공제해 주기까지 했다. 프랑스 정부로선 사실상 위법행위를 합법화해 준 것이나 다름없었다. 그 때문인지 그동안 미국의 해외부패방지법(FCPA)을 위반해 고액의 벌금을 지불한 기업 리스트엔 유독 프랑스 기업이 많았다. 프랑스 항공기 제조사 에어버스(Airbus)는 대표적인 예다. 에어버스는 지난해 1월 해외 뇌물 사건을 해결하기 위해 벌금을 물기로 미국 법무부(DOJ)와 합의했는데, 그 금액이 무려 20억 달러(약 2조2000억 원)에 달했다. 당시까지만 해도 FCPA 집행 역사상 최고 벌금액이었다.

이런 프랑스가 반부패 의지를 불태우기 시작한 건 미국과 영국 때문이다. 미국은 1977년 FCPA를 제정했다. 그러자 미국 기업들의 불만이 쏟아졌다. 세계 시장에서 뇌물을 주지 못하면 외국 기업과의 경쟁에서 뒤처질 게 뻔했기 때문이었다. 이를 염려한 미국은 세계적 차원의 반부패법 제정을 추진했고, 그 결과 1997년 OECD 뇌물방지협약이 체결됐다.

OECD의 뇌물방지협약은 구속력이 있는 세계 최초의 국제 반부패 협약이다. 이 협약이 체결된 이후 프랑스처럼 외국에선 뇌물을 제공하고, 자국에선 세금을 면제해 주는 일이 법적으로 불가능해졌다. 뇌물방지협약이 전 세계에 반부패 시대의 개막을 선언한 셈이었다. 결과적으로 미국 FCPA가 OECD 뇌물방지협약과 영국 뇌물방지법(Bribery Act)에 영향을 미치고, 이런 법들이 다시 프랑스에 영향을 미치는 연쇄작용이 발생했다는 얘기다.

프랑스에서 본격적으로 반부패의 전기가 마련된 건 2016년 12월 샤팽2법이 제정되면서다. 샤팽2법의 정식 명칭은 '투명성, 부패와의 전쟁 그리고 경제활동의 현대화에 관한 법'이다. 법안 제정을 주도한 프랑스 재무부 장관 미셸 샤팽(Michel Sapin)의 성을 따서 통상 샤팽2법이라고 부른다. 법 이름에 '부패와의 전쟁'이 포함된 것이 흥미롭다. 실제로 이 법의 목적은 20여 년 전에 제정된 샤팽1법을 보완해 부정부패를 효과적으로 방지하는 데 있다. 법의 주요 특징도 ▲반부패청(AFA)의 신설 ▲내부고발자 보호 강화 ▲일정 규모 이상 기업의 컴플라이언스 프로그램 수립 의무화 ▲프랑스판 기소유예 합의제도(DPA)라 불리는 CJIP의 도입 등이다.

그중에서도 가장 획기적인 건 컴플라이언스(기업의 능동적 준법 · 윤리경영 활동) 프로그램 수립을 의무화했다는 점이다. 이에 따라 직원이 500명 이상이고 연간 매출액이 1억 유로(약 1339억 원)를 넘는 기업은 부패와 권한 남용을 예방하기 위한 일련의 조치를 반드시 마련해야 한다. 이를 위반하면 법인엔 100만 유로, 개인에겐 20만 유로까지 벌금을 부과한다. 세계 어떤 나라에서도 반부패 컴플라이언스 프로그램 수립을 법적으로 요구하진 않는다. 하지만 프랑스에선 뇌물수수 의혹이 없더라도 반부패 컴플라이언스 프로그램이 없다면 그 기업은 처벌받을 수 있다.

프랑스를 보면 반부패 분야의 글로벌 트렌드를 알 수 있다. 한편으로는 기업의 형사 책임을 강화하면서 다른 한편으로는 기업의 자율적인 컴플라이언스 프로그램 수립을 유도하고 있다는 거다.

기업의 컴플라이언스를 대하는 선진국들의 특징은 '더 많은 당근과 더 적은 채찍(More carrots, less sticks)'이다. 법을 어겼을 땐 강하게 처벌하되, 컴플라이언스를 효과적으로 운영하는 기업엔 그만큼 많은 인센티브를 제공한다. 채찍만 가해서는 예방효과가 떨어진다는 걸 알기 때문에 당근을 주면서 법을 잘 지킬 수 있도록 유인하는 것이다.

프랑스 사례는 우리나라에도 시사하는 바가 크다. 프랑스를 통해 우리의 미래를 예측할 수 있기 때문이다. 부패로 인해 비싼 대가를 치른 프랑스가 컴플라이언스의 원조 국가인 미국과 영국을 뛰어넘는 독창적인 컴플라이언스 모델을 제시하고 있다. 앞으로 많은 나라들이 프랑스 모델을 따를 것으로 예상된다. 프랑스가 미국과 영국을 보고 혁신한 것처럼 우리나라에도 변화가 필요해 보인다.

자료: 더스쿠프, 2021. 05. 20.

토의과제

- 통제의 과정에 대하여 설명하시오.
- 통제의 유형에 대하여 설명하시오.
- 경영통제의 기본적 절차에 대하여 설명하시오.
- 내부감사와 외부감사를 비교하여 설명하시오.
- 배회관리의 장 · 단점을 설명하시오.

참고문헌

- 김세영 역,『경영관리』, H. Weihrich · H. Koontz 저, 범한서적(주), 1998.
- 삼일회계법인 옮김,『BSC Step by Step』, 시그마인사이트, 2006.
- 박상범 외,『현대경영학원론』, 탑북스, 2014.
- 박정민 외,『최신 경영학의 이해』, 비앤엠북스, 2011.
- 안서규 외,『 기업과 경영의 이해』, 청람, 2006.
- 이한재,『경영학원론』, 탑북스, 2012.
- 조동성,『21세기를 위한 경영학』, 서울경제경영, 2000.
- 최용식,『경영의 이해』, 창민사, 2014.
- 홍성도,『벤처기업 창업경영론』, 학문사, 1998.
- BSC 연구회,『한국형 BSC 성공사례 11』, 삼성경제연구소, 2006.

PART

04

지속가능경영

PRINCIPLES OF MANAGEMENT

CHAPTER

12

경영혁신과 변화관리

미래 제조업 이끌 세계 '등대 공장' 16곳 … 한국 기업은 없다

세계적 컨설팅그룹 맥킨지&컴퍼니와 세계경제포럼(WEF)이 첨단 정보기술(IT)을 활용해 세계 제조업의 변화를 이끌고 있는 '등대 공장'(lighthouse factories) 16곳을 선정했다. 4차 산업혁명의 핵심 기술을 적극적으로 도입한 '똑똑한' 공장들로, 어두운 밤하늘을 환하게 밝혀주며 길을 안내하는 '등대'처럼 제조업의 미래를 선도하고 있다는 게 맥킨지의 설명이다.

16개의 등대 공장 가운데 9곳은 유럽, 5곳은 중국, 1곳은 미국, 나머지 1곳은 사우디아라비아에 위치하고 있다. 운영하는 기업의 국적별로는 독일이 5개로 가장 많고 미국이 3개로 뒤를 이었다. 중국·대만·프랑스·이탈리아·덴마크·스웨덴·인도·사우디아라비아가 각각 한 곳이다. 한국 기업은 없다.

맥킨지에 따르면 이들 등대 공장은 생산 시스템을 변화시켜 근로자들이 덜 반복적이면서도, 더 흥미롭고 생산적으로 일하게끔 유도한다. 자사의 현재 인프라를 최적화해 설비 교체를 최소화하면서 효과를 극대화한다. 학계·스타트업 등과 함께 '혁신 생태계'를 구축하고, 4차 산업 기술의 융합을 추구한다.

이를 통해 제조업 변화를 이끄는 3대 트렌드인 ▶연결성(connectivity) ▶지능화(intelligence) ▶유연한 자동화(flexible automation)를 대규모로 적용하는 데에 성공했다는 게 이들의 특징이다. 맥킨지와 WEF, 그리고 주요 외신 등이 소개하는 16개 등대 공장의 주요 특징은 다음과 같다.

• 독일 지멘스(Siemens). 중국 청두

지멘스가 독일 지역 외에 세운 유일한 스마트공장이다. 모든 부품과 재료·제품에는 일련번호가 부여되고, 각각의 생산설비에는 센서와 측정장치가 부착됐다. 이들은 수천만 개의 정보를 서로 주고받으며 알아서 작업한다. 이런 시스템 덕분에 하나의 생산라인에서 100종류 이상의 제품을 생산한다. 불량률은 0.001%에 불과하다.

• 이탈리아 롤드(Rold). 이탈리아 세레 마지오레

직원 수 250여 명의 세탁기 도어 잠금장치 생산 중소기업이다. 디지털 대시보드로 공장에 투입된 다양한 생산 자원을 실시간으로 모니터링하고, 사물인터넷(IoT) 기기에서 수집한 데이터를 기반으로 비용을 추정한다. 문제가 생기면 관리자의 스마트워치로 실시간 알람을 보낸다. 고객사에도 자동 주문 및 관리 서비스를 제공한다.

• 사우디아라비아 아람코(Aramco). 사우디아라비아 우스마니아

사우디아라비아의 국영기업이자 세계 최대 석유기업인 아람코의 가스 및 석유 생산 플랜트. 하늘에 드론을 띄워 공장 곳곳에 산재해 있는 파이프라인과 기계류를 검사한다. 여기에 카메라 · 센서 등을 장착한 '디지털 헬멧' 같은 웨어러블 기술을 활용해 검사 시간을 90% 감축했다.

• 미국 프록터앤드갬블(P&G). 체코 라코나

세계적인 소비재 제조 회사인 P&G 유럽 생산기지다. 터치스크린에 실시간으로 핵심 성과지표를 띄우고, 성과가 떨어지는 원인을 바로바로 포착할 수 있는 시스템을 구축했다. 다양한 센서를 이용해 실시간으로 공정 중 품질관리가 가능하다. 프라하 소재 주요 대학 및 스타트업과 협력하고, 다양한 학생 교환 프로그램을 통해 이들이 공장에 와서 함께 일을 하도록 했다. 이후 생산성은 160%, 고객 만족도는 116% 증가했다.

• 미국 패스트 래디우스 (Fast Radius). 미국 시카고

3차원(3D) 프린팅 회사로 UPS와 손을 잡고 주문 제작형 3D 프린팅 서비스를 런칭했다. 고객이 3D 프린팅 제작을 주문하면 설계도가 가장 가까운 3D 프린팅 제조매장으로 전송된다. 이후 해당 장소에서 3D 제품을 만들고, 고객은 UPS를 통해 이를 받아 볼 수 있다.

• 독일 바이엘(Bayer). 이탈리아 가르바겐테

세계적인 제약회사인 바이엘의 이탈리아 생산시설이다. 소프트웨어로 현실 세계를 구현하는 '디지털 트윈'을 활용해 제조 공정 · 시간 · 동선 등을 최적화하고 문제점을 사전에 파악해 품질 개선에 활용했다.

• 독일 BMW. 독일 레겐스부르크

디지털을 활용한 이른바 '린 생산방식'(Lean Process, 인력과 부품의 적시공급을 통해 재고를 줄이고 품질을 끌어올리는 생산 시스템)으로 시장의 요구와 수요 변화에 대응했다. 세단과 SUV · 해치백 · 컨버터블 등 9종류의 자동차를 생산한다.

• 독일 보쉬(Bosch). 중국 우시

세계 최대 자동차 부품기업 보쉬의 중국 합작 공장이다. 최첨단 데이터 분석기술 도입해 생산과정에서의 손실을 줄이고, 생산 장비의 고장을 예측한다.

• 대만 폭스콘(Foxconn). 중국 선전

애플 아이폰을 위탁 조립하는 곳으로, 완전 자동화 3단계에 근접해 있다. 1단계는 사람이 하기 힘들거나 위험한 작업을 로봇으로 대체하는 것이고, 2단계는 로봇의 숫자를 줄이는 방식으로 자동화의 효율성을 높이는 것이다. 3단계는 생산 · 물류 · 테스트 · 검사 등 전체 공정에 필수 요원만 제외하고 모두 로봇으로 대체하는 것이다.

• 중국 하이얼(Haier). 중국 칭다오

중국의 대표 가전 브랜드 하이얼의 자동화 공장이다. 클라우드를 기반으로 하는 대량 맞춤형 주문제작 시스템을 구축했다. 주문 후 납품까지 이르는 기간을 절반으로 줄였고, 재고를 감축하는 효과를 봤다.

• 미국 존슨앤존슨(Johnson &Johnson). 아일랜드 코르크

첨단 의료기기를 제조하는 이곳은 인공지능과 IoT를 이용해 기계의 청소 · 검사 · 수정 · 대기시간 등 비(非)가동시간을 줄이고, 운영비용을 절감했다.

• 덴마크 댄포스(Danfoss). 중국 텐진

댄포스는 에너지 효율을 높이는 제품 제조로 오랜 기간 명성을 쌓아온 글로벌 기업이다. 스마트 센서 등을 활용해 모은 데이터는 공정 효율화에 활용된다. 디지털 추적 및 자동 모니터링 시스템으로 생산성을 30% 증대했다.

• 인도 타타스틸(Tata Steel). 네덜란드 아이뮤덴

네덜란드에 본사를 둔 세계적인 철강회사인 타타스틸은 제품 개발부터 최종 출시 단계에 이르기까지 전체 맞춤 제작 공정을 자동화해 수익성을 개선했다.

• 독일 피닉스 컨택트(Phoenix Contact). 독일 블롬버그

산업 자동화 분야의 세계 선두 기업인 피닉스 컨택트는 이 공장에 IoT를 통해 생산기기와 생산품 간 상호 소통 체계를 구축하고 전체 생산과정을 최적화하는 '인더스트리 4.0'을 적극 활용했다.

• 스웨덴 샌드빅 코로만트(Sandvik Coromant). 스웨덴 기모

절삭 공구 전문 기업인 샌드빅 코로만트는 공정의 운영 계획부터 가공 · 물류 · 소비까지 빅데이터를 구축했고, 이를 바탕으로 자동화 공정의 최적화를 이뤘다. 쌓여진 빅데이터는 공정을 확인하고 품질을 관리하는 데 활용한다.

• 프랑스 슈나이더 일렉트릭(Schneider Electric). 프랑스 보드레이

에너지 관리와 자동화 전문 기업인 슈나이더 일렉트릭은 생산 · 보수 · 에너지 사용 과정을 한눈에 볼 수 있게 시각화하고 시스템을 통합해 유지 보수비용을 줄였다.

자료: 중앙일보, 2019. 11. 08.

제1절 경영혁신의 의미

1. 경영혁신의 의미와 필요성

(1) 경영혁신의 의미

경영환경의 급격한 변화가 본격화됨에 따라 과거와 현재에 안주하지 않고 꾸준한 혁신을 지속하는 기업만이 존속과 성장을 유지할 수 있다. 이러한 경영환경의 급격한 변화는 기업의 일상적인 경영활동만으로는 적응할 수 없고 기업의 역량을 총동원하여 과거와는 전혀 다른 발전방식의 새로운 변화를 추구하지 않으면 안 된다. 경영혁신은 기업의 입장에서 생존과 발전을 위해 필요할 뿐만 아니라 소비자 입장에서도 혁신의 결과로 저가격과 고품질의 제품이나 서비스를 제공받을 수 있다는 점에서 당연한 것이다.

혁신은 새로운 아이디어를 도입하고 그것을 개발하여 실용화하는 과정을 말하는데, 기업조직에서 다양한 형태로 발생하는 혁신은 다음과 같은 세 가지로 구분할 수 있다. 첫째, 기술의 혁신이다. 주로 제품(혹은 서비스) 및 생산공정에 새로운 변화를 도입하여 실용화시켰을 때 발생한다. 둘째, 관리의 혁신이다. 조직구조 및 관리방식 등에 있어서 새로운 변화를 도입하고 이를 채택하여 실행할 때 발생한다. 셋째, 조직구성원의 태도와 행

표 12-1 경영혁신의 종류와 개념

혁신의 종류		발생장소	혁신의 개념	예
기술혁신	공정혁신	생산공정	생산제품의 효율성을 높이기 위하여 작업방법, 장비, 작업흐름에 새로운 변화를 도입하여 실용화한 것	주문생산 → 대량생산
	제품혁신	제품이나 서비스	새로운 제품이나 서비스를 개발하거나 혹은 기존의 제품·서비스를 개선하는 것	PC개발
관리혁신		• 조직구조 • 절차나 관리방식 • 정보통제시스템	조직구조나 절차 등과 같은 조직시스템에 새로운 아이디어를 도입하여 실용화한 것	부·과제도→팀제 도입
인적자원혁신		조직구성원	종업원의 태도나 가치, 업무능력 등에 있어서의 변화를 야기할 수 있도록 새로운 아이디어를 도입하여 실용화한 것	• 조직개발 • 기업문화 • 학습조직

자료: 김인수, 거시조직이론, 무역경영사, 1999, pp.496-470.

동양식 등에서 새로운 변화를 도입하였을 때 발생하는 인적 자원의 혁신이다. 이와 같은 혁신의 유형을 정리하면 〈표 12-1〉과 같다.

(2) 경영혁신의 필요성

혁신은 모든 기존 업무수행방식을 제로베이스(zero base)에서 다시 구축하여 업무구조 자체를 바꾸는 것을 말하며, 경영혁신이 기업에 필요한 이유는 다음과 같다.

첫째, 기업경쟁력 확보를 위한 수단이다. 기업은 경쟁력을 확보하기 위하여 여러 가지 대안을 모색하고자 노력한다. 이때 각종 혁신적인 경영기법과 아이디어를 채택하게 되는데 이것이 기업경쟁력의 원천이 된다. 여기서 기업경쟁력이란 국내외 시장을 막론하고 경쟁기업과 비교하여 더 높은 수익성과 생산성을 내게 해주는 경쟁우위를 말하는데, 구체적으로 경쟁기업에 비해 낮은 원가와 높은 기술력을 통해 높은 품질과 서비스를 유지하는 것을 말한다. 새로운 기술이나 아이디어, 경영기법은 동종 기업과의 경쟁에서 우위를 유지하여 주는 중요한 수단이 된다. 혁신적인 관리기법이 기업의 경쟁우위로 작용하여 성공을 거두게 하는 사례가 많다.

둘째, 경영혁신의 확산을 통하여 조직의 구성원들이 보다 창조적인 변화를 꾀할 수 있으며, 각 구성원의 의사소통을 증진하게 하는 수단이 된다. 혁신의 확산을 통하여 기업은 경제적인 혜택뿐만 아니라 개인적인 성장, 직무만족, 조직애착, 개인 간 또는 집단 간 의사소통이 증대된다.

2. 경영혁신의 시점

위기에 빠진 기업은 대체로 네 단계를 거쳐서 종말을 맞게 된다. 첫째, 창업자의 비전에 집착하게 되는 단계이다. 둘째, 항법장치가 고착되는 단계이다. 셋째, 피드백 기능이 급격하게 쇠퇴하는 단계이다. 그리고 마지막 단계는 조직의 방어기제(defense mechanism)가 일상화되는 것이다. 이런 단계에 이르게 되면 경영자는 시장환경의 변화를 인지하지 못하게 되고 새로운 것에 대한 학습능력은 서서히 감퇴하게 된다(현대경제연구원, 2004).

(1) 창업자의 비전에 집착

기업은 효과적인 방법으로 성장해야만 살아남을 수 있다. 지금까지는 미개척 경쟁시장에 진입하고, 금융, 물적 및 지적 자산을 증대시키고 시장계층을 확대함으로써 생존이 가능했지만 점차 경쟁영역은 이동하고, 고객도 변화하며, 신기술이 나타나기 마련이다. 문제는 이렇게 예상하지 못했던 환경변화에 따라 시장이 바뀌었음에도 불구하고 과거에 성공했던 방식을 가지고 그대로 대응하여 위기에 빠지게 된다는 점이다. 일반적으로 경영자들은 창업자의 잘못을 쉽게 수긍하지 못하는 경향이 있고 심한 경우는 전임 경영진에 대한 신화가 오히려 현직 경영자에게 부담으로 작용하기도 한다.

예를 들어, 1950년대 IBM은 메인프레임이라는 중 · 대형 컴퓨터 시장에서 독보적인 지위를 차지하고 있었음에도 불구하고 개인용 PC 시장에 대하여 안일하게 대처하다가 1980년대 큰 위기에 봉착하게 되었다. 반면 마이크로소프트사는 처음에는 DOS라는 PC용 소프트웨어를 통하여 성공을 했지만 이후 지속적인 고객의 니즈(needs)와 기술의 변화에 재빠르게 대응하여 윈도(window)시스템, 웹 브라우저 등의 신제품을 시장에 출시함으로써 세계적인 기업으로 성장하는 동시에 그 위치를 유지하고 있다.

(2) 항법장치의 고착

기업은 성장하는 과정에서 항로를 유지하기 위하여 체득한 여러 가지의 '항법장치'로 구성되어 있다. 여기서 장치란 프로세스(process), 가정(assumption), 규정(rule) 그리고 행태(behavior) 등을 말한다. 이들은 예산 및 자원 배분, 채용 및 교육, 행동규범, 전략기획, 상품개발, 권한 및 위임에 관한 규정 등 회사의 각 계층과 업무분야에서 체계적인 의사결정 과정의 모습으로 나타나는 것이다. 항법장치는 기업의 업무가 복잡해짐에 따라 그 기능이 확장되며, 이를 통하여 시장에서 나타나는 혼란스러운 변화의 징후를 읽을 수 있다.

항법장치의 설계원칙은 두 가지이다. 하나는 기업을 창업자의 비전에 맞추어 조직하는 것이고, 나머지 하나는 창업자의 비전을 변화하는 경제환경에 맞추는 것이다. 이 두 가지 원칙들은 모두 기업의 성공을 위한 필요조건이다. 대부분의 기업이 조직을 비전에 맞추기 위한 항법장치는 가지고 있으나 비전을 시장에 맞추는 항법장치를 가지고 있는 기업은 많지 않다. 기업이 도태되기 시작하면서 고위 경영진들이 멀어져만 가는 시장을 따라잡기 위해 조치를 취하기 시작할 때에 이런 잠재되어 있던 부서 간의 갈등이 표출되기 시작한다.

(3) 피드백기능의 쇠퇴

항법장치가 제대로 작동되지 않을 때 초래되는 가장 큰 위험은 그 항법장치가 중요한 시장신호는 차단하고 소음만 전달한다는 데 있다. 보다 심각한 경우는 경영자가 고객불만과 같은 부정적인 내용의 피드백을 경영에 반영하는 것을 원천적으로 차단할 수 있다. 제품 콘셉트에 근본적인 문제가 있음에도 불구하고 경영자들이 전혀 상관없는 데에서 해답을 구하려고 하는 경우가 종종 있다. 막대한 양의 자료를 수집하여 분석하지만, 결과적으로는 잘못된 전략을 뒷받침하는 자료만을 수집하는 결과를 낳게 된다. 예를 들어, DEC(Digital Equipment Corporation)는 미니컴퓨터 시대가 끝나가고 있다는 것을 전혀 깨닫지 못하고, 자사의 미니컴퓨터 전용 문서편집 프로그램에 대한 소비자 설문조사를 대대적으로 실시하였다.

결국 과거의 항법장치는 회사의 전략이 적중하던 시기에 제대로 된 피드백을 제공했다는 이유만으로 그대로 고착되고, 이 때문에 새로운 상황에 맞는 좋은 피드백을 방해하는 작용을 하게 된다. 즉 과거의 진실을 재는 잣대가 현재의 새로운 신호를 차단하는 작용을 하게 되는 것이다.

(4) 방어기제의 일상화

결국은 위기를 알리는 징조들이 항법장치의 차단벽을 통과하여 고위 경영진에게 전달된다. 경영적자, 제품 불량, 신상품 실패, 주가하락 등의 징조들이 나타나게 되면 고위 경영자들이 회사의 미래에 대한 새로운 비전과 전략을 만들고자 외부 컨설팅을 받지만 이미 위기수준이 심각하여 어떤 전략도 실망스런 결과밖에는 기대하지 못하는 상황으로 갈 수 있다. 고객요구를 분석하고 효율적인 조직구조와 인적 자원 정책을 검토하여 포괄적인 전략계획과 행동원칙을 수립하더라도 이러한 원칙과 계획은 공개적으로 거부되거나 조직적으로 무시되기 쉽다.

새로운 전략이 실패하는 것은 대부분 직원들의 조직적인 거부 때문이다. 새롭게 도입되는 전략이 아무리 명확하고 실현가능한 것일지라도 기존의 항법장치를 유지시켜 온 과거 전략과 필연적으로 충돌하게 되고, 이런 충돌이 새로운 전략을 실패로 이끄는 가장 큰 요인이 된다. 그 원인은 사람들은 대체로 불확실성이 클 때 자신의 역량을 제대로 발휘하지 못하기 때문이다. 그들은 자신의 예상과 어긋나는 증거가 나타났을 때 이를 외면하게 되고 자신이 회피하고 있는 문제에 대해 논의하는 사람들을 공격하게 된다. 위기에 처한 기업의 직원은 방어적 행동을 취하고 과거를 찬미하면서 현재의 잘못된 관행을 미화하려고 한다.

3. 경영혁신의 과정

(1) 경영혁신의 추진 단계

경영혁신을 성공적으로 수행하기 위해서는 경영혁신이 추진되는 과정 또는 각 단계를 체계적으로 관리하여야 한다. 경영혁신의 추진과정은 기업조직이 처한 사회 · 문화적 환경, 외부 이해관계자집단의 구성, 내부구성원의 특성, 리더십의 특성 등에 따라서 다양한 양상으로 나타날 수 있지만, 일반적으로 아이디어의 산출 단계, 혁신의 채택 단계, 그리고 혁신의 실천 단계로 나누어진다.

제1단계는 아이디어 산출(idea generation) 단계이다. 경영혁신은 얼핏 보기에 아무것도 아닌 것처럼 보이나, 무척 새로운 혁신적 아이디어로부터 시작된다. 혁신적 아이디어가 산출되지 않으면 경영혁신은 불가능하다. 혁신적 아이디어는 반드시 이 세상에 없었던 기상천외한 것만을 의미하지 않는다. 혁신은 이미 조직의 내부 또는 외부에 알려져 있었지만, 혁신을 추진하는 기업이 비로소 '새로운(new)' 것으로 인식하게 된 것이나 기존에는 별개의 것으로 생각되던 것을 결합시켜 보는 것을 포함한다.

제2단계는 혁신의 채택(adoption of innovation) 단계이다. 혁신의 채택 단계에서는 제1단계에서 제안된 여러 혁신적 아이디어들을 조직 내 다른 사람들에게 전파하고 그 타당성을 홍보하여 특정의 아이디어를 선정하게 된다. 이때 제안된 혁신적 아이디어가 바람직한가, 달성가능한가, 조직에 이로운가 하는 점 등을 고려하여 그 가능성을 검토해야 하며, 실행가능성이 확인되면 혁신을 성공적으로 수행하기 위해 조직에서 사용할 수 있는 모든 자원을 집중시키도록 해야 한다.

제3단계는 혁신의 실천(implementation of innovation) 단계이다. 혁신의 실천 단계는 최고경영자와 이를 지지하는 조직구성원들에 의해서 채택된 혁신을 조직 전반에 걸쳐 확산시키는 과정으로 혁신의 추진과정에서 가장 핵심적인 단계라고 할 수 있다. 혁신의 확산이란 개인과 집단 또는 다른 어떤 채택단위에 의하여 어떤 혁신이 구체적인 의사소통채널을 통하여 시간을 두고서 조직의 일반구성원들로 확대되어 나가는 것을 말한다.

(2) 내부저항의 극복과 성공방안

1) 장애요인의 극복

경영혁신을 지연시키는 요인은 대개의 경우 혁신의 방향이나 내용에 조직이 적응해가는 과정에서 발견되는 것이 보통이다. 어떤 이유에서든 조직의 내부에는 변화를 거부하는 요소들이 존재하기 마련이며, 이들을 효과적으로 제거해 주는 것이 경영자가 해야 할 일인 것이다. 한편 코터는 변화의 노력이 실패하는 이유를 〈표 12-2〉와 같이 들고 있다(현대경제연구원, 2004).

표 12-2 변화관리의 실패이유

항목	실패이유
분위기	혁신이 필요하다는 긴박감을 충분히 조성하지 못하는 경우
능력	충분한 능력의 지도연합체를 구성하지 못하는 경우
비전	혁신을 성공으로 이끌 만한 비전이 결여되어 있는 경우
시간	비전을 전달하는 데 턱없이 모자라는 시간과 노력을 할애하는 경우
장애물	비전을 전달하는 데 나타난 장애물을 제거하지 못하는 경우
계획	단계적 승리를 위한 체계적인 계획과 그 실현이 결여되어 있는 경우
변화	변화를 기업문화 속에 뿌리 내리게 하지 못하는 경우

자료: 존 코터 외 저, 현대경제연구원 역, 변화관리, HBR 단행본 시리즈, 2004.

2) 성공방안

경영혁신이 성공하려면 이를 방해하는 장애요인을 찾아서 제거해야 한다. 하지만 경영혁신을 추진하기 시작한 기업들의 경우에는 아직 분석 · 대응능력이 미흡하므로 다음과 같이 혁신의 성공을 위한 일반적인 지침을 우선적으로 염두에 둘 필요가 있다. 첫째, 경영혁신의 과정에서 그 처음과 끝은 항상 사람이 차지한다는 점이다. 따라서 가장 먼저 변화시켜야 할 것도 사람이요, 최종적으로 변화시켜야 할 것도 사람이라는 생각을 잊어서는 안 된다. 둘째, 사업전략과 이를 뒷받침할 수 있는 조직과의 적합성 유지에 노력을 기울여야 한다. 많은 기업혁신이 실패하는 이유는 대부분의 조직이 이것을 충분히 지원해 주지 못하기 때문이다. 셋째, 종업원의 광범위한 공감을 얻기 위해서는 자기 기업이 가진 문제점의 노출을 주저해서는 안 된다. 마지막으로, 혁신은 '변하지 않으면 망한다'는 위기의식에서 시작된다. 혁신의 적은 외부에 있는 것이 아니라, 바로 내부의 변화에 대한 저항이다.

제2절 경영혁신도구와 변천과정

1. 통계적 품질관리

1924년 벨 전화 연구소의 슈하르트(W.A. Schewhart)는 통계적 기법을 이용해서 얻어진 정확한 계량 데이터에 의해 생산공정의 장래를 예측하고 적절한 조치를 취함으로써 종래의 주먹구구식 관리체제에서 벗어나 새로운 공장관리 혁신의 이정표를 제공하였다. 현대의 기업경영이 심증이 아니라 물증으로 말해야 하며 "많다, 적다"의 언어 데이터가 아니라 정확한 통계에 의한 계량 데이터에 근거하여 현황을 파악하고 이를 토대로 미래에 대한 예측을 해야 한다는 계량경영을 실현한 것이다. 통계적 품질관리(Statistical Quality Control: SQC)의 도입 이후 검사자의 역할이 불량품을 검사하고 제거하는 방식에서 제조공정의 안정성을 평가하는 방식으로 바뀌게 된다(윤덕균, 1996).

제조공정이나 서비스를 면밀히 관찰하면 어느 정도의 변동이나 편차는 필연적으로 발생하게 된다. 이러한 변동의 패턴을 살펴보기 위해 [그림 12-1]과 같이 생산순서별로 품질 특성을 그래프로 나타낸 관리도를 사용하게 된다. 관리도는 공정에서 생산되는 제품의 품질 특성의 예상 변동폭을 설정하고, 이를 이용하여 공정의 운영상태를 분석하고자 하는 방법으로서, 이를 사용하기 위해서는 중심선(Center Line: CL), 관리상한선(Upper Control Limit: UCL)과 관리하한선(Lower Control Limit: LCL)을 설정해야 한다. 중심선은 공정에서 산출되는 제품특성치의 평균을 나타내고 관리상한선과 관리하한선은 공정에

그림 12-1 관리도의 일반적인 구조

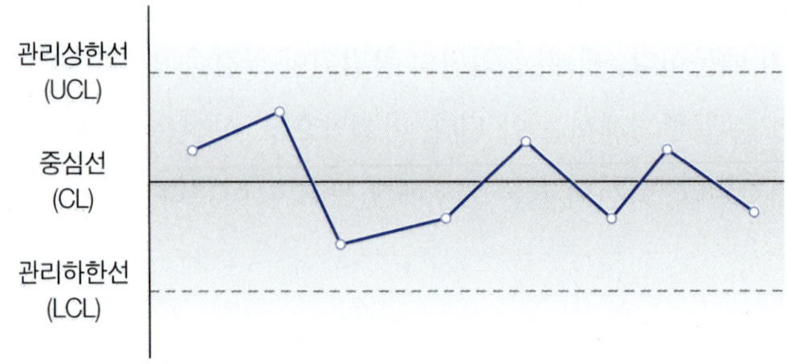

서 추출된 시료를 기초로 계산한 특성치의 평균이 포함되어야 할 한계치를 의미한다. 이러한 관리도를 사용하여 제조공정을 관리하면 공정의 변동폭이 줄어들어 제품의 품질특성이 균일화되는 장점이 있다.

관리도를 통하여 제조공정이 안정상태인지 불안정상태인지 여부를 판단하여 적절한 조치를 취하게 되는데, 다음과 같은 패턴이 나타나면 공정이 안정 상태라고 판정해도 좋다(김태웅, 2004).

① 2/3 정도의 점들이 중심선 근처에 위치한다.
② 극히 소수의 점들만이 관리한계선 근처에 위치한다.
③ 중심선을 경계로 위아래에 번갈아가며 위치한다.
④ 중심선 상부에 위치하는 점들의 수와 중심선 하부에 위치하는 점들의 수가 비슷하다.
⑤ 관리한계선 밖에 위치하는 점이 극히 드물다.

2. 전사적 품질경영과 전사적 설비보전

1980년대 후반에 전략적인 경영활동의 일환으로 기업 내 여러 부서의 참여와 최고경영자의 리더십을 전제로 하는 전사적 품질경영(Total Quality Management: TQM)의 개념이 등장하기 시작하였다.

전사적 품질경영은 “최고경영자의 열의와 리더십을 기반으로 끊임없는 교육훈련과 참여의식에 의해 능력이 개발된 조직구성원이 합리적 · 과학적 관리방식을 활용하여 조직 내의 모든 절차를 표준화하고 지속적으로 개선하는 과정에서 종업원의 욕구를 충족시키고 이를 바탕으로 고객만족과 조직의 장기적 성장을 추구하는 경영시스템”이라고 정의할 수 있다. TQM의 기본운영원리는 다음과 같다(김태웅, 2004).

① 품질은 고객의 기대(expectation)로부터 결정된다. 따라서 고객의 기대를 제대로 인식하고 이를 구체적으로 제품의 설계와 제조과정에 반영해야 한다.
② 품질을 측정하고 자료를 정리한다. 불량품을 줄이고 고객만족을 높이기 위해서는 무엇보다도 어디에서, 왜, 얼마나 많은 불량품이 생기고 그 원인이 무엇인지가 조사되어야 한다.
③ 전체적인 시각에서 품질을 바라본다. 품질을 제품설계에서 제조, 판매, 서비스의 설계까지를 포함하는 통합 프로세스로 이해해야 한다.
④ 문제가 발생하면 즉시 발생근원을 찾아 해결하도록 한다. 개개인의 일이 중요하다는 생각과 아무도 대신 고쳐 주거나 해결해 주지 않는다는 사실을 인식시켜야 한다.
⑤ 표준화를 통하여 바람직한 처리방법을 계속 유지시키며 같은 문제가 재발하는 것을 막아야 한다.
⑥ 실수를 미연에 방지할 수 있도록 작업과 작업환경을 설계한다. 작업자의 실수, 문제, 비정상적인 환경이 발생할 수 있는 모든 가능성에 대비할 수 있도록 사전예방에 힘쓴다. 사전예방에 드는 비용이 문제가 발생하고 나서 이를 수습하는 데 드는 비용보다는 절대적으로 적기 때문이다.

전사적 설비보전(Total Productive Maintenance: TPM)은 1961년 일본 도요타 자동차의 자회사로서 자동차 부품 메이커인 日本電裝(니혼덴소)이 인건비 상승에 대한 대응책을 강구하고 국제경쟁력을 높일 목적으로 조립라인을 건설하고 자동화에 박차를 가하던 시기에 자동화라인에 대한 설비보전문제가 심각하게 대두되기 시작하여 전원이 참가하는 보전운동을 시작하게 되었다. 또한 모(母)기업인 도요타 자동차 회사에서 JIT(Just In Time)를 도입하여 필요한 물건을 필요한 때에 필요한 만큼만 생산해서 납품하도록 하였다. 이러한 JIT가 성립되기 위해서는 절대적으로 불량품을 줄이지 않으면 안 되므로 품질에 대한 관심이 높아지게 되고 설비의 고장으로 인한 불량이 속출하게 되다 보니 품질보전의 개념 정착이 시급해졌다.

TPM은 라이프사이클 코스트 분석(Life Cycle Cost Analysis: LCCA)을 추구한다는 면에서 기존의 예방보전(Preventive Maintenance: PM)과는 차별화되며 또한 작업자의 전원 참가라는 개념이 포함되어 있다. 1971년 JIPE에서는 "설비 효율을 최고의 목표로 삼아 설비의 수명기간을 대상으로 PM의 토털시스템을 확립하고 설비의 계획부문, 사용부문, 보전부문 등의 모든 부문에 걸쳐 최고경영자에서부터 일선작업원에 이르기까지 전원이 참가하여 PM을 추진하는 것"이라고 정의를 내리고 있다.

3. 비즈니스 프로세스 리엔지니어링

(1) BPR의 개념

비즈니스 프로세스 리엔지니어링(Business Process Reengineering: BPR)은 성과에 있어서 혁신적인 향상을 이루기 위해서 비즈니스 프로세스를 신중하고 근본적으로 변화시키는 것을 특징으로 한다. BPR의 창시자라 불리는 해머(M. Hammer)는 BPR을 "비용, 품질, 서비스, 속도와 같은 핵심적 성과에서 극적인 향상을 이루기 위해 기업 업무 프로세스를 기본적으로 다시 생각하고 근본적으로 재설계하는 것"으로 정의하고 있다. BPR에 대한 세 가지 관점은 다음과 같다.

첫째, BPR의 대상은 조직의 전략과 업무를 연결시켜 주는 비즈니스 프로세스에 있으며, 둘째, BPR의 목표는 기업의 성과를 점진적이 아닌 혁신적으로 설계하는 것이며, 셋째, BPR은 그 결과나 과정이 부분적이 아닌 조직 전반에 영향을 미친다는 것이다. BPR은 과거의 인원 삭감이나 부서 폐쇄 등에 의존해 온 '조직개편'과는 달리 '無'의 개념에서 출발하여 기업전략에 맞추어 사업의 모든 업무과정을 프로세스를 중심으로 재설계하는 것을 주안점으로 한다. 따라서 기존의 기업가치관은 물론, 모든 경영원칙을 타파하고 업무흐름의 혁신적 재구성을 통해 보다 적은 인원과 보다 적은 노력, 보다 적은 투자로 생산성과 품질, 서비스와 속도에 혁신을 가져오는 기업의 재창조를 추구한다. BPR의 목적은 불필요한 정보와 비효율적인 업무과정을 제거하여 업무의 흐름을 단순화하고 기업의 장기적인 성장을 도모하는 데 있다. 따라서 부서별 혁신을 꾀하지 않고 기업목표와 관련된 전체 프로세스를 대상으로 혁신을 꾀한다.

(2) 도입배경

기업의 규모가 커지고 경영이 복잡해짐에 따라 '분업의 원리'에 의해 기능별로 분화되어 수행되는 업무들의 통합이 매끄럽게 이루어지지 못하기 때문에 발생하는 어려움에 직면하게 되었다. 전통적으로 기업은 인력, 자본, 재료라는 3대 자원을 이용하여 외부의 환경변화에 적응하면서 기업의 목표를 달성하여 왔다. 그러나 최근 정보라는 새로운 변수가 등장하여 기업의 외부환경과 내부조직에 많은 영향을 미치게 되었다. 외부적으로는 컴퓨터와 통신의 발달로 세계의 여러 나라의 문화와 유행을 소비자가 빨리 접하므로 소비자의 기호가 급속히 바뀌고, 세계의 정치, 경제, 기술변화의 신속한 전달은 기업이 이에 대처하기 위한 전략과 상품을 계속적으로 개발하도록 요구하고 있다. 또한 내부적으로는 조직체계가 정보라는 요소를 고려하지 않고 구축되었기 때문에 정보로 인하여 일어나는 변화에 신속히 대처할 수 없게 되었다.

오늘날 많은 기업의 실정은 시장 요구에 신속히 대응하지도 못하고 고객보다는 내부관리에 치중하고 부서 간의 높은 장벽, 그리고 간접 인원과 간접 경비가 과대한 조직이 되어 버렸다. BPR은 이러한 조직체계에서 발생하는 구조적 문제점을 줄임으로써 외부적으로 경쟁력을 강화하자는 것이다. 지금까지 대부분의 기업조직은 각 부서별로 예산, 계획, 통제체제를 갖추고 제품의 생산과 배달까지의 각 부서단위로 '분업화'되어 왔다. 그러나 이러한 조직으로는 환경의 변화와 고객의 다양한 요구에 신속하게 대응할 수 없다. 따라서 시장상황에 신속하게 대응할 수 있도록 전체적인 시스템을 갖추지 않으면, 즉 시장상황을 보고하고 그 결재를 받는 데 수십 개의 도장을 찍어야 하는 폐단을 시정하지 않는 한 그 조직은 도태할 수밖에 없다. 이에 따라 조직의 변화를 위하여 기업들이 가장 관심을 표명하고 있는 것은 변화하는 환경에 어떻게 적응하여 목표하는 바를 이루어 내고 경쟁에서 살아남을까 하는 것이다. 이러한 관심을 입증이라도 하듯 일단 조직을 원점으로부터 재설계하는 BPR이 등장하게 되었다.

(3) 도입효과

BPR의 목적은 이러한 조직체계에서 발생하는 구조적 문제점을 줄임으로써 외부적으로 경쟁력을 강화하자는 것이다. BPR의 성과는 뮤추얼 베네피트 회사가 보험증권 발급 시간을 현격히 줄이고, IBM 크레디트 회사가 대출업무 처리건수가 100배 이상 증가하는 효과를 보았다는 등의 많은 사례가 있으며, 조사에 의하면 BPR의 효과로 시간단축(45%), 원가절감(21%), 서비스 증대(16%), 품질향상 및 수익증대(10%) 등이 나타났다.

4. 6시그마경영

1987년 모토로라가 6시그마경영을 창안한 이후, Texas Instrument, 얼라이드 시그널, GE, IBM, AMEX 등 주요 기업들이 도입하였으며 GE가 6시그마경영을 1995년 도입하여 가시적 성과를 낸 것이 그 확산을 촉발시켰다. 컨설팅업체인 SSQ(Six Sigma Qualtec)의 조사 결과, 미국의 주요 대기업 20% 이상이 6시그마를 도입했거나 계획 중이고 국내는 1996년에 삼성SDI, LG전자 등이 도입한 것이 선도적 사례이며, 삼성전자, 현대차, 포스코 등 주요 대기업뿐만 아니라 공기업과 정부조직에서도 이를 도입해 운영하고 있다.

6시그마경영은 통계적 품질관리를 기반으로 하여, 각종 경영혁신운동의 정신과 기법이 접목되어 있는데, 과거의 통계적 품질관리, 현장의 무결함 운동, 프로세스 혁신(BPR), 고객만족(CS), 지식경영 등 기존의 혁신활동이 모두 6시그마경영에 통합되어 있다.

6시그마경영의 가장 큰 특징은 회사 내 모든 부문에서 불량을 발생시키는 원인을 근본적으로 제거하는 것으로 과거의 품질관리가 생산현장의 불량을 최소화하는 데 초점을 맞춘 것임에 비하여 6시그마경영은 현장의 품질개선이나 경영혁신의 차원을 넘어서 전사적인 경영시스템으로 정착되고 있다.

GE는 6시그마를 “The way we work”, 즉 일하는 방식 그 자체로 정의하며 “경영활동은 곧 6시그마활동”으로 인식하고 기업활동에서 발생하는 모든 문제를 6시그마식 사고를 통해 해결할 것을 장려하는 등 혁신이 체화된 기업문화를 지향하고 있다.

6시그마경영은 ‘불량을 통계적으로 측정 · 분석하고 그 원인을 제거함으로써 6시그마 수준의 품질을 확보하려는 전사 차원의 활동’이라는 의미를 가지고 있다. 6시그마 품질 수준은 제품 100만 개당 불량품이 3.4개 발생하는 경우로, 양품률 99%와 비교할 때 불량이 3,000분의 1로 줄어드는 것을 의미한다.

6시그마경영은 전문적인 훈련을 받은 핵심인력들이 팀을 이루어 혁신활동을 전개하는데, 6시그마경영의 추진요원은 역량과 역할에 따라 ① 챔피온, ② 마스터 블랙벨트

(MBB), ③ 블랙벨트(BB), ④ 그린벨트(GB), ⑤ 팀원 등으로 구분된다. CEO는 챔피온들의 상위에 위치하여 6시그마활동에 직접 관여한다. 추진과정에 있어 가장 핵심적인 요원인 블랙벨트(BB)는 프로젝트팀의 구성, 구성원에 대한 교육, 문제해결을 위한 컨설팅 등의 역할을 수행하는 프로젝트 리더 역할을 수행한다.

6시그마경영의 특징을 요약하면 다음과 같다(삼성경제연구소, 2002).

① **통계 데이터에 근거한 철저한 분석**: 6시그마경영은 모든 결과를 통계적 데이터에 근거하여 처리한다. 과거의 품질관리기법은 엄밀한 방법론이 수반되지 못하여 구호적인 운동으로 끝나는 경우가 많았다. 또한 6시그마경영은 프로젝트를 수행하면서 통계적 방법을 기반으로 측정 · 분석 · 성과계산 등을 철저하게 계량화함으로써 객관적 타당성을 확보하며 추진목표까지도 명확하게 계량화하므로 진도 · 목표관리와 개선작업이 용이하다. 이 같은 특성 때문에 경영관리수준이 낮거나 통계적 데이터를 축적 · 분석할 수 없는 기업은 6시그마경영을 도입하기가 어렵다.

② **고객만족에 초점**: 6시그마경영은 고객 관점에서 품질에 영향을 미치는 핵심요소(Critical to Quality: CTQ)를 발견하고 이를 제거하는 데 초점을 맞춘다. 과거에는 규격에 적합한 것을 품질로 인식했으나, 6시그마경영은 고객만족이 곧 품질이라는 생각으로 성과를 평가할 때 매출이나 이익보다 고객만족도를 중시한다. 또한 겉으로 드러난 문제뿐 아니라 잠재적 문제까지 개선과제에 포함시킨다. 최종제품의 불량을 줄이는 것은 물론, 불량을 발생시키는 원인을 철저히 규명 · 제거하여 궁극적으로 경영품질 전반을 향상시켜 모든 부서의 프로세스들을 대상으로 하여 전체 최적화를 추구하는 운동이다.

③ **재무성과로 연결**: 개선 프로젝트의 비용절감 효과를 정밀하게 분석하고, 재무부서가 그것을 공식적으로 인정하는 혁신운동이다. 기존의 품질경영활동은 부서별로 발의한 과제가 대부분으로 투자 대비 효과의 분석이 미흡한 단점이 있지만 6시그마 추진결과는 재무적인 성과로 표시되므로 참여자들이 프로젝트의 가치를 인식하고 매진하는 효과를 가져올 수 있다.

④ **6시그마 전문인력이 주도**: 6시그마 전문인력(BB급 이상)이 프로젝트 개선을 전담하여 혁신을 추진하므로 종래의 'bottom-up'식 활동보다 훨씬 전략적으로 진행이 된다. 풀타임(full time) 전문인력인 MBB와 BB는 철저한 전문교육과 현장경험을 통해 양

성되는데, GE의 잭 웰치 회장은 6시그마를 추진할 당시에 제일 먼저 풀타임 인원수를, 나중에는 MBB, BB들의 승진율까지 관리하였다.

⑤ **Top-down식 전개**: 종래의 품질경영은 경영자가 추진자에게 일임하는 형태로 진행되어 주로 현장종업원들의 분임조 활동과 제안에 치중한 반면에 6시그마는 경영층 및 관리자계층이 중심이 되는 'top-down'식 활동으로 경영방침과 전략을 구체적인 활동단위로 분해하여 개선을 추진한다.

표 12-3 경영혁신활동의 특징 비교

특징	SQC	TQM/TPM	BPR	6시그마
업종	제조업	제조업	제조업 / 서비스업	제조업 / 서비스업
대상영역	생산	생산	사무간접	생산+사무간접+개발
도구/방법론	통계기법	통계기법 / 설비보전지식	정보기술 프로세스 분석기법	다양한 기법, 체계화된 로드맵
추진주체	품질부서	현장종업원 (품질분임조)	외부 컨설턴트 태스크포스(Task Force)팀	내부전문가 (벨트제도)
추진방법	Bottom–up	Bottom–up → Top–down	Top–down → Bottom–up	Top–down

자료: 삼성경제연구소, "경영혁신, 불황탈출의 엔진," CEO Information, 제461호, 2004.

잠시 쉬어가기

차 업계, 반도체 부족에 출고 늦어지자 '맞춤형 생산' 강화

옵션대로 제품 생산해 수요 맞추고 재고도 절감

미국 자동차 업체 포드가 자동차를 온라인으로 주문을 받아 해당 옵션대로 차량을 생산하는 '주문 후 생산(build-to-order)', 이른바 맞춤형 생산을 확대하고 있다. 회사가 생산량을 결정하는 게 아니라 주문이 들어오는 옵션대로 제품을 생산해 수요에 유연하게 대처하고 재고 비용을 절감하겠다는 것이다. 짐 팔리 포드 최고경영자(CEO)는 앞으로 맞춤형 생산 비중을 25%까지 확대하길 원한다고 밝혔다. 컨베이어 벨트 시스템을 처음 고안해 자동차 대량생산 시대를 연 포드가 시대 변화에 따라 또 다른 생산 혁신에 나섰다는 분석이 나온다.

그동안 자동차 시장에서 맞춤형 생산은 일부 고급 브랜드에 해당하는 생산방식이었다. 롤스로이스나 벤틀리 등 수제 자동차를 제작하는 최고급 브랜드나 메르세데스–벤츠, BMW, 재규어 등 고급 브랜드의 일부 모델 정도만 맞춤형으로 생산된다. 국내에서는 현대차의 고급 브랜드 제네시스가 '유어 제네시스'라는 맞춤형 생산 프로그램을 운영하고 있다.

낮은 가격대 모델을 판매하는 보급형 브랜드는 대량 생산시스템으로 생산비를 낮추고 가격 경쟁력을 유지할 수 있다. 이들 완성차 업체는 수요를 미리 파악한 뒤, 엔진 종류와 파워트레인, 색상, 디자인 등의 옵션을 몇 가지로 나눈 뒤 대량 생산한다. 이런 대량 생산 체제는 대량 판매로 이어진다. 그동안 전 세계 많은 소비자가 전시장에서 차를 고르고 계약을 마치면 수일 내 차를 인도 받는다.

미국 미시간주 웨인에 있는 포드 조립공장에서 SUV모델 '브롱코'가 생산되는 모습/AP=연합뉴스

그런데 코로나 사태가 지속되는 가운데 올해 초 반도체를 중심으로 한 이례적인 부품 수급난이 덮치면서 전 세계 자동차 시장은 상당한 변화를 겪고 있다. 극심한 생산 차질이 빚어지면서 차를 구매하고 인도 받기까지 기간이 점점 길어졌다. 국내에서도 인기차종의 경우 인도대기 기간이 1년까지 늘어났다.

코로나 사태로 온라인 판매 채널이 확대된 데다, 생산 차질이 이어지자 업체들은 맞춤형 생산에 주목하고 있다.

부품 수급이 빠듯한 상황에서는 생산량이 줄어도 수요에 맞는 제품을 만들어 바로 판매하는 방식이 완성차 업체의 수익성을 높여주기 때문이다. 재고 비용도 크게 줄일 수 있다. 실제로 반도체 공급난으로 전 세계 완성차 업체의 생산량은 크게 줄었지만, 포드를 비롯해 제너럴모터스, 폭스바겐, 현대차 등 대부분 업체의 수익성은 개선됐다.

그동안 맞춤형 방식이 도입되지 못한 이유 중 하나는 생산 기간이 길어지면 소비자가 경쟁사 모델로 이동하기 때문이었는데, 지금은 사실상 모든 모델의 대기 기간이 길어져 소비자들이 차량을 받기까지 오랜 대기 기간을 견디기 시작했다.

현대차그룹이 싱가포르 혁신센터에 구현할 스마트팩토리 가상 이미지/현대차 제공

내연기관차보다 부품수가 훨씬 적은 전기차 도입이 확대되면 맞춤형 생산 트렌드 역시 가속화될 전망이다. 글로벌 완성차 업체들은 기존 생산라인을 전기차 전용으로 전환하면서 컨베니어 벨트 대신 개별 조립라인을 구축하고 있다. 현대차그룹 역시 싱가포르에 혁신센터를 짓고 있는데, 현대차가 공개한 계획에 따르면 이 공장에서는 전기차가 주문 후 생산방식으로 만들어진다.

자료: 조선일보 2021.11.16

제3절 경영혁신 성공사례

1. 국내 기업의 성공사례

(1) POSCO의 경영혁신 사례

1968년 설립된 POSCO(당시 포항제철)는 1973년 최초로 생산량 100만 톤을 돌파한 후, 1998년 2,800만 톤을 생산하는 세계적인 철강업체로 성장하였다. 그럼에도 불구하고 〈표 12-4〉에서 보는 바와 같이 세계적인 철강업체에 비하여 운영적인 측면의 경쟁력이 떨어지는 것으로 분석되었다.

표 12-4 POSCO의 운영능력

성과지표	POSCO 성과치	World Best Practice	
		성과치 근거	근거
주문 리드타임(lead time)	30일	21일	Rautarukki
재고회전율	6.13회	10.94회	USS
인도납기 적중률	84.2%	95%	ARMCO
인당 매출액	$466,308('00)	$771,279(FY '99)	Nippon Steel
월차결산 평균 소요기간	6일	1일	ABB사
구매직원 일인당 거래 공급사	15	58	17개 철강사 평균
출하톤당 노동시간	2.69h(포항)	2.14h	기미즈 제철소

자료: 포스코 PI 프로젝트 추진팀, 포스코 멈추지 않는 신화, 21세기북스, 2002.

그림 12-2 POSCO의 경영혁신 추진방법

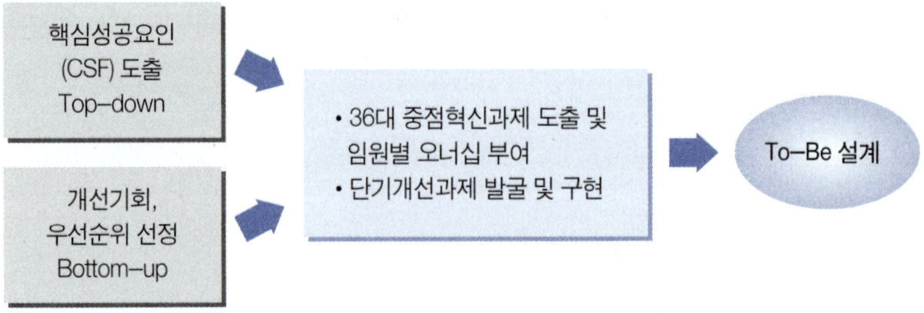

물론 과거에도 구매, 판매생산, R&D부문의 BPR활동을 통하여 개선을 위한 노력은 있었지만, 부분적이고 제한적인 접근과 실행으로 추진에 따른 효과를 충분히 거두지 못하고 있었다.

1999년 외부 컨설팅의 진단결과 POSCO가 필요했던 것은 전략, 업무프로세스, 조직, IT 기반 측면에서의 총체적이고 근본적인 변화와 혁신이라는 판단을 내리고 'top-down'과 'bottom-up' 방식을 동시에 적용하여 회사의 전 부문에 걸쳐 오랫동안 해결하지 못한 숙원과제를 대상으로 36대 중점혁신과제를 목표로 선정하여 추진하였다.

POSCO 혁신의 특징은 변화관리를 프로젝트 제1의 성공요소로 간주하여 구성원의 변화에 대한 의지와 능력을 향상시키기 위한 활동을 체계적 · 지속적으로 추진함으로써 변화에 대한 구성원의 저항을 최소화하고자 하였다.

주요 혁신내용은 전사적인 표준화를 통하여 표준화 미흡으로 인한 시스템 운영상의 오류를 줄이고자 하였으며 전사적 통합화를 통하여 계획수립 리드타임을 단축하고 월마감체제에서 일 마감체제로 전환하였다. 일상적인 단순 · 반복업무를 지양하고 보다 전략적인 업무에 충실하도록 하였으며 전략수립보다는 전략실행에 집중하는 전략적 경영계획시스템을 구축하고자 하였다.

2001년 7월부터 가동된 전략적 경영계획시스템은 Oracle사의 ERP시스템을 기반으로 i2사의 SCM(공급사슬관리) 솔루션을 탑재하였다.

2년간에 걸쳐 진행된 경영혁신의 주요 성과는 〈표 12-5〉와 같다. 통합판매생산계획

표 12-5 POSCO의 PI 경영혁신 성과

구분	이전	목표	2001. 11월 기준
고객사 판매계획 통보	분기 개시 시점	분기 개시 45일 전	분기 개시 45일 전
통합판매생산계획 수립	60일	15일	15일
납기응답시간	2~3시간	6초 이내	2.5초
주문 Lead Time(열연)	30일	14일	14일
생산 기한일 달성률	82.7%	95%	94.1%
분기 표준원가 계산기간	15일	3일	3일
예산편성 소요기간	110일	30일	30일
월결산 소요일수	6일	1일	1일
분기결산 소요일수	10일	5일	3일

자료: 포스코 PI 프로젝트 추진팀, 포스코 멈추지 않는 신화, 21세기북스, 2002.

수립에 소요되는 시간이 종전에는 60일이 걸렸지만 현재는 15일로 줄었고, 고객이 의뢰한 주문에 대하여 납기를 약속하는 데 종전에는 23시간이 걸렸지만 지금은 인터넷상에서 3초 이내에 납기를 통보할 수 있게 바뀌었다. 또한 월결산에 소요되는 시간이 종전의 6일에서 1일로 줄어드는 혁혁한 성과를 내게 되었다.

(2) 한화그룹의 구조조정 사례

희망찬 새해가 밝았지만 기업들은 '불황'의 한파에 아우성이다. 우려의 목소리는 갈수록 커지고 있다. 더욱이 거대한 몸집을 줄이지 못하고, 내실을 다지지 못한 기업들이 느끼는 불황의 체감도는 상상을 초월한다. 지금도 수많은 기업이 퇴출의 벼랑 끝으로 내몰리고 있으며, 이 같은 현상이 지난해보다 더 심각해질 것이란 징조가 곳곳에서 감지되고 있다. 삼성, LG 등 대기업들은 물론 중소기업들이 올해의 사업목표를 '내실 다지기'로 정하고 허리띠를 바짝 졸라매고 있는 것도 이 같은 불안감을 염두에 둔 선택이다. 경기가 어렵다고 이렇게 난리를 치고 있지만, 그래도 남부럽지 않게 탄탄한 경영으로 불황을 이겨내는 기업들이 있다. 한화가 바로 그런 기업 중의 하나다.

1) 기사회생한 한화

지난해에는 '전 계열사 흑자경영'이란 위업을 달성했다. (주)한화 1,000억 원, 한화종합화학 250억 원, 한화유통 150억 원, 한화국토개발 50억 원, 여천NCC · 한화에너지(발전) · FAG한화베어링 등 합작회사 1,800억 원 등 모두 4,000억 원 이상의 흑자를 냈다. 특히 고질적으로 적자를 면치 못했던 유통과 레저가 지난해 처음으로 흑자 반열에 올랐다. 지난 몇 년간을 되돌아보면 한화의 성공은 누가 거저 가져다준 게 아니었다. 최고경영자가 제때 올바로 판단하고, 노사가 구조조정을 위해 희생을 감수했기에 가능한 일이었다.

한화는 외환위기가 닥친 지난 1997~1998년도만 해도 그야말로 엉망진창이었다. 1997년 한 해 적자만 3,270억 원이었으며, 그해 말 부채비율이 1,200%를 넘었다. 영업이익으로 이자를 갚지 못하는 형편없는 회사였다. 그런 한화가 '적자기업'의 꼬리를 떼낸 원동력은 철저한 구조조정의 이행이었다.

2) CEO의 결단

구조조정을 성공리에 이끌어 내는 데는 김승연 회장의 결연한 의지가 결정적이었다. 말이 구조조정이지, 내용은 인력을 감축하고 부실한 계열사를 팔아넘기는 것이었다. 물론 적잖은 반발과 고통이 뒤따랐다. 김 회장은 젊은 시절 함께 어울렸던 동료 오너인 대농의 박영일, 동아 최원석, 삼미 김현철 회장이 부도를 맞고 주저앉는 것을 보고 생존을 위한 최후의 카드로 과감한 구조조정을 선택했다고 한다. 외부인사를 만날 때도 "마취를 하지 않고 폐부를 도려내는 심정이었다"고 당시를 회고할 정도다.

3) FAG한화베어링

김 회장이 추진한 구조조정의 핵심은 알짜배기 사업과 합작회사의 지분매각이었다. 일부 전략업종을 제외하고 돈이 되는 사업이라도 손을 뗀다는 '선택과 집중'에서 비롯됐다. 대표적인 예가 1998년 10월 한화기계의 베어링부문 매각이었다. 당시로서는 재무구조가 건실한 기업이었지만 한화기계의 베어링사업부문을 별도회사로 과감히 분리, 독일 FAG사가 70%, 한화그룹이 30%의 지분을 갖는 합작회사로 출범시켰다. 유럽에서 세계적인 브랜드로 널리 알려진 FAG와의 합작으로 세계적인 마케팅 채널을 확보하는 등 시너지 효과를 얻기 위함이었다. 이 덕분에 재무구조가 급속도로 나아졌다. 합작 전인 1998년 6월 451%(5,335억 원)이던 부채비율이 1999년 말에는 37%(1,000억 원)로 무려 9배 가까이 줄었고 자기자본금도 1,519억 원에서 2,980억 원으로 2배가 늘어났다.

자동차, 농기계, 전기 · 전자, 공작기계, 일반산업기계 등 모든 기계의 회전부분에 사용되는 핵심요소부품인 베어링의 개발에도 박차를 가하고 있다. 5개 사업장(창원 3개 사업장, 전주사업장, 창원 R&D센터)을 운영하면서 연간 1억 3,000만 개의 고품질 KBC베어링을 창원공장에서 생산, 60%가량은 국내 자동차업체를 비롯한 여러 기계산업에 공급하고, 나머지 40%는 북미, 유럽, 동남아 등 해외에 수출하는, 세계 최고의 베어링 회사로 거듭나고 있다.

4) 끝없는 구조조정

FAG한화베어링 외에도 한화NSK정밀, 한화GKN, 한화자동차부품 등 합작법인 지분이 잇따라 외국 파트너에게 넘어갔다. 1999년 4월 성사된 한화석유화학과 대림산업과의 사업 맞교환도 재계에 적지 않은 충격을 던진 사건이다. 지난해 말 한화의 구조조정을 결산해 보면 1997년 말 31개이던 계열사가 23개로 줄고, 2만4,000여 명의 직원 수도 1만 6,000여 명으로 줄었다. 매출액도 1997년 11조 원대에서 7조 6,000억 원으로 줄었다. 부채비율은 1,200%에서 145%(추정치)로 떨어져 재무상태가 건실한 기업으로 우뚝 섰다.

한화는 구조조정에 더욱 강도를 더할 계획이다. 한화석유화학 자사주 1,200억 원어치를 바스프사에 매각한데 이어 몇몇 사업부문과 부동산 매각 등을 추진, 2,000억 원을 추가 조달하는 등 허리띠를 더 졸라맬 작정이다. 몸집을 줄이고, 내실을 다지는 작업이 마무리됐다고 판단되는 시점에는 곧바로 인터넷, 바이오, 신소재 등 21세기의 새로운 패러다임의 사업에 착수한다는 복안이다. 이른바 '제2의 구조조정기'를 목전에 두고 있는 한화의 앞으로의 행보가 주목되는 것도 이 때문이다.

(3) 두산그룹의 구조조정 성공사례: '현금유동성이 왕' 두산그룹

"따르르릉 따르르릉" 12월 12일 오후 서울 중구 을지로 두산타워 빌딩 33층 (주)두산 박용오 회장 집무실. 날카로운 전화벨이 사무실의 적막감을 깨뜨렸다. 순간 멈칫하던 박 회장은 천천히 수화기를 들었다. "됐습니다! 회장님. 성공했습니다!" (주)두산 전략기획본부 박용만 사장의 떨리는 음성이 수화기를 타고 전류처럼 박 회장에게 전해졌다. 한국중공업(이하 한중)의 새 주인으로 최종 결정됐다는 소식이었다. 박 회장은 순간 내부에서 넘쳐흐르는 흥분을 감출 수 없었다. 그는 두 주먹을 불끈 쥐었다. 눈을 감았다. '얼마나 기다리던 소식이었나.' 한중 인수에 성공할 것이라는 예상은 했었지만 그동안 겪었던 어려웠던 시절이 주마등처럼 그의 뇌를 스쳤다. 두산 창업 104년 만에 새 천년 재도약의 발판을 마련한 것이다. 몇 년 전까지만 해도 두산이 한국중공업의 새 주인이 될 것이라고 믿는 사람은 아무도 없었다. 그만큼 두산에 대한 업계의 시각은 차가웠다. 1995년 두산이 업계에서 처음으로 강력한 구조조정에 들어갔을 때 다른 재벌그룹들은 따가운 눈총을 보냈다. 업계는 '얼마나 어려우면 저럴까', '두산도 한물갔다'는 시각이 지배적이었다. 그러나 꾸준히 추진해 온 구조조정 덕분에 두산은 1997년 외환위기를 쉽게 극복할 수 있었다. 최근 경기침체로 대부분의 기업들이 어려움을 겪고 있는 가운데서도 두산은 오히려 구조조정의 계획에 따라 한중을 인수하는 등 다른 그룹들의 부러움을 사고 있다.

두산이 구조조정의 성공사례로 꼽히는 것은 업계에서는 이미 널리 알려져 있는 사실이다. 1994년 국내 기업으로는 처음으로 연봉제를 도입하면서 업계의 주목을 받았다. 연봉제 도입이 시기상조라는 업계 일부의 우려가 있었지만 여러 차례 시행착오를 거친 끝에 이제는 연봉제의 모범사례로 꼽히고 있다. 못한 사람 것을 빼앗아 잘한 사람에게 주는 '제로섬'이 아니라 돈을 더 마련해 잘한 사람에게 더 주는 '플러스섬' 방식을 택했기 때문이다. 1995년 시작된 1차 구조조정의 핵심은 유동성 확보와 내부 운영개선, 계열사를 통폐합하고 자산과 주식, 부동산을 매각했다. 어떠한 조건에서도 현금유동성이 흑자가 가능한 체질을 만드는 데 초점이 맞춰졌다. 먼저 출판 · 인쇄 · 창투 · 렌탈부문을 두산동아로 합쳤다. 두산개발의 건설부문은 두산동아에, 음료 · 식품은 OB맥주에, 두산개발 · 농산은 두산개발로 통합했다. 창업 100주년을 맞는 1996년에는 경영권은 없지만 알짜사업으로 통하던 한국네슬레 주식 153만 9천 주와 한국3M 주식 96만 주, 한국코닥 42만 3천 주를 주저 없이 매각해 1,635억 원을 확보했다. 그 결과 1996년까지 늘어나기만 하던 부채비율이 처음으로 떨어지기 시작했다. 당기순 손익도 814억 원 적자에서 708억 원 흑자로 돌아섰다.

1997년 외환위기는 두산의 구조조정에 힘이 실리는 계기가 됐다. 구조조정이 어느 정도 마무리돼 재도약의 발판을 마련했다고 판단했지만 다시 한 번 위기가 찾아온 것. 그러나 미리 자발적으로 구조조정을 한 두산에게 외환위기는 오히려 경쟁력을 키우는 기회가 됐다. 더 이상 주저할 이유가 없었다. 즉시 2차 구조조정에 들어갔다. 재무구조 개선이 핵심이었다. 계열사를 대통합해 시너지 효과를 극대화하고 외자유치를 통해 합작회사를 추진했다. 23개 계열사를 (주)두산과 두산건설, 두산포장, 오리콤의 주력 4개사로 통합했다. 캐나다 씨그램사로부터 9천만 달러, 벨기에 인터브라사로부터 2억 7천만 달러 등 총 3억 6천만 달러의 외자유치에 성공했다. 1996년 3M 등 3개사의 지분매각 실적을 합치면 총 8억 6천만 달러의 외자유치에 성공한 셈이다.

두 차례에 걸친 구조조정 결과 두산은 부채비율 159%, 매출액 3조 6,532억 원, 영업이익 5,908억 원을 기록하는 등 우량그룹으로 거듭났다. 두산의 구조조정 중심에는 '현금유동성(cash flow)이 왕'이라는 가치관이 깔려 있다. 기업의 모든 의사결정기준을 현금유동성에 맞췄다. 즉 돈을 벌기 위해 장사한다는 단순하면서도 평범한 진리였다. 1996년 두산의 창업지나 다름없는 OB맥주 서울 영등포 공장을 눈 딱 감고 매각한 것이나 1945년부터 그룹의 상징으로 알려진 을지로 사옥을 1998년 매각한 것도 현금유동성을 확보하기 위한 용단이었다. 영등포 공장은 1933년 조부인 고 박승직 창업주가 일본인들과 맥주공장을 처음 지은 곳으로 두산그룹의 '성지'라 안타까운 심정도 그만큼 컸다. 이에 대해 OB맥주 박용성 회장은 "당시 독한 마음을 먹고 판 덕분에 오늘의 두산이 있을 수 있었다"고

회고했다. 구조조정을 진두지휘한 그는 구조조정하는 과정에서 가장 어려웠던 점에 대해 "스스로 생각을 바꾸는 것"이었다고 털어놨다. 그는 "30년간 그룹경영에 참여했기 때문에 다 안다고 생각해 '조금 지나면 나아지겠지'라는 안이한 생각을 했었다"면서 "생각을 조금씩 바꿔 나가는 데 1년이 걸렸다"고 밝혔다.

한국중공업 인수로 두산그룹은 명실상부한 구조조정 성공기업으로 증명됐다. 지난 5년간 구조조정을 통해 소비재 중심에서 중간산업재 중심으로의 사업구조재편에 성공한 데다 정밀화학, 석유화학 및 원자력 플랜트 산업부문에 각종 장치를 공급하는 화학기계부문이 한중의 사업과 맞물려 시너지 효과를 기대할 수 있게 됐다. 두산은 앞으로 소비재 산업과 중간재 산업을 두 축으로 하는 21세기 신산업구조로 나아갈 계획이다. "두산의 구조조정은 아직 끝나지 않았습니다. 살아남기 위해서 구조조정은 계속될 것입니다." 박용성 회장의 굳은 다짐은 새 천년 처음 찾아든 추운 겨울을 녹이기에 충분했다. 두산그룹 구조조정을 박용오 회장이 총괄했다면 OB맥주 박용성 회장은 구조조정의 전 과정을 진두지휘한 선봉이라고 할 수 있다. 그는 1997년 외환위기 이후 두산그룹의 구조조정 사례를 사람들에게 알리면서 '구조조정의 전도사' 역할을 자임해 왔다. 그만의 특유의 비유로 풀어내는 구조조정 노하우를 들어 본다.

① **초가집과 벽돌집**: 구조조정과 규모조정은 다르다. 10평짜리 초가집 두 채를 유지하는 것보다는 물가상승, 난방비, 유지보수비 등을 고려해 한 채를 팔고 그 돈으로 12평짜리 벽돌집으로 바꾸는 것이 구조조정이다. 새 집은 난방비 절감을 위해 벽에 단열재를 넣고 기와지붕으로 바꾸고 재래식 부엌을 입식으로 바꾸는 것이다. 나중에 경제사정이 좋아지면 집값도 올라간다. 물가가 비싸고 난방비가 많이 드니 초가집 두 채 모두 10평에서 7평으로 줄이고 살던 사람도 줄이는 것은 구조조정이 아니라 규모조정이다.

② **나에게 걸레면 남에게도 걸레**: 돈이 될 만한 사업을 처분해야 한다. 이익이 나지 않는 회사는 아무도 사지 않는다. 적자(適者)를 살려야 한다.

③ **한정식집과 곰탕집**: 두 가게의 쓰레기통을 비교해 보면 한정식집은 음식의 가짓수가 많아 쓰레기통이 크고 곰탕집은 음식이 하나뿐이기 때문에 쓰레기통이 작다. 핵심경쟁력이 없는 곁가지 사업은 엄청난 낭비와 비용의 증대를 초래해 사업을 종료할 때에는 쓰레기가 잔뜩 나와 처리하기 힘들다.

④ **부잣집 한약방**: 예전에 동네 부잣집에는 한약재를 갖춰 놓고 조상 대대로 내려오는 약방문에 의지해 동네 환자를 치료했다. 그러다 보니 전문적인 의료기관으로 발전할 수 없었다. 한 사업에 진출하려면 관련된 핵심역량을 면밀히 분석해 이를 보유할 확실한 역량을 총동원해야 성공할 수 있다.

⑤ **형제 음식점**: 맏형이 서울에 올라와 주방장으로 성공하자 시골 동생들이 모두 서울에 올라와 둘째는 그 식당에 채소를, 셋째는 고기를, 넷째는 생선을 납품하며 벌어먹고 살게 되었다. 처음에는 잘됐지만 시간이 흐르자 100% 확실한 거래처만 믿고 있다가 나태해지기 시작한다. 가족이니까 좋은 게 좋은 거라고 품질이 나빠지고 가격도 비싸지기 시작해 경쟁력을 잃고 모두 쫄딱 망한다. 계열사 간 거래에서도 서로 지킬 것은 지키고 기본원칙을 유지해야 발전할 수 있다.

2. 해외 기업의 성공사례

(1) GE의 경영혁신 사례

1981년 GE의 CEO로 취임한 잭 웰치는 회사의 위기감을 느끼고 구조조정에 착수한다. 당시 GE는 매출과 수익이 호조를 보이고 있었지만 상당한 위기의 조짐이 나타나고 있었다. 170여 개 사업부와 40만 명의 종업원을 거느린 거대조직으로 조직계층 간의 벽이 두텁고 의사결정이 지연되고 있었다. 또한 매출액의 85%를 차지하고 있는 조명기기와 가전부문에서 일본 기업의 품질 및 생산성 향상으로 인해 시장점유율이 하락하는 문제점을 가지고 있었다.

웰치는 GE의 사업포트폴리오를 핵심, 첨단, 서비스의 3개 사업군으로 재편하고 1~2위가 아닌 사업은 처분하거나 폐쇄하는 과감한 구조조정을 실시하였다. 110여 개 사업을 처분하고 80여 개 신규사업을 인수했으며 사업그룹을 11개로 재편하여 종업원 수를 40만 명에서 30만 명으로 감축하였다. 조직구조를 45단계로 단순화하는 동시에 의사결정단계를 과감히 축소시켰다. 월스트리트저널은 구조조정과 감원을 단행하는 웰치에 대하여 건물에는 영향을 주지 않으면서 사람만을 살상하는 '중성자탄'에 비유하였으며 뉴욕타임스는 GE가 소형가전사업부를 매각하는 것에 대하여 '마치 GM이 자동차 제조를 포기하는 것과 같다'는 논평을 내기도 하였다.

표 12-6 GE의 6시그마경영 성과

사업명	프로세스	6시그마경영의 성과
의료기기	설계	CT 스캐너의 수명을 10배 향상
연마제	A/S	산업용 다이아몬드의 투자회수율이 4배 증대
전동차량	투자	정비공장의 처리시간을 62% 단축
플라스틱	생산, 투자	3억 파운드의 생산능력 확대(신규 투자비용이 4억 달러 절감되는 효과)
캐피털(Capital)	저당대출	문의전화, 불통수: 7만 건 → 3천 건으로 축소(연간 총 30만 건의 문의전화 중)
제트엔진	생산	손익분기점 개선

1995년 10월에는 회사 전 부문에 6시그마를 도입하여 경영품질을 혁신하고자 하였다. 모든 임원 및 관리자의 평가와 승진에 있어서 6시그마 추진성과를 최우선적으로 고려하였으며 일정 수준 자격을 취득하지 못한 관리자는 임원 승진대상에서 제외시켰다. 이러한 지속적인 경영혁신활동에 힘입어 1980년대 이래 S&P 500 기업 대비 2배 이상의 수익률을 달성하였다(삼성경제연구소, 2004).

(2) 록히드 마틴의 경영혁신 사례

미국의 대표적 방위산업 회사인 록히드 마틴은 1995년 마틴 마리에타(Martin Marietta)와 록히드(Lockheed) 양사의 합병을 통해 탄생하였다. 록히드 마틴은 출범한 지 2년 만에 주식가치가 2배 가까이 상승하는 등 시장의 생존자로서 선망의 대상이 되었다. 극심한 산업재편기에 록히드 마틴이 생존할 수 있었던 비결을 살펴보면 다음과 같다. 베를린 장벽이 무너지자마자 미국 정부는 방위예산의 상당부분을 삭감하기 시작하여 1989년 이후 방위예산비 지출을 지속적으로 60% 이상 감소하였다. 미 국방부에 납품을 하던 12만 개의 회사 중에서 단지 4분의 1만이 계속 납품을 하고 나머지는 방위산업계열의 사업을 중단하거나 사업 전체를 해체한 것으로 추정되고 있다. 그러나 살아남은 회사들 또한 45초마다 1명의 비율로 숙련된 노동자들을 해고해야 할 정도로 방위산업체들의 외부경영환경이 최악의 극한상태에 다다르게 되었다.

당시에 선택가능한 생존전략은 단지 두 가지뿐이었다. 하나는 새로운 시장으로 이동하는 것이고, 나머지 하나는 현 산업 내에서 시장점유율을 높이는 것이었다. 당시에 록히드 마틴은 각각의 전략을 수행하기 위한 두 가지 방법을 발견하였다. 첫 번째, 외부적인 리엔지니어링으로 합병과 인수를 통해 회사들이 결합하는 것이고, 두 번째, 내부적인 리엔지니어링으로 회사가 사업방식을 바꾸는 것이었다. 당시 최고경영자인 노만 오거스틴(Norman Augustine)은 이러한 변화와 혼란의 와중에서도 그들의 사업, 고객 그리고 가장 중요한 자산인 구성원에 대한 집중적인 노력을 통해 생존할 수 있었고 다음과 같은 산업 재편기의 생존을 위한 12가지 교훈을 남겼다(현대경제연구원, 2004).

- **규칙** 1: 미래의 위험을 빨리 파악하라.
- **규칙** 2: 길이 없을 때라도 안내도를 가져라.
- **규칙** 3: 민첩하게 움직여라.
- **규칙** 4: 큰 변화를 일으켜라.
- **규칙** 5: 고정관념을 깨고 새로운 사고를 받아들여라.
- **규칙** 6: 이익을 창출하기 위한 벤치마킹을 하라.
- **규칙** 7: 일상적인 사업을 간과하지 말라.
- **규칙** 8: 고객에 초점을 맞추어라.
- **규칙** 9: 단호하라.
- **규칙** 10: 통합된 하나의 문화를 창조하라.
- **규칙** 11: 진정한 자산은 사람이다.
- **규칙** 12: 끊임없이 대화하라.

(3) 도요타자동차의 경영혁신 사례

도요타자동차는 제2차 세계대전 이후 위기를 극복하는 과정에서 낭비 제거와 무재고 달성을 목표로 하는 JIT(Just In Time) 생산방식을 확립하였다. 1930년대 미국 포드시스템 도입을 시도하였으나 문화적 차이, 시장규모의 협소 등의 문제로 인해 실패를 겪었으며 1949년에는 경제불황과 현금흐름 악화로 인해 도산위기에 직면한다. 당시 은행들이 내걸었던 "주문받은 자동차만 생산한다"는 자금지원조건이 지금의 JIT 제조방식을 탄생시켰으며 1950년대 JIT방식의 다품종 소량생산체제의 운영으로 다양한 고객들의 요구를 충족시켰다. 이러한 도요타 생산방식(Toyota Production System: TPS)은 1950년대 JIT 생산방식에서 출발하여, 1960년대에는 도요타그룹 내에서, 1970년대에는 도요타 협력공장으로 확산되어 나갔다. 1961년에는 전사적 품질관리(Total Quality Control: TQC)를 도입하여 생산량 확대뿐 아니라 제품의 품질향상과 작업자의 능률향상을 위해 전사적으로 노력하여 1965년에는 데밍상을 수상하였으며, 1970년 제1회 일본품질관리상을 수상하는 등 1980년대까지 30년 이상 변함없이 TQC활동을 전개하였다. 1973년 도요타 생산방식이 문서화되고 정형화된 시스템으로 정착되었으며 2001년에는 도요타 경영기법과 행동규범, 철학 등을 명문화한 '도요타 웨이'가 작성되어 암묵적으로 전해져 오던 도요타식 혁신방법을 책자로 정리하여 도요타를 계속 발전시켜 나가는 핵심인자(DNA)의 위치를 차지하게 되었다.

이와 같이 도요타자동차는 끊임없는 카이젠(改善)활동과 창의적인 연구를 통해 생산현장의 낭비를 제거하고자 하였고, 이를 통해 소위 말하는 1990년대 일본의 '잃어버린 10년' 속에서도 도요타자동차는 세계 자동차업체들 중에서 최고의 이익률을 실현하는 글로벌 기업으로 성장하게 되었다.

3. 경영혁신의 성공을 위한 방안

(1) CEO의 적극적인 관심과 참여

성공적인 경영혁신을 위해서는 무엇보다도 CEO가 경영혁신에 열정을 갖고 적극적으로 참여하는 것이 중요하다. CEO 스스로 혁신에 대한 확고한 의지와 열의를 보여줌으로써 조직구성원의 사고와 행동을 바꾸어야 한다. 이를 위해서 경영층이 혁신교육에 참여하여 자사가 추진할 경영혁신의 본질과 개념을 이해할 필요가 있다. 또한 경영혁신을 위한 제반 시스템의 구축을 지원하고 혁신활동의 실적과 진척상황을 정기적으로 체크할 필요가 있다. 이를 통해 경영진은 변화에 대한 구성원들의 저항을 극복하고 전 임직원이 혁신활동에 열정적으로 동참하게 만들어야 한다.

(2) 자사의 환경에 맞는 방법론 고안

경영혁신은 과학이 아니며 특정 기업에서 성공했다고 해서 반드시 모든 기업의 성공을 보장할 수는 없다. 성공한 기업의 성과만을 보지 말고 그 내면과 추진과정을 이해해야 한다. 경쟁사를 모방하거나 유행을 따라가는 경영혁신은 실패하기 쉽다. 또한 선진국의 혁신운동을 무비판적으로 받아들일 경우, 혁신운동의 토양과 환경조건, 시기의 부적절성, 접근방법의 미숙으로 인한 시행착오를 불러올 수 있다는 점을 유의해야 한다.

자사의 비즈니스 특성과 회사 여건에 맞게 혁신방법론을 개발하고 실천하는 것이 중요하다. 자사의 문화적 토양이나 인프라 등을 고려하여, 언제 어떤 방식으로 혁신을 추진하는 것이 좋을지 냉철하게 판단할 필요가 있다. 이를 위해 전문 경영컨설팅 업체의 경영진단을 받아서 체계적인 경영혁신 마스터플랜을 수립하기도 한다. 기존의 품질개선활동, 프로세스 혁신 등과 연계될 수 있도록 통합된 혁신추진체계를 구축하여 복수의 혁신운동들이 시너지 효과를 낼 수 있도록 접목시키는 것이 필요하다.

(3) 혁신의 강도를 높이고 지속적으로 추진

경영혁신을 얼마나 강도 높게 지속적으로 추진하는가에 따라 기업의 생존과 성장 여부가 판가름날 수 있다. '마른 수건도 다시 짜는' 강도 높은 경영혁신을 통해 경쟁력을 높이고 성장잠재력을 확충할 수 있다. 무결점(Zero Defect: ZD), 원가절감, 생산성 향상 등의 혁신을 지속했던 생산현장뿐만 아니라 혁신노력이 상대적으로 미흡했던 연구개발, 마케팅, 영업, 구매, 인사, 기획 등 간접부문에 경영혁신을 강화할 필요가 있다.

여건이 불확실하고 경쟁이 치열한 시기에는 한순간 방심하게 되면 이미 확보해 둔 지위마저 상실할 수 있다. 1995년 매출・이익기준으로 상위 50대 글로벌 기업 중에서 2002년 말까지 50대 이내에 남아 있는 기업은 각각 35개와 23개라는 사실을 유념할 필요가 있다.

(4) 혁신활동과 기업의 조직문화 일체화

경영혁신활동은 조직구성원들이 자발적으로 적극 참여할 때 효과가 극대화될 수 있다. 이를 위해서는 조직구성원들이 혁신에 대한 비전과 가치를 공유하도록 한다. 그리고 구성원과의 지속적인 커뮤니케이션으로 혁신에 대한 공감대를 형성해야 한다. 혁신의 성과 공유, 방법론에 대한 교육, 필요자원 및 방법 제공 등을 통해 구성원들의 참여를 유도한다.

경영혁신의 방정식

GE에서는 경영혁신의 효과를 E = Q×A로 평가

- E(Effectiveness), Q(Quality), A(Acceptance)
- 경영혁신의 효과는 방법론에 의한 개선 정도(Q)와 조직구성원의 수용도(A)의 곱이며, 어느 한쪽이 부족해도 그 효과가 반감됨을 의미

제4절 변화관리의 의미

1. 변화관리의 전략적 의미

변화(change)는 상당히 개인적인 동시에 감정적인 면을 가지고 있다. 어떤 조직에서 변화를 일으키려면, 각 개인은 각자 다르게 생각하고, 느끼고, 행동한다는 점을 유념해야 한다.

사람들이 변화의 순간에 직면하여 느끼는 감정은 자기만의 고유가치(core value)가 도전받거나 위협을 당한다고 느끼거나 과거 방식에 대한 익숙함(familiarity), 편리함(comfort), 예측가능성(predictability)을 잃어버린다는 느낌을 가질 수 있으며 앞으로 변화될 것에 대한 두려움(fear)을 가질 수 있다([그림 12-3] 참조).

구성원들이 자신의 이성과 감정을 가지고 일하기를 바란다면 기업은 감정관리를 새로운 경영방식의 핵심으로 받아들여야 한다. 사람들은 변화가 지속될 것인지 그렇지 않을 것인지에 대한 믿음이 없기 때문에 새로운 방향으로의 변화를 거부하려는 경향이 있다. 따라서 실제로 행동이나 조치, 보상 등의 변화 프로그램을 지원해야만 구성원이 '할 수 있다'는 마인드를 가지고 변화를 가능하게 하고, 성과를 향상시킬 수가 있다. 이와 같이 조직원들이 회사의 전략을 충분히 이해하여 적절하게 행동할 수 있도록 조직원들이 스스

그림 12-3 변화에 따른 감정적인 반응

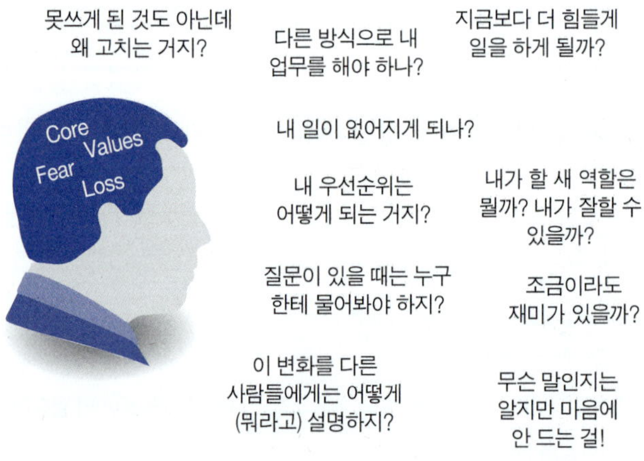

로 변화의 마인드를 가지도록 설득해야만 하는데 이를 변화관리(change management)라고 정의할 수 있다.

한 대기업의 최고경영자는 변화관리에는 기존의 기업을 운영하면서 사용한 해결기법이 별로 효과가 없다고 말한다. 그는 "이는 마치 한 회사가 동시에 다섯 종류의 수술을 받는 것과 같았다. 한 의사는 치과 수술을 하고, 다른 의사는 부러진 발을 치료하고, 또 다른 의사는 탈골된 어깨를 치료하고, 다른 사람은 담석 제거 수술을 하고 있는 격이다. 각 수술은 성공적이었지만, 그 환자는 충격으로 죽어버렸다"라고 변화관리의 어려움을 언급하였다.

2. 변화관리의 필요성

변화는 의도한 대로 잘 이루어지지 않는다. 포춘지가 선정한 1,000대 기업에서도 리엔지니어링 성공률이 50% 이하이며, 일부 기업에서는 그 성공률이 20%에 그친다고 말한다.

앞서 설명한 것처럼 일반조직원들은 변화를 거부하려는 경향을 가지고 있는 반면에 변화를 추진하고자 하는 주체는 변화에 과도한 기대감을 가질 수도 있다. 장밋빛 희망과 기대감을 가지고 변화를 추진하지만 막상 변화의 노력과 어려움을 깨닫게 되는 순간 기대가 큰 만큼의 커다란 실망과 좌절을 느끼게 되고 결국은 기대에 미치지 못하는 성과를 내고 끝나는 경우를 종종 찾아볼 수 있다([그림 12-4] 참조).

그림 12-4 변화관리의 필요성

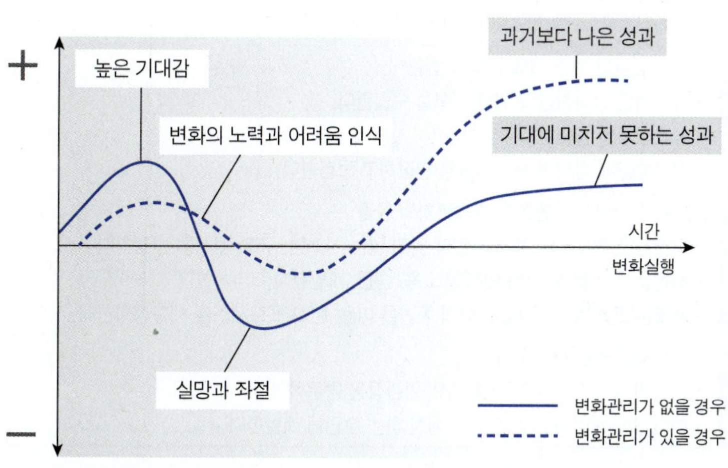

따라서 변화에 대한 두려움과 거부감을 찾아내어 제거할 뿐만 아니라 과도한 기대로 인해 실망과 좌절을 하지 않도록 적절한 행동이나 조치, 보상 등의 변화 프로그램을 지원해야만 성공적으로 변화를 가능케 할 수 있다(현대경제연구원, 2004).

3. 변화의 법칙

변화를 위한 기업들의 노력은 TQM, BPR, 다운사이징, 리스트럭처링, 기업문화의 변

표 12-7 기업 개혁의 8단계

단계	내용
제1단계	긴박감 조성 • 시장 및 경쟁상황을 조사한다. • 위기, 잠재적 위기, 주요 기회 등을 인식하고 토론한다.
제2단계	강력한 변화 추진 구심체 구축 • 변화노력을 이끌기에 충분한 힘을 가진 집단을 구성한다. • 그 집단이 하나의 팀으로 협동 작업할 수 있도록 격려한다.
제3단계	비전창조 • 변화노력을 이끄는 데 도움이 되는 비전을 창조한다. • 비전달성을 위한 전략을 개발한다.
제4단계	비전전달 • 새로운 비전과 전략을 전달하기 위해 가능한 모든 수단을 사용한다. • 변화 추진 구심체의 예증을 통해 새로운 행동을 교육한다.
제5단계	구성원이 비전에 따라 행동하도록 권한위임 • 변화에 대한 장애물을 제거한다. • 비전에 악영향을 미치는 시스템이나 구조를 변경한다. • 위험감수행동, 틀에서 벗어난 아이디어 활동 등을 격려한다.
제6단계	단기적 성과를 위한 계획수립 및 실현 • 가시적인 성과향상을 위한 계획을 수립한다. • 성과향상을 실현한다. • 성과향상에 참여한 종업원들을 인정하고 보상한다.
제7단계	달성된 성과향상의 통합과 후속변화의 창출 • 증진된 신뢰를 이용해서 비전에 맞지 않는 시스템, 구조, 정책을 변경한다. • 비전을 수행할 수 있는 인력을 고용, 승진, 개발한다. • 새로운 프로젝트, 주제, 변화의 동인을 이용, 변화 프로세스를 재활성화한다.
제8단계	새로운 접근방법의 제도화 • 기업의 성공과 새로운 행동 간의 연관성을 명문화한다. • 리더십의 개발과 그 계승을 확실히 하는 수단을 개발한다.

자료: 존 코터 외 저, 현대경제연구원 역, 변화관리, HBR 단행본 시리즈, 2004.

혁, 사업전환 등 다양한 방법으로 추진하고 있으며 일부는 대단히 성공적이었으나 일부는 참담한 실패로 귀결되었고 대부분의 경우는 양 극단의 중간쯤에 위치하는데 실패 쪽으로 기우는 경우가 많다. 이러한 과정 속에서 가장 뚜렷한 교훈은 바로 변화가 상당히 오랜 기간 동안에 수많은 단계를 거치면서 이루어진다는 사실이다. 사람들은 단계가 지나가면 변화의 속도를 높일 수 있다는 환상을 가지기 쉽지만 현실은 그렇지 않다. 그리고 전체 변화과정에서 한 단계에서라도 결정적 실수를 범한다면 그것은 매우 치명적인 영향을 미쳐서, 추진력을 저하시키고 그동안의 성과를 수포로 돌아가게 할 수 있다는 교훈을 얻을 수 있다. 기업이 변화를 추진할 때 고려해야 할 여덟 가지 단계를 살펴보면 〈표 12-7〉과 같다.

제5절 변화에 대한 저항과 신뢰

1. 구성원이 변화에 저항하는 이유

경영층이 최선의 노력으로 변화를 추구하더라도 종종 실패로 돌아가는 경우를 볼 수 있다. 그 이유는 경영층과 조직구성원들이 변화를 바라보는 시각이 다르기 때문이다. 경영층이 바라보는 변화는 자신의 지위와 경력을 위해 중요한 기회로 여긴다. 즉 사업과 전략을 연계하여 사업을 강화하고, 새로운 도전과 위기에 대처함으로써 자신의 경력을 제고시킬 수 있는 중요한 기회로 여긴다. 반면 대부분의 조직구성원들은 변화란 추진하고 싶지 않을 뿐만 아니라 오히려 변화를 혼란의 요인이며 방해물로 생각하기 때문이다.

2. 변화의 신뢰요소

변화에 대한 역설 중의 하나는 신뢰가 가장 필요할 때 신뢰를 쌓기가 가장 힘들다는 점이다. 구성원이 신뢰하는 기업이 있다고 가정하자. 그러나 기업이 힘들거나, 변화를 위한 노력을 하고 있는 과정이라면 신뢰의 부족은 자동적으로 심각한 장애로 나타날 수 있다.

변화의 시기에 신뢰는 예측가능성과 능력의 두 요소에 기반한다. 어떤 조직에서나 사람들은 기대되는 바를 알고자 한다. 그들은 예측가능성을 원한다. 변화의 과정에서 기본원칙이 변화할 때 신뢰가 떨어지는 것은 예측가능성이 희박해지기 때문이다. 이러한 현상은 과거에 성공적이었던 기업에서 더욱 두드러지게 나타날 수 있다. 이전에 회사와 종업원 간의 심리적인 계약 아래에서 예측가능성은 암묵적인 동의로 구성되었다. 근무기간, 충성심, 성실도 등으로 구성원들은 고용의 안정감을 느낄 수 있었고 경력경로(career path)도 예측이 가능했다. 그러나 정리해고와 구조조정 등의 변화시기에는 이전의 계약은 파기되어 고용보장과 경력경로는 더 이상 보장되지 않고 종업원들은 미래에 대한 불확실성으로 혼란을 겪게 된다. 이럴수록 경영층은 회사의 의도와 기본원칙을 명확히 하면서 끊임없이 일관된 메시지를 반복해서 전달해야만 많은 사람들이 무엇이 일어날 것인지 예측하고 대응할 수 있게 된다.

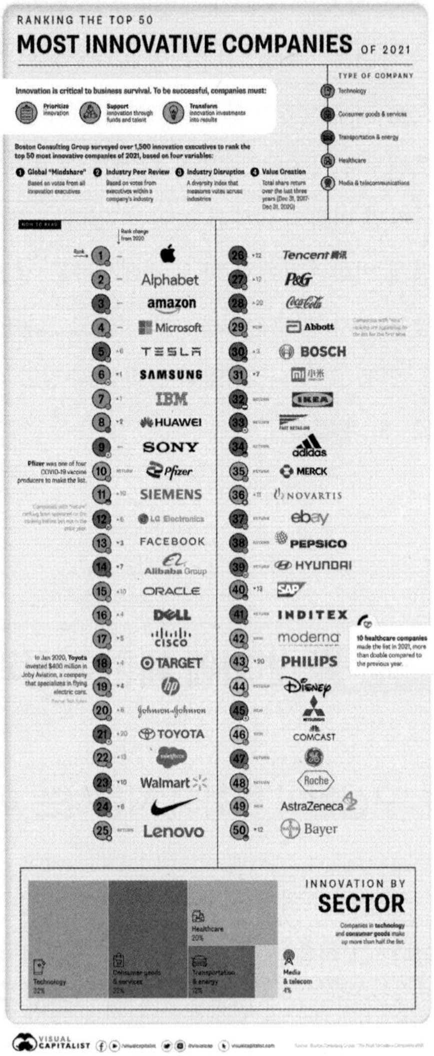

제6절 변화관리방법

1. 성공적인 변화를 위한 접근방법

대부분의 기업이 변화에 접근하는 방법은 비슷하다. 최고경영자나 사업부의 책임자가 "우리는 변해야 살 수 있습니다. 새로운 구상을 제시하도록 다음 사람들을 태스크포스팀(TF)으로 임명합니다. 태스크포스팀은 90일 이내에 회사의 발전방안을 담은 보고서를 제출해 주십시오"라고 공표한다. 그러고 나면 태스크포스팀은 회의실에서 마감일을 맞추기 위해 장시간 문서작업을 한다. 팀원들은 조직구성원 중의 어느 누구와도 대화를 나누지 않는다. 그들은 팀원 간의 집단회의를 통해 경쟁사의 사례를 조사하고 수많은 가상 시나리오를 검토한다. 이때 구성원들과 정보를 교환할 여유가 없다. 90일이 지나 상사에게 보고할 시점이 되면, 완성된 보고서를 모든 구성원들에게 공개하면 된다. 이러한 접근방법을 따르면 변화노력은 실패하기 쉽다.

사람들은 정보의 진공상태를 싫어한다. 변화과정 중에 지속적인 정보교류가 없으면 소문이 진공상태를 채우게 되고 소문은 실제 상황보다 더 나쁘고 부정적으로 구성원들 사이에 퍼져나가게 된다. 결과적으로 무의식중에 구성원들의 기대감(expectation)은 원치 않은 방향으로 형성되고 그 이후에 아무리 좋은 발전방안이 나온다 하더라도, 거기에 상응하는 효과를 거둘 수 없게 된다. 특히 변화가 진행되거나, 소문이 무성할수록 일관성 있고 명확하며, 끊임없이 반복하여 구성원들에게 메시지를 전달하는 것이 무엇보다 중요하다. 조직구성원들이 변화를 단순한 바람이나 지나가는 유행이 아니라고 믿을 때까지 메시지를 반복해서 전달해야 한다.

2. 최고경영자의 역할

사람들이 변화하는 것은 회사의 새로운 비전을 받아들이고, 자신들의 태도를 변화시킴으로써 시작된다고 볼 수 있다. 변화를 받아들인 사람들은 자동적으로 자신의 행동을 바꾸고 회사의 성과를 개선하게 된다. 그렇기 때문에 변화 프로그램을 시작하는 경영자는 구성원들이 흥미를 가지고 '할 수 있다'는 적극적인 태도를 가지기를 원한다. 그러나 불행히도 대부분의 기업에서 종업원들에게서 이러한 반응을 기대하는 것은 어려운 일이다. 그들에게 있어서 변화 프로그램은 끊임없이 나타나는 경영상의 또 다른 유행으로 인식될 뿐이다.

이러한 분위기를 극복하고 성공적인 변화를 이끌기 위해서는 먼저 최고경영자가 행동으로 보여야 한다. 최고경영자 스스로 다음과 같은 질문에 대답할 준비가 되어 있어야 한다. "우리가 관리하기 원하는 방식으로 내가 관리를 받으면 나는 어떻게 행동할까? 문제점에 어떻게 대처할까? 어떤 종류의 회의가 필요하고 누가 참여하는 것이 바람직한가? 변화를 적절히 실행했는지 어떻게 판단하고 인정하며 보상할 것인가?" 이런 질문에 대한 대답을 구하기 위해 최고경영자와 종업원들이 서로 협력하여 일을 할 때, 비로소 변화의 성공을 이끌 수 있다.

3. 변화관리팀의 여덟 가지 과제

변화관리팀은 여덟 가지 기본적인 과제를 가진다.

첫째, 변화관리팀은 변화를 위한 상황을 만들고 이끌어야 한다. 변화관리팀은 조직 내의 모든 사람들이 회사의 비전을 공유하고, 회사의 경쟁상황을 이해하고 있는지를 파악해야 한다. 둘째, 새로운 통찰이나 획기적 사고를 이끌어 낼 수 있도록 구성원 간의 대화를 촉진해야 한다. 셋째, 자원배분의 권한과 불필요해진 프로젝트를 없애는 권한을 가져야 한다. 넷째, 프로젝트를 조정하고 서로 조화시키며, 일관성 있는 계획이 가능하도록 전체 조직과 의사소통을 해야 한다. 다섯째, 변화노력의 신뢰성을 떨어뜨리는 비일관된 활동을 감시하고, 메시지, 활동, 정책, 변화행동이 서로 부합되도록 해야 한다. 여섯째, 변화관리팀은 공동창조의 기회를 제공함으로써, 학습과 창조를 위한 설계자, 조정자, 그리고 지원자의 역할을 해야 한다. 일곱째, 변화관리팀은 사람들의 문제를 예측하고, 확인하며 드러내야 한다. 의사소통과 인적 자원을 다루는 다기능팀(multi-functional team)을 통해 조직 전반에 수직적 · 수평적으로 정보를 수집하고 배분해야 한다. 마지막으로, 초기부터 반복과 학습의 전파에 필요한 자원과 전략을 고려하여 변화를 설계하는 것이 중요하다.

잠시 쉬어가기

신동빈이 삼고초려한 이 남자, 롯데 심장부터 바꾼다

[비즈人] 디자인경영센터장 파격 발탁된 카이스트 교수 배상민

"롯데의 심장부터 싹 바뀔 겁니다." 7일 오전 배상민(49) 롯데 디자인경영센터 센터장이 앉은 자리에서 벌떡 일어나더니 창가에 서서 가까이 오라고 손짓했다. 그의 사무실은 롯데월드타워 18층에 있다. 신동빈 롯데그룹 회장 집무실과 같은 층에 위치했다. 전면이 통유리창인 사무실에선 롯데백화점 잠실점과 롯데호텔 월드점, 롯데월드와 롯데마트가 석촌호수를 둘러싸고 있는 모습이 내려다보였다. 배 센터장은 "잠실이야말로 롯데가 가장 애정을 쏟아온 점포가 한데 모인 곳이지만, 오랫동안 디자인 혁신을 하지 못해 올드하게 보인다. 이곳부터 전부 바꿔보자는 게 신동빈 회장의 의지"라고 했다.

지난 7일 서울 잠실에서 만난 배상민 롯데 디자인경영센터장은 창업주인 고(故) 신격호 명예회장의 경영철학이 '거화취실(去華取實 · 화려함은 버리고 실리를 취한다는 뜻)'이라는 얘기를 듣고 영감을 얻었다고 했다. "요즘 세상이 원하는 혁신적인 가치를 담아낸 말 아닌가요?(웃음)." /장련성 기자

◇ "롯데의 심장부터 바꾼다"

롯데그룹은 지난달 롯데지주 산하에 디자인경영센터를 신설하고, 센터장(사장)으로 배상민 카이스트 산업디자인학과 교수를 임명했다. 롯데그룹이 외부 인사를 사장으로 임명한 것은 이번이 처음이다. 신동빈 회장이 롯데의 디자인 경영 혁신을 위해 배 교수를 직접 영입했다는 후문이다. 배 센터장은 27세에 동양인 최초이자 최연소로 뉴욕파슨스디자인스쿨 교수가 된 인물. 뉴욕에서 자신의 디자인회사를 세워 코카콜라 · P&G 등 글로벌 기업 제품과 로고(CI)를 디자인하기도 했다. 2005년엔 카이스트(KAIST) 산업디자인학과 교수로 임용됐고, 레드닷 · iF · IDEA · 굿디자인 등 세계 4대 디자인대회에서 40개가 넘는 상을 받았다.

배 센터장이 신 회장을 처음 만난 것은 올해 초다. "밥 한 번 같이 먹자"는 연락을 받고 나간 자리에서 신 회장은 "롯데 디자인이 어떠냐"고 물었다고 했다. "'솔직히 별로'라고 답했더니 신 회장이 '나도 동감한다. 다 바뀌어야 한다'고 했다. 깜짝 놀랐다(웃음)."

신 회장은 이후 배 센터장을 사내 강연에 초청했다. 비대면으로 이뤄진 강연에서 배 센터장은 롯데 디자인의 문제점을 묻는 사내 직원들의 질문에 서슴없는 비판을 들려줬다고 했다. "롯데 디자인은 통일된 언어로 조직된 것 같지 않다", "요즘 유행하는 것은 다 갖다 놓았지만 전체적인 조화는 엉망이다", "매출만 신경 쓰다 보면 디자인을 놓친다" 같은 얘기를 했다는 것이다. 배 센터장은 "당시 디자인팀 직원 몇 명만 듣는 줄 알고 신랄하게 말했는데, 알고 보니 롯데그룹 임원단이 생중계

영상으로 다 듣고 있었다더라"고 했다.

배 센터장은 이후 신 회장에게서 직·간접적으로 여러 차례 영입 제안을 받았지만 수차례 거절했다고 했다. "솔직히 다른 기업에서도 영입 제안이 많이 왔지만 전부 거절했던 터였다. 하지만 신 회장과 이야기하면서 '그라운드 제로'에서 시작하고 싶어 하는 진심을 느꼈다."

신 회장이 배 센터장에게 주문한 첫 과제는 잠실에 한데 몰려 있는 롯데백화점과 롯데호텔, 롯데월드를 완전히 새롭게 개혁하라는 것이다. 배 센터장은 "20~30년 후에도 낡지 않을 메가트렌드를 보여주겠다. 카이스트 연구소와도 지속적으로 협업할 예정"이라고 했다.

◇ **모두를 포용하는 '인클루시브 디자인' 하겠다**

올해 말까지 디자인경영센터 인력을 30명가량 충원해 조직을 완성하고, 내년 초부터 디자인 혁신 작업을 시작할 계획이다. 롯데그룹의 편의점 '세븐일레븐', 커피숍 '엔제리너스' 등도 디자인경영센터를 통해 새 옷을 입을 전망이다.

배 센터장은 "미국 유통업체 '아마존'도 생각지 못했던 것을 보여주겠다"고 했다. "백화점이나 호텔은 돈 많은 고객을 위한 디자인을 구현하는 경우가 대부분이다. 롯데는 반대로 가겠다"고도 했다. 소비자 누구나 매장에 들어서면 자신만을 위한 맞춤 서비스를 준비했다고 느끼도록 하겠다는 것이다. 배 센터장은 "어린이, 노인, 장애우는 물론이고 누구도 소외되지 않는 디자인 설계를 보여주겠다. 첫 인상은 화려하고 고급스럽지만 그 안에 감동적인 디테일을 숨겨 놓은 디자인, 차원이 다른 디지털 플랫폼을 눈으로 구현한 4차원 디자인을 기획하고 있다"고 했다.

자료: 조선비즈, 2021. 10. 13.

토의과제

- 경영혁신기법에는 어떤 것들이 있는가?
- 1970년 이후 10년 단위로 우리나라 20대 기업을 매출액 기준으로 적어 보고 각 기업의 흥망성쇠 이유를 조사해 보시오.
- 국내 초우량기업의 경영혁신 사례를 살펴보고 성공요인을 찾아보시오.
- 개인 또는 조직이 변화를 거부하는 이유와 주변사례를 찾아보시오.
- 변화관리에 있어서 의사소통의 중요성을 설명해 보시오.

참고문헌

- 김인수, 『거시조직이론』, 무역경영사, 1999.
- 김태웅, 『품질경영의 이해』, 신영사, 2004.
- 삼성경제연구소, "경영혁신, 불황탈출의 엔진," 『CEO Information』, 제461호, 2004.
- 삼성경제연구소, "6시그마 경영의 이해와 실천," 『CEO Information』, 제349호, 2002.
- 윤덕균, 『생산성 역사를 통해 본 초우량기업의 성공이야기』, 민영사, 1996.
- 조현래 외, 『기업경영론』, 고려출판사, 2004.
- 존 코터 외 저, 현대경제연구원 역, 『변화관리』, HBR 단행본 시리즈, 2004.
- 조선비즈, 2021. 10. 13.
- 조선일보, 2021. 11. 16.
- 중앙일보, 2019. 11. 08.
- 매일경제신문, 2012. 4. 1
- 매일경제신문, 2012, 2. 9
- 파이낸셜뉴스, 2004. 8. 10.
- 포스코 PT 프로젝트팀, 포스코 멈추지 않는 신화, 21세기북스, 2012.
- www.fobes.com

CHAPTER

13

정보자원의 관리와 정보시스템

데이터 경쟁력 확보를 위한 기업의 3가지 대응 방향

디지털 시대, 자신의 취향과 라이프스타일에 맞춤화한 제품과 서비스에 대한 소비자의 기대치는 한껏 높아져 있다. 기업도 디지털 기술을 활용해 초개인화한 제품과 서비스를 제공하고자 발 빠르게 움직이고 있다. 초개인화는 단순히 개인의 인구통계학적 정보뿐 아니라 생활 패턴, 행동 양식, 현재 처한 상황과 맥락에 관한 정보까지 종합적으로 파악해 개개인에게 맞춤화한 고객 경험을 제공하는 것이다.

초개인화에서 가장 중요한 자산은 바로 '데이터'다. 나이키는 2019년 유통 플랫폼 아마존에서 판매를 철수하기로 했다. 유통망을 거치지 않고 고객을 자사 몰로 유입시켜 직접 판매하는 D2C(Direct to Consumer) 전략을 선택한 것이다.

D2C 전략은 유통업체에 부담하는 수수료 절감 효과도 있지만 진정한 가치는 바로 고객과 직접적인 소통 채널로의 활용과 고객 구매량, 구매 주기·패턴 등에 대한 데이터를 확보하기 위함이다. 이를 위해 나이키를 비롯한 여러 기업은 자사 몰에서만 구매 가능한 독점 제품을 출시하거나 이벤트나 문화 체험을 제공해 고객을 끌어 모으고 있다. 확보한 데이터는 변화하는 고객의 구매 여정을 파악하고 원하는 바를 이해해 취향에 맞는 새로운 경험을 제공하는 데 활용한다.

데이터를 얼마나 제대로 수집하고 어떻게 활용하는지가 기업 경쟁력과 직결되는 시대, 데이터 중심 업체로 거듭나기 위해 글로벌 기업들은 어떻게 대응하고 있을까.

나이키는 고객에게 맞는 신발 사이즈와 디자인 등을 추천하는
나이키 핏(Nike Fit) 서비스를 제공한다. / 셔터스톡

1. M&A 통한 데이터 기술 역량 확보

자체적으로 개발할 수 있는 역량에는 한계가 있을 수밖에 없다. 디지털 혁신을 거듭하고 있는 나이키는 데이터 기업을 적극적으로 인수해 오고 있다. 2018년 데이터 분석회사인 조디악(Zodiac)의 기술을 인

수한 게 대표적이다. 나이키 앱 사용자의 데이터를 수집해 고객별 구매 패턴을 파악하고 구매 의사결정을 예측하려는 목적이다. 예를 들어 6개월마다 러닝화를 교체하는 고객이 마지막 구매 후 1년 동안 구매하지 않는다면 고객 맞춤형 러닝화를 선제적으로 제안해 주는 식이다.

또 나이키는 의료 기기를 제작하는 3차원(3D) 스캐닝 회사 인버텍스(Invertex)를 인수한 뒤 앱을 통해 나이키 핏(Nike Fit) 서비스를 제공한다. 이 서비스는 고객이 카메라로 발을 촬영하면 사이즈를 측정해 각 나이키 신발 스타일에 맞는 사이즈를 추천해 준다. 그뿐만 아니라 데이터를 활용해 고객 발에 더 잘 맞는 신발을 디자인할 수도 있다.

나이키는 인공지능(AI) 기반 데이터 분석 기업 셀렉트(Celect)를 인수해 소비자 수요에 미리 대응하는 전략을 세우고 있기도 하다. 예측 알고리즘을 기반으로 구매 패턴을 인식하고 소비자가 특정 스타일을 언제 어떻게 구매할지 예측해 이를 재고 관리에 적용한다.

에어비앤비는 2016년 데이터 유니버시티(Data University)를 설립해
400개 이상의 수준별 강의를 임직원에게 제공 중이다. / 블룸버그

2. 데이터 기반 문화 구축

외부로부터 데이터 역량을 확보하는 것만큼이나 중요한 것이 있다. 미국 경제 잡지 포천 선정 1000대 기업을 대상으로 한 2021년 설문조사(NewVantage Partners 실시)에 따르면, 응답 기업의 92.2%가 데이터 중심 조직으로의 변화를 가로막는 장애물은 기술적인 문제가 아니라 변화에 대한 저항, 이해 부족 등의 문화적 요인이라고 답했다. 전사 차원에서 데이터를 조직의 중요한 자산으로 인식하고, 데이터 수집·분석·활용 측면에서 모두 함께 노력해야 하는 과제로 여기는 것이 중요하다.

글로벌 호스탈리피티 기업으로 진화하겠다는 비전을 선포한 야놀자의 엄태욱 최고기술책임자(CTO)는 "플랫폼 시장은 앞으로 데이터를 활용하거나 데이터가 돼 버리거나 둘 중 하나"라며 데이터의 중요성을 강조하고 있다. 야놀자만의 일하는 방식, Y-CODE를 만들어 '데이터가 모든 판단의 기준이다'라고 명시함으로써 '데이터 중심'을 구성원의 사고와 행동의 기준으로 제시한다.

또 데이터에 친숙한 문화를 위해 Y-CODE를 지속해서 내재화하는 활동을 추진 중이다. 온・오프라인 공간에서 Y-CODE를 꾸준히 노출하고 리더들을 대상으로 Y-CODE와 관련한 베스트 프랙티스를 공유하는 워크숍을 진행하고 있다.

데이터 중심 문화는 구성원이 조직의 다양한 채널을 통해 확보한 데이터에 쉽게 접근할 수 있으며, 매일의 크고 작은 업무에서 이에 기반한 의사결정을 하는 데서 시작한다. 야놀자는 데이터 관련 업무를 정보기술(IT) 부서만의 것으로 국한하지 않고 여러 부서에서 활용할 수 있도록 빅데이터 접근 권한을 넓히고, 개발 조직뿐 아니라 기획・영업・마케팅 부서에서도 직접 쿼리를 짜고 대시보드를 만들어 데이터를 분석할 수 있게 지원하고 있다.

3. 전 직원의 데이터 리터러시 능력 확보

데이터 기반 조직에서 필요한 것은 데이터 그 자체가 아닌 통찰력이다. 데이터로부터 무엇을 얻고자 하는지에 대한 질문을 던지고 어떻게 탐구할 것인가에 대한 고민을 통해 비즈니스 성과를 창출하는 것이 최종 목표다. 이를 위해서는 우선 조직 내 구성원 개개인이 데이터의 힘을 깨닫고 데이터와 친숙해지는 것부터 시작해야 한다. 데이터 리터러시, 즉 데이터를 읽고 해석하는 능력 확보가 중요하다는 얘기다.

리바이스는 디지털 기술 및 데이터 활용도를 높이는 것을 목표로 다양한 부서 구성원에게 AI 교육을 하고 있다. 올해 5월 전 세계 구성원 중 40여 명을 선발해 코딩과 머신러닝(기계학습)을 포함한 자체 커리큘럼으로 AI 부트캠프를 진행했고, 관련 교육을 점차 확대해 나가고 있다. AI 부트캠프 졸업생은 매주 회의를 통한 지원과 매달 한 번 사례 연구를 진행하며 사내 AI 전문가와 지속적인 멘토링의 기회를 얻는다.

에어비앤비 역시 모든 직원이 데이터에 기반한 의사결정을 해야 한다는 신념하에 데이터 유니버시티(Data University)를 설립했다. 에어비앤비의 데이터 전문가들이 다양한 주제와 수준별 클래스를 진행한다. 2016년 설립 이래 400개 이상의 과정을 진행했으며 4000명 넘는 임직원 대다수가 하나 이상의 과정을 수강했다.

특히 에어비앤비는 현업 밀착형 교육을 위해 사업부 단위별로 부서의 상황과 맥락에서 쓰이는 데이터를 활용한 맞춤형 교육인 데이터유인텐시브(Data U Intensive)를 진행하고 있다. 교육 참가 후 구성원의 80% 이상이 데이터를 업무에 활용하게 됐으며 데이터 업무 지원 요청이 50% 이상 감소했다고 한다.

진정한 데이터 중심 기업이 되는 길은 데이터가 비즈니스 전략, 시스템, 프로세스와 문화에 깊이 자리잡는 것이다. 이 변화는 전 구성원의 사고방식과 행동양식의 변화가 함께 수반돼야 하는 힘든 도전이자 긴 여정임을 명심해야 한다.

자료: 최소영(IGM세계경영연구원 수석연구), 이코노미조선, IGM의 인사이트 경영 〈10〉, 2021. 10. 16.

제1절 데이터와 정보의 개념

오늘날 우리는 '정보(information)'라는 용어를 말하기도 하고 듣기도 하면서 생활하고 있다. 더구나 늘 중대한 의사결정을 해야 하는 경영자에게는 정보가 없어서는 안 될 중요한 경영자원으로서 막중한 역할을 수행하고 있다. 이제 모든 기업은 정보 없이 하루도 운영될 수 없다. 따라서 정보는 기업뿐만 아니라 모든 조직을 운영하는 데 있어서 필수적인 요소가 되었음에도 불구하고 대부분의 경우 정보의 개념에 대해 정확히 알고 있거나 정보의 중요성에 대해 인식하고 있는 사람이 그리 많지 않은 것 같다.

1. 데이터와 정보의 개념

우리가 일상생활에서 자주 사용하는 '데이터(data)'와 '정보(information)'는 같은 의미로 혼동되는 경우가 많다. 그러나 개념적으로 볼 때, 데이터와 정보는 분명히 차이가 있다. 데이터는 라틴어의 'do', 'dare'에서 유래했으며 '주다(to give)'라는 의미를 가지고 있다. 일반적으로 특정한 일에 사용될지도 모르는 사실, 이미지, 소리 등을 말하며 정보를 생산하는 데 필요한 원재료라고 할 수 있다. 즉 단순한 사실들에 대한 기록으로서 그 사실만으로는 큰 의미가 없는 것이다. 예를 들면, 어떤 가구회사의 전국 대리점 수, 매출액, 각 상품별 재고량, 영업사원의 사원번호, 판매되는 상품의 번호 등은 그 자체만으로는 특별한 의미가 없으므로 데이터라 할 수 있다.

정보는 라틴어 'informo', 'informare'에서 유래했으며 '형식을 주다(give form to)'라는 의미를 지니고 있다. 정보는 그 형식이나 내용이 특정한 목적이나 용도에 적합하게 사용될 수 있는 데이터를 의미한다. 정보란 의사결정자에게 유용할 때에만 그 의미를 갖게 되고 별 의미를 갖지 못하는 사람에게는 단순한 데이터에 불과하다. 예를 들어, 이른 아침 직장에 출근하려는 사람에게는 그날의 일기예보는 우산을 준비해 나가야 할지 말지를 결정하는 의미 있는 정보이지만, 밖에 나가지 않고 하루종일 집에 있게 될 사람에게는 단순한 데이터에 불과하다.

2. 정보의 특성

정보사회에서는 정보를 다른 경영자원과 같이 중요한 자원으로 인식하고 있다. 이러한 정보는 수많은 데이터 중에서 의사결정에 활용되기 위해 유용한 형태로 가공되어지는데 이것이 유용한 정보인지는 목표달성에 얼마나 기여하는가와 밀접한 관련이 있다. 물론 모든 정보는 목표달성과 관련된 의사결정 측면에서 보면 가치가 모두 동일할 수 없으며, 언제, 어떠한 방식으로 자료가 수집되고 처리되느냐에 따라 정보의 가치가 달라지게 된다.

정보가 경영자나 의사결정자에게 유용한 가치를 갖기 위해서는 다음과 같은 일반적인 특성을 가지고 있어야 한다.

(1) 정보의 정확성(Accuracy)

정보의 정확성이란 정보에 오류가 없다는 것을 의미한다. 의사결정을 하려는 정보이용자는 항상 정확한 정보를 원하지만 직면하는 의사결정이나 문제에 관련된 데이터를 정확하게 수집하는 것이 매우 어렵기 때문에 또는 처리방법이 적절하지 못해 정보의 정확도가 달라질 수 있다. 이러한 부정확성은 정보의 사용목적에 큰 영향을 주지 않는 한 심각한 문제로 제기되지 않는다. 의사결정자가 허용할 수 있는 정보의 정확성 정도는 직면하게 되는 상황에 따라 달라지게 되는데, 시간적으로 긴급을 요하는 정보인 경우 오류의 가능성이 상대적으로 높기 때문에 의사결정자는 적시성과 정확성 사이에서 절충을 해야 한다. 그리고 관련성이 적은 정보인 경우는 의사결정에의 영향이 크지 않기 때문에 정보의 정확도가 떨어진다 해도 그 정보를 활용하게 되고, 반대로 관련성이 높아 정보의 정확도가 의사결정에 중대한 영향을 미치게 되는 경우에는 정보의 정확도를 중요한 질적 특성으로 고려해야 한다.

(2) 정보의 신뢰성(Reliability)

정보는 신뢰할 수 있어야 하며, 데이터의 원천과 수집방법에 따라 정보의 신뢰성이 달라질 수 있다. 예를 들며, 어떤 근거나 자료를 갖고 있지 않은 고등학생이 국제유가가 급등할 것이라고 했을 때, 이 정보는 신뢰성이 없다고 할 수 있다. 그러나 에너지 전문연구기관의 연구원이 국제유가에 대한 정확한 데이터를 수집하고 분석한 후에 국제유가가 급등할 것이라고 했다면, 이 정보는 신뢰성이 있다고 할 수 있다.

(3) 정보의 관련성(Relevance)

정보의 관련성은 정보가 필요로 하는 목적에 맞게 사용될 수 있는지의 여부에 따라 결정된다. 의사결정과정에서 특정 정보가 절대적으로 필요하거나 혹은 어떤 정보의 사용으로 의사결정의 결과가 향상된다면 그 정보는 관련성이 있다고 할 수 있다. 그러나 정보의 관련성은 절대적인 기준으로 평가하기가 어려운데 그 이유는 동일한 내용의 정보도 그 정보를 사용하는 목적에 따라 관련성의 정도가 달라지기 때문이다. 예를 들면, 국제 목제가격이 하락할 것이라는 정보는 가구업체에는 관련성이 있으나, 컴퓨터 칩을 제조하는 회사에는 관련성이 없다고 할 수 있다. 또 다른 예로, 항공회사의 좌석예약 업무를 담당하는 직원에게 빈 좌석 수는 관련성이 있는 정보이지만, 잠재고객의 개인적 특성인 성별, 직업, 소득 등과 같은 정보는 관련성이 없다고 할 수 있다. 그러나 잠재고객의 개인적 특성과 관련된 정보는 고객의 특성을 분석해 마케팅 전략을 수립하는 데는 관련성이 있는 정보라 할 수 있다.

(4) 정보의 적시성(Timeliness)

정보는 필요할 때 필요에 맞는 정보가 제공되어야 한다. 정보는 적시성 여부에 따라 가치가 변할 수 있기 때문에 시간적 가치를 가지고 있다고 할 수 있다. 일반적으로 의사결정을 하는 데 있어서 정보의 가치는 시간이 흐를수록 떨어지지만, 정보이용자가 속한 계층과 수행하는 업무에 따라 적시성의 정도가 달라질 수 있다.

예를 들면, 최근 소비자의 기호 변화나 시장의 변화와 관련해서 의사결정을 할 때는 가장 최근의 정보가 필수적이지만, 장기적인 수요예측이나 판매예측 등에는 시간이 어느 정도 지난 정보도 활용될 수 있다.

(5) 정보의 검증가능성(Verifiability)

정보의 검증가능성은 정보의 정확성을 확인할 수 있는 능력을 말하는 것으로 정보의 정확성을 검증할 수 없다면 그 정보를 신뢰할 수 없게 된다. 따라서 신뢰할 수 없는 정보는 상대적으로 적시성과 관련성이 높다고 하더라도 정보의 가치는 매우 낮게 평가될 수 밖에 없다.

일반적으로 정보의 정확성을 검증하는 방법은 이미 정확하다고 알려져 있는 정보와 비교하는 방법, 정보의 원천을 확인하는 방법, 혹은 정보의 원천으로부터 자료를 역추적하거나 데이터로부터 정보를 추적하여 일치 여부를 확인함으로써 검증하는 방법이 있다.

제2절 정보자원의 관리

과거 산업사회에서는 전통적인 경영자원인 사람, 기계, 자금(3M: Man, Machine, Money)을 얼마나 효율적으로 운영하느냐에 따라 기업의 생존이 결정되었다고 해도 과언이 아니다. 그러나 정보사회에 진입하면서 정보는 기업에 그 무엇보다도 중요한 경영자원으로 인식되는데 그 이유는 정보 없이는 기업이 가지고 있는 경영자원을 효율적으로 활용할 수 없기 때문이다. 이와 같이 정보가 기업의 중요한 자원이라면 정보도 다른 경영자원과 동일하게 관리되어야 한다.

기업경영에서 정보자원관리의 필요성은 크게 다음과 같은 두 가지로 요약될 수 있다.

첫째, 과거에 비해 경영관리의 복잡성이 증대되었기 때문에 체계적인 정보자원관리가 필요하다고 할 수 있다.

둘째, 복잡한 경영문제를 보다 효과적이고 효율적으로 해결하기 위한 수단으로 정보기술의 활용이 그 어느 때보다 절실히 요구된다고 할 수 있다.

1. 경영관리의 복잡성 증대

오늘날 기업의 경영관리가 과거 어느 때보다 어려울 뿐만 아니라 점점 더 복잡해지고 있는데, 그 이유는 글로벌 경영환경하에서 경쟁을 해야 하고, 기술이 발전함에 따라 더욱 복잡해지는 기술로 경쟁을 해야 하기 때문이다.

또한 환경변화에 민첩하게 대응하기 위해 보다 빠른 의사결정을 해야 하는 것은 물론 환경오염이 중요한 사회적 이슈로 떠오름에 따라 사회 · 환경문제에 대처해야 하는 어려움에 직면하고 있기 때문이다.

(1) 경영환경의 글로벌화

정보기술의 급격한 발전으로 디지털 시대가 확산되면서 경제활동의 글로벌화는 더욱 빠르게 진행될 것으로 예상할 수 있다. 특히 인터넷과 초고속통신망을 통해 기업들은 별다른 추가적인 비용 없이 글로벌 경영환경에서 기업활동을 할 수 있는 체제가 만들어지고 있다. 이와 같은 현상은 전 세계 대부분의 기업들의 경영활동에서 상당히 진전되고 있다. 따라서 규제의 완화, 시장의 자유화 및 무역장벽의 철폐 등을 통해 효율성을 높일 수 있는 가능성도 그만큼 커져 시장 메커니즘과 기업 간 경쟁구도도 더욱 빠르게 전환될 것이다.

(2) 가속화되는 기술의 복잡성

최근 기업들에게 더 복잡하고 과학적인 경영관리에 대한 필요성이 증대되고 있는 이유는, 첫째, 고객의 기호가 변화하고 있을 뿐만 아니라 점점 더 다양해지고 있으며, 둘째, 급변하고 있는 시장환경에 신속하고 유연하게 대응하기 위해 다양한 정보를 빠른 시간에 분석해야 하는 것은 물론 경쟁이 심화되고 있는 가운데서도 이익을 달성해야 하고, 셋째, 생산을 비롯한 경영기능의 효율성 증대를 위해 도입되는 각종 기술들을 관리하는 문제가 예전보다 훨씬 복잡해지고 있기 때문이다.

(3) 보다 빠른 의사결정 요구

고객 요구에 대한 신속한 대응, 시장변화 및 경쟁사에 대한 능동적이고 즉각적인 대응, 경영환경의 급격한 변화로 인해 기업활동의 템포가 과거에 비해 가속화되고 있다. 최근에는 기업이 새로운 제품을 개발할 때 설계에서 생산까지 걸리던 시간이 대폭 줄어들어 새로운 제품이 시장에 나오는 기간이 점점 짧아지고 있다. 과거에 비해 고객서비스에 대한 대응이 신속하게 이루어지고 있는 것은 그만큼 서비스에 관련된 업무처리시간이 단축되었다는 것을 보여주고 있는 것이다. 따라서 경영자나 관리자들의 업무처리나 의사결정은 더욱더 빠르게 이루어져야 한다.

(4) 경쟁의 심화

경쟁의 정도가 가속적으로 심화되고 있는 상황에서 기업들은 경쟁력을 향상시키기 위해 효율성 극대화를 위한 무한한 노력을 하고 있다. 특히 과거에는 생각하지도 못했던 미미한 부분까지 효율성을 높여 이윤을 향상시켜야 하는 상황에 처해 있다.

과거에는 관세장벽으로 상대적으로 보호된 시장환경하에서 기업활동을 하던 국내 기업들은 시장개방으로 인해 경쟁우위에 있는 세계적인 선진기업들과 살아남기 위해 치열한 경쟁을 해야만 한다. 또한 후발 개발도상국들의 저가상품 유입으로 가격경쟁력이 떨어져 시장에서의 입지가 점차 좁아지고 있으며, 고부가가치 상품의 경우는 선진기업들과의 품질경쟁으로 어려움이 가중되고 있다. 특히 소득수준의 향상으로 고객들의 기호가 점점 다양해지고 있는 가운데 이들의 요구를 만족시킬 수 있는 기업활동이 요구된다. 따라서 기업의 경영자들은 경쟁에서 살아남기 위해 경쟁사의 한계점을 넘을 때까지 기업의 효율성을 극대화해야 하는 상황에 직면하고 있다.

(5) 환경보존에 대한 사회적 관심 증대

기업의 목표는 이윤을 추구하는 것이지만 이윤의 극대화만을 고집해 사회와 공존하지 못하는 기업은 더 이상 존재하기가 어렵다. 기업은 제품이나 서비스의 생산을 통해 이윤을 창출하게 되는데 생산과정에서 배출된 환경오염에 대한 사회적 관심이 점점 커지고 있다. 따라서 기업의 경영목표나 기업활동 방식이 과거와 다른 모습으로 바뀌어야 한다. 종종 기업은 환경보존 측면에서 좋지 않은 이미지로 인해 기업의 존폐에 영향을 받기도 한다. 또한 지역사회나 지역 환경에 부정적 영향을 미치는 기업활동들로 인해 기업이 문을 닫아야 하는 상황이나 공장을 이전해야 하는 어려움을 겪을 수도 있다. 이러한 새로운 요인들이 새로운 공장입지 선정, 제품설계, 제품생산 및 판매활동에 영향을 미치는 중요한 요인들이기 때문에 기업들은 환경에 대한 사회적 관심을 경영활동에 반드시 고려해야만 한다.

2. 정보기술 활용을 통한 효율적 문제해결

경영환경이 급속하게 변화하고 더욱더 복잡해짐에 따라 경영관리자가 직면하는 문제를 효과적으로 해결하는 것이 훨씬 어려울 뿐만 아니라 더 많은 노력과 시간이 요구된다. 이에 문제해결을 합리적으로 하기 위해 과학적인 기법이 활용되는 것은 물론 더 신속하고 정확하게 문제를 풀고 답을 구하기 위해 정보기술을 활용하고 있다.

생산현장의 문제를 해결하기 위해 응용수학을 이용한 과학적 경영기법이 1950년대 기

표 13-1 정보활용의 국내외 대표적 사례 기업

기업	정보활용형태	정보활용내역에 대한 개략적 묘사
삼성물산	맞춤 마케팅	기성복 가운데 고객이 원하는 옷이나 색상이 없을 경우 공장에서 만들어 이를 가정으로 배달해 주는 서비스 운영
삼왕인터내셔널 / 끌레벨 / 유로메이트	맞춤 마케팅	고객의 체형에 맞게 속옷을 맞춰 주는 기능성 속옷 제조
도요타자동차	맞춤 마케팅	주초에 고객이 제시한 차종, 엔진, 색상, 선택사양 등을 토대로 그 주 금요일에 배달해 주는 맞춤 생산 서비스 실시
델컴퓨터 말레이시아 공장	맞춤 마케팅	아시아지역에서 주문한 개별 고객의 주문사양에 맞게 조립하여 국제특급배달 서비스를 이용하여 고객에게 직접 배달
국내 이동통신	업체 간 정보 공유	통신요금 체납자 정보 및 분실 또는 도난된 이동전화 단말기 정보를 토대로 만들어진 데이터베이스를 가입신청 시 불량고객 색출에 활용
	맞춤 마케팅	다양한 고객을 동시에 끌어들이고 고객 이탈을 방지하기 위해 다양한 요금옵션과 할인제도를 도입한 서비스 프로그램을 제공
Levis Strauss	맞춤 마케팅	고객의 취향과 체형에 맞는 청바지 맞춤 서비스
Tesco PLC (www.tesco.co.uk)	표적 마케팅	고객의 식료품 구입기록을 토대로 취향에 맞는 제품에 대한 할인쿠폰만을 배달해 주는 서비스
Experian Information Solutions (www.experian.com)	정보의 상품화	고객의 신용거래실적 정보를 가공하여 타 업체에 서비스
Merck-Medco Managed Care	정보의 상품화	의료보험 클레임 기록자료를 분석하여 특정 처방의 효과를 제약업체에 판매
Wal-Mart	표적 마케팅	일기 변동에 따른 음료수 재고 확보량의 정확한 예측
컨티넨탈 항공	신속한 대처	매 시간마다 지역별, 국가별, 노선별 실적사항을 파악하여 필요한 대처를 신속하게 수행함
Travelocity	맞춤 마케팅	특정 목적지의 항공권 구입을 위해 5일 이내 3회 이상 검색할 경우 맞춤형 여행 제안을 제시함

자료: 김성근 · 양경훈, 경영정보관리, 문영사, p.6.

업에 도입되어 적용되기 시작하였으며, 1960년대 들어 적용범위가 기업의 모든 영역으로 확대되면서 경영과학이란 학문으로 체계화되었다. 이와 같이 계량적이고 과학적인 기법들은 컴퓨터 활용의 확산으로 효용성이 더욱 높아졌고, 1980년대 이후 개인용 컴퓨터의 보급이 확산되면서 활용이 더욱 가속화되었다. 그 이후 사무자동화시스템의 발전으로 경영관리자의 문제해결 노력은 훨씬 효율적으로 수행되고 있다. 이와 같이 점점 복잡해지는 경영환경에서 경영관리자는 다양한 정보기술을 적절하게 활용함으로써 문제해결을 보다 효율적으로 수행할 수 있다.

잠시 쉬어가기

LG이노텍, 인공지능 활용 특허정보 시스템 구축

LG이노텍은 6일 인공지능(AI)을 활용한 특허정보 시스템을 구축했다고 밝혔다.

LG이노텍에 따르면 특허정보 시스템은 전 세계 특허 정보를 분석해 기업이 신제품과 신기술 개발 방향을 결정하는 데 활용된다. 그동안은 새로운 제품 및 기술과 비슷한 특허는 없는지, 다른 특허를 침해하지 않는지 등 지적재산 보호와 리스크 관리를 위해 활용됐다.

이번에 LG이노텍이 개발한 특허정보시스템은 AI 기술을 적용해 사람이 확인하기 힘든 수만 건의 특허정보를 짧은 시간에 분석해 개발에 필요한 핵심 정보를 제공한다. 이에 따라 개발 후 특허를 창출했던 기존 방식에서 벗어나, 특허 분석을 통한 연구개발(R&D) 전략 수립이 가능해졌다. 특허정보가 리스크 관리와 지적재산 보호 용도를 넘어 연구개발 전략 수립의 선행지표 역할을 하게 된 것이다.

LG이노텍의 AI 특허정보시스템은 사람보다 900배 빠른 업무 처리 속도를 자랑한다. 특허정보 5만 건을 분석할 경우 5명의 사람이 하루 8시간, 총 100일을 수행해야 하는데, AI 특허정보시스템은 4시간 만에 가능하다.

AI 문장 인식 모델이 있어 이렇게 빠른 처리 속도가 가능해졌다. 이 모델은 특허 문서의 텍스트와 문맥을 실시간으로 자동 분석해 특허 응용분야, 해결 과제 및 방안 등 핵심 정보를 빠르게 추출할 수 있다. 또 AI가 기술 데이터의 분류기준을 지속적으로 학습해 수만 건의 특허정보를 세부 기술 단위로 자동 분류할 수 있게 된 부분도 처리 속도 향상의 이유다.

LG이노텍은 앞으로 매년 300만 건 이상 출원되는 특허 빅데이터를 분석해 기술 동향과 산업 방향을 파악하는 동시에, 기존 제품과의 차별화를 위한 세분화된 제품 개발 전략을 세우겠다는 방침이다.

강민석 LG이노텍 최고기술책임자(CTO)는 "특허정보는 미래 산업과 시장의 흐름을 보여주는 선행지표로 향후에는 전 세계에서 축적한 특허 빅데이터를 잘 활용하는 기업이 기술 주도권을 갖게 될 것"이라며 "AI, 빅데이터 등을 적극 활용한 전략적 연구개발로 고객을 감동시킬 수 있는 차별화 기술과 제품을 지속 선보여 나가겠다"고 했다.

자료: 조선비즈, 2021. 04.06.

제3절 경영관리와 정보시스템

기업은 목표를 가지고 있는 조직체이다. 이러한 조직체는 목표를 달성하기 위해 경영활동을 수행하게 된다. 따라서 조직체에 포함되어 있는 각 조직구성원이 수행하게 되는 역할과 기능이 무엇인지를 파악하고, 이를 효율적으로 수행할 수 있도록 정보시스템이 어떤 역할을 하는지를 이해해야만 정보시스템을 성공적으로 구축할 수 있다.

이 절에서는 먼저 정보시스템의 개념과 구성요소에 대하여 살펴본다. 그리고 경영관리과정에 대한 개념을 소개하고 정보시스템이 경영관리과정을 어떻게 지원하는지, 또한 정보시스템이 계층별 경영관리과정을 어떻게 지원하는지, 그리고 시대에 따라 정보시스템의 역할에 어떠한 변화가 있었는지 살펴보고자 한다.

1. 정보시스템의 개념

정보시스템(Information Systems: IS)이란 경영자가 경영활동을 수행하는 과정에서 요구되는 의사결정, 조정 그리고 통제를 지원하기 위한 정보의 수집, 분석, 저장, 배분과 관련된 모든 구성요소들의 집합이라고 할 수 있다. 정보시스템은 경영자와 근로자가 직면하는 문제를 분석하고, 복잡한 주제를 구체화하고 명료화하며, 새로운 제품을 설계하고 생산하도록 지원한다. 이를 위해 정보시스템은 조직이나 조직을 둘러싸고 있는 환경에서 의미 있는 인적 · 물적 자원과 장소, 사실, 사물에 관련된 정보를 포함하고 있다.

정보시스템은 세 가지 활동, 즉 입력, 처리, 출력으로 구성된다. 정보시스템의 이러한 활동은 조직이 의사결정을 하고, 운영을 통제하며, 문제를 분석하고, 새로운 제품과 서비스를 개발하는 데 필요한 정보를 생산한다. 입력은 조직 내에서 또는 외부환경으로부터 데이터를 획득하거나 수집하는 것을 의미한다. 처리는 이러한 원시 입력 데이터를 의미 있는 형태로 변환시키는 과정을 말한다. 출력은 처리된 정보를 사용할 사람이나 사용될 활동에 유용한 형태로 전달하는 과정을 의미한다. 그리고 정보시스템은 출력된 정보를 평가한 다음 피드백을 하게 된다. 피드백은 입력 단계를 평가하거나 교정하는 데 도움이 되도록 조직의 해당 구성원에게 반송되는 출력을 말한다.

그림 13-1 정보시스템의 기능

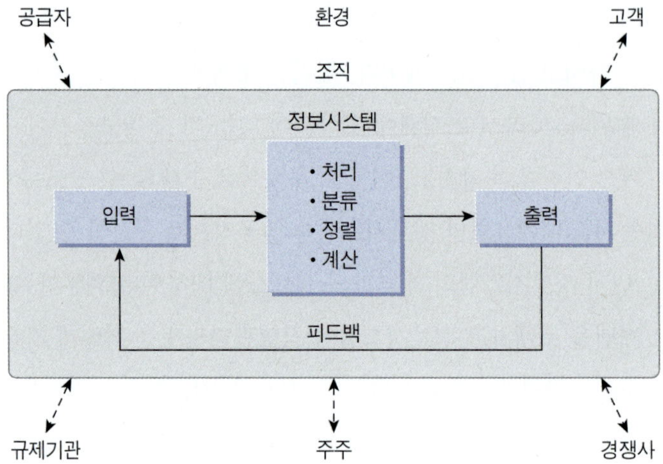

자료: 이양규 외, 경영정보시스템의 이해, 사이텍미디어, p.12.

2. 정보시스템의 구성요소

정보시스템이 지향하는 목표를 원활하게 달성하기 위해서는 다음과 같은 여섯 가지 구성요소가 필요하다고 할 수 있다.

(1) 하드웨어

하드웨어(hardware)란 물리적인 구조를 가지고 있는 컴퓨터 장비를 말하는 것으로 입력, 처리, 출력활동을 수행한다. 입력장치에는 키보드, 마우스, 스캐너, 터치스크린 등이 있으며, 처리장치에는 컴퓨터의 두뇌에 해당하는 중앙처리장치 등이 있고, 출력장치에는 대표적으로 프린터, 모니터 등이 있다. 이 외에도 다양한 하드웨어가 있으며 사용자의 필요에 따라 선택되는 하드웨어의 종류가 달라질 수 있다.

(2) 소프트웨어

소프트웨어(software)는 컴퓨터의 작업을 지시하는 일련의 프로그램들이다. 이들은 컴퓨터로 하여금 새로운 문서를 작성하게 하고, 작성된 문서를 프린트하기도 하며, 필요에 따라서는 저장된 문서를 불러와 편집을 하기도 한다. 영업부서에서는 마케팅정보시스템을 이용해 월별 영업실적을 처리할 뿐만 아니라 영업보고서를 작성해 경영자에게 보고하기도 한다.

소프트웨어는 크게 시스템 소프트웨어와 응용 소프트웨어로 나누어진다. 시스템 소프트웨어는 중앙처리장치의 운영관리, 입출력 및 파일관리, 각종 자원과 컴퓨터시스템의 활동, 통제 등의 기능을 수행한다. 응용 소프트웨어는 특정 업무의 수행을 위해 작성된 모든 프로그램을 말하며, 응용범위에 따라 모든 분야에서 활용할 수 있도록 작성된 범용 소프트웨어와 특정 요구에 맞추어 작성된 전용 소프트웨어로 분류된다.

(3) 데이터베이스

데이터베이스(database)는 여러 사람에 의해 공유되어 사용될 목적으로 통합하여 관리되는 데이터의 집합을 말하며, 데이터 항목의 중복을 없애고 데이터를 구조화하여 저장함으로써 데이터 검색과 갱신의 효율을 높인다. 여기에는 고객, 종업원, 판매정보, 상품정보, 거래처리 기록, 경쟁업체의 매출액 등의 다양한 내용이 들어 있다.

데이터베이스를 운용하고 관리하는 시스템을 데이터베이스 관리시스템(Database Management Systems: DBMS)이라고 하며, 이 시스템 없이는 데이터베이스를 실제적으로 운영하기가 어렵다. 또한 DBMS는 사용자와 응용 프로그램에 편리하고 효율적인 데이터베이스 사용환경을 제공한다.

(4) 통신 및 네트워크

통신(communication)은 하드웨어와 소프트웨어로 구성된 조직의 컴퓨터시스템을 서로 연결시켜 주며 네트워크(network)는 데이터 또는 프린터와 같은 자원을 공유하기 위하여 2개 이상의 컴퓨터를 연결하는 것을 말한다. 통신은 기업의 시간과 공간의 제약을 없애 제품생산을 더욱 빠르게 할 수 있도록 할 뿐만 아니라 신속한 의사결정과 새로운 시장으로의 진출을 가능하게 한다. 또한 기업이 고객이나 공급업자와의 관계를 새롭게 구축할 수 있는 기회를 제공한다.

전 세계 2백여 국가에서 사용하고 있는 인터넷은 수억 개가 넘는 호스트 컴퓨터를 가지고 수백만 개의 네트워크를 연결하는 글로벌 네트워크이다. 급속히 확산되고 있는 인터넷은 기술의 발전과 함께 기존의 조직구조와 비즈니스 프로세스 및 관행을 빠르게 바꿔 놓고 있어 기업경영에 새로운 가능성을 제시하고 있다.

(5) 사람

정보시스템을 구성하고 있는 요소 중 가장 중요한 요소는 무엇보다도 사람(person)이다. 정보시스템은 그것을 구축하고 유지하는 숙련된 기술을 가지고 있는 정보시스템 전문가와 개발된 정보시스템을 이용해 비즈니스 목표를 달성하기 위하여 재무, 인사, 생산, 마케팅 부서의 경영자나 관리자 또는 일반 종업원들이 사용하게 된다.

정보시스템을 구축하고 운영할 수 있는 사람도 없고 그 시스템을 이용해 업무를 수행하는 사람이 제공되는 정보를 어떻게 이용해야 할지 모른다면 아무리 완벽하게 구축된 시스템이라도 가치가 없는 무용지물이 되기 때문이다.

(6) 절차

절차(procedure)는 정보시스템을 개발하고 활용하기 위한 전략, 정책, 방법, 규칙, 순서 등을 말하는 것으로 프로그램들이 언제 실행되어야 하는지, 어떤 사람이 데이터베이스에 접근할 수 있는지, 그리고 재난이 발생했을 때 어떻게 해야 하는지를 기술한다.

그림 13-2 정보시스템의 구성요소

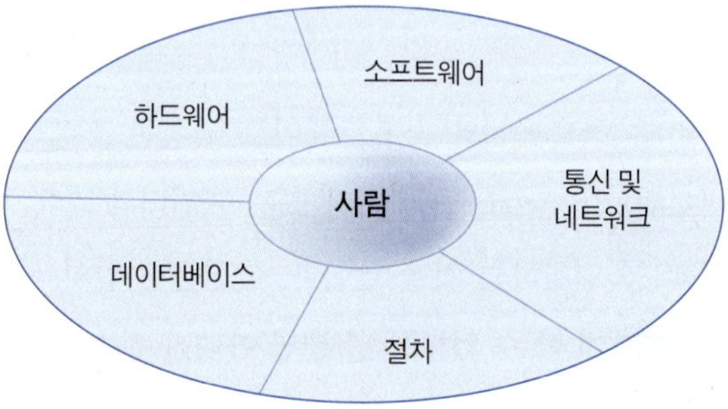

자료: 노규성 · 조남재, 경영정보시스템, 사이텍미디어, 2010, p.169.

표 13-2 정보시스템의 물리적 구성요소

물리적 요소	내용
하드웨어	물리적인 컴퓨터 기기 및 관련 기기를 말하며, 5가지 주요 요소(입력장치, 출력장치, 주기억장치, 보조기억장치, 중앙처리장치)로 구성된다.
소프트웨어	하드웨어의 동작과 작업을 지시하는 명령어의 모음인 프로그램 및 절차를 의미한다.
데이터베이스	응용 소프트웨어에 의해 생성되고 저장되는 모든 데이터를 의미하며, 이 데이터가 처리되어 정보로 활용된다. 일반적으로 데이터는 보조기억장치로 사용되는 물리적인 기억매체에 수록된다.
통신 및 네트워크	컴퓨터 및 전송 기기의 연결을 통해 데이터의 공유와 다양한 형태의 의사소통을 가능하게 하는 통신망으로서 정보통신용 하드웨어와 소프트웨어를 포함한다.
사람	시스템 분석가, 시스템 설계자, 프로그래머, 컴퓨터 운영요원, 데이터 준비요원, 정보시스템 관리요원, 데이터베이스 관리자 등이 있다.
절차	매뉴얼이나 지침서와 같이 물리적인 형태를 가지는 공식적인 운영절차 등을 의미한다. 주요 절차형태는 사용자 지침, 입력자료 준비를 위한 지침, 컴퓨터 운용을 위한 지침 등이다.

자료: 노규성, 조남재, 경영정보시스템, 사이텍미디어, p.169.

3. 경영관리와 정보시스템

(1) 기획

경영관리의 가장 기본적인 기능 중의 하나는 모든 조직구성원들이 조직의 목적이나 목표를 제대로 인식하게 함으로 해서 이를 달성할 수 있는 방법이 무엇인지를 이해하도록 하는 것이다. 기획은 언제, 누가, 무엇을, 어떻게 할 것인가 등을 미리 결정함으로써 조직의 목적이나 목표의 효과적인 달성방안을 마련하는 과정이다.

미래에 발생하게 될 일을 정확하게 예측한다는 것은 대단히 어려운 일임에 틀림이 없다. 그렇다고 계획조차 수립하지 않는다면 추구하는 목적과 목표를 달성할 수 있는 기회조차 놓쳐 버리는 일이 생기게 될 것이다. 그러므로 유능한 경영자라면 미래의 변화를 예측하여 목적과 목표를 설정하는 것뿐만 아니라 이를 달성할 수 있는 방안까지도 마련할 수 있는 기획기능을 수행할 수 있어야 한다.

경영자는 기획기능에 필요한 정보를 정보시스템을 통해 제공받음으로써 기획기능을 완벽하게 수행할 수 있다. 예를 들면, 자본예산수립모형을 활용하여 새로운 공장을 설립하는 데 필요한 예산에 관한 정보를 얻음으로써 주요 지출에 대한 계획을 수립할 수 있다.

(2) 조직화

기획과정을 통해 조직의 목표가 결정되면, 이를 가장 효과적으로 달성할 수 있도록 조직의 인적 · 물적 자원을 체계적으로 배치하는 것을 말한다. 그러므로 조직화는 기획과정을 통해 수립된 조직의 목표달성을 위해 필요한 활동들을 결정하는 것은 물론 이를 조직의 부서나 과 단위로 분류해서 할당하게 된다. 또한 이러한 활동을 수행할 수 있도록 경영자에게 권한을 부여한다.

정보시스템을 활용해 조직화를 지원할 수도 있다. 인적자원관리를 위해 구축된 개인별 데이터베이스를 이용해 산출된 정보를 바탕으로 유능한 인재를 적재적소에 배치함으로써 능력을 발휘할 수 있도록 한다.

(3) 충원

조직화 단계에서 기업운영에 필요한 인력을 확보하기 위한 활동을 말한다. 따라서 충원은 조직화에서 정의된 직무의 수행에 요구되는 인력의 자격조건을 결정하고, 지원자들을 평가해서 선발하고, 할당된 임무를 효과적으로 수행할 수 있도록 교육 및 훈련을 시키거나 조직구성원들의 능력을 개발하는 과정을 포함한다.

인적자원관리시스템을 통해 인적 자원의 소요 예측이 가능하고, 축적된 인사고과에 대한 분석으로 요구되는 자격조건을 제시할 수 있어, 선발기준에 따른 평가로 지원자 선발에 도움을 줄 수 있다.

(4) 지휘

조직구성원 간의 의사소통, 지시, 조정 및 동기부여를 통해 조직의 목표달성에 매진하도록 리더십을 발휘하는 것이다. 이러한 리더십을 발휘하기 위해서는 조직구성원의 바람과 태도를 이해하고, 행위를 분석하여 조직목표의 달성과 함께 조직구성원의 바람과 욕구도 만족시킬 수 있는 능력이 필요하다. 전자우편은 조직구성원들 간의 의사소통을 더욱 쉽게 할 수 있는 방법이다.

(5) 통제

조직의 성과를 계획된 기대치와 비교하여 기업활동의 성과를 향상시키기 위한 통제기능을 수행하게 된다. 통제기능에는 계획된 조직활동들이 계획대로 수행되었는지 여부를 판단하는 통제활동과 기업활동의 결과를 측정하고 평가하여 향후 더 나은 기업활동을 할 수 있도록 개선사항을 계획과정에 반영하는 교정활동이 포함된다.

기업활동의 실제 성과가 계획과 다르게 나타나는 두 가지 상황은 다음과 같다. 첫째, 실제 성과가 계획된 기대치보다 높게 나타나게 되는 경우이다. 이 경우는 통제의 대상이 될 수 없다고 생각할 수 있으나, 성과가 기대치보다 높게 나타나게 되는 경우라도 그 차이의 원인을 분석해야 한다. 예를 들면, 그 차이의 원인이 목표를 초과달성한 것인지 아니면 목표설정이 너무 낮기 때문인지 분석해야 한다. 둘째, 실제 성과가 기대치보다 낮게 나타나는 경우로서 그 원인과 문제점을 분석하고 제거함으로써, 적절한 목표의 설정 및 실행과정의 수정을 통해 조직구성원들이 계획된 목표를 달성할 수 있도록 해주어야 한다.

대부분의 경우 조직구성원들은 설정된 목표를 달성하기 위해 많은 노력을 경주하게 된다. 하지만 기업을 둘러싸고 있는 환경이 목표달성에 부정적 또는 긍정적 영향을 미칠 수 있어 실제 성과에 대한 평가가 다를 수 있다. 예를 들면 갑자기 경제상황이 IMF나 금융사태처럼 나빠질 수도 있지만 반대로 예상과는 달리 경제상황이 좋아질 수 있다. 그러므로 일단 조직의 목표가 결정되면 조직구성원 개개인의 목표뿐만 아니라 조직 전체의 목표를 달성할 수 있도록 경영 여건의 개선은 물론 조직구성원들의 직무만족과 동기부여를 생각하면서 경영활동을 수행하여야 한다.

통제과정은 경영관리과정의 마지막 단계로서 모든 활동이 끝나는 것이 아니라 피드백 과정을 통해 다음의 기획과정에 다시 연결된다는 것을 고려해야 한다. 통제과정을 수행하는 데 있어서 실행이 계획된 대로 진행되고 있는지를 비교하고 평가할 수 있는 정보가 필요한데, 정보시스템은 이러한 통제과정을 수행하는 데 필요한 정보를 제공하게 된다.

4. 계층별 경영관리와 정보시스템

기업은 조직구성원이 수행하는 활동들을 통해 목표를 달성하게 된다. 그러나 여러 부서에서 조직구성원들의 활동들이 효과적으로 수행되기 위해서는 경영관리가 체계화되어야 한다.

경영관리는 조직계층에 따라 역할과 대상이 서로 다를 수밖에 없으며, 경영관리활동을 수행하는 조직계층을 경영계층이라고 한다. 일반적으로 구분하는 세 가지 경영계층은 최고경영층, 중간경영층, 그리고 하위경영층이다.

정보시스템을 경영계층에 따라 구분하면 하위경영층의 업무처리와 데이터를 처리하기 위한 거래처리시스템(Transaction Processing Systems: TPS), 중간경영층의 의사결정에 필요한 정보를 제공하기 위한 경영정보시스템(Management Information Systems: MIS), 그리고 최고경영층의 업무를 지원할 목적으로 개발된 중역정보시스템(Executive Information Systems: EIS)으로 나누어 볼 수 있다.

(1) 거래처리시스템

거래처리시스템(Transaction Processing Systems: TPS)은 조직의 운영상 기본적으로 발생하는 거래 데이터를 신속·정확하게 처리하는 데 그 목적이 있다. 예를 들어, 고객이 은행창구에서 인출을 요청한 경우, 은행창구 직원은 먼저 고객이 요청한 계좌에 충분한 잔고가 있는지를 확인한 후 요청한 금액을 지불할 것이다. 또한 예금을 인출한 계좌의 잔고가 줄어들고 거래와 관련된 내용은 데이터베이스에 기록될 것이다. 이와 같이 거래활동을 추적·기록·관리하는 활동을 지원해 주는 시스템을 거래처리시스템이라고 한다. 일반적으로 거래처리시스템은 거래처리와 관련된 사람, 절차, 데이터베이스, 소프트웨어, 하드웨어, 네트워크 등으로 구성되며, 정상적이고 구조화된 업무과정에서 발생하는 매일매일의 일상적인 활동을 정형화되고 표준화된 절차나 방법으로 지원한다. 조직은 여러 종류의 거래처리시스템을 활용하고 있는데 경영기능별로 구분해 보면 생산정보시스템, 마케팅정보시스템, 재무/회계정보시스템, 그리고 인사정보시스템 등이 있다.

거래처리시스템의 특징은 다음과 같다.

① **일상적인 거래처리**: 구조화된 업무과정에서 발생하는 매일매일의 일상적인 활동을 반복적으로 처리하기 때문에 운영절차나 처리방법이 정형화되고 표준화되어 있다.

② **운영요원이나 하위경영층이 사용**: 거래처리시스템의 이용자는 대부분 일선업무를 담당하는 운영요원이나 하위경영층이다. 이들은 시스템에서 생산된 결과를 이용하는 주요주체가 아니라 자료입력과 자료처리 업무의 운영 및 통제를 담당하는 역할을 수행한다.

③ **의사결정을 지원하지 않음**: 거래처리시스템은 정형화되고 표준화된 운영절차나 방

법에 따라 데이터처리 업무를 수행할 뿐, 문제해결이나 새로운 기회의 추구와 같은 의사결정을 지원하지 않는다.

④ **많은 양의 자료처리**: 거래처리시스템은 매일매일의 일상적인 업무와 거래를 매일 또는 실시간으로 처리해야 하기 때문에 비교적 짧은 시간에 많은 양의 자료를 처리하게 된다.

⑤ **정보시스템에 자료제공**: 거래처리시스템에서 제공하는 정보는 주로 운영현황에 관한 것으로 관리업무를 지원하지만, 중간경영층이나 최고경영층의 의사결정에 필요로 하는 정보를 제공하는 데 없어서는 안 될 가장 기초적인 자료를 제공해 준다.

⑥ **지속적인 사용**: 거래처리시스템은 조직의 일상적인 활동, 즉 자재 구입, 청구서 발송, 급여 계산 및 고객에게 제공될 상품 선적 등과 같은 기업의 핵심적인 운영업무를 담당하기 때문에 기업이 원활하게 운영되는 데 중요한 역할을 담당하게 된다. 따라서 거래처리시스템은 지속적으로 사용할 수 있어야 한다.

이와 같은 특성을 가지고 있는 거래처리시스템은 조직의 업무를 원활하게 운영하는 데 있어서 매우 중요한 시스템이다. 예를 들면, 항공사의 항공예약시스템이 몇 시간이라도 작동하지 않는다면 항공예약업무에 막대한 영향을 미칠 수 있기 때문이다. 또한 거래처리시스템은 다른 종류의 정보시스템이 필요로 하는 자료를 공급하는 주된 공급원이라는 점에서도 대단히 중요한 역할을 담당하고 있다고 볼 수 있다.

(2) 경영정보시스템

거래처리시스템은 업무나 거래로부터 발생하는 자료를 자동화를 통해 신속 · 정확하게 처리함으로써 업무의 효율성을 높였지만, 중간경영층의 관리업무, 즉 하위경영층의 업무를 감독하고 통제하며, 최고경영층의 의사결정에 필요한 정보를 제공해 주는 역할에는 큰 도움이 되지 못했다. 이런 결점을 보완하기 위해 중간경영층의 경영관리 업무에 필요한 정보를 제공하는 시스템을 경영정보시스템(Management Information Systems: MIS) 혹은 정보보고시스템(Information Reporting Systems: IRS)이라고 한다.

표 13-3 MIS 보고서의 예: 지역별 판매실적 보고서

제품코드	제품명	지역	판매실적(대수)	판매목표(대수)
LTV0043	LCD TV	서울	92,543	80,000
		인천	33,457	34,000
		대전	19,879	20,000
		대구	31,134	30,000
		부산	41,214	45,000
		광주	25,742	25,000
소계			243,869	234,000
NC0021	Notebook	서울	123,639	130,000
		인천	48,734	45,000
		대전	25,692	23,000
		대구	51,253	50,000
		부산	89,623	90,000
		광주	26,992	25,000
소계			365,933	363,000

정보보고시스템을 협의의 경영정보시스템이라고 하는 이유는 중간경영층의 경영관리 업무에 필요한 정보를 제공하기 위해 구축된 시스템이기 때문이며, 이는 시스템 이용 대상이 중간경영층인 반면, 광의의 경영정보시스템은 기업경영에 활용되는 모든 종류의 정보시스템을 포함한다.

경영정보시스템의 특징은 다음과 같다.

① **관리정보의 제공**: 경영정보시스템은 중간경영층의 경영관리 업무를 지원하기 위한 시스템으로 각 부서별 성과를 비교 · 분석하고 평가하여 부서의 활동들을 관리하고 통제하는 데 필요한 정보를 만들어 내고, 최고경영층에 보고될 주요 정보를 제공한다.

② **종합적이고 요약된 정보**: 경영관리자의 임무 중의 하나는 조직을 관리하고 통제하는 것인데 이를 위해 제공되는 관리정보는 종합적이고 요약된 형태로 제공되어야 한다.

③ **보고서 형태의 정보제공**: 경영정보시스템은 경영관리자의 관리업무를 지원하기 위해 각 부서별 업무현황 등과 같은 관리정보를 제공할 때 보고서 형태를 취하게 된다. 보고서는 크게 주기적인 보고서와 예외적인 보고서가 있는데 주기적인 보고서는

경영자의 특별한 요청과 관계없이 주기적(매일, 매주, 매월, 매분기 등)으로 제공된다. 반면 예외적인 보고서는 미리 설정된 예외적인 상황이 발생하게 되는 경우 자동적으로 생성되는 보고서를 말한다. 예를 들면 공급받는 원자재의 품질 저하로 인해 불량률이 갑자기 높아지는 경우 자동적으로 그 내용이 보고서로 출력된다.

④ **자료의 통합 저장**: 경영정보시스템은 경영관리업무에 필요한 정보를 제공하게 되는데 이러한 관리정보는 조직 내 다양한 자료를 종합하고 요약함으로써 만들어진다. 따라서 관리정보를 생성하는 데 필요한 다양한 자료를 통합적으로 관리할 수 있는 통합 데이터베이스가 필요하다.

(3) 중역정보시스템

중역정보시스템(Executive Information Systems: EIS)이란 최고경영층의 전략적 기획과 각종 의사결정에 필요한 정보를 제공할 목적으로 구축된 시스템을 말한다.

과거에는 최고경영층이 정보기술을 활용하는 데 적극적이지 못했다. 그 이유는 최고경영층이 컴퓨터를 다루는 데 익숙하지 않았으며 또한 중간경영층이 의사결정에 필요한 정보를 주기적으로 또는 요구에 따라 수시로 제공하였기 때문이다. 최고경영층이 중간경영층을 통해 필요한 정보를 제공받게 되는 경우 시간의 지체로 인해 신속한 의사결정이 어려울 뿐만 아니라 왜곡된 정보가 제공될 수 있는 가능성이 항시 존재하게 된다. 따라서 이러한 문제점을 해결하기 위해 최고경영층이 보다 적극적으로 정보기술을 활용하게 된 것이 중역정보시스템이 등장하게 된 배경이다.

이러한 중역정보시스템의 특징은 다음과 같다.

① **전략적인 문제해결을 위한 정보제공**: 중역정보시스템은 최고경영층의 의사결정에 필요한 정보를 제공하는 것이다. 따라서 중역정보시스템은 최고경영층의 전략적 의사결정과 관련된 문제를 해결하는 데 요구되는 정보를 제공하여야 한다.

② **이해하기 쉬운 형태의 정보제공**: 중역정보시스템은 정보를 이용하는 최고경영층이 정보를 보다 쉽게 이해할 수 있는 그래프와 같은 형태로 제공하는 것이 중요하다. 왜냐하면 그래프 형태의 정보는 표 형태보다 장기추세를 파악하는 데 훨씬 용이하기 때문이다.

③ **사용하기 쉬운 인터페이스(interface)**: 최고경영층은 컴퓨터에 익숙하지 않으므로 컴퓨

터 활용능력이 떨어진다. 따라서 중역정보시스템은 다른 정보시스템에 비해 사용자의 편리성을 높이는 것이 무엇보다도 중요하다. 예를 들면, 키보드보다는 마우스나 터치스크린이 이용자에게는 더욱 편리할 것이다. 그러므로 중역정보시스템은 사용하기 쉬운 인터페이스가 필요하다.

④ **드릴다운(drill-down) 기법**: 중역정보시스템은 정보를 제공하는 방법에서도 다른 정보시스템과 차이가 있다. 특히 중역정보시스템에서는 정보를 제공하는 데 있어 드릴다운 기법이 반드시 필요하다. 여기서 말하는 드릴다운 기법이란 처음에는 종합적이고 요약된 정보를 제공하고, 사용자의 요구에 따라서 점점 세부적인 정보를 제공할 수 있는 기법이다.

예를 들면, 다국적기업의 최고경영자가 아시아지역을 클릭하면 아시아 전체의 매출액에 관한 정보를 얻을 수 있는데, 만약 지역별로 더욱 세분화된 정보가 필요하다면 국가별로 한국, 일본, 또는 중국 등의 매출에 관한 정보를 얻을 수 있다. 이를 더욱 세분화하면 한국 내에서도 서울을 포함한 수도권과 기타 지역의 더욱 세분화된 정보를 얻을 수 있다.

제4절 기업에서의 정보시스템 역할

1. 정보시스템의 역할

오늘날 컴퓨터 성능의 혁신적인 발전과 가격의 하락으로 정보기술 적용 분야가 확산되면서 기업의 경영방식에도 큰 변화를 보이고 있다. 정보기술의 급격한 발전에 따라 기업의 환경이 급격히 변화하고 있으며 이러한 변화의 양상들이 가지고 있는 공통된 특징은 변화에 적절히 대응하기 위해서 방대한 양의 정보처리능력을 요구하고 있고 기업들은 이러한 요구를 충족하기 위해 정보시스템 활용에 박차를 가하고 있다는 것이다.

이와 같이 기업은 정보시스템의 효율적 활용을 통해 기업의 디지털화를 촉진하고, 세계화의 기회를 갖게 되며, 업무의 자동화로 비즈니스 목적과 문제를 해결하고, 경쟁우위를 획득하는 수단으로서 그 역할이 강조되고 있다.

(1) 디지털 기업의 등장

1990년대 들어 급격한 정보기술의 발전과 인터넷의 확산으로 조직을 혁신하려는 움직임이 일어나면서 산업사회에는 없었던 '디지털 기업(digital enterprise)'이라고 하는 새로운 형태의 기업이 나타나게 되었다.

여기서 말하는 디지털 기업은 고객, 공급업자, 조직구성원들과의 비즈니스 관계를 주로 디지털 기술을 이용해서 관리하는 기업을 의미한다. 이 기업의 특징은 개별 조직 규모의 네트워크나 조직 간을 연결하는 네트워크를 통해 핵심 비즈니스 프로세스가 수행된다는 점이다. 이것의 의미는 새로운 제품을 개발할 때 공급업자와 정보를 공유하거나, 고객의 주문을 접수하고 처리할 때, 생산과 관련된 활동들 그리고 심지어는 종업원의 채용과 같은 비즈니스 프로세스들을 정보기술을 통해 보다 효율적으로 처리할 수 있다는 것이다.

디지털 기업은 회사의 주요 자산인 지적재산권, 특허권, 인적 자원 및 비즈니스 모델 등을 디지털 기술을 이용해 관리하며, 이는 경영자의 합리적 의사결정을 지원할 뿐만 아니라 주요 의사결정에 필요한 정보를 항시 제공할 수 있어야 한다. 디지털 기업은 전통적 기업보다 환경변화에 보다 신속하게 대응할 수 있기 때문에 기업이 생존하는 데 필요한 환경변화에 대한 유연성이 높으며, 글로벌 경영을 할 수 있는 기회 및 환경을 풍부하게 제공한다. 결과적으로 기업이 비즈니스 프로세스를 디지털 방식으로 전환하면서 효율성이 제고됨에 따라 기업의 경쟁력을 향상시키는 데 기여할 수 있을 것이다.

(2) 세계화의 기회

인터넷의 출현으로 기업과 소비자들은 거의 비용을 들이지 않고 시간과 공간의 제약 없이 의사소통을 할 수 있게 되었다. 소비자들은 전 세계 어디에 있든지 하루 24시간 1년 365일 제품과 서비스를 구입할 수 있을 뿐만 아니라 제품이나 서비스에 대한 정보를 실시간으로 제공받을 수 있다. 이와 반대로 기업은 정보기술을 활용함으로써 자사의 해외 지점망이나 전략적 제휴기업과의 네트워크화 또는 해외 데이터베이스 등을 통해 시시각각 변화하는 다양한 국제정보를 얻을 수 있어 해외 기업들의 관리상의 어려움을 극복할 수 있게 되었다. 또한 기업은 인터넷을 활용함으로써 세계 여러 곳에 흩어져 있는 고객을 지원할 수 있고, 분산되어 있는 활동들을 최적으로 활용할 수 있으며, 제품생산계획도 조정할 수 있다. 또 다른 측면에서는 정보통신기술을 활용함으로써 가장 저렴한 가격으로 물품을 공급할 수 있는 공급자를 짧은 시간에 쉽게 찾을 수 있게 되었다. 따라서 오늘날 기업은 시간과 공간의 제약 없이 언제 어디서나 지구촌에서 경영활동을 수행할 수 있게 되었다.

(3) 업무의 효율적 처리

정보기술의 발전에 따라 기업의 업무수행에 정보기술이 그 대상과 범위를 넓혀 다양한 분야에서 활용되고 있다. 경영환경이 급변하고 불확실성이 증대되고, 이에 따라 조직 내 단위부서 간의 상호의존성이 높아지면, 업무 간, 프로세스 간, 조직 간의 조정을 위해 다양한 데이터의 처리가 요구된다. 이러한 상황에서 정보시스템은 자동화를 통한 업무처리의 효율성을 증대시키는 데에 주요한 목적이 있다. 생산시스템, 주문처리시스템, 판매시스템 그리고 회계시스템 등과 같은 거래처리의 효율화를 위한 정보시스템은 가장 기본적인 기업활동을 처리하기 위한 시스템으로 조직의 일상적인 활동을 지원한다. 이들 시스템은 기업이 원활히 운영되기 위해 지속적으로 사용되어야 하는 시스템으로 정보시스템의 근간이 된다.

(4) 의사결정의 효율적 지원

현대 조직은 규모가 점점 커지고 있을 뿐만 아니라 복잡해지고 있다. 이로 인해 조직은 설정한 목표를 달성하기 위해서 조직을 둘러싸고 있는 불확실성이 크고 급변하는 환경에 대한 정확한 판단을 바탕으로 적절하고 효율적인 의사결정을 내려야만 한다. 이와 같은 상황 속에서 신속한 의사결정을 내릴 수 있도록 해주는 정보기술의 지원은 기업에 경쟁우위를 가져다줄 수 있을 것이다.

적절한 정보기술의 활용은 효과적인 의사결정을 지원할 수 있고 경영자로 하여금 합리적인 경영을 가능하게 할 것이다. 기업은 ERP와 같은 전사적시스템을 활용하여 복잡하고 불확실성이 커지고 있는 경영환경 속에서 적절하고 신속한 의사결정을 내릴 수 있도록 한다.

(5) 공급자와 소비자의 관계 강화

정보기술은 조직부서 간의 의사소통을 원활하게 할 뿐만 아니라 공급자, 소비자 등과 같은 외부 이해관계자들과의 관계를 강화시킨다. 공급업자와의 관계에서 기업은 정보통신기술을 활용함으로써 제휴나 협조관계를 통하여 시장에 관련된 정보나 기술에 관련된 정보 그리고 거래에 관련된 정보를 보다 원활하게 공유하게 된다. 이에 따라 공급업자와의 관계가 더욱 강화된다고 할 수 있다. 소비자와의 관계 또한 인터넷과 같은 정보통신기술을 활용하여 보다 강화된 서비스를 제공함과 동시에 고객 요구의 변화를 즉각적으로 파악하고 대응할 수 있어 고객들과의 관계도 강화된다고 할 수 있다.

(6) 경쟁무기로서의 역할

오늘날 컴퓨터의 고성능화, 대용량화 그리고 다양한 기능을 수행하는 소프트웨어의 비약적 발전과 더불어 인터넷 활용이 일반화되면서 정보기술은 이제 어느 조직에서나 없어서는 안 될 중요한 비즈니스 인프라로, 그리고 기업의 비즈니스 운영을 재설계하는 데 무엇보다도 중요한 도구로 인식되었다. 특히 디지털 기업이나 전자상거래의 경우, 정보기술 자체가 기업의 비즈니스 환경의 핵심인프라이며 또한 비즈니스 가치를 창출하는 데 있어 경쟁무기로서 가장 중요한 역할을 하고 있다.

(7) 새로운 사업영역으로의 진출

정보기술을 활용하여 기업의 중요한 경영자원인 인적 · 물적 자원, 자금, 정보 등을 결속함으로써 종합적인 관리가 가능하게 되었다. 이에 따라 기업은 새로운 사업영역으로의 진출이 기술적으로 가능하게 되었다. 예를 들면, 지금까지는 독립적으로 수행되는 연관 분야에서 정보기술을 활용함으로써 종합적인 서비스를 제공하는 새로운 상품을 개발할 수 있게 되어 새로운 제품에 대한 수요를 창출하게 된다. 따라서 정보기술은 기업으로 하여금 새로운 사업영역에 진출할 수 있는 가능성을 제공하고 있다. 또한 인터넷을 활용한 사이버 공간에서의 상거래나 무점포 판매 등의 새로운 유통경로와 기법의 개발로 기업이 고객에게 다가갈 수 있는 방법이 점차 다양화되고 있다. 이뿐만 아니라 기업은 정보기술을 활용함으로써 기업의 업태를 혁신시킬 수 있고 신상품을 제공할 수 있는 능력을 강화할 수 있다.

(8) 경쟁우위의 확보

오늘날 많은 기업들이 정보시스템과 정보기술에 그렇게 많은 투자를 하고 있는 이유는 비즈니스의 수행이 정보시스템에 전적으로 의존하고 있기 때문이다. 정보시스템이 기업의 목표달성을 위한 경쟁우위 확보와 비전 실현을 위한 전략적 수단으로서 중요한 역할을 담당해야 한다는 견해가 점점 부각되고 있다. 오늘날 많은 기업들은 경쟁의 심화, 소비자 요구의 다양성 등 환경변화의 도전에 따라 정보시스템을 활용해 가치 있는 정보를 적시에 생산하고 이를 기반으로 경쟁력 높은 제품이나 서비스를 생산함으로써 시장에서의 경쟁우위를 확보해야 한다는 인식이 확산되고 있는 실정이다.

예를 들면, Federal Express사는 정보기술을 사용하여 모든 화물의 위치를 추적할 수 있는 서비스를 고객에게 처음으로 제공한 기업으로서 정보시스템 그 자체가 경쟁우위를 가져다주었다.

2. 정보시스템 역할의 변화

처음 컴퓨터가 개발되어 기업에 활용되기 시작했을 때 컴퓨터의 역할은 단순히 거래처리의 효율성 증대에 있었다. 즉 급여를 계산하고 고객의 주문을 처리하는 등 수작업으로 처리하는 경우 많은 시간이 걸리던 것을 신속하고 정확하게 처리하기 위해 컴퓨터를 도입해 활용하기 시작하였다. 그 이후 업무의 효율성을 높이기 위해 생산, 판매, 인사, 재무 그리고 회계 등 업무 전반에 걸쳐 컴퓨터의 적용을 확대시켜 나갔다. 이와 같이 컴퓨터를 이용한 거래 및 업무의 자동화를 통해 거래처리의 효율성을 제고시키기 위해 개발된 시스템을 거래처리시스템(Transaction Processing Systems: TPS)이라고 부른다.

(1) 거래자료처리 중심(1950년대 중반)

1956년 미국의 GE(General Electric)사가 기업으로는 처음으로 컴퓨터를 기업에 활용하기 시작하였다. 도입 초기에는 경영활동의 단순작업들을 자동화하는 데 중점을 두어 다량의 회계자료를 신속 · 정확하게 처리하는 데 기여하였다. 이와 같이 많은 양의 회계자료를 단순히 신속하고 정확하게 처리하는 데 중점을 둔 시스템을 전자자료처리시스템(Electronic Data Processing Systems: EDPS)이라고 하였으나, 점차 거래처리시스템이나 자료처리시스템(Data Processing Systems: DPS)과 같은 용어를 사용하게 되었다. 그러나 이와 같이 구축된 정보시스템은 전사적인 계획과 통제 없이 기업 내 각 부서의 필요에 의해 독자적으로 구축되었기 때문에 서로 상이한 하드웨어와 소프트웨어가 사용되었다. 이로 인해 시스템 상호 간의 호환성과 투자가 중복되는 문제를 야기하였다.

(2) 관리정보제공의 중요성 인식(1960년대 중반)

1960년대 중반 컴퓨터의 성능이 향상됨과 동시에 컴퓨팅 비용이 감소함으로써 기업경영에 있어서 컴퓨터의 활용은 단순한 자료처리 수준을 넘어서 조직의 관리를 위한 정보를 제공할 수 있다는 인식이 널리 확산되기 시작하였다. 개별 업무를 중심으로 업무의 효율성을 증대시키기 위해 개발된 거래처리시스템과 기업 전체를 대상으로 효과적인 정보제공에 목적을 두고 개발된 시스템을 구분하기 위해 경영정보시스템(Management Information Systems: MIS)이라고 부르게 되었다.

경영정보시스템은 기업의 단순 · 반복적인 업무의 자동화는 물론 업무수행의 효율적 평가, 통제 및 관리에 필요한 정보를 경영자에게 제공하게 된다. 이를 위해서는 기업활동에서 발생되는 데이터를 체계적으로 저장 · 관리할 수 있는 통합데이터베이스가 필요하다. 따라서 경영정보시스템은 데이터베이스를 이용해 경영층을 위한 보고자료, 즉 일일 직원현황, 근무시간, 예산 대비 월 지출 보고서와 같은 주기적인 보고서나 하부업무의 평가와 통제를 위한 종합적이고도 요약된 정보를 손쉽게 만들어 낼 수 있게 되었다.

(3) 의사결정지원의 필요성 인식(1970년대 초반)

1970년대 초반에는 컴퓨터 비용의 감소와 성능의 향상으로 정보기술의 활용이 가속화되기 시작하였으며 비일상적인 업무에 컴퓨터의 지원이 가능하게 되었다. 또한 1970년대 초 미국의 MIT(Massachusetts Institute of Technology)대학의 교수들을 중심으로 정보시스템에 대한 새로운 개념이 제시되었다. 고리와 스캇 몰턴(1971)은 경영자에 대한 정보지원은 그가 처한 문제와 관련된 의사결정에 중점을 두어야 하며, 정보시스템 또한 각 문제상황에 맞도록 개별적으로 설계해야 한다고 주장하였다. 이들의 견해에 따르면 경영정보시스템은 조직의 일상적 운영업무의 수행을 지원하는 데 비해 의사결정지원시스템은 의사결정에 필요한 계량적인 기법이나 통계적인 기법을 컴퓨터에 저장하여 의사결정

대안들을 비교 · 검토하거나 의사결정에 필요한 정보를 제공하는 시스템으로 경영정보 시스템과는 근본적인 차이가 있다.

(4) 사무자동화 및 정보통신기술의 보급(1980년대 초반)

1980년대 초 저가의 소형 또는 개인용 컴퓨터의 보급이 급속히 확산되고 동시에 정보통신기술이 빠른 속도로 발전되면서 사무자동화(Office Automation: OA)에 대한 관심이 높아지기 시작하였다. 사무자동화 개념은 처음에는 문서편집으로 시작되었으나 그 후 많은 발전을 하게 되었으며 무엇보다도 팩시밀리, 전자우편, 화상회의 또는 원격회의와 같은 새로운 정보통신기술을 활용함으로써 사무업무의 생산성이 획기적으로 향상되었다.

사무자동화시스템은 크게 문서관리, 의사소통, 그리고 일정관리의 세 가지 기능으로 나눌 수 있다. 그러나 최근에는 이러한 기능을 통합한 상업용 소프트웨어 패키지들이 시장에 출시되면서 널리 활용되고 있다. 일반적으로 그룹웨어라 불리는 이 패키지들은 문서의 편집과 관리, 전자우편과 원격회의는 물론 일정관리 등 대부분의 사무 관련 기능을 종합적으로 지원함으로써 사무생산성을 획기적으로 향상시키는 계기를 마련한 것으로 평가받고 있으며, 최근 인터넷 기반의 패키지들이 점차 개발되면서 그 활용범위가 대폭 확대되고 있다.

(5) 인공지능 활용에 대한 관심(1980년대 중반)

1976년 미국 스탠포드대학에서 MYCIN이라는 인간의 뇌수막염을 진단하는 전문가시스템(Expert Systems: ES)을 개발함으로써 관심을 갖기 시작하였으며 그 이후 이를 조직의 정보시스템에 활용할 수 있는 방법에 대한 연구가 활발히 진행되기 시작하였다. 전문가시스템이란 전문가의 지식과 경험을 컴퓨터가 이해할 수 있는 형태로 체계적으로 표현하고 저장해 컴퓨터에 구현시킴으로써, 비전문가인 일반인도 전문가의 지식과 경험을 빌려 의사결정을 할 수 있도록 개발한 컴퓨터소프트웨어를 말한다. 전문가시스템은 인공지능(Artificial Intelligence: AI)의 응용분야 중에서 가장 활발하게 응용되고 있는 분야이다. 즉 인간이 특정 분야에 대하여 가지고 있는 전문적인 지식을 정리하고 표현하여 컴퓨터에 기억시킴으로써, 일반인도 이 전문지식을 이용할 수 있도록 하는 시스템이다.

(6) 정보시스템의 전략적 활용에 대한 인식 확대(1980년대 후반)

기업들이 효율적 업무처리에 중점을 두고 시스템을 개발해 오던 것이 종래의 개념이었다. 그러나 1980년대 들어 정보기술의 급격한 발전으로 기업 내에 정보기술의 확산이 빠르게 이루어졌으며, 경쟁의 심화, 소비자 요구의 다양성 등 환경변화의 도전에 따라 정보기술을 시장에서 경쟁우위를 확보하기 위한 전략적 수단으로 인식해야 한다는 견해가 제기되기 시작하였다. 특히 기업들이 정보시스템을 전략적으로 활용해 경쟁우위를 확보한 성공사례가 나타나게 됨에 따라 정보시스템의 전략적 활용에 대한 인식이 크게 확산되었다.

이와 같이 정보시스템이 경쟁우위를 확보하기 위해 전략적으로 활용되었을 때, 이를 전략정보시스템(Strategic Information Systems: SIS)이라고 부른다. 전략정보시스템은 기존의 시스템과 독립적으로 존재하는 것이 아니라 기존의 시스템과 함께, 즉 기업의 궁극적 목표인 이익에 직접 영향을 줄 수 있는 시장점유율 향상, 매출 신장, 신상품전략, 경영전략 등의 전략계획에 도움을 주기 위한 정보시스템을 의미하는 것이다.

(7) 인터넷의 확산(1990년대 중반)

전 세계에 흩어져 있는 개별 컴퓨터를 하나의 통신망으로 연결한 인터넷의 보급은 개인의 삶과 기업환경에 근본적인 변화를 초래하였다. 인터넷은 기업경영과 업무 프로세스 전반에 걸쳐 일대 혁명을 가져왔다. 1990년대 중반 이후부터 급격하게 보급되기 시작한 인터넷과 웹기술은 변화의 속도를 가속화시켰으며, 기업과 소비자, 공급자, 정부기관 등 비즈니스 관련 경제주체들 사이에 시간과 공간의 제약을 받지 않고 거래 및 정보교환이 가능하게 되었다.

인터넷의 등장은 기술의 발전과 함께 비즈니스의 모습을 바꾸어 놓았다. 기업들도 인터넷이 등장하자마자 새로운 비즈니스 기반으로서의 인터넷이 지닌 잠재력을 간파하고 이를 비즈니스의 기회로 활용하기 위한 발 빠른 움직임을 보였다.

인터넷이 확산되기 시작한 지 얼마 되지 않아 인터넷이 가지고 있는 속성을 그대로 비즈니스의 개념으로 형상화한 다양한 비즈니스 유형들이 등장했다. Amazon이나 eBay 등 기존의 유통구조를 인터넷으로 재단장한 많은 비즈니스 모델들이 등장하더니, 곧 금융, 제조업 전반으로 그 적용영역을 넓혀 나가며 수없이 많은 인터넷 비즈니스 모델들이 모

그림 13-3 정보시스템의 변천

시기	내용
1950년대	• 단계: 자동화 시기 • 구축목적: 단순 • 반복적인 업무처리 • 시스템 종류: 거래처리시스템
1960년대	• 단계: 경영정보시스템 시기 • 구축목적: 관리정보의 제공 • 시스템 종류: 경영정보시스템
1970년대	• 단계: 의사결정지원시스템 시기 • 구축목적: 정형화되지 않은 문제에 대한 의사결정지원 • 시스템 종류: 의사결정지원시스템
1980년대 초반	• 단계: 사무자동화시스템 시기 • 구축목적: 사무업무 생산성 향상을 위한 사무자동화 • 시스템 종류: 사무자동화시스템
1980년대 중반	• 단계: 인공지능시스템 시기 • 구축목적: 전문가의 지식, 경험을 비전문가인 일반인이 이용 • 시스템 종류: 전문가시스템
1980년대 후반	• 단계: 전략정보시스템 시기 • 구축목적: 경쟁우위를 얻기 위해 정보시스템을 전략적으로 활용 • 시스템 종류: 전략정보시스템
1990년대 중반	• 단계: 인터넷 확산 시기 • 구축목적: 새로운 비즈니스 모델을 개발 • 시스템 종류: 전자상거래
2000년대	• 단계: 글로벌 정보시스템 시기 • 구축목적: 경영혁신을 위한 전략적 도구로 활용 • 시스템 종류: ERP, SCM, CRM 등

습을 드러내기 시작했다. 이들은 인터넷의 글로벌한 네트워크와 저비용 구조를 무기로 기업운영의 근본까지 흔들어 놓고 있으며 기존기업들의 영역을 무자비하게 공략해 가며 빠른 속도로 성장을 거듭해 나가고 있다.

(8) 정보시스템의 통합(2000년대)

2000년대 들어 세계시장이 다변화되고 글로벌 경쟁이 격화됨으로써 정보시스템에 대한 필요성이 더욱 강조되었다. 특히 정보통신기술의 발전과 인터넷의 급속한 확산, 정보시스템의 분산화 등으로 인해 기업의 구성원들은 시간과 공간의 제약 없이 네트워크로 연결해 정보공유와 업무처리가 가능하게 되었다. 따라서 기업들은 정보시스템을 단순히 업무처리의 자동화로 인한 비용절감 차원이 아니라 정보자원의 개발 및 획득에 보다 효과적으로 활용하는 데 관심을 갖게 되었다.

오늘날 기업의 입장에서 정보기술과 관련된 가장 중요한 이슈는 정보시스템의 통합을 통해 기업의 경쟁우위를 확보하는 것이다. 정보시스템의 통합이 대세를 이루면서 최근 ERP, CRM, SCM 등이 기업 내 또는 기업 간 통합을 위한 핵심도구로서 등장하게 되었다. 이러한 정보시스템의 통합은 과거 기능 중심의 정보시스템이 안고 있는 연계나 통합이 되지 않아 야기되는 데이터 공유의 문제점과 원활하지 못한 업무흐름의 문제를 해결하기 위해 많이 활용되고 있다.

이와 같이 전사적인 관점에서 정보시스템을 통합함으로써 기업은 경영자원을 전사적인 차원에서 계획하고 통제할 수 있으며, 이로 인해 경영목표를 달성하기 위한 최적의 시스템을 마련하고 통신인프라와 연결해 독자적이 아닌 제휴와 통합으로 기업의 경쟁력을 유지하거나 제고하는 시대이다.

잠시 쉬어가기

LS그룹 '디지털 전환' 속도 … "미래 성장 열쇠"

LS그룹이 '디지털 전환'을 미래 준비 전략으로 정하고 전통 제조업 분야에 AI(인공지능, 빅데이터, 스마트에너지 기술 등)을 접목한다고 밝혔다. 이를 통해 디지털 기업으로의 전환을 꾀한다는 계획이다.

구자열 LS그룹 회장은 "ABB, 지멘스 등 글로벌 기업들은 미래 성장 열쇠로 '디지털 전환'을 꼽고 관련 분야에 막대한 투자를 하고 있다"며 "LS도 디지털 역량 확보에 주력해야 한다"고 강조해 왔다.

구자열 LS그룹 회장이 지난해 안양 LS타워에서 개최된 'LS T-Fair 2019'에서 우수과제로 선정된 기술에 대해 설명하고 있다.

LS는 그 일환으로 그룹의 디지털 미래 전략을 이끌어갈 전담 조직인 미래혁신단을 신설했다. 구자은 LS엠트론 회장이 미래혁신단장을 맡아 각 계열사별로 추진 중인 디지털 전환 과제를 촉진하고, 애자일 경영기법 확산에 주력하고 있다.

계열사별로 살펴보면 LS전선은 스마트 공장과 빌딩의 확산, 사물인터넷(IoT) 인프라 구축 등의 추세에 맞춰 장거리 PoE(파워오버이더넷) 케이블과 해킹 방지용 광케이블 등 신제품을 잇따라 출시했다. PoE 케이블은 데이터와 전력을 동시에 보낼 수 있는 케이블로, 랜선과 전력 케이블을 합친 것이다. LS전선의 해킹 방지용 광케이블은 특수 광섬유를 사용하고, 코팅을 강화해 정보의 불법 유출과 교란을 원천적으로 차단한 제품이다. 금융, 방위산업, 데이터센터, CCTV 등을 중심으로 도입이 증가할 것으로 회사 측은 예상하고 있다.

LS일렉트릭은 청주 1사업장 G동에 부품 공급부터 조립, 시험, 포장 등 전 라인에 걸쳐 자동화 시스템이 구축된 '스마트 공장'을 운영 중이다. LS일렉트릭은 "청주사업장이 스마트 공장으로 바뀐 이후 이 공장에서 생산하는 저압기기 라인 38개 품목의 1일 생산량이 기존 7500대 수준에서 2만 대로 늘었다"며 "에너지 사용량은 60% 이상 절감됐고 불량률도 글로벌 스마트 공장 수준인 6PPM으로 급감했다"고 설명했다. LS일렉트릭은 지난 2011년부터 약 4년간 200억 원 이상을 스마트 공장 설비에 투자했다.

LS니꼬동제련은 온산제련소에 생산 전 과정을 통신으로 연결해 공정이 자동으로 이뤄지는 스마트팩토리 시스템인 ODS를 추진 중이다. LS엠트론은 최근 코로나19로 고객들의 대리점 방문이 힘들어진 상황에서 트랙터 온라인 쇼핑몰을 열고, 제품 상담부터 구매까지 비대면으로 가능한 환경을 구축해 농가의 활동을 돕고 있다.

LPG(액화석유가스) 전문기업 E1은 올해 8월 여수・인천・대산 기지 내 작업자가 모바일 기기로도 작업 현황을 실시간으로 확인하고 작업별 안전조치 사항과 물질안전보건자료(MSDS) 등의 정보를 편리하게 조회할 수 있는 안전환경 포털 시스템을 구축했다.

이밖에 예스코는 서울시 9개구, 경기도 5개 시・군 약 130만 고객에게 도시가스를 공급하는 동시에 가스시설에 대한 철저한 안전관리와 위해 요소를 제거하는 활동을 병행하고 있다.

LS그룹 관계자는 "LS는 앞으로도 전통 제조업 분야에 자동화・빅데이터・AI 기술 등을 접목해 획기적으로 디지털 역량을 강화할 예정"이라고 말했다.

자료: 조선비즈, 2020. 12. 30.

토의과제

- 기업경영에서 정보를 자원으로서 관리해야 하는 이유를 설명하시오.
- 경영관리과정에서 정보시스템이 어떻게 활용되는지 설명하시오.
- 정보시스템의 구성요소에 대하여 설명하시오.
- 정보시스템의 개념에 대하여 설명하시오.
- 거래처리시스템의 특징에 대하여 설명하시오.
- 경영정보시스템의 특징에 대하여 설명하시오.
- 중역정보시스템의 특징에 대하여 설명하시오.
- 기업에서의 정보시스템 역할에 대하여 설명하시오.
- 정보시스템의 역할변화에 대하여 설명하시오.

참고문헌

- 김성근 · 양경훈, 『경영정보관리』, 문영사, 2006.
- 김세중, 『디지털경영시대의 경영학 이해』, 무역경영사, 2012.
- 김세중 · 송철호, 『디지털경영시대의 경영정보시스템』, 무역경영사, 2009.
- 김은홍 · 김화영, 『경영정보학개론』, 다산출판사, 2006.
- 노규성 · 조남재, 『경영정보시스템』, 사이텍미디어, 2010.
- 민경호, 『21세기 디지털시대의 신경영학』, 무역경영사, 2013.
- 서의호, 『e전략정보시스템』, 홍릉과학출판사, 2007.
- 이상문 외, 『경영정보시스템』, 형설출판사, 2013.
- 안상협 외, 『경영학원론』, 이프레스, 2014.
- 오준환 외, 『경영학원론』, 도서출판 청람, 2016.
- 오재인 외, 『경영과 정보시스템』, 박영사, 2007.
- 임재석 외, 『미래경영학』, 무역경영사, 2011.
- 한재민, 『경영정보시스템』, 학현사, 2008.
- 허정수 외, 『경영스케치』, 도서출판 청람, 2015.
- 윤종훈 외, 『경영정보시스템』, 학현사, 2011.
- 윤종훈 외, 『경영학원론』, 학현사, 2014.
- 조선비즈, 2021. 04.06.
- 조선비즈, 2020. 12. 30
- IGM의 인사이트경영(10), 2021. 10. 16

CHAPTER

14

디지털 혁명과 경영환경의 변화

"OTT부터 쇼핑까지" … '구독'에 빠진 디지털 경제

"앞으로 경제 생활에 대한 우리의 의식을 지배하는 것은 물건에 대한 소유가 아니라 서비스와 경험에 대한 접속이 될 것이다. 소유권의 시대는 막을 내리고 접속의 시대가 열릴 것이다."

코로나19로 비대면 경제가 활성화되면서 '구독경제'가 디지털 경제의 새로운 트렌드로 자리 잡고 있다./ 그래픽=박설민 기자

세계적인 경제학자 제러미 리프킨이 2000년 집필한 저서 『소유의 종말(The Age of Access)』을 통해 밝힌 이 예언이 현실이 될 가능성이 높아지고 있다. 신종 코로나바이러스 감염증(코로나19)의 팬데믹 사태의 장기화 추세가 이어지면서 IT기술을 기반으로 한 비대면 경제가 활성화되면서 글로벌 '구독경제' 시장이 급성장하고 있기 때문이다.

특히 온라인동영상서비스(OTT)부터 게임, 쇼핑에 이르기까지 '비대면 시대'의 새로운 디지털 경제 트렌드로 구독경제가 떠오르고 있어 우리나라 기업들도 새롭게 급부상하는 디지털 구독 경제 시대를 맞아 다양한 비즈니스 전략을 준비해야 할 것으로 분석된다.

◇ 비대면 경제에 구독 시장 급성장 … 오는 2025년 562조 원 규모 육박

구독경제(Subscription economy)는 소비자가 일정 금액을 지불하고 원하는 상품이나 서비스를 주기적으로 제공받을 수 있는 경제 모델을 의미한다. 쉽게 말해, 일반적으로 신문이나 잡지를 정기 구독하는 것도 구독경제모델의 하나라고 볼 수 있다.

특히 최근엔 구독경제모델이 단순 생필품 등 물건에서 OTT, 게임 등 콘텐츠와 소프트웨어, 가전제품, 자동차 등 다양한 분야로 확장하면서 글로벌 구독 시장 규모 역시 급속도로 팽창하는 추세다.

한국무역협회 국제무역통상연구원이 2월 발표한 보고서에 따르면 전 세계 구독 기반 전자상거래 시장

규모는 지난 2018년 132억 달러에서 연평균 68%의 성장률을 보이며 오는 2025년 4,782억 달러(한화 562조 원)에 달할 것으로 전망했다.

우리나라 역시 빠른 속도로 구독경제 시장이 빠르게 성장하고 있다. 한국농수산식품유통공사가 발표한 '식품산업통계정보(2020)' 자료에 따르면 우리나라 소비자 중 70%가 콘텐츠, 생필품, 화장품 등 상품 및 서비스를 전자 구독 비즈니스를 이용해 본 경험이 있는 것으로 집계됐다.

IT경제 분야 전문가들은 구독경제모델이 급성장하게 된 이유에 대해 '편리함'과 '실용성' 때문으로 보고 있다. 상품을 구매해 영구 소장하는 것을 선호했던 기존 트렌드와 달리 최근에는 'MZ세대'를 중심으로 단순한 '소유'보다는 '경험'을 중시하는 행태로 소비 방식이 변화하고 있다는 것이다.

전문가들은 최근 'MZ세대'를 중심으로 단순한 '소유'보다는 '경험'을 중시하는 행태로 소비 방식이 변화하면서 게임, 쇼핑, OTT 등 다양한 분야에서 구독경제가 활성화되고 있다고 분석한다./ 그래픽=박설민 기자, 원본 사진=Gettyimagesbank

삼정KPMG 경제연구원은 5월 발표한 '디지털 구독경제 트렌드와 비즈니스 기회' 보고서에서 구독 서비스가 디지털 경제의 새로운 트렌드가 된 가장 주요한 원인 중 하나로 '디지털화의 진전'을 꼽았다. 정보통신기술(ICT)의 발전으로 많은 기업이 디지털 플랫폼을 통해 다양한 제품 · 서비스를 제공할 수 있게 됐다는 것이다.

코로나19로 인한 경기 불확실성 역시 디지털 구독경제를 활성화하는 요인 중 하나로 꼽힌다. 예기치 못한 소득 감소로 인해 소비자들이 서비스 및 상품의 영구 소장을 위해 한 번에 무리한 지출을 하기보다는 필요한 만큼 이용하거나, 저렴한 가격으로 다양한 서비스를 다수 이용할 수 있는 구독 서비스에 눈길을 돌린다는 것이다.

실제로 한국농수산식품유통공사가 지난해 8월 발표한 '식품시장 뉴스레터-식품구독경제'에 따르면 국내 소셜미디어(블로그)상에서 키워드 '구독경제'가 언급된 횟수는 코로나19 발발 시기인 2020년 2월~6월

동안 2,013건으로 전년 동기 대비(453건) 4.4배나 증가했다.

삼정KPMG 경제연구원은 "소비자가 이용할 수 있는 품목과 서비스 종류가 확대되면서 구독경제 시장은 성장세를 지속할 것으로 예상된다"며 "코로나19 확산으로 외부 활동이 줄어드는 대신 디지털 콘텐츠에 대한 수요가 늘면서 이용자의 시간과 지갑을 점유하기 위한 구독 서비스 기업 간 경쟁이 더욱 치열해질 것으로 보인다"고 전했다.

우리나라의 디지털 구독경제 시장을 이끄는 주체는 이동통신 3사라고 볼 수 있다.
특히 SK텔레콤이 지난달 31일 선보인 구독 브랜드 'T우주'는 서비스 일주일 만에
가입자 15만 명을 돌파할 정도로 가파른 성장세를 보이고 있다./ 사진=SK텔레콤 유튜브

◇ "게임부터 쇼핑까지"… 韓 디지털 구독경제 시장, 통신3사가 주도

이처럼 디지털 구독경제가 현 소비 시장의 주요 트렌드로 자리잡게 됨에 따라 유리할 것으로 보이는 IT 기업은 '이동통신사'라고 볼 수 있다. 통신사들은 이미 완성된 통신 서비스 인프라가 있기 때문이다.

통신사가 보유한 막강한 '고객 명단'도 통신사들이 구독경제 서비스를 선점하는 데 매우 유리한 이점으로 작용할 것으로 기대된다. 미국 시장조사기관 퓨 리서치에 따르면 우리나라 국민 중 95%가 스마트폰을 보유하고 있는 것으로 알려졌다.

실제로 우리나라의 경우, SK텔레콤, KT, LG유플러스 등 이동통신사들을 중심으로 구독경제 시장 확보를 위한 움직임이 활발한 상태다.

먼저 SK텔레콤은 지난달 31일 'T우주'를 신규 론칭하는 등 국내 구독경제시장 확보를 위해 통신3사 중 가장 적극적인 행보를 보이고 있다.

T우주는 아마존, 구글, 웨이브, 11번가 등 e-커머스부터 OTT 등 미디어 콘텐츠까지 여러 곳에 흩어져 있던 서비스들을 한데 모아 구성한 SK텔레콤의 구독사업 브랜드다. SK텔레콤에 따르면 T우주는 출시 일주일 만에 총 가입자 수 15만 명을 넘길 정도로 가파른 성장세를 보이고 있다.

경쟁 이동통신사인 KT와 LG유플러스도 구독경제 시장 확충을 나서고 있다. KT의 경우 지난 10일 464억 원을 투자해 국내 구독형 전자도서 기업 1위인 '밀리의 서재' 지분 40% 가까이를 인수했다. 이를 기반으로 국내 최대의 AI오디오 도서 플랫폼으로 도약한다는 목표다.

또한 KT는 지난 2019년부터 5G스트리밍 게임 서비스를 국내 업계 최초로 출시한 이후 지속적으로 서비스하고 있다. 5G 스트리밍 게임은 5G 네트워크를 통해 게임 다운로드 없이 서버에 저장된 게임에 접속해 즐길 수 있는 서비스다.

LG유플러스는 멤버십 서비스를 기반으로 구독경제 성장 트렌드에 맞춰 고객이 선호하는 무료 구독 서비스 혜택을 추가 발굴해 나간다는 목표다. 이를 위해 지난 7일에 LG유플러스는 자사의 멤버십 서비스인 '구독콕' 서비스의 제휴 혜택을 강화한다고 밝혔다. 지난 6월 처음 선보인 구독콕은 U+멤버십 VIP 이상 등급 고객을 대상으로 제공하는 '나만의 콕' 서비스로 다양한 제휴 혜택 중 한가지를 매월 구독 형태로 무료 이용할 수 있는 멤버십 구독 서비스다.

이동통신사 KT도 전자도서 서비스, 게임 등에서 구독 서비스를 선보이고 있다.
사진은 KT가 서비스 중인 5G스트리밍 게임 서비스를 실제 플레이해본 모습 / 사진=박설민 기자

◇ 구독 비즈니스 성공 위해선 '협력'과 '이탈 방지' 필요

아울러 경제분야 전문가들은 우리나라의 향후 디지털 구독경제 시장의 성장 및 성공을 위해선 M&A 및 투자, 파트너십, 산업 간 연합체 구성 등 합리적인 방안을 통해 산업 생태계 확장에 힘써야 할 것으로 보고 있다.

삼정KPMG 경제연구원은 5월 발표한 '디지털 구독경제 트렌드와 비즈니스 기회' 보고서에서 "자사가 가진 역량과 결합했을 때, 시너지를 창출할 수 있는 기업을 물색하고, 이들 기업에 대한 M&A 및 투자를 바탕으로 고객 기반을 확보하고 고객접점을 넓힐 수 있다"며 "뿐만 아니라, 새로운 비즈니스 분야로의 진출할 수 있는 기회를 놓쳐서는 안 될 것"이라고 설명했다.

이어 "타 기업 및 구독경제 주체들과 함께 결합상품 혹은 협력 프로젝트를 추진하는 등의 방식이 가능하고, 이종 업종 간의 연합체가 구성이 될 경우 산업 간 '컨버전스(Convergence:융합)'가 활성화되는 긍정적 효과를 도모할 수 있다"며 "이는 소비자에게 제공할 수 있는 폭넓은 고객경험과 차별화된 가치를 제공하는 것은 물론, 비즈니스와 산업 생태계 확장을 가능케 하는 효과적인 방안이 될 수 있다"고 전했다.

서비스 및 상품 '구독자'의 이탈 방지도 기업들의 구독 비즈니스 성공의 핵심 열쇠 중 하나로 꼽힌다. 구독의 경우, 소비자들이 쉽게 접근할 수 있는 만큼, 비용 대비 가치가 떨어진다고 판단되는 서비스의 경우, 구독을 쉽게 취소할 수 있기 때문이다.

한국무역협회 신성장연구실 심혜정 수석연구원은 2월 발표한 '글로벌 구독경제 현황과 우리 기업의 비즈니스 전략' 보고서를 통해 "구독 서비스의 사업 확장과 새로운 가치 · 경험 창출 등 고객 이탈을 줄이기 위한 차별화된 전략이 중요하다"며 "정기구독이 바탕이 되고, 부가 상품 · 서비스, 세분화, 편의성 제고 등을 통해 사업을 확장하고, 타 파트너와 제휴하여 부가가치를 제공하는 것도 방법"이라고 조언했다.

이어 "서비스 프로세스 단계마다 고객의 소비에 관여하고, 고객에게 새로운 가치를 제공해 충성도 높은 고객으로 유지하고, 충성 고객들에게 특별 혜택을 제공하여 장기 구독에 대한 보상이 필요할 것'이라고 전했다.

자료: 시사위크, 박설민 기자, 2021. 09. 23.

제1절 디지털 혁명의 개념 및 성격

1. 디지털 혁명의 개념

디지털 기술이 사회 전반을 움직이는 오늘날 우리는 컴퓨터, 통신 그리고 인터넷이 가져온 디지털 혁명을 몸으로 느끼며 살아가고 있다. 이러한 디지털 혁명은 1만 년 전의 농업혁명 그리고 200여 년 전의 산업혁명에 이어 인류역사의 세 번째 큰 변혁으로, 이는 우리의 삶과 기초적인 산업의 틀을 완전히 바꾸어 가고 있다. 과거 새로운 혁명적인 변화가 발생하는 데 소요되었던 시간과 달리 디지털 기술에 의한 혁명은 불과 30여 년 만에 전 세계와 인류에 엄청난 영향을 미치게 되었다.

디지털 혁명은 네트워크를 통해 컴퓨터와 컴퓨터를 하나의 망으로 연결시켜 24시간 활동이 가능한 가상공간을 제공해 주는 인터넷으로 인해 촉발되었다고 할 수 있다. 인터넷에 의해 생겨난 가상공간에서 창조된 3C(Content, Community, Commerce)의 발생과 이동은 전통적인 생산요소나 수단을 혁신적으로 바꾸었을 뿐만 아니라 생산 · 유통 그리고 소비 전 과정에서 새로운 변혁을 가져왔다. 미국의 사회학자 토마스 쿤(1962)은 패러다임을 한 시대를 지배하고 있는 사고와 인식의 체계로 정의하였는데, 디지털 혁명은 과거와는 완전히 다른 새로운 패러다임을 형성하고 있다.

그림 14-1 디지털 혁명의 개념도

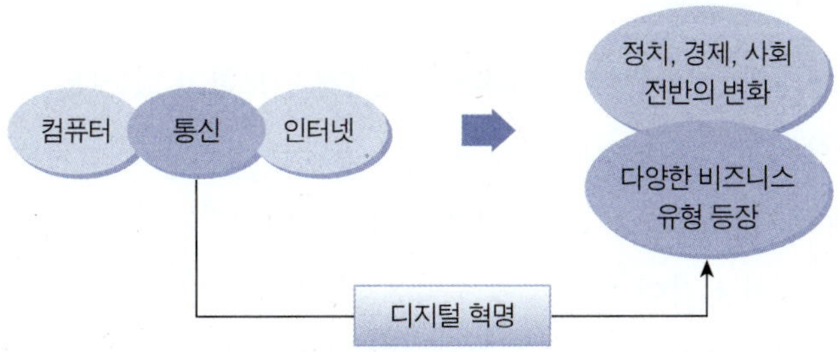

자료: 윤종훈 · 김용민, 경영정보시스템, 학현사, 2011, p.5.

2. 디지털 혁명의 성격

이와 같은 디지털 혁명은 시대의 흐름에 따라 유행하는 일회적인 것으로 인식해서는 안 될 것이며, 결국 디지털 혁명에서 뒤떨어지는 개인이나 기업, 국가는 치열한 국제경쟁의 환경 속에서 급속히 도태될 것이다.

이러한 디지털 혁명의 성격은 다음과 같이 요약될 수 있다.

(1) 스피드 시대

최근 우리가 자주 접하는 'winner takes all'이라는 말의 의미는 시장의 선발진입자가 모든 이익을 취하게 된다는 의미이다. 현재 모든 기업은 바로 스피드 시대의 소용돌이 한가운데에 있다. 그 스피드를 표현하는 말로 인간과 개의 평균수명에 비유한 'dog year'라는 말은 IT(online)업계의 1년이 오프라인(offline)업계의 7년에 해당한다는 사실을 비유한 것이다. 더욱이 최근에는 'mouse year'라고도 불리고 있을 정도로 IT업계의 움직임은 변화무쌍하다.

21세기의 디지털 시대에서는 경쟁자에 한 발 앞서 새로운 비즈니스 모델을 창조해 시장에 먼저 진입하는 개인이나 기업만이 생존할 수 있게 된다. 따라서 기업의 의사결정이나 정보수집 및 운용 그리고 비즈니스 모델 구축 등에 있어 스피드 부족은 개인이나 기업의 경쟁력을 치명적으로 약화시킬 수 있다는 것을 기억할 필요가 있다.

(2) 매스(Mass)에서 퍼스널(Personal)로

IT 도입으로 과거의 가치관이나 패러다임이 크게 변모하고 있는데, 그 변화 중의 하나는 '매스(mass)'에서 '퍼스널(personal)'로 바뀌고 있다는 것이다. 지금까지는 개인이 집단이나 대중 속에 혼재하고 있었기 때문에 개별적으로 인식되는 것이 쉽지 않았다. 따라서 자연히 '매스(대중)'의 시각이 중심이 될 수밖에 없었다. 하지만 최근 급속한 IT기술의 발전은 고속 · 대용량의 정보처리를 가능하게 함으로써 고객 한 사람 한 사람을 정확히 인식 · 파악할 수 있게 되어 '퍼스널(개인)' 차원에서의 접근이 가능하게 되었다.

(3) 리얼(Real)에서 버추얼(Virtual)로

IT를 근간으로 하는 디지털 시대의 구조 변화는 버추얼 세계를 수없이 탄생시키고 있다. 그동안 디자인된 통신판매용 카탈로그는 주로 종이매체를 통해 작성되었다. 그러나 최근에는 쇼핑몰(internet shopping mall)과 같이 인터넷을 통해 해당 기업의 제품이나 서비스에 관한 정보를 직접 소비자에게 전달할 수 있게 되었다.

(4) 실시간(Realtime) 및 쌍방향(Interactive)

현재 정보통신은 실시간과 쌍방향 통신으로 바뀌고 있으며 지금까지는 전화기를 제외하고는 일방통행식의 정보전달이 주류를 이루고 있었다는 것과 비교한다면 엄청난 변화임에 틀림없다. 게다가 IT와 정보통신 네트워크의 보급은 실시간 및 쌍방향 통신을 보다 저렴한 비용으로 활용가능하도록 하고 있다.

(5) 로컬(Local)에서 글로벌(Global)로

인터넷과 컴퓨터의 보급은 로컬에 한정되었던 정보교환의 환경을 전 세계에 걸쳐 개방된 글로벌 정보교환의 세계로 이끌고 있다. 급속한 글로벌화가 정보의 개방을 촉진시켜 기존의 가치관을 뒤엎는 이른바 디지털 혁명을 몰고 왔던 것이다.

(6) 시간 및 거리 단축

디지털 혁명은 인터넷의 활용으로 인해 정보전달이 실시간(realtime)으로 이루어지게 되었고 동시에 상대의 수나 장소, 거리에 관계없이 정보의 송 · 수신을 가능하게 함으로써 시간과 거리를 단축시켰다. 시간과 거리에 관계없이 정보교환을 가능하게 한 디지털 혁명은 개인과 조직 그리고 기업에 기존의 장벽을 뛰어넘는 새로운 환경을 제공하고 있다.

잠시 쉬어가기

전동차 '코코' 탄 야쿠르트 아줌마들 ... '디지털 혁명' 주인공 되다

[송의달의 재계 프리즘] '방문판매' 식품기업 'hy'의 '디지털 전환' 사례 탐구

1971년 47명으로 시작해 현재 1만1000여 명 있는 '야쿠르트 아주머니'는 식품기업 한국야쿠르트의 마케팅 병기(兵器)이다. 조선시대 행상(行商)을 연상시키면서도 '신뢰', '친근' 같은 긍정 이미지가 단단하다. 그런데 회사측은 '야쿠르트 아주머니' 명칭을 2019년부터 '프레시 매니저'(Fresh Manager, 이하 FM)로 바꾸었다.

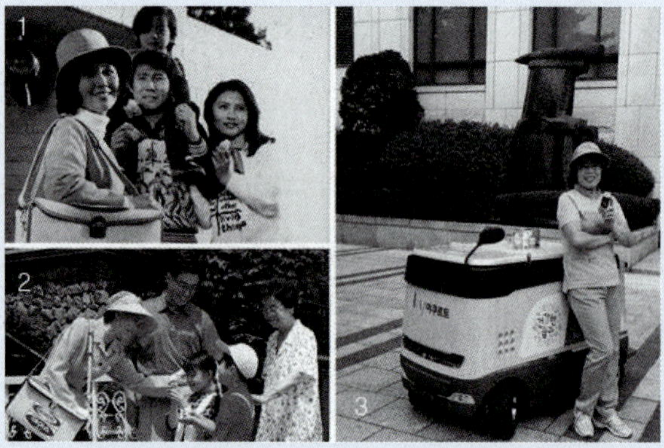

1970년대와 1990년대에 어깨에 가방을 메고 고객을 찾았던 야쿠르트 아줌마들은
〈사진 1 · 2〉 최근 탑승형 전동 카트 '코코'〈사진 3〉를 이용해 편리하게 배달하고 있다. / 조선일보DB

야쿠르트 유제품을 주로 팔던 이 회사는 2016년 젊은층 취향의 커피 '콜드브루(cold brew)'를 국내 최초로 내놓았다. 2017년부터 가정간편식 '잇츠온'을 팔고 있고, 그해 자사 전용 온라인 쇼핑몰을 열었다. 올 3월에는 사명(社名)을 'hy(에치와이)'로 바꾸었다. 창업(1969년) 52년 만의 '결단'이었다.

그러면서 매출 구조도 달라지고 있다. 지난해 hy는 디지털 부문에서 전년보다 88% 늘어난 520억 원의 매출을 올렸다. 3년 전과 비교하면 700% 정도 늘었다. 작년 12월 프레딧(fredit)으로 확대개편한 온라인 쇼핑몰 회원수는 올 6월 100만 명을 돌파했다.

hy는 올해 디지털 부문 매출이 적어도 1000억 원에 이르러 총매출액의 10%를 차지할 것으로 자신한다. 1년 만에 100% 가까운 수직성장이다. 전형적인 아날로그 기업이던 hy의 디지털 전환(digital transformation)에는 3가지 차별화 포인트가 있다.

◇ ① 남들 따라 않고 '나 만의 강점' 더 키운다.

hy 입장에서 디지털 전환은 피할 수 없는 선택이었다. 2010년대 중반 이후 본격화된 온라인 쇼핑 같은 더 편리한 유통

채널 등장으로 방문 판매의 가치가 급감했다. 여기에다 디지털 시대의 주 소비층인 MZ세대(일명 2030세대)는 대면(對面) 접촉 자체를 꺼려 회사의 장기 생존 기반이 흔들렸다.

이런 상황에서 hy는 '원칙 있는 디지털 전환'으로 정면 승부를 걸었다. 2016년부터 디지털 및 신상품 개발을 맡고 있는 신승호 멀티M&S부문 이사는 "남들이 하는 걸 우리도 따라 해서는 돈 낭비, 시간 낭비만 될 것으로 보고 '우리 만의 경쟁력'을 더 키우는 방향으로 원칙을 정했다"고 말했다.

hy가 가장 주목한 것은 전국에 거미줄처럼 퍼져 있는 프레시 매니저(FM)와 이들의 운반수단이었다. 회사는 FM들에게 디지털 교육을 실시하는 한편, 이들 모두에게 PDA(개인용 정보단말기)를 지급해 고객 관련 데이터를 상시 입력해 최적화된 배달 동선(動線)을 끊임없이 업데이트해 제공하고 있다.

서울 강남구 논현동에 위치한
hy 본사 사옥 / 송의달 기자

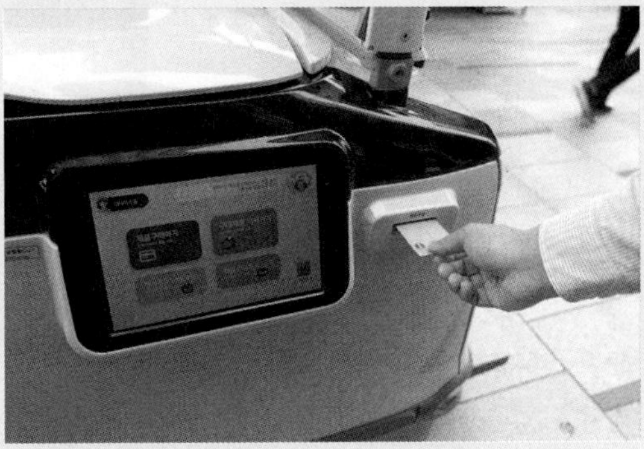

현장 카드 결제, 무인(無人) 결제와 재고 관리 기능 등을 갖춘
전동 카트 코코. 대당 가격은 1000만 원이 넘는다. / 조선일보 DB

◇ 1200억 원 들여 전동차 키우고 디지털 기능 장착

FM이 끌고 다니던 운반용 손수레는 두 차례(2014년, 2020년)에 걸쳐 크기와 기동성, 기능을 높여 첨단 전동 카트 '코코'(COCO)로 탈바꿈했다. 예전에 야쿠르트 3000개 정도 들어가던 '코코'는 지금 5000개를 넣고 다닌다. GPS, 와이파이, 인공지능(AI) 같은 디지털 기능을 장착해 현장 카드 결제, 무인(無人) 결제는 물론 재고관리까지 가능하다. hy는 '코코' 개량에만 1200억 원을 투자했다.

hy의 신형 전동카트와 구형 손수레 / hy 제공

hy는 '디지털 전사(戰士)'로 거듭난 FM들을 배송 인프라의 중심축으로 활용한다. 지난해 서울 서초 · 강남 · 송

파 지역 1인가구 소비자들을 상대로 시작한 '프레딧 야간 안심배송' 서비스의 경우, 여성 FM이 오후 6~10시에 밀키트와 샐러드 등을 배달해 호평받고 있다.

식품 배송에서 가장 까다로운 라스트마일(last mile · 소비자 배송 최종단계) 구간을 전통적인 식품기업이, 그것도 디지털 역량이 취약한 1인 개인사업자(프레시 매니저 · FM)와 공동 돌파하는 것은 한국 유통업계를 통틀어 hy가 유일하다.

hy는 자사 제품은 물론 이유식 전문 기업, 수도권 백화점 등과 협업해 FM을 통한 배송 서비스 확대도 추진하고 있다. 최동일 상무는 "이렇게 되면 FM들의 월(月) 수입이 예전보다 20~30% 늘어나고, 소비자들은 신선 과일과 육류, 음식 등을 문 앞까지 섭씨 5~7도의 최적의 신선(新鮮) 상태로 배송받아 윈 · 윈(win-win)하는 구조"라고 했다.

◇ ② MZ세대로 소비층과 제품 영역 확장하다.

hy은 수년 전만 해도 고객의 80~90%가 40~50대 이상 장 · 노년층이었다. hy는 디지털 전환을 통해 소비 주체(고객)와 제품 영역을 MZ세대로 확장을 꾀했다. 먼저 발효유 유제품 일변도이던 상품군(群)을 콜드브루(2016년), 밀키트(meal kit, 가정간편식 · 2017년), 그린 키트(green kit · 샐러드 · 2018년) 등으로 다양화했다.

hy가 국내 최초로 출시한 '콜드 브루' 커피

신승호 이사는 "제품 카테고리를 확대하는 동시에 이를 오프라인 배송조직인 FM과 결합해 냉장, 무료 배송 체계를 구축한 결과 온라인 쇼핑몰 회원 수가 2017년부터 연평균 18% 이상 늘었고 올 6월에는 100만 명을 넘었다"고 했다.

2017년 시작한 자사의 온라인 쇼핑몰을 작년 12월 '프레딧(fredit)'으로 통합업그레이드하면서 유기농 · 친환경 생활용품을 크게 늘린 것도 MZ세대 공략의 일환이다. 전체 1500여 개의 프레딧 취급 품목 가운데, 화장품 · 세제 · 비누 · 치약 · 칫솔 같은 1000여 개 생활용품은 젊은층이 선호(選好)하는 친환경 · 유기농 인증 제품들로만 채웠다.

MZ세대 특유의 '가치 소비' 트렌드를 정조준해 hy가 자사 쇼핑몰 '프레딧'에 내놓은 유기농 상품 / 모바일 캡처

◇ 경쟁사들 인기 제품도 입점 … 판매 · 배송까지

hy는 프레딧 회원들이 온라인에서 주문하면, 프레시 매니저(FM)가 집으로 상품을 무료 배송해 주는 독자적인 '온 · 오프라인 통합 플랫폼'을 구축해 놓고 있다. 지난해부터는 건강한 제품을 신선하게 배송하고자 하는 다른 식품기업들의 인기 제품도 입점시켜 판매하고 있다.

디지털 주력 소비 집단인 2030세대를 고객으로 확보하는 노력도 쉼없이 진행한다. 2016년부터 매년 MZ세대를 대상으로 동네 주변의 야쿠르트 아주머니(FM)를 찾아 특가(特價) 상품과 경품을 제공하는 모바일 이벤트 게임을 벌이고 있다. 이 행사는 가상(假像) 캐릭터를 찾는 '포켓몬 고'를 연상시켜 젊은층 사이에 매번 화제를 모으고 있다.

현재 '프레딧' 몰 회원 가운데 2030세대는 43만 명으로 절반에 육박한다. 이는 전용 모바일 앱으로 접근성을 높이고 젊은층 특유의 '가치 소비' 트렌드를 겨냥해 맞춤형 마케팅을 벌인 결과라는 분석이다.

모바일 앱을 내려받으면 hy의 프레시 메니저(옛 야쿠르트 아주머니)를 찾을 수 있다. / 인터넷 캡쳐

◇ ③매년 총매출의 10% 디지털 투자 … '충성 고객' 키운다.

hy는 디지털 전환을 위해 2016년부터 매년 1000억 원씩을 투자하고 있다. 자사 전용 쇼핑몰(프레딧)과 모바일 앱의 사용자 경험(UX)과 편리 향상, 최적화된 정기구독 서비스 제공을 위해 연간 총매출액의 10%씩을 디지털에 쏟고 있는 것이다.

hy의 '원칙 디지털 전환'을 실무적으로 총괄하고 있는 신승호 멀티M&S 부문 이사

신승호 이사는 "투자 대비 효과가 금방 가시화되지 않는데도 불구하고 대표이사를 포함한 모든 경영진이 '의지(意志)'를 갖고 끈기있게 지속 투자를 하고 있는 게 큰 힘이 되고 있다"고 했다.

hy는 쇼핑몰 회원 수 같은 양적(量的) 증가보다는 헤비 유저(heavy user), 즉 충성 고객을 많이 확보하는 질적(質的) 성장에 주력하고 있다. 최동일 상무는 "앞으로도 정직(正直), 건강, 신선(新鮮)이라는 회사의 3대 핵심 가치에 충실해 2025년까지 총매출액의 30%를 디지털 부문에서 달성하도록 할 것"이라고 했다.

전문가들은 hy의 변신에 대해 '업(業)의 본질'을 재해석하면서 디지털 기술을 효과적으로 접목하는 '디지털 피보팅(digital pivoting)'의 성공 사례라고 평가한다.

경기도 기흥 중앙연구소에서 hy 연구원들이 실험실에서
프로바이오틱스의 장기 배양 등을 연구하고 있다. / hy 제공

김경준 딜로이트컨설팅 부회장은 "hy는 방문 판매라는 업(業)의 기본 구조를 유지하면서 디지털 기술 접목과 MZ세대로의 과감한 고객 확장을 통해 디지털 유통기업으로서 회사의 정체성까지 몇 단계 업그레이드하는 성과를 내고 있다"고 말했다.

자료: 조선일보, 2021. 08. 26.

제2절 디지털 경제하에서의 기업의 패러다임 변화

1. 디지털 경제의 개념

'디지털(digital)'이란 '손가락'이란 뜻을 의미하는 라틴어 '디지트(digit)'에서 유래했다. 여기서 손가락은 하나하나 구별해 세는 데 사용되므로 지속과 단절이 확실한 이산적(discrete)인 성질을 나타낸다. 즉 연속적인 데이터를 0과 1의 두 가지 상태로만 생성하고, 저장하고, 처리하는 전자기술이 우리가 정의하는 디지털인 것이다. 일반적으로 기계가 현상을 인식하고 표시하는 매체로 사용하는 것은 전류이다. 그런데 전류로 연속적인 값을 표현하기에는 실제로 전류 자체가 매우 불안정하다는 문제가 발생한다. 그래서 전류가 흐르고, 흐르지 않는 확실한 두 상태(on/off)로 모든 상황을 대치해 나타내고자 했는데, 이것이 바로 디지털 방식이 등장하게 된 계기가 되었다. 다시 말하면 연속적인 값들을 분류해서 0과 1(전류가 흐르고, 흐르지 않는)의 조합으로 된 하나의 값으로 나타내고 처리하는 것이 디지털 방식이다.

이런 디지털(digital)은 기술적 관점에서 볼 때 숫자, 문자, 음성, 이미지, 동영상 형식으로 된 데이터를 0과 1의 비트(bit) 체계로 정보를 표시하는 것을 말한다. 이는 연속적인 신호나 현상을 그 자체의 물리량으로 나타내는 아날로그(analog)와 대비되는 개념이다.

이러한 디지털 기술은 다음과 같은 특성을 가지고 있다.

첫째, 빛과 같은 속도로 이동하면서 정보를 전달할 수 있는 광속성, 둘째, 반복해서 사용해도 정보가 줄어들거나 질이 떨어지지 않는 무한반복 재현성, 셋째, 정보의 가공이 쉽고 다양한 형태로 변형이 가능한 조작 및 변형의 용이성, 넷째, 송 · 수신자가 동시에 서로 정보를 주고받을 수 있는 쌍방향성을 들 수 있다.

기존의 정보전달 매체인 전화, 우편, 방송으로도 정보를 전달할 수 있으나 디지털 기술이 가지고 있는 특성으로 인해 정보의 저장, 처리, 교환이 자유롭게 이루어질 수 있다. 따라서 디지털 기술과 인터넷에 기초한 정보전달의 범위와 속도는 21세기의 산업 지도를 좌우할 강력한 잠재력을 가지고 있다.

디지털 경제(digital economy)는 디지털 기술과 관련되어 나타나는 일련의 경제적 현상으로 정의할 수 있다. 미 상무성의 「떠오르는 디지털 경제(The Emerging Digital Economy)」(1998)라는 보고서에 의하면 인터넷의 확산으로 기업은 인터넷을 통해 문서를 교환

그림 14-2 아날로그 vs. 디지털

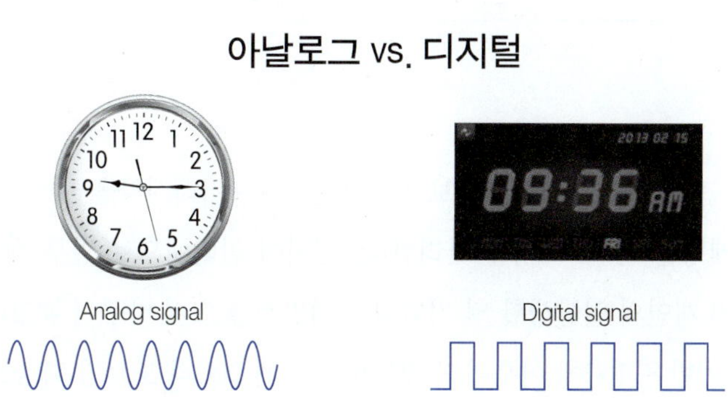

자료: 구글(www.google.co.kr)

그림 14-3 디지털 경제 기반

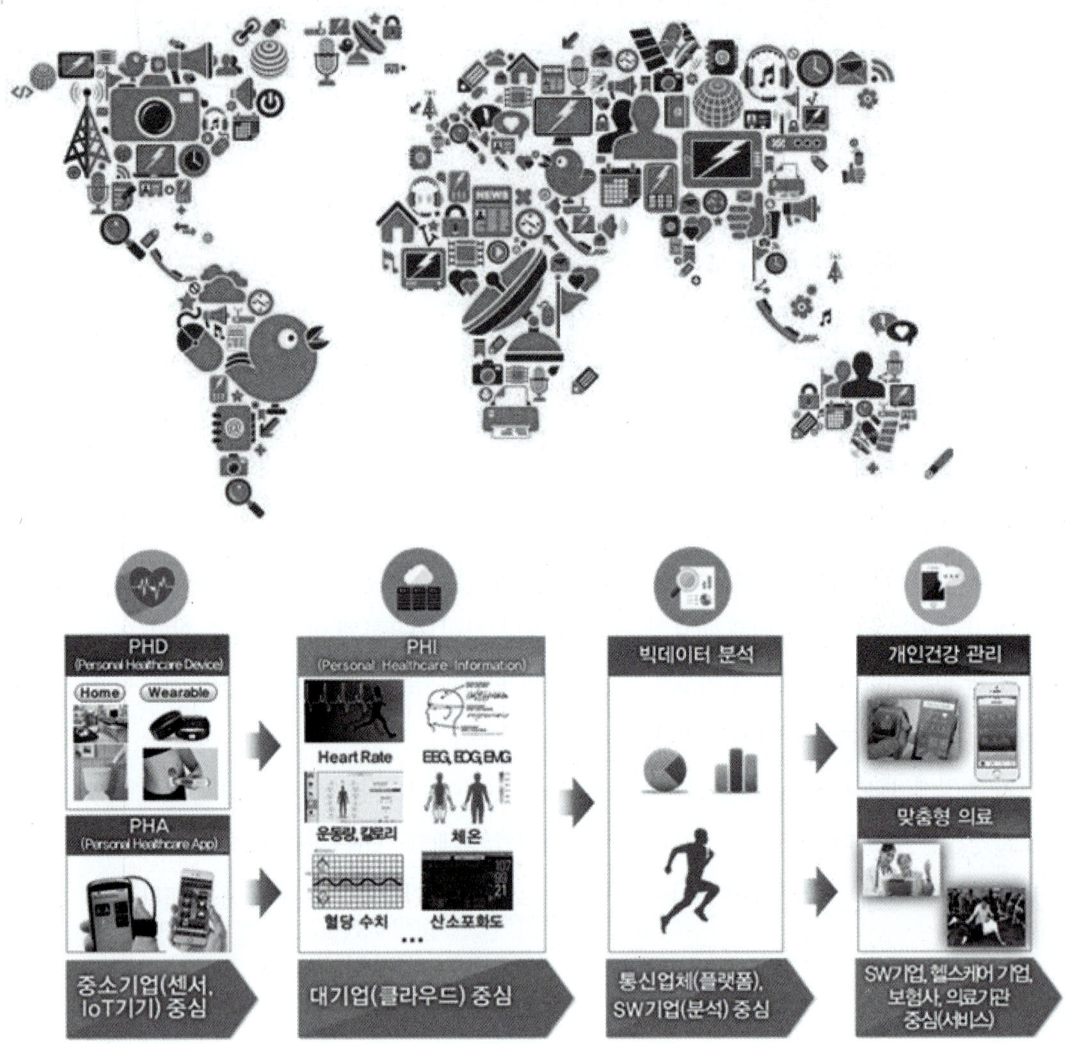

자료: 구글(www.google.co.kr)

하고, 데이터를 수집하고, 기업을 홍보하는 것은 물론 거래계약을 맺고, 부품을 구입하고, 일대일 마케팅을 하고, 고객을 관리한다. 심지어 인터넷으로 일부 제품의 배달까지 이루어짐으로써 개인의 일상생활 및 기업의 사업방식을 크게 바꾸어 놓았다.

산업사회의 기반은 19C에 이루어진 철도망 구축과 20C의 도로망 확충으로 자본과 노동의 효율적 배분이 가능해지고 상대적으로 자본의 가치가 급증하면서 형성되었다. 그러나 디지털 경제의 기반은 정보통신기술(information communication technology)의 발전과 컴퓨터, 통신 그리고 정보가 인터넷을 통해 효율적으로 배분되기 시작하면서 막대한 부가가치가 창출되고 있다. 유통구조의 혁명과 생산성 향상을 견인하고 있는 디지털 경제는 보다 역동적인 '원자적 경쟁(atomistic competition)체제'로 재편되고 있다. 또한 정보의 확산으로 민주주의 원리 강화 등 사회적 변화가 급속하게 일어나고 있다.

이처럼 사회 전반에 영향을 미치는 디지털 경제를 '디지털 혁명'이라고 부르기도 하는데, 디지털 혁명은 농업혁명과 산업혁명에 이어 인류사에 있어서 세 번째의 큰 변혁을 의미한다. 디지털 혁명은 기술, 산업, 경제, 사회, 문화, 나아가 국가 간 관계에까지 총체적이며 획기적인 변화를 유발시키고, 이러한 경제 · 사회현상의 변화는 새로운 패러다임에 대한 논의를 일으켰다. 따라서 디지털 경제는 신경제의 필요조건이면서 디지털 혁명으로 인해 발생된 경제 · 사회적 변화를 의미한다.

디지털 환경 및 기술은 경영활동을 하는 기업에 무한한 사업기회를 제공함과 동시에 예측불허의 위험을 안겨줄 수도 있다. 그러나 분명한 것은 디지털 환경이 기업활동을 구성하고 있는 고객, 공급업체, 종업원, 외부 파트너와의 관계를 새롭게 변화시키고 있다는 사실이다.

이러한 디지털 시대 경영환경의 특징은 다음과 같다. 첫째, 정보의 전달속도가 빨라 제품수명주기가 단축된다. 둘째, 기술발전 속도가 빠를 뿐만 아니라 사업범위가 글로벌화 되어 경쟁이 심화된다. 셋째, 기업 간 경쟁이 불연속적이고 불규칙적으로 발생해 예측이 무의미해짐으로써 복잡계 시스템으로서의 경영이 요구된다. 넷째, 유형의 자산보다 지식과 같은 무형의 자산이 중시되며, 지식상품(전문지식에 의존하는 무형의 상품, 컨설팅과 법률자문 등)이 부상하고 개인의 창의력이 중시된다.

2. 아날로그 경제와 디지털 경제의 차이점

아날로그 경제의 기반은 전통적인 생산과 소비에 있다. 즉 기업이 제품과 서비스를 생산하고 이를 소비자에게 운송해 소비가 이루어지는 것이 아날로그 경제이다. 이에 반해 디지털 경제에서는 컴퓨터를 이용해 정보를 수집 · 처리 · 저장하고 이를 정보통신기술을 통해 분배하는 등 디지털 기술에 기반을 두고 있다.

아날로그 경제에서는 생산자가 소비자보다 더 많은 정보를 가지고 있었으며, 상품의

그림 14-4 아날로그 경제 vs. 디지털 경제

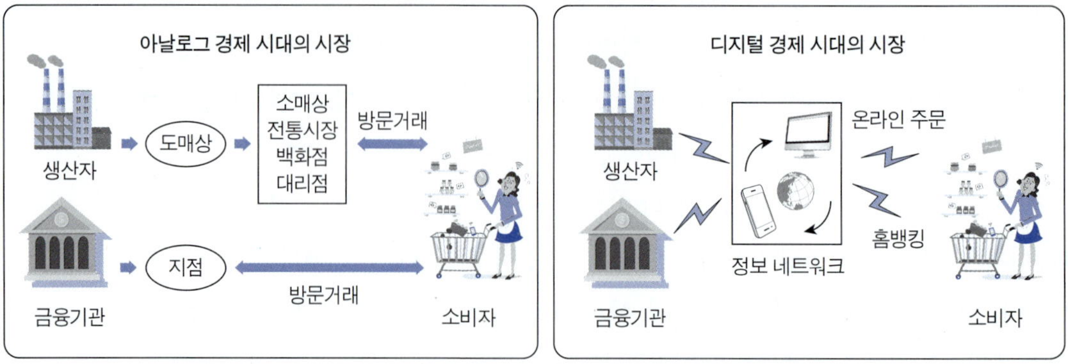

자료: KDI 경제정보센터(www.kdi.or.kr)

중심은 생산자에게 있었다. 하지만 디지털 경제로 넘어오면서 생산자가 아는 정보를 소비자도 알 수 있게 되어 상품의 중심이 소비자로 이동되면서 획일화된 소비형태에서 다양화되고 전문화된 소비형태로 바뀌게 되었다.

컴퓨터와 통신기술의 발전은 정보처리비용을 감소시켜 이로 인해 거래 · 탐색비용이 줄어들었다. 또한 디지털 경제에서는 적은 인력으로도 사업을 시작할 수 있는 여건이 마련되었으며, 아날로그 경제에 비해 경제활동속도가 빨라지고 정보의 중요성도 높아졌다. 이와 더불어 제품의 대상도 예전처럼 제조업에서 생산된 유형의 상품만이 아닌 무형의 서비스까지 포함하고 있다.

결국 디지털 경제는 아날로그 경제를 기반으로 컴퓨터와 인터넷 등 정보통신기술이 더해져 이루어지는 모든 경제활동으로 e-비즈니스, 인터넷 쇼핑몰, 검색서비스 등이 이에 속한다. 이러한 사업들은 디지털 기술의 발달로 형성된 세계적 네트워크를 통해 생산 · 소비 · 유통의 새로운 질서를 세우고, 시간과 공간을 뛰어넘는 새로운 경제 패러다임으로 확산되고 있다. 특히 소비자는 인터넷을 통해 공급자 및 상품정보를 풍부하게 얻을 수 있어 아날로그 경제 시대와는 달리 판매자와 소비자 간의 역학관계에서 소비자가 우위를 차지하게 되었다.

또한 온라인상에서 거래되는 상품의 종류도 유형의 제품에서 무형의 서비스에 이르기까지 확대되었을 뿐만 아니라 인터넷 이용자의 폭발적 증가로 인해 e-비즈니스의 시장 규모가 비약적으로 증대되었다. 이와 같이 디지털 경제란 '디지털 기술의 혁신적 발전과

더불어 새롭게 창출되는 디지털 상품 및 서비스가 전체 경제에서 차지하는 비중이 커지는 경제'라고 할 수 있다.

다른 한편으로는 기존의 모든 경제활동이 디지털화된 환경에서 이루어지는 것을 뜻하기도 한다. 정보기술(IT)산업의 발달은 정보처리비용을 낮추고 정보전달의 한계를 없애 각 경제주체 사이에 새로운 지식 · 기술 · 정보가 급속하게 확산 · 공유되도록 하면서 경제활동의 기본방식도 변화되고 있다. 디지털 경제 시대에는 정보와 지식이 가장 강력하고 유일한 가치이자 부의 원천이므로, 이에 따라 새로운 경제시스템을 구축하기 위해 전력을 기울여야 한다.

표 14-1 아날로그 경제와 디지털 경제의 비교

아날로그 경제	디지털 경제
정보생산자: 기업	정보생산자: 모두
경제범위가 지역적	경제범위가 글로벌적
수확체감의 법칙 적용	수확체증의 법칙 적용
기업중심의 대량생산	고객중심의 소량 맞춤생산
적시 공급	실시간 공급
기업중심의 생산	시장(=고객)중심의 생산

자료: KDI 경제정보센터(www.kdi.or.kr)

3. 디지털 경제의 발전

(1) 디지털 경제하에서의 주도권

20세기 중반이 되면서 컴퓨터가 개발 · 보급되기 시작하였다. 초기에는 국방과 학술, 금융과 같은 분야에 주로 대형 컴퓨터들이 보급되었으며 이를 이용해 복잡한 계산을 빠르게 처리함으로써 생산성을 향상시키기 시작했다.

1970년대에 들어서는 애플II를 선두로 개인용 컴퓨터 시장이 열리면서, '사무자동화(office automation)'라는 용어가 유행을 하게 되었으며, 이것이 적용되는 산업의 영역이 중소기업까지 확대되었다. 또한 컴퓨터를 이용한 새로운 정보화 사회가 시작되면서 IBM과 마이크로소프트사가 1980~1990년대까지 가장 주목받은 기업으로 자리 잡게 되었다.

이처럼 컴퓨터 하드웨어와 소프트웨어는 기존 산업 전반에 걸쳐서 적용되었지만 결국 산업 자체를 바꾸지는 못했다. 그렇지만 정보화를 적극적으로 받아들이고 생산성 혁신을 이룬 기업은 고속성장을 할 수 있었던 반면에 과거의 방식을 고수하며 혁신을 하지 못하고 생산성이 떨어지는 기업들은 경쟁력을 잃고 사라져 갔다.

디지털 경제와 정보기술은 기업이 거대해지면서 생겨나는 다양한 경영문제를 해결하면서 기업이 보다 쉽게 효율화를 추구할 수 있는 토대를 제공하였다. 또한 지식경영까지 도입되면서 각 개인의 지식으로 남아 있었던 암묵지를 기업의 자산으로 활용할 수 있는 형식지로 전환시킬 수 있게 되었다.

이와 같이 기업에 있어 디지털화된 정보의 활용은 경영효율화를 통한 '규모의 경제'를 달성하게 하였다. 또한 일부 다국적 기업들은 이를 기업 확장의 기회로 삼아 외형적 성장을 계속 해나갔고, 시장경쟁에서 승리를 하면서 글로벌 시장지배력을 강화하는 계기가 되었다.

(2) 소셜 웹 사회에서의 중심은 개인

소셜 웹(social web)의 개념은 컴퓨터와 인터넷이라는 기본인프라가 그대로인 상태에서 비즈니스 단위가 기업에서 개인으로 옮겨 가는 것을 말한다. 소셜 웹 사회는 개인이 중심이 된 사회로 수많은 개인들이 참여하는 네트워크가 구성되고 정보의 생산과 유통이 개인 단위로 이루어지게 된다. 이때 기업은 정보의 생산과 유통에 관여하는 정도가 매우 낮기 때문에 과거와는 다른 소비자 접근이 이루어진다는 점에서 소셜 웹이 가져온 변화는 매우 크다고 할 수 있다.

소셜 웹 사회에서의 준거집단과 집단행동은 기업 단위로 이루어지는 것이 아니라 각 개인의 판단과 참여로 이루어진다. 트위터와 페이스북은 이런 소셜 웹 네트워킹이 글로벌 수준에서 개방된 형태로 만들어질 수 있음을 증명하였고, 스마트폰은 '손 안에 컴퓨터'라는 개인환경을 만들어 내면서 소셜 네트워크 사회를 가속화하였다.

이런 변화는 산업혁명 이후 소위 말하는 '기업'중심의 사회가 '개인'중심의 사회로 넘어오는 계기가 되고 있으며, 이는 사회 전체의 중대한 변화가 되고 있다. 그렇다고 해서 현재 개인의 힘이 기업의 힘보다 강한 것은 아니지만 '기업'으로 표현되는 폐쇄형 집단보다는, 개인이 중심이 되는 개방형 집단의 힘이 더욱 강하게 나타날 가능성이 많아진 것은 누구도 부인할 수 없는 사실이 되고 있다.

그림 14-5 Social Media Landscape

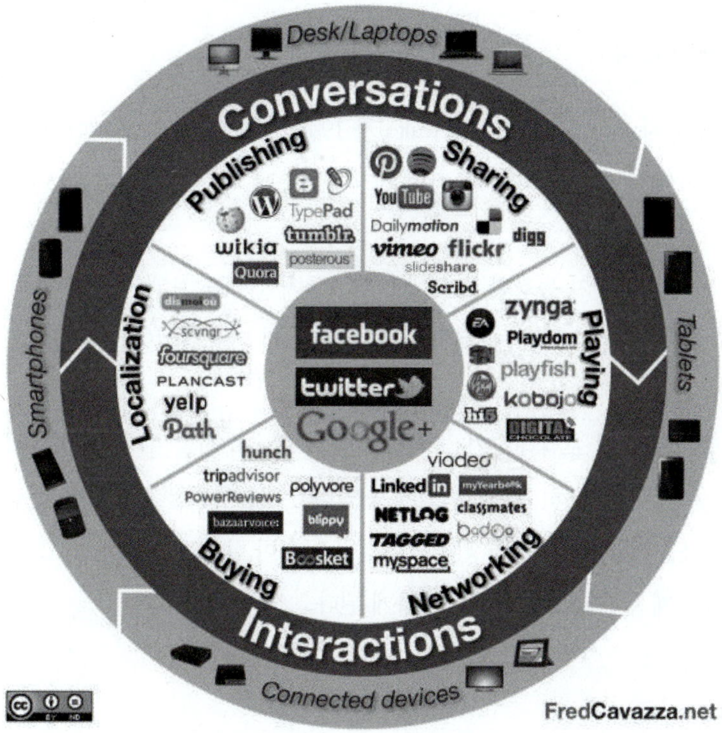

자료: 구글(www.google.co.kr)

이런 개방형 집단의 힘은 결국 개개인의 힘에서 나오게 되며, 각 개인이 역량을 강화하고 창의적인 혁신을 많이 일으키는 집단이 경쟁에서 훨씬 유리한 고지를 점하게 될 것이다. 소셜 웹 중심의 혁신이 지난 몇 년간의 정보화 사회와 근본적으로 다른 점은 바로 이런 것이다. 기존의 기업들도 이러한 변화를 인지하고, 기업조직원들이 그들의 창의력과 혁신성을 최대한 발휘할 수 있는 개방형 조직으로 변신하지 않으면, 이런 혁신을 추구하는 조직들에 의해 결국 경쟁에서 도태될 수밖에 없을 것이다.

4. 디지털 경제하에서의 기업의 패러다임 변화

(1) 멧칼프의 법칙

3Com의 설립자 밥 멧칼프(Bob Metcalfe)가 1995년에 제창하기 시작한 "네트워크의 가치는 가입자 수에 비례해 증대하고 어떤 시점에서부터 그 가치는 비약적으로 높아진다"는 법칙을 말한다.

예를 들면, 팩스(fax)가 등장한 초기에는 팩스를 구입해도 보낼 상대가 없거나 어느 누구로부터도 팩스를 받지 못하는 상태가 계속됨으로써 커뮤니케이션 수단으로서의 이점이 충분히 발휘되지 못한다.

그러나 점차 팩스의 보급대수가 늘어남에 따라 송 · 수신할 수 있는 상대가 많아지게 됨으로써 그 혜택을 충분히 누릴 수 있게 되었다. 또한 팩스를 사용하는 사람이 많으면 팩스를 생산하는 제조사 간의 경쟁이 격화되어 기술이 한층 발전하게 되고, 보다 우수한 기능의 팩스가 계속적으로 시장에 등장하게 된다.

그림 14-6 멧칼프의 법칙(Metcalfe's Law)

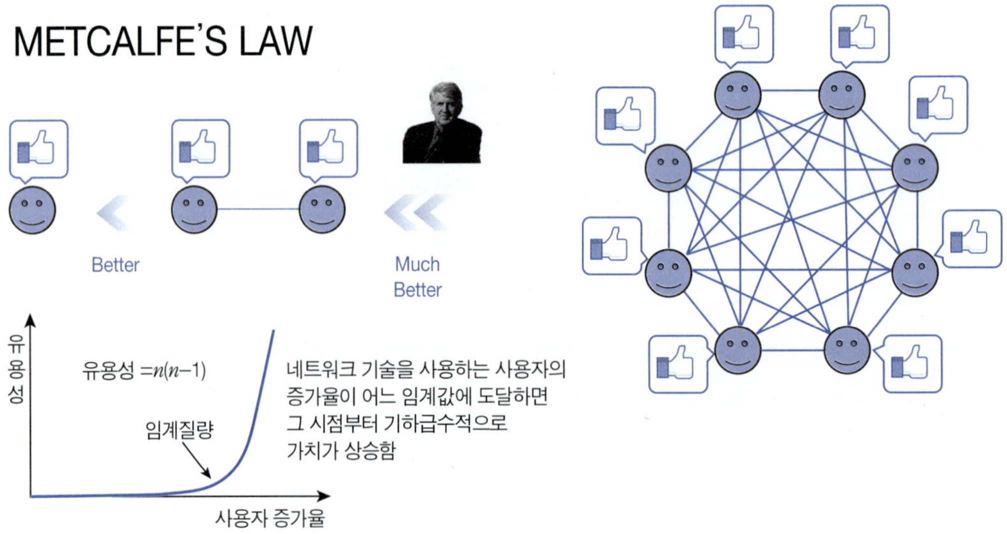

자료: 구글(www.google.co.kr)

(2) 무형자산

과거에는 '자산' 또는 'assets'이라는 것은 대부분 물적 자산과 금융자산을 가리키는 것으로 '유형자산(tangible assets)'을 의미했다. 그러나 최근에는 그 의미가 변화하고 있다.

'무형자산(intangible assets)'이란 글자 그대로 눈에 보이지 않는 자산을 가리키는 것으로 e-비즈니스 기업인 아마존과 델컴퓨터는 기업가치의 80% 이상을 무형자산이 차지하고 있다. 이처럼 e-비즈니스 선진기업은 무형자산을 강화해 이해관계자에 대해 독자적인 기업가치를 어필함으로써 자금과 인적 자원, 전략적 파트너의 조달(획득)을 실현하고 있다.

(3) 수확체증의 법칙

디지털 경제 시대에 가장 두드러진 특성은 '수확체증의 법칙'이 적용되는 것으로 과거 대량생산 시대에 경제논리를 지배하고 있었던 '수확체감의 법칙'은 오늘날에는 적합하지 않다. 수확체감의 법칙은 일반적으로 토지, 자본, 노동 등 전통적 생산요소가 중심이 되는 산업경제에서 생산요소를 투입하다 보면 어느 순간 투입 단위당 산출량이 감소하는 현상을 말한다.

그러나 IT로 대표되는 지식주도형 산업에서는 지식이라는 생산요소를 투입하면 할수록 추가된 생산요소만큼 단위당 산출량이 증가한다. 이러한 경제현상은 수확체증의 법

그림 14-7 수확체감의 법칙 vs. 수확체증의 법칙

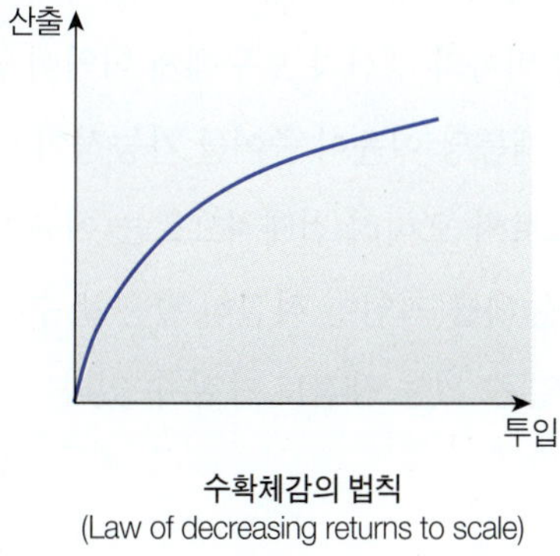

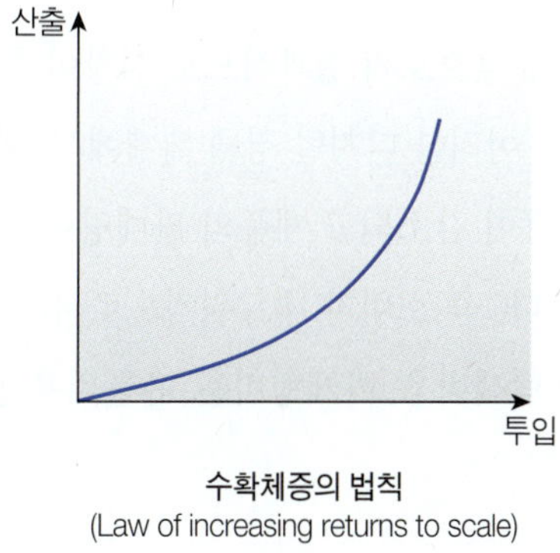

자료: 구글(www.google.co.kr)

칙으로서, 아무리 사용해도 고갈되지 않으며, 오히려 공유하고 활용할수록 가치가 배가되는 지식과 정보의 특성에서 비롯된다. 이 법칙은 한마디로 '시장에서 승리한 기업은 한층 강력해지고, 경쟁력을 상실한 기업은 점점 더 약체화하는 경향'의 'winner takes all'을 가리키는 것으로, 시장에서 성공을 이룬 기업이나 사람은 더욱 강력해지는 반면, 실패한 기업이나 사람은 더욱 약화되는 악순환의 메커니즘이라고 정의할 수 있다.

예를 들면, 마이크로소프트사의 운영체제인 윈도의 개발은 최초에는 막대한 비용을 필요로 하지만 한 번 개발이 완료되면 그 다음은 해당 콘텐츠를 복제만 하면 된다. 이러한 이유로 대량생산을 할수록 비용은 패키지 원가에 근접하게 되며, 소프트웨어를 일정 규모의 이용자가 사용하기 시작하면 멧칼프(Metcalfe)의 법칙에 의해 다른 사람도 소프트웨어를 구입하게 된다. 따라서 시장점유율 상승으로 새로운 이용자를 끌어들이게 되는 네트워크 효과가 나타나 다음 단계의 새로운 경쟁이 시작되기까지 해당 기업은 압도적인 경쟁력을 가지게 되어 경쟁우위는 더욱 견고해지게 된다.

수확체증의 법칙은 기업이 일정 규모의 시장을 형성하게 되면 소비자들은 네트워크 효과를 고려해 그 기업의 고객이 되고, 그 기업은 다양한 서비스를 개발해 고객에게 제공하게 되며, 고객이 경쟁사로 전환하는 데 드는 교체비용이 높아지는 예속효과로 인해 고객충성도가 높아진다. 또한 수확체증의 법칙에서는 규모가 클수록 새로운 아이디어와 기술개발에 대한 보상잠재력이 커지며 고객에 대한 서비스도 향상된다.

(4) 시장확대

IT혁명으로 대표되는 디지털 경제 아래에서는 다양한 시장환경 측면에서 거래비용이 낮아져 소비자 수요가 확대되고, 저렴한 마케팅비용과 유통비용 등으로 생산자의 공급은 증가하게 됨으로써 결과적으로 시장이 확대돼 소비자와 생산자 모두에게 이익이 돌아가게 된다. 이러한 디지털 경제 체제에서 생산자는 제품당 이윤이 줄어들 가능성이 있지만, 거래비용이 감소되고 제품의 판매량이 증가함으로써 오히려 전체적으로는 이윤이 늘어나게 된다. 즉 소비자 네트워킹으로서의 가상공동체를 기업이 적절히 활용할 수 있다면 구매자 탐색비용, 마케팅비용, 유통비용 등을 줄일 수 있는 장점도 가질 수 있다.

그림 14-8 가상사회에서의 시장 확대

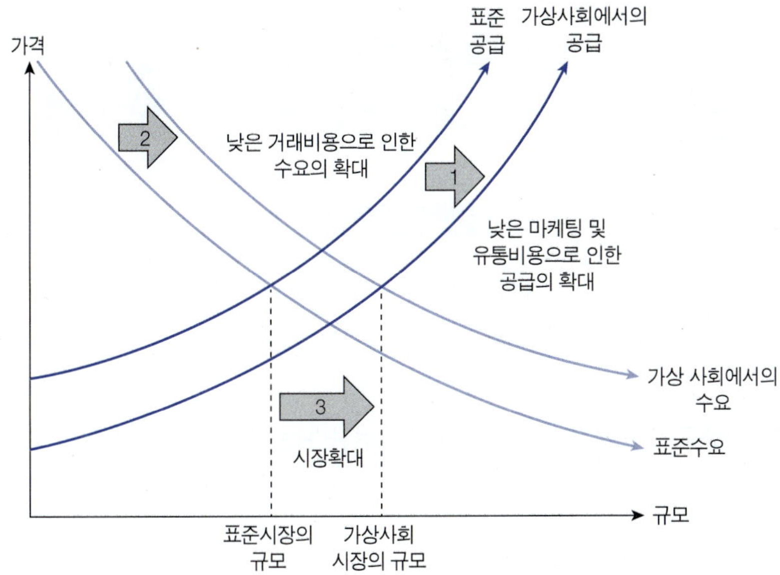

자료: 존 하겔 3세 · 아더 암스트롱 저, 한영주 역, 가상사회와 전자상거래, 세종서적, 1999.

(5) 구매자 주도 시장

IT혁명을 근간으로 하는 디지털 경제 체제하에서 중요한 패러다임의 변화 중 하나는 '구매자 주도(buyers power)'라는 것이다. 인터넷의 쌍방향성이라는 특성이 가져온 상호 커뮤니케이션을 축으로 하는 새로운 시장에서는 구매자가 지니는 힘이 과거와 크게 다르다. e-비즈니스는 단순히 가상공간에서 상품을 사고파는 것을 의미하지 않는다. 인터넷상에서는 상품과 서비스를 구입하기 이전에 구매자 자신이 필요로 하는 정보를 수집할 수 있다. 구매자는 복수의 판매자를 비교하고 가격협상까지 할 수 있다. 이러한 인터넷은 많은 사람이 상품과 가격정보를 공유할 수 있도록 만들며 유통구조와 쇼핑관행을 송두리째 바꾸고 있다.

구매자 주도 시장에서는 기업이 일방적으로 상품을 개발해 다수의 소비자에게 판매하는 유통방식은 자취를 감추고 쌍방향서비스를 통한 상거래행위가 일반화되는 시대를 의미한다. 과거의 대량생산, 대량구매에서 일대일 마케팅과 고객에 대한 맞춤형 서비스를 제공함으로써 개별 소비자들이 주문한 상품만을 생산해 공급하는 방식으로 유통구조

그림 14-9 구매자 주도 시장

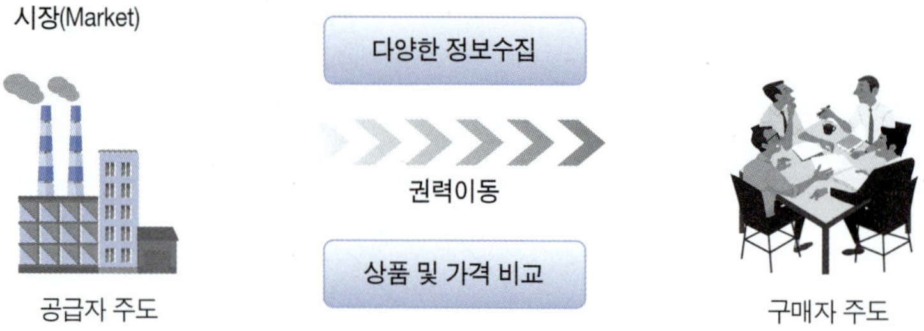

자료: 구글(www.google.co.kr)

가 바뀌어 다품종 소량생산, 주문소비체제로 변한다는 것이다. 따라서 공급자는 이러한 상호 커뮤니케이션 환경 속에서 구매자가 요구하는 제품이나 서비스를 신속하게 제공할 수 없다면 생존을 위협받게 될 것이다.

잠시 쉬어가기

"웨어러블 잡아라" 美빅테크들의 격전지가 된 헬스케어

점점 커지는 웨어러블 시장

미국 빅테크 기업들의 차세대 격전지로 꼽히는 시장은 헬스케어(건강관리) 분야다. 영국 파이낸셜타임스는 "페이스북과 아마존, 마이크로소프트, 구글, 애플이 지난해 헬스케어 분야에 총 37억 달러(약 4조3400억 원)를 투자했으며, 올해 중반까지 31억 달러를 추가로 투자했다"고 분석했다. 빅테크들이 헬스케어 시장에 진출

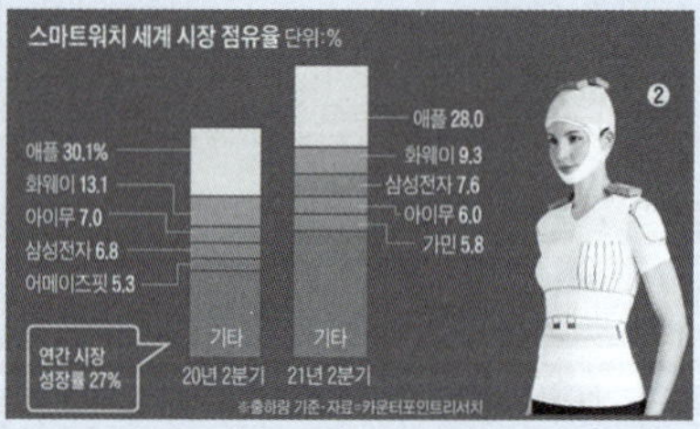

① 구글이 인수한 피트니스 전용 웨어러블 제조기업 핏비트가 최근 출시한 스마트워치 모델 '차지5'.

② 프랑스 스타트업 바이오세레니티가 개발한 신경질환 진단용 웨어러블 기기 '뉴로노테'. / 각 사

할 때 교두보 역할을 하는 것이 스마트워치 같은 웨어러블(착용형) 기기다. 고성능 심전도 센서를 탑재한 '애플워치'로 전 세계 스마트워치 시장을 장악한 애플을 필두로 헬스케어에 특화된 웨어러블 제조사 '핏비트'를 21억 달러에 인수한 구글, 작년 8월 헬스케어용 손목 밴드 '헤일로'를 출시한 아마존 등 빅테크 대부분이 웨어러블 기기를 통해 헬스케어 시장에 진출하고 있다. 그간 잠잠했던 페이스북도 심장 박동 감지 기능을 탑재한 스마트워치를 내년 여름 출시를 목표로 개발 중이다.

IT(정보 통신) 기업들이 웨어러블 기기에 눈독을 들이는 이유는 데이터에 있다. 의료 분야에서 기반이 약한 만큼 웨어러블 기기를 통해 대규모 생체 데이터를 확보・분석하는 방식으로 병원과 제약 회사를 추월하겠다는 심산이다. 애플은 작년에만 3400만 대를 판매한 애플워치를 통해 단기간에 막대한 데이터를 뽑아내고 있다. 마침 신종 코로나 대유행으로 비대면 건강관리에 대한 관심이 커지면서 헬스케어에 특화된 웨어러블 기기 수요도 커졌다. 시장조사 기관 글로벌마켓인사이츠는 2020년 250억 달러(약 29조3400억 원) 규모인 의료용 웨어러블 시장 규모가 연평균 22.9% 성장해 2027년엔 다섯 배 이상 증가한 1400억 달러에 이를 것으로 전망했다.

◇ 의료 현장까지 진출한 웨어러블

헬스케어용 웨어러블 기기는 발전을 거듭해 이젠 웬만한 의료기기 뺨치는 수준에 도달했다. 심전도와 혈압, 혈중 산소 포화도, 기초 대사량, 체지방량, 근 골격량, 체수분량 등 과거 전문 의료기기로 측정해야 했던 생체 정보는 이제 웨어러블 기기에 탑재되는 센서를 통해 수집 가능하다. 애플워치는 심방세동 같이 탐지가 어려운 부정맥을 잡아낼 수 있어 미국 FDA(식품의약국)에서 의료기기 인증을 받았다. 애플은 미국 제약사 존슨앤드존슨과 함께 애플워치의 심전도 센서를 활용, 뇌졸중을 예방하는 연구도 진행 중이다.

③ 심전도 센서가 탑재된 애플의 스마트워치 모델 '애플워치'. ④ 국내 스타트업 스카이랩스가 개발한 세계 최초 반지형 심장 모니터링 기기 '카트원'. ⑤ 아마존이 작년 출시한 헬스케어용 스마트밴드 '해일로'. /각 사

해외에선 이미 웨어러블 기기가 원격 진단 수단으로 의료 현장에 적용되고 있다. 미국 뉴욕 기반 스타트업 나노웨어가 개발한 '심플센스'는 붕대처럼 어깨와 가슴을 감싸는 천 형태의 웨어러블 기기로, 수십억 개의 나노센서를 활용해 심박수와 혈압 등 85종의 생체 데이터를 기록하고 AI(인공지능) 분석을 통해 보고서 형태로 알려준다. 현재 미국 병원 14곳에서 만성 심부전 환자 500명 이상에게 이 기기를 처방했고, 수술 후 회복 상태를 원격으로 모니터링하고 있다. 파리에 있는 스타트업 바이오세레니티는 집에서 뇌전증(간질)과 알츠하이머 같은 신경 질환 징후를 감지해 내는 모자 형태 의료용 웨어러블 기기 '뉴로노테'를 개발, 미국과 프랑스 환자 3만여 명에게 적용 중이다. 뇌의 전기적 활동을 측정하는 뇌파

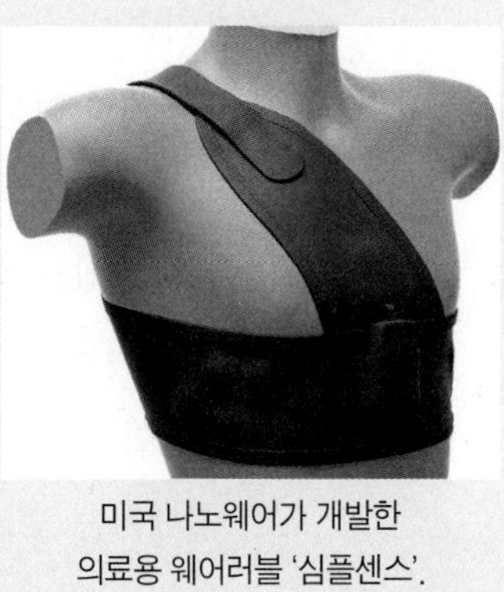

미국 나노웨어가 개발한 의료용 웨어러블 '심플센스'.

도(EEG) 방식을 적용해 신경질환을 진단하거나 약물의 효과와 안정성을 장기적으로 모니터링할 수 있다.

◇ 한국 기업도 가세 … 개인 정보 보호는 숙제

국내 의료용 웨어러블 산업은 이제 시작 단계다. 그간 국내에서 의료용 웨어러블 기기는 환자의 의료 데이터 규제 때문에 활용되지 못했다. 하지만 2019년 '규제 샌드박스' 제도가 도입되면서 의료용 웨어러블 시장의 빗장도 풀렸다. 혁신적 신기술을 지닌 다양한 제품과 서비스가 시장에 출시될 수 있도록 규제를 유예 또는 면제해 주는 제도다.

국내 헬스케어 스타트업 휴이노가 개발한 시계 형태의 심전도 측정 장치 '메모워치'가 대표적이다. 메모워치는 규제 샌드박스 적용 1호로 임상을 마치고 작년 5월 국내 최초로 건강보험 적용을 받게 됐다. 의료 기기 인증을 넘어 의사들이 메모워치를 처방할 수 있게 된 것이다. 이후 삼성전자의 심전도 측정 앱과 국내 헬스케어 스타트업 스카이랩스가 개발한 세계 최초 반지형 심장 모니터링 기기 '카트원'이 식품의약품안전처에서 의료기기 허가를 받았다.

기술력이 높아지면서 헬스케어 웨어러블 시장이 차세대 핵심 산업으로 각광받고 있지만, 장밋빛 미래만 보장된 건 아니다. 시장이 커지면서 개인 정보보다 민감한 생체 데이터 유출 문제가 불거지고 있기 때문이다. 지난달 미국 웹사이트 관리업체 '웹사이트플래닛'은 "헬스케어용 웨어러블이 수집한 것으로 보이는 개인 피트니스 정보 6100만 건이 인터넷에 유출된 것을 확인했다"고 밝혔다. 애플의 헬스케어 전용 앱 '헬스킷'과 구글의 핏비트 등 각종 웨어러블 기기로 수집된 개인 정보가 암호화도 되지 않은 채 인터넷에 떠돌아다닌 것이다. 예레미아 파울러 웹사이트플래닛 보안 연구원은 "유출 데이터에 이름과 생년월일, 체중, 키, 성별, 지리적 위치 등이 포함돼 있었다"며 "웨어러블 기기로 수집한 생체 데이터는 더 정교해진 사이버 범죄의 표적이 될 것"이라고 경고했다.

자료: 조선비즈, 2021. 10. 01.

제3절 디지털 경제 시대의 경영환경 변화

정보기술의 급격한 발전으로 오늘날 경영환경은 하루가 다르게 변화하고 있으며 이는 모든 기업에 어려운 문제를 안겨 주고 있다. 교통과 통신의 발달, 무역장벽의 철폐 등으로 인해 세계는 점차 좁아지고 있고, 시장의 글로벌화로 인해 기업들은 보다 치열한 경쟁환경에 처해 있으며, 이러한 경쟁양상은 기업의 생존을 위협하고 있다. 반면에 정보기술의 발전은 이러한 경쟁환경에서 기업에 새로운 경쟁도구를 제공하고 있으며 이는 결과적으로 기업의 새로운 사업기회가 되고 있다.

이 절에서는 오늘날 경영환경 변화의 주요 내용인 시장의 글로벌화, 변화의 가속화,

고객중심 경영, 정보기술중심 경영, 산업 간 통합화 및 네트워크화에 대해 살펴보고자 한다.

1. 시장의 글로벌화

디지털 시대가 확산되면 될수록 경제활동의 글로벌화는 더욱 빠르게 진행될 것으로 예상할 수 있다. 인터넷과 초고속통신망을 통해 정보의 생산 및 공유가 시간과 공간의 제약 없이 이루어지고 있으며 이에 따라 기업들은 별다른 추가적인 비용 없이 글로벌 경영환경에서 기업활동을 할 수 있는 체제가 만들어지고 있다. 이와 같은 현상은 전 세계 대부분의 기업들의 경영활동에서 상당히 진전되고 있다. 또한 기업들은 정보의 공유가 자유롭게 이루어지는 만큼 규제 완화, 시장의 자유화 및 무역장벽의 철폐 등을 통해 효율을 높일 수 있는 가능성도 그만큼 커지게 된다. 따라서 시장 메커니즘과 기업 간 경쟁구도도 더욱 빠르게 전환될 것이다.

시장의 글로벌화는 전 세계가 하나의 시장이라는 것을 의미한다. 국내에서 생산된 상품이 국내뿐만 아니라 세계 곳곳에서 팔리는가 하면 세계 각국의 상품이 국내에서 자유롭게 팔리게 되는 것으로, 시장의 글로벌화는 국경에 따른 시장 구분이 더 이상 의미가

그림 14-10 디지털 시대의 경영환경 변화

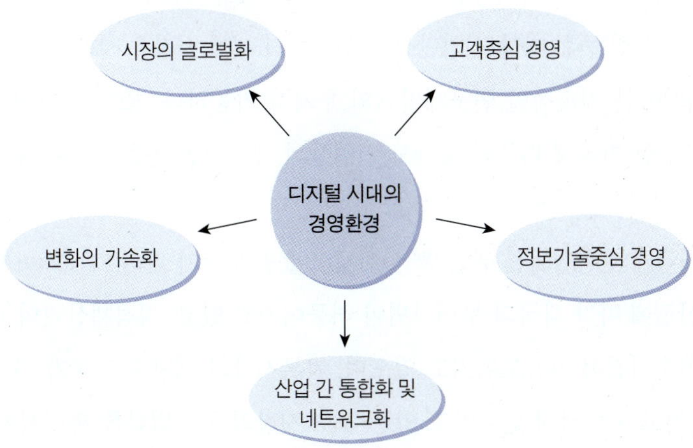

자료: 윤종훈 · 김용민, 경영정보시스템, 학현사, 2011, p.10.

없음을 뜻한다.

오늘날 국내 기업뿐만 아니라 외국 기업들도 전 세계에 지사를 두고 현지를 직접 관리하고 있으며 현지에서 제품을 직접 생산·수출함으로써 물류비용을 절감하고 있다. 삼성이나 현대자동차와 같은 국내 기업들도 미국이나 유럽에 현지공장을 갖고 있으며 현지의 높은 임금에도 불구하고 물류비용의 절감과 현지의 시장개척으로 활로를 모색하고 있다. 임금이 저렴한 중국을 비롯한 동남아시아에는 많은 국내 회사뿐만 아니라 외국 회사들이 진출해 있으며 시장개방정책에 힘입어 지속적인 진출을 꾀하고 있다. 전 세계를 하나의 시장으로, 그리고 전 지구인을 고객으로 여기는 시대가 도래한 것이다. 따라서 기업들이 생존하고 성장하기 위해 기존시장뿐만 아니라 미개척시장에 대한 지속적인 노력과 투자로 시장의 글로벌화는 더욱더 가속화될 것이다.

이와 같이 시장의 글로벌화를 촉진하는 요인으로는 다음과 같은 것들이 있다.

첫째, 커뮤니케이션 기술의 발전으로 소비자의 수요나 구매행태가 전 세계적으로 동질화되고 있다. 한국에서 발표된 신곡을 중국이나 동남아시아 등의 젊은이들이 거의 동시에 듣고 즐길 수 있게 되었다. 미국에서 아이패드가 출시됨과 동시에 전 세계의 젊은이들이 열광하는 것도 커뮤니케이션의 영향이라고 할 수 있다. 이와 같은 커뮤니케이션 기술의 발달은 전 세계적으로 소비자 수요의 동질화를 촉진시키고 있다. 따라서 기업들은 전 세계를 단일시장으로 파악하고 전 세계 소비자들의 수요에 부응할 수 있는 제품을 만들어야 성공할 수 있게 되었다.

둘째, 기술개발을 위한 연구개발(R&D) 투자가 증대되고 있다. 이와 같은 연구개발비의 증대는 기술개발의 고정비용을 증가시켜 내수수요만으로는 높은 연구개발비 소요를 충족시키기가 힘들다. 따라서 첨단산업에서는 전 세계 시장을 상대로 하여 규모의 경제가 달성되어야만 지속적인 연구개발에의 투자가 가능하다. 또한 고가의 생산자동화 설비 투자로 인한 자본재 비중의 증가도 기업들의 세계시장 진출에 하나의 동인이 되고 있다.

셋째, 세계경제의 활성화를 위한 WTO체제의 출범과 국가 간의 FTA(Free Trade Agreement)가 확산됨에 따라 각국의 무역장벽이 허물어지고 있고, 지적재산권의 보호가 강화됨에 따라 기술이전이 자유로워지고 있으며, 자본시장의 개방으로 국가 간 자본이동이 더욱 광범위하고 활발하게 일어나고 있는 것도 시장의 글로벌화를 촉진시키는 요인 중 하나이다.

2. 변화의 가속화

오늘날 기업을 둘러싸고 있는 경영환경은 급속도로 변하고 있다. 이러한 경영환경 변화의 특성은 변화의 속도가 매우 빠르다는 것이다. 안정적 환경에서는 기업이 직면하고 있는 경영환경 변화의 속도가 느리지만 역동적 환경에서는 경영환경 변화의 속도가 매우 빠르다.

안정적 환경이란 시장에 진입하는 새로운 경쟁자도 없고 시장에 엄청난 영향을 미칠 수 있는 현재의 경쟁자에 의한 새로운 기술적 도약도 없을 뿐만 아니라 기업에 영향을 미치는 압력단체들의 어떠한 활동도 없는 경우를 말한다.

이와 반대로, 경영환경의 역동성이란 기업을 둘러싸고 있는 다양한 경영환경들이 복합적으로 작용하여 매우 빠른 속도로 변하면서 경영활동에 영향을 미치는 것을 의미한다. 따라서 이러한 환경변화를 미리 정확하게 예측하기도 힘들 뿐만 아니라 이에 대한 대응조치를 강구하는 것도 쉬운 일이 아니다. 그러므로 기존의 경영시스템으로는 역동적인 환경에 적응할 수 없으므로 변화에 신속히 대응할 수 있는 새로운 경영시스템이 요구되고 있다.

3. 고객중심 경영

우리는 '고객은 왕이다'라는 말을 오래전부터 자주 들어 왔다. 그러나 기업들이 오늘날처럼 고객에 대해 관심을 가지고 집착한 적이 없었다. 기업들은 모든 경영활동의 측면에서 고객중심적 사고를 강조하고 있다. 최근 들어 기업경영에서 정보기술의 활용이 증가하면서 정보기술을 통한 고객관리역량을 향상시키기 위한 노력을 경주할 뿐만 아니라 다양한 기법을 개발하는 데 많은 노력과 막대한 재원을 투자하고 있다.

이러한 현상이 나타나게 된 근본적인 이유는 인터넷 환경에서 고객이 제품과 서비스에 대한 정보를 시간과 공간의 제약 없이 얻을 수 있어 항상 최상의 제품과 서비스를 선택할 수 있는 능력을 가지게 되었기 때문이다. 또한 소비자들은 원하는 제품과 서비스를 사용해 본 적이 있는 지인을 찾아 그들의 의견을 들을 필요 없이 전국 각지에서 제품을 사용해 본 경험이 있는 소비자들이 올린 의견과 평가를 인터넷을 통해 바로 접할 수 있기 때문이다. 이와 같이 기업에 대한 평판 또는 제품에 대한 평가가 인터넷상에서 빠른 속도로 전달되는 상황에서 기업은 고객의 반응에 더욱 민감하게 되었다.

고객만족이란 고객이 제품 또는 서비스에 대해 기대하는 것, 그 이상을 충족시킴으로써 자사가 제공하는 제품과 서비스의 재구매율을 높이고 고객의 선호도가 지속되도록 하는 것을 말한다. 따라서 기업이 다양한 고객의 요구를 충족시키고 지속적인 구매를 유도하기 위해서는 고객의 기대를 충족시킬 수 있는 품질의 제품과 서비스를 제공하여야 한다.

과거에 고객만족을 위한 기업활동은 소비자가 자사의 제품을 구매한 후에 그 제품에 문제가 일어난 경우 행해지는 애프터서비스가 전부였다. 그러나 최근 들어 기업들이 애프터서비스에 대한 문제점을 인식하고 이에 대한 대책을 마련하고자 하는 노력을 진행하고 있다. 이는 고객만족을 위한 기업활동이 다차원으로 이루어지고 있다는 것을 반증하는 것이며 이렇게 해야만 기업들이 경쟁에서 살아남을 수 있다는 사실을 인식하고 있다는 것이다.

이제 기업이 생존을 보장받을 수 있는 경쟁의 성패는 품질과 생산효율성 이상으로 기업의 고객관계능력에 달려 있다고 해도 과언이 아니다. 최근 시장점유율보다 고객점유율이 더 중요한 기업의 성과지표라는 공감대가 형성되는 것도 이러한 인식에 기반한 것이다. 따라서 고객을 이해하고 고객과의 신뢰를 기반으로 하여 밀접한 관계를 유지할 수 있는 능력을 신장하기 위한 노력을 기울이는 것이 기업들에 있어 무엇보다도 중요하다고 할 수 있다. 이러한 고객만족경영은 오늘날 기업경영에서 필수적인 요소이기에 이를 보다 전략적이고 장기적으로 추구하기 위해서는 체계적인 관리가 요구된다.

4. 정보기술중심 경영

제2차 세계대전 이후 에니악(ENIAC) 컴퓨터의 등장으로 정보기술은 비약적으로 발전해 왔다. 급속히 발전하고 있는 정보기술을 활용함으로써 기업들의 경쟁은 과거에 비해 더욱 심화되었다. 즉 정보기술을 활용함으로써 국가 간 시장의 장벽이 낮아졌을 뿐만 아니라 반대로 시장확대의 기회를 제공하고 있다. 또한 제품수명주기를 단축시키고 양보다는 질을 중시하는 추세는 경쟁의 기본원리가 변화하고 있음을 나타내고 있다.

과거 경쟁의 기본원리는 생산에 기초한 자원의 효율성에 의존하였으나 새로운 경쟁의 기본원리는 제품의 질, 양질의 고객서비스, 정보의 활용에 있다. 이러한 경쟁원리에서는 정보기술의 활용이 무엇보다도 중요한 역할을 수행하게 된다.

통상적으로 기업 측면에서 정보기술의 활용은 정보기술의 구축을 의미한다. 현대의 경영환경하에서 기업이 다양한 경영활동을 수행하기 위해서는 정보의 신속한 수집과 활용이 필수불가결하다고 할 수 있다. 이와 같이 정보시스템의 구축은 단순히 생산성을 높이기 위한 프로세스를 자동화할 뿐만 아니라 기업전략에 입각한 프로세스 개선으로 기업의 전략적 효과를 극대화하여 경쟁우위를 얻기 위해 이루어지기도 한다. 또한 시장에서의 기술의 변화, 경쟁사에 대한 분석, 고객요구의 다양화와 변화에 대처하기 위해서는 시장 및 고객의 정보를 효과적으로 관리할 수 있는 정보관리기술이 필요하며, 기업은 이러한 기술을 활용하여 신제품 개발 및 시장 확보가 가능하게 된다. 그리고 정보기술의 사용은 시간적 · 공간적 한계를 극복할 수 있게 해주며, 기업의 가치 있는 정보를 공유할 수 있게 해준다. 예를 들어 세계 각국에서 활동하고 있는 조직구성원들에게 신속하게 정보를 보내고자 할 때는 정보통신 네트워크를 활용하는 것이 필수적이며, 정보기술을 활용함으로써 전 세계 여러 곳에 흩어져 있는 고객을 지원할 수 있고, 분산되어 있는 활동들을 최적으로 활용할 수 있으며, 제품생산계획도 조정할 수 있다.

5. 산업 간 통합화 및 네트워크화

디지털 혁명으로 급속히 발전하고 있는 디지털 기술은 다양한 산업의 통합화와 네트워크화를 가능하게 하였으며, 이는 결국 이종산업 간의 경계를 낮춤으로써 경쟁을 심화시키고 있다. 과거에는 산업 간 경계가 명확하였으며 특정 산업의 경우에는 정부의 규제로 인해 시장진입이 자유롭지 못했다. 과거에 명확했던 산업 간 경계가 디지털 기술의 등장으로 점차 그 구분이 모호하게 되기 시작하였다. 이러한 현상은 산업 간의 경계가 명확해 서로 영향을 주지 않던 산업들이 영향을 주기 시작해 마침내 기업의 경쟁이 심화되는 결과를 낳게 되었다.

최근에는 디지털 기술로 인해 과거에 서로 다른 기능을 하던 기기들이 하나의 기기로 통합되는 디지털 컨버전스(digital convergence)가 일어나고 있다. 대부분의 사람들이 이용하고 있는 휴대폰의 경우 하나의 기기가 여러 기기에서 제공하는 다양한 기능을 복합적으로 제공하고 있다. 휴대폰이 제공하는 다양한 기능은 가장 기본적인 기능인 음성통화, 데이터를 저장할 수 있는 저장장치, 음악을 감상할 수 있는 MP3 플레이어 기능, 동영상을 촬영하고 감상할 수 있는 캠코더 기능, 사진을 촬영하여 저장할 수 있는 디지털 카메라 기능, 인터넷에 접속해 정보를 검색하고 온라인으로 상거래를 수행할 수 있는 인터넷 정보검색 기능 및 전자상거래 기능, 교통비를 결제할 수 있는 전자지불 기능까지 다양한 기능들이 하나의 기기로 이루어지고 있다. 이러한 다양한 기능은 디지털 기술을 사용함으로써 다양한 정보와 서비스들이 하나의 기기에서 사용될 수 있는 환경이 만들어졌기 때문에 가능하게 되었다.

이와 같이 서로 다른 기능을 하던 기기들이 하나의 기기로 통합되는 디지털 컨버전스는 과거에는 개별적으로 분리되었던 산업 간의 경계를 허물어 보다 치열한 경쟁을 낳게 되었다. 과거 DVD 플레이어를 생산하던 업체는 게임콘솔 기기 산업과 경쟁하지 않을 수 없으며, MP3 플레이어는 휴대폰이나 아이패드와 같은 디지털 기기와 경쟁을 할 수밖에 없다. 따라서 디지털 컨버전스는 시장 간 경계를 허물어 기업이 고려해야 할 경쟁자의 범위를 확장시켰다.

디지털 기기 시장뿐만 아니라 정보시장도 산업 간 경계가 무너지는 좋은 예라고 할 수 있다. 과거 신문이나 잡지는 종이라는 오프라인 매체를 통해 구독자와 커뮤니케이션을 하였다. 그러나 오늘날은 많은 포털 사이트들이 신문과 잡지의 기능을 온라인으로 제공하고 있다. 디지털 기술은 포털 사이트의 다양한 형태의 정보를 디지털화할 수 있는 특성을 가지고 있다. 따라서 포털 사이트는 하나의 디지털 기기를 통해 여러 형태의 정보를 제공할 수 있는 검색 기능 이외에 다양한 기능을 추가하고 있다. 예를 들면, 신문이나 잡지 등의 정보를 온라인에서 편집하여 제공하는 기능뿐만 아니라 오프라인 동호회 활동과 오프라인 사전을 통해서 얻을 수 있는 전문지식을 온라인상에서 제공하고 있다. 이와 같이 포털 사이트는 오프라인 혹은 온라인상에서 개별적으로 존재하던 각종 산업들을 하나의 장소에서 제공하는 컨버전스 기능을 수행하고 있다. 이는 포털 사이트가 과거에 하나의 검색 기능에 집중했던 것과는 다르게 다양한 기능을 제공함으로써 이들 개별 산업과의 경쟁자로서 자리 잡게 되었음을 의미한다.

이와 같은 통합화의 결과는 산업 간 경계를 허물어 이종산업 간의 경쟁구도를 심화시키는 결과를 낳았다. 그에 반해, 네트워크화는 이종산업 간의 협력을 통해 만들어진 상품과 서비스의 부가가치를 높여 기업들 모두가 혜택을 보는 형태라고 할 수 있다. 디지털 기술은 기업 간 네트워크 확대에 큰 기여를 함으로써 새로운 비즈니스 분야로의 진출을 도모한다.

디지털 기술 기반의 디지털 환경은 언제, 어디서나, 누구와도, 필요한 정보를 상호 교환할 수 있는 것이 주요 특징이다. 지난 십 수년 동안 급속히 확산되고 있는 인터넷 인프라는 다양한 형태의 기업 간 상호 협력관계를 가능하게 하고 있다. 특히 정보의 중요성이 점차 높아지면서 인터넷은 기업 간 정보교류 및 정보상품 교환채널로 적극 활용되고 있다. 이제는 기업들이 어떤 기업과 협력적 관계를 구축하느냐가 중요한 전략적 이슈가 되었다. SKT나 LGU+와 같은 이동통신회사들은 수십 개의 콘텐츠 제공업체들과 네트워크를 기반으로 협력적 관계를 가지고 있는데, 어떤 콘텐츠회사와 협력적 관계를 구축하느냐에 따라 기업의 성과가 달라질 수 있다. 이미 많은 기업들은 주거래 금융기관과의 네트워킹을 통해 재무 관련 업무 협조를 하고 있다. 또한 제품을 생산하는 기업과 유통업체 간의 상호 협력적 관계 구축을 통한 제품, 주문, 재고, 판매정보의 교환 및 협력은 점차 일반화되어 가고 있는 추세이다.

닷컴기업의 경우, 링크를 통한 협력적 관계가 일반화되어 있는데, 1995년 창업한 전 세계에서 가장 큰 가상서점인 아마존닷컴(www.amazon.com)은 전세계 많은 회사들과 협력적 관계를 구축하고 있다. 이 협력업체들은 자사의 웹 사이트에 아마존닷컴으로 연결되는 링크를 가지고 있으며, 이 링크를 통해 아마존닷컴을 방문한 소비자가 제품을 구입하는 경우 구입금액의 일정비율을 협력사들에게 지불하고 있다(Malaga, 2005). 네트워크를 통해 공유하게 되는 정보는 기업의 경제활동에서 매우 중요한 의미를 갖게 되는데, 이는 네트워크를 통해 공유되는 정보가 과거보다 훨씬 효율적으로 활용되어 생산성 향상으로 연결될 수 있기 때문이다. 따라서 생산과정에서 분업과 협업의 범위가 상상을 초월하는 수준으로 확대되고, 이것이 새로운 산업의 출현이나 전통적인 산업의 혁신으로 연결될 수 있다. 향후 기업 간 네트워크화는 구조적으로 더욱 복잡해지고 협력수준도 고도화될 것으로 전망된다.

잠시 쉬어가기

스벅, 코로나 호황 비법은? … 커피에 디지털을 진하게 타다

[Cover Story] 스타벅스는 코로나에도 호황 … 왜 이렇게 잘나가나

그래픽=김현국

세계 최대 커피 체인 스타벅스는 지난해 상반기까지 신종 코로나 대유행(팬데믹)의 가장 큰 피해를 본 기업이었다. 1만5000여 미국 매장 중 약 절반이 문을 닫으면서 지난해 1분기(1~3월) 순이익은 전년 대비 51%나 줄어든 3억2840만 달러(약 3800억 원)에 그쳤다. 지난해 1월 90달러대였던 주가는 두 달여 만에 30% 넘게 추락하면서 주당 58달러까지 떨어졌다. 미국 주요 언론들은 "1971년 창업한 스타벅스가 창사 50주년(올해)을 앞두고 큰 위기를 맞았다"고 보도했다.

하지만 위기는 오래가지 않았다. 스타벅스의 주가는 한 달 만에 77달러로 가파르게 회복하더니, 곧이어 3분기 매출이 2분기 대비 50% 이상 증가했다는 발표가 나왔다. 지난 12월 스타벅스 주가는 사상 처음으로 100달러를 돌파했다. 작년 하반기 주가 상승률은 45%로, 같은 기간 코스타커피를 운영하는 코카콜라와 맥카페를 운영하는 맥도널드 등 경쟁 업체의 주가 상승률(20%)을 두 배 이상 뛰어넘었다. 이 회사는 올해 1분기에도 전년 대비 11.2%의 매출 증가를 보이며 주가 상승세를 이어가고 있다. 2분기 실적 발표를 앞둔 23일 현재 스타벅스의 주가는 사상 최고치인 125.97달러다. 작년 3월과 비교해 2.1배가 된 것이다.

신종 코로나의 최대 피해자에서 수혜자로 변신한 스타벅스의 극적 'V자' 반등 비결은 뭘까. 전문가들은 "스타벅스는 겉으로는 커피 기업이지만, 속은 일찌감치 디지털 기업으로 변신했다"면서 "덕분에 비대면(非對面) 경제라는 뉴노멀(new normal)에 쉽게 적응했다"고 설명한다. 맹명관 중소기업혁신전략연구원 전임교수는 "스타벅스는 이미 십 수년 전부터 막대한 비용을 들여 일찌감치 디지털 기업으로 변모하고자 했고, 이것이 적중했다"면서 "미래의 전염병(신종 코로나) 사태까지 대비해 시뮬레이션해 본 것이 아닐까 싶을 정도"라고 했다.

◇ '디지털 기업'이 된 커피 회사

스타벅스가 디지털 트랜스포메이션(전환)에 관심을 기울이기 시작한 것은 글로벌 금융위기가 터진 2008년이다. 창사 이후 처음으로 매출이 감소하는 위기를 겪으며 하워드 슐츠 이사회 의장이 CEO(최고경영자)로 전격 복귀했고, 새 성장 전략의 하나로 디지털 전환을 본격 추진하기 시작했다. 이때 "주문과 결제, 멤버십을 디지털화하고 개인화해 성장의 모멘텀으로 삼겠다"는 이른바 '디지털 플라이휠(Digital Flywheel)'이란 개념이 나왔다. 이를 위해 2015년엔 소프트웨어 개발에만 850만 달러(약 100억원)를 썼고, 이듬해엔 엔지니어 1000명을 새로 채용했다.

스타벅스의 디지털 전환 노력은 2017년 슐츠 CEO의 후임으로 IT(정보 기술) 업계 출신의 케빈 존슨 현 CEO를 영입하며 방점을 찍었다. 그는 1981년 IBM에 프로그래머로 입사해 마이크로소프트(MS) 임원과 네트워크 장비 업체 주니퍼 CEO를 역임한 인물이다. "스타벅스의 디지털화를 이끄는 데 최적화된 사람"이라는 평가가 나왔다.

존슨 CEO는 클라우드(원격 컴퓨팅)와 블록체인, IoT(사물인터넷), AI(인공지능) 기술 등도 도입했다. 클라우드와 연결돼 스스로 성능을 관리하고 고장을 분석하는 디지털 커피머신 '클로버', 상하기 쉬운 우유와 식재료의 유통 기간을 추적 관리하는 스마트 냉장고, 매장 운영 시간에 맞춰 자동으로 문이 열리고 잠기는 스마트 도어록 등이 등장했다. 원두(原豆) 유통 경로 추적과 매장 운영 현황을 본사에서 실시간으로 확인할 수 있게 됐고, 고객 각각의 소비 패턴을 분석해 신제품을 소개하거나 쿠폰을 제공하는 것도 가능해졌다. 스타벅스는 이를 위해 브라이트룸(Brightloom)이라는 IT 기업에 투자, 지분도 확보했다.

그래픽=김성규

한국에서 '사이렌 오더'로 알려져 있는 모바일 주문, 자체 모바일 결제 시스템(스타벅스 페이), 멤버십 혜택(스타벅스 리워드) 등이 도입됐고, 2018년에는 차량 번호를 등록해 드라이브 스루(drive through · 승차 주문)에서 자동 결제가 이뤄지는 '마이디티패스(My DT Pass)'도 시작했다. 또 매주 쏟아지는 1억 건의 거래 데이터와 날씨 · 재고 데이터를 분석, 음료 쿠폰과 무료 업그레이드 같은 맞춤형 서비스를 멤버십 회원에게 제공한다.

스타벅스의 미국 내 모바일 주문 비율은 2017년 1분기 8%에서 2020년 3분기 24%로 3년여 만에 3배가 됐다. 손님 4명 중 1명은 계산대를 거치지 않고 주문을 한 것이다. 존슨 CEO는 지난해 영국 파이낸셜타임스(FT) 인터뷰에서 "스타벅스의 디지털화는 구매 및 판매 영역에서 비효율을 최소화해 바리스타와 고객이 서로의 관계에 집중할 수 있게 했고, 모두에게 더 많은 자유를 부여했다"고 평가했다.

스타벅스의 디지털 투자는 신종 코로나 상황에서 진가(眞價)를 발휘했다. 미국의 여론조사 기관 퓨리서치센터는 지난해 4월 "미국인의 3분의 1 이상이 온라인이나 앱을 통해 식사나 음료를 주문한 적이 있다"는 조사 결과를 내놨다. 그만큼 비대면 주문이 대세가 된 상황이지만, 던킨도너츠와 코스타커피, 맥도널드 맥카페 등 경쟁 업체들은 모바일 앱 주문 시스템이 전혀 준비되지 않은 상태였고, 사상 초유의 팬데믹 위기에 속수무책이었다.

모바일 주문과 드라이브 스루 주문 시스템이 완비된 스타벅스는 달랐다. 스타벅스 차이나의 벨린다 웡(Wong) CEO는 "중국에선 전체의 80%에 가까운 매장의 문을 닫는 상황까지도 갔지만 (다른 커피 업체들과 달리) 모바일 주문을 통해 비대면(contactless) 주문을 할 수 있었고, 매장에서 고객들이 머무는 시간을 최소화하면서도 영업을 할 수 있었다"고 했다. 미국 경제 매체 비즈니스인사이더는 "올해 1분기 드라이브 스루와 모바일 판매 비율은 스타벅스 미국 매출의 50% 이상을 차지했다"고 전했다. 이는 코로나 사태 이전보다 10% 넘게 증가한 것이다.

◇ "디지털로 고객 삶의 일부 됐다."

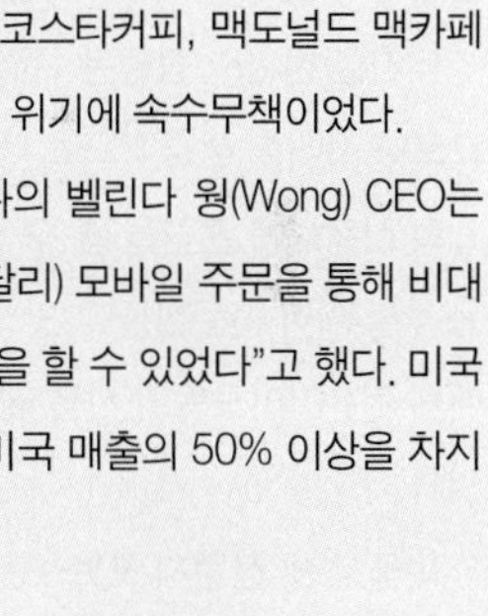
케빈 존슨 스타벅스 CEO

글로벌 경영 컨설팅 기업 맥킨지는 이러한 스타벅스의 디지털 전환을 오프라인(매장)과 웹사이트, 모바일 등 가능한 모든 방법을 통해 다양한 상품과 서비스를 제공하는 이른바 '옴니 채널(omni-channel) 유통'의 성공 사례로 꼽는다. 온라인과 오프라인을 통해 식음료 주문과 결제, 멤버십 혜택 적립, 상품권 구매와 선물 등이 모두 가능하고, 이를 기반으로 식음료와 상품권 외에 컵과 보온병, 가방 등 다양한 상품을 판매한다. 맥킨지는 "(디지털을 기반으로) 더 다양한 상품과 콘텐츠를 제공할 수 있게 되면서, 스타벅스 브랜드가 고객 삶의 일부(part of their lifestyle)가 될 수 있었다"고 평가했다. 스타벅스를 매일같이 소비하는 고객들이 급증하면서 스타벅스 결제 충전액은 10억 달러(약 1조1500억 원)에 달했다. 김정태 하나금융그룹 회장이 "디지털화한 스타벅스는 단순한 커피회사가 아닌 은행의 경쟁자"라고 했을 정도다.

스타벅스는 성공적 디지털 전환을 등에 업고 대대적인 변신에 나섰다. 우선 대형 매장 비율을 줄이고, 픽업(pickup) 매장을 늘렸다. 픽업 매장은 대면(對面) 주문을 받지 않고, 스마트폰 앱을 통해서만 주문과 결제를 할 수 있는 곳이다. 또 차를 탄 채 창문 밖에서 커피를 받아 갈 수 있는 드라이브 스루 매장을 교외에 늘리고, '우버이츠'와 제휴해 배달 서비스를 강화하겠다는 계획도 발표했다. 케빈 존슨 CEO는 "지난해 전체 매출의 상당 부분이 드라이브 스루와 모바일 주문·결제로 발생했고, 배달 주문도 크게 늘었다"고 밝혔다. 스타벅스가 코로나 사태에도 빠르게 매출을 회복할 수 있었던 비결인 셈이다. 스타벅스는 이런 식으로 2021년 한 해에만 매장을 1100곳 늘릴 예정이다.

스타벅스는 외출이 줄면서 집 안에서 커피를 내려 마시기 시작한 소비자의 행태 변화에도 빠르게 적응했다. 스위스 식품 업체 네슬레와 제휴해 원두와 캡슐 등 가정용 커피 제품을 대폭 늘린 것이다. 미국 월스트리트저널은 "스타벅스 브랜드의 가정용 커피 판매량이 크게 늘면서 (제조사인) 네슬레의 올해 1분기 매출이 10여 년 만에 최고치를 기록했다"고 전했다. 단골 고객이 늘면서 미국 내 스타벅스 멤버십(스타벅스 리워드) 고객은 2300만 명으로 전년 대비 18%나 늘어났다. 중국과 한국 등 미국 외 해외 시장의 매출도 급증했다. 지난 1분기에 미국 내 매출은 9% 증가한 데 반해, 해외 매출은 17% 늘어난 것으로 알려졌다. 중국에선 1분기 매출이 지난해 대비 124%나 급등했다.

◇ 커피 기업의 정체성 무너질까

빠른 실적 회복으로 스타벅스는 직원들의 고용 보장도 할 수 있었다. 존슨 CEO는 "팬데믹으로 점포들이 문을 닫는 상황에서도 회사는 직원들의 임금과 복리 후생비를 계속 지급하고 휴가나 감원은 피했다"고 했다. 스타벅스는 덕분에 숙련된 매장 근로자들을 고스란히 지킬 수 있었고, 올해 초부터 시작된 미국 내 고용난에도 큰 영향을 받지 않을 수 있었다.

디지털 전환의 성공은 그러나 스타벅스에 '양날의 검'이 됐다는 지적도 나온다. 모바일 기반의 비대면 판매를 통해 신종 코로나 사태를 성공적으로 극복했지만, 이는 커피를 마시는 공간과 그 안에서 하는 교감의 중요성을 늘 강조해 온 스타벅스의 정체성에 혼란을 줄 수 있다는 것이다. "커피 '맛'은 절대 양보하지 않는다"는 경영 이념을 가진 스타벅스가 블루보틀 등 후발 커피 전문점들에 '맛'의 우위를 위협받고 있는 점도 잠재적 위험 요소다. 스타벅스는 지난 2007년 미국 소비자 전문 매체 컨슈머리포트의 시음 테스트에서 맥도널드 커피보다 낮은 점수를 받으며, 주가가 곤두박질치는 등 곤욕을 치른 적이 있다.

미국 경제 전문지 포브스는 그러나 "올해 스타벅스 매출은 전년 대비 21% 증가할 것"이라며 스타벅스의 미래를 긍정적으로 내다봤다. 스타벅스는 과거 금융위기 때도 무리한 매장 확대 등으로 큰 난관에 봉착했다가 뛰어난 위기관리 능력을 발휘해 커피 브랜드 1위 자리를 공고히 다진 경험이 있다. 강도 높은 디지털 혁신, 과감한 매장 철수와 조직 개편, 고객과 커뮤니케이션 강화 등을 통해 '제2의 도약'을 일궈냈다. 맹명관 교수는 "신종 코로나 이후 '공간'으로서 카페의 개념이 크게 바뀌고 있다"면서 "공간을 파는 곳으로 브랜드화해 성공한 스타벅스가 그들의 정체성을 어떤 방식으로 회복할지가 관건"이라고 했다.

자료: 조선일보, 2021. 7. 30.

토의과제

- 디지털 혁명의 개념과 디지털 혁명의 전개과정에 대하여 설명하시오.
- 디지털 혁명의 성격에 대하여 설명하시오.
- 디지털 혁명과 기업의 경영환경 변화에 대하여 설명하시오.
- 아날로그와 디지털의 개념에 대하여 설명하시오.
- 아날로그 경제와 디지털 경제를 비교·설명하시오.
- 디지털 경제하에서 기업의 패러다임 변화에 대하여 설명하시오.

참고문헌

- 김광희, 『21세기 IT가 세계를 지배한다』, 가람M&B, 2001.
- 디지털경제연구회, 『알기 쉬운 디지털 경제』, 매일경제신문사, 2010.
- 미국 상무성, 『The Emerging Digital Economy』, 1998.
- 박용찬, 『e-비즈니스 파워』, 시그마인사이트, 2000.
- 시사위크, 2021. 09. 23.
- 오원선, 『디지털경제학』, 새로운사람들, 2011.
- 윤종훈 · 김용민, 『기업혁신을 위한 경영정보시스템』, 학현사, 2015.
- 윤종훈 · 김용민, 『소셜커머스와 e-비즈니스』, 도서출판 창명, 2016.
- 윤종훈 · 김용민, 『SNS시대의 e-비즈니스』, 학현사, 2013.
- 조선일보, 2021. 07. 30.
- 조선일보, 2021. 08. 26.
- 존 하겔 3세 · 아더 암스트롱 저, 한영주 역, 『가상사회와 전자상거래』, 세종서적, 1999.
- 최동수, 『정보화시대를 위한 디지털 경제』, 박영사, 2007.
- 토마스 쿤, 『과학혁명의 구조』, 시카고대학출판부, 1962.
- 구글(www.google.com)
- 네이버(www.naver.com)
- 리딩비즈닷컴(Leadingbiz.com)
- KDI 경제정보센터(www.kdi.or.kr)

CHAPTER

15

글로벌 경영

“수출로 먹고 사는 시대 코로나 후엔 끝난다” 세계적 경영학자의 경고

세계적 경영사상가 헤르만 지몬 인터뷰

‘수출의 시대가 저물어 간다. 물건을 만들어 보내는 대신, 돈과 데이터를 보내 현지에서 물건을 만들어 공급하는 것이 대세가 된다. 인건비가 싼 곳, 원자재가 싼 곳을 찾아 전 세계가 분업하는 세상이 끝나가고 있다는 얘기다.’

독일의 경영사상가 헤르만 지몬(74 · Simon) 박사가 내다본 이른바 ‘포스트 코로나(post-corona · 신종 코로나 이후)’ 시대의 세계경제다. 그는 지난 5일 Mint 화상 인터뷰에서 “수출이 GDP(국내총생산)의 2배에 달했던 초(超)세계화(hyper-globalization) 시대가 끝나고, 이젠 탈(脫)세계화(de-globalization) 시대에 접어들었다”며 “FDI(외국인 직접 투자)를 통한 (소비국) 현지 생산이 늘면서 수출은 줄어들고, 이에 따른 세계 경제의 구조 조정이 가속할 것”이라고 했다.

부존자원 없이 오직 인재와 노동력에 의존한 수출 경제로 선진국의 반열에 막 오른 한국에는 청천벽력 같은 소식이다. 이미 반도체와 자동차, 전기차 배터리 등 주력 산업이 미국과 유럽 등 해외로 옮겨가는 조짐이 나온다. 그냥 흘려듣기엔 그의 이름값이 무겁다. 지몬 박사는 세계 무대에서 활약하는 중소기업과 이들의 성공 비결에 대해 쓴 명저『히든 챔피언』으로 세계적 유명세를 얻은 경영학자다. 독일 본 대학에서 경제 · 경영학 박사 학위를 딴 뒤 미국 하버드 · 스탠퍼드 · MIT, 영국 런던비즈니스스쿨 등에서 강의해 왔다. 2019년엔 세계 최고 경영사상가 50명을 추린 ‘씽커스 50’에 뽑히면서 ‘유럽의 피터 드러커(현대경영학의 창시자)’란 별명도 얻었다.

경영학 분야의 세계적 석학으로 꼽히는 헤르만 지몬 박사가 공개 강연을 하고 있는 모습.
그는 세계 시장을 주름잡는 강소기업을 뜻하는 ‘히든 챔피언’의 개념을 처음 제시한 인물이다.
글로벌 컨설팅 기업 지몬-쿠허 앤드 파트너스의 창업자이자 명예회장이기도 하다. / 지몬-쿠허 앤드 파트너스

◇ “FDI와 데이터가 수출을 대체한다”

UNCTAD(유엔무역개발회의)가 지난달 발표한 ‘세계 투자 보고서 2021’에 따르면 지난해 전 세계 FDI

규모는 1조 달러(약 1142조 원)에 불과했다. 과거 최고치였던 2016년의 2조 달러에서 4년여 만에 반 토막이 났다. 특히 2019년의 1조5400억 달러에 비하면 35% 급감했다. 신종 코로나 사태가 해외 투자를 더욱 얼어붙게 한 것이다. 지몬 박사는 "(최근 급감한) FDI가 조만간 빠른 속도로 회복할 것"이라고 내다봤다. 이는 단순히 세계 경제의 해외 투자 심리가 회복돼서가 아니다. 팬데믹 이후 줄어든 국가 간 교역을 대신 메우기 위해서다.

"기업들은 (팬데믹으로 인해) 글로벌 공급망이 얼마나 쉽게 무너질 수 있는지 알게 됐습니다. 그 대안은 원자재나 부품을 직접 수급할 수 있는 해외에 생산 기지를 세우고, 독립된 현지 법인을 통해 운영하는 겁니다. 즉 본사가 있는 국내에 투자하는 것이 아닌, 수요처나 원자재가 있는 해외에 투자한다는 것이죠. 이렇게 하면 반도체 공급난 같은 사태를 피할 수 있습니다. (미·중 갈등같이) 점점 첨예해지는 국제정치의 영향에서도 벗어날 수 있습니다."

과거라면 첨단 기술 공장을 해외에 세우기가 쉽지 않다. 하지만 5G(5세대 이동통신)와 3D(3차원 프린터) 등 첨단 기술의 발전이 이를 가능케 하고 있다. "실시간으로 데이터를 보내 지구 반대편 공장에서 (3D 프린터로) 물건을 만드는 것이 가능해졌습니다. 더는 제품의 국가 간 이동이 필요 없게 되는 것이죠. 이는 글로벌 공급망(GVC)이 (부품과 원자재의 흐름이 아닌) 데이터 흐름의 중심으로 재편될 수 있다는 것을 의미합니다."

헤르만 지몬

- 독일 아이펠 출생(1947)
- 독일 본(Bonn) 대학 경제·경영학 박사(1979)
- 미국 MIT 객원교수(1979)
- 프랑스 인시아드(INSEAD) 객원교수 (1980~1985)
- 일본 게이오 대학 객원교수(1983)
- 미국 스탠퍼드 대학 객원교수(1984)
- 경영 컨설팅 기업 지몬-쿠허 앤드 파트너스 설립(1985)
- 미국 하버드 대학 경영대학원 객원교수 (1988~1989)
- 독일 마인츠대학 석좌교수(1989~1995)
- 영국 런던비즈니스스쿨 영구초빙교수 (1991~2002)
- 지몬-쿠허 앤드 파트너스 CEO(1995~2009)
- 지몬-쿠허 앤드 파트너스 명예회장(2009~현재)

지몬 박사는 "요즘 출장이나 대면 회의 없이도 기업이 잘 굴러가는 걸 보고 꽤 많은 CEO(최고경영자)가 '기적 같다'는 말을 한다"고 했다. 이런 경험은 단순히 놀라움으로 그치는 것이 아니라, '해외 지사나 인력에 더 많은 자율권을 줘도 되겠다'는 기업 오너와 전문 경영인들 사이의 '공감대'로 이어지고 있다. "더는 본사가 어디인지 중요치 않아요. 이제 세계적인 기업의 CEO에게 중요한 건 '우리가 잘하는 산업'에 최적화된 지역을 찾아내는 겁니다. 예컨대 AI(인공지능) 산업이라면 중국, 전자 제품이라면 한국이나 대만, 소프트웨어라면 실리콘밸리가 세계 무대에서 경쟁력 있는 투자처가 될 수 있다는 얘깁니다."

◇ "중앙집권·엘리트 교육이 문제"

"FDI와 데이터가 수출을 대체해 갈 것"이라는 이야기는 자연스레 몇몇 수출 대기업에 의존하는 한국 경제에 대한 비판으로 이어졌다. "한국 경제의 고속 성장은 대기업에 힘입은 바가 큽니다. 하지만 여전히 삼성과 LG 등 몇 개의 거대한 채널(대기업)에 너무 많이 의존하는 것은 문제입니다. 전체 수출의 25%를 차지하던 노키아 몰락 후 나라 전체가 흔들린 핀란드의 사례가 얼마든지 재현될 수 있어요."

그는 지금까지 수차례에 걸쳐 한국 정부 부처에 글로벌 강소 기업(히든 챔피언)을 육성해야 한다고 강

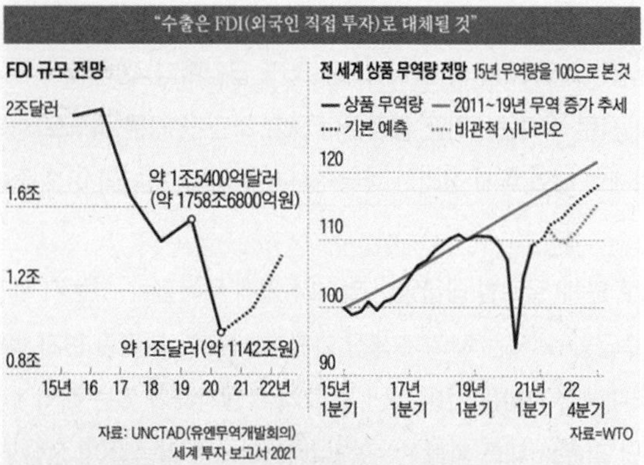

"사업·기술 하나에 집중하는 강소 기업이 살아남는다"

분야별 세계 최고 경쟁력 '히든 챔피언'(글로벌 강소 기업)

기준

- 각 분야 세계 시장 점유율 1~3위 or 소속 대륙 1위
- 매출액 50억유로 (약 6조7353억원) 미만
- 대중에게 잘 알려지지 않음

특징

- 기업 수명 평균 60년 이상
- CEO 재직 기간 평균 20년
- 평균 매출액 4300억원
- 분야별 세계 시장 점유율 33% 이상

자료=지몬-쿠허 앤드 파트너스

2020년 기준 국가별 히든 챔피언 기업 세계 59개국 3406개 사(社)

❶히든 챔피언 수 ❷인구 백만명당 히든 챔피언 비율 ❸점유율

	❶	❷	❸
독일	1573	18.91	46.18
미국	350	1.06	10.27
일본	283	2.25	8.30
오스트리아	171	19.19	5.02
스위스	171	19.84	5.02
프랑스	111	1.65	3.25
이탈리아	102	1.69	2.99
중국	97	0.07	2.84
영국	74사	1.11사	2.17%
네덜란드	38	2.17	1.11
폴란드	37	0.96	1.08
러시아	29	0.20	0.85
핀란드	28	5.09	0.82
스웨덴	24	2.32	0.70
캐나다	23	0.60	0.67
한국	22	0.42	0.64

헤르만 지몬 박사의 제언 / 그래픽=김성규

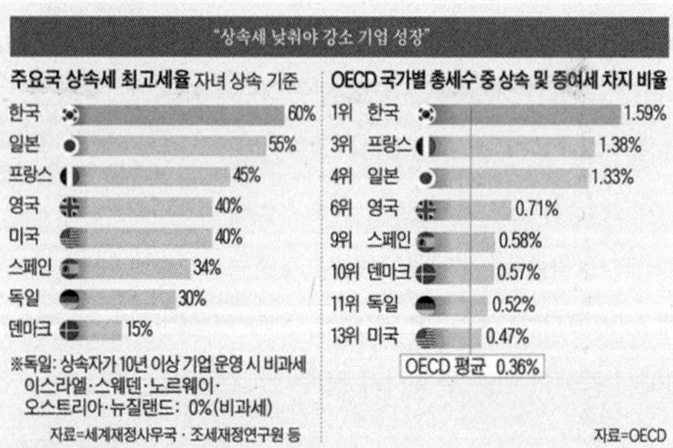

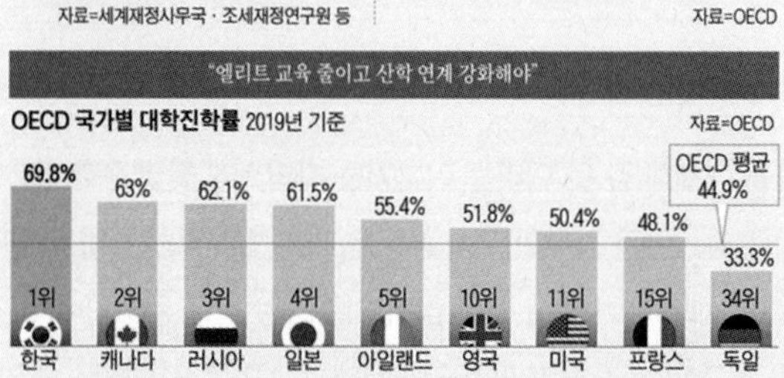

헤르만 지몬 박사의 제언 / 그래픽=김성규

조해 왔다고 했다. 하지만 성과에 대한 평가는 냉정했다. "별로 성공적이지 못했어요. 지금 한국 정부에는 (히든 챔피언을 키울) 의지(willingness)나 힘(power), 결정(decision) 등이 전혀 보이지 않아요. 반면 중국 정부는 올해 2월부터 히든 챔피언 1000개를 육성하는 정책을 시작했습니다. 여기에 투자하는 돈만도 13억 달러(약 1조4860억 원)에 달하고요."

지몬 박사는 "한국이 히든 챔피언을 키워내려면 정부의 산업 정책과 더불어 지방분권화와 교육개혁이 같이 이뤄져야 한다"고 했다. 그는 지난 2018년 출간한 자신의 자서전에서 히든 챔피언이 부족한 나라로 프랑스를 꼽으며 '중앙집권화된 국가'와 '엘리트 교육에 대한 지나친 중시'를 주요 원인으로 지적했다. "수도권 중심으로 발전한 경제와 명문대 중심 교육으로 인해 전국에 산재한 유망 중소기업에 제대로 된 인재 공급이 이뤄지지 않는다"는 것이다.

"인구의 4분의 1이 수도와 그 주변에 살고, 그랑제콜(Grandes coles) 같은 명문대에 입학하지 않으면 성공하기 어렵다는 점에서 프랑스와 한국은 상당히 비슷합니다. 특히 한국인의 약 80%(OECD 발표 기준 69.8%)가 대학에 진학하는데, 이건 지나치게 높은 수치예요. 독일처럼 대학교육 못지않게 내실 있는 직업교육을 받는 이가 많아져야 경쟁력 있는 중소기업 육성이 가능합니다." OCED에 따르면 독일의 대학 진학률은 2019년 기준 33.3%로 한국의 절반 이하다. 하지만 전 세계 3400여 개에 달하는 글로벌 강소 기업 중 독일의 점유율은 46%로 한국(0.64%)의 72배에 달한다.

◇ "최고 기업은 한 가지에 집중"

이렇게 변화해 가는 글로벌 경영환경에서 기존 기업들이 계속 선도 기업으로 자리 잡으려면 어떤 노력을 해야 할까. 지몬 박사는 "이제는 하나의 기술이나 사업에 집중하는 방식으로 목표 시장을 좁히는 것이 중요하다"고 인터뷰 내내 강조했다. 바꿔 말해 아무리 작은 시장이라도 하나에 집중해 누구도 따라올 수 없는 수준의 압도적 경쟁력을 갖춰야 한다는 것이다. 이른바 '초격차' 전략과 일맥상통하는 말이다.

그는 독일의 두 강소 기업을 예로 들었다. 원격 소프트웨어 개발 업체 팀뷰어(TeamViewer)와 AI(인공지능) 번역 기술 업체 딥엘(DeepL)이다. 팀뷰어는 원격 소프트웨어 세계 시장 점유율 1위 제품으로, 25억 대 이상의 컴퓨터와 모바일 기기에서 쓰이고 있고, 딥엘의 번역 서비스는 미국 구글의 번역 AI보다 높은 정확성을 인정받으며 전 세계 10억 명 이상이 사용하고 있다. "사업 다각화를 하면 위험을 분산할 수 있지만, 집중력이 떨어지면서 주력 시장에 대한 장악력을 잃을 수 있습니다. 차라리 판매 시장을 전 세계 여러 국가로 넓히는 방식이 위험 분산에 유리합니다."

지몬 박사는 "이러한 강소 기업 간의 국제적 협력을 통해 글로벌 시장을 장악하는 것도 가능하다"고도 했다. 네덜란드 기업 ASML이 독점하고 있는 EUV(극자외선) 반도체 생산 장비 시장이 그 예다. ASML의 장비를 누가 먼저 확보하느냐에 따라 한국 삼성전자와 대만 TSMC 간의 세계 시장 점유율 순위가 뒤바뀔 만큼 ASML은 시장 자체를 '지배'하고 있다. "이런 시장 지배력은 ASML만의 힘으로 이룩된 것이 아닙니다. ASML 장비에 들어가는 독일 자이스(Zeiss)의 광학 렌즈와 독일 트럼프(Trumpf)의 레이저 기술이 있었기 때문에 가능했죠. 중소기업 하나로는 감당하지 못할 복잡한 기술이라도 분산해서 담당하면 얼마든지 독점적 경쟁력을 창출할 수 있습니다."

이렇게 세계 시장을 호령하는 강소 기업에는 또 하나의 공통점이 있다. 바로 오랜 역사다. 독일 자이스는 1846년에 창업, 올해 175주년을 맞았고 독일 트럼프는 1923년 창업, 곧 100주년을 맞는다. 공교롭게 두 기업 모두 가족이 대를 이어 소유 혹은 경영하고 있다. 지몬 박사는 "독일 히든 챔피언들의 공통된 특성을 연구해 보니, 자신(CEO)과 기업을 동일시하는 가족 기업 특유의 일관되면서 강력한 리더십이 주요 특징이었다"면서 "이런 기업들을 키우려면 지나치게 높은 상속세 제도를 완화하는 것이 도움이 된다"고 했다. "독일에도 물론 상속세가 있습니다. 하지만 상속자가 10년간 회사를 계속 운영하면 상속세를 내지 않아도 됩니다. 세대가 변할 때마다 30%씩(독일 최고 상속세율) 상속세를 거두면 중소기업은 발전할 수 없습니다." 기업 승계 시 높은 상속세를 매기면 세금을 내기 위해 대기업이나 금융 자본에 기업을 팔거나, 상속세를 낼 돈을 마련하려 회사의 이익을 기술 개발이 아닌 주주 배당에 쏟아붓게 된다. 현재 한국의 상속세율은 최고 60%로, OECD 국가 중 1위다.

◇ 최고 인재 뽑아 함께 성장해야

지몬 박사는 경영학자일 뿐만 아니라, 한 사람의 경영인이기도 하다. 제자 두 사람과 함께 1985년 마케팅 전략 및 경영 컨설팅 기업 '지몬-쿠허 앤드 파트너스'를 설립해 36년째 이끌어가고 있다. 이 회사는 현재 전 세계 25국 41개 지사에 직원 1600명을 둔 글로벌 기업으로 성장했다. 골드만삭스와 인텔, 존슨앤드존슨, BMW 등 포천 500대 기업 중 100곳 이상이 고객이다.

그는 경영인이자 컨설턴트의 입장에서 기업 경영에 대한 직설적 평가와 조언도 아끼지 않았다. 가장 강조한 것은 '인재'였다. 지난해 가장 큰 주목을 받은 미국 전기차 제조업체 테슬라에 대해 묻자 그는 "10점 만점에 8~9점을 줄 만한 혁신 기업"이라면서도 일론 머스크 CEO의 경영 방식에 대해서는 "의문스럽다(questionable)"고 했다. 그는 테슬라의 경영진과 직원들이 최근 잦은 이직을 하는 것을 우려스럽게 보고 있었다. "거물급 경쟁자들이 전기차 분야 진출과 투자를 늘리는 상황입니다. 인재들의 잦은 이직은 테슬라가 혁신을 이어가는 데 큰 장애물이 될 겁니다."

그는 "기업가는 화가(畵家)와 달라서 혼자서 할 수 있는 것이 없다"며 "훌륭한 인재를 지속적으로 유치하고, 회사와 함께 성장해 가는 것이 중요하다"고 강조했다. 그러면서 사진 두 장을 꺼내 들었다. 지몬 박사를 비롯해 초기 회사 설립을 함께한 제자 4명이 같은 장소에서 같은 자세, 같은 구도로 각각 1987년과 2015년에 찍은 사진이었다. 사진 속 40세의 지몬 박사와 젊은 제자들은 이제 60대 이상이 됐다. 30년이 넘는 시간을 함께한 것이다. 그는 "이들과 평생을 함께하며 회사를 키운 것이 정말 자랑스럽다"고 했다.

자료: 조선비즈, 2021. 07. 23.

제1절 글로벌 경영의 개념

1. 기업의 글로벌화

(1) 기업의 글로벌화 개념

오늘날 국제화 또는 세계화와 글로벌화 및 현지화 등과 같은 용어를 자주 사용하고 있는데, 아직 학자들 간에 정확한 정의는 내려지지 않고 있어 일반적으로 양자 구별 없이 혼용하고 있다. 이를 좀 더 구체적으로 살펴보면 국제화란 "기업이 내부적으로 보유하고 있는 경영자원을 해외로 이전시켜 각종의 경영활동을 전개하는 과정"이라고 할 수 있을 것이다(이승종 외, 2004). 그리고 세계화란 "국가나 국적이라는 존재를 초월, 전 세계적 관점에 입각하여 복수의 국가나 지역에 걸쳐 경영활동을 전개하는 과정"이라고 할 수 있을 것이다(이승종 외, 2004). 즉 세계화는 국가 간의 차이보다는 인류공동의 보편타당한 가치가 중시되고 세계가 단일의 공동체로 확대된다는 것이다. 그리고 현지화는 개별 주체의 입장에서 보는 국제화의 한 단면으로서 특정 해외시장에서의 기업활동을 그 국가시장의 상황에 적합한 방향으로 전개해 나가는 것이다.

새로운 세기는 본격적인 세계화의 시대가 전개될 것이라는 데는 이견이 없으며 이러한 세계화에 대해서는 긍정적인 견해와 부정적인 견해가 존재한다. 세계화에 대한 긍정적인 견해는 새로운 기술을 확산시키며 각국의 경제성장을 이끄는 견인차라고 하는 데 반해, 부정적인 견해는 세계화로 인해 빈부격차가 심화되는 것은 물론 각국의 노동자와 농민에게 손해를 안겨 주며 나아가서 주권을 침해하거나 지역문제와 전통을 파괴하고 경제와 사회 안정을 위협할 수 있다는 것이다.

(2) 기업의 글로벌화 과정

그렇다면 기업들은 어떠한 과정을 거쳐서 글로벌화되는가? 글로벌화의 과정은 여러 측면에서 설명할 수 있지만 해외시장의 개입도 측면에서 하나의 점진적 과정으로 볼 수 있다. 이러한 기업의 글로벌화는 국내지향 단계, 해외지향 단계, 현지지향 마케팅 단계, 현지지향 생산 단계, 세계지향 기업 단계와 같은 5단계의 과정을 통해 이루어진다고 할 수 있다.

1) 국내지향 단계

국내지향 단계에서는 아직 이렇다 할 글로벌화가 진전되기 이전의 상태로, 대부분의 생산과 마케팅활동이 국내에서 이루어지며 국내시장을 목표로 한다. 이 경우는 국내시장이 해당 기업이나 업계 전체의 생산능력에 비해 충분히 크거나 해외시장 개척에 대한 관심 또는 인적 · 물적 능력이 부족할 경우이다.

2) 해외지향 단계

해외지향 단계에서는 해외시장의 상대적 중요성이 증가하는 상황뿐만 아니라 그에 대한 관심도 늘어남에 따라 국내생산과 함께 수출을 하게 되는 경우이다. 그러나 수출활동은 주로 국내무역업체가 담당하거나 외국 바이어에 의존한다. 따라서 이 단계에서는 기업이 수출을 위해 직접적인 마케팅활동을 거의 하지 않는 상황이거나 지극히 초보적인 단계에 머무는 수준이라고 할 수 있다.

국내 대부분의 중소기업의 수출활동은 아직 이 단계에 머물고 있다고 할 수 있으며, 아직까지 이 단계를 벗어나지 못한 중요한 이유 중의 하나는 고유상표의 미개발과 고유상표의 국제적 인지도를 높일 수 있는 능력이 부족하기 때문이다.

3) 현지지향 마케팅 단계

이 단계에서도 해외시장에 대한 공급은 주로 국내생산 후의 수출에 의존한다. 그러나 앞 단계와의 차이점은 기업이 현지의 마케팅활동에 적극적으로 개입한다는 것이다. 이 단계에 진입하기 위해서 무엇보다도 중요한 것은 OEM(Original Equipment Manufacture's Brand: 주문자 부착 상표)에서 벗어나 자체 브랜드를 개발하는 것이다. 현지에서의 적극적인. 마케팅활동은 결국 고유상표 개발을 위해 현지 마케팅법인 등을 설립하여 제반 마케팅활동을 독자적으로 수행한다는 것을 의미한다.

4) 현지지향 생산 단계

이 단계에서는 현지에서의 마케팅활동은 물론 자체적인 현지생산시설까지도 갖춤으로써 현지시장의 수요를 충족시키는 단계를 말한다. 이 단계에서 현지생산시설의 주목적은 제3국으로의 수출이 아니라 현지시장의 공급이다. 현지시장의 자사제품에 대한 수요가 규모의 경제를 실현할 정도로 큰 경우나 자국시장의 보호를 위해 수입규제가 많을 경우 이에 대한 우회수단으로 현지에 생산법인을 설립한다. 물론 현지시장의 소비자의 반응을 보다 민첩하게 제품에 반영할 수 있는 장점이 있는 반면 현지에 기업자원의 투입이 많이 소요되기 때문에 위험이 커지는 단점도 있다.

5) 세계지향 기업 단계

이 단계는 글로벌화가 가장 많이 진전된 단계이다. 이 단계의 특징으로는 복수의 생산입지와 복수의 시장국가 사이의 유기적 연결관계로서 시장국가도 다수이고 생산시설도 다수의 국가에 있다는 것이다. 특정 국가의 생산법인은 해당 시장에 대한 공급만을 위한 것이 아니라 제3국에 대한 수출물량까지도 담당하지만 경우에 따라서는 해당 국가의 내수시장에 대한 공급이 없이 전량 수출될 수도 있다.

이 단계에서는 전 세계적 관점에서의 최적화를 추구하는 것이 기본목표이며 또한 생산활동과 마케팅활동 모두에 있어 글로벌 프로덕션과 글로벌 마케팅활동이 필요한 것이다.

2. 글로벌 경영의 의미

글로벌 경영 또는 국제경영은 제품과 서비스의 생산 · 판매뿐만 아니라 구매, 연구개발, 인사관리 등의 경영활동이 한 나라 안에서 국한되지 않고 국경을 초월하여 이루어지는 것을 말한다. 다시 말하면 다양한 기업활동이 세계 여러 나라로 확대되는 것을 의미한다. 최근 수송, 통신, 정보기술의 발달로 인하여 GE, SONY, IBM 등 굴지의 세계 기업들뿐만 아니라 국내의 삼성, LG, 현대자동차, 더 나아가 규모가 작은 중소기업들도 원재료 구입과 판매거점을 해외에 두고 글로벌 경영을 하고 있는 것이 오늘날의 추세이다.

이와 같이 생산과 판매의 거점을 세계무대로 이동시켜 수익원을 분산시키고 경영활동의 모든 면에서 국제적 분업을 꾀하는 글로벌경영의 목적은 두 가지이다. 첫째, 소비자들은 원하는 제품을 어디서 만들었느냐에 관계없이 구매하기 때문에 사업의 영역을 전 세계로 확장시키는 것이다. 둘째, 인력, 자본, 설비 등 생산요소를 지역별 비교우위에 따라 전략적으로 활용함으로써 성장을 도모하기 위해 전 세계에 분산되어 있는 자원들을 효율적으로 확보하고 활용하는 것이다.

그런데 지금까지의 경영학 연구가 대부분 한 나라 안의 기업구성원들과 소비자를 대상으로 연구되어 왔으며, 국가 간의 법률적 환경과 정치적 환경, 문화적 환경, 사회적 환경 그리고 경제적 환경의 차이에 대해 심각하게 고려하지 않은 것이 사실이다. 기업들이 해외에 공장을 세우거나 새로운 시장에 침투할 때 달라지는 경영환경이 무엇이며 이러한 경영환경에서 어떠한 전략을 수립해야 하는지 별도의 지식이 요구된다. 왜냐하면 국경을 넘어서면 경영환경 자체가 매우 다를 뿐만 아니라 더욱 복잡해지기 때문이다. 또한 경영학이 사회과학인 만큼 그 주체와 대상이 인간이며 따라서 당연히 기업경영은 그 사회의 문화와 밀접한 관련이 있다. 경영활동이 전 세계시장을 대상으로 이루어지는 오늘날과 같은 글로벌 경영 시대에는 각국의 환경 차이에 따른 경영방식의 특성을 알아보는 것도 필요한 과제이다.

3. 글로벌 경영의 환경

모든 시장에는 많은 경쟁자가 존재하기 때문에 사업에서 성공하기 위해서는 부단한 노력이 필요하다. 불행하게도 글로벌 시장에서 기업들이 부딪히는 각종 장애물은 점점 더 높아지고 점점 더 복잡해지는 양상을 띠고 있는 것이 현실이다. 이것은 사회 · 문화적 환경, 경제 · 재무적 환경, 법률 및 규제환경, 물리적 · 기술적 환경들 때문이기도 하다.

기업은 건전한 환경에서 성장하고 번영하며 그 결과 높은 삶의 질을 영위할 수 있도록 하는 부(wealth)와 일자리를 창출할 수 있다. 기업에 부정적인 환경은 기업을 실패로 이끌며 일자리를 잃게 하고 결과적으로 인간의 삶의 질을 낮아지게 한다. 즉 긍정적인 경영환경은 양질의 교육을 제공하는 좋은 학교, 깨끗한 공기와 물, 낮은 범죄율 등과 같은 사회의 여러 측면에서 발전의 기초를 제공한다. 따라서 이러한 환경이 글로벌 경영에 어떠한 영향을 미치는지 살펴보자.

(1) 사회 · 문화적 환경

한 국가의 문화 속에는 다양한 다른 문화가 섞여 있기 때문에 이 같은 문화의 다양성을 이해할 때 진정한 사업기회를 얻을 수 있다. 만약 글로벌 경영을 희망하는 기업이라면 국가 간의 문화적 차이를 인식하는 것은 더욱더 중요하다고 할 수 있다. 동남아지역에 진출한 일부 한국 기업의 경영자들은 한국의 문화가 현지 국가의 문화에 비해 우월하다는 자국중심적인 사고 때문에 현지인들로부터 비난을 받기도 했다. 이와는 대조적으로 한국의 자동차업체들은 미국의 소비자들이 원하는 요구를 효과적으로 수용하면서 매년 자동차 수출물량이 급격하게 증가하고 있다. 그렇다면 기업들이 국가 간 사회·문화적 차이에 적응하는 데 어려움을 겪는 사례들을 살펴보자.

종교는 한 사회의 문화를 구성하는 중요한 부분임과 동시에 사업을 영위하는 데도 중요한 영향을 미칠 수 있는 요인이다. 우리는 중동, 보스니아, 코소보, 북아일랜드 등이 종교집단 간의 격렬한 분쟁으로 지역경제를 망쳐 버린 사례를 쉽게 떠올릴 수 있다. 기업은 종종 의사결정을 할 때 종교적인 시사점을 고려하지 않아 어려움을 경험하는 경우가 있다.

예를 들면 맥도날드(MacDonald's)와 코카콜라(Coca-Cola)는 사우디아라비아 국기를 그들의 포장지에 넣음으로써 이슬람교인들을 성나게 했다. 사우디아라비아 국기는 코란의 한 구절을 포함하고 있는데, 이슬람교인들은 그들의 성경이 절대 구겨지거나 버려져서는 안 된다고 생각하기 때문이다.

사회·문화적인 차이는 인적자원관리와 관련된 의사결정을 내릴 때도 영향을 미친다. 라틴아메리카의 문화적 특성에 의하면 종업원들은 '의사결정권은 경영자의 몫이고 경영자는 부하직원들의 복지에 책임을 져야 한다'고 믿고 있다. 이와 반대로 미국의 문화적 특성은 종업원들이 의사결정에 참여하는 것은 당연하다고 믿고 있다. 이러한 문화적 특성을 잘 알지 못하는 미국인 경영자는 종업원에게 민주적인 의사결정 스타일을 확립함으로써 생산성 향상을 위한 동기부여를 제공하고자 하였지만 종업원들은 곧 떼를 지어 회사를 그만두기 시작했다. 그 이유는 새로 온 생산관리자와 감독관들이 종업원들에게 무엇을 해야 하느냐고 묻는 것은 그들이 회사를 경영할 능력이 없다고 판단하고 미래의 비전이 없는 회사에 남는 것보다는 새로운 회사를 찾는 것이 낫겠다고 생각했기 때문이다.

오늘날 기업은 경영자와 그의 가족들을 대상으로 한 교육과 훈련을 통하여 다른 문화에 어떻게 적응하고 문화적 충격을 어떻게 회피할 것인가를 배운다. 이와 같이 문화적 다양성과 인류학에 대한 수업을 듣는 것은 외국의 다른 문화에 대해 보다 잘 이해하는 데 도움이 된다.

사회 · 문화적 차이는 인적자원관리뿐만 아니라 글로벌 마케팅전략의 수립에도 영향을 미친다. 글로벌 마케팅이란 동일한 제품을 전 세계시장에 판매하는 것을 말하는 것으로 Samsung, Intel, Nike, SONY, IBM, Toyota와 같은 기업들은 전 세계에 걸쳐 동일한 상표명을 소비자들에게 인식시켜 왔다. 그러나 이들처럼 세계시장에서 성공한 마케팅업자들마저도 사회 · 문화적 차이로 때로는 예상하지 못한 어려움을 겪는다. 예를 들면 광고 문구를 문화가 다른 언어로 번역하면서 큰 어려움에 직면하기도 한다. 펩시콜라가 중국시장에 진출할 때 사용했던 광고카피는 "Come Alive, You're in the Pepsi Generation"이었지만 중국 소비자들은 이를 "펩시는 당신의 죽은 조상을 살려낸다(Pepsi Brings Your Ancestors Back From the Dead)"로 이해했다(이승종 외, 2004).

글로벌 시장에서 적응하기 위한 건전한 사고방식의 하나는 한 나라에서 효과가 있었다고 해서 다른 국가에서도 그럴 것이라고는 절대 생각하지 말아야 한다는 것이다. Kids "R" Us는 푸에르토리코에 진출하여 어린이용 의류를 팔았지만 푸에르토리코의 어린이들이 교복을 입는다는 사실을 알지 못해 수익을 내는 데 실패했다. 이와 유사한 사례를 글로벌 경영 시장에서 많이 찾을 수 있다.

한국의 수출업자들 역시 글로벌 시장에 진출하기에 앞서 현지의 사회 · 문화적 환경을 철저히 분석하는 것이 무엇보다도 중요하다. 이때 반드시 지켜야 할 좌우명은 '글로벌한 생각을 하고, 지역특성에 맞게 행동하라'는 것이다.

(2) 경제 · 재무적 환경

우리는 껌을 한 개씩 낱개로 구입하지 않고 포장된 통의 형태로 구매한다. 그러나 껌을 낱개로 구매하는 형태는 아이티(Haiti)와 같은 소득수준이 낮은 국가에서는 자주 일어나는 일이다. 왜냐하면 그곳의 고객들은 돈이 없어 소량의 껌을 살 수밖에 없기 때문이다. 이와 같은 경제적 차이가 때로는 글로벌 시장을 혼란스럽게 할 수도 있다. 아마도 많은 사람은 인구가 10억 명이 넘는 인도가 코카콜라(Coca-Cola)나 펩시코(PepsiCo) 같은 기업에 있어 꿈의 시장이라고 생각하는 것은 당연할지도 모른다. 그러나 인도 사람들의 1인당 음료수의 연간소비량이 3병인 반면 한국인들의 1인당 연간소비량은 70병 이상이며, 이를 연평균 1인당 450병 정도를 소비하는 미국인과 비교해 보자. 미국과 인도의 소비가 고르지 못하고 엄청난 차이를 보이는 것은 부분적으로 문화적 차이 때문일 수 있지만, 인도 소비자들의 낮은 소득수준도 분명히 큰 영향을 미친다. 그래서 세계시장에서는 겉으로는 좋은 것처럼 보이는 기회가 경제적 여건 때문에 실제로 태동되지 못할 수도 있다.

불행하게도 세계의 국제금융시장은 공통의 통화를 사용하지 않고 있다. 미국에서는 달러가, 일본에서는 엔이, 한국에서는 원이, 멕시코에서는 페소가 사용되고 있다. 이 중 미국의 달러는 범세계적으로 통용되고 있으며 가장 안정적인 형태의 통화로 간주된다. 그러나 그렇다 하더라도 미국 달러가 항상 동일한 가치를 유지하거나, 유로(euro)와 같은 다른 통화가 미래에 달러를 대체하거나, 절대 위험하지 않다고 보장할 수는 없다.

변동환율제는 각 통화의 가치가 시장에서 해당 통화에 대한 수요와 공급에 따라 변동하는 것을 말한다. 글로벌 금융시장은 변동환율제라는 시스템하에서 운영되고 있는데 각 통화에 대한 수요와 공급은 글로벌 외환시장의 참가자들에 의해 형성된다. 이들은 특정국가의 무역이나 잠재적 투자에 기초하여 그 나라의 통화에 대한 시장을 창출한다. 그러나 특정 국가는 자국 제품의 수출잠재력을 증가시키기 위하여 외환시장에 개입하거나 통화가치를 조정하기도 한다.

기업이 글로벌시장에서 성공하는 데는 경제적 여건과 환율변동을 이해하는 것이 필수적이다. 한국의 경우 전통적으로 은행을 통해 수출자금을 조달해 왔다. 하지만 은행을 통해 더 이상 수출자금을 조달할 수 없다면, 한국의 수출업자들은 외국계 은행이나 다른 자금원에 의존해야 한다. 특히 중소기업들에 있어 이 같은 일이 발생하는 경우, 자금조달을 위해, 즉 새로운 자금원을 구하기 위해 창의적 아이디어가 필요하다. 다행히 수출입은행, 국제금융공사 등 점점 더 많은 전문기관들이 대기업이든 소기업이든 구분 없이 자금조달의 기회를 제공하고 있다.

(3) 법률 및 규제환경

연방국가인 미국은 연방법, 주법, 지방법 등 복잡한 규제환경이 있는 반면 한국은 이것이 비교적 덜 복잡하다. 이러한 규제환경은 어떤 경제체제하에서든지 경영활동에 영향을 미친다. 글로벌 시장에서는 중앙법률이 존재하지 않는 반면, 몇 개 그룹의 법률과 규제가 존재하기 때문에 글로벌 경영수행이 매우 어렵다. 반독점규제, 노동조합, 특허, 무역, 세금, 제조물 배상책임, 미성년의 노동 등과 관련된 중요한 법률적 문제들은 국가마다 서로 다르게 제정될 뿐만 아니라 서로 다르게 해석되기 때문에 글로벌 경영이 매우 어렵다.

글로벌 시장에서 성공하기 위해서는 기업이 진출한 현지의 경영자와 좋은 관계를 맺는 것은 물론 그들의 도움을 받는 것이 매우 중요하다. 현지경영인들은 자국에 진출한 외국 기업들에 중요한 영향을 줄 수 있는 법률과 규제에 매우 익숙하기 때문에 현지인과 좋은 관계를 맺는 것은 기업이 현지시장에 진입하는 데 도움이 된다.

(4) 물리적 · 기술적 환경

물리적이고 기술적인 환경들도 글로벌 시장에서의 경영활동에 중요한 영향을 미칠 수 있다. 사실 거대한 글로벌 시장을 형성하는 것을 어렵게 하거나 또는 불가능하게 만드는 중요한 요인 중의 하나가 기술적인 제약이다.

예를 들어, 어떤 개발도상국에서는 부족한 인프라로 인해 운송시스템이 매우 낙후되었으며 이로 인해 국제적인 유통이 어렵거나 불가능하다. 식음료산업의 경우 해당 국가의 시장에 도달하는 시간이 오래 걸리면 식음료가 상하게 되어 운송시스템은 기업에 매우 중요한 문제가 된다.

한국의 수출업자들은 이와 함께 기술적 차이가 수출제품에 영향을 준다는 것을 인식해야 한다. 예를 들어 미국은 한국의 가정에서 사용하는 것과는 다른 전기시스템을 이용한다. 즉 110볼트냐 아니면 220볼트냐의 차이가 한국의 가전제품 수출기업들에 어떤 영향을 주겠는가? 이러한 문제들이 경영환경을 어렵게 만든다.

잠시 쉬어가기

[RCEP 체결] 문화콘텐츠 개방 확대… K팝 · 게임 등 수출 유리해져

정부가 '역내 포괄적 경제동반자 협정(RCEP)'에 가입하면서 우리나라의 한류문화 수출 여건이 개선될 전망이다.

산업통상자원부는 한국과 일본, 중국, 호주, 뉴질랜드, 아세안(ASEAN · 동남아시아국가연합) 10개국 등 총 15개 국가가 참여하는 RCEP 가입에 서명했다고 15일 밝혔다. RCEP 소속 국가의 인구는 전 세

2018 인도네시아 자카르타 겔로라 붕 카르노(GBK) 메인 스타디움에서 열린 자카르타-팔렘방 아시안게임 폐회식에서 슈퍼주니어가 공연을 펼치고 있다.

계의 3분의 1 수준인 약 23억 명으로, 총 국내총생산(GDP)은 약 25조 달러로 유럽연합(EU)을 능가한다.

정부는 RCEP 가입으로 서비스·투자 시장에서 한국에 유리한 환경이 조성됐다고 평가했다. 문화콘텐츠·유통·물류 등 서비스 부문은 2007년 한-아세안 자유무역협정(FTA)과 비교해 시장 개방 수준이 확대된다.

필리핀·태국·인도네시아 등은 온라인게임, 애니메이션, 음반 녹음, 영화제작·배급·상영 등을 추가 개방하기로 했다. 이에 따라 필리핀에서 온라인게임 최소납입자본금 요건을 충족하면 지분제한 없이 합작법인을 설립할 수 있게 됐다. 애니메이션, 음반녹음, 라디오·TV 등의 분야에서도 외자지분제한(49%) 아래, 합작법인 설립이 가능하다.

일본은 1995년 세계무역기구(WTO) 서비스협정 대비 온라인게임 등 일부를 개방하기로 했다. 호주·중국·뉴질랜드는 우리와 양자 자유무역협정(FTA) 수준으로 개방을 허용하기로 했다. 반면 우리나라는 기존 체결된 FTA 및 현행 법령의 범위 내에서 현행 개방 수준을 유지하기로 했다.

주요 아세안 국가들의 서비스 시장 추가 개방 예시

분야	내용	국가
문화콘텐츠	온라인게임 최소납입자본금 요건 충족 시 지분제한없이 합작법인 설립 허용	필리핀
	교육용 온라인게임 외자지분제한(49%) 하 합작법인 설립 허용	태국
	애니메이션 음반녹음 라디오 TV 등 외자지분제한(49%) 하 합작법인설립 허용	필리핀
	영화 제작·보급·상영, 음반제작, 공연 등 외자지분제한(51%) 하 합작법인 설립 허용	인니
유통 물류	자국생산상품 소매 의약품 등 도매 외자지분제한(47, 70%) 하 합작법인 설립 허용	태국
	식음료·의류 분야 도매 프랜차이징 외자지분제한(51%) 하 합작법인 설립 허용	인니

자료 : 산업부

태국은 교육용 온라인게임 외자지분제한(49%)으로 합작법인 설립을 허용하기로 했다. 의약품 분야도 외자지분제한(70%)으로 합작법인 설립이 허용된다.

인도네시아에서는 영화 제작·배급·상영, 음반제작, 공연 등 외자지분제한(51%)으로 합작법인을 만들 수 있다. 또 유통·물류·식음료, 의류 분야 도매·프랜차이징 등의 분야에서는 외자지분제한(51%)으로 합작법인 설립이 가능하다.

투자 부문은 최혜국대우 도입, 이행요건 부과 금지 등을 통해 한-아세안 FTA보다 높은 수준의 투자자유화 규범을 확보하기로 했다. 따라서 앞으로 외국인 투자기업에 대해 기술이전 강제 또는 로열티 상한 제한 등의 요건을 부과하는 행위가 금지된다.

산업부 관계자는 "RCEP가 아세안 국가에 인기가 많은 K팝, 게임, 영화 등 한류 문화수출에 기여할 것으로 기대된다"며 "특히 국내 기업들의 합작법인 등 현지 진출도 수월해질 것으로 예상된다"고 했다.

자료: 조선비즈, 2020. 11. 15.

제2절 글로벌 경영의 요인 및 동기

1. 글로벌 경영의 요인

기업의 활동이 자국 내에서는 물론 해외시장으로 진출을 하는 데는 여러 가지 요인이 작용하지만 일률적으로 모든 기업이 동일한 요인에서 비롯된다고 말할 수 없을 것이다. 따라서 각 회사마다 해외진출을 추진하는 요인에 차이가 있다고 볼 수 있다. 일반적으로 고려될 수 있는 요인은 다음과 같다([그림 15-1] 참조).

보다 구체적으로 설명하면, ① 국내시장에서의 경쟁심화에 따른 기업의 이윤율 저하, ② 원자재의 안정적 · 지속적 확보, ③ 상대국의 수입제한 및 관세 · 비관세장벽의 극복,

그림 15-1 글로벌 경영의 요인

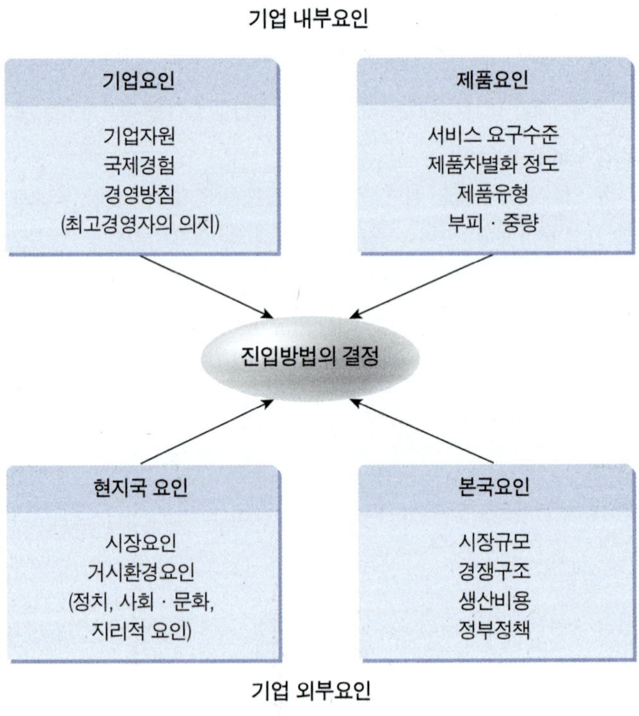

자료: 이승종 외, 글로벌 경영, 민영사, 2004.

④ 민족주의의 심화, ⑤ 국가 간 국제협력, ⑥ 독점금지법의 규제 탈피, ⑦ 상대국 정부의 특혜를 누리거나 정치적 목적에 따른 개입, ⑧ 해외로부터의 경쟁의 심화, ⑨ 해외에서의 높은 이윤, ⑩ 잉여생산력의 해외이전, ⑪ 유리한 산업입지 획득, ⑫ '세금천국' 지역의 이용(바하마 군도, 케이만 군도 등), ⑬ 이중과세 방지법의 활용, ⑭ 저렴한 노동력의 이용, ⑮ 용수, 토지, 부자재 등의 이용 등이다.

2. 글로벌 경영의 동기

일반적으로 기업이 해외시장으로 진출하는 데 관심을 갖게 되는 동기는 국내시장의 성장한계, 경쟁심화, 해외시장의 새로운 가능성 타진 등 다양하다. 이와 같이 기업이 글로벌 경영을 하는 여러 가지 동기가 있으나 특히 고려해야 하는 주요 동기는 다음의 세 가지이다.

(1) 판매의 증대

기업이 내수시장에서 기업이윤율의 저하를 경험하게 되는 경우 이런 상황을 벗어나는 방법으로 판매의 증대를 꾀하는 데 있어 해외시장을 고려하지 않을 수 없다. 따라서 해외시장으로의 진출은 기업의 글로벌 경영의 진입에 중요한 동기가 된다. 오늘날 해외 판매를 통해 이익을 크게 올리고 있는 것은 세계 거대기업들에서 그 예를 쉽게 찾을 수 있다. 예를 들면, 독일의 BASF, 스웨덴의 Electrolux, 미국의 IBM, 프랑스의 Michelin, 한국의 Samsung 등은 총매출액에서 해외매출액이 차지하는 비율이 80%를 상회하고 있다. 중소기업의 경우도 해외 판매를 통해 추가이익을 올릴 수 있다.

(2) 자원의 안정적 획득

제조업자 또는 판매업자는 국내는 물론 외국에서 만들어진 제품, 원자재 및 부품을 얻으려고 한다. 특히 해외구매는 국내에서 쉽게 얻을 수 없는 제품, 부품 및 원자재를 얻는 방법이다. 예를 들면, 루카스 필름(Lucas Film)사는 「스타워즈(Star Wars)」를 촬영하는 데 있어 영국에 있는 스튜디오를 사용했으며, 캐너(Kenner)사는 마카오에서 레이저 권총을 제작하기도 하였다.

이와 같이 기업은 자사가 필요로 하는 제품, 부품 및 원자재를 외국으로부터 획득함으로써 비즈니스가 가능해질 뿐만 아니라 그것에 의해 기업의 이익이 창출될 수 있는 것이다. 이러한 전략은 기업으로 하여금 자사제품의 품질을 향상시킬 수 있는 것은 물론 경쟁사와 차별화를 기할 수 있게 함으로써 자사의 시장점유율과 이익을 높인다.

(3) 판매와 공급원의 다각화

기업들은 일반적으로 판매와 이익이 급격하게 변화하거나 감소할 때 그 충격에서 벗어나기 위해 해외시장 및 해외구매를 추구한다. 그러나 기업이 국내시장과 해외시장을 동시에 갖고 있는 경우 양 시장 간에는 수요의 차이를 어느 정도 상호 보완할 수 있을 뿐만 아니라, 또 다른 나라에서 장기적으로 중요한 계약을 체결하는 데 성공할 수 있다.

해외 여러 나라에서 활동하고 있는 많은 기업들은 국가 간 경기순환의 차이를 잘 이용한다. 즉 경제상황이 좋지 않아 불경기에 직면하고 있는 나라에서의 판매 감소 후에 경기회복 중에 있는 다른 나라에서 판매 증대가 가능하다.

제3절 해외시장의 진입과 글로벌 경영의 범위

1. 해외시장의 진입방법 결정요인

기업이 해외시장에 진출하게 됨으로써 새로운 외국시장에서 경영활동을 수행하게 된다. 해외시장에 성공적으로 진출하기 위해서는 구체적인 해외시장 진입방법을 선정해야 한다. 그러나 이러한 성공적인 해외시장 진입방법을 선택하기 위해서는 기업의 내·외부의 환경요인에 대한 정보를 수집하고 이를 분석·평가하는 과정을 거쳐야 한다.

기업에서 최적의 해외시장 진입방법을 결정하는 데 영향을 미치는 기업 내·외부 요인들은 다음과 같은 6개 그룹으로 구분할 수 있다.

(1) 해외시장 진출 대상국의 거시환경요인

해외시장 진출 대상국의 정치, 경제, 지리, 사회 · 문화적 환경들은 해외시장의 구체적인 진입방법을 선택하는 데 결정적인 영향을 미친다. 그중에서도 중요한 요인들은 다음과 같다.

① **정부정책과 규제**: 진출대상국의 정부가 높은 관세율을 부과하거나, 수량을 제한하거나, 기타 무역장벽을 치는 경우 수출보다는 기타 다른 진입방법이 선호된다. 또한 현지국 정부는 정책적으로 외국인 투자를 선별하여 받아들인다. 단독투자보다는 합작투자를, 인수 · 합병보다는 신규투자를 선호하는 경우가 많다. 반면에 자본이 부족한 현지국 정부는 외국기업의 투자를 적극적으로 유치하기 위해 조세상의 특혜 등 여러 가지 유인책을 제공한다.

② **경제체제**: 이것은 진출 대상국이 어떤 경제체제를 택하고 있느냐 하는 문제이다. 즉 시장경제체제하의 자본주의 국가인지 아니면 중앙계획경제하의 사회주의 국가인지에 따라 진입방법이 달라지기 마련이다. 예를 들면 높은 위험부담이 따르는 해외투자 같은 진입방법은 사회주의 국가의 경제체제하에서 경영활동을 수행하고자 할 경우에는 신중한 의사결정을 필요로 한다.

그림 15-2 해외시장 진입방법의 결정요인

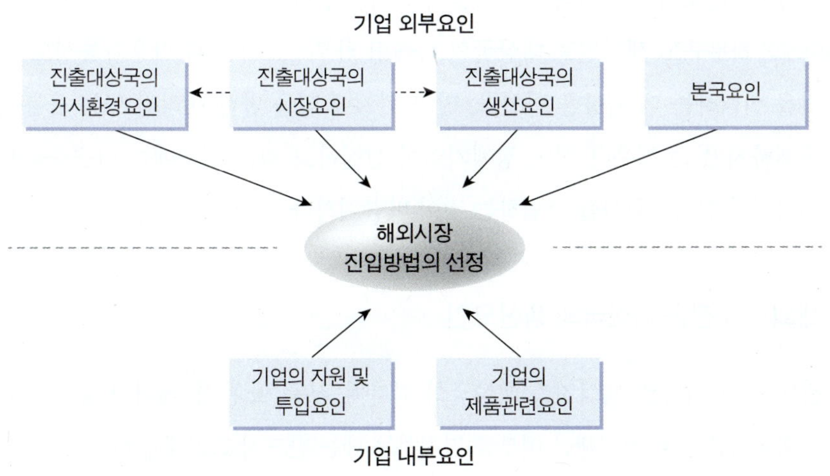

자료: 이승종 외, 글로벌 경영, 민영사, 2004.

③ **주요 경제지표**: 진출 대상국의 전체 GNP 및 1인당 국민소득, 경제성장률, 고용수준과 그 변동률에 따라 진출형태도 달라져야 한다.

④ **지리적 거리**: 해외시장 진출 대상국이 지리적으로 멀리 떨어져 있을 때에는 운송비 부담이 과도하기 때문에 단순 수출을 통해서는 현지상품과 경쟁하는 것이 불리하다. 이러한 경우 본국에서 생산 · 수출하지 않고 현지에서 조립생산을 하는 것이 과도하게 드는 운송비 부담을 줄일 수 있는 대안이다.

⑤ **문화적 차이**: 본국과의 가치관, 언어, 사회구조, 생활습관, 노사관계, 경영철학 등의 차이는 해외투자를 고려하는 기업에는 특히 불리하게 작용하기 쉬운 요인이다.

⑥ **정치적 위험**: 해외시장 진출 대상국의 정치적 불안, 몰수위험 등 정치적 위험도가 높은 경우, 기업은 현지국에 대한 개입 정도가 상대적으로 낮은 진출방법을 선호하게 된다.

(2) 해외시장 진출 대상국의 시장요인

① **시장의 규모**: 해외진출 대상국의 시장이 규모가 큰 경우에는 직접수출이나 현지직접투자 등이 선호되며, 반대로 시장의 규모가 작은 경우에는 간접수출이나 라이선싱 등의 계약형태의 진입방식이 선호된다.

② **경쟁구조**: 해외진출 대상국의 시장경쟁구조, 즉 완전경쟁이냐, 과점이냐, 독점이냐에 따라 진입방법을 달리하는 것이 바람직하다. 예를 들어 완전경쟁시장하에서는 독과점시장보다는 상대적으로 수출이 유리한 전략적 방법이다.

③ **마케팅 하부구조**: 해외진출 대상국의 마케팅 하부구조의 질과 활용가능성도 진입방법을 선택하는 데 영향을 미친다. 만약 현지에 믿을 만한 대리점 또는 유통업체가 존재하지 않는 경우나 이미 경쟁기업이 선점하고 있는 경우에는 단순수출보다는 지점이나 현지자회사를 설립하는 것이 바람직하다.

(3) 해외시장 진출 대상국의 생산요인

① **생산요소의 가용성**: 해외진출 대상국의 원자재, 부품, 노동력, 에너지 등 생산요소는 해외투자를 통한 현지생산 여부를 결정하는 데는 반드시 고려해야 하는 요인들이다.

② **경제하부구조**: 해외진출 대상국의 경제하부구조, 즉 교통, 통신, 항만 등을 이용하는

데 소요되는 비용은 진입방법을 결정하는 데 많은 영향을 미친다. 따라서 경제하부 구조가 잘 갖추어져 있는 경우 현지생산비용을 크게 낮출 수 있으므로 적극적으로 해외투자기회를 모색하는 것이 바람직하다.

(4) 본국요인

흔히 해외시장을 진출하는 진입방법을 선택할 때 간과하기 쉬운 것이 본국의 요인이다. 진출 대상국뿐만 아니라 본국의 거시환경, 시장 및 생산요인도 진입방법을 결정하는 데 커다란 영향을 미친다.

① **시장의 규모**: 본국의 시장의 규모가 클수록 기업들은 상대적으로 국내지향적이 되기 때문에, 해외시장에 대한 적극적인 자원투입을 꺼리게 된다. 이와 반대로 시장의 규모가 작은 나라의 기업들은 규모의 경제를 달성하기 위해 수출은 물론, 보다 적극적인 해외시장 진입방법을 선택하게 된다.

② **경쟁구조**: 본국시장에서 과점상태에 있는 기업들은 경쟁기업의 행동을 모방하는 경향이 있으므로 한 기업이 해외로 진출하게 되면, 다른 경쟁기업들도 선도기업을 따라 해외로 동반진출하는 현상이 자주 발생한다. 반면에 완전경쟁하에 있는 기업들은 일반적으로 수출을 통한 해외진출을 보다 선호한다.

③ **높은 생산비용**: 본국에서의 생산비용이 증대될수록 생산비용이 높은 수출보다는 생산비용이 낮은 현지생산이나 라이선싱 같은 계약형태의 진출전략이 선호된다.

④ **본국정부의 정책**: 본국정부의 정책은 해외시장 진출기업에 대한 본국정부의 정책적 지원을 의미하는 것으로 수출기업 또는 해외투자기업에 부여되는 조세 · 금융상의 지원 정도의 차이에 따라 여러 진입방법의 선호도가 달라진다.

(5) 기업의 자원 및 투입요인

기업이 가지고 있는 경영자원이 풍부하고 우수할수록 상대적으로 진입방법의 선택폭이 넓어진다. 그러나 기업의 경영자원만으로 진입방법의 선택을 설명하기에는 불충분하기 때문에 해외시장에 자원을 투입하려는 의지가 추가적으로 고려되어야 한다. 다시 말하면 자원투입의지가 강한 기업은 자원의 제약 속에서도 해외투자 등의 보다 적극적인 해외시장 진출을 꾀하게 된다.

(6) 기업의 제품관련요인

기업의 내부적 요인으로서의 제품관련요인 역시 해외시장 진입방법의 선정에 영향을 미친다.

2. 글로벌 경영의 범위

글로벌 경영은 국경을 넘어서 전 세계를 하나의 시장으로 보고 이루어지기 때문에 그것은 필연적으로 지리학, 역사학, 정치학, 법학, 경제학 및 인류학을 포함한 수많은 기초학문 분야에 의존하지 않으면 안 된다. 또한 글로벌 경영은 생산, 마케팅, 경영관리 및 재무와 같은 기능적 분야를 포함한다. 이들 기초학문 분야와 기능적 영역은 글로벌 경영을 수행하는 데 있어서 중요한 역할을 담당한다.

기업이 글로벌 경영을 수행하는 데 있어서 크게 세 가지 단계, 즉 라이선싱(licensing), 조인트 벤처(joint venture) 및 직접투자를 하나하나 밟아가든지, 전부 또는 이 중 한 가지 단계만을 밟는다. 하지만 기업이 국제적으로 비즈니스를 전개하는 데 있어서는 여러 가지 방법이 있을 수 있다. 즉 라이선싱 계약, 조인트 벤처, 직접 투자, 수출 · 수입, 프랜차이징, 계약제조, 경영계약, 컨소시엄, 턴키운용, 완전소유 자회사, 다국적 또는 글로벌 기업 등이다. 이들 중 몇 가지 개념을 구체적으로 살펴보면 다음과 같다.

(1) 라이선싱 계약

라이선싱(licensing) 계약은 글로벌 경영의 주요 대상의 하나로 다른 나라 기업에 기술이나 상표권, 기술지원, 경영노하우 등의 경제적 가치가 있는 경영자산을 사용하도록 허락해 줌으로써 기업은 글로벌화가 될 수 있다. 라이선서(licensors)는 라이선싱 계약에 따라 해외에서 제품의 제조를 허가할 수 있으며, 이는 언제나 신제품을 위한 생산설비를 설립함에 있어서 라이선싱 회사를 지원하기 위하여 기술을 갖추고 있는 기술자를 외국으로 파견하는 것이 요구된다. 라이선스 계약은 라이선스를 파는 것이 아니라 돈을 받고 빌려주는 것으로 라이선서가 재정적 투자를 할 필요가 없다는 점이 특징이며, 불이익은 계약이 만료되었을 때 라이선시(licensees)가 경쟁자로 등장할 수도 있다는 것이다.

(2) 조인트 벤처

조인트 벤처는 둘 또는 그 이상의 파트너가 항구적으로 특정 사업을 영위하기 위해 결합하는 것으로 생산시설을 설립할 만큼 충분한 해외 판매량을 가진 기업이 선택할 수 있는 방법이다.

(3) 직접투자

직접투자는 외국기업의 주식을 많이 사서 배당수익이나 이자수익을 받기 위한 목적도 있지만 그보다는 그 기업의 경영에 직접 참여하고 지배함으로써 원료의 유리한 구매, 해외시장의 확보, 생산기술의 습득 등이 더 큰 목적이다.

(4) 수출 · 수입

수출은 재화 및 용역을 해외로 내보내는 것으로 원가우위에 있는 재화 및 용역을 여러 나라에 수출하는 방식이다. 그리고 글로벌화의 초기단계에서는 해외에 대한 경험 부족으로 인해 해외직접투자나 제휴보다는 수출을 해가면서 서서히 그 나라의 시장과 고객에게 적용해 나가는 것이 바람직하다.

이와 반대로 수입은 기업경영에 필요한 자본, 원자재, 인력, 기술 등을 모두 한 나라 안에서 조달하는 것이 아니라 그러한 자원의 원가가 저렴하거나 우수한 기술력으로 품질이 좋은 나라를 선택하여 경영자원을 수입하여 사용하는 것이다. 수출과 수입은 대부분의 국가들에 있어 국제적 수입과 지출의 주요 원천이다.

(5) 프랜차이징

프랜차이징(franchising)은 라이선싱의 완전한 형태로 기술과 브랜드뿐만 아니라 품질관리, 마케팅, 조직운영 등 모든 것을 지원하면서 해외의 라이선싱업체를 직접적으로 관리 · 통제하는 것을 말한다. 프랜차이저(franchisors)는 로열티(loyalty)를 받고, 프랜차이지(franchaisees)는 상표권이나 노하우를 전해 받아서 이익을 올린다.

(6) 계약제조

제조회사는 외국시장에서 동일산업이 이미 확립된 제조업체와 제품의 제조와 판매를 위한 계약을 체결할 수 있다. 현지업체는 계약제조에 따른 운용계획에 따라 현지업체에 재정적 투자나 기술원조, 생산라인의 개선에 관한 어떤 정보도 지원하지 않으며 다만 사양서를 제공할 뿐이다. 보상의 근거는 현지업체에 원가 플러스 특정 비율의 이익을 보장한다.

(7) 경영계약

한 기업이 일반적 및 전문적 경영관리기능을 수행할 수 있도록 관리요원을 파견함으로써 다른 기업을 지원하는 방식으로 경영관리수익의 획득이 그 목적이다.

(8) 컨소시엄

정부나 공공기관이 추진하는 대규모 사업에 여러 개의 업체가 필요한 경영자원을 공동출자하여 참여하며 사업이 완료된 후에 이를 해체한다. 컨소시엄 구성방법은 주사업자를 주축으로 크고 작은 업체들이 참여하는 것이 일반적이다. 컨소시엄을 구성할 때는 투자위험의 분산, 부족한 기술의 상호보완, 개발이익의 평등분배 등이 고려되어야 한다.

제4절 글로벌 무역환경과 국제경제기구

1. 글로벌 무역환경

(1) 경쟁의 심화와 국제무역의 증가

오늘날 다국적 기업이 활동하는 세계 여러 나라의 글로벌 기업환경은 다양한 측면에서 살펴볼 수 있는데 특히 경쟁의 심화, 국제무역의 증가, 개방체제의 확산, 비관세장벽의 강화 등의 요인에 대하여 살펴보도록 한다.

첫째, 경쟁의 심화를 들 수 있다. 기업들은 격화되는 경쟁 속에서 경쟁우위를 확보하기 위한 노력의 일환으로 값싼 노동력과 자원확보를 통한 원가절감을 위해 제2차 세계대전 이후부터 다국적 기업활동을 시작했다. 이러한 활동은 지금도 계속되고 있다.

둘째, 국제무역의 증가를 들 수 있다. 최근 교통과 통신의 급격한 발달로 인해 전 세계적으로 원자재나 부품 등의 이동이 많아지고 있다. 또한 인적 교류의 증가와 전 세계 어디에 있든지 실시간 의사소통으로 인해 소비자 기호의 동질화가 이루어져 글로벌 시장이 형성되고 이로 인해 제품의 이동이 많아져 국제무역은 날로 증가하고 있다.

셋째, 개방체제의 확산을 들 수 있다. GATT(General Agreement on Tariffs and Trade)나 WTO(World Trade Organization)와 같은 국제기구들은 무역장벽을 낮춤으로써 국가 간의 자유로운 무역을 촉진해 세계 경제의 활성화를 유도하고 있다. 이로 인해 기업 간의 경쟁이 심화되고 있으며 국가 간의 무역은 증대되고 있다.

넷째, 국가 간의 비관세장벽의 강화를 들 수 있다. 최근 FTA(Free Trade Agreement)를 통해 국가 간의 관세를 낮춤으로써 국가 간의 무역을 촉진하려는 노력이 증대되고 있다.

(2) 자본자유화

국제자본의 이동을 제한하였던 조치를 완화하여 자유롭게 자본이 이동하도록 하는 것을 의미한다. 즉 간접투자, 직접투자에 의한 국제자본의 이동을 제한하기 위해 마련하였던 국가적 조치를 완화하거나 철폐하여 자금의 이동을 자유롭게 하는 것을 말한다.

자본자유화는 대외거래자유화의 마지막 단계로서 개방체제로의 진전을 요구하는 세계경제 추세에 대한 필연적인 대응책이라고도 할 수 있다.

2. 국제경제기구

제2차 세계대전 이후 국가 간 경제적 협력만이 경제적 번영을 보장해 줄 것이라는 전제하에 다수의 국가들이 무역조항을 위한 국제기구와 경제제휴를 위한 경제기구의 창설을 서둘러 왔다.

(1) GATT

제네바관세협정이라고도 한다. 1947년 제네바에서 23개국이 관세철폐와 무역증대를 위하여 조인한 '관세 및 무역에 관한 일반협정관세 및 무역에 관한 일반협정(General Agreement on Tariffs and Trade: GATT)'이다. 1995년 세계무역기구(WTO)로 대체되기 전까지 전 세계에서 120여 개국이 가입하였으며, 한국은 1967년 4월 1일부터 정회원국이 되었다.

GATT의 목적은 관세장벽과 수출입 제한의 제거, 국제무역과 물자교류의 증진이다.

(2) OECD

경제협력개발기구(Organization for Economic Cooperation and Development: OECD)는 상호 정책조정 및 정책협력을 통해 회원 각국의 경제사회발전을 공동으로 모색하고 나아가 세계경제문제에 공동으로 대처하기 위한 정부 간 정책연구 · 협력기구이다. OECD는 제2차 세계대전 후 유럽의 경제부흥협력을 추진해 온 '유럽경제협력기구(OEEC)'를 개발도상국 원조문제 등 새로 발생한 경제정세변화에 적응시키기 위해 개편한 기구로, 1961년 9월 30일 파리에서 발족하였다. OECD가 OEEC와 다른 점은, OEEC가 유럽의 경제회복을 목적으로 한 데 비해 OECD는 서방 세계 전체의 경제성장과 세계경제발전을 목적으로 하고 있으며, 회원국 면에서도 OEEC가 유럽국만을 회원국으로 한 데 비해, OECD는 유럽 이외의 미국, 캐나다 등 서방 선진국 모두를 회원국으로 포함한다는 것이다.

OECD의 목적은 규약(제1조)에 따라 ① 회원국의 경제성장과 금융안정을 촉진하고 세계경제발전에 기여, ② 개발도상국의 건전한 경제성장에 기여, ③ 다자주의와 무차별주의에 입각한 세계무역 확대에의 기여이다.

OECD는 각종 국제기구와 밀접한 관계를 구축하고, 경제정책, 에너지, 국제무역, 식량, 환경, 과학, 노동 등과 같은 사회분야 정책 전반에 걸쳐 수시 논의 및 협력을 추진한다.

OECD는 창설 이후 세계무역기구(WTO), 국제통화기금(IMF), 세계은행, G-7/8 등과 상호 보완해 가며 선진권을 중심으로 국제경제의 안정과 무역의 확대에 힘을 써왔으며, 1990년대 이후로는 비선진권을 대상으로 문호를 개방하여 그 영향력을 세계적 규모로 확대하고 있다.

(3) WTO

WTO(World Trade Organization)는 기존의 관세 및 무역에 관한 일반협정(GATT)을 흡수 · 통합해 명실공히 세계무역질서를 세우고 UR협정의 이행을 감시하는 역할을 하는 국제기구이다. GATT는 정식 국제기구가 아닐 뿐더러 권한도 극히 제한돼 있는 점을 고려, 국제무역분쟁에 대한 중재권과 세계무역자유화의 역할을 강화시켜 정식 국제기구로 탄생한 것이다.

1995년 1월 발족돼 2년마다 회원국 전체 각료회의를 열어 통상문제를 협의하게 된다. 모든 다자간 무역협상이 WTO를 무대로 전개돼 세계무역구도가 GATT체제에서 WTO체제로 바뀌게 된 셈이다. 당초 '세계' 대신 '다자간'이란 뜻을 담고 있는 'multilateral'이란 말을 붙여 다자간무역기구(MTO)로 명명되었으나 미국의 반대로 WTO로 이름이 변경됐다.

(4) IMF

IMF(International Monetary Fund: 국제통화기금)는 1944년 체결된 브레턴우즈협정에 따라 1945년에 설립되어, 1947년 3월부터 국제부흥개발은행(International Bank for Reconstruction and Development: IBRD)과 함께 업무를 개시한 국제금융기구이다. 이 두 기구를 총칭하여 브레턴우즈기구라고도 한다. 2011년 기준 IMF 가입국은 총 188개국이며, 본부는 미국 워싱턴 D.C.에 있다.

IMF의 활동은 세계무역의 안정된 확대를 통하여 가맹국들의 고용증대, 소득증가, 생산자원개발에 기여하는 것을 궁극적인 목적으로 한다.

잠시 쉬어가기

파리의 대표 먹거리상권에 점포 오픈 국내 넘어 글로벌 브랜드로 꾸준히 성장

SPC그룹의 베이커리 브랜드 파리바게뜨가 세계 곳곳에서 해외 사업을 활발히 펼치며, 국내 최고의 자리를 넘어 글로벌 브랜드로 꾸준히 성장하고 있다.

지난 4일 싱가포르 PLQ몰에 문을 연 파리바게뜨 매장. /SPC 제공

파리바게뜨는 지난 16일 프랑스 파리에 '생미셸(Saint-Michel)점'을 오픈했다. 생미셸은 노트르담 성당을 비롯한 파리의 대표 명소가 밀집되어 있는 파리의 대표 먹거리 상권이다. 이번 매장은 파리바게뜨 특유의 '베이커리 카페' 콘셉트를 야외 테라스에서 즐길 수 있는 것이 특징으로, 파리 유명 호텔 출신 파티시에와 프랑스 요리 학교 르꼬르동블루(Le Cordon Bleu) 교수 출신의 셰프 등 현지 전문 인력도 강화했다. 더 많은 프랑스 고객에게 파리바게뜨만의 차별화된 제품과 콘셉트를 선보이고 트렌드를 선도하겠다는 계획이다.

파리바게뜨는 지난 4일 싱가포르에도 현지 유명 쇼핑몰인 'PLQ몰'에 신규 점포를 오픈했다. 현지 공항과 도심을 잇는 교통 요충지에 위치한 '파리바게뜨 PLQ몰점'은 오픈 후 타 매장 평균 매출의 2배에 달하는 실적을 내고 있다. 파리바게뜨는 올 하반기 싱가포르 내에 새로운 플래그십 매장을 비롯해 신규 점포를 지속적으로 추가 오픈할 계획이다.

이 외에도 올 상반기 캄보디아 수도 프놈펜에 현지 파트너사인 HSC그룹과 함께 파리바게뜨 캄보디아 1호점을 오픈했다. 그동안 미국, 프랑스, 중국, 싱가포르 등 주요 글로벌 시장에 직접 진출해 브랜드 인지도와 경쟁력을 높여온 파리바게뜨는 캄보디아를 시작으로 조인트벤처, 마스터프랜차이즈 등으로 전략을 다각화할 예정으로 해외 매장 수가 더 늘어날 전망이다.

자료: 조선비즈, 2021. 08. 31.

토의과제

- 글로벌 경영의 동기에 대하여 설명하시오.
- 기업들이 어떠한 과정을 거쳐서 글로벌화되는지 설명하시오.
- 해외시장 진입방법을 결정하는 데 영향을 미치는 요인에 대하여 설명하시오.
- 글로벌 경영 시 고려해야 할 환경요인들이 무엇인지 설명하시오.
- 글로벌 무역환경에 대하여 설명하시오.
- 국제경제기구에 대하여 설명하시오.

참고문헌

- 강태구,『국제경영학』, 박영사, 1997.
- 국제경영연구회,『국제경영』, 문영사, 2001.
- 남금식 외,『최신무역개론』, 명경사, 1997.
- 민경호,『21세기, 디지털시대의 신경영학』, 무역경영사, 2013.
- 유필화 외,『디지털시대의 경영학』, 박영사, 2004.
- 이승종 외,『글로벌 경영』, 민영사, 2004.
- 임창희,『경영학원론』, 학현사, 2006.
- 정홍주,『국제통상론』, 문영사, 1999.
- 정홍주,『무역학원론』, 문영사, 1996.
- 조선비즈, 2020. 11. 15.
- 조선비즈, 2021. 07. 23.
- 조선비즈, 2021. 08. 31.

찾아보기
INDEX

ㄴ

ㄷ

ㅅ

ㅇ

ㅈ

ㅊ

ㅋ

ㅌ

저자소개
AUTHORS

윤종훈

- 인디애나주립대 경영학학사
- 미시시피주립대 경영학석사
- 미시시피주립대 경영학박사
- 대전대학교 경영행정사회복지대학원 원장
- 서울외국어대학원대학교 이사
- 대전광역시 재정심의위원장
- 대전광역시 서구 투자심의위원
- 대전광역시 중구 인사위원
- 대전광역시 대전도시개발공사 자문위원
- 충청남도 정책자문위원
- 한국정보시스템학회 부회장
- 한국정보기술학회 부회장
- 한국경영정보학회 이사
- (현) 대전대학교 경영대학 경영학과 교수

〈주요저서〉

- 「정보기술과 경영」, 학현사
- 「파워포인트 한판승부」, 학현사
- 「엑셀 한판승부」, 학현사
- 「전자상거래의 이해」, 삼영사
- 「기업경영론」, 고려출판사
- 「경영과 생활」, 형설출판사
- 「실무지향적 시스템분석과 설계」, 21세기사
- 「글로벌시대의 전자상거래」, 학현사
- 「SNS시대의 e-비즈니스」, 학현사
- 「경영학원론」, 도서출판 창명
- 「소셜커머스와 e-비즈니스」, 도서출판 창명
- 「4차 산업혁명시대를 위한 경영정보시스템」, 도서출판 창명

송인암

연세대학교 정치외교학과
Michigan State University MBA
충남대학교 경영학박사
대전대학교 경영대학장
Ovegon State University Visiting Scholar
마케팅과학회 부회장
한국산업경제학회 회장
대전광역시 정책자문교수
충청남도 정책자문교수
(현) 대전대학교 경영대학 경영학과 교수

〈주요저서〉

- 「경영학원론」, 고려출판사
- 「기엽경영론」, 고려출판사
- 「경영과 생활」, 형설출판사
- 「경영학원론」, 도서출판 창명
- 「사례중심의 마케팅」, 대경출판사
- 「마케팅원리와 전략」, 대경출판사
- 「소비자행동론」, 대경출판사

박계홍

아주대학교 경영학 박사
대전대학교 학생처장 기획처장 HRD사업단장
충남노동위원회 공익위원
대전도시공사 사외이사
대학교육협의회 대학평가위원
한국대학평생교육협의회 상임이사
공인노무사 경영지도사 산업안전지도사 출제위원
대한경영학회 부회장, 학술위원장.
인적자원개발학회 회장, 편집위원장
기업경영리뷰 편집위원장

〈주요저서〉

- 「경영조직론」, 학현사
- 「변화와 혁신을 위한 리더십」, 학현사
- 「경영학원론」, 도서출판 창명
- 「인적자원관리론」, 형설출판사
- 「조직행동론」, 형설출판사
- 「성과향상을 위한 조직행동론」, 역서, 한경사

경영학원론(제4판)

2007년 2월 27일 1판 1쇄 발행
2013년 3월 5일 2판 1쇄 발행
2017년 3월 5일 3판 1쇄 발행
2025년 2월 17일 4판 2쇄 인쇄
2025년 2월 24일 4판 2쇄 발행

저 자 윤종훈 · 송인암 · 박계홍
발행인 김사설
발행처 도서출판 **창명**
12946 경기도 하남시 미사대로 540 AA동 8층 33호(한강미사2차)
전화 (031)795-1214 팩스 (031)5175-8033
이메일 kimsaseol@hanmail.net
출판등록 2016년 5월 20일
등록번호 제131-93-14552호

정가 32,000원 ISBN 979-11-88109-22-7